LETTRES GOTHIQUES

Collection dirigée par Michel Zink

TRISTAN ET ISEUT

Les poèmes français
La saga norroise

Textes originaux et intégraux présentés,
traduits et commentés
par Daniel Lacroix et Philippe Walter

Le Livre de Poche

DANIEL LACROIX, né en 1960, ancien élève de l'École Normale Supérieure, agrégé de Lettres classiques. Enseigne à l'Université de Toulouse-Mirail. Ses recherches portent sur l'étude comparée des littératures médiévales, principalement dans les domaines français, occitan et scandinave.

PHILIPPE WALTER, né en 1952. Agrégé de Lettres modernes, docteur ès lettres. Enseigne la littérature française du Moyen Âge et de la Renaissance à l'Université de Paris-Sorbonne (Paris IV). Auteur de nombreux articles consacrés à la littérature romanesque du Moyen Âge et de plusieurs ouvrages dont : *Canicule. Essai de mythologie sur « Le Chevalier au Lion » de Chrétien de Troyes* (SEDES, 1988) et *La Mémoire du temps : fêtes et calendriers de Chrétien de Troyes à « La Mort Artu »* (Champion-Slatkine, 1989).

Les poèmes français ont été traduits et présentés par Philippe Walter ; la saga norroise par Daniel Lacroix.

LES POÈMES FRANÇAIS

L'extrême fascination exercée par la légende tristanienne sur toute la civilisation occidentale tient à des raisons à la fois sociologiques, psychologiques et littéraires. L'amour impossible de l'orphelin Tristan pour une reine d'Irlande qui deviendra l'épouse de son oncle est devenu le « best-seller » de toutes les histoires d'amour. Cette légende contient, à vrai dire, les ingrédients indispensables des histoires à succès. L'élan d'une passion irrépressible, des aventures héroïques et des exploits surhumains (des combats contre des monstres), le merveilleux ramené à des normes humaines (une boisson d'amour aux effets magiques), des personnages qui vont jusqu'au bout de leur destin (la mort d'amour et l'amour au-delà de la mort) et surtout l'art ingénieux ou subtilement subversif des auteurs qui ont « conté de Tristan », tout cela s'est uni dans le creuset mystérieux d'une tradition qui n'a certainement pas fini d'évoluer. Car le mythe tristanien n'est pas mort. Il continue de vivre, métamorphosé en des formes narratives diverses. L'exaltation des amours tragiques répondrait-elle à un secret besoin de malheur existant chez tout être humain ou à d'inavouables fantasmes suicidaires ?

Tout le monde connaît la légende tristanienne, ou plutôt tout le monde croit la connaître, selon des versions plus ou moins fluctuantes. Des premiers épisodes français racontés par Béroul et Thomas d'Angleterre jusqu'à l'*Eternel retour*, le célèbre film de Jean Cocteau, en passant par l'opéra wagnérien, on ne compte pas les adaptations, réécritures, refontes, transpositions, allusions auxquelles a donné lieu l'histoire des amants cornouaillais. Et dans ce foisonnement artistique, il n'est pas toujours facile de retrouver la veine originelle du récit.

Blanchefleur, la sœur du roi Marc, a épousé le roi de Loonois. Apprenant la mort de son époux, elle meurt à son tour en mettant au monde un enfant qui portera le nom de Tristan. L'orphelin sera élevé par Gouvernal jusqu'à ce qu'il puisse fréquenter la cour de son oncle.

Le Morholt, beau-frère du roi d'Irlande, se présente à la cour de Marc pour exiger le tribut annuel qui lui est dû : des jeunes gens de Cornouailles appartenant aux meilleures familles. Tristan défie le Morholt et le tue. Un fragment de son épée reste dans le crâne du géant dont le corps est rapatrié en Irlande. Tristan, atteint d'une blessure incurable, se fait déposer dans une barque qui le mène au hasard des flots jusqu'en Irlande. Arrivé là-bas, il se déguise en jongleur et rencontre la fille du roi, la jeune Yseut. Elle le guérit parce qu'elle connaît le secret des herbes médicinales. Il lui enseigne à jouer de la harpe durant son séjour puis revient à la cour de son oncle.

Marc est célibataire. Ses barons le pressent de se marier ; il répond qu'il épousera la femme qui a des cheveux semblables à ceux qu'une hirondelle vient d'apporter. Tristan est chargé de ramener cette femme ; elle se trouve justement en Irlande. Tristan retourne donc dans ce pays, déguisé en marchand.

Arrivé dans l'île, il apprend que le roi d'Irlande a promis la main de sa fille à celui qui délivrera le pays d'un terrible dragon. Tristan tue le monstre, lui coupe la langue mais tombe inanimé. Le sénéchal qui a des vues sur Yseut trouve le dragon mort et se fait passer pour le vainqueur de la bête. Yseut ne le croit pas et retrouve Tristan. Elle le guérit à nouveau alors que Tristan reconnaît en elle celle que son oncle doit épouser. Tristan confond le sénéchal et emmène Yseut chez le roi Marc. La mère d'Yseut remet à Brangien, la servante de sa fille, une potion qui doit assurer le succès total du futur mariage. Grâce à cette boisson d'amour, Marc et Yseut seraient liés par une passion irrésistible. Pendant la traversée, Tristan et Yseut boivent par erreur la potion et sont saisis par un amour invincible.

Marc épouse Yseut mais, le soir des noces, Brangien prend la place d'Yseut dans le lit de Marc et sauve ainsi l'honneur de sa maîtresse. Tristan et Yseut éprouvent l'un pour l'autre une passion démesurée. Ils se donnent souvent des rendez-vous clandestins. Ils sont épiés par des barons jaloux qui les dénoncent au roi Marc. Un jour qu'ils se trouvent dans un verger, ils sont surpris par le roi Marc caché dans un pin. En adoptant un double langage, ils parviennent à se tirer d'affaire. Mais un nain astrologue au service de Marc monte un piège pour les surprendre à nouveau en flagrant délit d'adultère. Les amants se font prendre ; ils sont aussitôt arrêtés et condamnés au bûcher par le roi Marc.

Tristan échappe à la surveillance de ses gardiens et réussit à délivrer Yseut qui était sur le point d'être livrée à une troupe de lépreux lubriques. Les amants se réfugient dans la forêt du Morrois où ils vivent en exilés et dans le dénuement le plus complet.

Peu à peu, les effets de la boisson d'amour s'estompent. Le roi Marc surprend un jour Tristan et Yseut endormis mais dans un parfait état de chasteté. Il consent alors à reprendre son épouse et à lui pardonner son infidélité. Ses hommes exigent toutefois qu'Yseut se soumette à une procédure judiciaire où elle devra défendre son innocence. *Grâce à un serment ambigu, Yseut se tire d'affaire, fort habilement. Par la suite, Tristan tue les barons calomniateurs mais il reste exilé et ne peut rencontrer Yseut comme il le souhaite.*

Dans son exil, en désespoir de cause, Tristan épouse une femme qui ressemble à Yseut la Blonde et qui se nomme Yseut aux Blanches Mains. Il s'agit de la sœur de son ami Kaherdin. Toutefois, Tristan ne consomme pas le mariage.

La nostalgie de l'amour est trop forte. Tristan reste attaché à Yseut. Les amants inventent de multiples stratagèmes pour se rencontrer. Tristan se déguise en fou pour pouvoir pénétrer dans le château du roi Marc et parler à Yseut en toute impunité. Une autre fois, il invente un signe de reconnaissance à partir d'une branche de chèvrefeuille pour rencontrer Yseut dans une forêt. Mais ces retrouvailles sont toujours de courte durée.

Un jour, Tristan rencontre un chevalier malheureux qui se nomme Tristan le Nain. L'amie de ce dernier a été enlevée par un sinistre géant. Tristan combat le géant mais reçoit une blessure empoisonnée. Son ami Kaherdin part chercher Yseut la Blonde qui est la seule personne capable de guérir Tristan. Les deux amis conviennent d'un signe : si Yseut accepte de venir, le navire aura une voile blanche ; dans le cas contraire il aura une voile noire. Yseut aux Blanches Mains a tout entendu. Pour se venger de Tristan, elle lui annonce que la voile est noire alors qu'elle est blanche. Tristan meurt de douleur et Yseut la Blonde meurt sur le corps de son amant car elle était venue le guérir.

Ce résumé simplifié de la légende additionne des épisodes qui ne se retrouvent jamais intégralement (et sous une forme fixe) dans des manuscrits complets. C'est pourquoi on peut mettre en doute l'existence d'un récit tristanien primitif dont découleraient tous les épisodes partiels conservés. On peut penser que les « romans » tristaniens brodent sur un certain nombre de motifs traditionnels dont la cohérence nous échappe encore en grande partie. Par conséquent, revenir aux sources de la tradition tristanienne, c'est d'abord et avant tout scruter les textes les plus anciens qui nous l'ont conservée.

C'est pourquoi un parti pris d'authenticité caractérise la présente édition des « romans » de Tristan et Yseut. Au lieu de tenter une reconstruction arbitraire du roman « primitif » à la manière de Joseph Bédier, on a préféré fournir les pièces authentiques du dossier, malgré leurs lacunes, leurs imperfections et leurs énigmes. Notre édition veut offrir, en un volume unique, le texte original en ancien français assorti de la traduction intégrale des textes tristaniens français en vers. Elle répond ainsi, à sa manière, au souhait d'unification du romancier Thomas : *cest cunte*, écrivait-il, est *mult divers, / E pur ço l'uni par mes vers* (v. 837-8), mais elle s'abstient de combler artificiellement les lacunes de la narration.

L'établissement du texte original (placé en regard de la traduction) tient compte des principales éditions savantes proposées à ce jour mais ne s'interdit pas de revenir parfois aux manuscrits pour certains passages mal élucidés ou posant des problèmes particuliers d'interprétation. La traduction en prose moderne veut épouser au mieux la syntaxe et les nuances lexicales de l'ancien français, tout en évitant les lourdeurs ou les simplifications arbitraires que ne manque pas de susciter la transposition en français moderne. L'exercice permanent d'acrobatie stylistique qu'aurait constitué une traduction versifiée n'offrait aucune légitimité supplémentaire à notre entreprise. Elle n'aurait rendu que plus arbitraires encore les choix de traduction en limitant ceux-ci aux seules solutions autorisées par l'octosyllabe. Enfin, l'appareil critique se limite à des notes de traduction ou d'élucidation afin de ne pas étouffer sous une glose surabondante l'esprit et la lettre des textes originaux.

Cette édition ne concerne que les vers français du XIIe siècle relatifs à Tristan et Yseut : le roman de Béroul et celui de Thomas, le lai du *Chèvrefeuille* et la *Folie Tristan* (de Berne et d'Oxford) ainsi qu'un extrait du *Donnei des Amants*. Elle laisse délibérément de côté l'immense roman en prose du XIIIe siècle qui repose sur une esthétique narrative et une thématique bien différentes des premières œuvres en vers.

Le présent volume comporte également, pour la première fois en français, la traduction intégrale de la *Saga* scandinave de Tristan et Yseut. Composée en 1226 sur l'ordre du roi Haakon IV de Norvège (1217-1263), la *Tristrams saga de Isöndar* de frère Robert offre plus d'un point de comparaison intéressant avec les textes français. Ces derniers nous sont en effet parvenus avec de nombreuses lacunes. C'est surtout le cas pour le roman de Thomas. La *Saga* permet justement de reconstituer avec une grande fidélité les parties manquantes de cette œuvre capitale.

Le roman de Béroul est certainement le plus ancien de tous les fragments tristaniens. On situe sa composition entre 1150 et 1190 (la critique actuelle se rapproche plutôt de la première date que de la seconde). Conservé par une copie unique (le manuscrit français 2171 de la Bibliothèque nationale) qui date de la seconde moitié du XIIIᵉ siècle, le texte comporte de nombreuses fautes et lacunes. D'illustres philologues ont scruté ce document unique mais souvent problématique et lui ont apporté leur zèle d'érudits. Ils ont cherché à le rendre plus « lisible » tout en s'efforçant de limiter au minimum les restaurations ou les corrections. Béroul raconte les épisodes qui vont de la rencontre clandestine épiée par Marc jusqu'à la mort des trois barons félons après la justification d'Yseut en justice.

Le *Tristan* de Thomas est daté, avec plus de sûreté, de 1173. Il inspira Gottfried de Strasbourg pour son adaptation allemande du roman de *Tristan* au XIIIᵉ siècle. Il se présente sous la forme de plusieurs fragments lacunaires et discontinus. Cinq manuscrits restituent huit morceaux de l'histoire. Deux de ces manuscrits (le manuscrit Douce et le manuscrit Sneyd) se trouvent à la Bibliothèque Bodléienne d'Oxford. Ils livrent les fragments les plus importants de l'œuvre. Le manuscrit Sneyd relate le mariage de Tristan (888 vers) et offre une version de l'extrême fin du roman. Le manuscrit Douce donne un texte continu de 1818 vers qui touche également au dénouement de l'œuvre. Un autre manuscrit déposé à la bibliothèque de Strasbourg fut détruit en 1870 dans un incendie. Il offrait trois courts fragments décrivant, entre autres, un cortège royal accompagnant Yseut. Un dernier manuscrit qui se trouvait jadis à Turin a été perdu. Il a été heureusement transcrit avant sa disparition. Son texte évoque plus particulièrement Tristan dans la salle aux images.

La *Folie Tristan* dite d'Oxford (manuscrit d'Oxford, Douce d 6) et la *Folie Tristan* de Berne (manuscrit de Berne, nᵒ 354) présentent deux versions différentes d'un même épisode : Tristan se déguise en fou pour rencontrer Yseut et entrer dans le palais du roi Marc où il est interdit de séjour. Le manuscrit d'Oxford s'étend sur 998 vers alors que celui de Berne n'en comporte que 572. Un court fragment anglo-normand de la *Folie* de Berne a récemment été découvert à Cambridge mais ces quarante vers sur un seul folio n'améliorent pas considérablement nos connaissances sur la tradition manuscrite de la *Folie Tristan*. On pense que l'œuvre aurait été composée après le roman de Thomas qui l'influence en plusieurs endroits.

Le lai du *Chèvrefeuille* est l'œuvre de Marie de France qui l'écrivit probablement entre 1160 et 1170. Ce lai est conservé dans deux manuscrits: le manuscrit Harley 978 du British Museum (datant du milieu du XIIIᵉ siècle) et le manuscrit Nouvelles acquisitions françaises 1104 de la Bibliothèque nationale à Paris (qui date de la fin du XIIIᵉ siècle). Il comporte un épisode isolé d'une centaine de vers où Tristan et Yseut se rencontrent clandestinement dans une forêt et peuvent s'adonner librement à leur amour pendant un court instant.

Enfin, le *Donnei des amants* est un poème du XIIIᵉ siècle qui contient un court épisode tristanien intitulé généralement « Tristan rossignol ». Ce passage figure dans le seul manuscrit 3713 de la bibliothèque Phillipps à Cheltenham, copié à la fin du XIIIᵉ ou au début du XIVᵉ siècle. Il méritait de figurer dans notre recueil car il est généralement délaissé dans les anthologies tristaniennes. L'épisode narre une autre rencontre clandestine des amants. Yseut est invitée à rejoindre son amant grâce au chant du rossignol qu'imite précisément Tristan.

L'ensemble des vers tristaniens français a pu être composé entre 1150 et 1180 ou 1190 (à l'exception sans doute du « Tristan rossignol », plus tardif). C'est indiscutablement l'époque la plus féconde et la plus admirable de la littérature narrative du XIIᵉ siècle. Le romancier Chrétien de Troyes écrit au moment où la légende tristanienne est à la mode. Il fait allusion à ses thèmes principaux dans plusieurs de ses romans. L'une de ses œuvres (*Cligès*) a même été qualifiée parfois d'anti-*Tristan* car elle tente d'exorciser la séduction trouble qu'exerça la légende tristanienne sur le public courtois de la deuxième moitié du XIIᵉ siècle. Chrétien ne réussira guère dans sa tentative puisque, dès le XIIIᵉ siècle, la légende tristanienne, toujours très en vogue, subira de nouvelles adaptations mais en prose cette fois. Le nombre considérable de manuscrits conservés, la qualité des miniatures qui illustrent ces manuscrits témoigne du succès indiscutable de cette histoire qui mêle pour le plus grand bonheur du lecteur aventures chevaleresques et sentimentales.

la littérature narrative

Genèse de la légende

Les origines de la légende tristanienne ont donné lieu à bien des hypothèses et à des théories contradictoires. Il ne saurait être question ici de les rappeler toutes. Dans ce délicat débat sur les origines, on ne s'est peut-être pas assez avisé du fait que la notion de « source » prêtait à confusion. Les ressemblances constatées entre la matière tristanienne et telle ou telle narration antérieure et extérieure à cette matière ne prouvent pas obligatoirement que la première imite la seconde. Elles ne suffisent pas non plus à justifier une quelconque influence voire une dérivation directe entre les deux traditions. Les travaux de mythologie comparée menés par Georges Dumézil ont établi que des analogies de motifs, de personnages ou de structures peuvent s'expliquer par un héritage commun de civilisation beaucoup plus que par des relations directes d'influence. Ainsi, diverses mythologies indo-européennes ont conservé des structures ordonnées de motifs que l'on retrouve par ailleurs dans les textes tristaniens. Rien que dans le domaine celtique, il faudrait mentionner _La Poursuite de Diarmaid et Grainne_ qui raconte les amours d'un jeune guerrier (Diarmaid) pour la fille du roi d'Irlande. Diarmaid refuse d'aimer Grainne pour rester fidèle à son roi, mais Grainne l'oblige à la suivre dans une forêt où elle vit avec lui une existence misérable. Chaque fois qu'il se couche à ses côtés, il place entre eux une pierre (on comparera cet épisode à celui du Morrois dans le roman de Béroul). Une autre fois, Grainne reçoit une éclaboussure d'eau sur la cuisse ; c'est une nouvelle incitation à la séduction (un épisode semblable figure chez Thomas). Diarmaid échappe à ses ennemis en accomplissant un saut prodigieux (exactement comme Tristan dans le roman de Béroul). On n'en finirait pas d'énumérer les analogies entre nos textes mais il faudrait également souligner d'irréductibles différences qui empêchent de conclure nettement à l'imitation directe d'un texte par l'autre.

Un texte persan _Wis et Ramin_ raconte une histoire qui rappelle celle du trio Marc-Yseut-Tristan. La jeune Wis est amoureuse de Ramin mais elle est convoitée par Maubad qui rêve de l'épouser. Les deux amants sont constamment traqués par Maubad. Ils sont bannis comme les amants de Cornouailles. Un jour, Wis doit se soumettre à une procédure judiciaire pour prouver qu'elle n'a pas eu de relation avec Ramin, etc. Pierre Gallais a détecté les nombreuses analogies qui existent entre les deux textes ; elles ne sauraient effectivement relever du hasard. Il est difficile de

13

conclure cependant que *Tristan et Yseut* « imite » *Wis et Ramin*. Par contre, on peut penser que les deux textes se réfèrent à une « mémoire » commune.

A l'évidence, les parallèles ne manquent pas. Certains sont très frappants, d'autres plus lointains, mais plutôt que de conclure hâtivement à l'influence directe de telle ou telle tradition sur les textes tristaniens français, il est préférable de retenir la notion d'un *héritage mythologique commun* que l'on qualifiera (sans doute provisoirement) d'indo-européen. Celui-ci inclurait alors aussi bien la branche persane que la branche celtique rattachées à un même tronc commun de mythes et de traditions.

L'enquête mythologique exigerait de comparer entre eux l'ensemble des témoignages indo-européens pour mieux cerner la probable cohérence mythique qui a précédé la transformation du mythe en roman. Ce travail reste encore à faire. Nous avons néanmoins entrepris une première enquête sur ce sujet dans notre essai à paraître : *Le Gant de verre ou le Mythe de Tristan et Yseut*. Toutefois, si l'on veut saisir la provenance immédiate des traditions tristaniennes, on peut déjà s'en tenir aux témoignages des écrivains eux-mêmes. Béroul et Thomas nous livrent à ce sujet des indications sûres et précises. Le fait mérite d'être noté, car les écrivains du Moyen Age sont plutôt avares de confidences sur leur manière de travailler et ils ne dévoilent pas volontiers leurs sources.

Evidemment, plus personne aujourd'hui n'imagine que Béroul et Thomas sont les inventeurs de la légende tristanienne. Ils seraient plutôt des « auteurs », au sens médiéval du mot, c'est-à-dire ceux qui augmentent (en latin, le verbe *augere* « augmenter » est apparenté au mot *auctor*) élaborent et enrichissent un canevas légendaire hérité. Or, le témoignage des auteurs tristaniens concorde sur un point capital : l'existence d'une tradition orale tristanienne particulièrement vivante en Cornouailles. D'anciens témoignages confirmeraient un ancrage géographique de la légende en terre cornouaillaise. Un lieu-dit le « Gué d'Yseut » (*Hryt Eselt*) attesté dans cette région au xᵉ siècle ainsi qu'une stèle du vิᵉ siècle découverte aux portes de Lantien et portant le nom de Tristan (DRVSTANVS) offrent déjà des indices conséquents. Même si la légende n'est pas née en Cornouailles (tous les récits voyagent), elle a probablement trouvé dans cette région un lieu privilégié de cristallisation.

De plus, à deux reprises dans son récit, Béroul apporte les preuves tangibles d'une tradition cornouaillaise de la légende. Tristan vient d'être arrêté par le roi Marc ; il échappe à ses gardiens en sautant d'une falaise et tombe en contrebas sur une pierre qui garde depuis lors la trace de ses pieds. Béroul précise alors: « Les Cornouaillais appellent cette pierre encore aujourd'hui le *Saut de Tristan*. » Notre romancier a donc entendu une légende toponymique, associée à un site particulier de Cornouailles et il prend bien soin d'en rappeler le souvenir. Notons qu'il existe des légendes semblables attachées à des pierres sur tout le domaine celtique. C'est par exemple le cheval de Charlemagne ou celui de saint Martin qui laissent leur empreinte sur tel ou tel mégalithe. Autour de ces sites gravitent des légendes et les conteurs médiévaux (ou modernes) s'autorisent de ces traditions pour justifier leurs écrits : ils sont les chaînons d'une tradition anonyme. Autre exemple : lorsqu'Yseut, après sa fuite avec Tristan, retrouve le roi Marc, une cérémonie est organisée en l'église Saint-Samson de Lantien. Pour ancrer ce jour solennel dans toutes les mémoires, mais également pour l'honorer par un geste de prestige, Yseut dépose une superbe chasuble sur l'autel. Depuis lors, ce vêtement liturgique sort du trésor de la cathédrale à chaque grande fête et elle rappelle à tous le geste bienfaiteur de la donatrice. Là encore, Béroul précise que cette chasuble existe vraiment : des gens l'ont vue et leur témoignage mérite d'être considéré. « On dit que », « on raconte que », « je l'ai entendu dire » : à chaque fois, le conteur mentionne un témoignage oral qu'il serait parfaitement déplacé de mettre en doute. Il trouve dans l'anonymat de la rumeur légendaire une caution indiscutable pour son récit. En mentionnant les curieuses propriétés du château de Tintagel, l'auteur de la *Folie* d'Oxford invoque le témoignage des « paysans ». Ceux-ci disent en effet que le château disparaît deux fois dans l'année, une fois en hiver et une fois en été. On pourrait là encore suspecter une caution purement fictive destinée à mystifier le lecteur ou à lui faire croire des choses invraisemblables. Il n'en est rien : ce témoignage est parfaitement crédible car des contes folkloriques (ou des mythes du domaine indo-européen plus particulièrement) présentent ce motif à de nombreuses reprises.

Ainsi donc, la légende tristanienne prendrait forme sur le terrain mouvant de traditions principalement (mais non exclusivement) orales. Elle se construit sur des épisodes probablement indépendants et fort anciens qui ont été progressivement adaptés à la sensibilité du public des cours princières. En fait, si l'on en croit Thomas, il ne faudrait pas parler d'*une* légende tristanienne mais de plusieurs. « Ce conte est très divers », précise notre romancier. Comprenons par là que chaque conteur possède sa version des faits. Parfois, les épisodes se ressemblent mais le plus souvent, ils divergent (« ils content diversement »). C'est ce qui rend le travail d'unification si difficile pour Thomas. Car le romancier se trouve dans la situation du rhapsode qui doit coudre ensemble des épisodes discontinus et indépendants les uns des autres (« j'unifie le conte par mes vers »). Il doit introduire *l'unité* dans la diversité anarchique de traditions légendaires souvent contradictoires entre elles. C'est l'aveu d'une certaine instabilité ou « mouvance » de la tradition orale. Les légendes possèdent une vie propre et il est impossible d'en contrôler la mouvance voire la dérive.

Il est tout aussi difficile de mesurer l'ampleur exacte de la créativité des conteurs. Il va de soi en effet qu'ils ont dû transformer en un sens effectif mais limité certains épisodes dont ils héritaient. Ils ont parfois été contraints de réinventer des épisodes manquants à cause des défaillances de leur mémoire. Ils ont pu également modifier tel ou tel épisode dont ils ne comprenaient plus le sens. Le rôle des conteurs professionnels dans la diffusion des légendes celtiques est souligné par Thomas lui-même. Il donne le nom du plus illustre de ces personnages : c'est « Bréri qui connaissait tous les récits épiques (*gestes*) et les contes au sujet de tous les rois et comtes qui ont vécu en Bretagne » (v. 849-51). *Breri* réapparaît dans plusieurs textes français de la fin du XIIe et du début du XIIIe siècle. On le mentionne, parfois sous le nom de *Blihis*, comme l'autorité suprême en matière de contes. C'est sans doute le même qui apparaît sous le nom de *Blihos Bliheris* avec le rôle d'un chevalier-conteur dans une « élucidation » du *Conte du Graal* de Chrétien de Troyes. Vaincu par Gauvain, ce chevalier aurait raconté pour la première fois à la cour du roi Arthur les fabuleuses aventures de la Table Ronde. On notera que dans l'adaptation allemande de *Tristan* par Eilhart d'Oberg, un chevalier du nom de *Pleherîn* joue un rôle de messager-conteur tout à fait comparable.

Les érudits ont naturellement recherché la trace de ce *Breri-Bleheri* dans les archives. Ils ont trouvé un Gallois conteur d'histoires galloises qualifié de fameux fabulateur (*famosus ille fabulator*) par Giraud de Cambrie à la fin du XIIe siècle. Ce Bréri en fait *Bledri ap Dadivor* était un noble gallois allié des Normands qui venaient d'envahir la Grande-Bretagne. Il aurait vécu entre 1070-1080 et 1130-1140 et portait dans les chartes le titre de *Latinarius*, c'est-à-dire « interprète ». Cette qualité est importante car elle pourrait indiquer que notre personnage était au moins bi- sinon trilingue (il devait parler le gallois, le latin et l'anglo-normand). Il a donc dû jouer un rôle décisif dans l'adaptation en langue étrangère des légendes de son pays et dans la diffusion de celles-ci sur le continent. On sait maintenant que c'est le canal grâce auquel la « matière de Bretagne » a pu arriver sur le continent et c'est la raison pour laquelle les premiers romans français qui ne sont pas adaptés des œuvres antiques ont pour cadre l'Angleterre ; c'est le cas pour les romans de Chrétien de Troyes et les romans tristaniens entre autres.

Il existe déjà à l'époque de Thomas une tradition écrite et ce passage à l'écriture donne une nouvelle impulsion à notre légende. A la fluctuation primitive des traditions s'opposent à présent la recherche d'une cohérence esthétique et littéraire, un travail d'écriture, de moralisation ou d'idéalisation de l'Aventure. Un autre destin commence pour une légende désormais promise à une incomparable postérité. Un nouveau mythe littéraire est né.

Philippe WALTER.

Principales éditions
des textes tristaniens français en vers

Béroul

Le Roman de Tristan, poème du XIIᵉ siècle, édité par E. Muret, Paris, Champion, 1913 ; 4e éd., 1947 (revue par L. M. Defourques).
The Romance of Tristran by Beroul ed. by A. Ewert, vol. 1 (introduction, glossary, text), Oxford, 1939 (réimpressions : 1946, 1953, 1958, 1963, 1967, 1970). Vol. 2 (introduction, commentary), Oxford, 1970.

Thomas

Le Roman de Tristan par Thomas, poème du XIIᵉ siècle, publié par J. Bédier, t. 1 (texte), Paris, Didot, 1902 ; t. 2 (introduction), Paris, Didot, 1905 (Société des Anciens Textes Français).
Les Fragments du roman de Tristan, poème du XIIᵉ siècle, édités par B. H. Wind, Genève et Paris, Droz et Minard, 1960 (Textes littéraires français, 92).

Folie Tristan

La Folie Tristan de Berne, publiée avec commentaire par E. Hœpffner, Paris, Les Belles-Lettres, 1934 ; 2e éd. 1949 (Publications de la Faculté des Lettres de l'Université de Strasbourg. Textes d'étude, 3).

La Folie Tristan d'Oxford, publiée avec commentaire par E. Hœpffner, Paris, Les Belles-Lettres, 1938 ; 2e éd. 1943 (Publications de la Faculté des Lettres de l'Université de Strasbourg. Textes d'étude, 8).

R. J. Dean et E. Kennedy, Un fragment anglo-normand de la *Folie Tristan* de Berne, *Le Moyen Age*, 1, 1973, 57-72.

Lai du Chèvrefeuille

Les Lais de Marie de France, édités par J. Rychner, Paris, Champion, 1966 (Classiques français du Moyen Age, 93).

Donnei des Amants (extrait : « Tristan rossignol »)

Le Donnei des Amants édité par G. Paris, *Romania*, 25, 1896, 497-541 (v. 453 à 683)

Tristan et Yseut, Les Tristan en vers, édition et traduction de Jean-Charles Payen, Paris, Classiques Garnier, 1974.

Quelques travaux critiques

G. SCHŒPPERLE, *Tristan and Isold: a study of the sources of the romance*, Francfort-Londres, 1913, 2 vol. (New York University, Ottendorfer memorial series of germanic monographs, n° 3), 2e éd., 1959.

P. LE GENTIL, « La légende de Tristan vue par Béroul et Thomas », *Romance Philology*, 7, 1953, 111-129.

P. JONIN, *Les Personnages féminins dans les romans français de Tristan au XIIᵉ siècle*, Aix-en-Provence, 1958.

A. FOURRIER, *Le Courant réaliste dans le roman courtois en France au Moyen Age*, Paris, Nizet, 1960 (sur le *Tristan* de Thomas, pp. 19-109).

J. Frappier, « Structure et sens du Tristan: version commune, version courtoise », *Cahiers de civilisation médiévale*, 6, 1963, 255-280 et 441-454.

F. Barteau, *Les Romans de Tristan et Yseut: introduction à une lecture plurielle*, Paris, Larousse, 1972.

P. Gallais, *Genèse du roman occidental: essais sur Tristan et Yseut et son modèle persan*, Paris, Tête de feuilles & Sirac, 1974

D. Poirion, Le *Tristan* de Béroul: récit, légende et mythe, *L'Information littéraire*, 1975, 199-207.

G. Raynaud de Lage, « Les romans de Tristan au xiie siècle », *Grundriss der romanischen Literaturen des Mittelalters*, vol. IV: *Le roman jusqu'à la fin du treizième siècle*, t. 1, Heidelberg, Winter, 1978, pp. 212-230.

M. Cazenave, *La Subversion de l'âme: mythanalyse de l'histoire de Tristan et Yseut*, Paris, Seghers, 1981 (collection « L'esprit jungien »).

La Légende de Tristan au Moyen Age (colloque de l'Université de Picardie des 16 et 17 janvier 1982), Göppingen, 1982 (Göppinger Arbeiten zur Germanistik, n° 355).

Tristan et Yseut: mythe européen et mondial (colloque de l'Université de Picardie des 10-12 janvier 1986), Göppingen, 1987.

E. Baumgartner, *Tristan et Yseut*, P.U.F., 1987.

P. Walter, *Le Gant de verre. Le Mythe de Tristan et Yseut*, La Gacilly, Artus, 1990.

On pourra s'informer sur les travaux qui paraissent annuellement à propos des textes tristaniens en consultant le *Bulletin bibliographique de la Société internationale arthurienne* (un volume annuel depuis 1949) ainsi que la revue américaine *Tristania* (essentiellement consacrée à l'étude des textes tristaniens en général).

Il existe une bibliographie tristanienne très complète jusqu'en 1978 : D. J. Shirt, *The old french Tristan poems: a bibliographical guide*, Londres, Grant & Cutler Ltd, 1980 (Research bibliographies and checklists, 28).

Etablissement du texte

Le texte en ancien français qui a servi de base à notre traduction a été établi grâce aux diverses contributions philologiques sur les textes tristaniens en vers. Les éditions les plus récentes ainsi que les comptes rendus auxquels elles ont donné lieu ont permis de réaliser une synthèse provisoire de ce que la philologie et l'histoire littéraire ont apporté aux témoins tristaniens durant ces dernières années.

Nous ont été particulièrement utiles :
Pour Béroul :

A. EWERT, *The Romance of Tristran by Beroul*, vol. 2 (Introduction, commentary), Oxford, Blackwell, 1970.

T. B. W. REID, *The Tristran of Beroul : a textual commentary*, Oxford, Basil Blackwell, 1972.

H. BRAET, « Remarques sur le texte de Béroul », *Medioevo Romanzo*, 3, 1976, 345-349 et 4, 1977, 294-300.
Pour la *Folie Tristan* :

M. WILMOTTE, c. r. édition d'E. Hœpffner (*F. Berne*), *Le Moyen Age*, 45, 1935, 95-98.

D. ROBERTSON, « On the text of the Berne F. T. », *Romania*, 1977, 95-104.

G. ECKARD, « A propos d'un passage de la *F. T.* de Berne », *Travaux de Linguistique et de Littérature (Mélanges Rychner)*, 16-1, 1978, 161-168.

Nous avons conservé la numérotation des vers telle qu'elle figure dans les éditions usuelles pour éviter de recourir à un tableau compliqué de concordances et pour faciliter la recherche des passages cités dans les différents ouvrages de critique littéraire.

Béroul
Le Roman de Tristan

Paris, Bibliothèque nationale, ms. fr. 2171, f° 1-32.

....
Que nul senblant de rien en face.
Com ele aprisme son ami,
4 Oiez com el l'a devanci :
« Sire Tristran, por Deu le roi,
Si grant pechié avez de moi,
Qui me mandez a itel ore ! »
8 Or fait senblant con s'ele plore.
.... mie
.... mes en vie.
.... ceste asenblee
12 .... s'espee.
....
I ....
Conme ....
16 Par Deu, qui l'air fist et la mer,
Ne me mandez nule foiz mais.
Je vos di bien, Tristran, a fais,
Certes, je n'i vendroie mie.
20 Li rois pense que par folie,
Sire Tristran, vos aie amé ;
Mais Dex plevis ma loiauté,
Qui sor mon cors mete flaele,
24 S'onques fors cil qui m'ot pucele
Out m'amistié encor nul jor !
Se li felon de cest'enor
Por qui jadis vos conbatistes
28 O le Morhout, quant l'oceïstes,
Li font acroire, ce me senble,
Que nos amors jostent ensenble,
Sire, vos n'en avez talent ;
32 Ne je, par Deu omnipotent,
N'ai corage de drüerie
Qui tort a nule vilanie.
Mex voudroie que je fuse arse,
36 Aval le vent la poudre esparse,
Jor que vive que amor
Aie o home qu'o mon seignor ;
Et, Dex ! si ne m'en croit il pas.

(...) qu'il ne laisse rien paraître*. Ecoutez comme elle prend les devants, tout en s'approchant de son ami :

« Sire Tristan, par Dieu le roi du ciel, vous me causez du tort en me faisant venir à une heure pareille ! »

Elle fait alors semblant de pleurer (...).

« Par Dieu qui créa l'air et la mer, ne me faites plus venir à des rendez-vous comme celui-ci ! Je vous le dis bien, Tristan, et à regret, je ne viendrais certainement pas. Le roi pense, sire Tristan, que j'ai éprouvé pour vous un amour coupable ; mais, je prends Dieu à témoin que j'ai été fidèle ; qu'il me frappe de son fléau si un autre homme que celui qui m'eut vierge fut jamais mon amant ! Même si les félons de ce royaume pour qui vous avez jadis combattu et tué le Morholt lui font croire, il me semble, que l'amour nous unit, vous n'avez pas, sire, un tel désir. Moi non plus, par le Seigneur tout-puissant, je n'aspire pas à une liaison déshonorante. Je préférerais être brûlée et que le vent disperse mes cendres plutôt que d'aimer, tant que je vivrai, un autre homme que mon mari. Eh, Dieu ! Pourtant, il ne me croit pas !

---

* Le début du manuscrit est mutilé. Au moment où le texte commence, le roi Marc, averti que Tristan et Yseut ont rendez-vous près de la fontaine, s'est caché dans l'arbre qui la domine pour les surprendre. Mais les amants aperçoivent son reflet dans l'eau et, en usant d'un double langage, donnent à leur conversation un tour qui persuade le roi de leur innocence.

40 Je puis dire : de haut si bas !
    Sire, molt dist voir Salemon :
    Qui de forches traient larron,
    Ja pus nes amera nul jor.
44 Se li felon de cest'enor
    ....
    ....
    ....
48 .... aise .... parole
    ..amor deüsent il celer.
    Molt vos estut mal endurer
    De la plaie que vos preïstes
52 En la batalle que feïstes
    O mon oncle. Je vos gari.
    Se vos m'en erïez ami,
    N'ert pas merveille, par ma foi !
56 Et il ont fait entendre au roi
    Que vos m'amez d'amor vilaine.
    Si voient il Deu et son reigne !
    Ja nul verroient en la face.
60 Tristran, gardez en nule place
    Ne me mandez por nule chose ;
    Je ne seroie pas tant ose
    Que je i osase venir.
64 Trop demor ci, n'en quier mentir.
    S'or en savoit li rois un mot,
    Mon cors seret desmenbré tot,
    Et si seroit a molt grant tort ;
68 Bien sai qu'il me dorroit la mort.
    Tristran, certes, li rois ne set
    Que por lui par vos aie ameit :
    Por ce qu'eres du parenté
72 Vos avoie je en cherté.
    Je quidai jadis que ma mere
    Amast molt les parenz mon pere,
    Et disoit ce que ja mollier
76 N'en savroit ja son seignor chier
    Qui les parenz n'en amereit.
    Certes, bien sai que voir diset.
    Sire, molt t'ai por lui amé
80 E j'en ai tot perdu son gré.
    — Certes, et il n'en ....
    Porqoi seroit tot ..... li ....

24

Je peux le dire : je suis tombée de haut ! Sire, Salomon dit vrai : ceux qui soustraient le larron [*remettes*] [*thief*] au gibet [*gallows*] ne s'en feront jamais aimer[1]. Si les félons de ce royaume (...)

ils devraient cacher (l') amour. Elle vous a fait terriblement souffrir, la blessure que vous avez reçue dans le combat contre mon oncle. Je vous ai guéri. Si vous êtes devenu mon ami, par ma foi, ce n'est guère étonnant. Et ils ont fait croire au roi que vous m'aimiez d'un amour malhonnête. Si c'est ainsi qu'ils pensent faire leur salut, ils ne sont pas prêts d'entrer au paradis. Tristan, évitez de me faire venir en quelque lieu et pour quelque raison que ce soit : je ne serais pas assez téméraire pour oser y aller. Je suis restée trop longtemps ici, je dois l'avouer. Si le roi savait un seul mot de tout ce qui se passe, je serais écartelée et ce serait une grande injustice ; je suis certaine qu'il me donnerait la mort. Tristan, assurément, le roi ne comprend pas que c'est à cause de lui que j'ai de l'affection pour vous ; vous m'étiez très cher parce que vous étiez de son lignage. Jadis, il me semblait que ma mère aimait beaucoup la famille de mon père. Elle disait que jamais une épouse ne pouvait tenir à son mari si elle n'aimait pas aussi la famille de celui-ci. Assurément, elle disait vrai. Sire, à cause de lui, je vous ai beaucoup aimé et j'ai perdu pour cela ses faveurs.

— Certes, il n'en (...).
Pourquoi serait... (...).

---

1. Ce n'est pas exactement la formulation biblique (voir *Prov.* XXVIII, 17 ou XXIX, 10). Un extrait du dialogue de *Salomon et Marcoul* indique : « Celui qui amène un bandit chez lui en retire toujours un dommage, Salomon le dit. »

Si home li ont fait acroire
84 De nos tel chose qui n'est voire.
— Sire Tristran, que volez dire ?
Molt est cortois li rois, mi sire ;
Ja nu pensast nul jor par lui
88 Q'en cest pensé fuson andui.
Mais l'en puet home desveier :
Faire le mal et bien laisier ;
Si a l'on fait de mon seignor.
92 Tristran, vois m'en, trop i demor.
— Dame, por amor Deu, merci !
Mandai toi, et or es ici ;
Entent un poi a ma proiere.
96 Je t'ai je tant tenue chiere ! »
Quant out oï parler sa drue,
Sout que s'estoit aperceüe.
Deu en rent graces et merci,
100 Or set que bien istront de ci.
« Ahi, Yseut, fille de roi,
Franche cortoise, en bone foi !
Par plusors foiz vos ai mandee,
104 Puis que chanbre me fu vee(e),
Ne puis ne poi a vos parler.
Dame, or vos vuel merci crïer
Qu'il vos menbre de cest chaitif
108 Qui a traval et a duel vif ;
Qar j'ai tel duel c'onques le roi
Out mal pensé de vos vers moi
Qu'il n'i a el fors que je muere.
112 Fort m'est a cuer que je ....
Dame, granz ....
D...
....
116 .... ne fai
.... mon corage
.... qu'il fust si sage
.... creüst pas losengier
120 Moi desor lui a esloignier.
Li fel covert Corneualeis
Or en sont lié et font gabois.
Or voi je bien, si con je quit,
124 Qu'il ne voudroient que o lui
Eüst home de son linage.

Ses hommes lui ont fait croire à notre sujet des choses qui ne sont pas vraies.

— Sire Tristan, que voulez-vous dire ? Le roi, mon mari, est fort courtois. Il ne lui serait jamais venu à l'esprit que nous puissions avoir de telles pensées. Mais on peut conduire un homme à commettre le mal et à délaisser le bien : c'est ce que l'on a fait avec mon mari. Tristan, je m'en vais, je suis restée trop longtemps ici.

— Dame, pour l'amour de Dieu, pitié ! Je vous ai fait venir et vous êtes ici. Ecoutez un peu ma prière ! Je vous ai tant chérie ! »

En entendant parler son amie, il comprit qu'elle s'était aperçue (de la présence du roi). Il rend grâce à Dieu ; il sait maintenant qu'ils s'en sortiront.

« Ah ! Yseut, fille de roi, noble et courtoise, à plusieurs reprises j'ai demandé à vous voir en toute bonne foi depuis que la chambre royale me fut interdite et qu'on m'a empêché de vous parler. Dame, je veux maintenant vous supplier de vous souvenir de ce malheureux qui endure tourments et grandes peines car je suis si affligé que le roi ait pu penser mal des sentiments que je vous porte qu'il ne me reste qu'à mourir. (...)
ne crut pas les mauvaises langues, m'éloigner de sa présence. A présent, les félons de Cornouailles s'en réjouissent et plaisantent. Maintenant, je comprends bien, il me semble, qu'ils ne voudront pas le voir garder à ses côtés un homme de son lignage.

Molt m'a pené son mariage.
Dex ! porquoi est li rois si fol?
128 Ainz me lairoie par le col
Pendre a un arbre q'en ma vie
O vos preïse drüerie.
Il ne me lait sol escondire.
132 Por ses felons vers moi s'aïre,
Trop par fait mal qu'il les en croit :
Deceü l'ont, gote ne voit.
Molt les vi ja taisant et muz,
136 Qant li Morhot fu ça venuz,
Ou nen i out uns d'eus tot sous
Qui osast prendre ses adous.
Molt vi mon oncle iluec pensis,
140 Mex vosist estre mort que vis.
Por s'onor croistre m'en armai,
Conbati m'en, si l'en chaçai.
Ne deüst pas mis oncles chiers
144 De moi croire ses losengiers.
Sovent en ai mon cuer irié.
Pensë il que n'en ait pechié?
Certes, oïl, n'i faudra mie.
148 Por Deu, le fiz sainte Marie,
Dame, ore li dites errant
Qu'il face faire un feu ardant,
E je m'en entrerai el ré.
152 Se ja un poil en ai bruslé
De la haire qu'avrai vestu,
Si me laist tot ardoir u feu ;
Qar je sai bien n'a de sa cort
156 Qui a batalle o moi s'en tort.
Dame, por vostre grant franchise,
Donc ne vos en est pitié prise ?
Dame, je vos en cri merci :
160 Tenez moi bien a mon ami.
Qant je vinc ça a lui par mer,
Com a seignor i vol torner.
— Par foi, sire, grant tort avez,
164 Qui de tel chose a moi parlez
Que de vos le mete a raison,
Et de s'ire face pardon.
Je ne vuel pas encor morir
168 Ne moi du tot en tot perir.

Son mariage m'a créé bien des ennuis. Dieu ! Pourquoi le roi est-il si inconséquent ? Je préférerais être pendu par le cou à un arbre plutôt que de devenir un jour votre amant. Il ne me permet même pas de me justifier[2]. A cause de ses félons, il me poursuit de sa colère ; il a bien tort de les croire. Ils l'ont trompé et il n'y voit goutte. Je les vis bien silencieux et muets quand le Morholt arriva ici ; pas un n'osa prendre les armes. Je vis alors mon oncle très préoccupé ; il aurait mieux aimé être mort que vivant. Pour accroître son honneur, je pris les armes, je combattis et chassai le Morholt[3]. Mon oncle bien-aimé ne devrait pas croire les délateurs à mon sujet. Cela ne cesse de m'affliger. Pense-t-il que cela ne lui causera aucun tort ? Oui, assurément, il n'en sera pas autrement. Pour l'amour de Dieu, le fils de sainte Marie, ma dame, dites-lui sans tarder de faire préparer un grand feu et moi, j'entrerai dans le brasier. Si un seul poil de la haire que j'ai revêtue est brûlé, qu'il me laisse consumer tout entier. Car je sais bien qu'il n'y a personne à sa cour qui soit prêt à combattre contre moi. Dame, j'en appelle à votre grande générosité, n'avez-vous pas pitié de moi ? Dame, je vous en supplie : intervenez pour moi auprès du roi qui m'est si cher. Quand je vins vers lui en ce pays par la mer, je voulais revenir à lui comme vers un suzerain[4].

— En vérité, sire, vous avez tort quand vous me demandez de lui parler de vous pour qu'il oublie sa colère. Je ne veux pas encore mourir ni causer irrémédiablement ma perte.

2. En ancien français, le terme d'*escondit* fait référence à un serment de nature juridique. Celui qui le prête cherche à se justifier d'une accusation qu'on porte sur lui.

3. C'était l'oncle d'Yseut. Ce géant irlandais venait annuellement, à date fixe, réclamer à Marc un tribut de jeunes gens appartenant aux meilleures familles de Cornouailles.

4. Tristan veut dire qu'il voulait alors se conduire envers Marc comme doit le faire un vassal.

Il vos mescroit de moi forment,
Et j'en tendrai le parlement?
Donc seroie je trop hardie.
172 Par foi, Tristran, n'en ferai mie,
Ne vos nu me devez requerre.
Tote sui sole en ceste terre.
Il vos a fait chanbres veer
176 Por moi; s'il or m'en ot parler,
Bien me porroit tenir por fole;
Par foi, ja n'en dirai parole;
Et si vos dirai une rien,
180 Si vuel que vos le saciés bien:
Se il vos pardounot, beau sire,
Par Deu, son mautalent et s'ire,
J'en seroie joiose et lie.
184 S'or savoit ceste chevauchie,
Cel sai je bien que ja resort,
Tristran, n'avroit contre mort.
Vois m'en, (uimais) né prendrai some.
188 Grant poor ai que aucun home
Ne vos ait ci veü venir.
S'un mot en puet li rois oïr
Que nos fuson ça asenblé,
192 Il me feroit ardoir en ré.
Ne seret pas mervelle grant.
Mis cors trenble, poor ai grant.
De la poor qui or me prent
196 Vois m'en, trop sui ci longuement. »
Iseut s'en torne, il la rapele:
« Dame, por Deu, qui en pucele
Prist por le pueple umanité,
200 Conselliez moi, par charité.
Bien sai, n'i osez mais remaindre.
Fors a vos ne sai a qui plaindre,
Bien sai que molt me het li rois.
204 Engagiez est tot mon hernois.
Car le me faites delivrer,
Si m'en fuirai, n'i os ester.
Bien sai que j'ai si grant prooise
208 Par tote terre ou sol adoise,
Bien sai que u monde n'a cort,
S'i vois, li sires ne m'avot.
Et se onques point du suen oi,

Il vous soupçonne gravement à mon sujet et moi, j'irais lui parler de cette affaire ? Ce serait se montrer trop hardie. Par ma foi, Tristan, je n'en ferai rien et vous ne devez pas me demander cela. Je suis toute seule dans ce pays. Il vous a interdit l'accès des chambres à cause de moi: s'il m'en entendait parler à présent, il pourrait bien me prendre pour une folle. Par ma foi, je ne lui en soufflerai mot ; mais je vais vous dire ceci et je veux que vous le sachiez bien. Par Dieu, s'il renonçait à sa rancœur et sa colère envers vous, beau seigneur, j'en serais heureuse et contente. Mais s'il apprenait cette équipée, Tristan, je sais qu'il n'y aurait plus aucun recours contre la mort. Je m'en vais, mais je ne dormirai pas beaucoup cette nuit. J'ai grand peur que quelqu'un vous ait vu venir ici. Si le roi entendait dire que nous nous sommes rencontrés, il me ferait brûler dans le bûcher et il ne faudrait pas s'en étonner. Je tremble, j'ai grand peur. Cette peur qui m'étreint me force à partir. Je suis restée ici trop longtemps. »

Yseut s'en va. Il la rappelle :

« Dame, au nom du Dieu qui pour sauver l'humanité se fit homme et naquit d'une vierge, conseillez-moi par pitié. Je sais bien que vous n'osez rester plus longtemps. Mais à qui d'autre que vous puis-je me plaindre ? Je sais bien que le roi me déteste. Tout mon équipement m'a été confisqué. Faites en sorte qu'il me le rende: je m'enfuirai et ne m'attarderai pas. J'ai, je le sais, une telle renommée que, dans n'importe quelle contrée où je me rendrai seul, il n'y a pas une cour au monde où je puisse aller sans que le seigneur de l'endroit ne m'engage. Et s'il ne me donne pas d'argent,

212 Yseut, par cest mien chief le bloi,
    Nel se voudroit avoir pensé
    Mes oncles, ainz un an passé,
    Por si grant d'or com il est toz,
216 Ne vos en qier mentir deus moz.
    Yseut, por Deu, de moi pensez,
    Envers mon oste m'aquitez.
    — Par Deu, Tristran, molt me mervel,
220 Qui me donez itel consel !
    Vos m'alez porchaçant mon mal.
    Icest consel n'est pas loial.
    Vos savez bien la mescreance,
224 Ou soit a voir ou set enfance.
    Par Deu, li sire glorios,
    Qui forma ciel et terre et nos,
    Se il en ot un mot parler
228 Que vos gages face aquiter,
    Trop par seroit aperte chose.
    Certes, je ne suis pas si osse,
    Ne ce vos di por averté,
232 Ce saciés vos de verité. »
    Atant s'en est Iseut tornee,
    Tristran l'a plorant saluëe.
    Sor le perron de marbre bis
236 Tristran s'apuie, ce m'est vis ;
    Demente soi a lui tot sol :
    « Ha ! Dex, beau sire saint Evrol,
    Je ne pensai faire tel perte
240 Ne foïr m'en a tel poverte !
    N'en merré armes ne cheval,
    Ne compaignon fors Governal.
    Ha ! Dex, d'ome desatorné !
244 Petit fait om de lui cherté.
    Qant je serai en autre terre
    S'oi chevalier parler de gerre,
    Ge n'en oserai mot soner :
248 Hom nu n'a nul leu de parler.
    Or m'estovra sofrir fortune,
    Trop m'avra fait mal et rancune !
    Beaus oncles, poi me deconnut
252 Qui de ta feme me mescrut ;
    Onques n'oi talent de tel rage.
    Petit savroit a mon corage.

Yseut, par ma chevelure blonde, avant un an, mon oncle se repentira de m'avoir jugé comme il le fait et il sera prêt à donner l'équivalent de son poids en or pour réparer son erreur, je ne cherche pas à vous mentir. Yseut, pour l'amour de Dieu, pensez à moi ! Acquittez-moi envers mon hôte !

— Par Dieu, Tristan, je m'étonne fort de recevoir une telle demande. Vous voulez ma perte. Vos paroles ne sont pas très loyales. Vous connaissez les soupçons du roi, qu'ils soient justifiés ou qu'il s'agisse d'enfantillages. Par le Dieu glorieux qui créa le ciel, la terre et nous, s'il entendait que je veux faire lever vos gages, il se douterait de quelque chose. Vraiment, je ne suis pas si téméraire et je ne vous dis pas cela par méchanceté, sachez-le bien. »

Alors Yseut s'en va. Tristan la salue en pleurant. Sur le marbre sombre du perron, Tristan est appuyé, ce me semble, et se lamente pour lui tout seul :

« Ah ! Dieu, noble sire saint Evroul[5], je ne pensais pas faire une telle perte ni m'enfuir dans un tel état de dénuement. Je n'emporterai ni armes ni cheval. Je n'aurai pas d'autre compagnon que Gouvernal[6]. Ah ! Dieu, on fait peu de cas de l'homme démuni ! Lorsque je serai en pays étranger, si j'entends un chevalier parler de guerre, je n'oserai sonner mot : l'homme dénué de tout n'a pas droit à la parole. A présent, il me faudra souffrir les caprices de la fortune. Elle m'a déjà tant accablé de maux et de rancune. Cher oncle, il me connaissait bien mal celui qui m'a soupçonné à propos de la reine. Jamais je n'ai voulu commettre une telle folie. Cela ne me ressemblerait pas du tout.

5. Cet abbé du VIe siècle est fêté le 29 décembre. Il aurait vécu en ermite dans la forêt d'Ouche, à l'est d'Exmes. Son culte est localisé dans les diocèses d'Evreux, Sées, Chartres, Coutances. On possède une *Vie de saint Evroul* en ancien français ; elle date du XIIe siècle.

6. Gouvernal, souvent qualifié de maître chez Béroul, a formé Tristan au métier des armes. C'est un complice des amants. Comme il n'a pas de fief, il s'est mis au service de Tristan et lui apporte à plusieurs reprises son concours technique.

....
256 ....
....
Li rois qui sus (en l'arbr)e estoit
Out l'asenblee bien veüe
260 Et la raison tote entendue.
De la pitié q'au cor li prist,
Qu'il ne plorast ne s'en tenist
Por nul avoir ; mout a grant duel,
264 Molt het le nain de Tintaguel.
« Las ! fait le rois, or ai veü
Que li nains m'a trop deceü.
En cest arbre me fist monter,
268 Il ne me pout plus ahonter.
De mon nevo me fist entendre
Mençonge, porqoi ferai pendre.
Por ce me fist metre en aïr.
272 De ma mollier faire haïr.
Ge l'en crui et si fis que fous.
Li gerredon l'en sera sous :
Se je le puis as poinz tenir,
276 Par feu ferai son cors fenir ;
Par moi avra plus dure fin
Que ne fist faire Costentin
A Segoçon, qu'il escolla
280 Qant o sa feme le trova.
Il l'avoit coroné a Rome
Et la servoient maint prodome.
Il la tint chiere et honora :
284 En lié mesfist, puis en plora. »
Tristran s'en ert pieça alez.
Li rois de l'arbre est devalez ;
En son cuer dit or croit sa feme
288 Et mescroit les barons du reigne,
Que li faisoient chose acroire
Que il set bien que n'est pas voire
Et qu'il a prové a mençonge.
292 Or ne laira qu'au nain ne donge
O s'espee si sa merite
Par lui n'iert mais traïson dite ;
Ne jamais jor ne mescroira
296 Tristran d'Iseut, ainz lor laira
La chanbre tot a lor voloir :

(...) Le roi qui se trouvait là-haut dans l'arbre avait bien vu la rencontre et entendu toute la conversation. A cause de la pitié qui s'insinuait dans son cœur, il n'aurait retenu ses larmes pour rien au monde. Il éprouve une grande affliction ; il est plein de haine pour le nain de Tintagel.

« Hélas ! dit-il, maintenant j'ai compris que le nain m'a bien trompé. Il m'a bien fait monter dans cet arbre, il ne pouvait m'infliger une plus grande honte. Il m'a raconté des mensonges sur mon neveu ; pour cela, je le ferai pendre. Il a excité ma colère, m'a fait haïr ma femme et je l'ai cru. J'ai agi comme un idiot. Il va bientôt en être récompensé. Si je peux m'emparer de lui, je le ferai mourir par le feu. Entre mes mains, il connaîtra une mort plus cruelle encore que celle qui fut réservée à Segoçon par Constantin[7] : celui-ci fit châtrer le nain quand il le surprit avec sa femme. Il l'avait couronnée à Rome et les meilleurs chevaliers étaient à son service. Il la chérissait et l'honorait. Pourtant, il la maltraita mais il s'en repentit ensuite. »

Tristan est parti depuis un certain temps déjà. Le roi descend de l'arbre. Dans son cœur, il se dit que désormais il croit sa femme et non plus les barons du royaume ; ils lui ont fait croire une chose dont il sait bien qu'elle n'est pas fondée et dont il a constaté le caractère mensonger. Il n'aura de cesse que son épée n'ait infligé au nain ce qu'il mérite de telle manière qu'il ne puisse plus jamais raconter de calomnie. Plus jamais, Marc ne soupçonnera Tristan au sujet d'Yseut. Bien au contraire, il les laissera se rencontrer à loisir dans la chambre.

7. Selon une légende médiévale, la femme de l'empereur Constantin devint la maîtresse d'un nain difforme nommé Segoçon par haine envers son mari.

« Or puis je bien enfin savoir.
Se feüst voir, ceste asenblee
300 Ne feüst pas issi finee.
S'il s'amasent de fol'amor,
Ci avoient asez leisor,
Bien les veïse entrebaisier.
304 Ges ai oï si gramoier,
Or sai je bien n'en ont corage.
Porqoi cro je si fort outrage?
Ce poise moi, si m'en repent ;
308 Molt est fous qui croit tote gent.
Bien deüse ainz avoir prové
De ces deus genz la verité
Que je eüse fol espoir.
312 Buen virent aprimier cest soir.
Au parlement ai tant apris
Jamais jor n'en serai pensis.
Par matinet sera paiez
316 Tristran o moi, s'avra congiez
D'estre a ma chanbre a son plesir.
Or est remés li suen fuïr(s)
Qu'il voloit faire le matin. »
320 Oiez du nain boçu Frocin.
Fors estoit, si gardoit en l'er,
Vit Orïent et Lucifer.
Des estoiles le cors savoit.
324 Les set planestres devisoit ;
Il savoit bien que ert a estre.
Qant il oiet un enfant nestre,
Les poinz contot toz de sa vie.
328 Li nai(n)s Froci(n)s, plains de voisdie,
Molt se penout de cel deçoivre
Qui de l'ame le feroit soivre.
As estoiles choisist l'asente,
332 De mautalent rogist et enfle,
Bien set li rois fort le menace,
Ne laira pas qu'il nu desface.
Molt est li nain nerci et pales,
336 Molt tost s'en vet fuiant vers Gales.
Li rois vait molt le nain querant,
Nu puet trover, si en a duel grant.
Yseut est en sa chanbre entree.
340 Brengain la vit descoloree ;

36

« A présent, j'en suis convaincu ! Si ce qu'on m'a raconté est vrai, l'entrevue ne se serait pas terminée de cette manière. S'ils s'étaient aimés d'un amour fou, ils ne se seraient pas gênés et je les aurais vus s'embrasser. Mais je les ai entendus se plaindre. Je sais bien qu'ils ne pensent pas (à mal). Pourquoi ai-je cru à une telle offense ? Cela me pèse et je m'en repens. C'est une folie de croire n'importe qui. J'aurais dû établir la vérité sur eux deux avant d'imaginer de folles présomptions. Cette soirée leur a été propice. Leur rencontre m'a tant appris que jamais plus je ne me ferai du souci. Au petit jour, Tristan sera récompensé, il aura la permission de rester dans ma chambre autant qu'il voudra. C'en est fini du projet de fuite qu'il envisageait pour demain matin. »

Parlons à présent du nain bossu, Frocin[8]. Il était dehors et regardait le ciel. Il vit Orion et Lucifer[9]. Il connaissait le cours des étoiles et observait les sept planètes. Il pouvait prédire l'avenir. Quand il apprenait la naissance d'un enfant, il détaillait tous les points de sa vie. Le nain Frocin, rempli de malice, s'efforçait de tromper celui qui le tuerait un jour. Dans les étoiles, il perçoit les signes d'une réconciliation. Il rougit et enfle de colère. Il sait que le roi le menace et tentera par tous les moyens de le tuer. Le nain se rembrunit et pâlit. Il s'enfuit aussitôt vers le pays de Galles. Le roi cherche le nain sans relâche. Il ne peut le trouver ; il en est fort dépité.

Yseut est entrée dans sa chambre. Brangien la vit toute pâle.

---

8. Personnage toujours malicieux et souvent maléfique, le nain est en relation avec les puissances occultes (plutôt chtoniennes). Il détourne à son profit une science céleste, l'astrologie, qui au Moyen Age se distingue mal de l'astronomie. Elle exerce une grande fascination sur les esprits depuis que de nombreux traités traduits de l'arabe commencent à se répandre en Occident.

9. Le ms. donne *Orient* au lieu d'*Orion* mais, comme il s'agit d'une conjonction astrologique, il est préférable de retenir la leçon *Orion*. Sur la signification de cette « conjonction », voir notre article paru dans *Senefiance*, 13, 1983, pp. 437-449.

Bien sout que ele avoit oï
Tel rien dont out le cuer marri,
Qui si muoit et palisoit ;
344 ....
Ele respont : « Bele magistre,
Bien doi(t) estre pensive et tristre.
Brengain, ne vos vel pas mentir :
348 Ne sai qui hui nos vout traïr,
Mais li rois Marc estoit en l'arbre,
Ou li perrons estait de marbre.
Je vi son onbre en la fontaine.
352 Dex me fist parler premeraine.
Onques de ce que je i quis
N'i out mot dit, ce vos plevis,
Mais mervellos conplaignement
356 Et mervellos gemissement.
Gel blasmé que il me mandot,
Et il autretant me priout
Que l'acordase a mon seignor,
360 Qui, a grant tort, ert a error
Vers lui de moi ; et je li dis
Que grant folie avoit requis,
Que je a lui mais ne vendroie
364 Ne ja au roi ne parleroie.
Ne sai que je plus racontasse.
Conp(l)ainz i out une grant masse.
Onques li rois ne s'aperçut
368 Ne mon estre ne desconnut.
Partie me sui du tripot. »
Quant l'ot Brengain, molt s'en esjot :
« Iseut, ma dame, grant merci
372 Nos a Dex fait, qui ne menti,
Qant il vos a fait desevrer
Du parlement sanz plus outrer,
Que li rois n'a chose veüe
376 Qui ne puise estr'en bien tenue.
Granz miracles vos a fait Dex,
Il est verais peres et tex
Qu'il n'a cure de faire mal
380 A ceus qui sont buen et loial. »
Tristran ravoit tot raconté
A son mestre com out ouvré.
Qant conter l'ot, Deu en mercie

Elle comprit qu'elle avait entendu une nouvelle qui avait bouleversé son cœur, pour qu'elle change de couleur et pâlisse de la sorte (...).

Yseut lui répondit: « Chère gouvernante, j'ai des raisons d'être pensive et triste. Brangien, je ne veux pas vous mentir. Je ne sais qui a voulu nous trahir aujourd'hui mais le roi Marc se trouvait dans l'arbre près du perron de marbre. J'ai vu son ombre dans la fontaine. Dieu fit en sorte que je parle la première. Il n'y eut pas un mot de prononcé sur ce que j'étais venue chercher là, je vous le garantis, mais seulement de spectaculaires plaintes et de non moins spectaculaires gémissements. J'ai blâmé Tristan de m'avoir fait venir tandis que lui me priait de le réconcilier avec son seigneur qui se méprenait sur ses sentiments à mon égard. Je lui ai dit que sa requête était une vraie folie, que je ne lui accorderai plus d'entretien et que je ne parlerai pas au roi. Je ne sais plus ce que j'ai ajouté. Il y eut bien des lamentations. Jamais le roi n'a pu découvrir ni soupçonner le fond de mes pensées. Je me suis tirée d'embarras. »

Quand Brangien l'entendit, elle s'en réjouit fort :

« Yseut, ma dame, Dieu qui ne trompa jamais personne nous a accordé une grande grâce, quand il vous a permis de conclure cet entretien, sans plus, et sans que le roi ait rien vu qui puisse être pris en mauvaise part. Dieu a fait pour vous un grand miracle. C'est un vrai père qui prend soin de ne jamais faire de mal à ceux qui sont bons et loyaux. »

De son côté, Tristan avait raconté en détail à son maître comment il s'était comporté. Quand celui-ci l'eut entendu, il remercia Dieu

384 Que plus n'i out fait o s'amie.
Ne pout son nain trover li rois.
Dex ! tant ert a Tristran sordois !
A sa chanbre li rois en vient.
388 Iseut le voit, qui molt le crient :
« Sire, por Deu, dont venez vos ?
Avez besoin, qui venez sous ?
— Roïne, ainz vien a vos parler
392 Et une chose demander.
Si ne me celez pas le voir,
Qar la verté en vuel savoir.
— Sire, onques jor ne vos menti.
396 Se la mort doi recevoir ci,
S'en dirai je le voir du tot :
Ja n'i avra menti d'un mot.
— Dame, veïs puis mon nevo ?
400 — Sire, le voir vos en desno.
Ne croiras pas que voir en die.
Mais jel dirai sanz tricherie.
Gel vi et pus parlai a lui,
404 O ton nevo soz cel pin fui.
Or m'en oci, roi, se tu veus.
Certes, gel vi. Ce est grant deus ;
Qar tu penses que j'aim Tristrain
408 Par puterie et par anjen.
Si ai tel duel que moi n'en chaut
Se tu me fais prendre un mal saut.
Sire, merci a celle foiz !
412 Je t'ai voir dit : si ne m'en croiz,
Einz croiz parole fole et vaine,
Ma bone foi me fera saine.
Tristran, tes niés, vint soz cel pin
416 Qui est laienz en cel jardin,
Si me manda qu'alasse a lui,
Ne me dist rien, mais je li dui
Anor faire non trop frarine.
420 Par lui sui je de vos roïne.
Certes, ne fusent li cuvert
Qui vos dïent ce qui ja n'iert,
Volantiers li feïse anor.
424 Sire, jos tien por mon seignor,
Et il est vostre niés, ç'oi dire.
Por vos l'ai je tant amé, sire.

que Tristan n'en eût pas fait davantage avec Yseut.

Le roi ne trouve pas son nain. Dieu, ce sera bien fâcheux pour Tristan ! Le roi retourne dans sa chambre. Yseut qui en a peur le voit arriver :

« Sire, pour Dieu, d'où venez-vous ? De quoi avez-vous besoin, pour vous déplacer ainsi tout seul ?

— Reine, c'est à vous que je viens parler et demander quelque chose. Ne me cachez pas la vérité car je veux la connaître !

— Sire, jamais de ma vie je ne vous ai menti. Même s'il me fallait mourir à l'instant, je dirais toute la vérité. Je ne vous mentirai pas d'un mot.

— Madame, avez-vous revu mon neveu ?

— Sire, je vais vous dévoiler la vérité. Vous n'allez pas croire en ma franchise, mais je parlerai sans tromperie. Je l'ai vu et je lui ai parlé. Je me suis trouvée avec votre neveu sous ce pin. Maintenant, tuez-moi, si vous le voulez, sire. Oui, c'est vrai, je l'ai vu. C'est très grave, car vous pensez que j'aime Tristan comme une débauchée et une madrée et cette idée me cause une telle souffrance que peu m'importe si vous me faites faire le grand saut[10]. Sire, pitié pour cette fois ! Je vous ai dit la vérité. Pourtant, vous ne me croyez pas, mais vous ajoutez foi à des mensonges sans fondement. Ma bonne foi me sauvera. Tristan, votre neveu, vint sous le pin qui se trouve là-bas dans le jardin. Il m'invita à venir le trouver. Il ne me présenta pas de sollicitations mais moi, je devais lui refuser certains égards. C'est grâce à lui que je suis reine en étant votre épouse. Assurément, sans les perfides qui vous disent ce qui jamais ne sera, je lui aurais réservé bon accueil. Sire, je vous considère comme mon époux et il est votre neveu, à ce qu'on m'a dit. C'est pour vous que je l'ai tant aimé.

---

10. Périphrase pour désigner la mort.

Mais li felon, li losengier,
428 Quil vuelent de cort esloignier,
Te font acroire la mençonge.
Tristran s'en vet : Dex lor en doinge
Male vergoigne recevoir !
432 A ton nevo parlai ersoir :
Molt se conplaint com angoisos,
Sire, que l'acordasse a vos.
Ge li dis ce, qu'il s'en alast,
436 Nule foiz mais ne me mandast ;
Qar je a lui mais ne vendroie
Ne ja a vos n'en parleroie.
Sire, de rien ne mentirez :
440 Il n'i ot plus. Se vos volez,
Ocïez moi, mes c'iert a tort.
Tristran s'en vet por le descort,
Bien sai que outre la mer passe.
444 Dist moi que l'ostel l'aquitasse :
Nel vol de rien nule aquiter
Ne longuement a lui parler.
Sire, or t'ai dit le voir sanz falle ;
448 Se je te ment, le chief me talle.
Ce saviez, sire, sanz doutance,
Je li feïse l'aquitance,
Se je osase, volentiers ;
452 Ne sol quatre besanz entiers
Ne li vol metre en s'aumosniere,
Por ta mesnie noveliere,
Povre s'en vet, Dex le conduie !
456 Par grant pechié li donez fuie.
Il n'ira ja en cel païs
Dex ne li soit verais amis. »
Li rois sout bien qu'el ot voir dit,
460 Les paroles totes oït.
Acole la, cent foiz la besse.
El plore, il dit qu'ele se tese ;
Ja nes mescrerra mais nul jor
464 Por dit de nul losengeor ;
Allent et viengent a lor buens.
Li avoirs Tristran ert mes suens,
Et li suens avoirs ert Tristrans.
468 N'en crerra mais Corneualans.
Or dit li rois a la roïne

Mais les félons, les médisants qui cherchent à l'éloigner de la cour, vous font croire à des mensonges. Tristan s'en va. Que Dieu les accable de honte ! J'ai parlé à votre neveu hier soir. Il se lamente comme un homme tourmenté, sire, pour que je le réconcilie avec vous. Je lui ai dit de s'en aller et de ne plus jamais me fixer de rendez-vous car je ne viendrais plus le voir. Je lui ai dit aussi que je ne vous parlerais pas de lui. Sire, sans mentir, il n'y eut rien de plus. Si vous le voulez, tuez-moi, mais ce sera injuste. Tristan s'en va à cause de ce désaccord. Je sais qu'il part outre-mer. Il m'a demandé d'acquitter son séjour mais je n'ai voulu l'acquitter de rien du tout ni m'attarder à lui parler. Sire, je vous ai dit l'entière vérité. Si je vous mens, faites-moi décapiter. Vous le savez bien, sire, sans hésiter, j'aurais bien volontiers payé ses dettes si j'avais osé. Mais je n'ai pas même glissé dans sa bourse quatre besants entiers à cause de votre entourage perfide. Pauvre, il s'en va, que Dieu le guide ! C'est à grand tort que vous le poussez à fuir. Il n'ira jamais dans ce pays, là-bas, si Dieu n'est pas pour lui un ami véritable. »

Le roi savait bien qu'elle disait la vérité, il avait entendu tous leurs propos. Il la prend dans ses bras et la couvre de baisers. Elle pleure ; il l'implore de se taire. Jamais plus il ne les suspectera désormais, en dépit des médisants. Qu'ils aillent et viennent selon leur bon plaisir ! Les biens de Tristan seront désormais les siens et ses biens appartiendront à Tristan. Plus jamais il ne croira les Cornouaillais. Et le roi raconte à la reine

Conme le felon nain Frocine
Out anoncié le parlement
472 Et com el pin plus hautement
Le fist monter por eus voier
A lor asenblement, le soir.
« Sire, estïez vos donc el pin ?
476 — Oïl, dame, par saint Martin !
Onques n'i ot parole dite
Ge n'oïse, grant ne petite.
Qant j'oï a Tristran retraire
480 La batalle que li fis faire,
Pitié en oi, petit falli
Que de l'arbre jus me chaï.
Et quant je vos oï retraire
484 Le mal q'en mer li estut traire
De la serpent dont le garistes,
Et les grans biens que li feïstes,
Et quant il vos requist quitance
488 De ses gages, si oi pesance
(Ne li vosistes aquiter
Ne l'un de vos l'autre abiter),
Pitié m'en prist an l'arbre sus.
492 Souef m'en ris, si n'en fis plus.
— Sire, ce m'est molt buen forment.
Or savez bien certainement,
Molt avion bele loisor ;
496 Se il m'amast de fole amor,
Asez en veïsiez senblant.
Ainz, par ma foi, ne tant ne quant
Ne veïstes qu'il m'aprismast
500 Ne mespreïst ne me baisast.
Bien senble ce chose certaine,
Ne m'amot pas d'amor vilaine.
Sire, s'or ne nos veïsiez,
504 Certes ne nos en creïssiez.
— Par Deu, je non, li rois respont.
Brengain (que Dex anor te donst !),
Por mon nevo va a l'ostel ;
508 Et se il dit ou un ou el
Ou n'i velle venir por toi,
Di je li mant qu'il vienge a moi. »
Brengain li dit : « Sire, il me het :
512 Si est grant tort, Dex le set.

comment le vilain nain Frocin avait dénoncé le rendez-vous et comment il l'avait fait monter en haut du pin pour assister à leur rencontre nocturne.

« Sire, vous étiez donc dans le pin ?

— Oui, ma dame, par saint Martin. Pas un mot ne fut prononcé, à voix haute ou basse, sans que je le perçoive. Quand j'entendis Tristan évoquer la bataille que je lui ai fait livrer, j'eus pitié de lui et je faillis tomber de l'arbre. Et quand je vous entendis rappeler les souffrances qu'il lui fallut supporter en mer à cause des blessures du serpent[11] dont vous l'avez guéri, quand vous avez rappelé les bienfaits que vous lui avez prodigués et quand il vous demanda d'acquitter ses gages[12], j'eus bien de la peine. Vous n'avez pas voulu acquitter ses dettes et vous ne vous êtes pas approchés l'un de l'autre ! Je fus pris de pitié en haut de mon arbre. J'en souris doucement et n'en fis pas davantage.

— Sire, cela m'est bien agréable. Vous savez de façon certaine que nous avions toute liberté : s'il m'avait voué un amour coupable, vous vous en seriez aperçu. Mais, par ma foi, à aucun moment vous ne l'avez vu s'approcher de moi, ni faire un geste coupable, ni me donner un baiser. C'est donc tout à fait certain: il ne me porte pas un amour indigne. Sire, si vous ne nous aviez pas vus, vous ne nous auriez pas crus.

— Mon Dieu, non ! fait le roi. Brangien, que Dieu te bénisse, va chercher mon neveu chez lui et s'il te dit quoi que ce soit ou s'il ne veut pas venir à cause de toi, dis-lui que c'est moi qui lui ordonne de venir. »

— Sire, il me hait, lui dit Brangien, et c'est un grand tort, Dieu le sait.

---

11. Ce dragon qui dévastait l'Irlande fut tué par Tristan. Le héros obtint Yseut en récompense de son exploit.

12. Tristan a été chassé de la cour. Il n'habite donc plus dans le palais du roi Marc et il est obligé de payer un loyer à son hôte. Comme il n'a pas d'argent, il a été contraint de déposer tout son équipement militaire en gage, pour couvrir les frais de son hébergement. Il faut rappeler que Tristan ne possède pas de fief.

Dit par moi est meslez o vos,
La mort me veut tot a estros.
G'irai ; por vos le laisera
516 Bien tost que ne me tochera.
Sire, por Deu, acordez m'i,
Quant il sera venu ici. »
Oiez que dit la tricherresse !
520 Molt fist que bone lecheresse ;
Lores gaboit a esscïent
Et se plaignoit de maltalent.
« Rois, por li vois, ce dist Brengain.
524 Acordez m'i, si ferez bien. »
Li rois respont : « G'i metrai paine.
Va tost poroc et ça l'amaine. »
Yseut s'en rist, et li rois plus.
528 Brengain s'en ist les sauz par l'us.
Tristran estoit a la paroi,
Bien les oiet parler au roi.
Brengain a par les braz saisie,
532 Acole la, Deu en mercie
....
D'estre o Yseut a son plaisir.
Brengain mist Tristran a raison :
536 « Sire, laienz en sa maison
A li rois grant raison tenue
De toi et de ta chiere drue.
Pardoné t'a son mautalent,
540 Or het ceus qui te vont meslant.
Proïe m'a que vienge a toi ;
Ge ai dit que ire as vers moi.
Fai grant senblant de toi proier,
544 N'i venir mie de legier.
Se li rois fait de moi proiere,
Fai par senblant mauvese chiere. »
Tristran l'acole, si la beise.
548 Liez est que ore ra son esse.
A la chanbre painte s'en vont,
La ou li rois et Yseut sont.
Tristran est en la chanbre entrez.
552 « Niés, fait li rois, avant venez.
Ton mautalent quite a Brengain,
Et je te pardorrai le mien.
— Oncle, chiers sire, or m'entendez :

Il dit que je suis la cause de sa brouille avec vous et il s'acharne à vouloir ma perte. Pourtant, j'irai. A cause de vous, il n'osera pas me toucher. Sire, au nom du ciel, réconciliez-moi avec lui quand il sera ici. »

Ecoutez ce que dit la maline ! Elle se comporte en parfaite coquine. Elle savait pertinemment qu'elle racontait des histoires quand elle se plaignait de la colère de Tristan.

« Roi, je vais le chercher, dit Brangien. Réconciliez-moi avec lui, ce sera une bonne action. »

Le roi répond :

« Je m'y efforcerai. Vas-y donc tout de suite et amène-le ici. »

Yseut sourit et le roi encore plus. Brangien gagne la sortie d'un pas léger. Tristan, contre le mur, les a entendues parler au roi. Il saisit Brangien par le bras, l'étreint et remercie Dieu (...) d'être avec Yseut tant qu'il le souhaitera. Brangien s'adresse à Tristan :

« Seigneur, dans cette pièce, le roi a beaucoup parlé de vous et de votre bien-aimée. Il vous pardonne d'avoir provoqué sa colère et déteste désormais ceux qui vous causent ces ennuis. Il m'a demandé de venir vous trouver. Je lui ai dit que vous étiez en colère contre moi. Faites semblant de vous faire prier et de ne venir qu'à contrecœur. »

Tristan l'étreint et lui donne un baiser. Il est heureux de vivre à nouveau comme il l'entend. Ils se rendent dans la chambre peinte où se trouvent le roi et Yseut. Tristan y entre.

« Approche, neveu, dit le roi. Apaise ta colère envers Brangien et je te pardonnerai la mienne.

— Oncle, seigneur bien-aimé, écoutez-moi maintenant !

556 Legirement vos defendez
Vers moi, qui ce m'avez mis sure
Dont li mien cor el ventre pleure,
Si grant desroi, tel felonie !
560 Dannez seroie et el honie.
Ainz nu pensames, Dex le set.
Or savez bien que cil vos het
Qui te fait croire tel mervelle.
564 D'or en avant meux te conselle,
Ne portë ire a la roïne
N'a moi, qui sui de vostre orine.
— Non ferai je, beaus niés, par foi. »
568 Acordez est Tristran au roi.
Li rois li a doné congié
D'estre a la chanbre : es le vos lié.
Tristran vait a la chanbre et vient,
572 Nule cure li rois n'en tient.
Ha ! Dex, qui puet amor tenir
Un an ou deus sanz descovrir ?
Car amors ne se puet celer :
576 Sovent cline l'un vers son per,
Sovent vienent a parlement,
Et a celé et voiant gent.
Par tot ne püent aise atendre,
580 Maint parlement lor estuet prendre.
A la cort avoit trois barons
Ainz ne veïstes plus felons.
Par soirement s'estoient pris
584 Que, se li rois de son païs
N'en faisot son nevo partir,
Il nu voudroient mais soufrir,
A lor chasteaus sus s'en trairoient
588 Et au roi Marc gerre feroient.
Qar, en un gardin, soz une ente,
Virent l'autrier Yseut la gente
Ovoc Tristran en tel endroit
592 Que nus hon consentir ne doit ;
Et plusors foiz les ont veüz
El lit roi Marc gesir toz nus.
Quar, quant li rois ert el bois,
596 Et Tristran dit : « Sire, g'en vois. »
Puis se remaint, entre en la chanbre,
Iluec grant piece sont ensemble.

48

Vous vous excusez bien légèrement, après avoir porté sur moi des accusations qui me déchirent le cœur. Un tel outrage ! Une telle félonie ! Pour moi, ce serait la damnation et pour elle la honte ! Jamais nous n'avons pensé à mal, Dieu le sait. Maintenant vous savez qu'il vous hait celui qui vous a fait croire ces extravagances. Dorénavant, soyez plus circonspect ! Ne vous emportez plus ni contre la reine ni contre moi qui suis de votre sang !

— Ce n'est pas mon intention, cher neveu, par ma foi. »

Tristan se réconcilie avec le roi. Le roi lui autorise l'accès de sa chambre: comme il est heureux ! Tristan va et vient dans la chambre et le roi n'y fait plus attention.

Ah, Dieu ! Qui peut aimer un an ou deux sans se trahir ? Car l'amour ne peut pas se dissimuler. Souvent, l'un fait des signes à l'autre. Souvent, ils ont des entrevues, en cachette ou devant des tiers. Nulle part, ils ne peuvent être tranquilles ; il leur faut prendre maints rendez-vous.

Il y avait à la cour trois barons ; il n'en existait pas de plus félons. Ils avaient juré, au cas où le roi ne voudrait pas chasser son neveu du royaume, de ne plus tolérer la situation, de regagner leurs châteaux et de déclarer la guerre au roi Marc. Car, dans un jardin, sous une ramure, ils avaient vu l'autre jour la noble Yseut et Tristan dans une situation que nul ne peut tolérer. Plusieurs fois, ils les avaient aperçus totalement nus dans le lit du roi Marc. Parce que, lorsque le roi partait dans la forêt et que Tristan disait: « Sire, je m'en vais, moi aussi », Tristan ne partait pas, entrait dans la chambre et ils restaient longtemps ensemble.

« Nos li diromes nos meïmes.
600 Alons au ro et si li dimes,
   Ou il nos aint ou il nos hast,
   Nos volon son nevo en chast. »
   Tuit ensemble ont ce consel pris.
604 Li roi Marc ont a raison mis,
   A une part ont le roi trait :
   « Sire, font il, malement vet.
   Tes niés s'entraiment et Yseut,
608 Savoir le puet qui c'onques veut ;
   Et nos nu volon mais sofrir. »
   Li rois l'entent, fist un sospir,
   Son chief abesse vers la terre,
612 Ne set qu'il die, sovent erre.
   « Rois, ce dïent li troi felon,
   Par foi, mais nu consentiron ;
   Qar bien savon de verité
616 Que tu consenz lor cruauté,
   Et tu sez bien ceste mervelle.
   Q'en feras tu ? Or t'en conselle !
   Se ton nevo n'ostes de cort,
620 Si que il jamais ne retort,
   Ne nos tenron a vos jamez,
   Si ne vos tendron nule pez.
   De nos voisins feron partir
624 De cort, que nel poon soufrir.
   Or t'aron tost cest geu parti :
   Tote ta volenté nos di.
   — Seignor, vos estes mi fael.
628 Si m'aït Dex, molt me mervel
   Que mes niés ma vergonde ait quise ;
   Mais servi m'a d'estrange guise.
   Conseliez m'en, gel vos requier.
632 Vos me devez bien conseillier,
   Que servise perdre ne vuel.
   Vos savez bien, n'ai son d'orguel.
   — Sire, or mandez le nain devin :
636 Certes, il set de maint latin.
   Si en soit ja li consel pris.
   Mandez le nain, puis soit asis. »
   Et il i est molt tost venuz.
640 Dehez ait il conme boçuz !
   Li un des barons l'en acole,

50

« Nous le lui dirons nous-mêmes ; allons trouver le roi et disons-lui: qu'il nous aime ou qu'il nous déteste, nous voulons qu'il chasse son neveu. »

Tous ensemble, ils prirent cette décision. Ils s'adressèrent au roi Marc en le prenant à part:

« Sire, font-ils, cela va mal. Yseut et ton neveu s'aiment. N'importe qui peut le constater. Nous ne pouvons supporter davantage une telle situation. »

Le roi a compris, il pousse un soupir, baisse la tête. Il ne sait que dire, il marche de long en large.

« Sire, disent les trois félons, par notre foi, nous n'en tolérons pas plus car nous savons que tu consens à ce crime et que tu connais ce scandale. Que vas-tu faire ? Réfléchis ! Si tu n'éloignes pas ton neveu de la cour en lui interdisant de revenir, c'en sera fini à jamais de notre fidélité et nous te ferons sans cesse la guerre. Nous demanderons à nos voisins de quitter ta cour car nous ne pouvons plus supporter la situation. A toi de jouer ! Fais-nous connaître ta décision !

— Seigneurs, vous êtes mes féaux. Par Dieu, je suis fort étonné de voir que mon neveu cherche à me déshonorer. Il m'a servi de bien étrange manière. Conseillez-moi, je vous le demande ! Vous devez me donner des conseils avisés car je ne veux pas perdre vos services. Vous le savez bien, je ne suis pas fier.

— Sire, faites venir le nain qui connaît l'avenir ! Assurément, il connaît beaucoup de sciences ; c'est lui qu'il faut consulter. Convoquez le nain et on avisera. »

Le nain accourt aussitôt. Maudit soit ce bossu ! Un des barons lui donne l'accolade

Li rois li mostre sa parole.
Ha ! or oiez qel traïson
644 Et confaite seducion
A dit au roi cil nain Frocin !
Dehé aient tuit cil devin !
Qui porpensa tel felonie
648 Con fist cist nain, qui Dex maudie ?
« Di ton nevo q'au roi Artur,
A Carduel, qui est clos de mur,
Covienge qu'il aut par matin ;
652 Un brief escrit an parchemin
Port a Artur toz les galoz,
Bien seelé, a cire aclox.
Rois, Tristran gist devant ton lit.
656 Anevoies, en ceste nuit,
Sai que voudra a lui parler,
Por Deu, que devra la aler.
Rois, de la chanbre is a prinsome.
660 Deu te jur et la loi de Rome,
Se Tristran l'aime folement,
A lui vendra a parlement ;
Et s'il i vient, et ge nul sai,
664 Se te nu voiz, si me desfai,
Et tuit ti home autrement.
Prové seront sanz soirement.
Rois, or m'en laise covenir
668 Et a ma volenté sortir
Et se li cole l'envoier
Desi qu'a l'ore du cochier. »
Li rois respont : « Amis, c'ert fait. »
672 Departent soi, chascun s'en vait.
Molt fu li nain de grant voidie,
Molt par fist rede felonie.
Cil en entra chiés un pestor,
676 Quatre derees prist de flor,
Puis la lia a son gueron.
Qui pensast mais tel traïson ?
La nuit, quant ot li rois mengié,
680 Par la sale furent couchié.
Tristran ala le roi couchier.
« Beaus niés, fait il, je vos requier,
Ma volenté faites, gel vuel.
684 Au roi Artus, jusqu'a Carduel,

et le roi expose l'affaire.

Ah ! Ecoutez la traîtrise et la perfidie que ce nain Frocin suggère au roi. Maudits soient tous ces devins ! Que Dieu maudisse celui qui imagina une félonie comparable à celle de ce nain !

« Dites à votre neveu de se rendre demain matin chez le roi Arthur dans la ville fortifiée de Carduel. Qu'il porte à Arthur au grand galop un message écrit sur un parchemin, bien scellé et fermé à la cire. Sire, Tristan dort devant votre lit. Tout à l'heure, pendant la nuit, je sais, par Dieu, qu'il voudra parler à Yseut parce qu'il devra partir loin. Sortez alors, sire, de votre chambre au début de la nuit. Je le jure par Dieu et par la loi de Rome, si Tristan éprouve un amour fou, il viendra parler à Yseut et s'il se rend auprès d'elle sans que je le sache et sans que vous le voyiez, alors tuez-moi et que tous vos hommes fassent de même. Tristan et Yseut seront reconnus coupables sans qu'il soit besoin de déférer le serment aux témoins. Sire, laissez-moi à présent organiser la chose et y pourvoir à ma guise. Attendez seulement le soir pour l'envoyer là-bas. »

— Ami, ce sera fait, répondit le roi. »

Ils se séparent et chacun s'en va de son côté. Le nain était plein d'astuce ; il conçut un infâme piège. Il entra chez un boulanger et lui acheta de la fleur de farine[13] pour quatre deniers ; il l'attacha à sa ceinture. Qui aurait imaginé un pareil piège ? Le soir, après le repas du roi, ils se couchèrent dans la salle. Tristan accompagna le roi dans sa chambre.

« Cher neveu, dit Marc, j'ai besoin de vos services. Je veux que vous exécutiez mes ordres. Il faut vous rendre à cheval chez le roi Arthur à Carduel.

13. Il s'agit de farine très fine et très blanche.

Vos covendra a chevauchier.
Cel brief li faites desploier.
Niés, de ma part le salüez,
688 O lui c'un jor ne sejornez. »
Du mesage ot Tristran parler,
Au roi respont de lui porter :
« Rois, ge irai bien par matin.
692 — O vos, ainz que la nuit ait fin. »
Tristran fu mis en grant esfroi.
Entre son lit et cel au roi
Avoit bien le lonc d'une lance.
696 Trop out Tristran fole atenance ;
En son cuer dist qu'il parleroit
A la roïne, s'il pooit,
Qant ses oncles ert endormiz.
700 Dex ! quel pechié ! trop ert hardiz !
Li nains la nuit en la chanbre ert ;
Oiez conment cele nuit sert !
Entre deus liez la flor respant,
704 Que li pas allent paraisant,
Se l'un a l'autre la nuit vient ;
La flor la forme des pas tient.
Tristran vit le nain besuchier
708 Et la farine esparpellier.
Porpensa soi que ce devoit,
Qar si servir pas ne soloit ;
Pus dist : « Bien tost a ceste place   *Bientôt*
712 Espandroit flor por nostre trace
Veer, se l'un a l'autre iroit.
Qui iroit or, que fous feroit ;
Bien verra mais se or i vois. »
716 Le jor devant, Tristran, el bois,
En la janbe nafrez estoit
D'un grant sengler, molt se doloit.
La plaie molt avoit saignié ;
720 Deslïez ert, par son pechié.
Tristran ne dormoit pas, ce quit ;
Et li rois live a mie nuit,
Fors de la chanbre en est issuz ;
724 O lui ala li nain boçuz.
Dedenz la chanbre n'out clartez,
Cirge ne lanpë alumez.
Tristran se fu sus piez levez.

Faites-lui tenir cette lettre. Neveu, saluez-le de ma part et ne restez qu'un jour chez lui. »

Tristan entend le roi lui parler du message et répond qu'il ira lui porter:

« Sire, je partirai de bon matin.

— Oui, avant la fin de la nuit. »

Tristan est fort troublé. Entre son lit et celui du roi, il y avait bien la longueur d'une lance. Tristan a soudain une idée téméraire; il se dit en lui-même qu'il irait parler à la reine, s'il le pouvait, quand son oncle serait endormi. Dieu! Quelle erreur! Il est trop hardi! Le nain se trouvait durant la nuit dans la chambre du roi. Ecoutez comment il agit cette nuit-là. Il répand la farine entre les deux lits, de telle manière qu'apparaissent les traces de pas si l'un d'eux rejoint l'autre au cours de la nuit. La farine gardera l'empreinte des pieds. Tristan vit le nain s'affairer et répandre la farine. Il se demanda ce que cela signifiait, car d'habitude le nain n'agissait pas ainsi. Puis il se dit :

« Il répand probablement de la farine à cet endroit pour voir notre trace si l'un de nous va trouver l'autre. Bien fou celui qui irait maintenant! Il verra bien si j'irai! »

La veille, Tristan, dans la forêt, avait été blessé à la jambe par un grand sanglier; il souffrait énormément. La plaie avait beaucoup saigné. Par malheur, elle n'était pas bandée. Tristan ne dormait pas, à ce qui semblait. Le roi se leva à minuit et sortit de la chambre. Le nain bossu l'accompagnait. Dans la chambre, il n'y avait pas la moindre clarté, ni cierge, ni lampe allumée. Tristan se mit debout sur le lit.

728 Dex! Porqoi fist? Or escoutez!
    Les piez a joinz, esme, si saut,
    El lit le roi chaï de haut.
    Sa plaie escrive, forment saine;
732 Le sanc qui'en ist les dras ensaigne.
    La plaie saigne; ne la sent,
    Qar trop a son delit entent.
    En plusors leus li sanc aüne.
736 Li nains defors est. A la lune
    Bien vit josté erent ensenble
    Li dui amant. De joie en trenble,
    Et dist au roi: « Se nes puez prendre
740 Ensenble, va, si me fai pendre. »
    Iluec furent li troi felon
    Par qui fu ceste traïson
    Porpensee priveement.
744 Li rois s'en vient. Tristran l'entent,
    Live du lit, tot esfroïz,
    Errant s'en rest molt tost salliz.
    Au tresallir que Tristran fait,
748 Li sans decent, malement vait!,
    De la plaie sor la farine.
    Ha! Dex, qel duel que la roïne
    N'avot les dras du lit ostez!
752 Ne fust la nuit nus d'eus provez.
    Se ele s'en fust apensee,
    Molt eüst bien s'anor tensee.
    Molt grant miracle Deus i out,
756 Quis garanti, si con li plot,
    Li ros a sa chanbre revient;
    Li nain, que la chandele tient,
    Vient avoc lui. Tristran faisoit
760 Senblant conme se il dormoit,
    Quar il ronfloit forment du nes.
    Seus en la chanbre fu remés,
    Fors tant que a ses piés gesoit
764 Pirinis, qui ne s'esmovoit,
    Et la roïne a son lit jut.
    Sor la flor, chauz, li sanc parut.
    Li rois choisi el lit le sanc:
768 Vermel en furent li drap blanc,
    Et sor la flor en pert la trace,
    Du saut. Li rois Tristran menace.

Dieu! Pourquoi fait-il cela? Mais écoutez! Il joint les pieds, estime la distance et saute. Il retombe sur le lit du roi. Sa plaie s'ouvre et saigne abondamment. Le sang qui en jaillit rougit les draps. La plaie saigne mais il ne la sent pas car il est tout à la joie de son amour. En plusieurs endroits, le sang s'agglutine. Le nain est dehors. A la lune[14], il vit bien que les deux amants étaient enlacés. Il en frémit de joie et dit au roi :

« Va et si tu ne peux pas les surprendre ensemble, fais-moi pendre ! »

Les trois félons par qui ce piège avait été prémédité en secret étaient également présents. Le roi arrive. Tristan l'entend et se lève, tout effrayé. Aussitôt, il regagne son lit d'un bond. Dans le mouvement que Tristan fait, le sang coule — quel malheur ! — de la plaie sur la farine. Ah, Dieu ! Quel dommage que la reine n'ait pas enlevé les draps du lit ! Aucun d'eux cette nuit-là n'aurait été reconnu coupable. Si Yseut s'en était avisée, elle aurait aisément pu préserver son honneur. Mais Dieu à qui il plut de les protéger commit par la suite un grand miracle.

Le roi revient dans sa chambre ; le nain l'accompagne en tenant la chandelle. Tristan faisait semblant de dormir car il ronflait bruyamment du nez. Il n'y avait personne d'autre dans la chambre sauf Périnis[15] immobile et couché à ses pieds et la reine allongée dans son lit. Sur la farine, apparut le sang, tout chaud. Le roi aperçut le sang sur le lit. Les draps blancs étaient tout vermeils et, sur la fleur de farine, on distinguait la trace du saut.

Le roi menace Tristan.

---

14. Le nain comprend, au seul aspect de la lune, la situation des amants dans la chambre du roi. Il ne voit pas directement dans la chambre car il fait nuit.

15. Ce page d'Yseut est évidemment complice des amants.

Li troi baron sont en la chanbre,
772 Tristan par ire an son lit prenent
Cuelli l'orent cil en haïne
Por sa prooise, et la roïne ;
Laidisent la, molt la menacent,
776 Ne lairont justise n'en facent.
Voient la janbe qui li saine.
« Trop par a ci veraie enseigne ;
Provez estes, ce dist li rois.
780 Vostre escondit n'i vaut un pois.
Certes, Tristran, demain, ce quit,
Soiez certains d'estre destruit. »
Il li crie : « Sire, merci !
784 Por Deu, qui pasion soufri,
Sire, de nos pitié vos prenge ! »
Li fel dïent : « Sire, or te venge.
— Beaus oncles, de moi ne me chaut :
788 Bien sai, venuz sui a mon saut.
Ne fust por vos a corocier,
Cist plez fust ja venduz molt chier ;
Ja, por lor eulz, ne le pensasent
792 Que ja de lor mains m'atochasent ;
Mais envers vos n'en ai je rien.
Or, tort a mal ou tort a bien,
De moi ferez vostre plesir.
796 Et je sui prest de vos soufrir.
Sire, por Deu, de la roïne
Aiez pitié ! « Tristan l'encline.
« Qar il n'a home en ta meson,
800 Se disoit ceste traïson
Que pris eüse drüerie
O la roïne par folie,
Ne m'en trovast en chanp, armé.
804 Sire, merci de li, por Dé ! »
Li troi qui an la chanbre sont
Tristran ont pris et lïé l'ont,
Et lïee ront la roïne.
808 Molt est torné a grant haïne.
Ja, se Tristran ice seüst
Que escondire nul leüst,
Mex se laisast vif depecier
812 Que lui ne lïé soufrist lïer.
Mais en Deu tant fort se fiot

Les trois barons sont dans la chambre. Furieux, ils saisissent Tristan dans son lit — ils l'avaient pris en haine à cause de sa vaillance — ainsi que la reine. Ils insultent celle-ci et la menacent violemment. Ils n'auront pas de cesse tant que justice ne sera pas rendue. Ils aperçoivent la jambe qui saigne :

« Voici un indice irréfutable: votre culpabilité est prouvée, dit le roi. Votre tentative de justification n'aura aucun poids. Oui, Tristan, demain votre mort est certaine, vous pouvez en être sûr !

— Grâce, sire ! lui répond celui-ci. Pour Dieu qui souffrit sa passion, ayez pitié de nous, sire ! »

Les félons disent: « Sire, maintenant vengez-vous !

— Cher oncle, peu importe mon sort. Je sais bien que pour moi l'heure du grand saut est arrivée. N'était la crainte de vous courroucer, je ferais payer cher le procès qu'on est en train de me faire. Même si leur inaction avait dû leur coûter leurs propres yeux, ils n'auraient pas voulu mettre leurs mains sur moi. Mais je n'ai rien contre vous. Que cela tourne bien ou mal pour moi, vous ferez ce que vous voudrez de ma personne et je me soumettrai à votre volonté. Mais, sire, pour l'amour de Dieu, ayez pitié de la reine ! (Tristan se prosterne). Car aucun homme de votre entourage n'aurait osé soutenir cette perfidie selon laquelle je serais par folie l'amant de la reine ; il m'aurait aussitôt trouvé en armes sur le champ clos. Pitié pour elle, sire, au nom de Dieu ! »

Les trois qui se trouvent dans la chambre s'emparent de Tristan et lui lient les mains ; ils ligotent aussi la reine. Leur haine est à son comble. Si Tristan avait su qu'on ne lui permettrait pas de se justifier en justice, il se serait laissé plutôt dépecer vif et n'aurait pas supporté qu'on les lie, elle et lui. Mais il avait une telle foi en Dieu

Que bien savoit et bien quidoit,
S'a escondit peüst venir,
816 Nus nen osast armes saisir
Encontre lui, lever ne prendre :
Bien se quidoit par chanp defendre.
Por ce ne vout envers le roi
820 Mesfaire soi por nul desroi ;
Qar, s'il seüst ce que en fut
Et ce qui avenir lor dut,
Il les eüst tüez toz trois,
824 Ja ne les en gardast li rois.
Ha ! Dex, porqoi ne les ocist ?
— A mellor plait asez venist.
Li criz live par la cité
828 Q'endui sont ensenble trové
Tristran et la roïne Iseut
Et que li rois destruire eus veut.
Pleurent li grant e li petit,
832 Sovent l'un d'eus a l'autre dit :
« A ! las, tant avon a plorer !
Ahi ! Tristran, tant par es ber !
Qel damage qu'en traïson
836 Vos ont fait prendre cil gloton !
Ha ! roïne franche, honoree,
En qel terre sera mais nee
Fille de roi qui ton cors valle ?
840 Ha ! nains, ç'a fait ta devinalle !
Ja ne voie Deu en la face,
Qui trovera le nain en place,
Qui nu ferra d'un glaive el cors !
844 Ahi ! Tristran, si grant dolors
Sera de vos, beaus chiers amis,
Qant si seroiz a destroit mis !
Ha ! las, quel duel de vostre mort !
848 Qant le Morhout prist ja ci port,
Qui ça venoit por nos enfanz,
Nos barons fist si tost taisanz
Que onques n'ot un si hardi
852 Qui s'en osast armer vers lui.
Vos enpreïstes la batalle
Por nos trestoz de Cornoualle
Et oceïstes le Morhout.
856 Il vos navra d'un javelot,

60

qu'il était sûr et certain que s'il obtenait le duel judiciaire, personne n'oserait prendre ni brandir les armes contre lui. Il espérait bien pouvoir se défendre sur le champ clos. C'est pour cette raison qu'il ne voulait pas se discréditer devant le roi par une violence inconsidérée. Toutefois, s'il avait su ce qu'il en était et ce qui les attendait, il aurait tué les trois félons. Le roi n'aurait pas pu les protéger. Ah, Dieu ! Pourquoi ne les a-t-il pas tués ? L'affaire aurait pris une meilleure tournure.

La rumeur se répand dans la cité qu'on a surpris ensemble Tristan et la reine Yseut et que le roi veut leur perte. Petits et grands s'affligent. Ils ne cessent de se dire l'un à l'autre :

« Hélas ! Nous avons bien des raisons de pleurer ! Ah, Tristan, tu es si vaillant ! Quel malheur que ces canailles vous aient fait prendre en traître ! Ah, reine noble et honorée, en quel pays naîtra une fille de roi de ta valeur ? Ah, nain ! voilà l'œuvre de ta science ! Qu'il ne contemple jamais la face de Dieu celui qui rencontrera le nain et ne le transpercera pas de son épée ! Ah, Tristan, qu'elle sera grande notre douleur, ami cher et précieux, quand on vous infligera le supplice ! Hélas, quel deuil à votre mort ! Quand le Morholt débarqua ici pour nous prendre nos enfants, il a sur-le-champ réduit au silence nos barons et nul ne fut assez hardi pour oser prendre les armes contre lui. C'est vous qui avez accepté le combat pour nous, le peuple de Cornouailles, et vous avez tué le Morholt. Il vous blessa d'un coup de javelot,

Sire, dont tu deüs morir.
Ja ne devrion consentir
Que vostre cors fust ci destruit. »
860 Live la noisë et li bruit;
Tuit en corent droit au palés.
Li rois fu molt fel et engrés;
N'i ot baron tant fort ne fier
864 Qui ost le roi molt araisnier
Qu'il i pardonast cel mesfait.
Or vent li jor, la nuit s'en vait.
Li rois conmande espines querre
868 Et une fosse faire en terre.
Li rois, tranchanz, demaintenant,
Par tot fait querre les sarmenz
Et assenbler o les espines
872 Aubes et noires o racines.
Ja estoit bien prime de jor.
Li banz crïerent par l'enor,
Que tuit en allent a la cort.
876 Cil qui plus puet plus tost acort.
Asenblé sont Corneualeis.
Grant fu la noise et li tibois:
N'i a celui ne face duel,
880 Fors que li nains de Tintajol.
Li rois lor a dit et monstré
Qu'il veut faire dedenz un ré
Ardoir son nevo et sa feme.
884 Tuit s'escrïent la gent du reigne:
« Rois, trop ferïez lai pechié,
S'il n'estoient primes jugié.
Puis les destrui. Sire, merci! »
888 Li rois par ire respondi:
« Par cel seignor qui fist le mont,
Totes les choses qui i sont,
Por estre moi desherité
892 Ne lairoie ne l'arde en ré.
Se j'en sui araisnié jamais,
Laisiez m'en tot ester en pais. »
Le feu conmande a alumer
896 Et son nevo a amener,
Ardoir le veut premierement.
Or vont por lui, li rois l'atent.
Lors l'en ameinent par les mains:

62

sire, qui faillit vous être fatal. Nous ne devrions jamais accepter votre supplice ! »

Le tumulte et la rumeur augmentent. Tous accourent directement au palais. Le roi était impitoyable et entêté. Aucun baron influent et courageux n'ose suggérer au roi de pardonner ce crime.

Le jour paraît et la nuit s'en va. Le roi ordonne qu'on cherche des épines et qu'on creuse une fosse dans le sol. D'un ton impérieux, le roi fait sur-le-champ chercher partout des sarments. Il les fait entasser avec des épines noires et blanches et leurs racines. Il était bien l'heure de prime.

Les crieurs publics proclamèrent dans tout le pays que le peuple devait se rendre à la cour. Chacun accourt le plus vite possible. Les Cornouaillais sont rassemblés. Il y a beaucoup de bruit et de tumulte. Tout le monde se lamente, sauf le nain de Tintagel. Le roi leur dit et leur explique qu'il veut faire brûler dans un bûcher son neveu et sa femme. Tous les sujets de son royaume s'écrient:

« Sire, vous commettriez une horrible faute s'ils n'étaient jugés au préalable. Exécutez-les ensuite, sire, par pitié ! »

Furieux, le roi répondit :

« Par le Seigneur qui créa le monde et tout ce qu'il contient, dussé-je perdre mon patrimoine, je ne renoncerais pas à le faire brûler vif, dût-on me demander des comptes un jour. Laissez-moi tranquille ! »

Il donne l'ordre d'allumer le feu et d'amener son neveu. Il veut que celui-ci brûle le premier dans les flammes. On va le chercher ; le roi l'attend. Ils l'amènent en le tirant par les mains.

900　Par Deu, trop firent que vilains !
　　　Tant ploroit, mais rien ne li monte,
　　　Fors l'en ameinent a grant honte.
　　　Yseut plore, par poi n'enrage :
904　« Tristran, fait ele, quel damage
　　　Qu'a si grant honte estes lïez !
　　　Qui m'oceïst, si garisiez,
　　　Ce fust grant joie, beaus amis ;
908　Encore en fust vengement pris. »
　　　Oez, seignors, de Damledé,
　　　Conment il est plains de pité ;
　　　Ne vieat pas mort de pecheor.
912　Receü out le cri, le plor
　　　Que faisoient la povre gent
　　　Por ceus qui eirent a torment.
　　　Sor la voie par ont il vont,
916　Une chapele sor un mont,
　　　U coin d'une roche est asise.
　　　Sor mer ert faite, devers bise.
　　　La part que l'en claime chancel
920　Fu asise sor un moncel ;
　　　Outre n'out rien fors la faloise.
　　　Cil mont est plain de pierre aaise.
　　　S'uns escureus de lui sausist,
924　Si fust il mort, ja n'en garist.
　　　En la dube out une verrine,
　　　Que un sainz i fist, porperine.
　　　Tristran ses meneors apele :
928　« Seignors, vez ci une chapele :
　　　Por Deu, quar m'i laisiez entrer.
　　　Pres est mes termes de finer :
　　　Preerai Deu qu'il merci ait
932　De moi, quar trop li ai forfait.
　　　Seignors, n'i a que ceste entree ;
　　　A chacun voi tenir s'espee.
　　　Vos savez bien ne pus issir,
936　Par vos m'en estuet revertir ;
　　　Et quant je Dé proié avrai,
　　　A vos eisinc lors revendrai. »
　　　Or l'a l'un d'eus dit a son per :
940　« Bien le poon laisier aler. »
　　　Les lians sachent, il entre enz.
　　　Tristran ne vait pas conme lenz,

Dieu, quel indigne comportement de leur part ! Tristan pleure beaucoup mais cela ne sert à rien. Ils le traînent dehors, dans la honte. Yseut pleure, presque folle de désespoir.

« Tristan, fait-elle, quel malheur de vous voir si honteusement attaché. Si l'on me tuait pour vous accorder en échange la vie sauve, ce serait une grande joie, bel ami, et il y aurait à l'avenir une vengeance. »

Ecoutez, seigneurs, combien la pitié de Dieu est grande ! Il ne désire pas la mort du pécheur. Il a entendu les cris et les pleurs des pauvres gens pour les amants dans la détresse.

Sur le chemin que suivent Tristan et son escorte, se trouve une chapelle nichée sur une hauteur, au bord d'un rocher. Exposée au vent du nord, elle surplombe la mer. La partie que l'on appelle le chœur était bâtie sur une élévation. Au-delà il n'y avait que la falaise. Le mont n'était qu'un amas de pierres dénué de végétation. Si un écureuil sautait de là, il se tuerait ; il n'en réchapperait pas. Dans l'abside, se trouvait un vitrail aux teintes pourpres qui était l'œuvre d'un saint.

Tristan interpelle ses gardes :

« Seigneurs, voici une chapelle. Pour Dieu, laissez-moi donc y entrer ! Je touche au terme de ma vie. Je prierai Dieu d'avoir pitié de moi, car je l'ai beaucoup offensé. Seigneurs, il n'y a qu'une entrée. Je vois chacun de vous tenir une épée. Vous savez bien que je ne peux trouver d'autre sortie. Il me faudra passer à nouveau devant vous. Quand j'aurai prié Dieu, je reviendrai vers vous. »

Alors, l'un d'eux dit à son compagnon:

« Nous pouvons bien le laisser aller. »

Ils lui enlèvent ses liens et Tristan entre dans la chapelle. Il ne perd pas de temps.

Triés l'autel vint a la fenestre,
944 A soi l'en traist a sa main destre,
Par l'overture s'en saut hors.
Mex veut sallir que ja ses cors
Soit ars, voiant tel aünee.
948 Seignors, une grant pierre lee
Out u mileu de cel rochier :
Tristran i saut molt de legier.
Li vens le fiert entre les dras,
952 Quil defent qu'il ne chie a tas.
Encor claiment Corneualan
Cele pierre le Saut Tristran.
La chapele ert plaine de pueple.
956 Tristran saut sus : l'araine ert moble,
Toz a genoz sont en l'iglise.
Cil l'atendent defors l'iglise,
Mais por noient : Tristran s'en vet,
960 Bele merci Dex li a fait !
La riviere granz sauz s'en fuit.
Molt par ot bien le feu qui bruit ;
N'a corage que il retort,
964 Ne puet plus corre que il cort.
Mais or oiez de Governal :
Espee çainte, sor cheval,
De la cité s'en est issuz.
968 Bien set, se il fust conseüz,
Li rois l'arsist por son seignor ;
Fuiant s'en vait por la poor.
Molt ot li mestre Tristran chier,
972 Qant il son brant ne vout laisier,
Ançois le prist la ou estoit ;
Avoc le suen l'en aportoit.
Tristran son mestrë aperceut,
976 Ahucha le, bien le connut ;
Et il i est venuz a hait.
Qant il le vit, grant joie en fait.
« Maistre, ja m'a Dex fait merci :
980 Eschapé sui, et or sui ci.
Ha ! las, dolent, et moi que chaut ?
Qant n'ai Yseut, rien ne me vaut,
Dolent, le saut que orainz fis !
984 Que dut ice que ne m'ocis ?
Ce me peüst estre molt tart.

Il se dirige derrière l'autel vers la verrière, la tire à lui de la main droite et s'élance par l'ouverture. Il préfère sauter dans le vide plutôt que d'être brûlé en public. Seigneurs, il y avait une grande et large pierre à mi-hauteur du rocher. Tristan y saute avec légèreté. En s'engouffrant dans ses vêtements, le vent lui évite de tomber comme une masse. Les Cornouaillais appellent encore cette pierre le *Saut de Tristan.*

La chapelle était remplie de monde. Tristan saute ; le sable était meuble. Tout le monde est agenouillé dans l'église. Les gardes l'attendent à l'extérieur mais en vain. Tristan s'enfuit. Dieu a eu pitié de lui ! Il se sauve à grandes enjambées le long du rivage. Il entend nettement crépiter le feu du bûcher. Il n'a nulle envie de retourner sur ses pas. Il ne peut pas courir plus vite qu'il ne le fait.

Mais écoutez ce que fit Gouvernal ! L'épée au côté, il quitte la cité à cheval. Il sait bien que s'il est rattrapé, le roi le brûlera à la place de son seigneur. Il fuit, en proie à la peur. Le bon maître rend un fier service à Tristan en n'abandonnant pas son épée, en allant la chercher là où elle se trouve et en l'emportant avec la sienne.

Tristan aperçoit son maître ; il l'appelle parce qu'il l'a bien reconnu. Gouvernal le rejoint, tout joyeux. A sa vue, Tristan laisse éclater sa joie :

« Maître, Dieu vient de m'accorder sa grâce. Je me suis échappé et me voici. Hélas ! malheureux que je suis, que m'importe mon sort ! Si je n'ai pas Yseut, pauvre de moi ! A quoi bon le saut que je viens de faire ? Pourquoi ne me suis-je pas tué ? Ce saut aurait pu m'être fatal !

Eschapé sui ! Yseut, l'en t'art !
Certes, por noient eschapai.
988 En l'art por moi, por li morrai. »
Dist Governal : « Por Deu, beau sire,
Confortez vos, n'acuelliez ire.
Veez ci un espés buison,
992 Clos a fossé tot environ.
Sire, meton nos la dedenz.
Par ci trespasse maintes genz :
Asez orras d'Iseut novele.
996 Et se en l'art, jamais an cele
Ne montez vos, se vos briment
N'en prenez enprés vengement !
Vos en avrez molt bone aïe.
1000 Ja, par Jesu, le fiz Marie,
Ne gerrai mais dedenz maison
Tresque li troi felon larron
Par quoi est destruite Yseut ta drue
1004 En avront la mort receüe.
S'or estïez, beau sire, ocis,
Que vengement n'en fust ainz pris.
Jamais nul jor n'avroie joie. »
1008 Tristran respont : « Trop vos anoie :
Beau mestre, n'ai point de m'espee !
— Si as, que je l'ai aportee. »
Dist Tristran : « Maistre, donc est bien.
1012 Or ne criem, fors Deu, imais rien.
— Encor ai je soz ma gonele
Tel rien qui vos ert bone et bele,
Un hauberjon fort et legier,
1016 Qui vos porra avoir mestier.
— Dex, dit Tristran, balliez le moi.
Par icel Deu en qui je croi,
Mex vuel estre tot depeciez,
1020 Se je a tens i vien, au rez,
Ainz que getee i soit m'amie,
Ceus qui la tienent nen ocie. »
Governal dist : « Ne te haster.
1024 Tel chose te puet Dex doner
Que te porras molt mex venger.
N'i avras pas tel destorbier
Con tu porroies or avoir.
1028 N'i voi or point de ton pooir,

68

Je me suis échappé mais vous, Yseut, on vous brûle vive ! Vraiment, je me suis évadé pour rien. On la brûle pour moi, pour elle je mourrai. »

Gouvernal répondit:

« Pour Dieu, sire, rassurez-vous, ne désespérez pas. Voici un épais buisson entouré d'un fossé. Sire, cachons-nous là ! Beaucoup de gens passent par ici et vous aurez bientôt des nouvelles d'Yseut. Si on la brûle vive, vous ne monterez plus jamais en selle avant de l'avoir vengée sans délai. Vous serez très bien aidé. Par Jésus, le fils de Marie, je ne coucherai plus sous un toit tant que les trois félons qui ont voulu la perte d'Yseut, votre amie, n'auront pas trouvé la mort. Si vous étiez tué, cher seigneur, avant d'avoir obtenu votre vengeance, jamais plus de ma vie je ne serais heureux. »

Tristan répond :

« Je vais grandement vous décevoir, mon maître, mais je n'ai pas d'épée.

— Mais si, je l'ai apportée !

— Alors, maître, dit Tristan tout va bien. A présent, je ne crains plus personne sinon Dieu.

— J'ai également sous ma gonnelle un objet qui vous sera très utile: un haubert solide mais léger qui pourra vous rendre service.

— Dieu, dit Tristan, donnez-le-moi. Par le Dieu en qui je crois, si j'arrive à temps au bûcher avant qu'on y jette mon amie, je préférerais être coupé en morceaux plutôt que de ne pas tuer ceux qui la retiennent prisonnière. »

Gouvernal lui dit :

« Ne vous précipitez pas ! Dieu pourra vous donner une meilleure occasion de vous venger. Vous n'aurez pas alors les difficultés que vous rencontreriez maintenant. Je ne vois pas ce que vous pouvez faire à présent

Quar vers toi est iriez li rois.
Avoé sont tuit li borjois
Et trestuit cil de la cité.
1032 Sor lor eulz a toz conmandé
Que cil qui ainz te porra prendre,
S'il ne te prent, fera le pendre.
Chascun aime mex soi que toi :
1036 Se l'en levout sor toi le hui,
Tex te voudroit bien delivrer,
Ne l'oseret neis porpenser. »
Plore Tristran, molt fait grant duel.
1040 Ja, por toz ceus de Tintajol,
S'en le deüst tot depecier,
Qu'il n'en tenist piece a sa per,
Ne laisast il qu'il n'i alast,
1044 Se son mestre ne li veiast.
En la chanbrë un mes acort,
Qui dist Yseut qu'ele ne plort,
Que ses amis est eschapez.
1048 « Dex, fait elë, en ait bien grez !
Or ne me chaut se il m'ocïent
Ou il me lïent ou deslïent. »
Si l'avoit fait lïer li rois,
1052 Par le conmandement as trois,
Qu'il li out si les poinz estroiz
Li sanc li est par toz les doiz.
« Par Deu ! fait el, se je m'esplor
1056 Qant li felon losengeor
Qui garder durent mon ami
L'ont deperdu, la Deu merci,
Ne me devroit l'on mes proisier.
1060 Bien sai que li nains losengier
Et li felons, li plain d'envie,
Par qui consel j'ere perie,
En avront encor lor deserte.
1064 Torner lor puise a male perte ! »
Seignor, au roi vient la novele
Q'eschapez est par la chapele
Ses niés, qui il devoit ardoir.
1068 De mautalent en devint noir,
De duel ne set con se contienge ;
Par ire rove qu'Yseut vienge.
Yseut est de la sale issue.

car le roi vous en veut. A sa disposition, il a tous les bourgeois et tous les habitants de la ville. Il leur a fait jurer sur leurs propres yeux que le premier qui aurait l'occasion de vous prendre devrait aussitôt le faire, sous peine d'être pendu. Chacun s'aime mieux qu'il ne vous aime, vous. Si l'on vous enfermait en prison, tel qui voudrait bien vous libérer n'oserait même pas y penser. »

Tristan pleure et se lamente. Jamais, pour tous ceux de Tintagel, même si on avait dû le dépecer jusqu'à le réduire en de multiples lambeaux, jamais il n'aurait renoncé à y aller si son maître ne le lui avait interdit. Un messager accourt dans la chambre et dit à Yseut de ne pas pleurer parce que son ami s'est échappé.

« Dieu soit loué ! dit-elle. Peu m'importe à présent s'ils me tuent, me ligotent ou me libèrent. »

Sur l'injonction des trois barons, le roi lui avait fait lier les poignets si étroitement qu'elle avait les mains en sang.

« Par Dieu, fait-elle, si je me lamentais alors que les félons médisants qui avaient la garde de mon ami l'ont laissé s'échapper, Dieu merci ! on ne devrait plus me prendre au sérieux. Je suis certaine que le nain médisant et les félons pleins de jalousie qui voulaient ma mort auront un jour ce qu'ils méritent. Puissent-ils courir à leur perte ! »

Seigneurs, le roi apprend que son neveu qu'il avait condamné au bûcher s'est échappé par la chapelle. Il en devient noir de colère. Il ne se contient plus tant son dépit est grand. Furieux, il demande qu'on amène Yseut. Yseut sort de la salle.

1072 La noise live par la rue.
     Qant la dame liee virent
     (A laidor est), molt s'esfroïrent.
     Qui ot le duel qu'il font por li,
1076 Com il crïent a Deu merci !
     « Ha ! roïne franche, honoree,
     Qel duel ont mis en la contree
     Par qui ceste novele est sorse !
1080 Certes, en asez poi de borse
     En porront metre le gaain.
     Avoir en puisent mal mehain ! »
     Amenee fu la roïne
1084 Jusquë au ré ardant d'espine,
     Dinas, li sire de Dinan,
     Qui a mervelle amoit Tristran,
     Se lait choier au pié le roi :
1088 « Sire, fait il, entent a moi.
     Je t'ai servi molt longuement
     Sanz vilanie, loiaument.
     Ja n'avras home en tot cest reigne,
1092 Povre orfelin ne vielle feme,
     Qui por vostre seneschaucie,
     Que j'ai eü tote ma vie,
     Me donast une beauveisine.
1096 Sire, merci de la roïne !
     Vos la volez sanz jugement
     Ardoir en feu : ce n'est pas gent,
     Qar cest mesfait ne connoist pas.
1100 Duel ert, se tu le suen cors ars.
     Sire, Tristran est eschapez ;
     Les plains, les bois, les pas, les guez
     Set forment bien, et molt est fiers.
1104 Vos estes oncle et il tes niés ;
     A vos ne mesferoit il mie.
     Mais vos barons, en sa ballie
     S'il les trovout nes vilonast,
1108 Encor en ert ta terre en gast.
     Sire, certes, ne quier noier,
     Qui avroit sol un escuier
     Por moi destruit ne a feu mis,
1112 Se iere roi de set païs,
     Ses me metroit il en balence
     Ainz que n'en fust prise venjance.

La clameur augmente dans la rue. En voyant la reine attachée — affreux spectacle en vérité ! — , tout le monde est bouleversé. Il fallait entendre les lamentations pour Yseut et les invocations à la miséricorde divine !

« Ah, reine noble et honorée, dans quelle douleur ont plongé le pays ceux qui ont provoqué ce scandale ! Assurément, ils n'auront pas besoin d'une grande bourse pour y placer leur gain. Puissent-ils attraper une affreuse maladie ! »

On amène la reine devant le bûcher d'épines ardentes. Dinas, le seigneur de Dinan[16] qui avait beaucoup d'amitié pour Tristan se jette aux pieds du roi :

« Sire, fait-il, écoutez-moi. Je suis resté longtemps, honnêtement et loyalement, à votre service. Pas une personne dans ce royaume, pauvre orphelin ou vieille femme, pour la sénéchaussée à laquelle j'ai consacré ma vie, ne me donnerait une seule maille beauvaisine[17]. Sire, pitié pour la reine ! Vous voulez la jeter aux flammes sans jugement. Ce n'est pas juste car elle ne reconnaît pas sa faute. L'affliction régnera, si vous la brûlez. Sire, Tristan s'est échappé. Il connaît à merveille les plaines, les bois, les chemins et les gués et il est redoutable. Vous êtes son oncle et il est votre neveu. Il ne s'attaquerait pas à vous mais si vos barons tombaient entre ses mains et s'il les maltraitait, ce serait votre royaume qui en pâtirait. Sire, vraiment, je ne le nie pas, quiconque tuerait ou brûlerait à cause de moi un seul de mes écuyers, devrait, même s'il régnait sur sept pays, mettre toutes ses terres dans la balance avant que je renonce à en tirer vengeance.

16. Pour F. Lot (*Romania*, 1895, p. 337-8), la leçon *Dinan* est une faute pour *Lidan*. Eilhart (v. 329) fait de *Lidan* la forteresse de Dinas. « Si on rapproche le nom du sénéchal de celui de son château, on a *Dinas Lidan*, ce qui en gallois signifie « grande forteresse ». Le lapsus de Béroul (ou de sa source) permettrait ainsi de supposer une origine galloise à l'*estoire*.

17. Le métier de sénéchal est peu lucratif ! La *maille* (ici, de Beauvais) vaut la moitié d'un denier ; c'est aussi la vingt-quatrième partie du sou.

Pensez que de si franche feme,
1116 Qu'il amena de lointain reigne,
Que lui ne poist s'ele est destruite ?
Ainz en avra encor grant luite.
Roi, rent la moi, par la merite
1120 Que servi t'ai tote ma vite. »
Li troi par qui cest'ovre sort
Sont devenu taisant et sort ;
Qar bien sevent Tristran s'en vet,
1124 Molt grant dote ont qu'il nes aget.
Li rois prist par la main Dinas,
Par ire a juré saint Thomas
Ne laira n'en face justise
1128 Et qu'en ce fu ne soit la mise,
Dinas l'entent, molt a grant duel.
Ce poise li : ja par son vuel
Nen iert destruite la roïne.
1132 En piez se live o chiere encline :
« Rois, je m'en vois jusqu'a Dinan.
Par cel seignor qui fist Adan,
Je ne la verroië ardoir
1136 Por tot l'or ne por tot l'avoir
C'onques ourent li plus riche home
Qui furent des le fruit de Rome. »
Puis monte el destrier, si s'en torne,
1140 Chiere encline, marriz et morne.
Iseut fu au feu amenee,
De gent fu tote avironee,
Qui trestuit braient et tuit crïent,
1144 Les traïtors le roi maudïent.
L'eve li file aval le vis.
En un bliaut de paile bis
Estoit la dame, estroit vestue
1148 E d'un fil d'or menu cosue.
Si chevel hurtent a ses piez,
D'un filet d'or les ot trechiez.
Qui voit son cors et sa fachon,
1152 Trop par avroit le cuer felon
Qui n'en avroit de lié pitié.
Molt sont li braz estroit lïé.
Un malade out en Lancïen,
1156 Par non fu apelé Ivein ;
A mervelle par fu desfait.

Alors pensez-vous qu'il supportera de voir mettre à mort une si noble femme qu'il est allé chercher dans un pays lointain ? Une grande discorde risque de s'ensuivre. Sire, rendez-la-moi en récompense des mérites que m'ont valu toute une vie à votre service. »

Les trois barons qui ont machiné cette affaire restent muets et sourds parce qu'ils savent bien que Tristan est en route. Ils ont peur d'être guettés. Le roi prit Dinas par la main et, dans sa colère, il jura par saint Thomas de ne pas renoncer à faire justice et à la livrer aux flammes.

Dinas entend ces propos ; il en est bouleversé. Cela lui fait de la peine. En ce qui le concerne, jamais il ne consentirait à la mort de la reine. Il se lève, la tête baissée :

« Roi, je m'en vais jusqu'à Dinan. Par le Seigneur qui créa Adam, je ne supporterai pas de la voir brûler, pour tout l'or et toute la fortune que possédèrent les plus riches personnages depuis la féconde époque romaine. »

Il monte sur son destrier et s'en retourne, la tête baissée, triste et morne. Yseut fut conduite au bûcher. Elle était entourée de gens qui criaient, hurlaient et qui maudissaient les traîtres conseillers du roi. Les larmes ruisselaient sur son visage. La dame portait un bliaut étroit de brocart gris brodé de fils d'or très fins. Ses cheveux tombaient jusqu'à ses pieds et ils étaient tressés d'un mince fil d'or. Celui qui pourrait regarder son corps et son visage sans être ému de pitié aurait la méchanceté dans son cœur. Ses bras étaient étroitement liés.

Il y avait à Lantien un lépreux appelé Yvain. Il était horriblement mutilé.

Acoru fu voier cel plait,
Bien out o lui cent conpaignons
1160 O lor puioz, o lor bastons ;
Ainz ne veïstes tant si lait
Ne si boçu ne si desfait.
Chacun tenoit sa tartarie ;
1164 Crïent au roi a voiz serie :
« Sire, tu veus faire justise,
Ta feme ardoir en ceste gise.
Granz ert ; mes se je ainz rien soi,
1168 Ceste justise durra poi.
Molt l'avra tost cil grant feu arse
Et la poudre cist venz esparse.
Cest feu charra : en ceste brese
1172 Ceste justise ert tost remese.
Mais, se vos croire me volez
Tel justise de li ferez,
Et que voudroit mex mort avoir,
1176 Qu'ele vivroit, et sanz valoir,
Et que nus n'en orroit parler
Qui plus ne t'en tenist por ber.
Rois, voudroies le faire issi ? »
1180 Li rois l'entent, si respondi :
« Se tu m'enseignes cest, sanz falle,
Qu'ele vivë et que ne valle,
Gré t'en savrai, ce saches bien ;
1184 Et se tu veus, si pren du mien.
Onques ne fu dit tel maniere,
Tant dolerose ne tant fire,
Qui orendroit tote la pire
1188 Seüst, por Deu le roi, eslire,
Que il n'eüst m'amor tot tens. »
Ivains respont : « Si con je pens,
Je te dirai, asez briment.
1192 Veez, j'ai ci conpaignons cent :
Yseut nos done, s'ert conmune.
Paior fin dame n'ot mais une.
Sire, en nos a si grant ardor
1196 Soz ciel n'a dame qui un jor
Peüst soufrir nostre convers :
Li drap nos sont au cors aers.
O toi soloit estre a honor,
1200 O vair, o gris et o baudor ;

Il était venu assister au jugement. Avec lui, il avait bien une centaine de compagnons munis de leurs béquilles et de leurs bâtons. Jamais on ne vit autant de créatures laides, difformes et mutilées. Chacun tenait sa crécelle[18] et criait au roi d'une voix sourde :

« Sire, vous voulez faire justice en brûlant de la sorte votre épouse. C'est parfait mais, pour autant que je sache, ce châtiment ne durera pas bien longtemps. A peine sera-t-elle brûlée par ce grand feu que ses cendres seront dispersées par le vent. Le feu s'éteindra et le châtiment se dissoudra dans la braise. Mais si vous voulez bien suivre mon idée, vous lui infligerez un châtiment qui lui permettrait encore de vivre, mais cette fois dans l'infamie, au point qu'elle préférerait la mort. Plus personne ensuite n'entendra parler de cette condamnation sans vous tenir en grande estime. Sire, voudriez-vous qu'il en soit ainsi ? »

Le roi l'écoute et répond :

« Si tu m'enseignes un moyen infaillible pour qu'elle vive en étant déshonorée, je t'en saurai gré, sache-le bien, et si tu le veux, puise dans ma fortune. Jamais encore n'a été révélée la plus douloureuse et la plus cruelle manière de punir. Mais si quelqu'un savait me l'exposer, pour Dieu le roi, il aurait droit à mon amitié éternelle. »

Yvain répond :

« Sire, je vais vous dire brièvement ma pensée. Regardez, j'ai ici cent compagnons. Donnez-nous Yseut ! Elle sera notre bien commun. Jamais une dame ne connut une fin aussi horrible. Sire, nous brûlons d'une telle ardeur qu'il n'y a pas une femme sous le ciel qui pourrait supporter, pas même un jour, de faire l'amour avec nous. Nos habits nous collent à la peau. Avec vous, elle était accoutumée aux honneurs, au vair, au petit-gris et à la gaieté.

18. Attribut traditionnel du lépreux qui doit toujours signaler sa présence surtout lorsqu'il fréquente les personnes saines. Il n'est autorisé à le faire qu'à certaines dates car il vit à l'écart dans des cabanes appelées *bordes*.

Les buens vins i avoit apris
Et granz soliers de marbre bis.
Se la donez a nos, meseaus,
1204 Qant el verra nos bas bordeaus
Et eslira l'escouellier
Et l'estovra a nos couchier
(Sire, en leu de tes beaus mengiers
1208 Avra de pieces, de quartiers
Que l'en nos envoi'a ces hus),
Por cel seignor qui maint lasus,
Qant or verra la nostre cort,
1212 Adonc verrez si desconfort.
Donc voudroit miex morir que vivre,
Donc savra bien Yseut la givre
Que malement avra ovré :
1216 Mex voudroit estre arse en un ré. »
Li rois l'entent, en piez estut
Ne grant pice ne se mut.
Bien entendi que dit Ivain,
1220 Cort a Yseut, prist l'a la main.
Ele crie : « Sire, merci !
Ainz que m'i doignes, art moi ci. »
Li rois li done, et cil la prent.
1224 Des malades i ot bien cent,
Qui s'aünent tot entor li.
Qui ot le brait, qui ot le cri,
A tote gent en prent pitiez.
1228 Qui q'en ait duel, Yvains est liez,
Vait s'en Yseut, Yvains l'en meine
Tot droit aval, par sus l'araine.
Des autres meseaus li conplot
1232 (N'i a celui n'ait son puiot)
Tot droit vont vers l'enbuschement
Ou ert Tristran, qui les atent.
A haute voiz Governal crie :
1236 « Filz, que feras ? ves ci t'amie.
— Dex ! dit Tristran, quel aventure !
Ahi ! Yseut, bele figure,
Con deüstes por moi morir
1240 Et je redui por vos perir !
Tel gent vos tienent entre mains,
De ce soient il toz certains,
S'il ne vos laisent en present,

78

Elle avait appris à apprécier les bons vins et les grandes salles de marbre gris. Si vous nous la confiez à nous, lépreux, quand elle verra nos cabanes exiguës[19], quand elle verra nos gamelles et qu'elle devra coucher avec nous (sire, au lieu de vos beaux repas, elle aura les détritus et les morceaux que l'on nous jette devant les portes), par le Seigneur qui règne aux cieux, quand elle verra notre cour à nous, alors vous verrez son désespoir. Elle préférera la mort à la vie. Elle saura bien, Yseut la vipère, qu'elle a mal agi. Elle souhaitera être brûlée dans un bûcher. »

À ces mots, le roi reste debout et immobile pendant quelques instants. Il avait entendu les propos d'Yvain. Il se précipite vers Yseut et la saisit par la main. Elle s'écrie :

« Sire, pitié ! Plutôt que de me livrer à lui, brûlez-moi ici ! »

Le roi la donne à Yvain et celui-ci la prend. Il y avait bien cent lépreux qui se pressaient autour d'elle. Il fallait entendre les clameurs et les cris ! La pitié étreint tout le monde. Bien des gens s'affligent mais Yvain se réjouit.

Yseut s'en va. Yvain l'emmène tout droit par le chemin qui descend vers le rivage. La horde des autres lépreux (ils avaient tous leur béquille) se dirige directement vers l'endroit où Tristan s'est caché pour les attendre.

Gouvernal lui crie assez fort :

« Fils, que vas-tu faire ? Voici ton amie !

— Dieu, dit Tristan, quelle aventure ! Ah, Yseut, ma belle amie, puisque vous alliez mourir pour moi, j'aurais dû moi aussi mourir pour vous. Ceux qui vous retiennent entre leurs mains peuvent être assurés que, s'ils ne vous relâchent pas immédiatement,

---

19. L'ancien français *bordel* qui désigne ces cabanes exiguës annonce la maison de prostitution. Les lépreux passaient pour des êtres lubriques et la lèpre avait au Moyen Age le statut d'une maladie vénérienne.

1244 Tel i ara ferai dolent. »
Fiert le destrier, du buison saut,
A qant qu'il puet s'escrie en haut :
« Yvain, asez l'avez menee.
1248 Laisiez la tost, qu'a cest'espee
Ne vos face le chief voler. »
Ivain s'aqeut a desfubler,
En haut s'escrie : « Or as puioz !
1252 Or i parra qui ert des noz. »
Qui ces meseaus veïst soffler,
Oster chapes et desfubler !
Chascun li crolle sa potence,
1256 Li uns menace et l'autre tence.
Tristran n'en ost rien atochier
Ne entester ne laidengier.
Governal est venuz au cri,
1260 En sa main tint un vert jarri
Et fiert Yvain, qui Yseut tient.
Li sans li chiet, au pié li vient.
Bien aïde a Tristran son mestre,
1264 Yseut saisist par la main destre.
Li conteor dïent qu'Yvain
Firent nïer, qui sont vilain ;
N'en sevent mie bien l'estoire,
1268 Berox l'a mex en sen memoire,
Trop ert Tristran preuz et cortois
A ocirre gent de tes lois.
Tristran s'en voit a la roïne ;
1272 Lasent le plain, et la gaudine
S'en vet Tristran et Governal.
Yseut s'esjot, or ne sent mal.
En la forest de Morrois sont,
1276 La nuit jurent desor un mont.
Or est Tristran si a seür
Con s'il fust en chastel o mur.
En Tristran out molt buen archier,
1280 Molt se sout bien de l'arc aidier.
Governal en ot un toloit
A un forestier qu'il tenoit,
Et deus seetes enpenees.
1284 Barbelees, ot l'en menees.
Tristran prist l'arc, par le bois vait,
Vit un chevrel, ancoche et trait,

il y en aura plus d'un qui va souffrir. »

Il éperonne son destrier, bondit du bosquet et s'écrie de toutes ses forces :

« Yvain, vous l'avez conduite assez loin, lâchez-la immédiatement ou je vous fais voler la tête avec cette épée. »

Yvain s'apprête à ôter sa cape et s'écrie d'une voix forte : « A vos béquilles ! On verra bien à présent qui est des nôtres ! »

Il fallait voir ces lépreux haleter, enlever leurs capes et retirer leurs manteaux ! Chacun brandit sa béquille en direction de Tristan. Les uns le menacent et les autres l'injurient. Tristan n'ose ni toucher, ni assommer, ni malmener un seul malade. Attiré par les cris, Gouvernal arrive à son tour. Dans sa main, il tient une branche de chêne vert et il en frappe Yvain qui tient Yseut. Le sang jaillit et coule jusqu'à ses pieds. Tristan reçoit une aide efficace de son maître qui saisit Yseut par la main droite. Les conteurs disent que les deux hommes firent noyer Yvain mais ce sont des rustres ; ils ne connaissent pas bien l'histoire. Béroul l'a parfaitement gardée en mémoire. Tristan était bien trop preux et courtois pour tuer des gens de cette espèce.

Tristan part avec la reine ; ils quittent la plaine et se dirigent vers la forêt en compagnie de Gouvernal. Yseut se réjouit ; elle ne souffre pas à présent. Ils sont dans la forêt de Morrois[20] et passent la nuit sur une hauteur. Maintenant, Tristan est tout autant en sécurité que s'il se trouvait dans un château entouré de murailles. Tristan était un excellent archer et savait très bien tirer à l'arc. Gouvernal avait volé l'arc d'un forestier et il le tenait en mains. Il avait également pris deux flèches bien empennées aux pointes barbelées. Tristan prit l'arc et marcha dans la forêt. Il vit un chevreuil, visa et tira.

---

20. Forêt située en Cornouailles qu'on identifie généralement avec le manoir de *Moresc* ou *Saint-Clement's*, près de Truro.

El costé destre fiert forment:
1288 Brait, saut en haut et jus decent.
Tristran l'a pris, atot s'en vient.
Sa loge fait: au brant qu'il tient
Les rains trenche, fait la fullie;
1292 Yseut l'a bien espés jonchie.
Tristran s'asist o la roïne.
Governal sot de la cuisine,
De seche busche fait buen feu.
1296 Molt avoient a faire queu!
Il n'avoient ne lait ne sel
A cele foiz a lor ostel.
La roïne ert forment lassee
1300 Por la poor qu'el ot passee;
Somel li prist, dormir se vot,
Sor son ami dormir se vot.
Seignors, eisi font longuement
1304 En la forest parfondement,
Longuement sont en cel desert.
Oiez du nain com au roi sert.
Un consel sot li nains du roi,
1308 Ne sot que il. Par grant desroi
Le descovri: il fist que beste,
Qar puis an prist li rois la teste.
Li nain ert ivres, li baron
1312 Un jor le mistrent a raison
Que ce devoit que tant parloient,
Il et li rois, et conselloient:
« A celer bien un suen consel
1316 Molt m'a trové toz jors feel.
Bien voi que le volez oïr,
Et je ne vuel ma foi mentir.
Mais je merrai les trois de vos
1320 Devant le Gué Aventuros.
Et iluec a une aube espine,
Une fosse a soz la racine:
Mon chief porai dedenz boter
1324 Et vos m'orrez defors parler.
Ce que dirai, c'ert du segroi
Dont je sui vers le roi par foi. »
Li baron vienent a l'espine,
1328 Devant eus vient li nains Frocine.
Li nains fu cort, la teste ot grose,

Il l'atteignit violemment au flanc droit. L'animal crie, bondit et s'effondre. Tristan le saisit et le ramène. Il construit sa loge. Avec l'épée qu'il tient en mains, il coupe les branches. Il façonne un toit de feuillage. Yseut la jonche d'un épais tapis de verdure. Tristan s'assied près de la reine. Gouvernal s'y connaissait en cuisine ; il allume un bon feu de bois sec. Les cuisiniers avaient fort à faire ; ils n'avaient alors dans leur logis ni lait, ni sel. La reine était fort lasse après la peur qu'elle avait éprouvée. Le sommeil la prend ; elle veut dormir ; elle veut s'endormir contre son ami. Seigneurs, ils ont longtemps vécu ainsi au fin fond de la forêt ! Ils séjournent longtemps dans ce désert.

Mais écoutez plutôt ce que le nain fit au roi. Il détenait du roi un secret, qu'il était le seul à connaître. Une grande imprudence l'amena à le divulguer. Il commit une bêtise car cela lui valut ensuite d'être décapité par le roi. Un jour, le nain était ivre et les barons lui demandèrent ce que signifiaient les entretiens qu'il avait fréquemment avec le roi.

« J'ai toujours gardé loyalement le secret qu'il m'a confié. Je vois bien que vous voulez le connaître, mais je ne veux pas trahir ma parole. Je vous mènerai tous les trois devant le Gué Aventureux[21]. Il y a là une aubépine dont les racines surplombent un fossé. Je pourrai placer ma tête à l'intérieur et vous m'entendrez du dehors. Ce que je dirai concernera le secret pour lequel je suis lié par serment au roi. »

Les barons se rendent devant l'épine. Frocin les précède. Le nain était petit mais il avait une grosse tête.

---

21. Le gué est dans les légendes celtiques un lieu traditionnel où se manifestent l'aventure et la féerie. Le gué de l'épine (ou aubépine) est un site mythologique majeur.

Delivrement ont fait la fosse,
Jusq'as espaules l'i ont mis.
1332 « Or escoutez, seignor marchis !
Espine, a vos, non a vasal :
Marc a orelles de cheval. »
Bien ont oï le nain parler.
1336 S'avint un jor, aprés disner,
Parlout a ses barons roi Marc,
En sa main tint d'auborc un arc.
Atant i sont venu li troi
1340 A qui li nains dist le secroi,
Au roi dïent priveement :
« Rois, nos savon ton celement. »
Li rois s'en rist et dist : « Ce mal
1344 Que j'ai orelles de cheval,
M'est avenu par cest devin :
Certes, ja ert fait de lui fin. »
Traist l'espee, le chief en prent.
1348 Molt en fu bel a mainte gent,
Que haoient le nain Frocine
Por Tristran et por la roïne.
Seignors, molt avez bien oï
1352 Conment Tristran avoit salli
Tot contreval, par le rochier,
Et Governal sot le tertrier,
S'en fu issuz, quar il cremoit
1356 Qu'il fust ars, se Marc le tenoit.
Or sont ensemble en la forest,
Tristran de veneison les pest.
Longuement sont en cel boschage.
1360 La ou la nuit ont herberjage,
Si s'en trestornent au matin.
En l'ermitage frere Ogrin
Vindrent un jor, par aventure.
1364 Aspre vie meinent et dure :
Tant s'entraiment de bone amor
L'un por l'autre ne sent dolor.
Li hermite Tristran connut,
1368 Sor sa potence apoié fu ;
Aresne le, oiez conment :
« Sire Tristran, grant soirement
A l'en juré par Cornoualle,
1372 Qui vos rendroit au roi, sanz falle

84

Ils ont vite fait d'élargir le trou et y enfoncent Frocin jusqu'aux épaules.

« Ecoutez, seigneurs marquis ! Epine, c'est à vous que je m'adresse et non à eux ! Marc a des oreilles de cheval[22] ! »

Ils ont parfaitement entendu le nain. Un jour, après le dîner, Marc s'entretenait avec ses barons. Il tenait un arc d'aubour[23] dans la main. Les trois barons à qui le nain avait révélé le secret s'approchent du roi. Ils lui disent à voix basse :

« Sire, nous savons ce que vous cachez. »

Le roi en rit et dit:

« Cette maladie des oreilles de cheval, c'est à ce devin que je la dois[24]. Vraiment, il n'en a plus pour très longtemps à vivre. »

Il tire son épée, décapite le nabot. Beaucoup s'en réjouissent qui haïssaient le nain Frocin à cause de ses méchancetés envers Tristan et la reine.

Seigneurs, vous avez bien entendu comment Tristan a sauté dans le vide du haut du rocher et comment Gouvernal qui connaissait bien la colline s'est enfui, de peur d'être brûlé si Marc le capturait. Maintenant, ils se retrouvent tous dans la forêt. Tristan les nourrit de gibier. Ils vivent longtemps dans ces bois. Ils quittent le lendemain matin l'endroit où ils se sont installés pour la nuit.

Un jour, ils arrivent par hasard à l'ermitage de frère Ogrin. La vie qu'ils mènent est dure et pénible mais leur amour mutuel fait que, grâce à l'autre, aucun des deux ne souffre.

L'ermite reconnut Tristan. Appuyé sur sa canne, il lui dit : « Sire Tristan, toute la Cornouailles s'est engagée solennellement. Celui qui vous livrera au roi sans faute

22. Ce conte « étymologique » exploite l'homonymie qui existe en gallois entre le nom propre Marc et le mot celtique *marc'h* signifiant « cheval ».

23. Arbre (cytise) avec lequel on fabriquait des arcs.

24. Le nain possèderait donc des pouvoirs magiques. Il est probablement fait allusion ici à un conte antérieur (non conservé) selon lequel Frocin aurait infligé une malédiction à Marc.

Cent mars avroit a gerredon.
En ceste terre n'a baron
Au roi ne l'ait plevi en main,
1376 Vos rendre a lui o mort ou sain. »
Ogrins li dit molt bonement :
« Par foi ! Tristan, qui se repent
Deu du pechié li fait pardon
1380 Par foi et par confession. »
Tristran li dit : « Sire, par foi,
Que ele m'aime en bone foi,
Vos n'entendez pas la raison :
1384 Q'el m'aime, c'est par la poison.
Ge ne me pus de lié partir,
N'ele de moi, n'en quier mentir. »
Ogrins li dist : « Et quel confort
1388 Puet on doner a home mort ?
Assez est mort qui longuement
Gist en pechié, s'il ne repent.
Doner ne puet nus penitance
1392 A pecheor ; souz penitance !
L'ermite Ogrins molt les sarmone,
Du repentir consel lor done.
Li hermites sovent lor dit
1396 Les profecies de l'escrit,
Et molt lor amentoit sovent
L'ermite lor delungement.
A Tristran dist par grant desroi :
1400 « Que feras-tu ? Conselle toi.
— Sire, j'am Yseut a mervelle,
Si que n'en dor ne ne somelle.
De tot an est li consel pris :
1404 Mex aime o li estre mendis
Et vivre d'erbes et de glan
Q'avoir le reigne au roi Otran.
De lié laisier parler ne ruis,
1408 Certes, quar faire ne le puis. »
Iseut au pié l'ermite plore,
Mainte color mue en poi d'ore,
Molt li crie merci sovent :
1412 « Sire, por Deu omnipotent,
Il ne m'aime pas, ne je lui,
Fors par un herbé dont je bui
Et il en but : ce fu pechiez.

recevra cent marcs de récompense. Tous les barons de ce pays ont donc juré au roi, la main dans celle de Marc, de vous livrer à lui, mort ou vif. »

Ogrin ajoute avec bonté : « Par ma foi, Tristan, Dieu pardonne les péchés de celui qui se repent, à condition qu'il ait la foi et qu'il se confesse. »

Tristan lui dit : « Par ma foi, seigneur, elle m'aime en toute bonne foi[25] mais vous ne comprenez pas pourquoi. Si elle m'aime, c'est la potion qui en est la cause. Je ne peux pas me séparer d'elle, ni elle de moi, je dois vous l'avouer. »

Ogrin lui dit : « Comment peut-on sauver un homme mort ? Il est bien mort celui qui persiste dans le péché[26] ; s'il ne se repent pas lui-même, personne ne peut faire remise à un pécheur de sa pénitence ; accomplis ta pénitence ! »

L'ermite Ogrin prolonge son sermon et leur conseille de se repentir. Il leur cite à plusieurs reprises le témoignage de l'Écriture. Avec insistance, il leur rappelle l'obligation de se séparer. Il dit à Tristan d'une voix émue : « Que vas-tu faire ? Réfléchis ! »

— Sire, j'aime Yseut éperdument au point d'en perdre le sommeil. Ma décision est irrévocable : j'aime mieux vivre comme un mendiant avec elle, me nourrir d'herbes et de glands, plutôt que de posséder le royaume d'Otran[27]. Ne me demandez pas de la quitter car, vraiment, c'est impossible. »

Aux pieds de l'ermite, Yseut éclate en sanglots. A plusieurs reprises, son visage change de couleur. Elle l'implore d'avoir pitié d'elle :

« Sire, par le Dieu tout-puissant, il ne m'aime et je ne l'aime qu'à cause d'un breuvage que j'ai bu et qu'il a bu. Voilà notre péché !

25. Ce dialogue est placé sous le signe du malentendu. Les mots *foi* et *péché* n'ont pas le même sens pour Ogrin et Tristan. Leurs connotations chrétiennes ne sont nullement perçues par Tristan. *Péché* en ancien français signifie aussi « erreur », sans référence à une transgression de la loi divine.

26. Ces propos de l'ermite se réfèrent à l'exégèse qui voit dans Lazare au

1416 Por ce nos a li rois chaciez. »
    Li hermites tost li respont :
    « Diva ! cil Dex qui fist le mont,
    Il vos donst voire repentance ! »
1420 Et saciez de voir, sanz dotance,
    Cele nuit jurent chiés l'ermite ;
    Por eus esforça molt sa vite.
    Au matinet s'en part Tristrans.
1424 Au bois se tient, let les plains chans.
    Li pain lor faut, ce est grant deus.
    De cers, de biches, de chevreus
    Ocist asez par le boscage.
1428 La ou prenent lor herbergage,
    Font lor cuisine e lor beau feu,
    Sol une nuit sont en un leu.
    Seignors, oiez con por Tristran
1432 Out fait li rois crïer son ban !
    En Cornoualle n'a parroise
    Ou la novele n'en angoise
    Que, qui porroit Tristran trover,
1436 Qu'il en feïst le cri lever.
    Qui veut oïr une aventure,
    Con grant chose a an noreture,
    Si m'escoute un sol petitet !
1440 Parler m'orez d'un buen brachet :
    Qens ne rois n'out tel berseret,
    Il ert isneaus et toz tens prez,
    Quar il ert beaus, isneaus, non lenz,
1444 Et si avoit a non Husdanz.
    Lïez estoit en un landon.
    Li chiens gardoit par le donjon ;
    Qar mis estoit an grant freor,
1448 Qant il ne voiet son seignor.
    Ne vout mengier ne pain ne past
    Ne nule rien q'en li donast ;
    Guignout et si feroit du pié.
1452 Des uiz lermant. Dex ! qel pitié
    Faisoit a mainte gent li chiens !
    Chascun disoit : « S'il estoit miens.
    Gel metroie du landon fors ;
1456 Quar, s'il enrage, ce ert deus.
    Ahi ! Husdent, ja tex brachetz
    N'ert mais trové, qui tant set prez

C'est pour cela que le roi nous a chassés. »

L'ermite lui répond aussitôt :

« A Dieu vat ! Que Dieu qui créa le monde vous accorde un repentir sincère ! »

Et sachez-le bien, car c'est vrai, cette nuit-là ils couchèrent chez l'ermite. Il oublia ses habitudes en leur faveur.

Au petit matin, Tristan s'en va. Il ne quitte pas le bois, évite les terrains découverts. Le pain leur manque, c'est très pénible. Il tue dans la forêt beaucoup de cerfs, de biches et de chevreuils. Là où ils s'installent, ils font leur cuisine et un grand feu. Ils ne restent qu'une nuit au même endroit.

Seigneurs, apprenez que le roi fait crier le ban contre Tristan ! En Cornouailles, il n'y a pas une paroisse où la nouvelle ne sème l'angoisse. Quiconque trouvera Tristan devra donner l'alerte générale.

Si l'on veut entendre une aventure qui montre la grandeur de l'éducation, qu'on m'écoute un instant. Vous m'entendrez parler d'un brave braque. Ni les comtes ni les rois ne possédèrent un chien de chasse pareil. Il était agile, sans cesse à l'affût car il était beau, vif et rapide. Il s'appelait Husdent. Une laisse le retenait à un billot. Le chien guettait depuis le donjon, car il était fort inquiet de ne plus revoir son maître. Il ne voulait manger ni pain ni pâtée, ni rien de ce qu'on lui donnait. Il cillait des yeux, trépignait et pleurait. Mon Dieu, quelle pitié il suscitait autour de lui ! Chacun disait :

« S'il était à moi, je lui ôterais sa laisse car ce serait affreux s'il devenait enragé. Ah, Husdent, jamais on ne retrouvera un tel braque qui soit si vif

tombeau (« le mort dans son sépulcre ») l'image de l'endurcissement dans le péché. Sur le repentir chez Béroul voir J. C. Payen (*Le Motif du repentir dans la littérature française médiévale*, Genève, 1967, pp. 331-364).

27. Roi sarrasin de Nîmes d'après les chansons du cycle de Guillaume d'Orange. Il incarne la féerie de l'Orient.

Ne tel duel face por seignor ;
1460 Beste ne fu de tel amor.
Salemon dit que droituriers
Que ses amis, c'ert ses levriers.
A vos le poon nos prover :
1464 Vos ne volez de rien goster,
Pus que vostre sire fu pris.
Rois, quar soit fors du landon mis ! »
Li rois a dit, a son corage,
1468 (Por son seignor croit qu'il enrage) :
« Certes, molt a li chiens grant sens :
Je ne quit mais qu'en nostre tens,
En la terre de Cornoualle,
1472 Ait chevalier qui Tristran valle. »
De Cornoualle baron troi
En ont araisoné li roi :
« Sire, quar deslïez Husdant !
1476 Si verron bien certainement
Se il meine ceste dolor
Por la pitié de son seignor ;
Quar ja si tost n'ert deslïez
1480 Q'il ne morde, s'est enragiez,
Ou autre rien ou beste ou gent :
S'avra la langue overte au vent. »
Li rois apele un escuier
1484 Por Husdan faire deslïer.
Sor bans, sor seles puient haut,
Quar li chien crïement de prin saut.
Tuit disoient : « Husdent enrage. »
1488 De tot ce n'avoit il corage.
Tantost com il fu deslïez,
Par mié les renz cort, esvelliez,
Que onques n'i demora plus.
1492 De la sale s'en ist par l'us,
Vint a l'ostel ou il soloit
Trover Tristran. Li rois le voit,
Et li autre qui aprés vont.
1496 Li chiens escrie, sovent gront,
Molt par demeine grant dolor.
Encontré a de son seignor :
Onques Tristan ne fist un pas
1500 Qant il fu pris, qu'il dut estre ars,
Que li brachez nen aut aprés ;

90

et qui manifeste une telle douleur pour son maître ! Jamais animal ne montra une telle affection ! Salomon dit très justement que son ami, c'était son lévrier. Ton exemple nous le prouve : tu ne veux rien manger depuis que ton maître a été arrêté. Sire, faites donc ôter sa laisse ! »

Croyant que le chien devient enragé à cause de son maître, le roi répond alors :

« Vraiment, c'est un chien intelligent. Je ne crois pas que de nos jours, sur la terre de Cornouailles, il y ait un chevalier qui vaille Tristan. »

Trois barons cornouaillais s'adressent au roi :

« Sire, libérez Husdent et nous allons voir avec certitude s'il souffre par sympathie pour son maître. A peine détaché, s'il a la rage, il mordra une personne, une bête ou n'importe quoi et il aura la langue pendante. »

Le roi appelle un écuyer pour détacher Husdent. L'assistance se perche sur des bancs et des escabeaux, car elle redoute les premiers bonds du chien. Tous disaient :

« Husdent est enragé ! »

Mais ce n'était pas le cas. Aussitôt détaché, il court entre les rangs, comme s'il venait de se réveiller, et il ne s'attarde guère. Il sort de la salle par la porte et se rend au logis où, d'habitude, il trouvait Tristan. Le roi et toute sa suite l'ont vu faire et ils le suivent. Husdent aboie, grogne plusieurs fois et manifeste un grand chagrin. Il a trouvé la trace de son maître. De tous les pas accomplis par Tristan lorsqu'il fut pris et faillit être brûlé, il n'en est pas un que le braque ne refasse après lui.

Et dit chascun de venir mes.
Husdant an la chanbrë est mis
1504 O Tristran fu traït et pris ;
Si part, fait saut et voiz clarele,
Criant s'en vet vers la chapele ;
Li pueple vait aprés le chien.
1508 Ainz, puis qu'il fu hors du lïen,
Ne fina, si fu au moutier
Fondé en haut sor le rochier.
Husdent li blans, qui ne voit lenz,
1512 Par l'us en la chapele entre enz,
Saut sor l'autel, ne vit son mestre.
Fors s'en issi par la fenestre.
Aval la roche est avalez,
1516 En la janbe s'est esgenez,
A terre met le nes, si crie.
A la silve du bois florie,
Ou Tristran fist l'enbuschement,
1520 Un petit s'arestut Husdent ;
Fors s'en issi, par le bois vet.
Nus ne le voit qui pitié n'ait.
Au roi dïent li chevalier :
1524 « Laison a seurre cest trallier :
En tel leu nos porroit mener
Dont griés seroit le retorner. »
Laisent le chien, tornent arire.
1528 Husdent aqeut une chariere,
De la rote molt s'esbaudist.
Du cri au chien li bois tentist.
Tristran estoit el bois aval
1532 O la reïne et Governal.
La noise oient, Tristran l'entent :
« Par foi, fait il, je oi Husdent. »
Trop se criement, sont esfroï.
1536 Tristran saut sus, son arc tendi.
En un'espoise aval s'en traient :
Crime ont du roi, si s'en esmaient,
Dïent qu'il vient o le brachet.
1540 Ne demora c'un petitet
Li brachet, qui la rote sut.
Quant son seignor vit et connut,
Le chief hoque, la queue crole.
1544 Qui voit con de joie se molle

Chacun dit qu'il faut continuer à le suivre.

Husdent arrive dans la chambre où Tristan fut trahi et pris. Il repart, jappe et donne de la voix. Il se dirige vers la chapelle en aboyant.

La foule suit le chien. Depuis qu'on l'a détaché, il ne s'arrête pas un seul instant jusqu'à ce qu'il arrive à l'église plantée sur le rocher. Le blanc Husdent[28], toujours aussi rapide, entre dans la chapelle par la porte, saute sur l'autel et ne voit pas son maître. Il ressort par la fenêtre et tombe en bas du rocher. Il se blesse à la patte, flaire le sol et aboie.

A l'orée fleurie du taillis où Tristan s'était caché, Husdent s'arrête un instant. Il repart et s'enfonce dans la forêt. Nul ne le voit sans le prendre en pitié. Les chevaliers disent au roi :

« Cessons de suivre ce chien ! Il pourrait nous conduire en un lieu d'où il serait difficile de revenir. »

Ils abandonnent le chien et retournent sur leurs pas. Husdent trouve un chemin. Il est tout heureux de cette piste. La forêt résonne de ses aboiements.

Tristan se trouvait plus loin dans les bois avec la reine et Gouvernal. Ils perçoivent les cris du chien. Tristan tend l'oreille :

« Par ma foi, dit-il, j'entends Husdent. »

Ils sont très effrayés et s'affolent. Tristan se lève d'un bond et tend son arc. Ils se réfugient au plus profond d'un fourré. Ils craignent le roi. Ils s'affolent. Ils disent que Marc arrive avec braque. Le chien qui suivait la piste, ne tarda guère. Quand il vit son maître et le reconnut, il agita la tête et remua la queue. A le voir verser des larmes de joie,

_____

28. Retour à la leçon du manuscrit (v. 1511). Appliqué aux animaux, le blanc est la couleur féerique de l'autre monde (voir la *blanche* biche, le cerf *blanc* des légendes arthuriennes). Bien que le blanc ne soit pas une couleur rare pour un chien, il est vraisemblable qu'Husdent possède une lointaine ascendance féerique. Il possède en tout cas les traits d'un animal psychopompe puisqu'il guide les humains dans un univers qui suggère la mort (le Morrois).

Dire puet qu'ainz ne vit tel joie.
A Yseut a la crine bloie
Acort, et pus a Governal ;
1548 Toz fait joie, nis au cheval.
Du chien out Tristran grant pitié :
« Ha ! Dex, fait il, par quel pechié
Nos a cist berseret seü ?
1552 Chien qi en bois ne se tient mu
N'a mestier a home bani.
El bois somes, du roi haï ;
Par plain, par bois, par tote terre,
1556 Dame, nos fait li rois Marc querre !
S'il nos trovout ne pooit prendre,
Il nos feroit ardoir ou pendre,
Nos n'avon nul mestier de chien.
1560 Une chose sachiez vos bien,
Se Husdens avé nos remaint,
Poor nos fera et duel maint.
Asez est mex qu'il soit ocis
1564 Que nos soion par son cri pris.
Et poise m'en, por sa franchise,
Que il la mort a ici quise.
Grant nature li faisoit fere ;
1568 Mais conment m'en pus je retraire ?
Certes, ce poise moi molt fort
Que je li doie doner mort.
Or m'en aidiez a consellier :
1572 De nos garder avon mestier. »
Yseut li dist : « Sire, merci !
Li chiens sa beste prent au cri,
Que par nature, que par us.
1576 J'oï ja dire qu'un seüs
Avoit un forestier galois,
Puis que Artus en fu fait rois,
Que il avoit si afaitié :
1580 Qant il avoit son cerf sagnié
De la seete berserece,
Puis ne fuïst par cele trace
Que li chiens ne suïst le saut ;
1584 Por crier n'en tornast le faut
Ne ja n'atainsist tant sa beste
Ja criast ne feïst moleste.
Amis Tristran, grant joie fust,

on peut dire que jamais un bonheur comparable n'a existé. Il court vers Yseut la blonde puis vers Gouvernal. Il fait fête à tout le monde, même au cheval. Tristan s'attendrit sur le chien :

« Ah, Dieu, fait-il, par quel malheur ce chien nous a-t-il suivis ? Un chien incapable de rester silencieux dans un bois ne rend guère service à un banni. Nous sommes dans la forêt, haïs du roi. A travers plaines et bois, le roi Marc nous fait rechercher, ma dame, dans tout le pays. S'il nous trouve et nous capture, il nous fera brûler ou pendre, nous n'avons que faire d'un chien. Sachez-le bien, si Husdent reste avec nous, il sera un motif de peur et de souci. Il vaut mieux le tuer plutôt que de nous faire prendre à cause de ses aboiements. Cela m'afflige, à cause de sa nature généreuse, qu'il soit venu chercher la mort ici. C'est la noblesse de son naturel qui l'a poussé mais comment lui éviter la mort ? Vraiment, cela m'attriste beaucoup de devoir le tuer. Aidez-moi à prendre une décision ! Pourtant, nous avons grand besoin de nous protéger. »

Yseut lui dit :

« Sire, pitié ! Les chiens chassent en aboyant ; c'est autant par nature que par habitude. J'ai entendu dire qu'un forestier gallois, après l'avènement du roi Arthur, avait procédé de la sorte. Quand un cerf blessé par une flèche perdait son sang, où qu'il aille, le chien le poursuivait en bondissant. Il ne tournait jamais sur lui-même pour aboyer et n'aurait jamais perdu la trace par des aboiements. Ami Tristan, ce serait une très bonne chose

1588 Por metre peine qui peüst
     Faire Hudent le cri laisier,
     Sa beste ataindre et chacier. »
     Tristran s'estut et escouta.
1592 Pitié l'en prist ; un poi pensa,
     Puis dist itant : « Se je pooie
     Husdent par paine metre en voie
     Que il laissast cri por silence,
1596 Molt l'avroie a grant reverence.
     Et a ce metrai je ma paine
     Ainz que ja past ceste semaine.
     Pesera moi se je l'oci,
1600 Et je criem molt du chien le cri ;
     Quar je porroie en tel leu estre,
     O vos ou Governal mon mestre
     Se il criout, feroit nos prendre,
1604 Or vuel peine metre et entendre
     A beste prendre sanz crïer. »
     Or voit Tristran en bois berser.
     Afaitiez fu, a un dain trait :
1608 Li sans en chiet, li brachet brait,
     Li dains navrez s'en fuit le saut.
     Husdent li bauz en crie en haut,
     Li bois du cri au chien resone.
1612 Tristran le fiert, grant cop li done.
     Li chien a son seignor s'areste,
     Lait le crïer, gerpist la beste ;
     Haut l'esgarde, ne set qu'il face,
1616 N'ose crïer, gerpist la trace.
     Tristran le chien desoz lui bote,
     O l'estortore bat la rote ;
     Et Husdent en revot crïer.
1620 Tristran l'aquet a doutriner
     Ainz que li premier mois pasast,
     Fu si le chien dontez u gast
     Que sanz crïer suiet sa trace.
1624 Sor noif, sor herbe ne sor glace
     N'ira sa beste ja laschant,
     Tant n'iert isnele et remuant.
     Or lor a grant mestier li chiens,
1628 A mervelles lor fait grans biens.
     S'il prent el bois chevrel ne dains,
     Bien l'enbusche, cuevre de rains ;

si l'on pouvait amener Husdent à ne plus aboyer lorsqu'il poursuit et saisit le gibier. »

Tristan écoutait, immobile. Il éprouvait de la pitié pour son chien. Il réfléchit quelques instants et dit :

« Si je pouvais, par mes efforts, amener Husdent à préférer le silence aux aboiements, je le tiendrais en haute estime. Je m'y efforcerai avant la fin de la semaine. Cela me ferait trop de peine de le tuer, pourtant je redoute beaucoup le cri du chien, car je pourrais me trouver avec vous ou mon maître Gouvernal dans un endroit où les aboiements pourraient entraîner notre capture. Je vais donc m'appliquer et m'employer à lui faire chasser le gibier sans crier. »

Tristan part chasser dans la forêt avec son arc. Il était habile. Il vise un daim. Le sang coule, le brachet aboie. Le daim blessé s'enfuit par bonds. Le joyeux Husdent aboie haut et clair ; les bois résonnent de ses cris. Tristan le bat, lui donne un grand coup. Le chien s'arrête auprès de son maître, il cesse de crier, abandonne la poursuite de la bête. Il lève la tête pour regarder son maître, il ne sait plus que faire. Il n'ose plus crier, perd la trace.

Tristan amène le chien à ses pieds et bat la piste avec son bâton. Husdent veut aboyer de nouveau. Tristan continue le dressage. Avant la fin du premier mois, le chien fut si bien dressé à chasser sur la lande qu'il suivait la piste de sa proie sans aboyer. Ni sur la neige, ni sur l'herbe, ni sur la glace, il n'abandonne sa bête, si rapide et si vive soit-elle !

A présent, ils ont grand besoin du chien. Celui-ci leur rend de prodigieux services. S'il capture dans la forêt un chevreuil ou un daim, il le cache soigneusement en le couvrant de branchages,

Et s'il enmi lande l'ataint,
1632 Com il s'avient en i prent maint,
De l'erbe gete asez desor,
Arire torne a son seignor,
La le maine ou sa beste a prise.
1636 Molt sont li chien de grant servise!
Seignors, molt fu el bois Tristrans,
Molt i out paines et ahans.
En un leu n'ose remanoir;
1640 Dont lieve au main ne gist au soir.
Bien set que li rois le fait querre
Et que li bans est en sa terre
Por lui prendre, quil troveroit.
1644 Molt sont el bois del pain destroit,
De char vivent, el ne mengüent.
Que püent il, se color müent?
Lor dras ronpent, rains les decirent.
1648 Longuement par Morrois fuïrent.
Chascun d'eus soffre paine elgal,
Qar l'un por l'autre ne sent mal:
Grant poor a Yseut la gente
1652 Tristran por lié ne se repente;
E a Tristran repoise fort
Que Yseut a por lui descort,
Qu'el repente de la folie.
1656 Un de ces trois que Dex maudie
Par qui il furent descovert,
Oiez conment par un jor sert!
Riches hom ert et de grand bruit,
1660 Li chiens amoit por son deduit.
De Cornoualle du païs
De Morrois erent si eschis
Qu'il n'i osout un sol entrer.
1664 Bien lor faisoit a redouter;
Qar, se Tristran les peüst prendre,
Il les feïst as arbres pendre:
Bien devoient donques laisier.
1668 Un jor estoit o son destrier
Governal sol a un doitil
Qui descendoit d'un fontenil.
Au cheval out osté la sele:
1672 De l'erbete paisoit novele.
Tristran gesoit en sa fullie,

et s'il l'attrape au milieu de la lande (cela lui arrive souvent), il couvre d'herbe le corps de l'animal et retourne chercher son maître; il l'emmène alors là où il a pris la bête. Oui, les chiens rendent de grands services!

Seigneurs, Tristan séjourne longtemps dans la forêt. Il y connaît beaucoup de peines et d'épreuves. Il n'ose pas rester toujours au même endroit. Il ne couche pas le soir là où il s'est levé le matin. Il sait bien que le roi le fait chercher et qu'un ban a été proclamé sur ses terres afin que quiconque le trouverait le capture.

Dans la forêt, le pain leur manque beaucoup. Ils vivent de venaison et ne mangent rien d'autre. Qu'y peuvent-ils si leur teint s'altère? Leurs habits tombent en lambeaux; les branches les déchirent. Ils fuient longtemps à travers le Morrois. Tous les deux souffrent de la même façon mais chacun grâce à l'autre oublie ses maux. La noble Yseut a toutefois très peur que Tristan éprouve des remords à cause d'elle. Tristan, de son côté, appréhende qu'Yseut, brouillée à cause de lui avec le roi, n'en vienne à regretter ce fol amour.

Écoutez maintenant ce que fit un jour, l'un des trois félons qui les avaient trahis — que Dieu maudisse ces personnages! C'était un baron puissant et de grande renommée. Il était amateur de chiens.

Les Cornouaillais se méfiaient du Morrois au point que nul n'osait y pénétrer. Ils avaient bien raison, car si Tristan avait pu les capturer, il les aurait pendus à un arbre. Ils faisaient donc bien de s'en éloigner.

Un jour, Gouvernal se trouvait seul avec son destrier près d'un ruisselet qui jaillissait d'une source. Il ôta la selle du cheval; celui-ci paissait l'herbe fraîche. Tristan se reposait dans sa loge de branchages.

Estroitement ot enbrachie
La roïne, por qu'il estoit
1676 Mis en tel paine, en tel destroit ;
Endormi erent amedoi.
Governal ert en un esquoi,
Oï les chiens par aventure :
1680 Le cerf chacent grant aleüre.
C'erent li chien a un des trois
Por qui consel estoit li rois
Meslez ensenble la roïne.
1684 Li chien chacent, li cerf ràvine.
Governal vint une charire
En une lande ; luin arire
Vit cel venir que il bien set
1688 Que ses sires onques plus het,
Tot solement sanz escuier.
Des esperons a son destrier
A tant doné que il escache,
1692 Sovent el col fiert o sa mache ;
Li chevaus ceste sor un marbre.
Governal s'acoste a un arbre,
Enbuschiez est, celui atent
1696 Qui trop vient tost et fuira lent.
Nus retorner ne puet fortune :
Ne se gaitoit de la rancune
Que il avoit a Tristran fait.
1700 Cil qui desoz l'arbre s'estait
Vit le venir, hardi l'atent ;
Dit mex veut estre mis au vent
Que il de lui n'ait la venjance ;
1704 Qar par lui et par sa faisance
Durent il estre tuit destruit.
Li chien li cerf sivent, qui fuit ;
Li vasaus aprés les chiens vait.
1708 Governal saut de sen agait ;
Du mal que cil ot fait li menbre,
A s'espee tot le desmenbre,
Li chef en prent, atot s'en vet.
1712 Li veneor, qui l'ont parfait,
Sivoient le cerf esmeü.
De lor seignor virent le bu,
Sanz la teste, soz l'arbre jus.
1716 Qui plus tost cort, cil s'en fuit plus ;

Il tenait étroitement enlacée la reine pour qui il s'était exposé à une telle peine et à un tel tourment. Tous deux étaient endormis. Gouvernal s'était embusqué et entendit par hasard des chiens qui chassaient un cerf avec ardeur. Les chiens appartenaient à l'un des trois barons dont les conseils avaient brouillé le roi avec la reine. Les chiens chassent, le cerf court.

En suivant le chemin, Gouvernal arrive dans une lande. Loin derrière lui, il voit venir seul, sans écuyer, celui que son seigneur haïssait le plus au monde. Il éperonne son destrier au point que la bête s'élance ; il lui donne des coups de cravache sur le cou. Le cheval bronche sur une pierre. Gouvernal s'appuie à un arbre ; il se cache et attend celui qui ne repartira pas aussi vite qu'il est arrivé.

Nul ne peut faire tourner le sort. Le félon n'avait guère pensé au malheur qu'il avait causé à Tristan. Celui qui se trouvait sous l'arbre le vit venir et l'attendait de pied ferme. Il préfère, dit-il, que l'on disperse ses cendres au vent plutôt que de ne pas se venger de lui. Car à cause de lui et de ce qu'il a fait, ils faillirent tous mourir. Les chiens poursuivent le cerf qui fuit et l'homme suit les chiens.

Gouvernal bondit de sa cachette ; il se souvient de tout le mal commis par cet homme. Avec son épée, il le taille en pièces, emporte la tête et s'en va. Les veneurs qui l'ont parfait[29], poursuivent le cerf qui a été levé. Ils aperçurent le corps décapité de leur seigneur au pied d'un arbre. C'est à qui courra le plus vite pour s'enfuir !

29. Terme de chasse : « se dit du cerf suivi sans que les chiens aient pris le change » (Muret).

Bien quident ce ait fait Tristran
Dont li rois fist faire le ban.
Par Cornoualle ont atendu
1720 L'un des trois a le chief perdu
Qui meslot Tristran o le roi.
Poor en ont tuit et esfroi,
Puis ont en pes le bois laisié ;
1724 N'ont pus el bois sovent chacié.
Des cel'ore qu'u bois entroit,
Fust por chacier, chascuns dotoit
Que Tristran li preuz l'encontrast.
1728 Crient fu u plain et plus u gast.
Tristran se jut an la fullie.
Chau tens faisoit, si fu jonchie.
Endormiz est, ne savoit mie
1732 Que cil eüst perdu la vie
Par qui il dut mort recevoir :
Liez ert, quant en savra le voir.
Governal a la loge vient,
1736 La teste au mort a sa main tient ;
A la forche de sa ramee
L'a cil par les cheveus nouee.
Tristran s'esvelle, vit la teste,
1740 Saut esfreez, sor piez s'areste.
A haute voiz crie son mestre :
« Ne vos movez, seürs puez estre :
A ceste espee l'ai ocis.
1744 Saciez, cist ert vostre anemis. »
Liez est Tristran de ce qu'il ot :
Cil est ocis qu'il plus dotot.
Poor ont tuit par la contree.
1748 La forest est si esfreee
Que nus n'i ose ester dedenz.
Or ont le bois a lor talent.
La ou il erent en cel gaut,
1752 Trova Tristan l'arc Qui ne faut.
En tel maniere el bois le fist
Riens ne trove qu'il n'oceïst.
Se par le bois vait cerf ne dains,
1756 Se il atouchë a ces rains
Ou cil arc est mis et tenduz,
Se haut hurte, haut est feruz,
Et se il hurte a l'arc an bas,

Ils pensent que celui qui a fait le coup, c'est Tristan contre qui le roi a proclamé un ban.

Toute la Cornouailles entend que l'un des trois qui a brouillé Tristan avec le roi a été décapité. Tous prennent peur et s'affolent; ils évitent désormais la forêt. Depuis lors, ils ne s'y rendent plus guère pour chasser. Sitôt entré dans la forêt, fût-ce pour chasser, chacun redoute la rencontre de Tristan le preux dans la plaine mais plus encore dans la lande.

Tristan se reposait dans la loge de feuillage. Il faisait chaud et le sol était jonché de verdure. Il était endormi et ne savait pas que celui qui avait failli le faire mourir avait lui-même perdu la vie. Il sera heureux lorsqu'il l'apprendra. Gouvernal s'approche de la loge; il tient la tête du cadavre dans sa main. Il l'attache par les cheveux au faîte fourchu de la loge. Tristan s'éveille et voit la tête. Il sursaute effrayé et se lève d'un bond. Son maître lui crie d'une voix forte :

« Ne bougez pas, vous pouvez être rassuré ! Je l'ai tué avec cette épée. Sachez que c'était votre ennemi ! »

Tristan se réjouit de ce qu'il entend. L'homme qu'il craignait le plus est mort ! Tout le monde a peur dans les environs. La forêt suscite une telle terreur que nul n'ose y demeurer.

Maintenant, le bois appartient aux amants. C'est dans cette forêt que Tristan invente l'Arc Infaillible. Il le dispose dans la forêt de manière à tuer tout ce qu'il peut trouver. Si un cerf ou un daim court dans la forêt, s'il frôle les rameaux où l'arc tendu est fixé et s'il les heurte en haut, il est frappé en haut, mais s'il touche l'arc par le bas,

1760 Bas est feruz eneslepas.
    Tristran, par droit et par raison,
    Qant ot fait l'arc, li mist cel non.
    Molt a buen non l'arc, qui ne faut
1764 Riens qui l'en fire, bas ne haut ;
    Et molt lor out pus grant mestier,
    De maint grant cerf lor fist mengier.
    Mestier ert que la sauvagine
1768 Lor aïdast en la gaudine ;
    Qar falliz lor estoit li pains,
    N'il n'osoient issir as plains.
    Longuement fu en tel dechaz.
1772 Mervelles fu de buen porchaz :
    De venoison ont grant plenté.
    Seignor, ce fu un jor d'esté,
    En icel tens que l'en aoste,
1776 Un poi après la Pentecoste.
    Par un matin, a la rousee,
    Li oisel chantent l'ainzjornee.
    Tristran de la loge ou il gist,
1780 Caint s'espee, tot sol s'en ist,
    L'arc Qui ne faut vet regarder ;
    Parmi le bois ala berser.
    Ainz qu'il venist, fu en tel paine,
1784 Fu ainz mais gent tant eüst paine ?
    Mais l'un por l'autre ne le sent,
    Bien orent lor aaisement.
    Ainz, puis le tens que el bois furent,
1788 Deus genz itant de tel ne burent ;
    Ne, si conme l'estoire dit,
    La ou _Berox_ le vit escrit, *Berous*
    Nule gent tant ne s'entramerent
1792 Ne si griment nu conpererent
    La roïne contre lui live.
    Li chauz fu granz, qui molt les grive.
    Tristran l'acole et il dit ce :
1796 « ....
    — Amis, ou avez vos esté ?
    — Aprés un cerf, qui m'a lassé.
    Tant l'ai chacé que tot m'en duel.
1800 Somel m'est pris, dormir me vel. »
    La loge fu de vers rains faite,
    De leus en leus ot fuelle atraite,

104

il est frappé en bas.

Quand il eut fabriqué l'arc, Tristan lui donna le nom qui convenait. Il est parfaitement nommé l'arc qui ne manque rien de ce qui le touche, en bas ou en haut. Il leur rend alors d'éminents services et leur permet de manger plus d'un grand cerf. Il fallait bien que le gibier les aidât à survivre dans la forêt car le pain leur manquait et ils n'osaient sortir dans la plaine. Il s'appliqua longtemps à cette chasse et excellait à rapporter des provisions : ils possèdent du gibier en abondance.

Seigneurs, c'était par un jour d'été, à l'époque de la moisson, un peu après la Pentecôte. Un matin, à l'aube, les oiseaux célébraient par leurs chants le lever du jour. Tristan quitta sa loge, ceignit son épée et partit tout seul. Il allait examiner l'Arc Infaillible et chasser dans les bois.

Avant d'y venir, que de peines il connut ! Existe-t-il des gens qui en connurent autant ? Mais aucun des deux n'avait l'impression que l'autre le faisait souffrir[30] et ils avaient bien de quoi se satisfaire. Jamais depuis qu'ils sont dans la forêt, deux êtres ne burent un tel calice et jamais, comme l'histoire le dit, là où Béroul le vit écrit, il n'y eut des êtres qui s'aimèrent autant et qui le payèrent aussi cher.

La reine se lève et s'avance à la rencontre de Tristan. La forte chaleur les accablait beaucoup. Tristan l'embrasse et lui dit :

(...)

— Ami, où êtes-vous allé ?

— J'ai couru à la poursuite d'un cerf et je suis épuisé. Je l'ai tant chassé que je suis rompu de fatigue. J'ai sommeil, je veux dormir. »

La loge était faite de rameaux verts où de part en part des feuilles avaient été rajoutées ;

30. Au lieu de comprendre ici : « grâce à la présence de l'autre, chacun des deux ne souffre pas », il vaut mieux retenir l'idée que les personnages n'ont pas conscience à ce moment précis de la déchéance sociale qu'ils s'imposent l'un l'autre. Les effets du breuvage d'amour ne sont pas encore évanouis.

Et par terre fu bien jonchie.
1804 Yseut fu premire couchie ;
Tristran se couche et trait s'espee,
Entre les deux chars l'a posee.
Sa chemise out Yseut vestue
1808 (Se ele fust icel jor nue,
Mervelles lor fust meschoiet),
Et Tristran ses braies ravoit.
La roïne avoit en son doi
1812 L'anel d'or des noces le roi,
O esmeraudes planteïz.
Mervelles fu li doiz gresliz,
A poi que li aneaus n'en chiet.
1816 Oez com il se sont couchiez :
Desoz le col Tristran a mis
Son braz, et l'autre, ce m'est vis,
Li out par dedesus geté ;
1820 Estroitement l'ot acolé,
Et il la rot de ses braz çainte.
Lor amistié ne fu pas fainte.
Les bouches furent pres asises,
1824 Et neporquant si ot devises
Que n'asenbloient pas ensenble.
Vent ne cort ne fuelle ne trenble.
Uns rais decent desor la face
1828 Yseut, que plus reluist que glace.
Eisi s'endorment li amant,
Ne pensent mal ne tant ne quant.
N'avoit qu'eus deus en cel païs ;
1832 Quar Governal, ce m'est avis,
S'en ert alez o le destrier
Aval el bois au forestier.
Oez, seignors, quel aventure :
1836 Tant lor dut estre pesme et dure !
Par le bois vint uns forestiers,
Qui avoit trové lor fulliers
Ou il erent el bois geü.
1840 Tant a par le fuellier seü
Qu'il fu venuz a la ramee
Ou Tristran out fait s'aünee.
Vit les dormanz, bien les connut :
1844 Li sans li fuit, esmarriz fut.
Molt s'en vest tost, quar se doutoit ;

106

le sol en était également jonché. Yseut se couche la première. Tristan fait de même ; il tire son épée et la place entre leurs deux corps. Yseut portait sa chemise (si elle avait été nue ce jour-là, une horrible aventure leur serait arrivée). Tristan, lui, portait ses braies. La reine gardait à son doigt la bague en or sertie d'émeraudes que le roi lui avait remise lors de leur mariage. Le doigt, d'une étonnante maigreur, retenait à peine la bague.

Ecoutez comment ils se sont couchés ! Elle glissa un bras sous la nuque de Tristan et l'autre, je pense, elle le posa sur lui. Elle le tenait serré contre elle et lui aussi l'entourait de ses bras. Leur affection ne se dissimulait pas. Leurs bouches se touchaient presque, mais il y avait toutefois un espace entre elles, de sorte qu'elles ne se rejoignaient pas. Pas un souffle de vent, pas un frémissement de feuille. Un rayon de soleil tombait sur le visage d'Yseut, plus éclatant que la glace. C'est ainsi que s'endorment les amants ; ils ne pensent pas à mal. Ils sont tous les deux seuls à cet endroit car Gouvernal, il me semble, était parti à cheval chez le forestier, à l'autre bout de la forêt.

Ecoutez, seigneurs, ce qui arriva ! Cela faillit être pénible et cruel pour eux. Dans la forêt, il y avait un forestier qui avait repéré l'abri de feuillage où ils se reposaient. Il avait suivi le sentier jusqu'à la ramée où Tristan avait établi son gîte. Il vit les dormeurs et les reconnut parfaitement. Son sang se glace, il est saisi. Effrayé, il s'éloigne rapidement. Il sait bien

Bien sot, se Tristran s'esvellot,
Que ja n'i metroit autre ostage,
1848 Fors la teste lairoit en gage.
Se il s'en fuit, n'est pas mervelle ;
Du bois s'en ist, n'est pas mervelle.
Tristran avoc s'amie dort :
1852 Par poi qu'il ne reçurent mort.
D'iluec endroit ou il dormoient,
Qui, deus bones liues estoient
La ou li rois tenet sa cort.
1856 Li forestier grant erre acort ;
Qar bien avoit oï le ban
Que l'en avoit fait de Tristran :
Cil qui au roi en diroit voir
1860 Asez aroit de son avoir.
Li forestier bien le savoit,
Por ce acort il a tel esploit.
Et li rois Marc en son palais
1864 O ses barons tenoit ses plaiz ;
Des barons ert plaine la sale.
Li forestier du mont avale
Et s'en est entré, molt vait tost.
1868 Pensez que onc arester s'ost
De si que il vint as degrez
De la sale ? Sus est montez.
Li rois le voit venir grant erre,) *this is O.K.*
2 uses of the same word
1872 Son forestier apele en erre :
« Soiz noveles, qui si tost viens ?
Ace ⟨Ome senbles qui core a chiens, *You ressemble a man*
Qui chast sa beste por ataindre.
1876 Veus tu a cort de nullui plaindre ?
⟨Tu senbles hom qui ait besoin,
Qui ça me soit tramis de loin.
Sc tu veus rien, di ton mesage.
1880 A toi nus hon veé son gage
Ou chacié vos de ma forest ? *Fors = outside of*
— Escoute moi, roi, se toi plest.
Et si m'entent un sol petit.
1884 Par cest païs a l'on banit,
Qui ton nevo porroit trover,
Qu'ançois s'osast laisier crever
Qu'il nu preïst, ou venist dire.
1888 Ge l'ai trové, s'en criem vostre ire.

108

que si Tristan s'éveille, il ne pourra lui laisser d'autre gage que sa propre tête. S'il s'enfuit, rien d'étonnant. Il quitte le bois, rien d'étonnant non plus. Tristan dort avec son amie ; ils ont échappé de peu à la mort. De l'endroit où ils reposaient, il y a deux bonnes lieues jusqu'à la ville où le roi tient sa cour. Le forestier court à toute allure, car il avait parfaitement entendu le ban proclamé contre Tristan : celui qui apportera des informations au roi sera bien récompensé. Le forestier le savait bien et c'est pourquoi il courait avec une telle hâte.

Dans son palais, le roi Marc tenait sa cour de justice avec ses barons ; ceux-ci emplissaient la salle. Le forestier dévale la colline et entre précipitamment au château. Croyez-vous qu'il s'est arrêté avant d'atteindre les marches de la salle ? Il les gravit. Le roi voit son forestier arriver en grande hâte. Il l'interpelle aussitôt :

« As-tu des nouvelles, toi qui arrives et qui as l'air si pressé ? Tu m'as l'air de quelqu'un qui vient de courir avec des chiens à la poursuite d'une bête. Viens-tu à la cour pour te plaindre de quelqu'un ? Tu parais avoir besoin d'aide et venir de loin. Si tu désires quelque chose, délivre ton message. Quelqu'un a-t-il refusé de te payer ou as-tu été chassé de ma forêt ?

— Sire, écoutez-moi, s'il vous plaît. Accordez-moi votre attention un instant ! On a proclamé dans ce pays que quiconque pourrait trouver votre neveu devrait se laisser crever plutôt que de ne pas le capturer ou de ne pas vous en avertir. Je l'ai trouvé mais je redoute votre colère.

Se gel t'ensein, dorras moi mort.
Je te merrai la ou il dort,
Et la roïne ensenble o lui.
1892 Gel vi, poi a, ensenble o lui,
Fermement erent endormi.
Grant poor oi, quant la les vi. »
Li rois l'entent, boufe et sospire,
1896 Esfreez est, forment s'aïre ;
Au forestier dist et conselle
Priveement, dedenz l'orelle :
« En qel endroit sont il ? Di moi !
1900 — En une loge de Morroi
Dorment estroit et enbrachiez.
Vien tost, ja seron d'eus vengiez.
Rois, s'or n'en prens aspre venjance,
1904 N'as droit en terre, sanz doutance. »
Li rois li dist : « Is t'en la fors.
Si chier conme tu as ton cors,
Ne dire a nul ce que tu sez,
1908 Tant soit estrange ne privez.
A la Croiz Roge, au chemin fors,
La on enfuet sovent les cors,
Ne te movoir, iluec m'atent.
1912 Tant te dorrai or et argent
Con tu voudras, je l'afi toi. »
Li forestier se part du roi,
A la Croiz vient, iluec s'asiet.
1916 Male gote les eulz li criet,
Qui tant voloit Tristran destruire !
Mex li venist son cors conduire,
Qar puis morut a si grant honte
1920 Con vos orrez avant el conte.
Li rois est en la chanbre entrez,
A soi manda toz ses privez,
Pus lor voia et defendi
1924 Qu'il ne soient ja si hardi
Qu'il allent après lui plain pas.
Chascun li dist : « Rois, est ce gas,
A aler vos sous nule part ?
1928 Ainz ne fu rois qui n'ait regart.
Qel novele avez vos oïe ?
Ne vos movez por dit d'espie. »
Li rois respont : « Ne sai novele,

110

Si je te le dis, tu me tueras. Je vous emmènerai là où il dort avec la reine qui l'accompagne. Je les ai vus ensemble, il y a peu de temps. Ils étaient plongés dans un profond sommeil. J'eus grand peur quand je les vis à cet endroit. »

Le roi l'écoute, souffle et soupire. Il s'agite et se fâche. Il chuchote discrètement à l'oreille du forestier :

« Où sont-ils ? Dis-moi !

— Dans une loge feuillue du Morrois, ils dorment étroitement enlacés. Venez vite, nous serons bientôt vengés d'eux ! Sire, si vous n'en tirez pas une âpre vengeance, vous n'avez aucun droit de régner, assurément. »

Le roi lui dit :

« Sors d'ici et si tu tiens à la vie, ne révèle ce que tu sais à personne, qu'il s'agisse d'un étranger ou d'un intime. Va à la Croix Rouge, sur le chemin qui sort de la ville, là où l'on enterre souvent les morts, et ne bouge plus, attends-moi ! Je te donnerai autant d'or et d'argent que tu voudras, je te le promets. »

Le forestier quitte le roi, se rend près de la croix et s'y assied. Qu'un mal infect crève les yeux de celui qui voulait perdre Tristan ! Le forestier aurait mieux fait de s'en aller, car il connut par la suite une mort honteuse, ainsi que vous l'apprendrez plus loin. Le roi entra dans la chambre et convoqua tous ses proches. Il leur interdit formellement d'avoir l'audace de le suivre. Tous lui répondirent :

« Sire, est-ce une plaisanterie ? Vous voulez aller seul quelque part ? Jamais un roi ne va sans escorte. Quelle nouvelle avez-vous donc apprise ? Ne vous dérangez pas pour avoir entendu les propos d'un espion ! »

Le roi répond :

« Je n'ai reçu aucune nouvelle

1932 Mais mandé m'a une pucele
Que j'alle tost a lié parler.
Bien me mande n'i moigne per.
G'irai tot seus sor mon destrier,
1936 Ne merrai per ne escuier,
A ceste foiz irai sanz vos. »
Il responent : « Ce poise nos.
Chatons commanda a son filz
1940 A eschiver les leus soutiz. »
Il respont : « Je le sai assez.
Laisiez moi faire auques mes sez. »
Li rois a fait sa sele metre,
1944 S'espee çaint, sovent regrete
A lui tot sul la cuvertise
Que Tristran fist, quant il l'ot prisse
Yseut la bele o le cler vis,
1948 O qui s'en est alé fuitis.
S'il les trove, molt les menace,
Ne laira pas ne lor mesface.
Molt est li rois acoragiez
1952 De destruire : c'est granz pechiez.
De la cité s'en est issuz
Et dist mex veut estre penduz
Qu'il ne prenge de ceus venjance
1956 Que il ont fait tel avilance.
A la croiz vint, ou cil l'atent,
Dist li qu'il aut isnelement
Et qu'il le meint la droite voie.
1960 El bois entrent, qui molt onbroie.
Devant le roi se met l'espie ;
Li rois le sieut, qui bien s'i fie
En l'espee que il a çainte,
1964 Dont a doné colee mainte.
Si fait il trop que sorquidez ;
Quar, se Tristran fust esvelliez,
Li niés o l'oncle se meslast,
1968 Li uns morust, ainz ne finast.
Au forestier dist li roi Mars
Qu'il li dorroit d'argent vint mars,
Sel menoit tost a son forfet.
1972 Li forestier (qui vergonde ait !)
Dist que pres sont de lor besoigne.
Du buen cheval, né de Gascoingne,

112

mais une jeune fille m'a demandé de venir vite lui parler. Elle me demande de n'amener aucun compagnon. J'irai tout seul sur mon destrier et n'emmènerai ni compagnon ni destrier. Pour cette fois, j'irai sans vous.

— Cela nous inquiète, répondent-ils. Caton recommandait à son fils d'éviter les endroits écartés.

— Je le sais bien, dit le roi, mais laissez-moi agir à ma guise. »

Le roi fait seller son cheval et ceint son épée. Il déplore en lui-même la traîtrise de Tristan qui lui ravit la belle et radieuse Yseut avec qui il s'était enfui. S'il les trouve, il les menacera fort et ne manquera pas de leur nuire. Le roi est parfaitement résolu à les exterminer. Quelle grande erreur !

Il sort de la ville et dit qu'il préfère être pendu plutôt que de ne pas tirer vengeance de ceux qui l'ont déshonoré. Il arrive à la croix où le forestier l'attend. Il lui dit de se dépêcher et de le conduire par le chemin le plus direct. Ils pénètrent dans la forêt très ombragée.

L'espion précède le roi. Le souverain le suit, confiant en l'épée qu'il a ceinte et avec laquelle il a donné de grands coups. Il se montre trop présomptueux. Car, si Tristan se réveillait et si le neveu et l'oncle venaient à se battre, il n'y aurait pas d'autre issue au combat que la mort de l'un ou de l'autre.

Le roi Marc promit de donner vingt marcs d'argent au forestier, s'il le conduisait au lieu convenu. Le forestier (la honte soit sur lui !) dit qu'ils approchent du but.

L'espion aide le roi à descendre de son bon cheval gascon

Fait l'espie le roi decendre,
1976 De l'autre part cort l'estrier prendre;
A la branche d'un vert pomier
La reigne lïent du destrier.
Poi vont avant, qant ont veü
1980 La loge por qu'il sont meü.
Li rois deslace son mantel,
Dont a fin or sont li tasel:
Desfublez fu, molt out gent cors.
1984 Du fuerre trait l'espee fors,
Iriez s'en torne, sovent dit
Qu'or veut morir s'il nes ocit.
L'espee nue an la loge entre.
1988 Le forestier entre soventre,
Grant erre aprés le roi acort:
Li ros li çoine qu'il retort.
Li rois en haut le cop leva,
1992 Ire le fait, si se tresva.
Ja descendit li cop sor eus,
Ses oceïst, ce fust grant deus.
Qant vit qu'ele avoit sa chemise
1996 Et q'entre eus deus avoit devise,
La bouche o l'autre n'ert jostee,
Et qant il vit la nue espee
Qui entre eus deus les desevrot,
2000 Vit les braies que Tristran out:
« Dex, dist li rois, ce que puet estre?
Or ai veü tant de lor estre,
Dex! je ne sai que doie faire,
2004 Ou de l'ocire ou du retraire.
Ci sont el bois, bien a lonc tens.
Bien puis croire, se je ai sens,
Se il s'amasent folement,
2008 Ja n'i eüsent vestement,
Entrë eus deus n'eüst espee,
Autrement fust cest'asenblee.
Corage avoie d'eus ocire:
2012 Nes tocherai, retrairai m'ire.
De fole amor corage n'ont.
N'en ferrai nul. Endormi sont:
Se par moi eirent atouchié,
2016 Trop par feroie grant pechié;
Et se g'esvel cest endormi

114

en courant de l'autre côté pour lui tenir l'étrier. Ils attachent les rênes du destrier à la branche d'un pommier vert. Ils marchent encore un peu jusqu'à ce qu'ils aperçoivent la loge qui est l'objet de leur visite.

Le roi délace son manteau aux agrafes d'or fin. Ainsi dévêtu, il a une noble prestance. Il tire son épée du fourreau, s'avance furieux en disant qu'il préfère mourir s'il ne les tue pas maintenant. L'épée nue, il pénètre dans la loge. Le forestier arrive derrière lui et rejoint vite le roi. Marc lui fait signe de se retirer. Il lève l'arme pour frapper ; sa colère l'excite puis s'apaise soudainement. Le coup allait s'abattre sur eux ; s'il les avait tués, c'eût été un grand malheur. Quand il vit qu'elle portait sa chemise et qu'un espace les séparait, que leurs bouches n'étaient pas jointes, quand il vit l'épée nue qui les séparait et les braies de Tristan, le roi s'exclama :

« Dieu ! Qu'est-ce que cela signifie ? Maintenant que j'ai vu leur comportement, je ne sais plus ce que je dois faire, les tuer ou me retirer. Ils sont dans ce bois depuis bien longtemps. Je puis bien croire, si j'ai un peu de bon sens, que s'ils s'aimaient à la folie, ils ne seraient pas vêtus, il n'y aurait pas d'épée entre eux et ils se seraient disposés d'une autre manière. J'avais l'intention de les tuer, je ne les toucherai pas. Je refrénerai ma colère. Ils n'ont aucun désir d'amour fou. Je ne frapperai ni l'un ni l'autre. Ils sont endormis. Si je les touchais, je commettrais une grave erreur et si je réveillais ce dormeur,

Et il m'ocit ou j'oci lui,
Ce sera laide reparlance.
2020 Je lor ferai tel demostrance
Ançois que il s'esvelleront,
Certainement savoir porront
Qu'il furent endormi trové
2024 Et q'en a eü d'eus pité,
Que je nes vuel noient ocire,
Ne moi ne gent de mon enpire.
Ge voi el doi a la reïne
2028 L'anel o pierre esmeraudine;
Or li donnai, molt par est buens,
Et g'en rai un qui refu suens:
Osterai li le mien du doi.
2032 Uns ganz de voirre ai je o moi,
Qu'el aporta o soi d'Irlande.
Le rai qui sor la face brande
Qui li fait chaut en vuel covrir;
2036 Et qant vendra au departir,
Prendrai l'espee d'entre eus deus
Dont au Morhot fu le chief blos. »
Li rois a deslïé les ganz,
2040 Vit ensenble les deus dormanz,
Le rai qui sor Yseut decent
Covre des ganz molt bonement.
L'anel du doi defors parut:
2044 Souef le traist, qu'il ne se mut.
Primes i entra il enviz;
Or avoit tant les doiz gresliz
Qu'il s'en issi sanz force fere;
2048 Molt l'en sot bien li rois fors traire,
L'espee qui entre eus deus est
Souef oste, la soue i met.
De la loge s'en issi fors,
2052 Vint au destrier, saut sor le dos;
Au forestier dist qu'il s'en fuie,
Son cors trestort, si s'en conduie.
Vet s'en li rois, dormant les let.
2056 A cele foiz n'i a plus fait.
Reperiez est a sa cité.
De plusorz parz out demandé
Ou a esté et ou tant fut.
2060 Li rois lor ment, pas n'i connut

116

s'il me tuait ou si je le tuais, il se répandrait des bruits fâcheux. Avant qu'ils ne s'éveillent, je leur laisserai des signes tels qu'ils sauront avec certitude qu'on les a trouvés endormis, qu'on a eu pitié d'eux et qu'on ne veut nullement les tuer, ni moi, ni qui que ce soit dans mon royaume. Je vois au doigt de la reine l'anneau serti d'émeraude que je lui ai donné un jour (il est d'une grande valeur). Moi, j'en porte un qui lui a appartenu. Je lui ôterai le mien du doigt. J'ai sur moi des gants de verre[31] qu'elle apporta d'Irlande. Je veux en couvrir son visage à cause du rayon de lumière qui brûle son visage et lui donne chaud. Quand je repartirai, je prendrai l'épée qui se trouve entre eux et qui servit à décapiter le Morholt. »

Le roi ôta ses gants et regarda les deux dormeurs côte à côte ; avec ses gants, il protégea délicatement Yseut du rayon de lumière qui tombait sur elle. Il remarqua l'anneau à son doigt et le retira doucement, sans faire bouger le doigt. Autrefois, l'anneau était entré difficilement mais elle avait maintenant les doigts si grêles qu'il en glissait sans peine. Le roi sut parfaitement lui retirer. Il ôta doucement l'épée qui les séparait et mit la sienne à la place[32]. Il sortit de la loge, rejoignit son destrier et l'enfourcha. Il dit au forestier de s'enfuir : qu'il s'en retourne et disparaisse !

Le roi s'en va et les laisse dormir. Cette fois-ci, il ne fait rien d'autre. Le roi retourne dans sa cité. De plusieurs côtés, on lui demande où il s'est rendu et où il est resté si longtemps. Le roi leur ment et ne révèle pas

31. La plupart des éditeurs voient dans le *voirre* du manuscrit une graphie aberrante pour *vair* (la fourrure), car Marc veut protéger Yseut du soleil et le vers 2075 mentionne l'hermine des gants. Néanmoins, on pourrait fort bien se trouver devant la survivance d'un détail *mythique*. Selon d'autres versions en effet, les amants se trouvent dans une grotte et Marc pose le gant à côté du visage d'Yseut. Son geste ne vise donc pas à la protéger du soleil.

32. Selon J. Marx (*Nouvelles recherches sur la littérature arthurienne*, pp. 288 et suiv.), Marc indiquerait par ces signes qu'il reprend possession d'Yseut et qu'il est prêt à la rétablir dans son rôle d'épouse et de reine.

Ou il ala ne que il quist
Ne de faisance que il fist.
Mais or oiez des endormiz,
2064 Que li rois out el bois gerpiz.
Avis estoit a la roïne
Qu'ele ert en une grant gaudine,
Dedenz un riche pavellon :
2068 A li venoient dui lion,
Qui la voloient devorer ;
El lor voloit merci crïer,
Mais li lion, destroiz de fain,
2072 Chascun la prenoit par la main.
De l'esfroi que Iseut en a
Geta un cri, si s'esvella.
Li gant paré du blanc hermine
2076 Li sont choiet sor la poitrine.
Tristran, du cri qu'il ot, s'esvelle,
Tote la face avoit vermelle.
Esfreez s'est, saut sus ses piez,
2080 L'espee prent com home iriez,
Regarde el brant, l'osche ne voit :
Vit le pont d'or qui sus estoit,
Connut que c'est l'espee au roi.
2084 La roïne vit en son doi
L'anel que li avoit doné,
Le suen revit del dei osté.
Ele cria : « Sire, merci !
2088 Li rois nos a trovez ici. »
Il li respont : « Dame, c'est voirs.
Or nos covient gerpir Morrois,
Qar molt li par somes mesfait.
2092 M'espee a, la soue me lait :
Bien nos peüst avoir ocis.
— Sire, voire, ce m'est avis.
— Bele, or n'i a fors du fuïr.
2096 Il nos laissa por nos traïr :
Seus ert, si est alé por gent,
Prendre nos quide, voirement.
Dame, fuion nos en vers Gales.
2100 Li sanc me fuit ». Tot devient pales.
Atant es vos lor escuier,
Qui s'en venoit o le destrier.
Vit son seignor pales estoit,

118

où il est allé, ce qu'il a cherché, ni ce qu'il a bien pu faire.

Mais revenons aux dormeurs que le roi venait de quitter dans le bois. Il semblait à la reine qu'elle se trouvait dans une grande futaie, sous une riche tente. Deux lions s'approchaient d'elle, cherchant à la dévorer. Elle voulait implorer leur pitié mais les lions, excités par la faim, la prenaient chacun par une main. Sous l'effet de la peur, Yseut poussa un cri et s'éveilla. Les gants garnis d'hermine blanche lui sont tombés sur la poitrine.

A ce cri, Tristan s'éveille, le visage tout empourpré. Saisi par l'effroi, il se lève d'un bond, saisit l'épée comme un homme furieux. Il regarde la lame et n'aperçoit pas la brèche[33]. Il reconnut par contre la garde d'or qui la surmontait et comprit que c'était l'épée du roi. La reine vit à son doigt l'anneau qu'elle avait donné à Marc alors qu'on lui avait ôté du doigt la bague qu'elle tenait de Marc. Elle s'écria :

« Seigneur, hélas ! Le roi nous a découverts.

— Dame,   c'est   vrai,   lui   répond-il. Maintenant, il nous faut quitter le Morrois car nous sommes très coupables à ses yeux. Il m'a pris mon épée et m'a laissé la sienne. Il aurait très bien pu nous tuer.

— Sire, vraiment, je le pense aussi.

— Belle, maintenant il ne nous reste plus qu'à fuir. Le roi nous a quittés pour mieux nous tromper. Il était seul et il est allé chercher du renfort ; il pense vraiment s'emparer de nous. Dame, fuyons vers le pays de Galles ! Mon sang se retire. »

Il devient tout pâle. Alors, voici qu'arrive leur écuyer sur un destrier. Il voit que son seigneur est pâle.

---

33. L'épée avec laquelle Tristan avait combattu le Morholt était ébréchée (cf. *Folie* d'Oxford, v. 432 et suiv., *Saga*, ch. 28, 29 et 43).

2104 Demande li que il avoit.
     « Par foi, mestre, Marc li gentis
     Nos a trovez ci endormis ;
     S'espee lait, la moie en porte :
2108 Felonie criem qu'il anorte.
     Du doi Yseut l'anel, le buen,
     En a porté, si lait le suen :
     Par cest change poon parçoivre,
2112 Mestre, que il nos veut deçoivre ;
     Quar il ert seus, si nos trova,
     Poor li prist, si s'en torna.
     Por gent s'en est alé arrire,
2116 Dont il a trop et baude et fire.
     Ses amerra, destruire veut
     Et moi et la roïne Yseut ;
     Voiant le pueple, nos veut prendre,
2120 Faire ardoir et venter la cendre.
     Fuion, n'avon que demorer. »
     N'avet en eus que demorer.
     S'il ont poor, n'en püent mais :
2124 Li rois sevent fel et engrés.
     Torné s'en sont bone aleüre,
     Li roi doutent, por l'aventure.
     Morrois trespassent, si s'en vont,
2128 Grans jornees par poor font,
     Droit vers Gales s'en sont alé.
     Molt les avra amors pené :
     Trois anz plainiers sofrirent peine,
2132 Lor char pali et devint vaine.
     Seignors, du vin de qoi il burent
     Avez oï, por qoi il furent
     En si grant paine lonctens mis ;
2136 Mais ne savez, ce m'est avis,
     A conbien fu determinez
     Li lovendrins, li vin herbez :
     La mere Yseut, qui le bolli,
2140 A trois anz d'amistié le fist.
     Por Marc le fist et por sa fille :
     Autre en pruva, qui s'en essille.
     Tant con durerent li troi an,
2144 Out li vins si soupris Tristran
     Et la roïne ensenble o lui
     Que chascun disoit : « Los m'enfui. »

120

Il lui demande ce qu'il a.

« Par ma foi, maître, le roi Marc nous a trouvés ici pendant notre sommeil. Il a laissé son épée et emporté la mienne. Je crains qu'il ne prépare quelque félonie. Il a ôté du doigt d'Yseut son bel anneau et lui a rendu le sien. Grâce à cet échange, nous pouvons deviner, maître, qu'il veut nous tromper. Car il était seul quand il nous a découverts ; saisi par la peur, il est retourné sur ses pas. Il est parti chercher ses gens et il en a beaucoup qui sont hardis et cruels. Il les amènera ici, car il veut nous exterminer, la reine Yseut et moi. Devant tout le monde, il veut nous capturer, nous brûler et disperser nos cendres au vent. Fuyons, nous n'avons que trop tardé ! »

Ils n'ont pas de temps à perdre. Ils ont peur mais n'y peuvent rien. Ils savent que le roi est furieux et cruel. Ils s'en vont à toute allure. Ils craignent le roi à cause de ce qui vient de leur arriver. Ils traversent le Morrois et s'éloignent. Leur peur les contraint à franchir de grandes distances. Ils s'en vont directement vers le pays de Galles. L'amour leur aura causé bien des souffrances. Pendant trois années entières, ils souffrent le martyre. Ils pâlissent et maigrissent.

Seigneurs, on vous a déjà parlé du vin dont ils burent et qui les précipita pour si longtemps dans le malheur. Mais vous ne savez pas, je pense, pour combien de temps fut déterminée l'action du breuvage d'amour[34], du vin herbé. La mère d'Yseut qui le fit bouillir l'avait dosé pour trois ans d'amour. C'est à Marc et à sa fille qu'elle le destinait. Un autre le goûta et il en souffre. Tant que durèrent les trois ans, le vin eut tellement d'emprise sur Tristan et sur la reine que chacun disait : « Malheureux, je m'enfuis[35]. »

---

34. Le terme anglais *lovendrin* (*love-drink*, breuvage d'amour), provient probablement du récit adapté par notre conteur.

35. Au vers 2146, certains éditeurs lisent : *Las n'en sui* « Je n'en suis pas las », les amants, sous l'effet du breuvage désirant prolonger leur amour-souffrance.

L'endemain de la saint Jehan
2148 Aconpli furent li troi an
Que cil vin fu determinez.
Tristran fu de son lit levez,
Iseut remest en sa fullie.
2152 Tristran, sachiez, une doitie
A un cerf traist, qu'il out visé,
Par les flans l'a outrebersé.
Fuit s'en li cerf, Tristran l'aqueut;
2156 Que soirs fu plains tant le porseut.
La ou il cort aprés la beste,
L'ore revient, et il s'areste,
Qu'il ot beü le lovendrant.
2160 A lui seus senpres se repent:
« Ha! Dex, fait il, tant ai traval!
Trois anz a hui, que riens n'i fal,
Onques ne me falli pus paine
2164 Ne a foirié n'en sorsemaine.
Oublïé ai chevalerie,
A seure cort et baronie.
Ge sui essillié du païs,
2168 Tot m'est failli et vair et gris,
Ne sui a cort a chevaliers.
Dex! tant m'amast mes oncles chiers,
Se tant ne fuse a lui mesfez!
2172 Ha! Dex, tant foiblement me vet!
Or deüse estre a cort a roi,
Et cent danzeaus avoques moi,
Qui servisent por armes prendre
2176 Et a moi lor servise rendre.
Aler deüse en autre terre
Soudoier et soudees querre.
Et poise moi de la roïne,
2180 Qui je doins loge por cortine.
En bois est, et si peüst estre
En beles chanbres, o son estre,
Portendues de dras de soie.
2184 Por moi a prise male voie.
A Deu, qui est sire du mont,
Cri ge merci, que il me donst
Itel corage que je lais
2188 A mon oncle sa feme en pais.
A Deu vo je que jel feroie

Le lendemain de la Saint-Jean furent révolus les trois ans d'effet qui avaient été assignés au breuvage[36]. Tristan quitta son lit. Yseut resta dans la loge.

Tristan, sachez-le, décocha une flèche à un cerf qu'il venait de viser ; il lui transperça les deux flancs. Le cerf s'enfuit et Tristan le poursuivit. A la nuit tombée, il le poursuivait encore. Pendant qu'il courait après la bête, revient l'heure à laquelle il a bu le breuvage d'amour ; il s'arrête. Aussitôt, il se repent en lui-même :

« Ah, Dieu ! Que de tourments j'ai connus ! Aujourd'hui, cela fait trois ans, jour pour jour, que le malheur ne m'a jamais quitté, pendant les jours de fête ou les jours ordinaires. J'ai oublié la chevalerie, les usages de la cour et la vie des barons. Je suis banni du royaume. Tout me manque, le vair et le gris. Je ne suis plus à la cour avec les chevaliers. Dieu, mon cher oncle m'aurait tant aimé si je ne lui avais pas fait autant de mal ! Ah, Dieu, tout va bien mal pour moi ! Maintenant, je devrais me trouver à la cour d'un roi, entouré de cent damoiseaux qui feraient leurs premières armes et se trouveraient à mon service. Je devrais partir dans un autre royaume, au service d'un roi et rechercher une solde. Le sort de la reine me pèse beaucoup : je lui offre une loge feuillue en guise de chambre. Elle vit dans un bois alors qu'elle pourrait résider avec sa suite dans de beaux appartements tendus de draps de soie. A cause de moi, elle a pris un mauvais chemin. J'implore Dieu, le maître du monde, qu'il me donne la force de laisser la reine en paix avec mon oncle. Je le jure devant Dieu,

---

36. Pour Béroul et Eilhart, le breuvage d'amour a des effets limités dans le temps. Pour Thomas par contre, son action ne cesse pas un seul instant. La date fatidique d'absorption du philtre est ici indiquée : il s'agit de la Saint-Jean-Baptiste (24 juin) qui correspond au solstice d'été.

Molt volentiers, se je pooie,
Si que Yseut fust acordee
2192 O le roi Marc, qui'st esposee,
Las ! si qel virent maint riche ome,
Au fuer q'en dit la loi de Rome. »
Tristran s'apuie sor son arc,
2196 Sovent regrete le roi Marc,
Son oncle, qui a fait tel tort,
Sa feme mise a tel descort.
Tristran au soir se dementot :
2200 Oiez d'Iseut con li estoit !
Sovent disoit : « Lasse, dolente,
Porquoi eüstes vos jovente ?
En bois estes com autre serve,
2204 Petit trovez qui ci vos serve.
Je suis roïne, mais le non
En ai perdu par la poison
Que nos beümes en la mer.
2208 Ce fist Brengain, qu'i dut garder :
Lasse ! si male garde en fist !
El n'en pout mais, quar j'ai trop pris.
Les damoiseles des anors,
2212 Les filles as frans vavasors
Deüse ensenble o moi tenir
En mes chanbres, por moi servir,
Et les deüse marïer
2216 Et as seignors por bien doner.
Amis Tristran, en grant error
Nos mist qui le boivre d'amor
Nos aporta ensenble a boivre,
2220 Mex ne nos pout il pas deçoivre. »
Tristran li dist : « Roïne gente,
En mal usons nostre jovente.
Bele amie, se je peüse,
2224 Par consel que je en eüse,
Faire au roi Marc acordement,
Qu'il pardonast son mautalent
Et qu'il preïst nostre escondit,
2228 C'onques nul jor, n'en fait n'en dit,
N'oi o vos point de drüerie
Qui li tornast a vilanie,
N'a chevalier en son roiaume,
2232 Ne de Lidan tresque en Dureaume,

je le ferais très volontiers, si je le pouvais, afin qu'Yseut soit réconciliée avec le roi Marc qu'elle a épousé, hélas ! devant beaucoup de puissants seigneurs et selon le rite romain. »

Tristan s'appuie sur son arc. Il se repent souvent de son attitude envers Marc, son oncle, à qui il a causé un grand tort en faisant naître la discorde entre lui et sa femme. Le soir, Tristan se lamentait.

Mais écoutez ce qu'il en est d'Yseut. Elle répétait :

« Pauvresse, malheureuse, qu'as-tu fait de ta jeunesse ? Tu vis dans les bois comme une serve, sans grand monde pour te servir. Je suis reine mais j'ai perdu ce titre à cause du breuvage que nous avons bu sur la mer[37]. Voilà l'œuvre de Brangien qui devait pourtant y prendre garde ! La malheureuse, comme elle l'a mal gardé ! Elle n'en pouvait rien car l'erreur était manifeste. Les demoiselles des seigneuries, les filles des nobles vavasseurs, je devrais les avoir à mes côtés, dans mes appartements, pour me servir. Je devrais les marier et les donner à des seigneurs dans une bonne intention. Ami Tristan, elle nous mit dans une triste situation celle qui nous fit boire à tous deux le breuvage d'amour ; il était impossible de nous tromper davantage. »

Tristan lui répondit :

« Noble reine, nous passons notre jeunesse dans le mal. Belle amie, si je pouvais, grâce au conseil de quelqu'un, me réconcilier avec le roi Marc afin qu'il oubliât sa colère et qu'il acceptât notre justification selon laquelle jamais, ni en actes ni en paroles, je n'ai eu avec vous une liaison ayant pu lui causer de la honte, il n'est pas un chevalier de ce royaume de Lidan jusqu'à Durham,

---

37. Les textes tristaniens postérieurs gloseront le jeu de mots qui associent l'*amer* (infinitif du verbe « aimer »), la *mer* (le breuvage a été bu sur la mer) et l'*amer* (l'amertume que le breuvage vaut aux amants).

S'il voloit dire que amor
Eüse o vos por deshonor,
Ne m'en trovast en champ, armé.
2236 Et s'il avoit en volenté,
Quant vos avrïez deresnie,
Qu'il me soufrist de sa mesnie,
Gel serviroie a grant honor,
2240 Conme mon oncle et mon seignor :
N'avroit soudoier en sa terre
Qui miex le servist de sa gerre.
Et s'il estoit a son plesir
2244 Vos a prendre et moi de gerpir,
Qu'il n'eüst soin de mon servise,
Ge m'en iroie au roi de Frise,
Ou m'en passeroie en Bretaigne
2248 O Governal, sanz plus conpaigne.
Roïne franche, ou que je soie,
Vostre toz jorz me clameroie.
Ne vosise la departie,
2252 S'estre peüst la conpaignie,
Ne fust, bele, la grant soufraite
Que vos soufrez et avez faite
Toz dis, por moi, par desertine.
2256 Por moi perdez non de roïne.
Estre peüses a anor
En tes chanbres, o ton seignor,
Ne fust, dame, li vins herbez
2260 Qui a la mer nos fu donnez.
Yseut, franche, gente façon,
Conselle moi que nos feron.
— Sire, Jesu soit gracïez,
2264 Qant degerpir volez pechiez !
Amis, menbre vos de l'ermite
Ogrin, qui de la loi escrite
Nos preecha et tant nos dist,
2268 Quant tornastes a son abit,
Qui est el chief de cel boschage !
Beaus amis douz, se ja corage
Vos ert venuz de repentir,
2272 Or ne peüst mex avenir.
Sire, corons a lui ariere.
De ce sui tote fianciere :
Consel nos doroit honorable,

s'il osait prétendre que je vous aie aimé de manière déshonorante, qui ne me trouverait aussitôt armé sur le champ clos. Et si Marc voulait m'autoriser, quand vous auriez soutenu votre bon droit, à faire partie de sa maison, je le servirais avec grand honneur comme mon oncle et mon seigneur. Aucun soldat sur ses terres ne le soutiendrait mieux que moi dans ses guerres. Mais s'il lui plaisait de vous reprendre et de se séparer de moi, en dédaignant mes services, je m'en irais chez le roi de Frise[38] où je passerais en Bretagne avec Gouvernal sans autre compagnie. Noble reine, où que je me trouve, je me proclamerai toujours vôtre. Je n'aurais pas voulu de cette séparation si nous avions pu demeurer ensemble, s'il n'y avait eu, belle amie, les terribles tourments que vous supportez et que vous avez supportés chaque jour, à cause de moi, dans ces lieux sauvages. A cause de moi, vous avez perdu le titre de reine. Vous pourriez vivre honorée avec votre époux, dans vos appartements, s'il n'y avait eu le vin herbé qui nous fut donné sur la mer. Noble Yseut au beau visage, que nous conseillez-vous de faire ?

— Sire, grâce soit rendue à Jésus, puisque vous voulez renoncer au péché ! Ami, souvenez-vous de l'ermite Ogrin qui nous prêcha tant les préceptes de l'Ecriture quand vous êtes allé chez lui aux lisières de ce bois. Cher et tendre ami, si un sentiment profond vous conduit au repentir, cela ne peut pas tomber mieux. Sire, dépêchons-nous de le revoir car je suis sûre d'une chose : il nous donnera un bon conseil

---

38. L'estuaire de la Forth en Ecosse au pays de Dumfries était appelé mer de Frise (*mare Fressicum*) dans les textes médiévaux.

2276 Par qoi a joie pardurable
Porron ancore bien venir. »
Tristran l'entent, fist un sospir
Et dist : « Roïne de parage,
2280 Tornon arire a l'ermitage
Encor enuit ou le matin.
O le consel de maistre Ogrin,
Manderon a nostre talent
2284 Par briés sanz autre mandement.
— Amis Tristran, molt dites bien.
Au riche roi celestïen
Puison andui crïer merci,
2288 Qu'il ait de nos, Tristran, ami ! »
Arrire tornent el boschage,
Tant ont erré qu'a l'ermitage
Vindrent ensemble li amant.
2292 L'ermite Ogrin trovent lisant.
Qant il les vit, bel les apele;
Assis se sont en la chapele :
« Gent dechacie, a con grant paine
2296 Amors par force vos demeine !
Conbien durra vostre folie?
Trop avez mené ceste vie.
Et, queles, quar vos repentez ! »
2300 Tristran li dist : « Or escoutez.
Si longuement l'avon menee,
Itel fu nostre destinee.
Trois anz a bien, si que n'i falle,
2304 Onques ne nos falli travalle.
S'or poions consel trover
De la roïne racorder,
Je ne querrai ja plus nul jor
2308 Estre o le roi Marc a seignor;
Ainz m'en irai ançois un mois
En Bretaigne ou en Loenois.
Et se mes oncles veut sofrir
2312 Moi a sa cort por lui servir,
Gel servirai si con je doi.
Sire, mon oncle est riche roi

....

2316 Le mellor consel nos donnez,
Por Deu, sire, de ce qu'oez,
Et nos feron vos volentez. »

128

qui nous permettra encore d'atteindre la joie éternelle. »

Tristan comprend cela et pousse un soupir :

« Noble reine, dit-il, retournons à l'ermitage cette nuit-même ou demain matin. Avec le conseil de maître Ogrin et grâce à une lettre, sans autre message, nous ferons connaître au roi notre intention.

— Ami Tristan, voilà de sages paroles. Puissions-nous tous les deux implorer le Roi des cieux de nous prendre en pitié, Tristan, mon ami ! »

Les amants font demi-tour dans la forêt et après une longue marche parviennent à l'ermitage. Ils trouvent l'ermite Ogrin en pleine lecture. Quand il les voit, il les appelle gentiment alors qu'ils se sont assis dans la chapelle :

« Pauvres exilés, au prix de quelles terribles douleurs l'Amour vous entraîne-t-il irrésistiblement ! Combien de temps durera votre folie ? Vous avez déjà trop longtemps mené cette vie ! Allons, repentez-vous donc!

— Ecoutez-moi, lui répondit Tristan. Si nous avons mené cette vie si longtemps, c'est parce que c'était notre destin. Cela fait trois ans bien comptés que les tourments ne nous ont pas quittés. Si nous pouvons trouver un conseil qui permette de réconcilier le roi et la reine, je ne chercherai plus jamais à servir le roi Marc comme mon seigneur mais je m'en irai avant un mois en Bretagne ou en Loonois[39]. Si toutefois mon oncle accepte ma présence pour le servir à sa cour, je ferai mon devoir. Sire, mon oncle est un roi puissant. (...) Au nom de Dieu, donnez-nous le meilleur conseil sur ce que vous venez d'entendre et nous ferons ce que vous direz. »

---

39. Patrie de Tristan. Elle se trouverait en Grande-Bretagne selon certaines sources romanesques mais on la confondra plus tard avec le pays de Léon en Bretagne française. Pour F. Lot, le Loonois serait le Lothian en Ecosse. Il pourrait également s'agir de la région de Carlion-sur-Wyse.

Seignors, oiez de la roïne:
2320 As piez l'ermite chiet encline,
De lui proier point ne se faint
Qu'il les acort au roi, si plaint:
« Qar ja corage de folie
2324 Nen avrai je jor de ma vie.
Ge ne di pas, a vostre entente,
Que de Tristran jor me repente,
Que je ne l'aim de bone amor
2328 Et com amis, sanz desanor:
De la comune de mon cors
Et je du suen somes tuit fors. »
L'ermites l'ot parler, si plore,
2332 De ce qu'il ot Deu en aoure:
« Ha! Dex, beaus rois omnipotent,
Graces, par mon buen cuer, vos rent,
Qui vivre tant m'avez laisiez
2336 Que ces deus genz de lor pechiez
A moi en vindrent consel prendre.
Granz grez vos en puise je rendre!
Ge jur ma creance et ma loi,
2340 Buen consel averez de moi.
Tristran, entent moi un petit
(Ci es venuz a mon habit),
Et vos, roïne, a ma parole
2344 Entendez, ne soiez pas fole.
Qant home et feme font pechié,
S'anz se sont pris et sont quitié
Et s'aus vienent a penitance
2348 Et aient bone repentance,
Dex lor pardone lor mesfait,
Tant ne seroit orible et lait.
Tristran, roïne, or escoutez
2352 Un petitet, si m'entendez.
Por honte oster et mal covrir
Doit on un poi par bel mentir.
Qant vos consel m'avez requis,
2356 Gel vos dorrai sanz terme mis.
En parchemin prendrai un brief:
Saluz avra el premier chief.
A Lancïen le trametez,
2360 Le roi par bien salu mandez
En bois estes o la roïne,

130

Seigneurs, écoutez ce que fait la reine. Elle se jette aux pieds de l'ermite, le suppliant sincèrement de les réconcilier avec le roi. Elle se lamente :

« Non, plus jamais de ma vie, je n'aurai à cœur de commettre une folie. Je ne dis pas, comprenez-moi bien, que je me repente à propos de Tristan car je l'aime, comme un ami, d'un amour pur, sans déshonneur. L'union de nos corps, l'un comme l'autre, nous en sommes délivrés. »

A ces mots, l'ermite pleure, louant Dieu de ce qu'il entend :

« Ah, Dieu, beau roi tout-puissant, je vous rends grâce de bon cœur pour m'avoir laissé vivre jusqu'à ce que ces deux jeunes gens viennent solliciter mes conseils au sujet de leur péché. Puissé-je vous en savoir gré pour toujours ! Je jure sur ma foi et ma religion que vous obtiendrez un bon conseil de moi. Tristan, écoutez-moi un peu (vous êtes venu jusqu'ici, chez moi), et vous, reine, écoutez ce que je vais vous dire et soyez raisonnable. Quand un homme et une femme ont péché, s'ils se sont donnés l'un à l'autre et se sont quittés, s'ils en viennent à faire pénitence et manifestent un repentir sincère, Dieu pardonne leur crime, si scandaleux et horrible soit-il. Tristan et vous, reine, écoutez-moi un peu et comprenez-moi. Pour effacer la honte et dissimuler le mal, on doit mentir un peu à bon escient. Puisque vous me demandez un conseil, je vais vous le donner sans tarder. Sur du parchemin, je rédigerai une lettre qui commencera par une salutation. Vous l'enverrez à Lantien et, avec vos compliments, vous ferez savoir au roi que vous êtes avec la reine dans la forêt

Mais, s'il voloit de lui saisine
Et pardonast son mautalent,
2364 Vos feriez por lui itant
Vos en iriez a sa cort;
N'i avroit fort, sage ne lort,
S'il veut dire qu'en vilanie
2368 Eüsiez prise drüerie,
Si vos face li rois Marc pendre,
Se vos ne vos poez defendre.
Tristran, por ce t'os bien loer,
2372 Que ja n'i troveras ton per
Qui gage doinst encontre toi.
Icest consel te doin par foi.
Ce ne puet il metre en descort :
2376 Qant il vos vout livrer a mort
Et en feu ardoir, par le nain
(Cortois le virent et vilain),
Il ne voloit escouter plait.
2380 Qant Dex vos an ot merci fait
Que d'iluec fustes eschapez,
Si com il est oï assez,
Que, se ne fust la Deu vigor,
2384 Destruit fusiez a deshonor
(Tel saut feïstes qu'il n'a home
De Costentin entresqu'a Rome,
Se il le voit, n'en ait hisdor),
2388 Iluec fuïstes par poor.
Vos rescosistes la roïne,
S'avez esté pus en gaudine.
De sa terre vos l'amenastes,
2392 Par mariage li donastes.
Tot ce fu fait, il le set bien;
Nocie fu a Lencïen.
Mal vos cstoit lié a fallir,
2396 O lié vosistes mex fuïr.
S'il veut prendre vostre escondit
Si qel verront grant et petit,
Vos li offrez a sa cort faire.
2400 Et se lui venoit a viaire,
Qant vos serez de lui loiaus
Au loement de vos vasaus,
Preïst sa feme la cortoise.
2404 Et se savez que lui n'en poise,

mais que, s'il veut la reprendre et oublier sa rancune, vous feriez de même à son égard et vous vous rendriez à sa cour. Au cas où vous ne pourriez vous défendre, contre un homme fort, sage ou stupide, d'avoir entretenu une liaison malhonnête avec Yseut, que le roi Marc vous fasse pendre. Tristan, j'ose vous conseiller de la sorte parce que vous ne trouverez pas d'égal pour oser parier contre vous. Je vous donne ce conseil en toute bonne foi. Marc ne peut contester ceci : quand il voulut vous livrer à la mort et vous brûler dans le bûcher à cause du nain (les nobles et le peuple ont vu tout cela), il ne voulut pas entendre parler de procès. Par la grâce de Dieu, vous avez été sauvés, comme on l'a souvent dit, et sans la puissance divine, vous auriez péri honteusement. Vous avez fait un saut tel qu'il n'y a personne du Cotentin jusqu'à Rome, qui ne l'aurait vu sans frémir. Alors, vous avez pris la fuite parce que vous aviez peur. Vous avez secouru la reine et depuis lors vous êtes restés dans les bois. Vous l'aviez escortée depuis son pays et l'aviez donnée en mariage à votre oncle. Tout cela a été fait, il le sait bien. Les noces eurent lieu à Lantien. Vous ne pouviez pas abandonner la reine, alors vous avez préféré fuir avec elle. S'il accepte votre serment de disculpation, devant tout le monde, puissants et petits, proposez-lui de le faire devant sa cour. Et s'il le juge bon, quand vos vassaux auront approuvé votre loyauté, qu'il reprenne sa noble épouse. Si vous constatez que cela lui convient,

O lui serez ses soudoiers,
Servirez le molt volentiers.
Et s'il ne veut vostre servise,
2408 Vos passerez la mer de Frise,
Iroiz servir un autre roi.
Tex ert li brief. — Et je l'otroi.
Tant ait plus mis, beau sire Ogrin,
2412 Vostre merci, el parchemin,
Que je ne m'os en lui fïer :
De moi a fait un ban crïer.
Mais je li prié, com a seignor
2416 Que je molt aim par bone amor,
Un autre brief reface faire,
S'i face escrire tot son plaire;
A la Croiz Roge, anmi la lande,
2420 Pende le brief, si le conmande.
Ne li os mander ou je sui,
Ge criem qu'il ne me face ennui.
Ge crerai bien, quant je l'avrai,
2424 Le brief : quant qu'il voudra ferai.
Maistre, mon brief set seelé !
En la queue escriroiz : Vale !
A ceste foiz je n'i sai plus. »
2428 Ogrins l'ermite lieve sus,
Pene et enque et parchemin prist,
Totes ces paroles i mist.
Qant il out fait, prist un anel,
2432 La pierre passot el seel.
Seelé est, Tristran le tent,
Il le reçut molt bonement.
« Quil portera ? dist li hermites.
2436 — Gel porterai. — Tristran, nu dites.
— Certes, sire, si ferai bien,
Bien sai l'estre de Lancïen.
Beau sire Ogrin, vostre merci;
2440 La roïne remaindra ci;
Et anevois, en tens oscur,
Qant li rois dormira seür,
Ge monterai sor mon destrier,
2444 O moi merrai mon escuier.
Defors la vile a un pendant :
La decendrai, s'irai avant.
Mon cheval gardera mon mestre,

134

vous serez à sa solde et vous le servirez très volontiers. Mais s'il refuse vos services, vous traverserez la mer de Frise, pour servir un autre roi. Tel sera le texte de la lettre.

— C'est d'accord ! Mais il faudrait un rajout sur le parchemin, sire Ogrin, si vous le permettez, car je n'ai pas confiance en lui : il a proclamé un ban contre moi. Je le prie, comme un seigneur à qui je porte un amour sincère, de me répondre par une autre lettre et d'y écrire son bon plaisir ; qu'il ordonne de pendre la lettre à la Croix Rouge, au milieu de la lande. Je n'ose pas lui révéler où je me trouve car je crains qu'il cherche à me nuire. Je me fierai parfaitement à la lettre quand je la recevrai et je ferai tout ce qu'il voudra. Maître, que ma lettre soit scellée. Sur le ruban, vous écrirez : *Vale*. Je n'ai rien de plus à ajouter pour cette fois. »

L'ermite Ogrin se lève, prend plume, encre et parchemin et consigne toutes ces paroles par écrit. Après cela, il prend un anneau et presse son châton dans la cire. Il tend la lettre scellée à Tristan qui la reçoit volontiers.

« Qui la portera ? demande l'ermite.

— Moi.

— Non, Tristan, ne le faites pas !

— Mais si, je le ferai, car je connais bien la région de Lantien. Beau sire Ogrin, avec votre permission, la reine restera ici. D'ici peu, à la nuit tombée, quand le roi dormira sur ses deux oreilles, j'enfourcherai mon destrier et j'emmènerai mon écuyer avec moi. A l'extérieur de la ville, il y a une côte. C'est là que je laisserai mon cheval et je continuerai à pied. Mon maître gardera mon cheval :

2448 Mellor ne vit ne lais ne prestre. »
Anuit, aprés solel couchier,
Qant li tens prist a espoisier,
Tristran s'en torne avoc son mestre.

2452 Bien sot tot le païs et l'estre.
A Lancïen, a la cité,
En sont venu, tant ont erré.
Il decent jus, entre en la vile.

2456 Les gaites cornent a merville.
Par le fossé dedenz avale
Et vint errant tresque en la sale.
Molt par est mis Tristran en fort.

2460 A la fenestre ou li rois dort
En est venu, souef l'apele,
N'avoit son de crïer harele.
Li rois s'esvelle et dit aprés :

2464 « Qui es, qui a tel eure ves ?
As tu besoin ? Di moi ton non.
— Sire, Tristran m'apele l'on.
Un brief aport, sil met ci jus

2468 El fenestrier de cest enclus.
Longuement n'os a vos parler,
Le brief vos lais, n'os plus ester. »
Tristran s'en torne, li rois saut,

2472 Par trois foiz l'apela en haut :
« Por Deu, beaus niés, ton oncle atent ! »
Li rois le brief a sa main prent.
Tristran s'en vet, plus n'i remaint,

2476 De soi conduire ne se faint,
Vient a son mestre, qui l'atent,
El destrier saut legierement.
Governal dist : « Fol, quar esploites !

2480 Alon nos en les destoletes ! »
Tant ont erré par le boschage
Q'au jor vindrent a l'ermitage.
Enz sont entré. Ogrins prioit

2484 Au roi celestre quant qu'il pot
Tristran defende d'enconbrier
Et Governal, son escuier.
Qant il le vit, es le vos lié :

2488 Son criator a gracïé.
D'Iseut n'estuet pas demander
S'ele out poor d'eus encontrer.

jamais un laïc ou un prêtre n'en vit de meilleur. »

Cette nuit-là, après le coucher du soleil, quand le temps s'assombrit, Tristan se mit en route avec son maître. Il connaissait bien tout le pays et toute la région.

A force de chevaucher, ils arrivent à la cité de Lantien. Tristan met pied à terre et entre dans la ville. Les guetteurs font retentir leur cor avec bruit. Il descend dans le fossé et gagne précipitamment la grande salle. Tristan n'a plus qu'à montrer ses talents ! Il atteint la fenêtre de la chambre où le roi dort ; il l'appelle doucement car il n'a pas envie de vociférer.

Le roi se réveille et dit :

« Qui es-tu pour venir à une heure pareille ? As-tu besoin de quelque chose ? Dis-moi ton nom.

— Sire, on m'appelle Tristan. J'apporte une lettre et je la laisse sur la fenêtre de cette pièce. Je n'ose pas m'entretenir longuement avec vous. Je vous laisse la lettre, je n'ose m'attarder. »

Tristan s'en retourne. Le roi bondit et l'appelle à trois reprises :

« Par Dieu, beau neveu, attendez votre oncle ! »

Le roi s'empare de la lettre. Tristan s'en va, il n'attend guère, il s'empresse de partir et arrive près de son maître qui l'attend et saute légèrement en selle.

« Insensé, dépêche-toi ! lui dit Gouvernal. Prenons les petits sentiers ! »

A force de chevaucher à travers bois, ils arrivent à l'ermitage au petit jour. Ils y entrent. Ogrin priait avec insistance le roi des cieux pour qu'il préserve Tristan et son écuyer Gouvernal. Quand il les vit, quelle ne fut pas sa joie ! Il rendit grâce au Créateur. Inutile de demander si Yseut était anxieuse de les revoir.

Ainz, pus li soir qu'il en issirent
2492 Tresque l'ermite et el les virent,
N'out les eulz essuiez de lermes :
Molt par li senbla lons cis termes.
Qant el le vit venir, lor prie ...
2496 Qu'il i fist, ne fu pas parole.
« Amis, di moi, se Dex t'anort,
Fus tu donc pus a la roi cort ?
Tristran lor a tot reconté,
2500 Conment il fu a la cité
Et conment o le roi parla,
Coment li rois rapela,
Et du briés que il a gerpi,
2504 Et con li rois trova l'escrit.
« Dex ! dist Ogrins, graces te rent.
Tristran, sachiez, asez briment
Orez noveles du ro Marc. »
2508 Tristran decent, met jus son arc.
Or sejornent a l'ermitage,
Li rois esvelle son barnage.
Primes manda le chapelain,
2512 Le brief li tent qu'a en la main.
Cil fraint la cire et lut le brief.
Li roi choisi el premier chief,
A qui Tristran mandoit saluz.
2516 Les moz a tost toz conneüz,
Au roi a dit le mandement.
Li rois l'escoute bonement ;
A grant mervelle s'en esjot,
2520 Qar sa feme forment amot.
Li rois esvelle ses barons,
Les plus proisiez mande par nons,
Et qant il furent tuit venu,
2524 Li rois parla, il sont teü :
« Seignors, un brief m'est ci tramis.
Rois sui sor vos, vos mi marchis.
Li briés soit liez et soit oïz ;
2528 Et qant liz sera li escriz,
Conselliez m'en, jel vos requier.
Vos m'en devez bien conseillier. »
Dinas s'en est levé premierz,
2532 Dist a ses pers : « Seignors, oiez !
S'or oiez que ne die bien,

138

Pas un seul instant, depuis leur départ, la veille au soir, jusqu'à leur retour auprès d'elle et l'ermite, elle ne cessa d'essuyer ses larmes. L'attente lui parut bien longue.

Quand elle le voit revenir, elle le prie (...) il ne fut pas question de ce qu'il y avait fait.

« Ami, dites-moi, si Dieu vous aime, vous êtes donc allé à la cour du roi ? »

Tristan leur raconta tout, comment il entra dans la cité, comment il parla au roi, comment le roi le rappela, comment il se défit de la lettre et comment le roi trouva le message.

« Dieu, dit Ogrin, grâce vous soit rendue. Tristan, sachez-le, vous aurez bientôt des nouvelles du roi Marc. »

Tristan descend de cheval et dépose son arc. Ils séjournent désormais à l'ermitage. Le roi fait réveiller ses barons. Il convoque d'abord son chapelain et lui tend la lettre qu'il tient dans la main. Celui-ci brise la cire et lit le texte. Il aperçoit d'abord le nom du roi à qui Tristan adresse ses salutations. Il déchiffre rapidement tous les mots et informe le roi du message. Le roi l'écoutait avec attention. Il se réjouissait énormément car il aimait beaucoup sa femme. Le roi fit réveiller ses barons et convoqua ceux qu'il estimait le plus[40]. Quand ils furent tous présents, le roi prit la parole et tous se turent :

« Seigneurs, on m'a envoyé une lettre. Je suis votre roi et vous êtes mes marquis. Que la lettre soit lue et entendue ! Une fois qu'elle aura été lue, je vous demande de m'éclairer de vos conseils. Vous devez me donner de bons conseils. »

Dinas se leva le premier et s'adressa à ses pairs:

« Seigneurs, écoutez-moi. S'il vous semble que je ne parle pas bien,

40. Le roi ne peut pas prendre une décision sans en référer à ses barons. Ceux-ci possèdent un droit et un devoir de conseil.

Ne m'en creez de nule rien.
Qui mex savra dire, si die,
2536 Face le bien, lest la folie.
Li brief nos est ici tramis
Nos ne savon de qel païs :
Soit liz li briés premierement;
2540 Et pus, solonc le mandement,
Qui buen consel savra doner,
Sel nos doinst buen. Nel quier celer :
Qui son droit seignor mesconselle
2544 Ne puet faire greignor mervelle. »
Au roi dïent Corneualois :
« Dinas a dit trop que cortois.
Dan chapelain, lisiez le brief,
2548 Oiant nos toz, de chief en chief.
Levez s'en est li chapelains,
Le brief deslie o ses deus mains,
En piez estut devant le roi :
2552 « Or escoutez, entendez moi.
Tristran, li niés nostre seignor,
Saluz mande prime et amor
Au roi et a tot son barnage :
2556 « Rois, tu sez bien le mariage
De la fille le roi d'Irlande.
Par mer en fui jusqu'en Horlande,
Par ma proece la conquis,
2560 Le grant serpent cresté ocis,
Par qoi ele me fu donee.
Amenai la en ta contree.
Rois, tu la preïs a mollier,
2564 Si que virent ti chevalier.
N'eüs gaires o li esté,
Quant losengier en ton reigné
Te firent acroire mençonge.
2568 Ge sui tot prest que gage en donge,
Qui li voudroit blasme lever,
Lié alegier contre mon per,
Beau sire, a pié ou a cheval
2572 (Chascuns ait armes et cheval !)
Qu'onques amor nen out vers moi,
Ne je vers lui, par nul desroi.
Se je ne l'en puis alegier
2576 Et en ta cort moi deraisnier,

140

alors n'accordez aucun crédit à mes propos. Si quelqu'un sait mieux parler que moi, qu'il parle mais qu'il le fasse correctement en évitant toute sottise. Nous ne savons pas de quel pays provient la missive qui nous est transmise : qu'on lise d'abord cette lettre, puis en fonction de son contenu, si quelqu'un sait donner un bon conseil, qu'il parle. Je ne vous le cache pas, celui qui donne de mauvais conseils à son seigneur légitime ne peut guère commettre de plus grave erreur. »

Les Cornouaillais disent au roi :

« Dinas a parlé fort courtoisement. Seigneur chapelain, lisez la lettre ! Nous devons tous l'entendre, de bout en bout. »

Le chapelain se lève, déplie la lettre avec ses deux mains et se plante en face du roi :

« Ecoutez maintenant et comprenez-moi bien. Tristan, le neveu de notre seigneur, adresse d'abord son salut et son affection au roi et à tous ses barons : « Roi, vous n'ignorez rien sur le mariage de la fille du roi d'Irlande. Je suis allé par la mer jusqu'en Irlande et j'ai conquis Yseut grâce à ma prouesse. J'ai tué le grand serpent à la crête d'écailles, c'est la raison pour laquelle elle me fut confiée. Je l'ai amenée dans votre royaume, sire, et vous l'avez prise pour femme, vos chevaliers en sont témoins. Vous n'êtes pas resté bien longtemps avec elle. Les mauvaises langues de votre royaume vous ont raconté des mensonges. Au cas où quelqu'un voudrait lui infliger un blâme, je suis prêt à relever le défi et à prouver contre mon pair, beau sire, à pied ou à cheval (chacun aura des armes et un cheval), que jamais nous n'avons éprouvé, elle envers moi ou moi envers elle, un amour coupable. Si je ne peux pas la disculper et m'innocenter devant votre cour,

la lettre de Tristan

141

Adonc me fai devant ton ost
N'i a baron que je t'en ost.
N'i a baron, por moi laisier,
2580 Ne me face ardrë, ou jugier.
Voz savez bien, beaus oncles, sire,
Nos vosistes ardoir en ire;
Mais a Deu en prist grant pitié,
2584 S'en aorames Damledé.
La roïne par aventure
En eschapa. Ce fu droiture,
Se Dex me saut; quar a grant tort
2588 Li volïez doner la mort.
G'en eschapai, si fis un saut
Contreval un rochier molt haut.
Lors fu donnee la roïne
2592 As malades en decepline.
Ge l'en portai, si li toli,
Puis ai toz tens o li fuï.
Ne li devoie pas fallir,
2596 Qant a tort dut por moi morir.
Puis ai esté o lié par bos,
Que je n'estoie pas tant os
Que je m'osase an plain mostrer.
2600 ....
A prendre nos et a vos rendre.
Feïsiez nos ardoir ou pendre :
Por ce nos estovoit fuïr.
2604 Mais, s'or estoit vostre plesir
A prendre Yseut o le cler vis,
N'avroit baron en cest païs
Plus vos servist que je feroie.
2608 Se l'uen vos met en autre voie,
Que ne vuelliez le mien servise,
Ge m'en irrai au roi de Frise;
Jamais n'oras de moi parler,
2612 Passerai m'en outre la mer.
De ce q'oiez, roi, pren consel.
Ne puis mes soufrir tel trepel :
Ou je m'acorderai a toi,
2616 Ou g'en merrai la fille au roi
En Irlandë, ou je la pris.
Roïnë ert de son païs. »
Li chapelains a au roi dit :

alors faites-moi juger devant tous vos hommes. Je n'en exclus aucun. Il n'y a pas un seul baron qui, pour m'abattre, ne souhaiterait me faire brûler ou condamner. Vous savez bien, sire, cher oncle, que, emporté par votre colère, vous vouliez nous brûler mais nous avons imploré le Seigneur et il nous a pris en pitié. Par chance, la reine en réchappa. Dieu me garde, ce fut justice, car vous aviez grand tort de vouloir la mettre à mort. Moi aussi, je m'en suis tiré en sautant du haut d'un grand rocher. Alors, la reine fut abandonnée aux lépreux en guise de châtiment. C'est moi qui la leur ai ravie et qui l'ai emmenée. Depuis lors, j'ai sans cesse fui avec elle. Je ne devais pas l'abandonner puisque, injustement, elle avait failli mourir à cause de moi. Par la suite, j'ai erré avec elle dans les bois car je n'avais pas la témérité d'oser paraître en terrain découvert. (...) nous prendre et nous livrer à vous. Vous nous auriez fait brûler ou pendre ; c'est la raison pour laquelle il nous fallait fuir. Mais si, désormais, il vous plaisait de reprendre Yseut au teint clair, aucun baron de ce pays ne serait plus empressé que moi pour vous servir. Si au contraire on vous persuade de vous passer de mes services, je m'en irai chez le roi de Frise. Plus jamais, vous n'entendrez parler de moi et je traverserai la mer. Sire, prenez une décision là-dessus. Je ne peux plus souffrir un tel tourment. Ou bien je me réconcilierai avec vous ou bien je ramènerai la fille du roi en Irlande, là où je l'ai conquise. Elle sera reine en son pays. »

Le chapelain dit au roi :

2620 « Sire, n'a plus en cest escrit. »
     Li baron oient la demande,
     Qe por la fille au roi d'Irlande
     Offre Tristran vers eus batalle.
2624 N'i a baron de Cornoualle
     Ne die : « Rois, ta feme pren.
     Onques cil n'orent nul jor sen
     Qui ce distrent de la roïne,
2628 Dont la parole est ci oïe.
     Ne te sai pas consel doner
     Tristran remaigne deça mer.
     Au riche roi aut, en Gavoie,
2632 A qui li roiz escoz gerroie.
     Si se porra la contenir,
     Et tant porrez de lui oïr,
     Vos manderez por lui, qu'il vienge.
2636 Ne savon el qel voie tienge.
     Mandez par brief que la roïne
     Vos ameint ci a brief termine. »
     Li rois son chapelain apele :
2640 « Soit fait cist brief o main isnele.
     Oï avez que i metroiz.
     Hastez le brief : molt sui destroiz,
     Molt a ne vi Yseut la gente ;
2644 Trop a mal trait en sa jovente.
     Et quant li brief ert seelez,
     A la Croiz Roge le pendez ;
     Ancor enuit i soit penduz.
2648 Escrivez i par moi saluz. »
     Quant l'ot li chapelain escrit,
     A la Croiz Roge le pendit.
     Tristran ne dormi pas la nuit.
2652 Ainz que venist la mie nuit,
     La Blanche Lande out traversee,
     La chartre porte seelee.
     Bien sout l'estre de Cornoalle,
2656 Vient a Ogrin, il la li balle.
     Li hermite la chartre a prise,
     Lut les letres, vit la franchise
     Du roi, qui pardonne a Yseut
2660 Son mautalent, et que il veut
     Repenre la tant bonement ;
     Vit le terme d'acordement.

144

« Sire, il n'y a plus rien d'écrit. »

Les barons ont entendu la requête de Tristan qui leur offre de se battre pour la fille du roi d'Irlande. Il n'est pas un baron de Cornouailles qui ne dise :

« Sire, reprenez votre femme. Ils n'ont jamais été bien intelligents ceux qui ont tenu sur la reine les propos qui viennent d'être rapportés. Je ne puis vous conseiller de laisser Tristan vivre de ce côté de la mer. Qu'il aille chez le puissant roi de Galloway qui fait la guerre au roi d'Ecosse ! Il pourra rester là-bas et vous recevrez peut-être de lui des nouvelles qui vous inciteront à l'envoyer chercher. Nous ne savons pas où il va. Envoyez-lui une lettre pour qu'il vous ramène ici la reine, à bref délai. »

Le roi appelle son chapelain :

« Ecrivez rapidement cette lettre. Vous avez entendu ce qu'il faut y mettre. Dépêchez-vous de l'écrire ; je suis très anxieux. Il y a fort longtemps que je n'ai pas vu la noble Yseut. Elle a beaucoup souffert dans sa jeunesse. Quand la lettre sera scellée, pendez-la à la Croix Rouge. Qu'elle y soit accrochée ce soir même. Ajoutez-y mes salutations ! »

Après avoir écrit la lettre, le chapelain la suspendit à la Croix Rouge. Tristan ne dormit pas de la nuit. Avant minuit, il traversa la Blanche Lande et emporta la lettre scellée. Il connaissait bien la région de Cornouailles.

Il arrive chez Ogrin et lui donne la missive. L'ermite prend la lettre, déchiffre son contenu. Il apprend la magnanimité du roi qui oublie sa colère envers Yseut et accepte volontiers de la reprendre. Il note que la réconciliation est proche.

Ja parlera si com il doit
2664 Et con li rois qui a Deu croit :
« Tristran, quel joie t'est creüe !
Ta parole est tost entendue,
Que li rois la roïne prent.
2668 Loé li ont tote sa gent;
Mais ne li osent pas loer
Toi retenir a soudeier,
Mais va servir en autre terre
2672 Un roi a qui on face gerre,
Un an ou deus. Se li rois veut,
Revien a lui et a Yseut.
D'ui en tierz jor, sanz nul deçoivre,
2676 Est li rois prest de lié reçoivre.
Devant le Gué Aventuros
Est li plez mis de vos et d'eus :
La li rendroiz, iluec ert prise.
2680 Cist briés noient plus ne devise.
— Dex ! dist Tristran, quel departie !
Molt est dolenz qui pert s'amie.
Faire l'estuet, por la soufrete
2684 Que vos avez por moi fort trete :
N'avez mestier de plus soufrir.
Qant ce vendra au departir,
Ge vos dorrai ma drüerie,
2688 Vos moi la vostre, bele amie.
Ja ne serai en cele terre
Que ja me tienge pais ne gerre
Que mesage ne vos envoi.
2692 Bele amie, remandez moi
De tot en tot vostre plesir. »
Iseut parla o grant sospir :
« Tristran, entent un petitet :
2696 Husdent me lesse, ton brachet.
Ainz berseret a veneor
N'ert gardé e a tel honor
Con cist sera, beaus douz amis.
2700 Qant gel verrai, ce m'est avis,
Menberra moi de vos sovent.
Ja n'avrai si le cuer dolent,
Se je le voi, ne soit lie.
2704 Ainz, puis que la loi fu jugie,
Ne fu beste si herbergie

Désormais, il parlera comme il convient et comme le roi qui croit en Dieu :

« Tristan, quelle grande joie vous arrive ! Votre requête a déjà été entendue car le roi reprend la reine. Tous ses gens le lui ont conseillé mais ils n'osent toutefois pas lui proposer de vous prendre à sa solde. Pendant un an ou deux, allez donc servir dans un autre pays un roi qui est en guerre. Ensuite, si le roi le souhaite, vous reviendrez auprès de lui et d'Yseut. D'ici trois jours, pas plus, le roi se tient prêt à la recevoir. C'est devant le Gué Aventureux qu'aura lieu la conciliation entre vous et lui. C'est là que vous lui rendrez la reine, c'est là qu'elle sera reprise. La lettre ne dit rien de plus.

— Dieu, dit Tristan, quelle séparation ! Il a bien mal celui qui perd son amie. Mais il faut pourtant le faire après les privations que vous avez supportées à cause de moi : vous ne devez pas souffrir davantage. Quand viendra le moment de la séparation, je vous donnerai, belle amie, mon gage d'amour et vous me donnerez le vôtre. Tant que je serai dans ce pays étranger, que je fasse ou non la guerre, je vous enverrai des messages. Ma belle amie, écrivez-moi alors en toute franchise, selon votre bon plaisir. »

Yseut poussa un profond soupir et dit :

« Tristan, écoutez-moi un peu. Laissez-moi Husdent, votre braque. Jamais un chien de chasse ne sera gardé avec autant d'égards que celui-ci. Quand je le verrai, il me semble, je me souviendrai souvent de vous. Si triste que soit mon cœur, sa vue me réjouira. Jamais depuis que la loi divine a été proclamée, une bête n'aura été si bien hébergée

Ne en si riche lit couchie.
Amis Tristran, j'ai un anel,
2708 Un jaspe vert a un seel.
Beau sire, por l'amor de moi,
Portez l'anel en vostre doi;
Et s'il vos vient, sire, a corage
2712 Que me mandez rien par mesage,
Tant vos dirai, ce sachiez bien,
Certes, je n'en croiroie rien,
Se cest anel, sire, ne voi.
2716 Mais, por defense de nul roi,
Se voi l'anel, ne lairai mie,
Ou soit savoir ou soit folie,
Ne face con que il dira,
2720 Qui cest anel m'aportera,
Por ce qu'il soit a nostre anor :
Je vos pramet par fine amor.
Amis, dorrez me vos tel don,
2724 Husdant le baut, par le landon ?
Et il respont : « La moie amie,
Husdent vos doins par drüerie.
— Sire, c'est la vostre merci.
2728 Qant du brachet m'avez seisi,
Tenez l'anel, de gerredon. »
De son doi l'oste, met u son.
Tristran en bese la roïne,
2732 Et ele lui, par la saisine.
Li hermites en vet au Mont,
Por les richeces qui la sont.
Aprés achate ver et gris,
2736 Dras de soïë et porpre bis,
Escarlates et blanc chainsil,
Asez plus blanc que flor de lil,
Et palefroi souef anblant,
2740 Bien atornez d'or flanboiant.
Ogrins, l'ermite tant l'achate
Et tant acroit et tant barate
Pailes, vairs et gris et hermine
2744 Que richement vest la roïne.
Par Cornoualle fait huchier
Li rois s'acorde a sa mollier :
« Devant le Gué Aventuros
2748 Iert pris acordement de nos. »

148

ni couchée dans un lit aussi somptueux. Ami Tristan, j'ai une bague avec un jaspe vert et un sceau. Beau sire, pour l'amour de moi, portez la bague à votre doigt et si le désir vous prend, sire, de m'envoyer un message, je n'en croirai rien tant que je ne verrai pas cet anneau. Mais, si je vois la bague, aucune interdiction royale ne m'empêchera, que cela soit sage ou non, d'accomplir ce que dira celui qui m'apportera cet anneau, pourvu que cela n'entache pas notre honneur ; je vous le promets au nom de notre parfait amour[41]. Ami, acceptez-vous de me donner le vif Husdent attaché à sa laisse ? »

Tristan répond :

« Mon amie, je vous donne Husdent comme gage de mon amour.

— Sire, je vous en remercie. Puisque vous m'avez confié le braque, prenez la bague en échange. »

Elle l'ôte de son doigt et la lui passe. Tristan et Yseut échangent des baisers, en gage mutuel de possession. L'ermite se rend au Mont[42] à cause des merveilles qu'on y trouve. Il y achète ensuite du vair et du petit-gris, des draps de soie et de la pourpre, de l'écarlate[43], de la toile blanche, plus éclatante que fleur de lys et un palefroi qui va doucement l'amble, tout harnaché d'or qui flamboie. L'ermite Ogrin en achète tant au comptant et à crédit, marchandant tellement de brocarts, de vairs, de gris et d'hermines, qu'il peut vêtir somptueusement la reine. Dans toute la Cornouailles, le roi fait proclamer qu'il se réconcilie avec sa femme : « Devant le Gué Aventureux, aura lieu la réconciliation. »

41. Le texte mentionne au vers 2722 l'expression *fine amor* si célèbre chez les troubadours.
42. Il s'agit du Mont-Saint-Michel de Cornouailles.
43. Etoffe de laine fine qui n'était pas nécessairement rouge.

Oï en ont par tot la fame;
N'i remest chevalier ne dame
Qui ne vienge a cel'asenblee.
2752 La roïne ont molt desirree :
Amee estoit de tote gent,
Fors des felons que Dex cravent !
Tuit quatre en orent tels soudees :
2756 Li dui en furent mort d'espees,
Li tierz d'une seete ocis;
A duel morurent el païs.
Li forestier quis encusa
2760 Mort crüele n'en refusa;
Quar Perinis, li franc, li blois,
L'ocist puis d'un gibet el bois.
Dex les venga de toz ces quatre,
2764 Qui vout le fier orguel abatre.
Seignors, au jor du parlement
Fu li rois Marc o molt grant gent.
La out tendu maint pavellon
2768 Et mainte tente de baron :
Loin ont porpris la praerie.
Tristran chevauchë o s'amie,
Tristran chevauche et voit le merc.
2772 Souz son bliaut ot son hauberc;
Quar grant poor avoit de soi,
Por ce qu'il out mesfait au roi.
Choisi les tentes par la pree,
2776 Conut li roi et l'asenblee.
Iseut apele bonement :
« Dame, voz retenez Hudent.
Pri vos, por Deu, que le gardez;
2780 S'onques l'amastes, donc l'amez.
Vez la le roi, vostre seignor,
O lui li home de s'onor.
Nos ne porron mais longuement
2784 Aler nos deus a parlement.
Je vois venir ces chevaliers
Et le roi et ses soudoiers,
Dame, qui vienent contre nos.
2788 Por Deu, le riche glorios,
Se je vos mant aucune chose,
Hastivement ou a grant pose,
Dame, faites mes volentez.

150

La rumeur se répand partout. Il n'est chevalier ni dame qui ne vienne à cette assemblée. Ils souhaitaient le retour de la reine. Elle était aimée de tout le monde sauf des félons, que Dieu les anéantisse ! Tous les quatre furent bien payés : deux périrent par l'épée, le troisième fut tué par une flèche. Ils moururent atrocement dans leur pays. Le forestier qui dénonça les amants ne put éviter une mort cruelle car, par la suite, le noble et blond Périnis le tua avec sa fronde dans la forêt. Dieu qui veut abattre l'orgueil insolent les vengea de tous les quatre.

Seigneurs, le jour de l'assemblée, le roi Marc était entouré d'une grande foule. On avait dressé là de nombreux pavillons et de nombreuses tentes de baron. La prairie en était recouverte à perte de vue. Tristan chevauche avec son amie.

Tristan chevauche et voit la borne. Sous sa tunique, il avait revêtu son haubert car il craignait pour sa personne, à cause des torts qu'il avait faits au roi. Il aperçut les tentes sur la prairie et reconnut le roi et son entourage. Il s'adressa gentiment à Yseut :

« Dame, prenez Husdent ! Pour Dieu, je vous implore de le garder. Si vous l'avez jamais aimé, c'est le moment de le montrer ! Voilà le roi, votre mari, accompagné des hommes de son royaume. Nous ne pourrons plus désormais avoir de longues entrevues. Je vois venir ces chevaliers, le roi et ses soldats, dame ; ils viennent à notre rencontre. Par le Dieu puissant et glorieux, si je vous prie de faire quelque chose, rapidement ou en prenant votre temps, dame, suivez ma volonté.

2792 — Amis Tristran, or m'escoutez.
Par cele foi que je vos doi,
Se cel anel de vostre doi
Ne m'envoiez, si que jel voie,
2796 Rien qu'il deïst ge ne croiroie.
Mais, des que reverrai l'anel,
Ne tor ne mur ne fort chastel
Ne me tendra ne face errant
2800 Le mandement de mon amant,
Solonc m'enor et loiauté
Et je sace soit vostre gré.
— Dame, fait il, Dex gré te sace ! »
2804 Vers soi l'atrait, des braz l'enbrace.
Yseut parla, qui n'ert pas fole :
« Amis, entent a ma parole.
— Or me fai donc bien a entendre.
2808 — Tu me conduiz, si me veuz rendre
Au roi, par le consel Ogrin,
L'ermite, qui ait bone fin.
Por Deu vos pri, beaus douz amis,
2812 Que ne partez de cest païs
Tant qos saciez conment li rois
Sera vers moi, iriez ou lois.
Gel prié, qui sui ta chiere drue,
2816 Qant li rois m'avra retenue,
Que chiés Orri le forestier
T'alles la nuit la herbergier.
Por moi sejorner ne t'ennuit !
2820 Nos i geümes mainte nuit,
En nostre lit que nos fist faire ...
Li trois qui ierent de moleste
Mal troveront en la parfin :
2824 Li cors giront el bois, sovin,
Beau chiers amis, et g'en ai dote :
Enfer ovre, qui les tranglote !
Ges dote, quar il sont molt felon.
2828 El buen celier, soz le boron,
Seras entrez, li miens amis.
Manderai toi par Perinis
Les noveles de la roi cort.
2832 Li miens amis, que Dex t'enort !
Ne t'ennuit pas la herbergier !
Sovent verrez mon mesagier :

152

— Ami Tristan, écoutez-moi ! Au nom de la confiance que je vous dois, si vous ne m'envoyez pas l'anneau qui se trouve à votre doigt, afin que je le voie, je ne croirai rien de ce que dira le messager. Mais, dès que je reverrai l'anneau, aucune tour, aucun mur, aucun château fort ne m'empêchera d'accomplir immédiatement la volonté de mon bien-aimé, selon mon honneur et ma loyauté et ce que je saurai être votre désir.

— Dame, répondit-il, que Dieu vous en sache gré ! »

Il l'attire à lui et la serre dans ses bras. Yseut qui ne manquait pas de bon sens, lui dit alors :

« Ami, écoutez mes paroles !

— Faites-vous donc bien comprendre de moi !

— Vous me conduisez et me rendez au roi, sur le conseil de l'ermite Ogrin, qu'il connaisse une fin apaisante ! Par Dieu, je vous prie, beau et doux ami, de ne pas quitter ce pays sans savoir comment le roi se comportera envers moi, s'il me manifestera sa colère ou sa sincérité. Quand le roi m'aura reprise, je vous prie, moi qui suis votre bien-aimée, de passer la nuit chez Orri le forestier. Puisse ce séjour là-bas, à cause de moi, ne pas trop vous coûter ! Nous avons couché là-bas plus d'une fois dans le lit qu'il fit faire pour nous. Les trois qui ont cherché à nous nuire connaîtront une triste fin ! Leurs corps seront étendus sur le dos dans la forêt, beau et doux ami, et cette vision me fait peur[44] : que l'Enfer s'ouvre pour les engloutir ! J'ai peur d'eux car ils sont perfides. Vous irez en lieu sûr dans la cave sous la cabane, mon ami. Je vous ferai parvenir par Périnis des nouvelles de la cour du roi. Ami, que Dieu vous conseille ! Puisse votre hébergement là-bas ne pas être pour vous une source de tracas ! Vous verrez souvent mon messager.

---

44. Yseut a la vision prophétique de l'assassinat des barons.

Manderai toi de ci mon estre
2836 Par mon vaslet et a ton mestre...
— Non fera il, ma chiere amie.
Qui vos reprovera folie
Gart soi de moi con d'anemi !
2840 — Sire, dist Yseut, grant merci !
Or sui je molt boneüree :
A grant fin m'avez asenee. »
Tant sont alé et cil venu
2844 Qu'il s'entredïent lor salu.
Li rois venoit molt fierement
Le trait d'un arc devant sa gent;
O lui Dinas, qui, de Dinan.
2848 Par la reigne tenoit Tristran
La roïne, qu'i conduioit.
La, salua si com il doit :
« Rois, ge te rent Yseut, la gente :
2852 Hon ne fist mais plus riche rente.
Ci voi les homes de ta terre
Et, oiant eus, te vuel requerre
Que me sueffres a esligier
2856 Et en ta cort moi deraisnier
C'onques o lié n'oi drüerie,
Ne ele o moi, jor de ma vie.
Acroire t'a l'en fait mençonge;
2860 Mais, se Dex joie et bien me donge.
Onques ne firent jugement.
Conbatre a pié ou autrement
Dedenz ta cort, sire, m'en soffre !
2864 Se sui damnez, si m'art en soffre.
Et, se je m'en pus faire saus,
Qu'il n'i ait chevelu ne chaus ...
Si me retien ovocques toi,
2868 O m'en irai en Loenoi. »
Li rois a son nevo parole.
Andrez, qui fu nez de Nicole,
Li a dit : « Rois, quar le retiens,
2872 Plus en seras doutez et criens. »
Molt en faut poi que ne l'otroie,
Le cuer forment l'en asouploie.
A une part le rois le trait;
2876 La roïne ovoc Dinas let,
Qui molt par ert voirs et loiaus

Je vous ferai savoir comment je me porte, grâce à mon valet et à votre maître. (...)

— Non, il n'en fera rien, chère amie. Celui qui vous reprochera une conduite insensée ferait mieux de se méfier de moi comme du diable.

— Sire, répondit Yseut, grand merci ! Maintenant je suis très contente. Vous m'avez conduite sur une bonne voie. »

Après s'être approchés les uns des autres, ils échangent des saluts. Le roi s'avançait fièrement à une portée d'arc devant sa suite. Avec lui, il y avait, je crois, Dinas de Dinan. Tristan tenait par la bride le cheval de la reine et le conduisait. Alors, il salua le roi comme il convient :

« Sire, je vous rends la noble Yseut. Jamais on ne restitua un bien plus précieux. Je vois ici les hommes de votre terre et, devant eux, je veux vous demander l'autorisation de me disculper et de prouver devant votre cour que jamais, à aucun jour de ma vie, je n'ai eu avec elle de relation amoureuse, ni elle avec moi. On vous a fait croire des mensonges. Mais, que Dieu m'accorde joie et bienfaits, il n'y a jamais eu de jugement ! Permettez-moi, sire, de combattre à pied ou d'une autre manière en présence de votre cour. Si je suis reconnu coupable, qu'on me brûle dans le soufre. Mais, si je peux en sortir sain et sauf, qu'il n'y ait chevelu ni chauve (...) Retenez-moi à votre service ou bien je m'en irai en Loonois. »

Le roi discute avec son neveu. Andret, natif de Lincoln[45], lui dit :

« Sire, gardez-le donc à vos côtés, on vous craindra et on vous redoutera davantage pour cela. »

Marc est sur le point d'y consentir ; son cœur s'est beaucoup attendri. Le roi le prend à part. Il laisse la reine avec Dinas qui est franc et loyal,

---

45. Ce personnage qui parle en faveur de Tristan n'est pas à confondre avec l'autre Andret (v. 4035) qui sera abattu par Tristan lors de la joute sur la Blanche Lande. Ce second Andret surveille jalousement Yseut pendant l'épisode du Mal Pas.

Et d'anor faire conmunax.
O la roïne geue et gabe,
2880 Du col li a osté la chape,
Qui ert d'escarlate molt riche.
Ele out vestu une tunique
Desus un grant bliaut de soie.
2884 De son mantel que vos diroie?
Ainz l'ermite, qui l'achata,
Le riche fuer ne regreta.
Riche ert la robe et gent le cors:
2888 Les eulz out vers, les cheveus sors.
Li seneschaus o lié s'envoise.
As trois barons forment en poise:
Mal aient il, trop sont engrés!
2892 Ja se trairont du roi plus pres:
« Sire, font il, a nos entent:
Consel te doron bonement.
La roïne a esté blasmee
2896 Et foï hors de ta contree.
Se a ta cort resont ensemble,
Ja dira l'en, si con nos senble,
Que en consent lor felonie:
2900 Poi i avra qui ce ne die.
Lai de ta cort partir Tristran;
Et, quant vendra jusqu'a un an,
Que tu seras aseürez
2904 Qu'Yseut te tienge loiautez,
Mande Tristran qu'il vienge a toi.
Ce te loons par bone foi. »
Li rois respont: « Que que nus die,
2908 De vos conselz n'istrai je mie. »
Ariere en vienent li baron,
Por le roi content sa raison.
Quant Tristran oit n'i a porloigne,
2912 Que li rois veut qu'il s'en esloigne,
De la roïne congié prent;
L'un l'autre esgarde bonement.
La roïne fu coloree,
2916 Vergoigne avoit por l'asenblee.
Tristran s'en part, ce m'est avis:
Dex! tant cuer fist le jor pensis!
Li rois demande ou tornera.
2920 Qant qu'il voudra, tot li dorra;

156

habitué à se comporter honorablement. Celui-ci s'amuse et plaisante avec elle et lui ôte des épaules sa cape de somptueuse écarlate. Elle portait une tunique sur un grand bliaut de soie. Que vous dirais-je de son manteau ? Jamais l'ermite qui l'acheta n'en regretta le prix élevé. Sa robe était riche et son corps élégant, ses yeux vairons et ses cheveux d'or. Le sénéchal plaisante avec elle. Cela déplaît fortement aux trois barons. Maudits soient-ils, ils sont trop méchants ! Déjà, ils se rapprochent du roi :

« Sire, font-ils, écoutez-nous ! Nous allons vous donner un bon conseil. La reine est sous le coup d'une condamnation et elle s'est enfuie du royaume. Si Tristan et la reine réintègrent de nouveau votre cour, on dira, nous semble-t-il, que l'on admet leur félonie. Rares seront ceux qui ne le diront pas. Laissez Tristan quitter votre cour ! D'ici un an, quand vous serez certain de la loyauté d'Yseut, demandez à Tristan de revenir à vos côtés. Voilà le conseil que nous vous donnons en toute bonne foi. »

Le roi répond :

« Quoi qu'on me dise, je suivrai ce conseil. »

Les barons retournent auprès de Tristan et lui rapportent la décision royale. Quand Tristan entend qu'on ne lui accorde plus aucun délai et que le roi veut le voir partir, il prend congé d'Yseut. Ils se regardent tendrement. La reine rougit ; elle avait honte devant tout le monde.

Tristan s'en va, il me semble. Mon Dieu, il rendit plus d'un cœur triste ce jour-là ! Le roi lui demande où il se rendra. Il lui donnera tout ce qu'il voudra.

Molt par li a a bandon mis
Or et argent et vair et gris.
Tristran dist : « Rois de Cornoualle,
2924 Ja n'en prendrai mie maalle.
A qant que puis vois a grant joie
Au roi riche que l'en gerroie. »
Molt out Tristran riche convoi
2928 Des barons et de Marc le roi.
Vers la mer vait Tristran sa voie.
Yseut o les euz le convoie;
Tant con de lui ot la veüe
2932 De la place ne se remue.
Tristran s'en vet, retorné sont
Cil qui pose convoié l'ont.
Dinas encor le convoiout.
2936 Sovent le besse et li proiot
Seürement revienge a lui.
Entrafié se sont il dui :
« Dinas, entent un poi a moi.
2940 De ci m'en part, bien sez por qoi.
Se je te mant par Governal
Aucune chose besoignal,
Avance la, si con tu doiz. »
2944 Baisié se sont plus de set foiz.
Dinas li prie ja nel dot,
Die son buen : il fera tot.
Dit molt a bele desevree.
2948 Mais, sor sa foi aseüree,
La retendra ensenble o soi.
Non feroit, certes, por le roi.
Iluec Tristran de lui s'en torne :
2952 Au departir andui sont morne.
Dinas s'en vient aprés le roi,
Qui l'atendoit a un chaumoi.
Ore chevauchent li baron
2956 Vers la cité tot a bandon.
Tote la gent ist de la vile,
Et furent plus de quatre mile,
Qu'omes que femes que enfanz;
2960 Que por Yseut, que por Tristranz,
Mervellose joie menoient.
Li saint par la cité sonoient.
Qant il oient Tristran s'en vet,

158

Il met à sa disposition de l'or, de l'argent, du vair et du petit-gris.

Tristan dit :

« Roi de Cornouailles, je ne prendrai pas un sou. Muni de tout ce dont je puis disposer, je me rendrai avec grand plaisir chez le puissant roi qui est en guerre. »

Tristan possède une très belle escorte composée des barons et du roi Marc. Il se dirige vers la mer. Yseut le suit des yeux. Aussi longtemps qu'elle l'aperçoit, elle ne bouge pas.

Tristan s'éloigne et ceux qui l'ont escorté quelque peu reviennent sur leurs pas. Dinas l'accompagne encore un moment, il l'embrasse souvent et le prie de revenir un jour, sain et sauf. Tous deux se jurent fidélité :

« Dinas, écoute-moi un instant. Je quitte ce pays, tu sais bien pourquoi. Si je te fais demander, par l'intermédiaire de Gouvernal, un service urgent, accomplis-le, comme tu le dois. »

Ils s'embrassent plus de sept fois. Dinas le prie de n'avoir aucune crainte. Il n'a qu'à dire, il fera tout ce qui est en son pouvoir. Dinas dit que ce sont de nobles adieux mais que, pour respecter sa promesse, il veillera sur Yseut. Il ne le ferait certainement pas pour le roi. Alors, Tristan se sépare de lui. En se quittant, tous deux sont très tristes. Dinas retrouve le roi qui l'attend dans la lande.

A présent, les barons chevauchent vers la cité au petit trot. Tous les habitants sortent de la ville ; ils sont plus de quatre mille, hommes, femmes et enfants. Pour Yseut comme pour Tristan, ils manifestent une joie exubérante. Les cloches sonnent dans toute la cité. Quand ils apprennent que Tristan s'en va,

2964 N'i a un sol grant duel ne fet.
D'Iseut grant joie demenoient,
De lui servir molt se penoient;
Quar, ce saciez, ainz n'i ot rue
2968 Ne fust de paile portendue :
Cil qui n'out paile mist cortine.
Par la ou aloit la roïne
Est la rue molt bien jonchie.
2972 Tot contremont, par la chaucie,
Si vont au mostier Saint Sanson.
La roïne et tuit li baron
En sont trestuit ensemble alé.
2976 Evesque, clerc, moine et abé
Encontre lié sont tuit issu,
D'aubes, de chapes revestu;
Et la roïne est descendue,
2980 D'une porpre inde fu vestue.
L'evesque l'a par la main prise,
Si l'a dedenz le mostier mise;
Tot droit la meinent a l'auter.
2984 Dinas li preuz, qui molt fu ber,
Li aporta un garnement
Qui bien valoit cent mars d'argent,
Un riche paile fait d'orfrois,
2988 Onques n'out tel ne qens ne rois;
Et la roïne Yseut l'a pris
Et, par buen cuer, sor l'autel mis.
Une chasublë en fu faite,
2992 Qui ja du tresor n'iert hors traite
Se as grans festes anvés non.
Encore est ele a Saint Sanson :
Ce dïent cil qui l'ont veüe.
2996 Atant est du mostier issue.
Li rois, li prince et li contor
L'en meinent el palais hauçor.
Grant joie i ont le jor menee.
3000 Onques porte n'i fu veee :
Qui vout entrer si pout mengier,
Onc a nul n'i fist on dangier.
Molt l'ont le jor tuit honoree :
3004 Ainz le jor que fu esposee
Ne li fist hom si grant honor
Con l'on li a fait icel jor.

160

tous en éprouvent du chagrin. Ils se réjouissent beaucoup de revoir Yseut et se mettent en peine pour la servir. Car, sachez-le, il n'y avait pas une rue qui n'était décorée de brocarts[46]. Ceux qui n'avaient pas de brocarts avaient mis des tentures. Partout où passait la reine, la rue était très bien jonchée. Ils remontent la chaussée vers l'église Saint-Samson. La reine et les barons s'y rendent tous ensemble.

Evêque, clercs, moines et abbés sortirent tous à sa rencontre, vêtus d'aubes et de chapes. La reine descendit de cheval ; elle portait une robe de pourpre foncée. L'évêque la prit par la main et la conduisit dans l'église. On la mena directement à l'autel. Le preux Dinas qui était un baron exemplaire, lui apporta un vêtement qui valait bien cent marcs d'argent, un riche drap de soie tissé d'or ; jamais un comte ou un roi n'en posséda un semblable. La reine Yseut le prit et, dans un geste de générosité, le déposa sur l'autel. On en fit depuis lors une chasuble qui ne sort jamais du trésor, sauf aux grandes fêtes de l'année. Elle se trouve encore à Saint-Samson, selon ceux qui l'ont vue.

La reine sortit ensuite de l'église. Le roi, les princes et les comtes la conduisirent dans l'imposant palais. Il y eut alors des explosions de joie. Aucune porte ne fut fermée : celui qui voulait entrer pouvait venir manger, on ne refusa personne. Ce jour-là on rendit tous les honneurs à la reine. Jamais depuis le jour de son mariage, on ne lui fit autant d'honneur que durant cette journée.

---

46. Somptueux tissu de soie comportant des dessins « brochés ». La texture de ce tissu se compose de fils de soie, d'or et d'argent entremêlés pour former des dessins en relief.

Le jor franchi li rois cent sers
3008 Et donna armes et haubers
A vint danzeaus qu'il adouba.
Or oiez que Tristran fera.
Tristran s'en part, fait a sa rente.
3012 Let le chemin, prent une sente;
Tant a erré voie et sentier
Qu'a la herberge au forestier
En est venu celeement.
3016 Par l'entree priveement
Le mist Orri el bel celier.
Tot li trove quant q'ot mestier.
Orris estoit mervelles frans.
3020 Senglers, lehes prenet o pans,
En ses haies grans cers et biches,
Dains et chevreus. Il n'ert pas chiches,
Molt en donet a ses serjanz.
3024 O Tristran ert la sejornanz
Priveement en souterrin.
Par Perinis, li franc meschin,
Soit Tristran noves de s'amie.
3028 Oiez des trois, que Dex maudie !
Par eus fu molt li rois malez,
Qui o Tristran estoit meslez.
Ne tarja pas un mois entier
3032 Que li rois Marc ala chacier,
Et avoc lui li traïtor.
Or escoutez que font cel jor :
En une lande, a une part,
3036 Ourent ars li vilain essart;
Li rois s'estut el bruelleïz,
De ses buens chiens oï les cris.
La sont venu li troi baron,
3040 Qui le roi mistrent a raison :
« Rois, or entent nostre parole.
Se la roïne a esté fole,
El n'en fist onques escondit.
3044 S'a vilanie vos est dit;
Et li baron de ton païs
T'en ont par mainte foiz requis,
Qu'il vuelent bien s'en escondie
3048 Qu'o Tristran n'ot sa drüerie.
Escondire se doit c'on ment.

Le même jour, le roi affranchit cent serfs et donna armes et hauberts à vingt jeunes gens qu'il adouba.

Ecoutez à présent ce que Tristan va faire ! Tristan s'en va, il vient de restituer la reine. Il quitte la route, prend un sentier. Après avoir parcouru sentiers et chemins, il arrive en secret à la maison du forestier. Orri le fait entrer discrètement et le conduit dans la grande cave. Il lui procure tout ce dont il a besoin.

Orri était merveilleusement accueillant. Il attrapait sangliers et laies au filet. Sur ses garennes, il prenait de grands cerfs, des biches, des daims et des chevreuils. Comme il n'était pas chiche, il en donnait à ses gens. Il resta avec Tristan dans la cachette souterraine. Grâce à Périnis, le noble écuyer, Tristan recevait des nouvelles de son amie.

Ecoutez à présent l'histoire des trois barons (que Dieu les maudisse !). Le roi s'est brouillé avec Tristan par leur faute. Un mois entier ne s'était pas écoulé que le roi Marc partit à la chasse accompagné par les traîtres. Ecoutez ce qu'ils font ce jour-là ! Dans une lande, quelque part, les paysans avaient brûlé un essart. Le roi s'arrêta dans le brûlis ; il écoutait les cris de ses braves chiens. Les trois barons s'approchèrent alors et s'adressèrent au roi :

« Sire, écoutez-nous. La reine s'est conduite de manière insensée et elle ne s'est jamais justifiée. On vous le reproche comme une lâcheté. Les barons de votre royaume vous ont présenté plus d'une requête à ce sujet. Ils veulent qu'elle fasse la preuve qu'elle n'a jamais eu de liaison amoureuse avec Tristan. Elle doit se disculper et prouver qu'on ment.

Si l'en fait faire jugement
Et enevoies l'en requier,
3052 Priveement, a ton couchier.
S'ele ne s'en veut escondire,
Lai l'en aler de ton enpire. »
Li rois rogi, qui escouta :
3056 « Par Deu ! seignors Cornot, molt a
Ne finastes de lié reter.
De tel chose l'oi ci reter
Qui bien peüst remaindre atant.
3060 Dites se vos alez querant
Que la roïne aut en Irlande.
Chascun de vos que li demande ?
N'offri Tristran li a defendre ?
3064 Ainz n'en osastes armes prendre.
Par vos est il hors du païs.
Or m'avez vos du tot sorpris.
Lui ai chacié : or chaz ma feme ?
3068 Cent dehez ait par mié la cane
Qui me rova de lui partir !
Par saint Estiene le martir,
Vos me sorquerez, ce me poise.
3072 Quel mervelle que l'en si taise !
S'il se mesfist, il est en fort.
N'avez cure de mon deport,
O vos ne puis plus avoir pes.
3076 Par saint Tresmor de Caharés,
Ge vos ferai un geu parti :
Ainz ne verroiz passé marsdi
(Hui est lundi), si le verrez. »
3080 Li rois les a si esfreez
Qu'il n'i a el fors prengent fuie.
Li rois Marc dist : « Dex vos destruie,
Qui si alez querant ma honte !
3084 Por noient, certes, ne vos monte :
Ge ferai le baron venir
Que vos aviëz fait fuïr. »
Qant il voient le roi marri,
3088 En la lande, sor un larri,
Sont descendu tuit troi a pié,
Li rois lessent el champ, irié.
Entre eus dïent : « Que porron faire ?
3092 Li rois Marc est trop deputaire ;

Obligez-la à subir un procès ! Demandez-lui tout à l'heure, en privé, au moment de vous coucher ! Si elle refuse de se justifier, faites-lui quitter votre royaume ! »

A ces mots, le roi rougit :

« Par Dieu, seigneurs de Cornouailles, cela fait longtemps que vous ne cessez de la dénoncer. Je l'entends accuser d'une affaire qui aurait bien pu en rester là. Dites franchement si vous voulez que la reine retourne en Irlande. Est-ce que chacun de vous le demande ? Tristan ne s'est-il pas proposé de la défendre ? Mais vous n'avez pas osé prendre les armes contre lui. C'est à cause de vous qu'il est exilé. Vous m'avez bel et bien trompé. Je l'ai chassé et maintenant je devrais chasser ma femme ? Cent fois maudite soit la bouche qui m'a demandé son départ ! Par saint Etienne le martyr, vous avez des exigences exorbitantes, cela m'ennuie. Votre silence m'aurait étonné ! Tristan est peut-être coupable mais il est dans l'anxiété. Vous ne vous souciez pas de ma tranquillité. Avec vous, je ne peux jamais être en paix. Par saint Trémeur de Carhaix, je vais vous mettre devant un dilemme : avant que mardi ne soit passé (c'est aujourd'hui lundi !), vous le connaîtrez ! »

Le roi les a tellement effrayés qu'ils n'ont d'autre parti que la fuite. Marc ajoute :

« Que Dieu vous anéantisse, vous qui voulez ma honte ! Assurément, cela ne vous rapportera rien. Je rappellerai celui que vous avez fait fuir. »

Voyant la colère du roi, les trois barons mettent pied à terre dans la lande sur un terrain en friche. Ils laissent le roi tout à son courroux dans les champs et se disent entre eux :

« Que pouvons-nous faire ? Le roi est trop lâche.

Bien tost mandera son neveu,
Ja n'i tendra ne fei ne veu.
S'il ça revient, de nos est fins :
3096 Ja en forest ne en chemin
Ne trovera nul de nos trois
Le sanc n'en traie du cors, frois.
Dison le roi or avra pes,
3100 N'en parleron a lui jamés. »
Enmié l'essart li rois s'estot.
La sont venu; tost les destot,
De lor parole n'a mes cure;
3104 La loi qu'il tient de Deu, en jure
Tot souavet entre ses denz :
Mar fu jostez cist parlemenz.
S'il eüst or la force o soi,
3108 La fusent pris, ce dit, tuit troi.
« Sire, font il, entendez nos :
Marriz estes et coroços
Por ce que nos dison t'anor.
3112 L'en devroit par droit son seignor
Consellier : tu nos sez mal gré.
Mal ait quant qu'a soz son baudré
(Ja mar o toi s'en marrira)
3116 Cil qui te het ! Cil s'en ira;
Mais nos, qui somes ti feel,
Te donions loial consel.
Quant ne nos croiz, fai ton plaisir :
3120 Assez nos en orras taisir.
Icest mal talent nos pardone. »
Li rois escoute, mot ne sone,
Sor son arçon s'est acoutez,
3124 Ne s'est vers eus noient tornez :
« Seignors, molt a encor petit
Que vos oïstes l'escondit
Que mes niés fist de ma mollier :
3128 Ne vosistes escu ballier.
Querant alez a terre pié.
La meslee des or vos vié.
Or gerpisiez tote ma terre.
3132 Par saint André, que l'en vet querre
Outre la mer, jusque en Escoce,
Mis m'en avez el cuer la boce,
Qui n'en istra jusqu'a un an :

Bientôt, il fera revenir son neveu. Paroles données ni vœux n'y feront rien. Si Tristan revient ici, notre dernière heure arrivera. S'il rencontre l'un de nous trois en forêt ou sur un chemin, il le saignera à blanc. Disons au roi que désormais il aura la paix et que nous ne lui adresserons plus jamais la parole. »

Le roi était resté au milieu de l'essart. Ils s'approchèrent de lui mais il les renvoya aussitôt. Il ne se souciait plus de leur discours. Par la loi qui lui vient de Dieu, il jure silencieusement entre ses dents : c'est pour leur malheur qu'ils ont osé lui parler. Si la force avait été de son côté, il les aurait, pensait-il, arrêté tous les trois.

« Sire, font-ils, écoutez-nous ! Vous êtes contrarié et courroucé parce que nous parlons de choses qui touchent à votre réputation. Il est de règle de conseiller son seigneur et vous nous en voulez pour cela. Maudit soit celui qui vous hait ! Maudit soit tout ce qui se trouve sous son baudrier ! C'est pour son malheur qu'il s'affligera avec vous ! Celui-là devra s'en aller ! Mais nous qui faisons partie de vos fidèles, nous vous avons donné un conseil loyal. Puisque vous ne voulez pas le suivre, agissez selon votre guise. Désormais, nous nous tairons. Pardonnez-nous de vous avoir déplu ! »

Le roi écoute, sans souffler mot. Il s'est accoudé sur son arçon. Sans se retourner, il dit :

« Seigneurs, il n'y a pas très longtemps que vous avez entendu le défi lancé par mon neveu pour défendre l'innocence de mon épouse. Vous n'avez pas voulu prendre votre bouclier car vous cherchez toujours à esquiver le combat. Je vous interdis désormais de vous battre. A présent, quittez mes terres ! Par saint André que l'on va prier outre-mer jusqu'en Ecosse, vous m'avez fait au cœur une blessure qui ne guérira pas d'ici un an.

3136 G'en ai por vos chacié Tristran. »
Devant lui vienent li felon,
Godoïnë et Guenelon
Et Danalain que fu molt feus;
3140 Li troi ont aresnié entre eus,
Mais n'i porent plai encontrer :
Vet s'en li rois sanz plus ester.
Cil s'en partent du roi par mal.
3144 Forz chasteaus ont, bien clos de pal,
Soiant sor roche, sor haut pui;
A lor seignor feront ennui,
Se la chose n'est amendee.
3148 Li rois n'a pas fait longe estee,
N'atendi chien ne veneor;
A Tintajol, devant sa tor,
Est decendu, dedenz s'en entre :
3152 (Nus ne set ne ne voit son estre)
Es chanbres entre, çaint'espee.
Yseut s'est contre lui levee,
Encontre vient, s'espee a prise,
3156 Pus est as piez le roi asise.
Prist l'a la main, si l'en leva;
La roïne li enclina,
Amont le regarde, a la chiere,
3160 Molt la vit et cruel et fiere,
Aperçut soi qu'il ert marriz :
Venuz s'en est aeschariz.
« Lasse, fait ele, mes amis
3164 Est trovez, mes sires l'a pris ! »
Souef le dit entre ses denz.
Li sanz de li ne fu si loinz
Qu'il ne li set monté el vis,
3168 Li cuer el ventre li froidist;
Devant le roi choï enverse,
Pasme soi, sa color a perse...
Q'entre ses braz l'en a levee,
3172 Besie l'a et acolee;
Pensa que mal l'eüst ferue.
Quant de pasmer fu revenue :
« Ma chiere amie, que avez?
3176 — Sire, poor. — Ne vus tamez. »
Qant ele l'ot qui l'aseüre,
Sa color vient, si aseüre;

A cause de vous, j'ai chassé Tristan ! »

Devant lui s'avancent les trois félons : Godoïne[47], Ganelon et le perfide Denoalain[48]. A eux trois, ils s'adressèrent au roi mais ne purent obtenir la discussion qu'ils souhaitaient. Le roi s'en va sans plus tarder. Furieux, ils quittent Marc. Ils ont des châteaux forts bien entourés de palissades et bien installés sur le roc en haut de montagnes. Ils chercheront des ennuis à leur seigneur si l'affaire ne s'arrange pas.

Le roi ne perd pas de temps ; il n'attend ni chiens, ni veneurs. Il descend de cheval devant sa tour à Tintagel[49] et rentre. Nul ne sait ni ne voit qu'il est là. L'épée au côté, il pénètre dans ses appartements. Yseut se lève en le voyant entrer. Elle se dirige vers lui, lui ôte son épée et s'assied à ses pieds. Il lui prend la main et la relève. La reine le salue de la tête et lève les yeux vers son visage. Elle y perçoit un air cruel et féroce ; elle remarque qu'il est contrarié et qu'il est venu sans escorte. « Hélas, se dit-elle, mon ami est découvert, mon époux l'a arrêté ! »

Elle murmure cela entre ses dents. Si loin fût-il, le sang lui monte au visage. Son cœur se glace dans sa poitrine. Elle tombe à la renverse devant le roi, s'évanouit et devient blême. (...) qu'il la relève entre ses bras, lui donne un baiser et l'enlace. Il craint qu'un mal l'ait frappée. Quand elle revient de sa pâmoison, il dit :

« Ma tendre amie, qu'avez-vous ?

— Sire, j'ai peur. — Ne craignez rien ! »

Quand elle l'entend la rassurer, ses couleurs lui reviennent et elle retrouve son sang-froid.

---

47. Godoïne (*Godwin*) est un nom célèbre dans l'histoire anglaise. Il fut porté par un souverain mort en 1053. Cet important personnage fut exilé par les Normands qui entouraient Edouard le Confesseur car il incarnait le sentiment national anglais contre les envahisseurs continentaux. Il devint le modèle du traître après la conquête de Guillaume le Conquérant. En donnant ce nom à un traître, Béroul s'adresse visiblement à un public anglo-normand.

48. Pour J. Loth, ce nom vient du brittonique *Dumnagual*.

49. Au début, Marc est à Lantien. Ici il est à Tintagel. Ce n'est ni une incohérence ni la preuve que l'œuvre est due à deux auteurs. Marc, comme Arthur, a plusieurs résidences. La royauté celtique est itinérante.

Adonc li rest asouagié.

3180 Molt bel a le roi aresnié :
« Sire, ge voi a ta color,
Fait t'ont marri ti veneor.
Ne te doinz ja marrir de chace. »

3184 Li rois l'entent, rist, si l'enbrace,
E li a fait li rois : « Amie,
J'ai trois felons, d'ancesorie,
Qui heent mon amendement;

3188 Mais se encore nes en desment,
Que nes enchaz fors de ma terre,
Li fel ne crïement mais ma gerre.
Il m'ont asez adesentu,

3192 Et je lor ai trop consentu :
N'i a mais rien del covertir.
Par lor parler, par lor mentir,
Ai mon nevo de moi chacié.

3196 N'ai mais cure de lor marchié,
Prochainement s'en revendra,
Des trois felons me vengera :
Par lui seront encor pendu. »

3200 La roïne l'a entendu;
Ja parlast haut, mais ele n'ose;
El fu sage, si se repose
Et dist : « Dex i a fait vertuz,

3204 Qant mes sires s'est irascuz
Vers ceus par qui blasme ert levé.
Deu pri qu'il soient vergondé. »
Souef le dit, que nus ne l'ot.

3208 La bele Yseut, qui parler sot,
Tot simplement a dit au roi :
« Sire, quel mal ont dit de moi?
Chascun puet dire ce qu'il pense.

3212 Fors vos, ge n'ai nule defense :
Por ce vont il querant mon mal.
De Deu le pere esperital,
Aient il male maudiçon !

3216 Tantes foiz m'ont mis en frichon !
— Dame, fait li rois, or m'entent :
Parti s'en sont par mautalent
Trois de mes plus proisiez barons.

3220 — Sire, porqoi? Par quels raisons?
— Blasmer te font. — Sire, porqoi?

La voilà soulagée. Elle parle habilement au roi :

« Sire, je vois à votre mine que les veneurs vous ont contrarié. Il ne faut pas vous mettre dans cet état pour une chasse. »

Le roi l'entend, il sourit et l'embrasse.

« Amie, lui dit-il, depuis longtemps, trois félons détestent mon sens de la conciliation. Si dès maintenant je ne les démens pas en les expulsant de mon royaume, les traîtres ne craindront pas la guerre que je peux soutenir contre eux. Ils m'ont suffisamment mis à l'épreuve et je me suis trop rangé à leur avis. Il n'est plus question de revenir sur ma décision. A cause de leurs bavardages et de leurs mensonges, j'ai chassé mon neveu. Traiter avec eux ne m'intéresse plus. Bientôt, Tristan reviendra et il me vengera de ces trois traîtres. Il les fera pendre. »

La reine l'écouta. Elle aurait bien parlé haut mais elle n'osa pas. Elle eut la sagesse d'y renoncer :

« Dieu a fait un miracle : mon mari s'est fâché contre ceux qui ont soulevé le scandale. Je prie Dieu qu'ils soient couverts de honte. »

Elle murmure cela pour que personne ne l'entende. La belle Yseut qui savait s'exprimer dit au roi très simplement :

« Sire, quel mal ont-ils dit sur moi ? Chacun peut dire ce qu'il pense. A l'exception de vous, je n'ai personne pour me défendre. C'est pour cela qu'ils cherchent à me nuire. Puisse Dieu, notre Père en esprit, leur infliger une malédiction exemplaire ! Ils m'ont si souvent fait trembler !

— Dame, fait le roi, écoutez-moi ! Trois des barons que j'estimais le plus m'ont quitté avec fureur.

— Sire, pourquoi ? Pour quelle raison ?

— Ils veulent vous blâmer.

— Sire, à quel sujet ?

— Gel te dirai, dit li roi :
N'as fait de Tristran escondit. -
3224 Se je l'en faz? — Et il m'ont dit ...
Qu'il le m'ont dit. — Ge prest'en sui.
— Qant le feras? — Ancor ancui.
— Brif terme i met. — Asez est loncs.
3228 Sire, por Deu et por ses nons,
Entent a moi, si me conselle.
Que puet ce estre? Quel mervelle
Qu'il ne me lesent an pes eure !
3232 Se Damledeu mon cors seceure,
Escondit mais ne lor ferai,
Fors un que je deviserai.
Se lor faisoie soirement,
3236 Sire, a ta cort, voiant ta gent,
Jusqu'a tierz jor me rediroient
Q'autre escondit avoir voudroient.
Rois, n'ai en cest païs parent
3240 Qui por le mien destraignement
En feïst gerre ne revel.
Mais de ce me seret molt bel.
De lor rebeche n'ai mes cure.
3244 Se il vuelent avoir ma jure
Ou s'il volent loi de juïse,
Ja n'en voudront si roide guise
(Metent le terme) que ne face.
3248 A terme avrai en mié la place
Li roi Artus et sa mesnie.
Se devant lui sui alegie,
Qui me voudroit aprés sordire,
3252 Cil me voudroient escondire,
Qui avront veü ma deraisne,
Vers un Cornot ou vers un Saisne.
Por ce m'est bel que cil i soient
3256 Et mon deresne a lor eulz voient.
Se en place est Artus li rois,
Gauvains, ses niés, li plus cortois,
Girflez et Qeu li seneschaus,
3260 Tex cent en a li rois vasaus
N'en mentiront por rien qu'il oient,
Por les seurdiz se conbatroient.
Rois, por c'est biens devant eus set
3264 Faiz li deraisne de mon droit.

— Je vais vous le dire, répondit le roi. Vous ne vous êtes pas disculpée à propos de Tristan.

— Et si je le fais?

— Et ils m'ont dit (...) car ils me l'ont dit.

— Je suis prête à le faire.

— Quand le ferez-vous?

— Aujourd'hui même!

— C'est un bref délai.

— Encore trop long pourtant! Sire, par Dieu et tous ses noms, écoutez-moi bien et conseillez-moi! Qu'est-ce que cela veut dire? Je m'étonne qu'ils ne me laissent pas un moment tranquille! Que Dieu m'apporte son secours, jamais je ne leur ferai d'autre serment de justification que celui que j'aurai choisi moi-même. Si je prêtais serment devant eux, sire, à votre cour, devant vos gens, avant trois jours, ils exigeraient une autre justification. Dans ce pays, sire, je n'ai aucun parent qui, pour cautionner mes dires, pourrait provoquer une guerre ou une révolte. Pourtant, cela m'arrangerait bien! Je n'ai cure de leurs radotages. S'ils réclament un serment de ma part ou s'ils veulent une épreuve judiciaire, ils n'en exigeront pas de si pénible (qu'ils en fixent eux-mêmes la date!) que je ne m'y soumette. Au jour fixé, j'aurai fait venir le roi Arthur et sa suite. Si je me suis disculpée devant lui et qu'ensuite on veuille encore me calomnier, ceux qui auront assisté à la procédure seront prêts à me disculper, que ce soit contre un Cornouaillais ou un Saxon. Voilà pourquoi, il me plaît qu'ils soient présents et qu'ils me voient, de leurs propres yeux, soutenir ma défense. Si le roi Arthur est là avec son neveu, le très courtois Gauvain, avec Girflet et le sénéchal Keu, le roi a bien cent vassaux qui ne mentiront sur rien de ce qu'ils auront entendu mais qui se battront pour moi contre les calomnies. C'est pour cette raison, sire, qu'il convient d'établir mon bon droit devant eux.

Li Cornot sont reherceor,
De pluseurs evres tricheor.
Esgarde un terme, si lor mande
3268 Que tu veus a la Blanche Lande
Tuit i soient, et povre et riche.
Qui n'i sera, tres bien t'afiche
Que lor toudras lor hérité :
3272 Si reseras d'eus aquité.
Et li mien cors est toz seürs,
Des que verra li roi Artus
Mon mesage, qu'il vendra ça :
3276 Son corage sai des piça.
Li rois respont : « Bien avez dit. »
Atant est li termes baniz
A quinze jorz par le païs.
3280 Li rois le mande a trois naïs
Que par mal sont parti de cort :
Molt en sont lié, a que qu'il tort.
Or sevent tuit par la contree
3284 Le terme asis de l'asenblee,
Et que la ert li rois Artus,
Et de ses chevaliers le plus
O lui vendront de sa mesnie.
3288 Yseut ne s'ert mie atargie :
Par Perinis manda Tristran
Tote la paine et tot l'ahan
Qu'el a por lui ouan eüe.
3292 Or l'en soit la bonté rendue !
Metre la puet, s'il veut, en pes :
« Di li qu'il set bien (le) marchés,
Au chief des planches, au Mal Pas :
3296 G'i sollé ja un poi mes dras.
Sor la mote, el chief de la planche,
Un poi deça la Lande Blanche,
Soit, revestuz de dras de ladre;
3300 Un henap port o soi de madre
(Une botele ait dedesoz)
O coroie atachié par noz;
A l'autre main tienge un puiot,
3304 Si aprenge de tel tripot.
Au terme ert sor la mote assis :
Ja set assez bociez son vis;
Port le henap devant son front,

Les Cornouaillais sont médisants et tricheurs à plus d'un titre. Fixez une date et demandez à tout le monde, aux pauvres et aux riches, de se trouver à la Blanche Lande ! Faites proclamer que vous confisquerez l'héritage de ceux qui ne viendront pas. Ainsi, vous serez quitte envers eux. Moi-même, je suis certaine que le roi Arthur viendra dès qu'il recevra mon message. Je connais ses sentiments depuis longtemps.

— Vous avez bien parlé, répondit le roi. »

Alors on proclame dans tout le pays la date du jugement fixée à quinze jours. Le roi avertit les trois barons qui ont quitté la cour de mauvaise humeur. Ils en sont satisfaits, quoi qu'il arrive. A présent, tout le monde connaît dans le pays la date fixée pour l'audience. On sait également que le roi Arthur sera présent avec la plupart des chevaliers de sa maison.

Yseut ne perd pas de temps. Par l'intermédiaire de Périnis, elle fait connaître à Tristan toutes les peines et les souffrances qu'elle a endurées pour lui cette année. Qu'on lui en sache gré à présent ! Il peut, s'il le veut, la rendre intouchable.

« Dis-lui de se rappeler le marécage, près du pont de planches, au Mal Pas[50]. Un jour, j'y ai moi-même souillé mes vêtements. Qu'il se trouve sur la butte, au bout de la passerelle, un peu en deçà de la Blanche Lande, et qu'il soit déguisé en lépreux. Qu'il apporte un gobelet de bois avec une gourde attachée en dessous grâce à une courroie. Qu'il tienne une béquille de l'autre main et qu'il apprenne en quoi consiste la ruse. Au moment opportun, il sera assis sur la butte, le visage tuméfié. Qu'il tende le gobelet devant lui

---

50. Ce site existe toujours : c'est le *Mal Pas ferry*. Anciennement, il devait s'agir d'un gué au confluent des rivières de Tressillian et de Truro.

3308 A ceus qui iluec passeront
Demant l'aumosne sinplement.
Il li dorront or et argent :
Gart moi l'argent, tant que le voie
3312 Priveement, en chanbre coie. »
Dist Perinis : « Dame, par foi,
Bien li dirai si le secroi. »
Perinis part de la roïne.
3316 El bois, par mié une gaudine,
Entre, tot sos par le bois vet ;
A l'avesprer vient au recet
Ou Tristran ert, el bel celier.
3320 Levé estoient du mengier.
Liez fu Tristran de sa venue :
Bien sout, noveles de sa drue
Li aporte li vaslet frans.
3324 Il dui se tienent par les mains,
Sor un sige haut sont monté.
Perinis li a tot conté.
Le mesage de la roïne.
3328 Tristran vers terre un poi encline
Et jure quant que puet ateindre :
Mar l'ont pensé ; ne puet remaindre,
Il en perdront encor les testes
3332 Et as forches pendront, as festes.
« Di la roïne mot a mot :
G'irai au terme, pas n'en dot.
Face soi lie, saine et baude !
3336 Ja n'avrai mais bain d'eve chaude
Tant qu'a m'espee aie venjance
De ceus qui li ont fait pesance :
Il sont traître fel prové.
3340 Di li que tot ai bien trové
A sauver soi du soirement.
Je la verrai assez briment.
Va, si li di que ne s'esmait,
3344 Ne dot pas que je n'alle au plet,
Atapiné conme tafurs.
Bien me verra li rois Artus
Soier au chief sor le Mal Pas,
3348 Mais il ne me connoistra pas.
S'aumosne avrai, se l'en pus traire.
A la roïne puez retraire

et qu'il demande simplement l'aumône à tous les passants. Ils lui donneront or et argent. Qu'il conserve cet argent, jusqu'à ce que je le voie en privé, dans ma chambre.

— Dame, par ma foi, lui dit Périnis, je lui confierai ce secret. »

Périnis quitta la reine et entra dans la forêt, en traversant les taillis. Il pénétra seul dans les bois. Dans la soirée, il arriva à la cachette de Tristan, dans la grande cave. Ils venaient de sortir de table. Tristan était heureux de sa venue. Il savait bien que le brave garçon lui apportait des nouvelles de son amie.

Tous deux se prirent par la main et s'assirent sur un siège élevé. Périnis lui transmit intégralement le message de la reine. Tristan se pencha légèrement vers le sol et jura par tout ce qui était en son pouvoir : les félons ont eu le malheur de penser à mal, il leur en coûtera la tête, c'est inévitable, ils seront pendus haut et court.

« Dis à la reine, mot pour mot, que je serai au rendez-vous et qu'elle n'en doute pas. Qu'elle se réjouisse, reprenne confiance et courage ! Je ne prendrai pas de bain chaud tant que mon épée ne l'aura pas vengée de ceux qui lui ont fait du mal. Ce sont de fieffés traîtres. Dis-lui que j'ai trouvé ce qu'il faut pour la sauver des conséquences du serment. Je la verrai sous peu. Va et dis-lui de ne pas s'inquiéter. Elle peut être sûre que j'irai au procès, déguisé en gueux. Le roi Arthur m'apercevra parfaitement, installé devant le Mal Pas, mais il ne me reconnaîtra pas. Je conserverai son aumône, si je peux l'obtenir. Tu peux rapporter à la reine

Ce que t'ai dit el sozterrin
3352 Que fist fere si bel, perrin.
De moi li porte plus saluz
Qu'il n'a sor mai botons menuz.
— Bien li dirai, dist Perinis ».
3356 Lors s'est par les degrez fors mis :
« Ge m'en vois au roi Artus, beau sire.
Ce mesage m'i estuet dire :
Qu'il vienge oïr le soirement,
3360 Ensemble o lui chevaliers cent,
Qui puis garant li porteroient,
Se li felon de rien greignoient
A la dame de loiauté.
3364 Donc n'est ce bien ? — Or va a Dé. »
Toz les degrez en puie a orne,
El chaceor monte et s'en torne;
N'avra mais pais a l'esperon,
3368 Si ert venu a Cuerlion.
Molt out cil poines por servir,
Molt l'en devroit mex avenir.
Tant a enquis du roi novele
3372 Que l'en li a dit bone et bele,
Que li rois ert a Isneldone.
Cele voie qui la s'adone
Vet li vaslez Yseut la bele.
3376 A un pastor qui chalemele
A demandé : « Ou est li rois ?
— Sire, fait il, il sit au dois.
Ja verroiz la Table Reonde,
3380 Qui tornoie conme le monde.
Sa mesnie sit environ. »
Dist Perinis : « Ja en iron. »
Li vaslet au perron decent,
3384 Maintenant s'en entra dedanz.
Molt i avoit filz a contors
Et filz a riches vavasors,
Qui servoient por armes tuit.
3388 Uns d'eus s'en part, con s'il s'en fuit;
Il vint au roi, et il l'apele :
« Va, dont viens tu ? — J'aport novele :
La defors a un chevauchant,
3392 A grant besoin te va querant. »
Atant estes vos Pirinis :

178

ce que je t'ai dit dans le souterrain en pierre qu'elle a fait aménager. Transmets-lui de ma part plus de saluts qu'il n'y a de petits bourgeons sur un arbre de mai.

— Je le ferai, répondit Périnis. »

Il s'apprêtait à sortir en montant les marches :

« Je vais chez le roi Arthur, beau sire. Je dois lui transmettre ce message : qu'il vienne écouter le serment avec cent chevaliers qui pourront ensuite se porter garants de la dame, au cas où les félons grogneraient à propos de quoi que ce soit contre la dame de toute loyauté. N'est-ce pas bien ainsi ?

— Que Dieu t'accompagne ! »

Il gravit les marches à la file, enfourche son coursier et s'en va. Il ne cessera d'éperonner jusqu'à Carlion. Il se donnait bien du mal pour rendre service et mériterait une récompense appropriée. Il s'informe tellement sur le roi qu'on lui donne de bien bonnes nouvelles. Il se trouve à Isneldone[51]. Le page d'Yseut la belle prit la route qui y conduisait. A un pâtre qui jouait du chalumeau, il demanda :

« Où est le roi ?

— Sire, fait-il, il est à table. Vous verrez la Table Ronde qui est circulaire comme l'univers[52]. Ses chevaliers y siègent.

— J'y vais, dit Périnis. »

Le jeune homme descend de cheval près du perron et entre aussitôt. Il y avait là beaucoup de fils de comtes et de riches vavasseurs qui accomplissaient tous leur service pour être adoubés. L'un d'eux quitta l'assemblée comme s'il s'enfuyait. Il s'approcha du roi qui l'interpella :

« Eh, d'où viens-tu ?

— J'apporte une nouvelle. Il y a dehors un cavalier qui veut à tout prix vous rencontrer. »

Alors arrive Périnis.

51. Stirling au N. O. de Glasgow ou Segontium au pied du Snowdon ?
52. Autre traduction : la Table Ronde « tourne » comme les sphères célestes.

Esgardez fu de maint marchis;
Devant le roi vint a l'estage
3396 Ou seoient tuit li barnage.
Li vaslet dit tot a seür :
« Dex saut, fait il, le roi Artur,
Lui et tote sa conpaignie,
3400 De par la bele Yseut s'amie ! »
Li rois se lieve sus des tables :
« Et Dex, fait il, esperitables
La saut et gart, et toi, amis !
3404 Dex ! fait li rois, tant ai je quis
De lié avoir un sol mesage !
Vaslet, voiant cest mien barnage,
Otroi a li qant que requiers.
3408 Toi tiers seras fet chevaliers,
Por le mesage a la plus bele
Qui soit de ci jusq'en Tudele.
— Sire, fait il, vostre merci !
3412 Oiez por qoi sui venu ci;
E s'i entendent cil baron,
Et mes sires Gauvain par non.
La roïne s'est acordee
3416 O son seignor, n'i a celee :
Sire, la ou il s'acorderent,
Tuit li baron du reigne i erent.
Tristran s'offri a esligier
3420 Et la roïne a deraisnier,
Devant le roi, de loiauté.
Ainz nus de tele loiauté
Ne vout armes saisir ne prendre.
3424 Sire, or font le roi Marc entendre
Que il prenge de lié deraisne.
Il n'a frans hon, François ne Sesne,
A la roi cort, de son linage.
3428 Ge oi dire que souef nage
Cil qui on sostient le menton.
Rois, se nos ja de ce menton,
Si me tenez a losengier.
3432 Li rois n'a pas coraige entier,
Senpres est ci et senpres la.
La bele Yseut respondu l'a
Qu'ele en fera droit devant vos.
3436 Devant le Gué Aventuros

Plus d'un marquis le regarde. Il s'avance devant le roi, vers l'estrade, où sont assis également tous les barons. Le jeune homme parle d'une voix ferme :

« Que Dieu sauve le roi Arthur, dit-il, ainsi que toute sa compagnie, de par Yseut la belle son amie ! »

Le roi se lève de table :

« Que le Dieu du ciel, fait-il, la protège et la garde ainsi que toi, mon ami ! Dieu, dit le roi, cela fait si longtemps que j'attends d'elle ne serait-ce qu'un seul message ! Jeune homme, devant tous mes barons ici présents, je lui accorde tout ce que tu me demandes. Toi et deux autres vous serez adoubés à l'occasion du message de la plus belle qui soit d'ici jusqu'à Tudèle[53] !

— Sire, fait-il, je vous remercie. Ecoutez pourquoi je suis venu ici. Que ces barons m'écoutent et tout spécialement messire Gauvain. La reine s'est réconciliée avec son époux, on le sait. Tous les barons du royaume, sire, ont assisté à la réconciliation. Tristan proposa un duel judiciaire pour disculper la reine et prouver sa loyauté devant le roi. Pourtant, personne ne voulut prendre les armes pour contester cette loyauté. Maintenant, sire, on laisse entendre au roi Marc qu'il doit exiger un serment de la reine. Il n'existe, à la cour du roi, pas un seul homme libre, Français ou Saxon, qui appartienne au lignage d'Yseut. J'ai entendu dire qu'il nage avec facilité celui dont on soutient le menton. Sire, si je mens à ce propos, traitez-moi de mauvaise langue. Le roi n'a pas une attitude très claire, il balance d'un côté ou de l'autre. La belle Yseut lui a répondu qu'elle se justifierait envers vous, devant le Gué Aventureux.

---

53. Cette ville de Navarre sur l'Ebre avait été reprise en 1126 sur les Maures.

Vos requiert et merci vos crie,
Conme la vostre chiere amie,
Que vos soiez au terme mis,
3440 Cent i aiez de vos amis.
Vostre cort soit atant loial,
Vostre mesnie natural.
Dedevant vos iert alegiee,
3444 Et Dex la gart que n'i meschiee !
Que pus li serïez garant,
N'en faudrïez ne tant ne quant.
D'ui en huit jors est pris le termes.
3448 Plorer en font o groses lermes :
N'i a un sol qui de pitié
N'en ait des euilz le vis mollié.
« Dex, fait chascun, que li demandent ?
3452 Li rois fait ce que il conmandent,
Tristran s'en vet fors du païs.
Ja ne voist il s'anz paradis,
Se li rois veut, qui la n'ira
3456 Et qui par droit ne l'aidera ! »
Gauvains s'en est levé en piez,
Parla et dist conme afaitiez :
« Oncle, se j'ai de toi l'otrise,
3460 La deresne qui est assise
Torra a mal as trois felons.
Li plus coverz est Guenelons :
Gel connois bien, si fait il moi.
3464 Gel boutai ja an un fangoi,
A un bohort fort et plenier.
Se gel retien, par saint Richier,
N'i estovra Tristran venir.
3468 Se gel pooie as poins tenir,
Ge li feroie asez ennui
Et lui pendrë an un haut pui. »
Gerflet s'en lieve enprés Gauvain
3472 Et si s'en vindrent main a main.
« Rois, molt par heent la roïne
Denaalain et Godoïne
Et Guenelon, molt a lonc tens.
3476 Ja ne me tienge Dex en sens,
Se vois encontre Goudoïne,
Se de ma grant lance fresnine
Ne pasent outre li coutel,

Comme elle est votre chère amie, elle vous demande et vous implore d'y être, au jour dit, avec cent de vos amis. Une fois qu'elle se sera disculpée devant vous (fasse le ciel qu'elle n'échoue pas!), que votre cour et votre suite fassent preuve d'une loyauté telle qu'elles deviennent ensuite ses garantes et qu'elles ne lui fassent défaut en aucune manière. L'épreuve aura lieu d'ici huit jours. »

Ces paroles leur font verser de grosses larmes. Tout le monde a le visage baigné de pleurs compatissants.

« Dieu, s'exclame chacun, que d'exigences! Le roi fait tout ce qu'ils ordonnent et Tristan quitte le pays. Qu'il n'entre jamais au paradis, celui qui n'ira pas là-bas, si le roi l'exige, et celui qui ne l'aidera pas comme il convient! »

Gauvain se leva et tint le discours qu'il fallait :

« Mon oncle, avec votre permission, l'épreuve qui a été fixée se terminera mal pour les trois félons. Ganelon est le plus perfide. Moi, je le connais bien et lui me connaît. Un jour, je l'ai précipité dans la boue, au cours d'un grand tournoi particulièrement violent. Si je l'attrape, par saint Riquier, Tristan n'aura pas besoin de venir. Si je pouvais l'empoigner, je lui ferais son affaire et je m'arrangerais pour le pendre sur un mont élevé. »

Girflet se lève après Gauvain et ils s'avancent main dans la main.

« Sire, cela fait longtemps que Denoalain, Godoïne et Ganelon détestent la reine. Que Dieu m'ôte le sens si, après avoir rencontré Godoïne, la pointe de ma lance de frêne ne le transperce pas

3480 Ja n'en enbraz soz le mantel
Bele dame desoz cortine. »
Perinis l'ot, le chief li cline.
Dit Evains, li filz Urïen :
3484 « Asez connois Dinoalain :
Tot son sens met en acuser,
Bien set faire le roi muser,
Tant li dirai que il me croie.
3488 Se je l'encontre enmié ma voie,
Con je fis ja une autre foiz,
Ja ne m'en tienge lois ne fois,
S'il ne se puet de moi defendre,
3492 S'a mes deus mains ne le fais pendre.
Molt doit on felon chastïer.
Du roi joent si losengier. »
Dist Perinis au roi Artur :
3496 « Sire, je sui de tant seür
Que li felon prendront colee,
Qui la roïne ont quis meslee.
Ainz a ta cort n'ot menacié
3500 Home de nul luintain reigné
Que n'en aiez bien trait a chief :
Au partir en remestrent grief
Tuit cil qui l'ourent deservi. »
3504 Li rois fu liez, un poi rougi :
« Sire vaslez, alez mangier.
Cist penseront de lui vengier. »
Li rois en son cuer out grant joie;
3508 Parla, bien vout Perinis l'oie :
« Mesnie franche et honoree,
Gardez q'encontre l'asenblee
Soient vostre cheval tuit gras,
3512 Vostre escu nuef, riche vos dras.
Bohorderons devant la bele
Dont vos oiez tuit la novele.
Molt porra poi sa vie amer
3516 Qui se faindra d'armes porter. »
Li rois les ot trestoz semons :
Le terme heent qui'st si lons,
Lor vuel fust il a l'endemain.
3520 Oiez du franc de bone main :
Perinis le congié demande.
Li rois monta sor Passelande,

et que je n'embrasse plus de belles dames sous le manteau, derrière la courtine ! »

A ces mots, Périnis incline la tête. Yvain, le fils d'Urien, prend la parole :

« Je connais bien Denoalain. Il ne cherche qu'à dénoncer et sait bien manier le roi ; je ferai en sorte qu'il me prenne au sérieux. Si je le rencontre sur mon chemin, comme cela m'est déjà arrivé une fois, ni foi ni loi ne m'empêcheront, s'il a le dessous, de le pendre de mes propres mains. Un félon doit être sévèrement châtié. Le roi est le jouet des calomniateurs. »

Périnis dit à Arthur :

« Sire, je suis certain que les félons prendront une volée de coups pour avoir cherché querelle à la reine. Jamais dans votre cour on n'a menacé un homme d'un royaume lointain sans que vous n'ayez mis vos menaces à exécution. En fin de compte, ceux qui les avaient méritées l'ont payé cher. »

Ces propos firent plaisir au roi qui rougit un peu.

« Jeune homme, allez manger ! Les personnes ici présentes songeront à le venger. »

Le roi ressentait une grande joie dans son cœur. Il dit, pour que Périnis, l'entende :

« Nobles et honorables compagnons, pour le jour de l'audience, faites en sorte d'avoir des chevaux en forme, des écus neufs et de somptueux vêtements. Nous jouterons devant la belle dont vous venez d'entendre le message. Il aura raison d'accorder peu de prix à la vie celui qui hésitera à prendre ses armes. »

Le roi les a tous convoqués. Ils regrettent que le rendez-vous soit encore lointain. Ils voudraient que ce soit le lendemain.

Ecoutez ce qu'il en est du jeune homme de bonne naissance ! Périnis demande son congé. Le roi enfourche Passelande

Qar convoier veut le meschin.
3524 Contant vont par mié le chemin :
Tuit li conte sont de la bele
Qui metra lance par astele.
Ainz que parte li parlemenz,
3528 Li rois offre les garnemenz
Perinis d'estre chevalier,
Mais il ne les vout encor ballier.
Li rois convoié l'out un poi,
3532 Por la bele franche au chief bloi,
Ou il n'a point de mautalent :
Molt en parloient an alent.
Li vaslez out riche convoi
3536 Des chevaliers et du franc roi ;
A grant enviz sont departiz.
Li rois le claime : « Beaus amis,
Alez vos en, ne demorez.
3540 Vostre dame me salüez
De son demoine soudoier,
Qui vient a li por apaier.
Totes ferai ses volentez,
3544 Por lié serai entalentez.
El me porra molt avancier.
Menbre li de l'espié lancier,
Qui fu en l'estache feru :
3548 Ele savra bien ou ce fu.
Prié vos que li dïez einsi.
— Rois, si ferai, gel vos afi. »
Adonc hurta le chaceor.
3552 Li rois se rest mis el retor.
Cil s'en vient : son mesage a fait
Perinis qui tant mal a trait
Por le servise a la roïne
3556 Conme plus puet, et il chemine ;
Onques un jor ne sejorna
Tant qu'il vint la don il torna.
Reconté a sa chevauchie
3560 A celi qui molt en fu lie,
Du roi Artur et de Tristran.
Cele nuit furent a Lidan.
Cele nuit fu la lune dime.
3564 Que diroie ? Li terme aprime
De soi alegier la roïne.

car il veut escorter le jeune page. En chemin, ils se parlent et tous leurs propos concernent la belle qui fera rompre bien des lances. Avant de clore leur entretien, le roi offre à Périnis tout l'équipement du chevalier qui ne veut pas encore l'accepter.

Le roi l'accompagne sur un bout de chemin pour l'amour de la noble dame aux cheveux blonds qui ignore la méchanceté. Ils parlaient beaucoup d'elle en cheminant. Le jeune page avait une belle escorte avec le noble roi et ses chevaliers. Ils se quittent à regret. Le roi lui crie :

« Bel ami, partez et ne tardez pas. Saluez votre dame de la part de son fidèle serviteur qui viendra lui apporter la paix ! Je ferai tout ce qu'elle souhaite. Je lui suis tout dévoué. Elle pourra fortement accroître mon mérite. Rappelez-lui le fer de lance qui s'enfonça dans le poteau. Elle saura parfaitement où cela s'est passé[54]. Je vous prie de lui rapporter ces propos.

— Sire, je le ferai, je vous le promets. »

Il éperonna son coursier. Le roi revint sur ses pas. Périnis s'en alla. Il avait délivré son message et s'était donné bien du mal pour servir la reine. Il chevaucha le plus vite possible. Pas un jour il ne se reposa avant le terme de son voyage. Il raconta sa chevauchée à celle qui s'en réjouit et il parla du roi Arthur et de Tristan.

Cette nuit-là, ils se trouvaient à Lidan. La lune était à son dixième jour. Que dire d'autre ? Le jour du procès approche pour la reine.

54. Allusion à un épisode qui se trouve dans la version allemande d'Eilhart.

Tristran, li suens amis, ne fine,
Vestu se fu de mainte guise :
3568 Il fu en legne, sanz chemise ;
De let burel furent les cotes
Et a quarreaus furent ses botes.
Une chape de burel lee
3572 Out fait tallier, tote enfumee.
Affublez se fu forment bien,
Malade senble plus que rien ;
Et nequeden si ot s'espee
3576 Entor ses flans estroit noee.
Tristran s'en part, ist de l'ostal
Celeement, a Governal,
Qui li enseigne et si li dit :
3580 « Sire Tristran, ne soiez bric.
Prenez garde de la roïne,
Qu'el n'en fera semblant et signe.
— Maistre, fait il, si ferai bien.
3584 Gardez que vos faciez mon buen.
Ge me criem molt d'aperchevance.
Prenez mon escu et ma lance,
Ses m'aportez et mon cheval
3588 Enreignez, mestre Governal.
Se mestier m'est, que vos soiez
Au pasage, prez, enbuschiez :
Vos savez bien le buen passage,
3592 Pieç'a que vos en estes sage.
Li cheval est blans conme flor :
Covrez le bien trestot entor,
Que il ne soit mes conneüz
3596 Ne de nul home aperceüz.
La ert Artus atot sa gent,
Et li rois Marc tot ensement.
Cil chevalier d'estrange terre
3600 Bohorderont por los aquerre ;
Et, por l'amour Yseut m'amie,
I ferai tost une esbaudie.
Sus la lance soit le penon
3604 Dont la bele me fist le don.
Mestre, or alez, pri vos forment
Que le faciez molt sauvement. »
Prist son henap et son puiot,
3608 Le congié prist de lui, si l'ot.

Tristan, son ami, s'active. Il avait revêtu de curieux vêtements. Il portait un habit de laine, sans chemise ; sa tunique était en bure grossière et ses bottes étaient rapiécées. Il s'était fait tailler un manteau de bure grossière, tout noirci de fumée. Il s'était fort bien déguisé et ressemblait parfaitement à un lépreux. Néanmoins, il avait gardé son épée, étroitement nouée à sa ceinture. Tristan s'en alla ; il quitta secrètement son logis avec Gouvernal. Celui-ci lui fit des recommandations :

« Sire Tristan, ne faites pas l'idiot. Prenez garde à la reine car elle ne fera aucun signe.

— Maître, fait-il, je ferai attention. Veillez à bien me servir. Je crains fort d'être reconnu. Prenez mon écu et ma lance, apportez-les moi et harnachez mon cheval, maître Gouvernal. En cas de besoin, trouvez-vous près du gué, prêt à intervenir mais restez caché. Vous savez bien de quel gué il s'agit car cela fait longtemps que vous le connaissez. Le cheval est blanc comme lis. Couvrez-le complètement afin qu'on ne le reconnaisse pas et que personne ne l'aperçoive. Le roi Arthur sera présent avec tous ses gens, ainsi que le roi Marc. Tous ces chevaliers venus de loin jouteront pour conquérir la gloire. Pour l'amour de mon amie Yseut, je tenterai bientôt un exploit. Qu'à ma lance soit fixé le pennon dont la belle m'a fait cadeau. Maître, allez-y maintenant mais je vous prie d'agir prudemment. »

Tristan prit son gobelet et sa béquille, demanda et obtint son congé.

Governal vint a son ostel,
Son hernois prist, ainz ne fist el,
Puis si se mist tost a la voie.
3612 Il n'a cure que nus le voie.
Tant a erré qu'enbuschiez s'est
Pres de Tristran, qui au Pas est.
Sor la mote, au chief de la mare,
3616 S'asist Tristran sanz autre afaire.
Devant soi fiche son bordon :
Atachié fu a un cordon
A quei l'avet pendu al col.
3620 Entor lui sont li taier mol.
Sor la mote forment se tret.
Ne senbla pas home contret,
Qar il ert gros et corporuz,
3624 Il n'ert pas nains, contrez, boçuz.
La rote entent, la s'est asis.
Molt ot bien bocelé son vis.
Qant aucun passe devant lui,
3628 En plaignant disoit : « Mar i fui !
Ja ne quidai estre aumosnier
Ne servir jor de cest mestier,
Mais n'en poon or mais el faire. »
3632 Tristran lor fait des borses trere,
Que il fait tant chascun li done.
Il les reçoit, que nus n'en sone.
Tex a esté set anz mignon
3636 Ne set si bien traire guignon.
Meïsmes li corlain a pié
Et li garçon li mains proisié,
Qui vont mangant par le chemin,
3640 Tristran, qui tient le chief enclin,
Lor aumosne por Deu lor quiert.
L'un l'en done, l'autre le fiert.
Li cuvert gars, li desfaé
3644 Mignon, herlot l'ont apelé.
Escoute Tristran, mot ne sone :
Por Deu, ce dit, ce lor pardone.
Li corbel, qui sont plain de rage,
3648 Li font ennui, et il est sage.
Truant le claiment et herlot.
Il les convoie o le puiot,
Plus de quatorze en fait saigner,

Gouvernal se rendit à son logis, prit l'équipement, rien d'autre, puis se mit en route. Il s'efforçait de rester inaperçu. Après avoir bien cheminé, il finit par s'embusquer près de Tristan qui se trouvait au Mal Pas.

Tristan s'assied sans autre précaution sur la butte qui se trouve au bout du marécage. Devant lui, il plante son bâton attaché à une cordelette entourant son cou. Autour de lui, il y a des fondrières très meubles. Il s'installe soigneusement sur la butte. Il ne ressemblait pas du tout à un infirme car il était fort et robuste. Il n'était ni nain, ni difforme, ni bossu. Il entend la compagnie qui arrive, il s'assied. Il avait très bien fait boursoufler son visage. Lorsque quelqu'un passait devant lui, il lui criait d'un air plaintif :

« Pauvre de moi ! Je ne pensais pas devenir mendiant ni être réduit un jour à cette extrémité mais maintenant impossible de faire autre chose ! »

Tristan fait sortir l'argent de leurs bourses car il s'y prend tellement bien que chacun lui en donne. Il reçoit leurs dons sans dire un mot. Tel qui a été maquereau pendant sept ans ne sait pas aussi bien extorquer de l'argent. Même aux courriers à pied et aux garçons les plus mal famés qui cherchent leur pitance sur la route, Tristan, la tête baissée, demande l'aumône au nom du Seigneur. Les uns lui donnent, d'autres le battent. Les fripons de valets, les marauds l'appellent « maquereau » et « vaurien ».

Tristan écoute sans souffler mot. Je leur pardonne, se dit-il, par amour pour Dieu. Les corbeaux pleins de rage le maltraitent et il garde son calme. Ils le traitent de truand et de vaurien. Il les poursuit avec sa béquille ; il en fait saigner plus de quatorze,

3652 Si qu'il ne püent estanchier.
Li franc vaslet de bone orine
Ferlin ou maalle esterline
Li ont doné: il les reçoit.
3656 Il lor dit que il a toz boit,
Si grant arson a en son cors
A poine l'en puet geter fors.
Tuit cil qui l'oient si parler
3660 De pitié prenent a plorer;
Ne tant ne quant pas nu mescroient
Qu'il ne soit ladres cil quil voient.
Pensent vaslet et escuier
3664 Qu'il se hastent de soi logier
Et des tres tendre lor seignors,
Pavellons de maintes colors:
N'i a riche home n'ait sa tente.
3668 A plain erre, chemin et sente,
Li chevalier vienent aprés.
Molt a grant presse en cel marchés;
Esfondré l'ont, mos est li fans.
3672 Li cheval entrent jusq'as flans,
Maint en i chiet, qui que s'en traie.
Tristran s'en rist, point ne s'esmaie,
Par contraire lor dit a toz:
3676 « Tenez vos reignes par les noz,
Si hurtez bien de l'esperon;
Par Deu, ferez de l'esperon,
Qu'il n'a avant point de taier. »
3680 Qant il pensent outre essaier,
Li marois font desoz lor piez.
Chascun qui entre est entaiez:
Qui n'a hueses, s'en a soffrete.
3684 Li ladres a sa main fors traite;
Qant en voi un qui el tai voitre,
Adonc flavele cil a cuite.
Qant il le voi plus en fangoi,
3688 Li ladres dit: « Pensez de moi,
Que Dex vos get fors du Mal Pas!
Aidiez a noveler mes dras. »
O sa botele el henap fiert.
3692 En estrange leu les requiert;
Mais il le fait par lecherie,
Qant or verra passer s'amie,

192

à un point tel qu'ils ne peuvent même pas étancher leur sang. Les pages bien nés lui donnent un ferlin ou une maille sterling[55] qu'il accepte. Il leur dit qu'il boira à la santé de tous car une telle fournaise brûle dans son corps qu'il ne peut guère l'extirper. Tous ceux qui l'entendent parler de la sorte pleurent de pitié. Pas un parmi eux ne doute qu'il s'agit d'un vrai lépreux.

Valets et écuyers pensent qu'ils doivent se dépêcher de trouver un logis et de dresser les tentes de leurs seigneurs, des pavillons aux multiples couleurs. Il n'est pas de puissant seigneur qui n'ait ici sa tente.

A vive allure, par chemins et sentiers, les chevaliers arrivent à leur tour. Il y a une très grande foule dans ce marécage. Les passages successifs ramollissent encore la boue. Les chevaux s'y enfoncent jusqu'aux flancs. Beaucoup s'y enlisent, s'en sort qui peut. Tristan s'en amuse et ne s'émeut nullement. Au contraire, il leur dit à tous :

« Tenez bien vos rênes par les nœuds et piquez des deux ! Par Dieu, piquez des deux car il n'y a pas de bourbier devant vous ! »

Ils ont à peine tâté le terrain que le marais fond sous leurs pieds. Tous ceux qui y passent s'embourbent et celui qui n'a pas de bottes est bien démuni. Le ladre tend la main. Quand il voit quelqu'un se vautrer dans la boue, il agite ardemment sa crécelle. Quand il le voit s'enfoncer davantage, le lépreux s'écrie :

« Pensez à moi afin que Dieu vous tire du Mal Pas ! Aidez-moi à me procurer de nouveaux habits ! »

Avec la gourde, il frappe sur le gobelet. C'est un curieux endroit pour demander l'aumône mais il agit par espièglerie, afin que son amie,

---

55. Le ferlin (en anglais *farthing*) équivalait au quart d'un denier. Le sou de *sterling* est également une unité monétaire anglaise. Béroul s'adressait certainement à un auditoire anglais.

Yseut, qui a la crine bloie,
3696 Que ele en ait en son cuer joie.
Molt a grant noise en cel Mal Pas.
Li passeor sollent lor dras,
De luien puet l'om oïr les huz
3700 De ceus qui solle la paluz.
Cil qui la passe n'est seürs.
Atant es vos le roi Artus :
Esgarder vient le passeor,
3704 O lui de ses barons plusor.
Criement que li marois ne fonde.
Tuit cil de la Table Reonde
Furent venu sor le Mal Pas,
3708 O escus fres, o chevaus cras,
De lor armes entreseignié.
Tuit sont covert, que mens que pié;
Maint drap de soie i ot levé.
3712 Bohordant vont devant le gé.
Tristan connoisoit bien le roi
Artus, si l'apela a soi :
« Sire Artus, rois, je sui malades,
3716 Bociez, meseaus, desfaiz et fades.
Povre est mon pere, n'out ainz terre.
Ca sui venuz l'aumosne querre,
Molt ai oï de toi bien dire,
3720 Tu ne me doiz pas escondire.
Tu es vestu de beaus grisens
De Renebors, si con je pens.
Desoz la toile rencïene
3724 La toue char est blanche et plaine.
Tes janbes voi de riche paile
Chaucies et o verte maile,
Et les sorchauz d'une escarlate.
3728 Rois Artus, voiz con je me grate ?
J'ai les granz froiz, qui qu'ait les chauz.
Por Deu me donne ces sorchauz. »
Li nobles rois an ot pitié :
3732 Dui damoisel l'ont deschaucié.
Li malades les sorchauz prent,
Otot s'en vet isnelement,
Asis se rest sor la muterne.
3736 Li ladres nus de ceus n'esperne
Qui devant lui sont trespassé;

194

Yseut aux cheveux blonds, éprouve de la joie en son cœur lorsqu'elle le verra passer. Il y a un grand tumulte dans ce Mal Pas. Quiconque passe salit ses vêtements. De loin, on peut entendre les cris de ceux que le marais a souillés. Parmi tous ceux qui passent à cet endroit, aucun n'est assuré de s'en sortir.

Voici qu'arrive le roi Arthur. Il vient examiner le passage avec plusieurs de ses barons. Ils craignent que le marais cède sous leurs pieds. Tous ceux de la Table Ronde arrivent au Mal Pas avec des écus neufs, des chevaux en forme. Chacun portait des armoiries différentes. Tous étaient équipés de pied en cap. On arborait mainte étoffe de soie. Ils joutèrent devant le gué. Tristan connaissait parfaitement le roi Arthur. Il lui cria :

« Sire Arthur, je suis malade, tuméfié, lépreux, infirme et faible. Mon père est pauvre, jamais il n'a possédé de terres. Je suis venu ici demander l'aumône. J'ai entendu dire beaucoup de bien sur toi. Tu ne dois pas me rejeter. Tu es habillé d'un beau drap gris de Ratisbonne, je pense. Sous la toile de Reims, ta chair est blanche et lisse. Je vois que tes jambes portent des chausses de riche brocart avec des mailles vertes et des guêtres d'écarlate. Roi Arthur, vois-tu comme je me gratte ? J'ai toujours très froid, même quand tout le monde a chaud. Pour l'amour de Dieu, donne-moi ces guêtres. »

Le noble roi éprouve de la pitié pour lui. Deux jeunes pages le déchaussent. Le lépreux prend les guêtres et les emporte bien vite. Il se rassied sur la butte. Le lépreux n'épargne aucun de ceux qui passent devant lui.

Fins dras en a a grant plenté
Et les sorchauz Artus le roi.
3740 Tristran s'asist sor le maroi.
Qant il se fu iluec assis,
Li rois Marc, fiers et posteïs,
Chevaucha fort vers le taier.
3744 Tristran l'aqeut a essaier
S'il porra rien avoir du suen.
Son flavel sonë a haut suen,
A sa voiz roe crie a paine,
3748 O le nes fait subler l'alaine :
« Por Deu, roi Marc, un poi de bien ! »
S'aumuce trait, si li dit : « Tien,
Frere, met la ja sus ton chief :
3752 Maintes foiz t'a li tens fait grief.
— Sire, fait il, vostre merci !
Or m'avez vos de froit gari. »
Desoz la chape a mis l'aumuce,
3756 Qant qu'il puet la trestorne et muce.
« Dom es tu, ladres? fait li rois.
— De Carloon, filz d'un Galois.
— Qant anz as esté fors de gent?
3760 — Sire, trois anz i a, ne ment.
Tant con je fui en saine vie,
Molt avoie cortoise amie.
Por lié ai je ces boces lees;
3764 Ces tartaries plain dolees
Me fait et nuit et jor soner
Et o la noisë estoner
Toz ceus qui je demant du lor
3768 Por amor Deu le criator. »
Li rois li dit : « Ne celez mie
Comment ce te donna t'amie?
— Dans rois, ses sires ert meseaus,
3772 O lié faisoie mes joiaus,
Cist maus me prist de la comune.
Mais plus bele ne fu que une.
— Qui est ele? — La bele Yseut :
3776 Einsi se vest con cele seut. »
Li rois l'entent, riant s'en part.
Li rois Artus de l'autre part
En est venuz, qui bohordot;
3780 Joios se fist, que plus ne pout.

Il reçoit une grande quantité de beaux vêtements ainsi que les guêtres du roi Arthur. Tristan s'assied de manière à surplomber le marécage. A peine Tristan est-il installé que le roi Marc, fier et conquérant, chevauche rapidement vers le bourbier. Tristan l'entreprend pour savoir s'il pourra obtenir quelque chose de lui. Il agite très fort sa crécelle. De sa voix rauque, il lui crie péniblement, en faisant siffler son haleine par le nez : « Pour Dieu, roi Marc, la charité ! »

Marc retire son aumusse et lui dit :

« Tiens, frère, mets-la sur ta tête ! Les intempéries t'ont souvent fait souffrir.

— Sire, fait-il, je vous remercie ! Maintenant, vous m'avez mis à l'abri du froid ! »

Il mit l'aumusse sous son manteau, en la dissimulant de son mieux.

« D'où es-tu, lépreux ? fait le roi.

— De Carlion[56], je suis fils d'un Gallois.

— Depuis combien de temps vis-tu retiré du monde ?

— Sire, cela fait trois ans, sans mentir. Tant que j'étais en bonne santé, j'avais une amie courtoise. C'est à cause d'elle que j'ai le visage tuméfié. C'est elle qui me fait agiter nuit et jour cette crécelle en bois poli et qui m'oblige à casser les oreilles des gens dont je sollicite l'aumône pour l'amour de Dieu, le Créateur. »

Le roi lui dit : « Ne me cache rien, comment est-ce que ton amie t'a donné cela ?

— Sire, son mari était lépreux. Je prenais du bon temps avec elle ; ce mal a résulté de nos ébats. Mais une seule femme est plus belle qu'elle.

— Qui est-ce ?

— La belle Yseut. Elle s'habille exactement de la même façon ! »

A ces mots, le roi Marc repartit en riant. Arthur qui participait à des joutes arrivait de l'autre côté. Il s'amusait on ne peut mieux.

56. Carleon upon Usk (Pays de Galles), région dont Tristan est natif selon *Chèvrefeuille*, vers 16.

Artus enquist de la roïne.
« El vient, fait Marc, par la gaudine,
Dan roi, ele vient o Andret :
3784 De lié conduire s'entremet. »
Dist l'un a l'autre : « Ne sai pas
Comment isse de cest Mal Pas.
Or eston ci, si prenon garde. »
3788 Li troi felon (qui mal feu arde !)
Vindrent au gué, si demanderent
Au malade par ont passerent
Cil qui mains furent entaié.
3792 Tristran a son puiot drecié
Et lor enseigne un grant molanc :
« Vez la cel torbe aprés cel fanc,
La est li droiz asseneors;
3796 G'i ai veü passer plusors. »
Li felon entrent en la fange.
La ou li ladres lor enseigne,
Fange troverent a mervelle.
3800 Desi q'as auves de la selle;
Tuit troi chïent a une flote.
Li malade fu sus la mote,
Si lor cria : « Poigniez a fort,
3804 Se vos estes de tel tai ort.
Alez, seignor ! Par saint apostre,
Si me done chascun du vostre ! »
Li cheval fondent el taier :
3808 Cil se prenent a esmaier,
Qar ne trovent rive ne fonz.
Cil qui bohordent sor le mont
Sont acoru isnelement.
3812 Oiez du ladre com il ment :
« Seignors, fait il a ces barons,
Tenez vos biens a vos archons.
Mal ait cil fans qui si est mos !
3816 Ostez ces manteaus de vos cox,
Si braçoiez parmié le tai.
Je vos di bien (que tres bien sai),
G'i ai hui veü gent passer. »
3820 Qui donc veïst henap casser !
Qant li ladres le henap loche,
O la coroie fiert la boche
Et o l'autre des mains flavele.

Arthur demanda des nouvelles de la reine.

« Elle arrive par la forêt, répondit Marc. Sire, elle vient avec Andret qui se charge de la conduire. »

L'un disait à l'autre :

« Je ne vois pas comment elle va traverser le Mal Pas. Restons ici et observons ! »

Les trois félons (que le feu de l'Enfer les brûle !) arrivèrent au gué et demandèrent au lépreux par où étaient passés ceux qui s'étaient le moins enlisés. Tristan leva sa béquille et leur indiqua un grand terrain mou :

« Voyez-vous cette tourbière derrière ce bourbier, voilà la bonne direction. J'ai vu plusieurs personnes passer par là. »

Les félons pénètrent dans la fange, à l'endroit indiqué par le lépreux. Ils trouvent une incroyable quantité de vase. Tous les trois s'y enfoncent, comme un seul homme, jusqu'à l'aube[57] de leur selle. Sur la butte, le lépreux leur crie :

« Piquez ferme si vous êtes salis par la boue. Allez, seigneur, par le saint apôtre, que chacun me donne quelque chose ! »

Les chevaux s'enlisent. Les félons commencent à avoir peur car ils ne touchent ni la rive ni le fond. Les chevaliers qui joutent sur le tertre accourent en hâte. Mais écoutez comme le ladre sait bien mentir !

« Seigneurs, dit-il aux trois barons, tenez-vous bien à vos arçons. Maudit soit ce marécage qui est si mou ! Otez vos manteaux de vos épaules et traversez le marais à la brasse. Je vous affirme, et j'en sais quelque chose, que j'y ai vu des gens passer aujourd'hui. »

Il fallait le voir frapper sur son hanap ! Quand le lépreux agite son gobelet, il frappe le goulot avec la courroie et, de l'autre main, agite la crécelle.

___

57. Il s'agit d'une bande de fer ou d'une planchette qui relie les deux arçons de la selle.

3824 Atant es vos Yseut la bele.
     El taier vit ses ainemis,
     Sor la mote sist ses amis.
     Joie en a grant, rit et envoise,
3828 A pié decent sor la faloise.
     De l'autre part furent li roi
     Et li baron qu'il ont o soi,
     Qui esgardent ceus du taier
3832 Torner sor coste et ventrellier.
     Et li malades les argüe :
     « Seignors, la roïne est venue
     Por fere son aresnement,
3836 Alez oïr cel jugement. »
     Poi en i a joie n'en ait.
     Oiez del ladre, du desfait,
     Donoalen met a raison :
3840 « Pren t'a la main a mon baston,
     Tire a deus poinz molt durement. »
     Et cil li tent tot maintenant.
     Le baston li let li degiez :
3844 Ariere chiet, tot est plungiez,
     N'en vit on fors le poil rebors.
     Et qant il fu du tai trait fors,
     Fait li malades : « N'en poi mes.
3848 J'ai endormi jointes et ners,
     Les mains gourdes por le mal dagre,
     Les piez enflez por le poacre.
     Li maus a enpiriez ma force,
3852 Ses sont mi braz com une escorce. »
     Dinas estoit o la roïne,
     Aperçut soi, de l'uiel li cline.
     Bien sout Tristran ert soz la chape,
3856 Les trois felons vit en la trape ;
     Molt li fu bel et molt li plot
     De ce qu'il sont en lait tripot.
     A grant martire et a dolor
3860 Sont issu li encuseor
     Du taier defors : a certain,
     Ja ne seront mais net sanz bain.
     Voiant le pueple, se despollent,
3864 Li dras laisent, autres racuellent.
     Mais or oiez du franc Dinas,
     Qui fu de l'autre part du Pas :

200

Mais voici qu'arrive Yseut la belle. Elle voit ses ennemis dans le bourbier et son ami assis sur la butte. Elle ressent une grande joie, elle rit et se divertit. Elle met pied à terre sur la falaise. De l'autre côté se trouvent les deux rois et les barons qui les accompagnent. Ils regardent les trois hommes embourbés renversés sur le flanc ou barbotant sur le ventre. Le lépreux les exhorte :

« Seigneurs, la reine arrive pour présenter sa défense. Venez écouter le jugement ! »

Bien peu restent indifférents au rire général. Ecoutez comment le lépreux, le disgracié, s'adresse à Denoalain !

« Attrape mon bâton et tire-le fortement des deux mains. »

Et il le lui tend aussitôt. Le lépreux lâche le bâton. L'homme tombe à la renverse, il est totalement submergé. On ne voyait plus que ses cheveux sortir de l'eau. Quand on le retira de la fange, le lépreux lui dit :

« Je n'en peux plus. J'ai les nerfs et les articulations engourdis, les mains paralysées par le mal âcre[58], les pieds enflés à cause de la goutte. La maladie m'a ôté mes forces et mes bras sont secs comme de l'écorce. »

Dinas est avec la reine ; il comprend tout et cligne de l'œil au lépreux. Il devine que Tristan se cache sous cette cape et voit les trois félons pris au piège. Cela l'enchante et lui plaît de les voir en si fâcheuse posture. Littéralement martyrisés et brisés, les calomniateurs sortent du bourbier. Assurément, il leur faudra un bain pour les décrasser. Ils se déshabillent devant tout le monde, enlèvent leurs vêtements pour en passer d'autres. Mais écoutez ce qu'il en est du noble Dinas qui se trouve de l'autre côté du Mal Pas !

58. Certains éditeurs ont corrigé le ms. qui porte *mal dagres* en « le mal d'Acre », c'est-à-dire une épidémie qui aurait sévi chez les Croisés en 1190-1191 à Saint-Jean d'Acre (en Syrie). Le texte de Béroul n'aurait donc pas été composé avant cette date. Il convient toutefois de refuser cet argument de datation car on ne date pas un texte sur la lecture conjecturale d'un mot.

La roïne met a raison.

3868 « Dame, fait il, cel siglaton
Estera ja forment laidiz.
Cist garez est plain de rouiz :
Marriz en sui, forment m'en poise,

3872 Se a vos dras poi en adoise. »
Yseut rist, qui n'ert pas coarde,
De l'uel li guigne, si l'esgarde.
Le penser sout a la roïne.

3876 Un poi aval, lez une espine,
Torne a un gué lui et Andrez,
Ou trespasserent auques nez.
De l'autre part fu Yseut sole.

3880 Devant le gué fu grant la fole
Des deus rois et de lor barnage.
Oiez d'Yseut com el fu sage !
Bien savoit que cil l'esgardoient

3884 Qui outre le Mal Pas estoient.
Ele est au palefroi venue,
Prent les langues de la sanbue.
Ses noua desus les arçons :

3888 Nus escuiers ne nus garçons
Por le taier mex nes levast
Ne ja mex nes aparellast.
Le lorain boute soz la selle,

3892 Le poitral oste Yseut la bele,
Au palefroi oste son frain.
Sa robe tient en une main,
En l'autre la corgie tint.

3896 Au gué o le palefroi vint,
De la corgie l'a feru,
Et il passe outre la palu.
La roïne out molt grant esgart

3900 De ceus qui sont de l'autre part.
Li roi prisié s'en esbahirent,
Et tuit li autre qui le virent.
La roïne out de soie dras :

3904 Aporté furent de Baudas,
Forré furent de blanc hermine.
Mantel, bliaut, tot li traïne.
Sor ses espaules sont si crin,

3908 Bendé a ligne sor or fin.
Un cercle d'or out sor son chief,

Il s'adresse à la reine :

« Dame, fait-il, ce beau manteau va se trouver fort souillé. Ce terrain est plein de fange couleur rouille. Je serais désolé, et cela me peinerait, de la voir coller à vos vêtements. »

Yseut rit car elle n'est pas peureuse. Elle cligne de l'œil et le regarde. Il comprend ce à quoi la reine pense. Un peu en contrebas, près d'un buisson d'épines, Andret et lui trouvent un gué qu'ils traversent sans trop se salir. Yseut restait seule de l'autre côté de la rive. Devant le gué se trouvait la grande foule des deux rois et de leurs vassaux.

Ecoutez comme Yseut est habile ! Elle savait bien que de l'autre côté du Mal Pas, tout le monde la regardait. Elle s'approcha du palefroi, prit les franges de la housse de selle et les noua sur les arçons. Aucun écuyer ni aucun valet n'auraient mieux su les relever et les disposer pour éviter la boue. Elle glissa les sangles sous la selle ; la belle Yseut enleva au palefroi son harnais du poitrail et son mors. Elle tenait sa robe d'une main et son fouet de l'autre. Elle amena le palefroi jusqu'au gué, le frappa d'un coup de fouet et lui fit traverser le marais.

La reine attirait les regards de tous ceux qui se trouvaient sur l'autre rive. Les nobles rois furent stupéfaits ainsi que tous ceux qui assistèrent à la scène. La reine portait des vêtements de soie importés de Bagdad et fourrés de blanche hermine. Manteau et tunique avaient une traîne. Ses cheveux tombaient sur ses épaules, tressés avec des rubans en fil d'or. Un cercle d'or lui ceignait la tête

Qui empare de chief en chief,
Color rosine, fresche et blanche.
3912 Einsi s'adrece vers la planche :
« Ge vuel avoir a toi afere.
— Roïne franche, debonere,
A toi irai sanz escondire.
3916 Mais je ne sai que tu veus dire.
— Ne vuel mes dras enpalüer :
Asne seras de moi porter
Tot souavet par sus la planche.
3920 — Avoi, fait il, roïne franche,
Ne me requerez pas tel plet :
Ge sui ladres, boçu, desfait.
— Cuite, fait ele, un poi t'arenge.
3924 Quides tu que ton mal me prenge ?
N'en aies doute, non fera.
— A ! Dex, fait il, ce que sera ?
A lui parler point ne m'ennoie. »
3928 O le puiot sovent s'apoie.
« Diva ! malades, molt es gros !
Tor la ton vis et ça ton dos :
Ge monterai conme vaslet. »
3932 Et lors s'en sorrist li deget,
Torne le dos, et ele monte.
Tuit les gardent, et roi et conte.
Ses cuises tient sor son puiot :
3936 L'un pié sorlieve et l'autre clot,
Sovent fait senblant de choier,
Grant chiere fai de soi doloir.
Yseut la bele chevaucha,
3940 Janbe deça, janbe dela.
Dist l'un a l'autre : « Or esgardez
....
Vez la roïne chevauchier
3944 Un malade qui set clochier.
Pres qu'il ne chiet de sor la planche,
Son puiot tient de soz sa hanche.
Alon encontre cel mesel
3948 A l'issue de cest gacel. »
La corurent li damoisel.
....
Li rois Artus cele part torne,
3952 Et li autre trestot a orne.

et entourait complètement son visage rose, au teint frais et clair. Elle s'avança alors vers la passerelle :

« C'est à toi que je veux avoir affaire !

— Généreuse et noble reine, j'irai vers vous, sans me dérober mais je ne vois pas ce que vous voulez dire.

— Je ne veux pas salir mes vêtements. Tu me serviras d'âne et tu me porteras doucement sur cette passerelle.

— Quoi, fait-il, noble reine, ne me demandez pas un service pareil ! Je suis lépreux, couvert de tumeurs et contrefait.

— Vite, fait-elle, mets-toi en place ! Crois-tu que je vais attraper ton mal ? N'aie crainte, il n'y a aucune chance.

— Ah, Dieu ! pensait Tristan. Que va-t-il se passer ? Lui parler ne me fait nullement souffrir. »

Il avance en s'appuyant plusieurs fois sur sa béquille.

« Allons, lépreux, tu es bien solide ! Tourne ton visage par là et ton dos par ici : je monterai sur toi à califourchon. »

Alors, le lépreux sourit, tourne le dos et elle monte sur lui. Tout le monde les regarde, les rois comme les comtes. Le lépreux tient sur ses jambes grâce à sa béquille ; il lève un pied et pose l'autre. Plusieurs fois, il fait semblant de tomber et prend un air de souffrance. La belle Yseut le chevauche, jambe deçà, jambe delà. Les gens se disent :

« Regardez donc (...) voyez la reine chevaucher un lépreux qui sait boiter. Il s'en faut de peu qu'il ne tombe de la planche. Il tient sa béquille sous sa hanche. Allons rejoindre ce lépreux, au bout du marécage ! »

Les jeunes gens y accourent (...) Le roi Arthur se dirige de ce côté-là et tous les autres à la file.

Li ladres ot enclin le vis,
De l'autre part vint el païs.
Yseut se lait escorloigier.
3956 Li ladres prent a reperier,
Au departir il redemande
La bele Yseut anuit viande.
Artus dist : « Bien l'a deservi.
3960 Ha ! roïne, donez la li ! »
Yseut la bele dist au roi :
« Par cele foi que je vos doi,
Forz truanz est, asez en a,
3964 Ne mangera hui ce qu'il a.
Soz sa chape senti sa guige.
Rois, s'aloiere n'apetiche :
Les pains demiés et les entiers
3968 Et les pieces et les quartiers
Ai bien parmié le sac sentu.
Viande a, si est bien vestu.
De vos sorchauz, s'il les veut vendre,
3972 Puet il cinc soz d'esterlins prendre,
Et de l'aumuce mon seignor.
Achat bien lit, si soit pastor,
Ou un asne qui port le tai.
3976 Il est herlot, si que jel sai.
Hui a suï bone pasture,
Trové a gent a sa mesure.
De moi n'en portera qui valle
3980 Un sol ferlinc n'une maalle. »
Grant joie en meinent li dui roi,
Amené ont son palefroi,
Montee l'ont; d'iluec tornerent.
3984 Qui ont armes lors bohorderent.
Tristran s'en vet du parlement,
Vient a son mestre, qui l'atent.
Deus chevaus riches de Castele
3988 Ot amené, o frain, o sele,
Et deus lances et deus escuz.
Molt les out bien desconneüz.
Des chevaliers que vos diroie ?
3992 Une guinple blanche de soie
Out Governal sor son chief mise :
N'en pert que l'uel en nule guise.
Arire s'en torne le pas,

Le lépreux a la tête baissée et touche enfin la terre ferme de l'autre côté. Yseut se laisse glisser à terre.

Le lépreux s'apprête à rebrousser chemin. Au moment de repartir, il demande en échange à la belle Yseut sa subsistance pour le soir. Arthur dit :

« Il l'a bien gagnée. Ah, reine, donnez-la-lui ! »

La belle Yseut répond au roi :

« Sauf votre respect, ce gueux est robuste, il a ce qu'il lui faut. Il ne mangera pas aujourd'hui tout ce qu'il a. J'ai tâté sa ceinture sous sa chape. Sire, sa gibecière ne diminue pas[59]. J'ai bien senti à travers son sac les demi-pains et les pains entiers, ainsi que les rogatons et les restes. Il a de la nourriture, il est bien vêtu. S'il veut vendre vos guêtres, il peut bien en tirer cinq sous sterling. En échange de l'aumusse de mon mari, qu'il s'achète un lit. Il peut même se faire berger ou s'acheter un âne pour transporter de la boue[60]. C'est un vaurien, que je sache. Il a obtenu aujourd'hui une bonne pâture ; il a eu le public qu'il voulait. De moi, il n'emportera rien qui vaille, pas un seul ferlin ou une maille. »

Les deux rois s'amusent beaucoup. Ils lui amènent son palefroi, la mettent en selle et s'en vont ailleurs. Ceux qui ont des armes participent à des joutes. Tristan quitte l'assemblée et rejoint son maître qui l'attend. Ce dernier lui amène deux superbes chevaux de Castille avec leur mors et leur selle, deux lances et deux écus. Il les avait rendus parfaitement méconnaissables.

Que vous dire des chevaliers ? Gouvernal s'était mis sur la tête une guimpe de soie blanche et l'on ne voyait de toute façon que ses yeux. Il retourna au pas vers le gué ;

59. Le lépreux la remplit sans cesse avec les aumônes qu'on lui fait.
60. La boue était utilisée pour les travaux agricoles et particulièrement dans la culture de la vigne.

3996 Molt par out bel cheval et cras.
Tristran rot le Bel Joëor :
Ne puet on pas trover mellor.
Coste, silie, destrier et targe
4000 Out couvert d'une noire sarge,
Son vis out covert d'un noir voil,
Tot ot covert et chief et poil.
A sa lance ot l'enseigne mise
4004 Que la bele li ot tramise.
Chascun monte sor son destrier,
Chascun out çaint le brant d'acier.
Einsi armé, sor lor chevaus,
4008 Par un vert pré, entre deus vaus,
Sordent sus en la Blanche Lande.
Gauvains, li niés Artus, demande
Gerflet : « Vez en la deus venir,
4012 Qui molt vienent de grant aïr.
Nes connois pas : ses tu qu'il sont ?
— Ges connois bien, Girflet respont.
Noir cheval a et noire enseigne :
4016 Ce est li Noirs de la Montaigne.
L'autre connois as armes vaires,
Qar en cest païs n'en a gaires.
Il sont faé, gel sai sanz dote. »
4020 Icil vindrent fors de la rote,
Les escus pres, lances levees,
Les enseignes as fers fermees.
Tant bel portent lor garnement
4024 Conme s'il fusent né dedenz.
Des deus parolent assez plus
Li rois Marc et li rois Artus
Qu'il ne font de lor deus conpaignes,
4028 Qui sont laïs es larges plaignes.
Es rens perent li dui sovent,
Esgardé sont de mainte gent.
Parmié l'angarde ensemble poignent,
4032 Mais ne trovent a qui il joignent.
La roïne bien les connut :
A une part du renc s'estut,
Ele et Brengain. Et Andrez vint
4036 Sor son destrier, ses armes tint ;
Lance levee, l'escu pris,
A Tristran saut en mié le vis.

208

il avait un beau cheval bien en chair. Tristan montait Beau Joueur. Il n'en existait pas de meilleur. Il avait recouvert cotte, selle, destrier et bouclier d'une serge noire et il avait voilé son visage de noir. Tout était dissimulé, la tête ainsi que les cheveux. A sa lance, il avait fixé la faveur que sa dame lui avait donnée. Chacun enfourcha son destrier et ceignit son épée d'acier. Ainsi armés sur leurs chevaux, ils traversèrent une verte prairie entre deux vallons puis surgirent sur la Blanche Lande. Gauvain, le neveu d'Arthur, demanda à Girflet :

« Regarde ces deux-là qui arrivent à fond de train. Je ne les connais pas. Sais-tu qui ils sont ?

— Je les connais bien, répond Girflet. Cheval noir et enseigne noire : c'est le Noir de la Montagne. Je reconnais l'autre à ses armes bigarrées car il n'y en a guère dans cette région. Ils sont fées, j'en suis sûr. »

Les deux hommes se détachent de la foule, écus serrés, lances levées, les pennons fixés aux fers. Ils portent si bien leur équipement qu'on croirait qu'ils sont nés avec lui. Le roi Marc et le roi Arthur parlent plus volontiers de ces deux-là que des hommes qui les accompagnent et qui se trouvent là-bas dans la vaste plaine. Les deux se distinguent plus d'une fois dans les rangs et ils attirent les regards de bien des gens.

Ils chevauchent ensemble dans les premiers rangs mais ils ne trouvent aucun équipier[61]. La reine les reconnut parfaitement. Elle se tient avec Brangien un peu à l'écart du rang. Andret arrive sur son destrier en tenant ses armes. La lance levée et l'écu en mains, il assaille Tristan de face.

61. Certains tournois se déroulaient en équipe.

Nu connoisoit de nule rien,
4040 Et Tristran le connoisoit bien.
Fiert l'en l'escu, en mié la voie
L'abat et le braz li peçoie.
Devant les piez a la roïne
4044 Cil jut sanz lever sus l'eschine.
Governal vit le forestier
Venir des tres sor un destrier,
Qui vout Tristran livrer a mort
4048 En sa forest, ou dormoit fort.
Grant aleüre a lui s'adrece,
Ja ert de mort en grant destrece.
Le fer trenchant li mist el cors,
4052 O l'acier bote le cuir fors.
Cil chaï mort, si c'onques prestre
N'i vint a tens ne n'i pot estre.
Yseut, qui ert et franche et sinple,
4056 S'en rist doucement soz sa ginple.
Gerflet et Cinglor et Ivain,
Tolas et Coris et Vauvain
Virent laidier lor conpaignons :
4060 « Seignors, fait Gaugains, que ferons ?
Li forestier gist la baé.
Saciez que cil dui sont faé.
Ne tant ne quant nes connoisons :
4064 Or nos tienent il por bricons.
Brochons a eus, alons les prendre.
— Quis nos porra, fait li rois, rendre
Molt nos avra servi a gré. »
4068 Tristran se trait aval au gé
Et Governal, outre passerent.
Li autre sirre nes oserent,
En pais remestrent, tuit estroit;
4072 Bien penserent fantosme soit.
As herberges vuelent torner,
Qar laisié ont le bohorder.
Artus la roïne destroie.
4076 Molt li senbla brive la voie
....
Qui la voie aloignast sor destre.
Decendu sont a lor herberges.
4080 En la lande ot assez herberges :
Molt en costerent li cordel.

Il ne le reconnaît pas mais Tristan, lui, l'a dévisagé. Il le frappe sur l'écu et l'abat au milieu de la piste en lui brisant le bras. L'homme s'écroule aux pieds de la reine sans relever l'échine.

Du côté des tentes, Gouvernal vit venir sur un destrier le forestier qui voulut livrer Tristan à la mort dans la forêt où il dormait profondément. Il se précipite contre lui à toute allure et l'autre est déjà en danger de mort. Il lui enfonce dans le corps son fer tranchant et l'acier transperce le corps de part en part. L'homme tombe mort ; aucun prêtre n'arriva ni ne put arriver à temps. Yseut qui est noble et simple en rit doucement sous sa guimpe. Girflet, Cinglor et Yvain, Taulas, Coris et Gauvain voient maltraiter leurs compagnons :

« Seigneurs, fait Gauvain, qu'allons-nous faire ? Le forestier gît, la bouche béante. Sachez que ces deux-là sont fées. Nous ne les connaissons en aucune manière. Ils nous prennent pour des poltrons. Attaquons-les et capturons-les !

— Celui qui pourra nous les livrer, dit le roi, nous rendra un fier service. »

Tristan redescend vers le gué avec Gouvernal et ils le traversent. Les autres n'osent pas les suivre ; ils restent figés sur place. Ils croient se trouver en face d'êtres surnaturels. Ils veulent retourner vers leur campement car ils abandonnent les joutes. Arthur chevauche à la droite de la reine. Le chemin lui parut très court (...) qui s'éloignerait à droite de la route.

Ils descendirent de cheval devant leurs tentes. Il y en avait un grand nombre sur la lande et les cordes qui les maintenaient avaient coûté cher.

En leu de jonc et de rosel,
Glagié avoient tuit lor tentes.
4084 Par chemins vienent et par sentes;
La Blanche Lande fu vestue,
Maint chevalier i out sa drue.
Cil qui la fu enz en la pree
4088 De maint grant cerf ot la menee.
La nuit sejornent a la lande.
Chascun rois sist a sa demande.
Qui out devices n'est pas lenz:
4092 Li uns a l'autre fait presenz.
Ly rois Artus, aprés mengier,
Au tref roi Marc vait cointoier,
Sa privee maisnie maine.
4096 La ot petit de dras de laine,
Tuit li plusor furent de soie.
Des vesteüres que diroie?
De laine i out, ce fu en graine,
4100 Escarlate cel drap de laine;
Molt i ot gent de riche ator,
Nus ne vit deus plus riches corz;
Mestier nen est dont la nen ait.
4104 Es pavellons ont joie fait.
La nuit devisent lor afaire,
Comment la franche debonere
Se doit deraisnier de l'enseigne,
4108 Voiant les rois et lor compaigne.
Couchier s'en vait li rois Artus
O ses barons et o ses druz.
Maint calemel, mainte troïne,
4112 Qui fu la nuit en gaudine
Oïst an pavellon soner.
Devant le jor prist a toner
A fermeté, fu de chalor.
4116 Les gaites ont corné le jor;
Par tot conmencent a lever,
Tuit sont levé sanz demorer.
Li soleuz fu chauz sor la prime,
4120 Choiete fu et nielle et frime.
Devant les tentes as deus rois
Sont asenblé Corneualois:
N'out chevalier en tot le reigne
4124 Qui n'ait o soi a cort sa feme.

Au lieu de joncs et de roseaux, tous avaient jonché leurs tentes de fleurs. Ils arrivaient par routes et sentiers. La Blanche Lande en était revêtue. Beaucoup de chevaliers avaient amené leurs amies. Ceux qui se trouvaient sur le pré eurent l'occasion de chasser plus d'un grand cerf.

Ils passent la nuit sur la lande. Chacun des rois se tient à la disposition des quémandeurs. Ceux qui possèdent quelques richesses n'hésitent pas à échanger des présents.

Après le repas, le roi Arthur rend une visite de courtoisie au roi Marc et y emmène ses familiers. Peu nombreux sont ceux qui portent des habits de laine ; la plupart sont vêtus de soie. Que dire des vêtements ? Il y en a en laine mais de couleur rouge ; ce drap de laine est de l'écarlate. Les gens bien habillés sont nombreux. Personne n'a jamais vu deux cours plus riches : on ne peut rien souhaiter qui ne soit là.

Dans les pavillons, la joie bat son plein. Ce soir-là, on discute de l'affaire : comment la noble et bonne reine pourra-t-elle se disculper devant les rois et leurs barons ?

Le roi Arthur va se coucher avec ses barons et ses intimes. Celui qui se serait trouvé sur la lande, ce soir-là, aurait entendu résonner maint chalumeau et mainte trompe dans les tentes. Avant l'aube, le tonnerre gronda, sans doute à cause de la chaleur. Les sentinelles cornent le jour. Partout on commence à se lever et tout le monde le fait sans tarder. Dès l'heure de prime le soleil était chaud. La brume et la fraîcheur matinale avaient disparu.

Devant les tentes des deux rois, s'assemblèrent les Cornouaillais. Aucun chevalier du royaume n'avait négligé d'amener sa femme avec lui.

Un drap de soie a paile bis
Devant le tref au roi fu mis;
Ovrez fu en bestes, menuz.
4128 Sor l'erbe vert fu estenduz.
Li dras fut achaté en Niques.
En Cornoualle n'ot reliques
En tresor ne en filatieres,
4132 En aumaires n'en autres bieres,
En fiertes n'en escrinz n'en chases,
En croiz d'or ne d'argent n'en mases,
Sor le paile les orent mises,
4136 Arengies, par ordre asises.
Li roi se traient une part,
Faire i volent loial esgart.
Li roi Artus parla premier,
4140 Qui de parler fu prinsautier:
« Rois Marc, fait il, qui te conselle
Tel outrage si fait mervelle:
Certes, fait il, sil se desloie.
4144 Tu es legier a metre en voie,
Ne doiz croire parole fause.
Trop te fesoit amere sause
Qui parlement te fist joster.
4148 Molt li devroit du cors coster
Et ennuier, qui voloit faire.
La franche Yseut, la debonere,
Ne veut respit ne terme avoir.
4152 Cil püent bien de fi savoir,
Qui vendront sa deresne prendre,
Que ges ferai encore pendre,
Qui la reteront de folie
4156 Pus sa deresne, par envie;
Digne seroient d'avoir mort.
Or oiez, roi, qui ara tort,
La roïne vendra avant,
4160 Si qel verront petit et grant,
Et si jurra o sa main destre,
Sor les corsainz, au roi celestre
Qu'el onques n'ot amor conmune
4164 A ton nevo, ne deus ne une,
Que l'en tornast a vilanie,
N'amor ne prist par puterie.
Dan Marc, trop a ice duré.

Un tapis de soie et de brocart gris fut placé devant la tente du roi. Il était finement brodé de figurines d'animaux. On l'étendit sur l'herbe verte. Le drap avait été acheté à Nicée. Il n'existait pas de reliques en Cornouailles, dans des trésors ou des phylactères, dans des armoires ou dans des coffres, dans des reliquaires, des écrins ou des châsses, dans des croix d'or, d'argent ou dans une masse qui ne furent placées sur le brocart, rangées et disposées dans l'ordre.

Les rois se placent d'un côté. Ils veulent rendre un jugement équitable. Très impatient de parler, le roi Arthur prend la parole le premier :

« Roi Marc, celui qui vous a conseillé une telle infamie a commis une lourde erreur. A coup sûr, fait-il, cet homme-là est perfide. Vous êtes fort influençable ! Vous ne devez pas vous fier à des mensonges. Il vous oblige à vous faire du mauvais sang, celui qui vous a fait réunir cette assemblée. Cela devrait lui coûter cher et bien des ennuis d'avoir voulu une chose pareille. La noble et bonne Yseut ne souhaite aucun délai ni sursis. Que ceux qui viendront écouter sa justification sachent avec certitude que je les ferai pendre si, par haine, ils accusent encore son inconduite. Ils mériteront la mort. Ecoutez donc, sire, quel est celui qui sera dans son tort ! La reine s'avancera pour que les humbles et les grands la voient et elle jurera devant le roi des cieux, la main droite sur les reliques, qu'elle n'a jamais eu de relations amoureuses avec votre neveu (des relations partagées ou non que l'on puisse mal interpréter), et qu'elle n'a jamais succombé à la débauche. Seigneur Marc, cela n'a que trop duré.

4168 Qant ele avra eisi juré,
     Di tes barons qu'il aient pes.
     — Ha! sire Artus, q'en pus je mes?
     Tu me blasmes, et si as droit,
4172 Quar fous est qui envieus croit;
     Ges ai creüz outre mon gré.
     Se la deraisne est en cel pré,
     Ja n'i avra mais si hardiz,
4176 Se il aprés les escondiz
     En disoit rien se anor non,
     Qui n'eüst mal gerredon.
     Ce saciez vos, Artus, frans rois,
4180 C'a esté fait, c'est sor mon pois.
     Or se gardent d'ui en avant! »
     Li consel departent atant.
     Tuit s'asistrent par mié les rens,
4184 Fors les deus rois. C'est a grant sens:
     Yseut fu entre eus deus as mains.
     Pres des reliques fu Gauvains;
     La mesnie Artus, la proisie,
4188 Entor le paile est arengie.
     Artus prist la parole en main,
     Qui fu d'Iseut le plus prochain:
     « Entendez moi, Yseut la bele,
4192 Oiez de qoi on vos apele:
     Que Tristran n'ot vers vos amor
     De puteé ne de folor,
     Fors cele que devoit porter
4196 Envers son oncle et vers sa per.
     — Seignors, fait el, por Deu merci,
     Saintes reliques voi ici.
     Or escoutez que je ci jure,
4200 De quoi le roi ci aseüre:
     Si m'aït Dex et saint Ylaire,
     Ces reliques, cest saintuaire,
     Totes celes qui ci ne sont
4204 Et tuit icil de par le mont,
     Q'entre mes cuises n'entra home,
     Fors le ladre qui fist soi some,
     Qui me porta outre les guez,
4208 Et li rois Marc mes esposez.
     Ces deus ost de mon soirement,
     Ge n'en ost plus de tote gent.

Une fois qu'elle aura juré de cette manière, dites à vos barons qu'ils la laissent tranquille.

— Ah, sire Arthur, qu'y puis-je ? Vous me blâmez et vous avez raison car celui qui croit les jaloux est un insensé. Je les ai écoutés malgré moi. Si elle est innocentée sur cette prairie, toute personne téméraire qui osera, après la justification, tenir des propos malveillants aura la récompense qu'elle mérite. Sachez ceci, noble roi Arthur, ce qui a été fait, l'a été malgré moi. Qu'ils prennent garde désormais ! »

L'entretien cesse sur ces propos. Tout le monde s'assoit en rang, sauf les deux rois. Il y avait une raison à cela : ils tenaient Yseut par la main entre eux deux. Gauvain se trouvait près des reliques. La maison d'Arthur, si prestigieuse, était rangée autour du drap de soie. Arthur qui était le plus près d'Yseut prit la parole :

« Ecoutez-moi, Yseut la belle, voici la déclaration qu'on attend de vous : que Tristan n'a éprouvé pour vous aucun amour honteux ou vil, si ce n'est celui qu'il doit à son oncle et à l'épouse de celui-ci.

— Seigneurs, fait-elle, par la grâce de Dieu, je vois ici les saintes reliques. Ecoutez donc ce que je jure et ce dont j'assure le roi ici présent : avec l'aide de Dieu et de saint Hilaire, je jure sur ces reliques et cette châsse, sur toutes les reliques qui ne sont pas ici et celles de par le monde, que jamais un homme n'est entré entre mes cuisses, sauf le lépreux qui se fit bête de somme pour me faire traverser le gué et le roi Marc mon époux. J'exclus ces deux-là de mon serment mais je n'en exclus pas d'autre.

217

De deus ne me pus escondire :
4212 Du ladre, du roi Marc, mon sire.
Li ladres fu entre mes janbes
....
Qui voudra que je plus en face,
4216 Tote en sui preste en ceste place. »
Tuit cil qui l'ont oï jurer
Ne püent pas plus endurer :
« Dex, fait chascuns, si fiere en jure :
4220 Tant en a fait aprés droiture !
Plus i a mis que ne disoient
Ne que li fel ne requeroient :
Ne li covient plus escondit
4224 Qu'avez oï, grant et petit,
Fors du roi et de son nevo.
Ele a juré et mis en vo
Qu'entre ses cuises nus n'entra
4228 Que li meseaus qui la porta
Ier, endroit tierce, outre les guez,
Et li rois Marc, ses esposez.
Mal ait jamais l'en mesquerra ! »
4232 Li rois Artus en piez leva,
Li roi Marc a mis a raison,
Que tuit l'oïrent li baron :
« Rois, la deraisne avon veüe
4236 Et bien oïe et entendue.
Or esgardent li troi felon,
Donoalent et Guenelon,
Et Goudoïne li mauvés,
4240 Qu'il ne parolent sol jamés.
Ja ne seront en cele terre
Que m'en tenist ne pais ne gerre,
Des que j'orroie la novele
4244 De la roïne Yseut la bele,
Que n'i allons a esperon
Lui deraisnier par grant raison.
— Sire, fait el, vostre merci !
4248 Molt sont de cort li troi haï.
Les corz departent, si s'en vont.
Yseut la bele o le chief blont
Mercie molt le roi Artur.
4252 « Dame, fait il, je vos asur :
Ne troverez mais qui vos die,

218

Mon serment n'est pas valable pour deux personnes : le lépreux et le roi Marc mon époux. Le lépreux se trouva entre mes jambes (...) Si l'on souhaite que j'en fasse davantage, j'y suis prête ici même. »

Tous ceux qui l'ont entendue jurer ne peuvent en supporter davantage.

« Dieu, dit chacun, elle a juré avec assurance. Elle a parfaitement respecté la procédure ! Elle en a dit plus que ne le demandaient et l'exigeaient les félons. Il ne faut pas qu'elle présente d'autre justification (et vous l'avez entendue, grands et petits !) que celle qui concerne le roi et son neveu. Elle a juré et fait le serment qu'entre ses cuisses ne sont entrés que le lépreux qui la porta, hier à l'heure de tierce, de l'autre côté du gué, et le roi Marc son époux. Maudit soit celui qui mettra sa parole en doute ! »

Le roi Arthur se leva et s'adressa au roi Marc de manière à ce que tous les barons l'entendent :

« Sire, nous avons vu, entendu et bien compris le serment. Maintenant que les trois félons, Denoalain, Ganelon et le mauvais Godoïne n'essaient même pas d'en parler. Tant qu'ils seront dans ce pays, ni la paix ni la guerre ne me retiendront quand la reine Yseut la belle m'adressera un message, de venir au grand galop soutenir son bon droit.

— Sire, fait-elle, je vous remercie. »

Les trois félons sont détestés de la cour. Les deux cours se séparent et s'en vont. Yseut la belle aux cheveux blonds remercie beaucoup le roi Arthur.

« Dame, lui dit-il, je vous assure que vous ne trouverez personne

Tant con j'aie santé ne vie,
Nis une rien se amor non.
4256 Mal le penserent li felon.
Ge prié le roi vostre seignor,
Et feelment, molt par amor,
Que mais felon de vos ne croie. »
4260 Dist li roi Marc : « Se jel faisoie
D'or en avant, si me blasmez. »
Li uns de l'autre s'est sevrez,
Chascun s'en vient a son roiaume :
4264 Li rois Artus vient a Durelme,
Rois Marc remest en Cornoualle
Tristran sejorne, poi travalle.
Li rois a Cornoualle en pes,
4268 Tuit le criement et luin et pres.
En ses deduiz Yseut en meine,
De lié amer forment se paine.
Mais, qui q'ait pais, li troi felon
4272 Sont en esgart de traïson.
A eus fu venue une espie,
Qui va querant changier sa vie.
« Seignors, fait il, or m'entendez.
4276 Se je vos ment, si me pendez.
Li rois vos sout l'autrier mal gré
Et vos en acuelli en hé,
Por le deraisne sa mollier.
4280 Pendre m'otroi ou essillier,
Se ne vos mostre apertement
Tristran, la ou son aise atent
De parler o sa chiere drue.
4284 Il est repost, si sai sa mue.
Tristran set molt de Malpertis.
Qant li rois vait a ses deduis,
En la chanbre vet congié prendre.
4288 De moi faciez en un feu cendre,
Se vos alez a la fenestre
De la chanbre, derier a destre,
Se n'i veez Tristran venir,
4292 S'espee çainte, un arc tenir,
Deus seetes en l'autre main.
Enuit verrez venir, par main.
— Conment le sez ? — Je l'ai veü.
4296 — Tristran ? Je, voire, et conneü.

qui vous tienne des propos désobligeants tant que je serai en vie et que j'aurai la santé. C'est pour leur malheur que les félons ont eu de mauvaises pensées. J'ai prié le roi votre époux, sincèrement et avec gentillesse, de ne plus croire ce que les félons racontent à votre sujet. »

Le roi Marc répondit : « Si je le fais dorénavant, infligez-moi votre blâme ! »

Ils se quittent et chacun retourne dans son royaume. Le roi Arthur se rend à Durham et le roi Marc reste en Cornouailles. Tristan ne quitte pas la région et ne s'inquiète guère. Le roi maintient en paix la Cornouailles. Tout le monde le craint, de loin et de près. Il fait participer Yseut à ses divertissements et s'efforce de lui témoigner son grand amour. Mais, malgré cette paix, les trois félons songent à une trahison. Un espion qui espère améliorer son sort vient les trouver.

« Seigneurs, leur dit-il, écoutez-moi. Si je vous mens, pendez-moi. Le roi, l'autre jour, vous sut mauvais gré et vous prit en haine d'avoir exigé le serment de son épouse. Je vous autorise à me pendre ou à m'exiler si je ne vous montre pas clairement Tristan, là où il attend le bonheur de parler à son amie. Il se tapit mais je sais où se trouve sa cachette. Tristan connaît bien Malpertuis[62]. Quand le roi part se divertir, il va prendre son congé dans la chambre. Faites-moi réduire en cendres si, en vous rendant à la fenêtre de la chambre, derrière à droite, vous ne voyez pas arriver Tristan, l'épée au côté, tenant un arc dans une main et deux flèches dans l'autre. Cette nuit, vous le verrez venir vers l'aube.

— Comment le sais-tu ?

— Je l'ai vu.

— Tristan ?

— Oui, vraiment, je l'ai vu et reconnu.

---

62. C'est le lieu où réside le goupil dans le *Roman de Renart*. Tristan et Renart possèdent un instinct inné de la ruse. Ils sont très habiles pour tromper leur monde.

— Qant i fu il? — Hui main l'i vi.
— Et qui o lui? — Cil son ami.
— Ami? Et qui? — Dan Governal.
4300 — Ou se sont mis? — En haut ostal
Se deduient. — C'est chiés Dinas?
— Et je que sai? Il n'i sont pas
Sanz son seü! Asez puet estre.
4304 — Ou verron nos? — Par la fenestre
De la chanbre; ce est tot voir.
Se gel vos mostre, grant avoir
En doi avoir, quant l'en ratent.
4308 — Nomez l'avoir. — Un marc d'argent.
— Et plus assez que la pramesse,
Si vos aït iglise et messe.
Se tu mostres, n'i puez fallir
4312 Ne te façon amanantir.
— Or m'entendez, fait li cuvert,
Et un petit pertus overt
Endroit la chanbre la roïne.
4316 Par dedevant vet la cortine.
Triés la chanbrë est grant la doiz
Et bien espesse li jagloiz,
L'un de vos trois i aut matin;
4320 Par la fraite du nuef jardin
Voist belement tresque au pertus.
Fors la fenestre n'i aut nus.
Faites une longue brochete,
4324 A un coutel, bien agucete;
Poigniez le drap de la cortine
O la broche poignant d'espine.
La cortine souavet sache
4328 Au pertuset (c'on ne l'estache),
Que tu voies la dedenz cler,
Qant il venra a lui parler.
S'issi t'en prenz sol trois jorz garde,
4332 Atant otroi que l'en m'en arde
Se ne veez ce que je di. »
Fait chascun d'eus : « Je vos afi
A tenir nostre covenant. »
4336 L'espie font aler avant.
Lors devisent li qeus d'eus trois
Ira premier voier l'orlois
Que Tristran an la chanbre maine

— Quand y était-il? — Je l'y ai vu ce matin.

— Et qui était avec lui? — Son ami.

— Son ami? Qui cela?

— Le seigneur Gouvernal.

— Où se sont-ils installés?

— Ils s'amusent dans une belle demeure.

— Est-ce chez Dinas?

— Qu'est-ce que j'en sais?

— Ils n'y sont pas à son insu!

— C'est possible.

— Où les verrons-nous?

— Par la fenêtre de la chambre, c'est parfaitement vrai. Si je vous le montre, il faudra me donner beaucoup d'argent, autant que j'en attends.

— Combien? — Un marc d'argent.

— Tu auras beaucoup plus que cela, par l'Eglise et la messe. Si tu nous le montres, tu n'es pas près de retomber dans la pauvreté.

— Ecoutez-moi, à présent, dit le traître. Il y a une petite ouverture à l'endroit précis de la chambre de la reine. Une tapisserie la recouvre. Derrière la chambre, le ruisseau est large et les glaïeuls bien touffus. Que l'un de vous trois y aille de bon matin. Par la brèche du nouveau jardin, qu'il se faufile jusqu'à l'ouverture mais que personne ne passe devant la fenêtre! Qu'il taille au couteau une longue branche bien pointue et pique l'étoffe de la tenture avec la tige pointue d'aubépine. Qu'il écarte doucement la tenture de l'ouverture, car elle n'est pas attachée, afin de voir parfaitement à l'intérieur quand il viendra lui parler. A condition que vous montiez la garde pendant trois jours seulement, j'accepte d'être brûlé si vous ne voyez pas ce dont j'ai parlé. »

Chacun d'eux dit alors : « Je t'assure que nous tiendrons notre promesse. »

Ils envoient l'espion en avant. Ils discutent alors pour savoir lequel des trois ira le premier regarder les ébats amoureux auxquels s'adonne Tristan dans la chambre

4340 O celié qui seue est demeine.
     Otroié ont que Goudoïne
     Ira au premerain termine.
     Departent soi, chascun s'en vet,
4344 Demain savront con Tristran sert.
     Dex ! la franche ne se gardoit
     Des felons ne de lor tripot.
     Par Perinis, un suen prochain,
4348 Avoit mandé que l'endemain
     Tristran venist a lié matin :
     Li rois iroit a Saint Lubin.
     Oez, seignors, quel aventure !
4352 L'endemain fu la nuit oscure.
     Tristran se fu mis a la voie
     Par l'espesse d'un'espinoie.
     A l'issue d'une gaudine
4356 Garda, vit venir Gondoïne :
     Et s'en venoit de son recet.
     Tristran li a fet un aget,
     Repost se fu a l'espinoi.
4360 « Ha ! Dex, fait il, regarde moi,
     Que cil qui vient ne m'aperçoive
     Tant que devant moi le reçoive ! »
     En sus l'atent, s'espee tient.
4364 Goudoïne autre voie tient.
     Tristran remest, a qui molt poise.
     Ist du buison, cele part toise,
     Mais por noient ; quar cil s'esloigne,
4368 Qui en fel leu a mis sa poine.
     Tristran garda au luien, si vit
     (Ne demora que un petit)
     Denoalan venir anblant,
4372 O deus levriers, mervelles grant.
     Afustez est a un pomier.
     Denoalent vint le sentier
     Sor un petit palefroi noir.
4376 Ses chiens out envoié mover
     En une espoise un fier sengler.
     Ainz qu'il le puisen desangler,
     Avra lor mestre tel colee
4380 Que ja par mire n'ert sanee.
     Tristran li preuz fu desfublez.
     Denoalen est tost alez ;

224

avec celle qui lui est tout acquise. Ils conviennent d'envoyer d'abord Godoïne. Ils se séparent et chacun s'en va. Demain, ils sauront comment Tristan se comporte. Dieu ! La noble dame ne se méfiait pas des félons et de leur complot. Par Périnis, un de ses familiers, elle avait demandé à Tristan de venir le lendemain matin. Le roi voulait se rendre à Saint-Lubin.

Ecoutez, seigneurs, l'aventure qui est arrivée ! Le lendemain, dans la nuit noire, Tristan se frayait une voie au plus épais d'une épinaie. A l'orée d'un petit bois, il regarda aux alentours et vit venir Godoïne qui sortait de sa cachette. Tristan lui prépara un piège en se cachant dans l'épinaie.

« Ah, Dieu, fait-il, veille sur moi afin que celui qui arrive ne m'aperçoive pas tant qu'il ne sera pas à ma portée. »

Il l'attend à distance et tient son épée. Godoïne prend un autre chemin. Tristan reste sur place, très ennuyé. Il sort du bosquet et se dirige de l'autre côté mais en vain, car celui qui passait son temps à lui en vouloir s'éloignait déjà.

Tristan regarda au loin et vit, l'espace d'un instant, Denoalain qui arrivait à l'amble avec deux lévriers d'une taille stupéfiante. Il se cache derrière un pommier. Denoalain suivait le sentier sur un petit palefroi noir. Il avait envoyé ses chiens dans un fourré pour lever un farouche sanglier. Avant qu'ils puissent le débusquer, leur maître aura reçu un tel coup qu'aucun médecin ne saura le guérir. Tristan le preux enlève son manteau. Denoalain approche.

Ainz n'en sout mot, quant Tristran saut.
4384 Fuïr s'en veut mais il i faut;
Tristran li fu devant trop pres.
Morir le fist. Q'en pout il mes?
Sa mort queroit: cil s'en garda,
4388 Que le chief du bu li sevra.
Ne li lut dire: « Tu me bleces. »
O l'espee trencha les treces,
En sa chauce les a boutees,
4392 Qant les avra Yseut mostrees,
Qu'ele l'en croie qu'il l'a mort.
D'iluec s'en part Tristran a fort.
« Ha! las, fait il, qu'est devenuz
4396 Goudouïnë — or s'est toluz -,
Que vi venir orainz si tost?
Est il passez? Ala tanstost?
S'il m'atendist, savoir peüst
4400 Ja mellor gerredon n'eüst
Que Donalan, le fel, enporte,
Qui j'ai laisié la teste morte. »
Tristran laise le cors gesant
4404 Enmié la lande, envers, sanglent.
Tert s'espee, si l'a remise
En son fuerre, sa chape a prise,
Le chaperon el chief sei met,
4408 Sor le cors un grant fust atret,
A la chanbre sa drue vint.
Mais or oiez con li avint.
Goudoïne fu acoruz
4412 Et fu ainz que Tristran venuz.
La cortine ot dedenz percie:
Vit la chanbre, qui fu jonchie,
Tot vit quant que dedenz avoit,
4416 Home fors Perinis ne voit.
Brengain i vint, la damoisele,
Ou out pignié Yseut la bele:
Le pieigne avoit encor o soi.
4420 Le fel qui fu a la paroi
Garda, si vit Tristran entrer,
Qui tint un arc d'aubor anter.
En sa main tint ses deus seetes,
4424 En l'autre deus treces longuetes.
Sa chape osta, pert ses genz cors.

Avant que celui-ci ne devine quelque chose, Tristan bondit. L'autre voulut s'enfuir mais n'y parvint pas. Tristan se trouvait déjà trop près de lui. Il le tua. Que faire d'autre ? L'homme voulait sa mort. Tristan y échappa en lui coupant la tête. Il ne lui laissa pas le temps de dire : « Je suis blessé. » Il trancha les tresses avec son épée et les glissa dans ses chausses afin qu'Yseut le croie lorsqu'il lui avouera le meurtre. Tristan s'éloigne, triomphant.

« Hélas ! fait-il, qu'est devenu Godoïne que j'ai vu arriver si vite tout à l'heure ? Il a disparu. Est-il passé ? Est-il parti ? S'il m'avait attendu, il aurait pu savoir que je ne lui réservais pas de meilleure récompense que le félon Denoalain que j'ai laissé avec la tête coupée ! »

Tristan abandonne au milieu de la lande le cadavre sanglant qui gît sur le dos. Il essuie son épée et la remet au fourreau, il prend son manteau, met son chaperon sur la tête, recouvre le corps avec des branchages et rejoint la chambre de son amie. Mais écoutez maintenant ce qui lui est arrivé.

Godoïne avait bien couru et devançait Tristan. Il avait percé la tenture et voyait à l'intérieur de la chambre jonchée tout ce que celle-ci contenait. Il n'aperçut pas d'autre homme que Périnis.

La jeune Brangien entra. Elle avait peigné la belle Yseut et tenait encore le peigne à la main. Le félon, appuyé contre le mur, regarda et vit entrer Tristan qui portait un excellent arc d'aubour. Il tenait dans une main ses deux flèches et dans l'autre deux longues tresses. Il ôta son manteau et laissa apparaître son corps svelte.

Iseut, la bele o les crins sors,
Contre lui lieve, sil salue.
4428 Par sa fenestre vit la nue
De la teste de Gondoïne.
De grant savoir fu la roïne,
D'ire tresue sa persone.
4432 Yseut Tristran en araisone :
« Se Dex me gart, fait il, au suen,
Vez les treces Denoalen.
Ge t'ai de lui pris la venjance :
4436 Jamais par lui escu ne lance
N'iert achatez ne mis en pris.
— Sire, fait ele, ge q'en puis ?
Mes prié vos que cest arc tendez,
4440 Et verron com il est bendez. »
Tristran s'esteut, si s'apensa,
Oiez ! en son penser tensa.
Prent s'entente, si tendi l'arc.
4444 Enquiert noveles du roi Marc :
Yseut l'en dit ce qu'ele en sot.

....

S'il en peüst vis eschaper,
4448 Du roi Marc et d'Iseut sa per
Referoit sordre mortel gerre.
Cil, qui Dex doinst anor conquerre,
L'engardera de l'eschaper.
4452 Yseut n'out cure de gaber :
« Amis une seete encorde,
Garde du fil qu'il ne retorde.
Je voi tel chose dont moi poise.
4456 Tristran, de l'arc pren ta toise. »
Tristran s'estut, si pensa pose,
Bien soit q'el voit aucune chose
Qui li desplait. Garda en haut :
4460 Grant poor a, trenble et tresaut.
Contre le jor, par la cortine,
Vit la teste de Godoïne :
« Ha ! Dex, vrai roi, tant riche trait
4464 Ai d'arc et de seete fait :
Consentez moi que cest ne falle !
Un des trois feus de Cornoualle
Voi, a grant tort, par la defors.
4468 Dex, qui le tuen saintisme cors

La belle Yseut aux cheveux blonds se leva devant lui et le salua. Par la fenêtre, elle vit l'ombre de la tête de Godoïne. Elle conserva son sang-froid mais la colère la fit transpirer. Tristan s'adressa à Yseut :

« Que Dieu me garde ! Voici les tresses de Denoalain. Je vous ai vengée de lui. Jamais plus il n'achètera ou ne marchandera un écu ou une lance.

— Sire, répondit-elle, que m'importe ? Mais, je vous en prie, tendez donc cet arc et nous verrons comment il est bandé. »

Tristan reste immobile puis réfléchit. Ecoutez ! Il s'interroge, a une idée et bande l'arc. Il demande des nouvelles du roi Marc. Yseut lui dit ce qu'elle en sait (...) s'il pouvait en échapper vivant, il ferait renaître la guerre mortelle entre le roi Marc et son épouse Yseut. Tristan (que Dieu lui accorde d'être couvert d'honneurs !) empêchera sa fuite. Yseut n'avait pas envie de plaisanter :

« Ami, encochez une flèche et veillez à ne pas tordre le fil. J'aperçois une chose qui m'ennuie. Tristan, bande ton arc. »

Tristan reste interdit puis réfléchit. Il sait bien qu'elle voit quelque chose qui lui déplaît. Il lève les yeux, prend peur, tremble et tressaille. A contre-jour, à travers la tenture, il aperçoit la tête de Godoïne.

« Ah, Dieu, vrai roi, j'ai déjà réussi de si beaux coups avec un arc et une flèche. Accordez-moi de ne pas rater celui-ci ! Je vois là dehors un des trois félons de Cornouailles, toujours prêt à commettre le mal. Dieu qui as offert à la mort ton corps très saint

Por le puieple meïs a mort,
Lai moi venjance avoir du tort
Que cil felon muevent vers moi ! »
4472 Lors se torna vers la paroi,
Sovent ot entesé, si trait.
La seete si tost s'en vait
Rien ne peüst de lui gandir.
4476 Par mié l'uel la li fait brandir,
Trencha le test et la cervele.
Esmerillons ne arondele
De la moitié si tost ne vole;
4480 Se ce fust une pome mole,
N'issist la seete plus tost.
Cil chiet, si se hurte a un post,
Onques ne piez ne braz ne mut.
4484 Seulement dire ne li lut :
« Bleciez sui ! Dex ! confession
....

pour l'humanité, laisse-moi me venger du tort que ces félons me causent ! »

Il se tourne alors vers le mur, vise plusieurs fois et tire. La flèche part si vite que Godoïne ne peut l'éviter. Elle se plante en plein dans son œil, traverse son crâne et sa cervelle. L'émerillon et l'hirondelle n'atteignent pas la moitié de cette vitesse. La flèche n'aurait pas traversé plus vite une pomme blette. L'homme tombe, heurte un pilier et ne remue plus ni les bras ni les jambes. Il n'a même pas le temps de dire :

« Je suis blessé, Dieu ! Confession ... »

Folie Tristan
d'Oxford

Tristran surjurne en sun païs,
Dolent, murnes, tristes, pensifs.
Purpenset soi ke faire pot,
4 Kar acun cunfort lu estot.
Confort lu estot de guarir,
U, si ço nun, melz volt murir.
Melz volt murir a une faiz
8 Ke tutdis estre si destraiz,
E melz volt une faiz murir
Ke tut tens en pleine languir.
Mort est assez k'en dolur vit;
12 Penser cunfunt l'ume e ocist.
Peine, dolur, penser, ahan
Tut ensement cunfunt Tristran.
Il veit ke il ne puet guarir;
16 Senz cunfort lui estot murir.
Ore est il dunc de la mort cert,
Quant il s'amur, sa joie pert.
Quant il pert la reïne Ysolt,
20 Murir desiret, murir volt,
Mais sul tant ke ele soüst
K'il pur la sue amur murrust.
Kar si Ysolt sa mort saveit,
24 Siveus plus suëf en murreit.
Vers tute gent se cele e doute.
Ne volt vers nul descovrir le dute.
Il s'en celet, s'en est la fin,
28 Vers sun cumpaingnum Kaherdin,
Kar ço cremeit, si li cuntast,
De sun purpens k'il l'en ostast,
Kar ço pensout e ço voleit
32 Aler en Engleterre droit,
Nent a cheval, mais tut a pé,
K'el païs ne seit en021cié,
Kar il i ert mult cunëuz,
36 Si serrait tost aparcëuz.
Mais de povre hom ki a pé vait
N'en est tenu gueres de plait;
De povre message e nu

234

Tristan séjourne dans son pays[1], sombre, morne, triste et pensif. Il s'interroge sur la conduite à tenir car il a besoin de consolation. Il a besoin de réconfort pour guérir de son mal d'amour ou alors il préfère mourir. Il préfère mourir une bonne fois plutôt que de languir en permanence dans la souffrance. Vivre dans la douleur ressemble à une longue mort. Les sombres pensées minent l'être humain et l'anéantissent.

La peine, la souffrance, les sombres pensées et l'abattement s'associent pour miner Tristan. Il voit bien qu'il ne peut guérir ; il lui faut donc mourir sans réconfort. Il est à présent résigné à la mort puisqu'il a perdu son amour et sa joie, puisqu'il a perdu la reine Yseut. Il désire mourir, il veut mourir mais pourvu seulement que son amie sache que c'est par amour pour elle qu'il meurt car, si Yseut l'apprend, sa mort à lui sera plus douce.

Il se méfie de tout le monde et cache son jeu. Il ne veut pas qu'on soupçonne ses intentions. Il dissimule son dessein, surtout à son compagnon Kaherdin car, s'il lui en fait part, il craint d'en être détourné. Il a mûrement réfléchi et décidé de partir directement pour l'Angleterre où il se déplacera non pas à cheval mais à pied pour ne pas être reconnu, car il possédait une grande notoriété et on découvrirait très vite son identité, alors qu'un pauvre homme qui marche à pied passe inaperçu ; de plus, on ne fait guère attention à un pauvre voyageur sans le sou

---

1. Tristan se trouve en Petite-Bretagne, avec Kaherdin (cf. v. 28), à la cour du duc Hoël. On ne sait toutefois pas s'il est marié avec Yseut aux Blanches Mains, comme le précise pourtant la *Folie* de Berne.

40 Est poi de plait en curt tenu.
   Il se penset si desguiser
   E sun semblant si remuer
   Ke ja nuls hom nel conestrat
44 Ke Tristran seit, tant nel verrat.
   Parent, procein, per ne ami
   Ne pot saver l'estre de li.
   Tant par se covre en sun curaje
48 K'a nul ne dit, si fait ke sage,
   Kar suvent vent damage grant
   Par dire sun cunseil avant.
   Ki s'i celast e nel deïst,
52 Ja mal, so crei, ne l'en cursist.
   Pur cunseil dire e descuvrir
   Solt maint mal suvent avenir.
   La gent en sunt mult desturbé
56 De so k'en unt suvent pensé.
   Tristran se cele cuintement
   Si pense mult estreitement.
   Il nel met mie en long respit:
60 La nuit se purpense en sun lit
   E l'endemain, tres par matin,
   Acuilt sun erre e sun chemin.
   Il ne finat unke d'erer
64 Si est venu droit a la mer.
   A la mer vent e truve prest
   La nef e quanque mester est.
   La nef est fort e bele e grande,
68 Bone cum cele k'ert markande.
   De plusurs mers chargee esteit,
   En Engleterre curre deveit.
   Li notiner alent lur treff
72 E desaancrent cele nef:
   Aler volent en alte mer;
   Li venz est bon pur ben sigler.
   Atant es vus Tristran li pruz.
76 Dit lur: «Sennurs, Deu vus guard tuz!
   Quel part en irés vus, Deu l'oie?»
   «En Engleterre», funt il, «a joie!»
   Tristran respunt al notiner:
80 «A joie i pussez vus aler!
   Sennurs, kar me portez od vus!
   En Bretaine aler volum nus.»

dans une cour royale . Il prévoyait de se déguiser et de modifier tellement son apparence qu'il en deviendrait méconnaissable, même pour ceux qui l'examineraient attentivement.

Ses proches parents, ses amis ne purent déceler ses intentions. Il est si discret qu'il ne dit rien à personne ; il fait bien car il arrive souvent de grands ennuis à ceux qui révèlent trop tôt leur secret. Se taire et dissimuler évite les mauvaises surprises. Trahir et dévoiler un projet attire souvent bien des infortunes. Les gens pâtissent de n'avoir pas mûrement réfléchi.

Tristan a l'astuce de cacher son jeu et réfléchit intensément. Il ne tarde guère. La nuit, dans son lit, il met au point son plan et, le lendemain, de bon matin, il se met en route. Il se dirige directement vers la mer sans faire d'étape. Arrivé sur la côte, il trouve un navire prêt à partir avec tout son équipement. Le bateau était solide, imposant et spacieux, autant que doit l'être un bon navire marchand. La cargaison avait déjà navigué sur plusieurs mers et devait être dirigée sur l'Angleterre.

Les marins hissent les voiles et lèvent l'ancre. Ils veulent rapidement prendre le large car le vent est idéal pour une bonne navigation. Alors, le preux Tristan leur dit :

« Que Dieu vous garde tous, mes seigneurs ! Où allez-vous, s'il plaît à Dieu ?

— En Angleterre, répondent-ils, et vivement qu'on y arrive ! »

Tristan répond aux marins :

« Puissiez-vous y parvenir vite ! Emmenez-moi avec vous, mes seigneurs. Je souhaite me rendre en Grande-Bretagne. »

Cil li ad dit : « Ben le graant.
84 Entrez dunc tost, venez avant. »
Tristran i vent e si entre enz.
El vail amunt s'i fert li venz.
A grant esplait s'en vunt par l'unde,
88 Trenchant en vunt la mer parfunde.
Mult unt bon vent a grant plenté,
A plaisir e lur volunté.
Tut droit vers Engleterre curent ;
92 Dous nuiz e un jur i demurent ;
Al secund jur venent al port
A Tiltagel, si droit record.
Li roi Marke i surjurnout,
96 Si fesait la reïne Ysolt,
E la grant curt iloc esteit,
Cum li rais a custume aveit.
Tintagel esteit un chastel
100 Ki mult par ert e fort e bel.
Ne cremeit asalt ne engin
....
............................ki vaille
104 Sur la mer en Cornuaile
La tur querree fort e grant.
Jadis la fermerent jeant.
De marbre sunt tut li quarel,
108 Asis e junt mult ben e bel.
Eschekerez esteit le mur
Si cum de sinopre e d'azur.
Enz al chastel esteit une porte.
112 Ele esteit bele e grant e forte.
Ben serreit l'entree e l'issue
Par dous prudumes defendue.
La surjurnout Marke li reis
116 Od Bretuns e od Cornualeis
Pur le chastel ke il amout ;
Si feseit la raïne Ysolt.
Plentet i out de praerie,
120 Plentet de bois, de venerie,
D'ewes duces, de pescheries
E des beles guaaineries.
Les nefs ki par la mer siglouent
124 Al port del chastel arivouent ;
Par mer iloc al rei veneient

238

Quelqu'un lui répond :

« C'est d'accord ! Montez donc à bord et dépêchez-vous ! »

Tristan embarque aussitôt. Le vent gonfle le haut des voiles et le navire file sur les flots. Ils ont beaucoup de bon vent et le voyage se déroule comme ils le souhaitent. Ils courent droit vers l'Angleterre et leur navigation ne dure que deux nuits et un jour. Le deuxième jour, ils arrivent au port de Tintagel, si ma mémoire est fidèle. Le roi Marc y séjournait avec la reine Yseut et une grande cour y était réunie, selon l'usage royal.

Tintagel était une place forte très puissante et remarquable. On n'y craignait ni les machines de guerre ni les assauts. (...)

Sur la côte de Cornouailles, se dressait le donjon solide et imposant. Des géants l'avaient construit jadis[2]. Les pierres, toutes de marbre, étaient disposées et jointes avec art ; elles tenaient solidement. Le mur présentait une surface bigarrée aux reflets de sinople et d'azur. Le château possédait une belle poterne, à la fois large et fortifiée. Deux hommes d'armes surveillaient attentivement les entrées et sorties. C'est là qu'habitait le roi Marc en compagnie de Bretons et de Cornouaillais parce qu'il aimait le château, tout comme Yseut d'ailleurs. Aux alentours, il y avait beaucoup de prairies, de forêts, de gibier, d'eaux douces, de poissons et de belles fermes. Les navires venant de la haute mer arrivaient directement au port situé dans le château.

C'est par la mer que voyageaient

---

2. Selon Wace, les géants ont été les premiers habitants de la Grande-Bretagne. Ils sont donc liés au temps des fondations ou de l'origine.

Genz d'autres terres kil quereient,
E li estrange e li privé
128 E pur so l'ad il enamé.
Li lius ert beus e delitables,
Li païs bons e profitables,
E si fu jadis apelez
132 Tintagel li chastel faez.
Chastel faë fu dit a droit,
Kar dous faiz le an se perdeit.
Li païsant distrent pur veir
136 Ke dous faiz l'an nel pot l'en veir,
Hume del païs ne nul hom,
Ja grant guarde ne prenge hom,
Une en ivern, autre en esté,
140 So dient la gent del vingné.
La nef Tristran est arivee,
El port senement est ancree.
Tristran salt sus e si s'en ist
144 E sur la rive si s'asist.
Nuveles demande e enquert
Del rai Markë, e u il ert.
Hom lu dit k'en la vile esteit
148 E grant curt tenu i aveit.
« E u est Ysolt, la raïne,
E Brengain, sa bele meschine ? »
— Par fai, e eles sunt ici,
152 Encor n'at guere ke jes vi.
Mais certes la raïne Ysolt
Pensive est mult, cum ele solt. »
Tristran, quant ot Ysolt numer,
156 Del quer cumence a supirer.
Purpenset sai d'une vaidie,
Cum il purrat veer s'amie.
Ben set k'il n'i purat parler
160 Pur nul engin k'il pot truver.
Proeisse ne lu pot valer,
Sen ne cuintise ne saver ;
Kar Marc li rois, so set il ben,
164 Le heent sur trestute ren,
E s'il vif prendre le poeit,
Il set ben ke il l'ocireit.
Dunc se purpense de s'amie
168 E dit : « Ki en cheut s'il m'ocie ?

les personnes qui venaient voir le roi, les étrangers comme les intimes ; c'est pour cette raison que le roi appréciait cet endroit. Le site était admirable et plaisant, le pays riche et prospère et jadis on appelait Tintagel le « château enchanté ». Cette expression convenait parfaitement car, deux fois dans l'année, la cité disparaissait. Les paysans assurent[3] que deux fois par an on ne pouvait plus la voir, que l'on soit un habitant du pays ou n'importe qui, et cela même si l'on prêtait une grande attention : une fois en hiver, l'autre en été[4]. C'est ce que disent les gens du cru.

Le navire de Tristan accoste et jette l'ancre dans le port. Tristan quitte le navire d'un bond et part s'asseoir sur le rivage. Il pose des questions, demande des nouvelles du roi Marc et de son lieu de résidence. On lui répond qu'il habite dans la ville et qu'il y tient une cour plénière.

« Et où se trouve la reine Yseut avec Brangien sa belle suivante ?

— Eh bien, elles sont ici. Il n'y a pas longtemps que je les ai vues. Mais la reine Yseut était fort anxieuse, comme à l'accoutumée. »

Quand il entendit le nom d'Yseut, Tristan soupira profondément. Il médita une ruse qui lui permettrait de voir son amie. Il sait bien qu'il ne pourra pas lui parler, quel que soit le prétexte avoué. Sa prouesse ne lui servira à rien, son intelligence non plus, ni sa prudence, ni sa science, car il sait parfaitement que le roi Marc le déteste plus que tout au monde et qu'il n'échappera pas à la mort s'il se fait capturer vivant par le roi. Il songe à son amie et dit :

« Qu'importe s'il me tue ?

3. Il est fort rare qu'un auteur du Moyen Age avoue aussi directement qu'il puise dans la tradition orale.
4. Probablement aux solstices. Le château de Tintagel possède les mêmes propriétés que certains mégalithes (« pierre qui vire », « pierre qui tourne », etc.), dans le folklore de souche celtique qui s'ouvrent *à certaines dates* sur l'Autre Monde. Le château de Tintagel n'est pas visible par tout le monde.

Ben dai murir pur sue amur.
Las ! je me mur je chescun jur.
Ysolt, pur vus tant par me doil.
172 Ysolt, pur vus ben murir voil.
Ysolt, se ci me savïez,
Ne sai s'a mai parlerïez.
Pur vostre amur sui afolez,
176 Si sui venu e nel savez.
Ne sai cument parler od vus.
Pur ço sui je tant anguissus.
« Or voil espruver autre ren,
180 Saver si ja me vendreit ben :
Feindre mei fol, faire folie,
Dunc n'est ço sen e grant veisdie ?
Cuintise est, quant n'ai liu e tens,
184 Ne puis faire nul greniur sens.
Tels me tendra pur asoté,
Ke plus de lu serrai sené ;
E tels me tendra pur bricun,
188 K'avra plus fol en sa maisun. »
Tristran a cest cunseil se tient.
Un peschur vait ki vers lu vient ;
Une gunele aveit vestue
192 D'une esclavine ben velue.
La gunele fu senz gerun,
Mais desus out un caperun.
Tristran le vait, vers lu le ceine
196 En un repost liu u l'en maine.
« Amis, fet il, changuns noz dras.
Li mens sunt bons ke tu avras ;
Ta cote avrai, ke mult me plest,
200 Kar de tels dras suvent me vest. »
Li pescheres vit les dras bons,
Prist les, si li dunat les sons,
Et quant il fu saisi des dras,
204 Lez fu si s'en parti chaut pas.
Tristran une forces aveit
K'il meimes porter les soleit.
De grant manere les amat :
208 Ysolt les forces lu donat.
Od les forces haut se tundi :
Ben senble fol u esturdi.
Enaprès se tundi en croiz.

Je veux mourir par amour pour elle. Hélas! Je me meurs chaque jour. Yseut, c'est pour vous que je souffre tant! C'est pour vous que j'accepte de mourir. Yseut, si vous appreniez que je suis ici, je ne sais pas si vous me parleriez: c'est votre amour qui me rend fou. Je suis venu et vous ne le savez pas. Je ne sais pas comment vous rencontrer; c'est pour cela que j'éprouve une telle angoisse. Mais je vais essayer un stratagème pour voir s'il me réussira: je me déguiserai en fou et feindrai la folie. N'est-ce pas subtil et très astucieux? C'est une heureuse idée et, puisque je suis pressé par les circonstances, je ne vois rien de mieux à faire. Tel me prendra pour un sot alors que je serai plus intelligent que lui. Tel me prendra pour un simplet alors qu'il héberge chez lui un homme plus stupide encore. »

Tristan prend ce parti. Il voit un pêcheur qui se dirige vers lui. L'homme portait une gonnelle d'une étoffe bien velue. La gonnelle ne possède pas de giron mais est pourvue d'un capuchon. Tristan l'aperçoit, lui fait signe et l'emmène un peu à l'écart.

« Ami, lui dit-il, échangeons nos habits. Tu auras les miens qui sont en bon état. Moi, je prendrai ta cotte qui me plaît beaucoup car je m'habille volontiers ainsi. »

Le pêcheur constate la qualité des vêtements, s'empare des habits de Tristan et lui donne les siens en échange. Tout heureux de les posséder, Tristan s'en va d'un pas vif et joyeux. Il portait toujours sur lui une paire de ciseaux qu'il aimait beaucoup: c'était Yseut qui les lui avait offerts. Avec ces ciseaux, il se tondit le haut du crâne: il avait bien l'allure d'un fou ou d'un demeuré. Puis il se fit une tonsure en croix.

212 Tristran sout ben müer sa voiz.
    Od une herbete teinst sun vis,
    K'il aporta de sun païs.
    Il oinst sun vis de la licur,
216 Puis ennerci, muad culur.
    N'aveit hume ki al mund fust
    Ki pur Tristran le cunëust
    Ne ki pur Tristran l'enterçast,
220 Tant nel veïst un escutast.
    Il ad d'une haie un pel pris
    E en sun col l'ad il mis.
    Vers le chastel en voit tut dreit ;
224 Chaskun ad poür ke il vait.
    Li porters, quant il l'ad vëu,
    Mult l'ad cum fol bricun tenu.
    Il li ad dit : « Venez avant.
228 U avez vus demurré tant ? »
    Li fols respunt : « As noces fui
    L'abé de Munt, ki ben cunui.
    Une habesse ad espusee,
232 Une grosse dame velee.
    Il ne ad prestre ne abé,
    Ne moine ne clerc ordiné
    De Besençun deske al Munt,
236 De kel manere ke il sunt,
    Ki ne serunt mandé as noces,
    E tuz i portent pels e croces.
    En la lande, suz bel encumbre,
240 La sailent e juent en l'umbre.
    Je m'en parti pur so ke dai
    Al manger ui servir le rai. »
    Li porters li ad respundu :
244 « Entrez, fis Urgan le Velu.
    Gras e velu estes assez ;
    Urgan en so ben resemblez. »
    Li fol entre enz par le wiket.
248 Encuntre lui current li valet
    Le escrient cum hom fet lu :
    « Veez le fol ! hu ! hu ! hu ! hu ! »
    Li valet e li esqüier
252 De buis le cuilent arocher.
    Par la curt le vunt cunvaiant
    Li fol valet kil vunt siwant.

244

Tristan savait bien déguiser sa voix. Avec une petite herbe apportée de son pays, il mâchura son visage. Quand il eut frotté sa figure avec le suc, son teint changea de couleur et noircit[5]. Personne au monde n'aurait pu le reconnaître ni deviner qu'il était Tristan, même en l'examinant ou en l'écoutant attentivement. Il arracha un pieu à une haie et le suspendit à son cou[6]. Il se dirigea tout droit vers le château. Il fit peur à tous ceux qu'il rencontra. Dès qu'il l'aperçut, le portier le jugea tout de suite très fou et lui dit : « Approchez ! Où avez-vous séjourné si longtemps ? »

Tristan répondit : « Je suis allé aux noces de l'abbé du Mont[7] que j'ai bien connu. Il a épousé une abbesse, une grosse dame voilée. Tous les prêtres, abbés, moines, clercs, gens ordonnés, de Besançon jusqu'au Mont, à quelque ordre qu'ils appartiennent, y sont invités. Tous y portent bâtons et crosses. Sur la lande, dans un beau désordre, là-bas, ils sautent et jouent dans l'ombre[8]. Je les ai quittés parce que je dois me mettre au service du roi aujourd'hui pour le repas. »

Le portier lui répondit : « Entrez, fils d'Urgan le Velu[9] ! Grand et velu comme vous êtes, vous ressemblez parfaitement à Urgan. »

Le fou entre par le portillon. Les jeunes gens courent à sa rencontre et le huent comme s'il était un loup :

« Voyez le fou ! Hou ! Hou ! Hou ! Hou ! »

Jeunes gens et écuyers veulent lui jeter des bûches de bois. Jusqu'à la cour, il est suivi par ce cortège en folie.

---

5. Ce barbouillage est un geste rituel du Carnaval.

6. Tristan ressemble plus à un personnage mythologique (le géant à la massue de la Chasse sauvage) qu'à un traditionnel fou de cour. On s'expliquerait mal sinon la peur des habitants de Tintagel.

7. Le Mont-Saint-Michel est un lieu hanté par de vieux mythes pré-chrétiens que l'hagiographie a partiellement conservés (voir sur saint Michel *La Légende dorée* de Jacques de Voragine).

8. On pense naturellement aux divertissements facétieux de la fête des fous.

9. Dans le roman de Gottfried de Strasbourg, Urgan le Velu est le nom d'un géant tué par Tristan (voir aussi la *Saga*, ch. 62 et 76).

Il lur tresturne mult suvent.
256 Estes ki li giete a talent !
Si nus l'asalt devers le destre,
Il turne e fert devers senestre.
Vers l'us de la sale apruchat,
260 Le pel el col dedenz entrat.
Senes s'en aparçout li rais,
La u il sist al mestre dais.
Il dit : « Or vai un bon sergant ;
264 Fetes le mai venir avant ! »
Plusurs sailent, cuntre li vunt,
En sa guisse saluet l'unt,
Puis si amenerent le fol
268 Devant le rai, le pel al col.
Markes dit : « Ben vengez, amis !
Dunt estes vus ? K'avez si quis ? »
Li fols respunt : « Ben vus dirrai
272 Dunt sui e ke je si quis ai.
Ma mere fu une baleine,
En mer hantat cume sereine.
Mes je ne sai u je nasqui.
276 Mult sai jo ben ki me nurri :
Une grant tigre m'aleitat
En une roche u me truvat.
El me truvat suz un perun,
280 Quidat ke fusse sun foün,
Si me nurri de sa mamele.
Mais une sor ai je mult bele :
Cele vus durai, si volez,
284 Pur Ysolt ki tant par amez. »
Li rais s'en rit e puis respunt :
« Ke dit la merveille de mund ?
— Reis, je vus durai ma sorur
288 Pur Ysolt ki aim par amur.
Fesum bargaine, fesum change :
Bon est a asaer estrange.
D'Ysolt estes tut ennuëz,
292 A une autre vus acuintez,
Baillez m'Ysolt, jo la prendrai.
Reis, pur amur vus servirai. »
Li reis l'entant e si s'en rit
296 E dit al fol : « Si Deu t'aït,
Si je te doinse la raïne

Il se retourne plusieurs fois vers eux. En voilà qui ne se privent pas de le lapider ! Quand on l'attaque à droite, il se retourne et frappe vers la gauche. Il arrive à la porte de la grande salle et entre, l'épieu au cou.

Assis à la table principale, le roi l'aperçoit et dit :

« Voilà un joyeux gaillard ! Amenez-le-moi ! »

Plusieurs rejoignent le fou d'un bond. Ils le saluent à sa manière et l'entraînent vers le roi, toujours avec l'épieu au cou. Marc lui dit :

« Soyez le bienvenu, ami ! D'où venez-vous ? Que venez-vous chercher ici ? »

Le fou réplique :

« Je vais vous dire d'où je suis et ce que je cherche ici. Ma mère était une baleine. Comme une sirène, elle hante les mers. Mais je ne sais pas où je suis né. En revanche, je sais très bien qui fut ma nourrice. C'est une grande tigresse qui m'allaita dans les rochers où elle me découvrit. Elle me trouva sous une grosse pierre, crut que j'étais son faon[10] et me nourrit de sa mamelle[11]. Mais j'ai une sœur très belle : je vous la donnerai, si vous voulez, en échange d'Yseut que vous aimez tant. »

Le roi se met à rire et répond :

« Que dit la merveille du monde ?

— Roi, je vous donnerai ma sœur contre Yseut que j'aime d'amour. Concluons l'affaire, faisons l'échange ! Il est bon de donner dans la nouveauté. Vous êtes las d'Yseut. Faites la connaissance d'une autre et donnez-moi Yseut, je la prendrai ! Roi, je me mettrai à votre service en guise de reconnaissance. »

A ces mots, le roi lui dit en riant :

« Que Dieu te vienne en aide ! Si je te donne la reine

---

10. Désigne le petit de toutes les bêtes sauvages.
11. Derrière l'incohérence apparente des propos, on peut lire certains motifs mythologiques cryptés (cf. notre essai *Le Gant de verre*).

A amener en ta saisine,
Or me di ke tu en fereies,
300 U, en quel part tu la meraies.
— Reis, fet li fol, la sus en l'air
Ai une sale u je repair.
De veir est faite, bele e grant ;
304 Li solail vait par mi raiant.
En l'air est e par nues pent,
Ne berce, ne crolle pur vent.
Delez la sale ad une chambre,
308 Faite de cristal e de lambre.
Li solail, quant par main levrat,
Leenz mult grant clarté rendrat. »
Li reis e li autre s'en rient,
312 Entre eus en parolent e dient :
« Cist est bon fol, mult par dit ben,
Ben parole sur tute ren.
— Reis, fet li fols, mult aime Ysolt.
316 Pur lu mis quers se pleint e dolt.
Jo sui Tantris ki tant l'amai
E amerai tant cum vivrai. »
Ysolt l'entent, del quer suspire,
320 Vers le fol ad curuz e ire :
Dit : « Ki vus fist entrer ceenz ?
Fol, tu n'es pas Trantris, tu menz. »
Li fols vers Ysolt plus entent
324 K'il ne fesoit vers l'autre gent.
Ben aparceit k'ele ad irrur,
Kar el vis mue la culur.
Puis dit après : « Raïne Ysolt,
328 Trantris sui, ki amer vus solt.
Membrer vus dait quant fui nauvrez,
Maint home le saveit assez,
Quant me cumbati al Morhout
332 Ki vostre treü aver volt.
A tel hoür me cumbati
Ke je le ocis, pas nel ni.
Malement i fu je navrés,
336 Kar li bran fu envenimés.
L'os de la hanche m'entamat
E li fors venins eschauffat ;
En l'os s'aerst, nercir le fist
340 E tel dolur puis i assist

248

pour que tu la prennes en ta possession, dis-moi ce que tu feras d'elle et où tu la conduiras.

— Sire, répond le fou, là-haut dans les airs, j'ai une grande salle où je demeure ; elle est faite en verre, superbe et immense. Le soleil y envoie ses rayons. Elle flotte dans les airs et pend dans les nuages. Aucun vent ne la balance et ne la secoue. A côté de la salle, il y a une chambre de cristal pavée de marbre. Quand le soleil se lèvera demain, il l'inondera de sa lumière. »

Le roi et l'assistance se mettent à rire. Ils se disent entre eux :

« Voici un très bon fou, il s'exprime fort bien. Il parle mieux que n'importe qui.

— Sire, fait le fou, j'adore Yseut. A cause d'elle, mon cœur se plaint et souffre. Je suis Tantris[12] qui l'a tant aimé et qui l'aimera toute sa vie. »

A ces mots, Yseut soupire profondément. Elle s'emporte contre le fou et lui dit :

« Qui t'a fait entrer ici ? Fou, tu n'es pas Tantris, tu mens ! »

Le fou observe Yseut plus que les autres personnes présentes. Il remarque qu'elle est en colère car son teint a changé. Il lui dit alors :

« Reine Yseut, je suis Tantris qui vous aime toujours. Souvenez-vous, quand je fus blessé (beaucoup de gens connaissent cette histoire) lorsque j'ai combattu le Morholt qui venait exiger son tribut. J'eus la chance de le tuer, oui vraiment. Mais je fus grièvement blessé car l'épée était empoisonnée. Elle m'entama l'os de la hanche et le puissant venin se mit à chauffer. Il se fixa à l'os et le noircit, provoquant une douleur

---

12. Cette anagramme intervertit les deux syllabes du nom de *Tris-tan*. Le héros l'avait déjà porté en Irlande après sa victoire sur le Morholt pour ne pas être reconnu ni dénoncé.

Ki ne poüt mire guarir,
Si quidai ben murir.
En mer me mis, la voil murir,
344 Tant par m'ennuat le languir.
Li venz levat, turment out grant
E chaçat ma nef en Irlant.
Al païs m'estut ariver
348 Ke jo deveie plus duter,
Kar j'aveie ocis le Morholt.
Vostre uncle fu, raïne Ysolt.
Pur ço dutai mult le païs.
352 Mais jo fu naufrez e chitifs.
Od ma harpe me delitoie,
Je n'oi cunfort ki tant amoie.
Ben tost en oïstes parler,
356 Ke mult savoie ben harper.
Je fu sempres a curt mandez,
Tut issi cum ere navrez.
La raïne la me guari
360 De ma plaie, sue merci.
Bons lais de harpe vus apris,
Lais bretuns de nostre païs.
Menbrer vus dait, dame raïne,
364 Cum je guarri par la mecine.
Iloc me numai je Trantris.
Ne sui je ço? Ke vus est vis?»
Isolt respunt: «Par certes, nun!
368 Kar cil est beus e gentils hum,
E tu es gros, hidus e laiz,
Ke pur Trantris numer te faitz.
Or te tol, ne huer sur mei!
372 Ne pris mie tes gas ne tei.»
Li fols se turne a cest mot
Si se fet ben tenir pur sot:
Il fert ces k'il trove en sa veie,
376 Del deis desc'a l'us les cumveie,
Puis lur escrie: «Foles genz,
Tolez, issez puis de ceenz!
Laissez m'a Ysolt cunsiler,
380 Je la sui venu doneier.»
Li reis s'en rit, kar mult li plest;
Ysolt ruvist e si se test,
E li reis s'en aparceit ben.

qu'aucun médecin ne put guérir, si bien que je crus mourir. Je pris la mer, c'est là que je voulais mourir, tellement j'étais torturé par la douleur lancinante. Le vent se leva, une forte tempête conduisit mon navire en Irlande. Il me fallut donc accoster dans le pays que je devais redouter le plus, car j'avais tué le Morholt. Il était votre oncle, reine Yseut, c'est pour cette raison que je craignais ce pays. Mais j'étais blessé et malheureux. Je me distrayais avec ma harpe. Je n'obtins pas le réconfort auquel j'aspirais tant. Vous entendîtes bientôt parler de celui qui savait si bien jouer de la harpe. On me fit aussitôt venir à la cour dans le triste état où j'étais. C'est alors que la reine guérit ma plaie, je lui voue ma reconnaissance. Je vous appris de beaux lais que l'on chante sur la harpe, des lais bretons venant de mon pays. Souvenez-vous, madame la reine, comme j'ai été guéri par une bonne médecine. Je me nommais alors Tantris. N'est-ce pas moi ? Qu'en pensez-vous ? »

Yseut répondit :

« Assurément, non ! Car Tantris est beau et noble ; toi, tu es gros, laid et difforme et tu te fais passer pour Tantris. Va-t-en et ne me crie plus aux oreilles ! Je ne t'apprécie pas plus que tes sornettes. »

A ces mots, le fou se retourne et se fait passer pour un sot. Il frappe tous ceux qui se trouvent sur son chemin. Il les rudoie de la table royale jusqu'à la porte et leur crie :

« Espèces de fous, dehors, allez-vous-en ! Laissez-moi discuter avec Yseut ! Je suis venu lui parler d'amour. »

Le roi rit de la scène qui lui plaît beaucoup. Yseut rougit et garde le silence. Le roi s'en aperçoit

384 Al fol a dit : « Musart, ça ven.
N'est la raïne Ysolt t'amie ?
— Oïl, par fai, je nel ni mie. »
Isolt respunt : « Certes, tu menz !
388 Metez le fol hors de ceenz ! »
Li fol respunt tut en riant
E dit a Ysolt sun semblant :
« Ne vus menbre, raïne Ysolt,
392 Quant li reis envaer me volt,
Cum si fist ? Il me envaiat
Pur vus, k'il ore esspusé ad.
Je i alai cum marcheant,
396 Ki aventure alai querant.
Mult ere haï al païs,
Kar le Morholt avei ocis.
Pur ço alai cum marcheant,
400 Si fis de ço cointisse grant.
Quere vus dui a l'os le rei,
Vostre sennur, ke je ci vei,
Ki el païs n'ert nent cheriz,
404 E j'i fu durement haïs.
J'ere chevaler mervilus,
Mult enpernant e curajus :
Ne dutai par mun cors nul home
408 Ki fust d'Escoce tresk'a Rume. »
Isolt respunt : « Or oi bon cunte.
A chevalers faites vus hunte,
Kar vus estes un fol naïf.
412 Ço est dol ki tant estes vif.
Tol tei de ci, si Deu t'aït ! »
Li fol l'entent si së en rit.
Dunc dit après si faitement :
416 « Raïne dame, del serpent
Membrer vus dait ke je l'ocis,
Quant jo vinc en vostre païs,
La teste li sevrai del cors,
420 La langue trenchai e pris hors ;
Dedenz ma chauce la botai
E del venim si eschaufai,
Ben quidai estre morz en fin ;
424 Paumés me jeu lez le chemin.
Vostre mere e vus me veïstes
E de la mort me guaristes.

et dit au fou :

« Fou, approche ! La reine Yseut n'est-elle pas ton amie ?

— Oh, si ! Je ne le cache pas. »

Yseut répond :

« C'est faux ! Tu mens ! Faites sortir ce fou ! »

Le fou répond en riant, tout en laissant deviner ses pensées :

« Ne vous souvenez-vous pas, reine Yseut, de la mission que le roi me confia ? Il m'envoya vous chercher parce qu'il voulait vous épouser. Je pris l'allure d'un marchand qui cherchait l'aventure. On me détestait beaucoup dans votre pays car j'avais tué le Morholt. C'est pourquoi j'étais déguisé en marchand et j'eus parfaitement raison d'agir ainsi. Je devais vous ramener dans la maison du roi, votre mari ici présent, qui n'était pas très aimé dans votre pays. Quant à moi, j'y étais franchement détesté. J'étais un excellent chevalier plein d'audace et de bravoure : je ne craignais personne de l'Ecosse jusqu'à Rome. »

Yseut répondit :

« Quelles sornettes ! Vous faites honte aux chevaliers car vous n'êtes qu'un simple fou ! Quel malheur que vous soyez en vie ! Allez-vous-en, au nom du ciel ! »

A ces mots, le fou sourit et dit aussitôt :

« Ma dame la reine, souvenez-vous du dragon que j'ai tué quand je suis venu dans votre pays. Je l'ai décapité, j'ai tranché et emporté sa langue puis je l'ai fourrée dans mes chausses. Son venin m'a tellement brûlé que j'ai cru mourir. Je suis resté évanoui au bord du chemin. Votre mère et vous m'avez aperçu et sauvé de la mort.

Par grant mecine e par engin
428 Me garesistes del venim.
Del bains vus membre u enz jo sis !
Iloc m'avïez pres ocis.
Merveile grant volïez faire,
432 Quant alastes m'espeie traire.
Et quant vus l'avïez sachee,
Si la trovastes vus oschee.
Dunc pensastes, e ço a dreit,
436 Ke Morholt ocis en esteit.
Tost purpensastes grant engin
Si defermastes vostre escrin,
La pece dedenz truvastes
440 Ke del teste al Morholt ostastes.
La pece junsistes al brant,
Cele se joinst demaintenant.
Mult par fustes granment osee,
444 Quant enz el bain od ma espee
Me volïez sempres ocire.
Mult par est femme de grant ire !
La raïnë en vint al cri,
448 Kar el vus aveit ben oï.
Ben savez ke je m'acordai,
Kar suvent merci vus criai,
E je vus deveie defendre
452 Vers celui ki vus voleit prendre.
Vus nel prendrïez en nul fuur,
Kar il vus ert encuntre quor.
Ysolt, jo vus en defendi.
456 N'est vair iço ke je vus di ?
    — N'est mie vair, einz est mensunge ;
Mais vus recuntez vostre sunge.
Anuit fustes ivre al cucher
460 E l'ivrece vus fist sunger.
    — Vers est, d'itel baivre sui ivre,
Dunt je ne quid estre delivre.
Ne menbre vus quant vostre pere
464 Me baillat vus e vostre mere ?
En la nef vus mistrent en mer ;
Al rai ici vus dui mener.
Quant en haute mer nus meïmes,
468 Ben vus dirrai quai nus feïmes.
Li jur fu beus e fesait chaut

Vos remèdes et votre savoir-faire m'ont guéri du poison. Vous souvenez-vous du bain où je me trouvais ? J'ai bien failli y recevoir la mort de vos mains. Vous vouliez commettre une action d'éclat quand vous êtes allée chercher mon épée. Quand vous l'avez tirée du fourreau et que vous avez aperçu l'entaille, vous avez pensé à juste titre qu'elle avait servi à tuer le Morholt. Vous avez eu alors une idée de génie en ouvrant l'écrin où se trouvait la pièce de métal que vous aviez retirée de la tête du Morholt. Vous l'avez placée dans l'entaille de l'épée : elle s'adaptait parfaitement. Vous avez fait preuve d'une grande audace en voulant me tuer dans mon bain avec ma propre épée : une femme en colère peut devenir redoutable. La reine est arrivée car elle vous avait parfaitement entendue crier. Vous savez qu'ensuite j'ai cherché la réconciliation et imploré votre pitié. J'ai promis de vous défendre contre celui qui voulait s'emparer de vous. Vous ne vouliez l'épouser à aucun prix car il vous rebutait. Yseut, je vous ai protégée contre ce personnage. Ce que je vous dis n'est-il pas vrai ?

— Non, ce n'est pas vrai ; c'est un mensonge. Vous racontez vos propres rêves. Vous étiez ivre hier soir quand vous vous êtes couché et l'ivresse vous a fait divaguer.

— C'est vrai, je suis ivre d'une boisson dont je ne pense pas être libéré de si tôt. Ne vous souvenez-vous pas de l'instant où votre père et votre mère vous ont confiée à moi ? Ils vous conduisirent jusqu'au navire. Je devais vous amener au roi. Je vais vous dire ce que nous avons fait quand nous étions en pleine mer. La journée était splendide et il faisait chaud.

E nus fumes ben en haut.
Pur la chalur eüstes sei.
472 Ne vus membre, fille de rai?
D'un henap beümes andui:
Vus en beüstes e j'en bui.
Ivrë ai esté tut tens puis,
476 Mais male ivrece mult i truis. »
Quant Ysolt ço entent e ot,
En sun mantel sun chef enclot;
Volt s'en aler e leve sus.
480 Li rais la prent, si l'aset jus.
Par le mantel hermin l'ad prise
Si l'ad dejuste lui resise:
« Sufrez un poi, Ysolt amie,
484 Si parorum ceste folie.
Fol, fel li reis, or voil oïr
De quel mester tu sez servir. »
Li fols a Marke respundi:
488 « Reis e cuntes ai je servi.
— Sez tu de chens? Sez tu d'oisels?
— Oïl, fet il, jo oi des bels. »
Li fols li dit: « Reis, quant me plest
492 Chacer en bois u en forest,
Od mes levrers prendrai mes grues
Ki volent la sus par ces nues;
Od mes limers les cingnes preng,
496 Owes blanches, bises, de reng.
Quant vois od mun berseret hors,
Mainz preng je plunjuns e butors. »
Marke del fol bonement rit,
500 Si funt li grant e li petit.
Pus dit al fol: « Amis, beu frere,
Ke sez tu prendre en la rivere? »
Li fols respunt e rit après:
504 « Tut preng quanquë i truis,
Kar je prendrai od mes osturs
Les lus des bois e les granz urs;
Les senglers preng de mes girfaus,
508 Ja ne les guard ne muns ne vaus;
De mes pitiz faucuns hauteins
Prendrai les chevres e les daims;
D'esparver prendrai le gupil
512 K'est devers la keue gentil;

Nous étions à l'aise sur le pont. La chaleur vous a donné soif. Ne vous en souvenez-vous pas, fille de roi ? Tous les deux nous avons bu dans un hanap, vous d'abord et moi ensuite. Depuis ce temps-là, je n'ai pas cessé d'être ivre mais c'est d'une très mauvaise ivresse dont je suis victime. »

A ces mots, Yseut s'enveloppe la tête dans son manteau ; elle se lève et veut s'en aller. Le roi la retient et l'invite à s'asseoir. Il saisit son manteau d'hermine et la fait s'asseoir à côté de lui.

« Chère Yseut, montrez un peu de patience et écoutons jusqu'au bout cette folie ! Fou, dit le roi, à présent raconte-moi ce que tu sais faire. »

Le fou répondit à Marc :

« Roi, j'ai servi des ducs et des comtes.

— Sais-tu quelque chose sur les chiens ? Sur les oiseaux ?

— Oui, répond-il, ceux que je possède sont beaux. »

Le fou rajoute :

« Sire, quand il me plaît de chasser dans les bois, avec mes lévriers je capture les grues qui volent près des nuages ; avec mes limiers, je prends des cygnes ; avec mes oiseaux de chasse, des oies blanches ou grises. Quand je sors chasser avec mon épieu, je capture beaucoup de plongeons et de butors. »

Marc s'amuse énormément des paroles du fou, tout comme les personnages présents, du plus noble au plus humble.

Il dit au fou :

« Mon ami, qu'attrapes-tu dans les marais ? »

Le fou répond, avant de rire aux éclats :

« Roi, je capture tout ce que j'y trouve. Avec mes autours, je prendrai les loups des bois et les ours. Mes gerfauts rapportent des sangliers ; ni monts ni vaux ne peuvent préserver ces proies. Mes petits faucons de haut vol captureront chevreuils et daims. Avec l'épervier, je prendrai le renard qui doit sa noblesse à sa queue.

D'esmerelun prendrai le levre,
De hobel li kac e le bevre.
Quant veng arere a mun ostel,
516 Dunc sai ben eskermir de pel;
Nul ne se cuverat tant ben
Ke il ne ait aukes del men.
Ben sai je partir les tisuns
520 Entre esqüiers e garsuns.
Ben sai temprer harpe e rote
E chanter après a la note.
Riche raïne sai amer,
524 Si n'at suz cel amand mun per.
Od cultel sai doler cospels,
Jeter les puis par ces rusels.
Reis, ne sui je bon menestrel?
528 Ui vus ai servi de mun pel. »
Puis fert del pel environ sei :
« Tolez, fet il, de sur le rei !
A voz ostels tost en alez !
532 N'avez mangé? Ke demurrez? »
Li reis s'en rit a chascun mot,
Ke mult ot bon deduit del sot.
Puis cummande a un esqüier
536 K'i li amenet sun destrer;
Dit k'i aler dedure volt
Cum a custume faire solt.
Cil chevaler se vunt od lui
540 E li esqüier pur l'ennui.
« Sire merci, ço dist Ysolt.
Malade sui, le chef me dolt.
En ma chambre irrai reposer,
544 Ne puis ceste noise escuter. »
Li reis atant aler le lait.
Cele salt sus e si s'en vait.
En sa chambre vent mult pensive,
548 Dolente se claime e chaitive.
A sun lit vent, desus se sist,
Mult fu li dol grant k'ele fist.
« Lasse ! fait el, pur quei nasqui?
552 Mult ai le quer gref e marri.
Brengain, fait ele, bele sor,
Certes a poi ke ne me mor.
Melz me serait, fusse jo morte,

Je prendrai le lièvre à l'émerillon[13], avec le hobereau[14] le chat sauvage et le castor. Quand je rentre chez moi, je m'escrime avec mon épieu. Nul n'évite mes coups sans en recevoir un de moi. Je sais répartir les tisons[15] entre les écuyers et les valets. Je sais jouer de la harpe et de la rote et je chante juste. Je sais aimer une puissante reine : il n'y a pas sur cette terre un amoureux qui me vaille. Je sais tailler des copeaux au couteau et les jeter dans les ruisseaux. Ne suis-je pas un bon ménestrel ? Aujourd'hui, vous avez été servis avec mon épieu. »

Il frappe alors autour de lui.

« Allez-vous-en de chez le roi ! fait-il. Retournez chez vous et vite ! Vous avez mangé ? Alors, pourquoi restez-vous ici ? »

Le roi rit à chaque mot car le fou lui procure un bon moment de plaisir. Puis il commande à un écuyer de lui amener son destrier. Il dit qu'il veut sortir un peu, comme d'habitude. Les chevaliers l'accompagnent ainsi que les écuyers qui commençaient à se trouver mal.

« Sire, je vous demande pardon, dit Yseut, mais je me sens mal. J'ai la tête lourde. J'irai me reposer dans ma chambre. Je ne peux plus supporter ce vacarme. »

Le roi la laisse partir. Elle quitte son siège et s'en va. Très pensive, elle gagne sa chambre. Elle se lamente sur ses tourments et son malheur. Elle s'assoit sur son lit et laisse éclater sa grande douleur :

« Hélas, dit-elle, pourquoi suis-je née ? J'ai le cœur très triste et affligé. Brangien, dit-elle, chère sœur, je suis vraiment sur le point de mourir. Il vaudrait mieux pour moi que je sois morte

---

13. Espèce de petit faucon employé pour la chasse.
14. Autre oiseau de chasse nommé aussi *émouchet*.
15. Passage obscur : un *tison* est un gros bâton servant, en particulier, d'arme pour le tournoi. On peut penser d'après ce passage qu'il s'agirait également d'une arme de chasse.

556 Kar ma vie est dure e forte.
Quant je vai, tut m'est cuntraire.
Certes, Brengain, ne sai quai faire,
Kar laënz est un fol venuz
560 Ki mult est haut en croiz tunduz.
A male ure i vint il hui,
Kar mult me ad fait grant ennui.
Certes, cist fol, cist jugleres,
564 Il est divins u enchanteres,
Kar il set mun estre e ma vie
De chef en chef, ma dulce amie.
Certes, Brengain, mult me merveil
568 Ki li descuvri mun cunseil.
Kar nus nel sout fors je e vus
E Tristran, le cunseil de nus.
Mais cist tafur, men escient,
572 Le set tut par enchantement.
Unques nul hom plus veir ne dist,
Kar unques d'un mot ne mesprist. »
Brengain respunt : « Je pens pur droit
576 K'iço Tristran meïmes soit.
    — Nul est, Brengain, kar cist est laiz,
Hidus e mult cunterfaiz ;
E Tristran est tant aliniez,
580 Bels hom, ben fait, mult ensenez :
Ne serroit truvez en nul païs
Nul chevaler de greniur pris.
Pur ço ne crerai je uwan
584 K'iço sait mun ami Tristran.
Mais cist fol soit de Deu maldit !
Malete soit l'ure k'il vit !
E cele nef maldite sait
588 En ki li fol vint ça endreit !
Dol fu k'il ne neat en l'unde
La hors en cele mer parfunde ! »
    — Taisez, dame, dit Brengain,
592 Mult estes or de male main.
U apreïstes tel mester ?
Mult savez ben escumigner !
    — Brengain, kar il m'ad fet dever.
596 N'oïstes home si parler.
    — Dame, je quid, par sen Johan,
K'il seit le messager Tristran.

car ma vie est pénible et cruelle. Où que j'aille, tout m'est contraire. Vraiment, Brangien, je ne sais que faire. Car il est arrivé ici un fou qui porte la tonsure en croix. La malchance a voulu qu'il vienne aujourd'hui car il m'a fait beaucoup de mal. Oui, ce fou, ce conteur de sornettes, est un devin ou un enchanteur car il me connaît bien et connaît toute ma vie de bout en bout, ma douce amie. Vraiment, Brangien, je me demande bien qui lui a révélé mon secret, car personne d'autre ne le connaît sinon vous, moi et Tristan. A mon avis, ce fripon a tout appris grâce à des enchantements. Personne ne pourrait raconter des choses plus vraies car pas un mot n'a été dit de travers.

— J'ai des raisons de penser, répondit Brangien, qu'il s'agit de Tristan en personne.

— Non, Brangien, ce n'est pas lui car ce fou est laid, affreux et très difforme alors que Tristan est si bien fait, si bel homme, si distingué et intelligent qu'on ne trouverait nulle part un chevalier de sa valeur. C'est pourquoi, je ne crois pas qu'il s'agit de mon ami Tristan. Mais maudit soit ce fou, maudite soit l'heure de sa naissance et maudit soit le navire qui l'a conduit jusqu'ici ! Quel dommage qu'il n'ait pas chaviré dans les flots, là où la mer est profonde !

— Taisez-vous, ma dame, dit Brangien, vous devenez méchante. Où avez-vous appris à réagir ainsi ? Vous avez vite fait de maudire les gens.

— Brangien, c'est lui qui me fait délirer. Je n'ai jamais entendu un homme me parler comme lui.

— Ma dame, je crois, par saint Jean, qu'il s'agit du messager de Tristan.

— Certes, ne sai, nel cunus mie.
600 Mes alez i, ma bele amie,
Parler od li, si vus poez,
Saveir si vus le cunustrez. »
Brengain salt sus, curteise esteit.
604 E vint en la sale tut dreit,
Mes el n'i trovat serf ne franc,
Fors le fol seant sur un banc.
Li autre en sunt tuz alé
608 A lur ostels par la cité.
Brengain le vait, de luin estut,
E Tristran mult ben la cunuit.
Le pel jeta lors de sa mie
612 E puis dit : « Ben vengez, Brengain.
Franche Brengain, pur Deu vus pri
Ke vus de mai aez merci. »
Brengain respunt : « E je de quai
616 Volez k'aie merci de tei ?
— E ! Cheles ! Ja sui je Tristran
Ki en tristur vif e haan.
Je sui Tristran ki tant se dolt
620 Pur l'amur la raïne Ysolt. »
Brengain li dit : « Nu l'estes, veir,
Si cum jo quid, al men espeir.
— Certes, Brengain, veirs, je le sui.
624 Tristran oi nun, quant ça me mui.
Ja sui je Tristran veirement.
Brengain, ne vus membre cument
Ensemble partimes d'Irlande,
628 Cume vus oi en ma cumande,
E vus e la raïne Ysolt
K'ore conustre ne me volt ?
La raïne, quant a mei vint
632 E par la destre main vus tint,
Si me baillat vus par la main.
Menbrer vus dait, bele Brengain:
Ysolt e vus me cumandat.
636 Mult me requist, bel me priat
K'en ma guarde vus receüsse,
Guardasse al melz ke je peüsse.
Lors vus baillat un costeret,
640 N'ert gueres grant, mes petitet.
Dist ke vus ben le guardissez,

« — Vraiment, je ne sais pas. Je ne le connais pas, mais allez le trouver, ma belle amie, et parlez-lui pour voir de qui il s'agit. »

Brangien accourt. Elle avait des manières courtoises et se dirigea directement vers la grande salle du château. Elle n'y trouva ni serf ni homme libre, hormis le fou assis sur un banc. Les autres étaient rentrés chez eux en ville. Brangien le vit et s'arrêta à distance. Tristan la reconnut parfaitement. Il lâcha son épieu et dit :

« Bienvenue, Brangien, noble Brangien, au nom du ciel, je vous prie d'avoir pitié de moi. »

Brangien répondit :

« Mais pourquoi moi ? Pourquoi implorez-vous ma pitié ?

— Eh bien, je suis Tristan qui vit dans la tristesse et la peine. Je suis Tristan qui souffre tant pour l'amour de la reine Yseut. »

Brangien lui dit :

« Non, vous n'êtes pas Tristan, c'est ce que je pense.

— Si, Brangien, c'est vrai, je suis Tristan. Je m'appelais Tristan quand je suis venu ici. Je suis vraiment Tristan. Brangien, ne vous souvenez-vous pas de notre départ d'Irlande ? La reine me confia votre personne ainsi qu'Yseut qui ne veut plus me reconnaître maintenant. La reine vous tenait par la main droite quand elle vint vers moi et posa ma main dans la vôtre. Souvenez-vous, belle Brangien, elle me recommanda Yseut et vous. Elle me pria et insista pour que je vous prenne sous ma protection et que je veille sur vous le mieux possible. Alors elle vous remit un petit baril qui n'était pas très grand ; il était même assez petit. Elle vous demanda de le surveiller

Cum s'amur aver volïez.
Quant venimes en haute mer,
644 Li tans se prist a eschaufer.
Je avei vestu un blialt,
Tressué fu e si oi chault.
J'oi sai ; a baivre demandai.
648 Ben savez si vairs vus dit ai.
Un valet ki a mes pez sist
Levat e le costerel prist.
En un hanap d'argent versat
652 Le baivre ke il denz truvat,
Puis m'assist le hanap al poing
E je en bui a cel besuing.
La maité ofri a Ysolt
656 Ki sai aveit e baivre volt.
Cel baivre, bele, mar le bui,
E je unques mar vus cunui.
Bele, ne vus en membre il ? »
660 Brengain respunt : « Par fai, nenil. »
- « Brengain, des puis k'amai Ysolt,
A nul autre dire nel volt.
Vus le soüstes e oïstes
664 E vus l'uvraine cunsentistes.
Ço ne sout nul ki fust el mund
Fors nus treis, de tuz çous ki sunt. »
Brengain entent ke cil cuntat,
668 Sun pas vers la chambre en alat.
Cil salt sus, si la parsiwi,
Mult par lu vait criant merci.
Brengain est venue a Ysolt
672 Si li surrist, cum faire solt.
Ysolt culur muad e teinst
E sempres malade se feinst.
La chambre fu sempres voidee,
676 Kar la raïne ert deshaitee.
E Brengain pur Tristran alat,
Dreit en la chambre le menat.
Quant il vint enz e vit Ysolt,
680 Il vait vers lu, baiser la volt.
Mais ele se trait lors arere ;
Huntuse fu de grant manere,
Kar ne saveit quai fere dut,
684 E tressuat, u ele estut.

si vous vouliez conserver son affection. Quand nous nous trouvâmes en pleine mer, le temps se réchauffa. J'avais revêtu un bliaut; j'étais en sueur, j'avais très chaud. J'eus soif : je demandai à boire. Vous savez que je dis la vérité. Un valet assis à mes pieds se leva et prit le baril. Il versa la boisson qu'il y trouva dans un hanap d'argent puis me plaça ce hanap dans la main. Je bus pour étancher ma soif. J'offris la moitié du breuvage à Yseut qui avait soif, elle aussi, et voulait se désaltérer. Cette boisson, belle Brangien, c'est pour mon malheur que je l'ai bue et il aurait été préférable que je ne fasse jamais votre connaissance. Belle Brangien, vous souvient-il de tout cela ? »

Brangien répondit :

« Non, par ma foi.

— Brangien, depuis que j'aime Yseut, elle n'a raconté cela à personne. Vous, vous savez tout cela, vous l'avez entendu et vous avez été complice. Personne au monde ne le savait, à l'exception de nous trois. »

Brangien écoute son discours. Elle se dirige vers la chambre de la reine. Tristan se lève et la suit. Il implore sa pitié. Brangien arrive près d'Yseut. Elle lui sourit comme elle sait le faire.

Le teint d'Yseut change. Elle blêmit et feint aussitôt un malaise. On eut tôt fait d'évacuer la chambre car la reine était indisposée. Brangien part chercher Tristan et l'emmène directement dans la chambre.

Quand il y arriva et qu'il aperçut Yseut, il s'approcha d'elle pour l'embrasser mais elle recula. Elle éprouvait une grande gêne car elle ne savait que faire. Une sueur froide la saisit.

Tristran vit k'ele l'eschivat.
Huntus fu si se vergundat.
Si s'en est un poi tret ensus
688 Vers le parei, dejuste l'us.
Puis dit aukes de sun voleir :
« Certes, unc ne quidai ço veir
De vus, Ysolt, franche raïne,
692 Ne de Brengain, vostre meschine !
Allas ! ki tant ai vesquu,
Quant je cest de vus ai veü
Ke vus en desdein me tenez,
696 E pur si vil ore m'avez !
En ki me purrei mes fïer,
Quant Ysolt ne me deing amer,
Quant Ysolt a si vil me tient
700 K'ore de mai ne li suvent ?
Ohi, Ysolt ! Ohi, amie !
Hom ki ben aime tart ublie !
Mult valt funteine ki ben surt,
704 Dunt li reuz est bon e ben curt ;
E de l'ure k'ele secchist,
K'ewe n'i surt ne ewe n'ist,
Si ne fet gueres a praiser :
708 Ne fait amur, quant volt boiser. »
Ysolt respunt : « Frere, ne sai.
Je vus esguard e si m'esmai,
Kar n'aparceif mie de vus
712 Ke seiez Tristran l'amerus. »
Tristran respunt : « Raïne Ysolt,
Je sui Tristran k'amer vus solt. »
Ne vus membre del seneschal
716 Ki vers le rei nus teneit mal ?
Mis conpainz fu en un ostel,
U nus jeümes par uël.
Par une nuit, quant m'en issi,
720 Il levat sus si me siuvi.
Il out negez, si me trazat,
Al paliz vint, utre passat,
En vostre chambre nus guaitat
724 E l'endemain nus encusat.
Ço fu li premer ki al rei
Nus encusat, si cum je crei.
Del naim vus redait ben membrer

Tristan vit qu'elle l'évitait. Il était gêné, lui aussi, et avait l'air embarrassé. Il fit quelques pas en arrière jusqu'au mur, près de la porte. Il ne put cacher ses pensées plus longtemps :

« Vraiment, je n'aurais jamais cru cela de vous, noble reine Yseut, ni de Brangien votre suivante. Hélas ! N'aurai-je tant vécu que pour vous voir ainsi me dédaigner et me tenir en si vile estime ! En qui pourrais-je me fier si Yseut ne daigne plus m'aimer, si Yseut me méprise au point de m'oublier ? Oh, Yseut ! Oh, mon amie, l'homme qui aime bien néglige d'oublier. Inestimable est la fontaine qui jaillit avec son courant limpide et régulier, mais dès qu'elle se tarit, dès que l'eau n'en jaillit plus, elle ne vaut plus rien : il en est de même pour l'amour quand il veut trahir. »

Yseut lui répond :

« Frère, je ne sais plus. Je vous regarde et je m'émeus parce que je ne reconnais rien en vous qui appartienne à Tristan l'Amoureux. »

Tristan répond :

« Reine Yseut, je suis bien Tristan qui vous aime toujours. Ne vous souvenez-vous pas du sénéchal qui nous dénonça au roi ? Nous partagions la même demeure où nous couchions en égaux. Une nuit, quand je sortis, il se leva et me suivit. Comme il avait neigé, il me retrouva à la trace. Il arriva jusqu'à la palissade du château qu'il franchit. Il nous épia dans notre chambre et le lendemain nous dénonça. Ce fut le premier, je crois, qui nous dénonça au roi. Vous devez aussi vous souvenir du nain

728 Ke vus solïez tant duter.
    Il n'amad pas mun deduit;
    Entur nus fu e jur e nuit.
    Mis i fu pur nus aguaiter
732 E servit de mult fol mester.
    Senez fumes a une faiz.
    Cum amans ki sunt en destraiz
    Purpensent de mainte veidise,
736 De engin, de art, de cuintise,
    Cum il purunt entrassembler,
    Parler, envaiser e juer,
    Si feïmes nus. Senez fumes
740 En vostre chambrë u jeümes.
    Mais li fel naims de pute orine
    Entre noz liz pudrat farine,
    Kar par itant quidat saver
744 L'amur de nus, si ço fust veir.
    Mais je de ço m'en averti,
    A vostre lit joinz pez sailli.
    Al saillir le braz me crevat
748 E vostre lit ensenglentat;
    Arere saili ensement
    E le men lit refis sanglant.
    Li reis Marke i survint atant
752 E vostre lit truvat sanglant.
    Al men en vint eneslepas
    E si truvat sanglanz mes dras.
    Raïne, pur vostre amité
756 Fu de la curt lores chascé.
    Ne membre vus, ma bele amie,
    D'une petite druerie
    Ke une faiz vus envaiai,
760 Un chenet ke vus purchaçai,
    E ço fu le Petit Creü
    Ke vus tant cher avez eü?
    E suvenir vus en dait ben,
764 Amie Ysolt, de une ren:
    Quant cil d'Irland a la curt vint,
    Li reis l'onurrat, cher le tint.
    Harpeür fu, harper saveit.
768 Ben savïez ke cil esteit.
    Li reis vus dunat al harpur.
    Cil vus amenat par baldur

que vous craigniez tant. Il n'aimait pas me voir prendre du plaisir. Il était à nos côtés jour et nuit. Il avait été chargé de nous épier et remplit sa mission avec un zèle insensé. Une fois, nous étions ensemble. Les amants trop persécutés inventent toutes sortes d'astuces, de ruses, de stratagèmes, de tricheries pour se retrouver, se parler, s'amuser et folâtrer. C'est ce que nous avions fait. Nous étions ensemble, couchés dans votre chambre. Mais le nain félon, ce fils de putain, répandit de la farine entre nos lits. Il pensait ainsi vérifier les soupçons qui pesaient sur notre liaison. Mais j'avais bien compris son manège. Je sautai à pieds joints dans votre lit. Pendant mon saut, une blessure que j'avais au bras se rouvrit et ensanglanta votre lit[16]. Je fis un autre saut en sens inverse et je tachai les draps de mon lit. Le roi Marc arriva alors et aperçut le sang sur votre lit. Tout de suite après, il se dirigea vers mon lit et constata que mes draps étaient maculés de sang. Reine, à cause de l'amour que je vous portais, je fus alors chassé de la cour. Souvenez-vous, ma belle amie, du petit gage d'amour que je vous ai envoyé un jour, ce petit chien que je vous ai procuré : c'était Petitcru[17] auquel vous avez toujours voué votre affection.

Vous devez aussi vous souvenir, Yseut mon amie, d'une autre affaire. Quand l'Irlandais arriva à la cour, le roi lui prodigua honneur et amitié. C'était un joueur de harpe et il savait bien jouer de son instrument. Vous saviez fort bien de qui il s'agissait. Le roi vous livra au harpeur. Celui-ci vous conduisit joyeusement

16. Selon la version de Béroul (v. 717), il s'agit d'une blessure à la jambe.
17. Il s'agit d'un chien enchanté que Tristan conquit sur un géant fée et qu'il remit à Yseut.

Tresqu'a sa nef u dut entrer.
772 En bois fu, si l'oï cunter.
Une rote pris, vinc après
Sur mun destrer le grant elez.
Cunquise vus out par harper
776 E je vus cunquis par roter.
Raïne, suvenir vus dait,
Quant li rais cungïé m'aveit
E je ere mult anguisus
780 Amie, de parler od vus,
E quis engin, vinc el vergez
U suvent ermes enveisez.
Desuz un espin el umbre sis,
784 De mun cnivet les cospels fis
K'erent enseignes entre nus,
Quant me plaiseit venir a vus.
Une funteine iloc surdeit
788 Ki devers la chambre curreit.
En l'ewe jetai les cospels,
Aval les porta li rusels.
Quant veïez la doleüre,
792 Si veïez ben a dreiture
Ke jo i vendreie la nuit
Pur envaiser par mun deduit.
Li neims sempres s'en aparceut ;
796 Al rei Marc cunter le curut.
Li rais vint la nuit el gardin
E si est munté el espin.
Jo vinc après, ke mot ne soi,
800 Mais si cum j'oi esté un poi,
Si aparceu l'umbre le roi
Ke seet el espin ultre moi.
De l'autre part venistes vus.
804 Certes, j'ere dunc poërus,
Kar je dutoie, ço sachez,
Ke vus trop ne vus hastisez.
Mais Deus nel volt, sue merci ;
808 L'umbre veïstes ke je vi,
Si vus en traisistes arere
E vus mustrai en ma praiere
Ke vus al rai m'acordissez,
812 Si vus fare le puussez,
U il mes guages aquitast

dans le navire qu'il devait emprunter. J'étais dans la forêt et j'entendis parler de cette histoire. Je pris une rote et je partis à vos trousses sur mon destrier. Il vous avait conquis en jouant de la harpe ; moi, je vous conquis en jouant de la rote. Reine, souvenez-vous, quand le roi m'eut exilé et que je languissais de ne pouvoir vous rencontrer, je trouvai une astuce. Je vins dans le verger où nous avions souvent passé de bons moments ensemble. Je me tenais à l'ombre d'une épine[18]. Avec mon canif, je taillai des copeaux qui étaient autant de signes entre nous quand j'avais envie de vous rencontrer. Une source jaillissait de cet endroit et se dirigeait ensuite vers votre chambre. Je jetai les copeaux dans l'eau et le courant les emporta plus bas. Quand vous aperceviez ces copeaux, vous étiez sûre que je viendrais vous voir, le soir, pour que nous prenions notre plaisir ensemble. Le nain s'en aperçut aussitôt et il courut chez Marc pour lui raconter tout cela. Pendant la nuit, le roi vint dans le jardin et monta sur l'épine. J'arrivai ensuite, en ignorant tout ce qui se passait, mais après quelques instants, j'aperçus l'ombre du roi dans l'épine au-dessus de moi. Vous arriviez de votre côté. Vraiment, j'étais angoissé à l'idée que vous ayez des gestes trop hâtifs. Mais Dieu ne le voulut pas ainsi, loué soit-il ! Vous avez aperçu à votre tour l'ombre que j'avais repérée. Vous êtes restée en retrait alors que moi, je vous ai implorée afin que vous puissiez me réconcilier avec le roi, si possible, ou afin qu'il m'acquitte mes gages

---

18. Le manuscrit donne très nettement et à trois reprises (v. 783, 798, 802) *espin*, c'est-à-dire « épine, aubépine ». Tous les éditeurs ont corrigé en *pin* (à cause du roman de Béroul où il est effectivement question d'un pin). La valeur mythique de l'aubépine au Moyen Age nous incite cependant à conserver *espin*.

E del regne aler me lessast.
Par tant fumes lores sauvez
816 E al rei Marc fu acordez.
Ysolt, membre vus de la lai
Ke feïtes, bele, pur mai ?
Quant vus eisistes de la nef,
820 Entre mes bras vus tinc suëf.
Je me ere ben desguisé,
Cume vus me aviez mandé.
Le chef teneie mult embrunc.
824 Ben sai quai me deïstes dunc :
K'od vus me laissasse chaïr.
Ysolt amie, n'est ço vair ?
Suëf a la terre chaïstes
828 E voz quissettes m'aüvristes,
E m'i laissai chaïr dedenz,
E ço virent tutes les genz.
Par tant fustes, ce je l'entent,
832 Ysolt, guarie al jugement
Del serement e de la lai
Ke feistes en la curt le rai.
La raïne l'entent e ot
836 E ben ad noté chescun mot.
El l'esguarde, del quer suspire,
Ne set suz ccel ke puisse dire,
Kar Tristran ne semblout il pas
840 De vis, de semblanz ne de dras.
Mais a ço k'il dit ben entent
K'il cunte veirs, de ren ne ment.
Pur ço ad el quer grant anguisse
844 Et si ne set ke faire puisse.
Folie serrait e engain
A entercer le pur Tristran,
Quant ele vait e pense e creit,
848 N'est pas Tristran, mais autre esteit.
E Tristran mult ben s'aparceut
K'ele del tut le mescunuit.
Puis dit après : « Dame reïne,
852 Mult fustes ja de bone orine,
Quant vus m'amastes seinz desdeing.
Certes, de feintise or me pleing.
Ore vus vai retraite e fainte,
856 Or vus ai jo de feinte ateinte.

et me laisse quitter le royaume. Nous étions alors sauvés et le roi Marc m'accorda son pardon. Yseut, vous souvenez-vous du procès auquel vous vous êtes soumise par amour pour moi? Quand vous êtes sortie du navire, je vous ai portée tendrement dans mes bras. Je m'étais bien déguisé, comme vous me l'aviez demandé. Je tenais la tête baissée. Je vous entends encore quand vous m'avez demandé de me laisser tomber avec vous. Yseut mon amie, n'est-ce pas la vérité? Vous êtes tombée légèrement par terre et m'avez entrouvert vos cuisses. Quant à moi, je me suis laissé tomber entre vos cuisses et tout le monde a vu cette scène. Grâce à tout cela, Yseut, vous avez été innocentée lors du serment et du procès devant la cour du roi[19]. »

La reine l'a bien écouté et elle a bien noté chaque mot prononcé. Elle le regarde, soupire profondément ; elle ne sait que dire car il ne ressemble pas à Tristan, de visage, d'apparence et de mise. Mais elle comprend bien à son discours qu'il dit vrai jusque dans les moindres détails. C'est la raison pour laquelle son trouble augmente ; elle ne sait que faire. Ce serait une folie ou une illusion de reconnaître en lui le vrai Tristan alors qu'elle voit, pense et croit qu'il s'agit d'un autre. Tristan remarque très bien qu'elle ne le reconnaît pas.

Il lui dit alors :

« Dame reine, vous avez montré la noblesse de vos origines quand vous m'avez aimé sans dédaigner mon amour. Je me plains vraiment de votre dissimulation. Je vois que vous vous dérobez et que vous mentez. Je vous ai convaincue d'hypocrisie

---

19. Ce n'est pas exactement en ces termes que Béroul évoque la scène du Mal Pas (v. 3929 et suiv.). Plus qu'un souvenir approximatif du fou, il faudrait voir là une preuve supplémentaire des variations dues à la mouvance de la tradition orale. Néanmoins, cet épisode correspond tout à fait à celui de la *Saga* (ch. 58).

Mais jo vi ja, bele, tel jur
Ke vus m'amastes par amur:
Quant rei Marc nus out cunjeiez
860 E de sa curt nus out chascez,
As mains ensemble nus preïmes
E hors de la sale en eissimes.
A la forest puis en alames
864 E un mult bel liu i truvames:
En une roche fu cavee;
Devant ert estraite l'entree;
Dedenz fu voltisse e ben faite,
868 Tant bele cum se fust purtraite;
L'entaileüre de la pere
Esteit bele de grant manere.
En cele volte cunversames
872 Tant cum en bois nus surjurnames.
Hudein, mun chen, ke tant oi cher,
Iloc l'afaitai senz crier.
Od mun chen, od mun ostëur
876 Nus pessoie je chascun jur.
Reïne dame, ben savez
Cum nus après fumes trovez.
Li reis meïmes nus trovat
880 E li naim ke l'i amenat.
Mais Deus aveit uvré pur vus,
Quant trovat l'espee entre nus
E nus rejeümes de loing.
884 Li reis prist le gant de sun poing
E sur la face le vus mist
Tant suëf, ke un mot ne dist,
Kar il vit un rai de soleil
888 Ke out hallé e fait vermeil.
Li reis s'en est alez atant
Si nus laissat dormant.
Puis ne out nule suspeziun
892 K'entre nus oüst si ben nun.
Sun maltalent nus pardonat
E sempres pur nus envoiat.
Isolt, membrer vus en dait ben:
896 Dunt vus donai Huden, mun chen.
K'en avez fet? Mustrez le mai!»
Ysolt respunt: «Je l'ai, par fai!
Cel chen ai je dunt vus parlez.

274

mais j'ai connu, belle amie, des jours où vous m'aimiez sincèrement. Quand Marc nous eut exilés et bannis de sa cour, nous sommes sortis main dans la main de la grande salle du château. Nous sommes partis dans la forêt et nous y avons trouvé un endroit propice, creusé dans le rocher. L'entrée était étroite mais l'intérieur était parfaitement voûté, aussi beau que s'il avait été peint. La pierre était parfaitement creusée : c'est là que nous avons vécu pendant notre séjour dans la forêt. Husdent, mon chien adoré[20], fut dressé à ne plus aboyer. Grâce à mon chien et à mon autour, nous avions de la nourriture tous les jours. Dame reine, vous n'ignorez pas qu'ensuite nous avons été découverts. C'est le roi en personne qui nous trouva en compagnie du nain. Mais Dieu agit en notre faveur quand le roi trouva l'épée entre nous. En outre, nous étions couchés à une certaine distance l'un de l'autre. Le roi ôta son gant et le plaça sur votre visage parce qu'il vit un rayon de soleil qui brûlait et rougissait votre peau. Puis, il s'en alla et nous laissa dormir là où nous étions. Ensuite, il n'eut plus aucun soupçon sur nos relations. Il nous pardonna la colère que nous lui avions causée et envoya aussitôt ses gens pour nous chercher. Yseut, vous devez bien vous souvenir du moment où je vous ai donné mon chien Husdent. Qu'en avez-vous fait ? Montrez-le-moi ! »

Yseut répond :

« Je l'ai, par ma foi. Je possède toujours ce chien dont vous parlez.

---

20. C'est le chien dressé que Tristan possède pour la chasse. Il est distinct de Petitcru.

900 Certes, orendreit le verez.
   Brengain, ore alez pur le chen !
   Amenez l'od tut le lïen. »
   Ele leve e en pez sailli,
904 Vint a Huden e cil joï
   E le deslie, aler le lait.
   Cil junst les pez e si s'en vait.
   Tristran li dit : « Ca ven, Huden !
908 Tu fus ja men, or te repren. »
   Huden le vit, tost le cunuit.
   Joie li fist cum faire dut.
   Unkes de chen n'oï retraire
912 Ke poüst maür joie faire
   Ke Huden fist a sun sennur,
   Tant par li mustrat grant amur.
   Sur lui curt, leve la teste,
916 Unc si grant joie ne fist beste ;
   Bute del vis e fert del pé :
   Aver en poüst l'en pité.
   Isolt le tint a grant merveille.
920 Huntuse fu, devint vermaille
   De ço ki li fist le joïe,
   Tantost cum il sa voiz oï.
   Kar il ert fel e de putte aire
924 E mordeit e saveit mal faire
   A tuz ices k'od li juoent
   E tuz ices kil manioent.
   Nul n'i poeit sei acuinter
928 Ne nul nel poeit manier
   Fors sul la raïne e Brengain,
   Tant par esteit de male main,
   Depuis k'il sun mestre perdi
932 Ki l'afaitat e kil nurri.
   Tristran joïst Huden e tient.
   Dit a Ysolt : « Melz li suvient
   Ki jol nurri, ki l'afaitai,
936 Ke vus ne fait, ki tant amai.
   Mult par at en chen grant franchise
   E at en femme grant feintise. »
   Isolt l'entent e culur mue,
940 D'anguisse fremist e tressue.
   Tristran li dit : « Dame reïne,
   Mult sulïez estre enterine.

276

Vraiment, vous allez le voir à l'instant. Brangien, allez le chercher, avec sa laisse. »

Elle se lève et s'élance ; elle se dirige vers Husdent qui lui fait fête. Elle le détache et le laisse aller. Le chien bondit. Tristan lui dit :

« Ici, Husdent ! Tu m'as appartenu autrefois, je te reprends. »

Dès qu'Husdent vit son maître, il le reconnut. Il lui fit fête, comme on peut s'y attendre. Jamais je n'ai entendu dire qu'un chien manifesta autant de joie qu'Husdent pour son maître, tellement son affection pour Tristan était grande. Il courut vers lui, la tête en l'air, jamais un animal n'exprima une telle joie. Il frotta son museau contre Tristan et le gratta avec ses pattes. C'était un spectacle touchant. Iseut en fut très étonnée. Elle était honteuse et rougissait de voir la joie de l'animal qui entendait la voix de son maître, car c'était un chien méchant et sournois qui mordait et faisait du mal à tous ceux qui jouaient avec lui ou qui le touchaient. Nul ne pouvait l'apprivoiser ni le toucher hormis la reine et Brangien, tellement il était hargneux depuis qu'il avait perdu le maître qui l'avait élevé et dressé. Tristan tenait Husdent et le caressait. Il dit à Yseut :

« Il se souvient mieux de moi qui l'ai dressé et élevé que vous ne vous souvenez de moi qui vous ai tant aimée. Il y a autant de franchise chez les chiens que de fausseté chez les femmes. »

A ces mots, Yseut pâlit. Elle est bouleversée et la sueur perle sur elle. Tristan lui dit :

« Dame reine, comme vous étiez loyale autrefois ! »

Remembre vus cum al vergez,
944 U ensemble fumes cuchez,
Li rais survint si nus trovat
E tost arere returnat
Si purpensa grant felunnie ?
948 Occire nus volt par envie.
Mais Deus nel volt, sue merci,
Kar je sempres m'en averti.
Bele, dunc vus estot departir,
952 Kar li reis nus voleit hunir.
Lors me donastes vostre anel
D'or esmeré ben fait e bel,
E jel reçui, si m'en alai
956 E al vair Deu vus cumandai. »
Isolt dit : « Les ensengnez crei.
Avez l'anel ? Mustrez le mei ! »
Il trest l'anel, si li donat.
960 Ysolt le prent, si l'esguardat,
Si s'escreve dunc a plurer ;
Ses poinz detort, quidat desver :
« Lasse, fait ele, mar nasqui !
964 En fin ai perdu mun ami,
Kar ço sai je ben, s'il vif fust,
Ke autre hume cest anel n'eüst.
Mais or sai jo ben k'il est mort.
968 Lasse ! ja meis n'avrai confort. »
Mais quant Tristran plurer la vait,
Pité l'em prist e ço fu droit.
Puis li ad dit : « Dame raïne,
972 Bele estes e enterine.
Des or ne m'en voil mes cuvrir,
Cunuistre me frai e oïr. »
Sa voiz muat, parlat a dreit.
976 Isolt sempres s'en aparceit.
Ses bras entur sun col jetat,
Le vis e les oilz li baisat.
Tristran lores a Brengain dit
980 E s'esjoï par grant delit :
« De l'ewe, bele, me baillez !
Laverai mun vis ki est sullez. »
Brengain l'ewe tost aportat
984 E ben tost sun vis en lavat.
Le teint de herbe e la licur

278

Rappelez-vous encore ! Dans le verger où nous étions couchés, le roi arriva, nous découvrit et revint aussitôt sur ses pas. Il préparait un terrible crime. Il voulait nous tuer dans son accès de jalousie. Mais Dieu ne le voulut pas ainsi, loué soit-il ! Car je compris aussitôt ce qui se passait. Belle amie, il fallut alors nous séparer car le roi voulait nous couvrir de honte. Vous m'avez donné votre anneau d'or fin, si finement travaillé. Je l'ai pris et vous ai quittée en vous recommandant à Dieu. »

Yseut répondit :

« Je ne crois que ce que je vois. Avez-vous l'anneau ? Montrez-le-moi ! »

Il retire l'anneau de son doigt et lui donne. Yseut le prend, l'examine puis elle éclate en sanglots. Elle tord ses poings et croit perdre la raison :

« Hélas, dit-elle, maudite soit ma naissance ! J'ai perdu pour toujours mon ami car je sais bien que, s'il était vivant, nul autre que lui ne posséderait cet anneau. Maintenant, je sais à coup sûr qu'il est mort. Hélas ! je ne m'en consolerai jamais ! »

Quand Tristan la voit pleurer, il est saisi de pitié et c'était bien normal. Il lui dit ensuite :

« Dame reine, vous êtes belle et loyale. Dorénavant, je ne veux plus me cacher mais je vais me faire entendre et reconnaître. »

Il changea sa voix et parla normalement. Yseut le remarqua aussitôt et jeta ses bras à son cou. Elle lui baisa les yeux et le visage. Tristan s'adressa à Brangien qui se réjouissait fort :

« Donnez-moi de l'eau, ma belle. Je laverai ma figure qui est mâchurée. »

Brangien lui apporta aussitôt de l'eau et Tristan nettoya son visage. Il fit disparaître la teinture laissée par l'herbe et son suc,

Tut en lavat od la suur.
En sa propre furme revint.
988 Ysolt entre ses braz le tint.
Tel joie en ad de sun ami
K'ele ad e tent dejuste li
K'el ne set cument cuntenir :
992 Nel lerat anuit mes partir,
Dit ke il avrat bon ostel
E baus lit ben fait e bel.
Tristran autre chose ne quert
996 Fors la raine Ysolt, u ele ert.
Tristran en est joius e lez :
Mult set ben k'il est herbigez.

essuya la sueur et retrouva son vrai visage. Yseut le tint dans ses bras. Elle éprouva une telle joie à enlacer son ami qu'elle ne savait plus se contenir. Le soir, elle ne voulut plus le laisser partir et lui promit un bon gîte et un beau lit bien douillet. Tristan ne demande rien d'autre que d'avoir la reine Yseut, là où elle se trouve. Tristan est heureux et comblé : il sait bien qu'il a trouvé un bon logis.

Folie Tristan
de Berne

Berne, ms. 354, f° 151v°-156v°
Cambridge, Fitzwilliam Museum, ms. 302, f° 100b (fragment).

Ci conmance de Tristan

Mout est Tristanz mellez a cort,
Ne set o aille ne ou tort ...
... Formant redoute Marc lo roi,
4 Que rois Mars formant lou menace
Si viaut bien que Tritanz lou sache :
Se de lui puet avoir saisine,
Mout li vaudra po san orine
8 Que par lui ne reçoive mort.
De sa fame li a fait tort.
Clamez s'an est a son barnage,
Et de la honte et de l'otrage
12 Que Tritanz, ses niés, li a fait.
Honte a de ce qu'il li a fait.
Ne pot mais aler miauz celer.
Ses barons fait toz asanbler
16 Et lor a bien montree l'ovre.
Lo mesfait Tritan lor descovre :
« Seignor, fait il, que porrai faire ?
Mout me torne a grant contraire
20 Que de Tristan ne pris vangence,
Sel me torne l'an a enfance.
Foïz s'an est en cette terre,
Que je no sai o ja mais querre
24 C'or mais l'avrai totjorz salvé.
Se poise moi, par saint Odé ! ...
... Se nus de vos lou puet parçoivre,
Faites lou moi savoir sanz faille.
28 Par saint Samson de Cornoaille !
Qel me randroit, gré l'an savroie
Et tot jorz plus chier l'an avroie. »
N'i a celui ne li promete
32 Qui a lui prendre entante mete.
Dinas li senechaus sopire :
Por Tritan a au cuer grant ire ;
Formant l'an poise en son corage.
36 Erramant a pris un mesage
Par cui a fait Tristan savoir

Ici commence l'histoire de Tristan

Tristan est brouillé avec la cour. Il ne sait plus où aller... Il redoute beaucoup le roi Marc qui l'a menacé : il souhaite avertir Tristan que, s'il tombe entre ses mains, sa naissance ne lui fera nullement éviter la mort. Il lui a causé du tort à propos de son épouse. Le roi s'est plaint devant ses barons de la honte et de l'outrage que Tristan, son neveu, lui a causés. Il a honte de ce que Tristan lui a fait. Il n'a plus aucun avantage à dissimuler la chose. Le roi convoque ses barons et leur explique l'affaire. Il leur expose le méfait de Tristan :

« Seigneurs, dit-il, que pourrai-je faire ? La renonciation à ma vengeance envers Tristan tourne à mon désavantage et on me prend pour un sot. Tristan s'est enfui dans ce pays où je ne sais à quel endroit le chercher ; ainsi, il m'échappera à jamais. Cela m'inquiète, par saint Odon. Si l'un d'entre vous l'aperçoit, qu'il me le fasse savoir aussitôt. Par saint Samson de Cornouailles[1], celui qui me le livrerait aurait droit à ma reconnaissance et je lui accorderais toujours plus d'estime. »

Chacun lui promet de consacrer ses efforts à la capture de Tristan. Le sénéchal Dinas soupire[2] ; il est fort inquiet pour Tristan ; il en a le cœur lourd. Aussitôt, il charge un messager de faire savoir à Tristan

---

1. Saint Samson est le saint tutélaire de l'église de Lantien, résidence de Marc. Cet évêque de Dol du vi[e] siècle est fêté le 28 juillet. Pour Chrétien de Troyes et le *Tristan en prose*, Saint-Samson est aussi le nom de l'île où eut lieu le combat contre le Morholt.
2. Apparition furtive d'un personnage qui est, pour Béroul, l'ami fidèle de Tristan. Toutefois, ni la *Folie d'Oxford* ni Thomas ne le mentionnent.

Con a perdu par nonsavoir
L'amor del roi, quil het de mort :
40 Mar vit Tristanz son bel deport ;
Par envie est aparceüz,
Mout en a esté deceüz.
Qant Tritanz oï la novele,
44 Sachiez ne li fu mie bele.
N'ose repairier ou païs,
Sovant en a esté fuitis.
Sovant sopire et mout se dialt
48 De ce c'o lui nen a Ysiaut.
Ysiaut a il, mais nen a mie
Celi qui primes fu s'amie.
Porpanse soi qu'il porra faire,
52 Con la porra a soi atraire,
Car n'ose aler en sa contree.
« Ha Dex, fait il, quel destinee !
C'ai je sofert en tel amor !
56 Onques de li ne fis clamor
Ne ne me plains de ma destrece.
Por qoi m'asaut ? por quoi me blece ?
Dex ! ce que doit ? qui me sanble ...
60 ... Donc ne sai je ce qui demande ?
Nenil, qant cele ai laissiee
Qui a por moi tant de hachiee,
Tant mal, tant honte e tant anui.
64 Las ! (Chaitis !), fait il, con je sui
Malaürox et con mar fui ! ...
... Soferte et tante poine aüe.
Ainz si bele ne fu veüe.
68 Ja n'an soit mais nul jor amez,
Ainz soit totjorz failliz clamez
Qui de li amer ja se faint !
Amors, qui totes choses vaint,
72 Me doint encor que il avaigne
Que a ma volanté la taigne !
Si ferai je, voir, se Deu plait,
A Deu pri ge qu'il ne me laist
76 Morir devant (ce) que je (l')aie.
Mout me gari soëf ma plaie
Que je reçui en Cornuaille
Qant al Morholt fis la bataille
80 En l'ile ou fui menez a nage

286

que, par son imprudence, celui-ci a perdu l'affection du roi qui le hait à mort. C'est pour son malheur que Tristan a vécu des moments heureux. Les jaloux l'ont surpris, il a été cruellement trahi.

Quand Tristan entendit la nouvelle, sachez-le, elle ne lui fit guère plaisir. Il n'ose plus revenir dans son pays, il a longtemps vécu en fugitif. Souvent il soupire et se lamente fort de l'absence d'Yseut. Il possède une Yseut mais ce n'est pas celle qui fut sa première amie. Il réfléchit à ce qu'il peut faire, à la manière de la faire venir, puisqu'il n'ose pas retourner dans son pays.

« Ha, Dieu! s'écrie-t-il, quelle destinée! Comme j'ai souffert à cause de cet amour! Jamais je ne me suis élevé contre lui et je ne me plains pas de mon désir. Pourquoi s'acharne-t-il contre moi? Pourquoi me fait-il tant souffrir? Dieu! que faire? et que penser[3]? ...

Est-ce que je ne sais pas ce qu'il réclame? Non, puisque j'ai quitté celle qui, à cause de moi, endure tant de tourments, tant de maux et d'humiliations. Hélas, ajoute-t-il, hélas! comme je suis malheureux et comme j'ai été accablé par le sort? (la reine) n'a-t-elle pas assez souffert ni ressenti assez de peines? Jamais on ne vit une aussi belle femme! Qu'il n'en soit jamais aimé et qu'il soit reconnu abject, celui qui rechigne à l'aimer. Que l'amour qui parvient à tout vaincre me laisse encore ma chance de la posséder. Il en sera ainsi, vraiment, s'il plaît à Dieu. Je le prie pour qu'il ne me fasse pas mourir avant qu'elle me revienne. Avec toute sa douceur, elle a guéri la blessure que je reçus en Cornouailles, lors de mon combat contre le Morholt, dans l'île où je vins en bateau

---

3. Une lacune de deux vers dans le manuscrit rend ce passage incompréhensible.

Por desfandre lo treüssage
Que cil devoient de la terre ;
A m'espee finé la guerre.
84 Et Dex me doint encor tant vivre
Que la voie saine et delivre !
Encor avroie je mout chier,
S'a li me pooie acointier.
88 Et Dex li doint joie et santé,
S'il vialt, par sa doce bonté,
Et il me doint enor et joie
Et si me tort en itel voie
92 Que ancor la puisse aviser
Et li vëoir et encontrer !
Dex ! con sui maz et confonduz
Et en terre mout po cremuz !
96 Las ! que ferai, qant ne la voi ?
Que por li sui en grant efroi
Et nuit et jor et tot le terme.
Qant ne la voi, a po ne derve.
100 Las ! que ferai ? Ne sai que faire,
Que por li sui en grant afaire.
Tenir me porroie por mauvais
Se por nule menace lais
104 Que je n'i aille en tapinaje
O en abit de fol onbraje.
Por li me ferai rere et tondre,
S'autremant ne me puis repondre.
108 Trop sui el païs coneüz ;
Sanpres seroie deceüz,
Se je ne puis changier agré
Ma vesteüre et mon aé.
112 Ne finerai onques d'errer
Tant con porrai nes point aler. »
Qant ce ot dit, plus ne demore,
Ainz s'en torne meïsmes l'ore ;
116 Guerpi sa terre et son roiaume ;
Il ne prinst ne hauberc ne hiaume.
D'errer ne fine nuit et jor ;
Jusq'a la mer ne prist sejor.
120 A mout grant poine vint (il) la,
Et si vos di qu'il a pieça
Tel poine soferte por li
Et mout esté fol, je vos di.

pour mettre fin au tribut que les gens de l'endroit devaient payer. C'est mon épée qui a permis de conclure la paix. Que Dieu m'accorde de vivre assez pour que je la retrouve saine et joyeuse. Mon désir le plus cher serait de la rencontrer. Que Dieu lui accorde la joie et la santé, s'il le veut bien, pour sa tendre bonté ! Qu'il m'octroie aussi l'honneur et la joie et qu'il me conduise sur le chemin qui me permettra de la voir, de la contempler et de la rencontrer ! Dieu, comme je suis abattu et désemparé ; qu'on me respecte peu ici-bas ! Hélas, que faire, quand je ne la vois pas ? A cause d'elle, je suis dans l'angoisse nuit et jour durant toute ma vie. Quand je ne la vois pas, je manque de perdre la raison. Hélas, que faire ? Je ne sais comment agir car à cause d'elle je suis dans un grand tourment. On me prendrait pour un lâche si une vile menace me dissuadait d'aller là-bas déguisé ou travesti en sombre fou. Pour elle, je me ferai raser et tondre si je ne peux me déguiser autrement. Je suis trop connu dans le pays. Je serai vite dénoncé si je ne peux changer d'apparence vestimentaire ni paraître plus âgé. Je ne cesserai pas d'errer et cela jusqu'à l'épuisement. »

Après ce discours, il ne tarde guère et part à l'heure même. Il quitte sa terre et son royaume, n'emporte ni haubert ni heaume. Il chemine sans cesse, nuit et jour et se rend d'une traite jusqu'à la mer. Il est très fatigué lorsqu'il y parvient. Mais je vous rappelle qu'il souffre depuis longtemps à cause d'Yseut et qu'il est, croyez-moi, fou à lier !

124 Change son non, fait soi clamer
Tantris. Qant il ot passé mer,
Passez est outre lo rivage.
Ne vialt pas qu'en lo taigne a sage :
128 Ses dras deront, sa chiere grate ;
Ne voit home cui il ne bate ;
Tondre a fait sa bloie crine.
N'i a un sol en la marine
132 Qui ne croie que ce soit rage,
Mais ne sevent pas son corage.
En sa main porte une maçue.
Conme fous va, chascuns lo hue,
136 Gitant li pierres a la teste.
Tritanz s'en va, plus n'i areste.
Ensinc ala lonc tans par terre,
Tot por l'amor Ysiaut conquerre.
140 Mout li ert boen ce qu'il faisoit,
Nule rien ne li desplaisoit,
Fors ce qu'il n'estoit o Ysiaut.
Celi desirre, que il veut.
144 N'a encor pas esté a cort,
Mais or ira, a quel qu'i tort,
Et se fera por fol sambler,
Que a Ysiaut viaut il parler.
148 Droit a la cort en est venuz,
Onques huis ne li fu tenuz.
Qant Tristanz vint devant lo roi,
Mout par fu de povre conroi :
152 Haut fu tonduz, lonc ot lo col,
A merveille sambla bien fol.
Maigres, ataint et noir et pale,
Ne se parçut nus de la sale
156 Que ce fu Tristanz le meschin
Qui pris ot la suer Caërdin.
Mout s'est mis por amor en grande.
Mars l'apele si li demande :
160 « Fox, con as non ? — G'é non Picous.
— Qui t'angendra ? — Uns galerox.
— De que t'ot il ? — D'une balaine.
Une suer ai que vos amoine.
164 La meschine a non Bruneheut.
Vos l'avroiz, et j'avrai Ysiaut.
— Se nos chanjon, que feras tu ? »

Il change son nom et se fait appeler Tantris. Une fois qu'il a traversé la mer, il s'éloigne du rivage. Il ne veut pas qu'on le prenne pour un être normal : il déchire ses habits, se gratte la tête et roue de coups les personnes qu'il rencontre. Il fait tondre sa chevelure blonde. Tout le monde sur la côte le croit enragé mais ne connaît pas ses sentiments profonds. Dans sa main, il tient une massue. Il a la démarche d'un fou : chacun le hue et lui jette des cailloux à la tête[4].

Tristan s'en va sans faire de halte. Il traverse longuement le pays, tout avide de conquérir l'amour d'Yseut. Tout ce qu'il faisait lui était bon. Rien ne le rebutait sinon l'absence d'Yseut. C'est elle qu'il désire et qu'il veut. Il ne s'est pas encore rendu à la cour mais il ira, quels qu'en soient les risques. Il se fera passer pour un fou parce qu'il veut parler à Yseut.

Il arrive directement à la cour et, pas une seule fois, ne trouve porte close. Quand Tristan se présenta devant le roi, il avait piètre allure. Avec son crâne tondu très haut et son cou interminable, il est merveilleusement dans la peau d'un fou. Maigre, le visage mâchuré, noir et blafard, Tristan qui avait épousé la sœur de Kaherdin n'aurait pu être reconnu par quiconque dans la salle. L'amour le contraint à se donner beaucoup de mal. Marc l'interpelle et lui demande : « Fou, quel est ton nom ?

— Je m'appelle Picol[5]. — Qui est ton père ?

— Un morse. — Quelle est ta mère ?

— Une baleine. Je vous amène une sœur à moi. La belle s'appelle Brunehaut[6]. Vous l'aurez et moi j'aurai Yseut.

— Si cet échange a lieu, que feras-tu ? »

---

4. L'idée de Tristan rendu fou par son amour pour Yseut, encore avant de jouer la folie, se trouve chez Eilhart, dans le roman en prose et dans la *Folie* d'Oxford.

5. *Picolet* ou *Pacolet*, un nain devin dans certaines chansons de geste.

6. Les « chaussées Brunehaut » sont la dénomination populaire de certaines routes romaines. Un *Brunehaut meis* est attesté dans l'Aisne en 1265.

Et dit Tristanz : « O bee tu !
168 Entre les nues et lo ciel,
De flors et de roses, sanz giel,
Iluec ferai une maison
O moi et li nos deduiron.
172 A ces Galois, cui Dex doint honte !
Encor n'ai pas finé mon conte.
Rois, kar me dites ou est Brangain ?
Tien, je t'afïance en ta main,
176 Del boivre don dona Tritan,
Dont il sofri puis grant ahan,
Moi et Ysiaut, que je voi ci,
En beümes : demandez li !
180 Et si lo tient or a mançonge,
Dont di je bien que ce fu songe,
Car je lo songé tote nuit.
Rois, tu n'iés mie encor bien duit.
184 Esgarde moi enmi lo vis :
Don ne sanble je bien Tantris ?
Metez le tris devant le tran,
Et vos y troverez Tristan.
188 Je ai sailli et lanciez jons
Et sostenu dolez bastons
Et en bois vescu de racine,
Entre mes bras tenu raïne.
192 Plus diré, se m'an entremet.
— Et taire pois, dant Picolet.
Et dit Yseut que en ot honte :
« Ici pot bien finir tot conte.
196 Ce poise moi que tant fait as.
Lai or huimais ester tes gas.
— A moi que chaut s'il vos en poise ?
Je n'i donroie une pougoise. »
200 Or dient tuit li chevalier :
« N'a fol baër, n'a fol tancier ! »
Tristanz parole com il veut ;
Mout amoit la raïne Yseut.
204 « O roi ! dit il tot an oyant,
Manbre vos d'une peor grant
Qant vos an bois chacier alastes ?
Dormant ansemble nos trovastes
208 Dedanz la foilliee, estandu
Entre nos deus mon branc tot nu !

Tristan dit alors :

« Quelque chose dont tu rêves ! Entre les nuages et le ciel, je bâtirai là-haut une demeure faite de roses et d'autres fleurs, à l'abri du gel, afin qu'elle et moi puissions goûter le plaisir. Mais, que Dieu honnisse ces sales Gallois, je n'ai pas terminé mon histoire. Roi Marc, dis-moi où se trouve Brangien ! Je le jure dans ta main, le breuvage qu'elle a versé à Tristan qui connut, à cause de cela, bien des tourments, Yseut, ici présente, et moi-même en avons bu. Demandez-lui ! Et si elle soutient que c'est un mensonge, alors je lui répondrai que ce fut un songe car j'ai rêvé toute la nuit. Roi, tu ne sais pas tout encore. Regarde-moi bien en face. Je ressemble bien à Tantris, n'est-ce pas ? Mets le *tris* devant le *tan* et tu obtiendras Tristan. J'ai fait des bonds et lancé des joncs. J'ai jonglé avec des bâtons, j'ai survécu en mangeant des racines dans la forêt, j'ai tenu dans mes bras une reine. Je peux en rajouter, si je m'y mets.

— Arrête, Picolet, lui dit Yseut qui était toute honteuse. Tu pourrais bien finir ton histoire. Tes propos me fatiguent. Maintenant, trêve de plaisanteries !

— Que voulez-vous que cela me fasse si vous en avez assez ? Je n'en donnerais pas une pièce de monnaie. »

Tous les chevaliers de s'écrier alors :

« Avec le fou, ni zèle ni querelle ! »

Tristan parle comme il veut. Il aimait beaucoup la reine Yseut.

« Roi, dit Tristan tout en l'écoutant, vous souvenez-vous de votre grande frayeur quand vous êtes allé chasser dans un bois et que vous nous avez trouvés allongés dans la cabane de feuillage, avec l'épée nue étendue entre nos deux corps ?

La fis je sanblant de dormir,
Car je n'osoie pas foïr.
212 Chaut faisoit con el tans de mai.
Parmi la loje vi un rai;
Li rais sor sa face luisoit.
Mout faisoit Dex ce qu'il voloit.
216 Tes ganz botas enz el partuis
Si t'en alas, il n'i ot plus,
Car je ne voil outre conter,
Car il li devroit bien manbrer. »
220 Marc en esgarde la raïne
Et cele tint la chiere encline,
Son chief covri de son mantel :
« Fol, mal aient li marinel
224 Qui ça outre vos amenerent,
Qant en la mer ne vos giterent ! »
Adonques a Tristanz parlé :
« Dame, cist cox ait mal dahé !
228 Se estoiez certe de moi,
Se près vos m'avoiez, se croi,
Et vos saüssiez bien mon estre,
Ne vos tandroit huis ne fenestre
232 Ne lo conmandemant lo roi.
Encor ai l'anel près de moi
Qui me donastes au partir
Del parlemant que doi haïr.
236 Maldite soit ceste asanblee !
Mainte dolereuse jornee
En ai puis aüe et soferte.
Car m'estorez, dame, ma perte
240 En doz baisiers de fine amor
Ou embracier souz covertor.
Mout m'avroiez fait grant confort,
Certes, o autremant sui mort.
244 Onques Yder, qui ocist l'ors,
N'ot tant ne poines ne dolors
Por Guenievre, la fame Artur,
Con je por vos, car je en mur.
248 Guerpi en ai tote Bretaigne ;
Par moi sui venuz en Espaigne,
Onques nel sorent mi ami
Ne nel sot la suer Caërdin.
252 Tant ai erré par mer, par terre,

Je faisais alors semblant de dormir parce que je n'osais pas m'enfuir. Il faisait chaud comme au mois de mai. Je voyais un rayon de lumière traverser notre abri. Il brillait sur le visage d'Yseut. Dieu nous imposait sa volonté. Vous avez placé vos gants devant la fente et vous êtes parti ; ce fut tout. Je n'ai pas l'intention de tout raconter car elle va bien s'en souvenir. »

Marc jette un regard sur la reine qui baisse la tête et la dissimule sous son manteau :

« Fou, dit-elle, maudits soient les matelots qui t'ont fait traverser la mer et qui ne t'ont pas jeté dedans ! »

Tristan lui réplique :

« Dame, malheur à ce cocu ! Si vous acceptiez de me croire, si vous me preniez à vos côtés, je crois, si vous me connaissiez réellement, qu'aucune porte ni fenêtre ne pourraient vous retenir et les ordres du roi non plus. J'ai encore sur moi l'anneau que vous m'avez donné, lors de la scène d'adieux dont je hais le souvenir : maudit soit ce rendez-vous ! Depuis ce temps-là, j'ai traversé et souffert bien des périodes douloureuses. Dame, compensez donc la perte que j'ai subie en m'accordant les doux baisers du parfait amour et les étreintes sous une couverture. Vous m'accorderiez vraiment alors une grande consolation, sinon je vais mourir. Jamais Yder qui tua l'ours[7] n'éprouva pour Guenièvre, la femme d'Arthur autant de peines et de tourments que j'en endure pour vous puisque j'en meurs. J'ai quitté la Bretagne et je suis allé tout seul en Espagne, sans que mes amis le sachent, pas même la sœur de Kaherdin. J'ai tant erré sur terre et sur mer

---

7. Yder est le héros d'un roman arthurien où il tue effectivement un ours qui menaçait la reine Guenièvre.

Que je vos sui venuz requerre.
Se je ensin m'an vois do tot
Que l'un en l'autre ne vos bot,
256 Donc ai je perdue ma joie.
Jamais en augur nus ne croie ! »
En la sale maint en consoille
Li uns a l'autrë en l'oroille :
260 « Mien esciant, tost avandroit
Que mes sires cel fol crerroit. »
Li rois a demandé chevax,
Aler veoir vialt ses oisiax
264 La de defors voler as grues ;
Pieça que n'issirent des mues.
Tuit s'an issent, la sale est vuie,
Et Tristanz a un banc s'apoie.
268 La raïne entra en sa chanbre
Don li pavemanz est de lanbre.
A soi apele sa meschine,
Dit li a : « Par sainte Cristine,
272 As tu oï del fol mervoilles ?
Male goute ait il es oroilles !
Tant a hui mes faiz regreté
Et les Tristan, c'ai tant amé,
276 Et fais encor, pas ne m'an fain !
Lasse ! si m'a il en desdain,
Et si m'an sofre encor a poine.
Va por lo fol, si lo m'amoine ! »
280 Cele s'an torne eschevelee.
Voit la Tristanz, mout li agree.
« Dan fol, ma dame vos demande.
Mout avez hui esté en grande
284 De reconter hui vostre vie.
Plains estes de melancolie.
Si m'aïst Dex, qui vos pandroit,
Je cuit que bien esploiteroit.
288 — Certes, Brangien, ainz feroit mal :
Plus fol de moi vait a cheval.
— Quel deiable enpané bis
Vos ont mon non ensi apris ?
292 — Bele, pieça que je lo soi.
Par lo mien chief, qui ja fu bloi,
Partie est de cestui raison :
Par vos est fors lo guerredon.

pour venir vous chercher ! Si je repars comme je suis venu, sans que nous nous soyons unis l'un à l'autre, alors j'aurai perdu toute ma joie : qu'on ne croie plus jamais en aucun présage ! »

Dans la salle, chacun murmure à l'oreille de l'autre : « D'après moi, il se pourrait fort que notre roi prenne ce fou au sérieux. »

Le roi demande qu'on prépare ses chevaux. Il veut aller voir ses oiseaux qui, en plein air, chassent les grues. Cela fait trop longtemps qu'ils ne sont pas sortis de leurs cages. Tout le monde sort, la salle reste vide et Tristan s'appuie sur un banc.

La reine regagna sa chambre pavée de marbre. Elle appela sa suivante et lui dit :

« Par sainte Christine[8], as-tu entendu les paroles extravagantes du fou ? Qu'il attrape une maladie aux oreilles ! Il m'a bien rappelé mon passé et celui de Tristan que j'ai aimé et que j'aime encore. Je continue à l'aimer sans répit. Hélas, il me méprise, et pourtant j'ai peine à me passer de lui. Va chercher le fou et amène-le-moi. »

Brangien se dépêche et ne prend même pas la peine de se coiffer. Tristan la voit et cela le réjouit fort.

« Maître fou, ma dame vous demande. Vous vous êtes donné beaucoup de mal aujourd'hui pour raconter votre vie. Vous êtes possédé par la mélancolie[9]. Par Dieu, il commettrait une bien bonne action celui qui vous pendrait.

— Au contraire, Brangien, ce serait un crime. Plus fol que moi monte à cheval !

— Quel est le diable aux plumes noires qui vous a appris mon nom ?

— Ma belle, cela fait longtemps que je le connais. Par ma tête qui fut blonde et qui a perdu la raison, c'est vous qui lui avez fait perdre ce à quoi il a droit.

8. Le ms. indique *Estretine*. Il n'existe aucune sainte portant ce nom. Par contre, le calendrier connaît trois Christine.

9. Terme médical. C'est l'une des plus anciennes apparitions du mot en français.

296 Hui cest jor, bele, vos demant,
    Que me façoiz solemant tant
    Que la raïne me merisse
    La carte part de mon servise
300 O la moitié de mon travail. »
    Don sopira a grant baail.
    Brangien si l'a bien agaitié :
    Biaus bras, beles mains et biaux piez
304 Li voit avoir a desmesure ;
    Bien est tailliez par la çainture.
    En son cuer panse qu'il est sage
    Et meillor mal a que n'est rage.
308 « Chevaliers, sire, Dex t'anort
    Et doint joie, mais qu'il ne tort
    A la raïne a desenor
    Ne a moi qui sui de s'amor !
312 Pardone moi ce que t'ai dit.
    Ne m'an poise mie petit.
    — Jel vos pardoin, pas ne m'an poise. »
    Atant dit Brangien que cortoise :
316 « Toe merci, porchace t'uevre :
    D'autrui que de Tristan te covre.
    — Ja si feroie je, mon voil !
    Mais li boivres del trosseroil
320 M'a si emblé et cuer et sans
    Que je nan ai autre porpans
    Fors tant que en amor servir.
    Dex m'an doint a boen chief venir !
324 Mar fu cele ovre apareilliee ;
    Mon san ai en folor changiee.
    Et vos, Brangien, qui l'aportates,
    Certes, malemant esploitates.
328 Cil boivres fu faiz a envers
    De plusors herbes mout divers :
    Je muir por li, ele nel sant.
    N'est pas parti oniemant.
332 Car je sui Tristanz qui mar fu. »
    A cest mot l'a bien conneü.
    A ses piez chiét, merci li crie,
    Qu'il li pardoint sa vilenie.
336 Cil la relieve par les doiz
    Si la baisa plus de cent foiz.
    Or la prie de sa besoingne

A présent, belle, je vous demande de faire en sorte que la reine récompense le quart de mon service ou la moitié de mon effort. »

Il soupire profondément. Brangien l'observe : elle voit qu'il possède, à la perfection, de beaux bras, de belles mains et de beaux pieds ; il est svelte de la taille ; elle se dit qu'il n'est pas fou et que ce n'est pas de folie furieuse qu'il souffre.

« Sire chevalier, que Dieu te donne honneur et joie, pourvu que cela ne tourne pas au déshonneur de la reine ni au mien car je suis son amie ! Pardonne-moi ces paroles : je les regrette vraiment.

— Je vous pardonne, c'est sans importance. »

Brangien répond avec courtoisie :

« Je t'en prie, continue ton histoire mais ne révèle pas aux autres que tu es Tristan.

— Je le ferais volontiers mais le breuvage qui faisait partie du trousseau m'a si bien ravi le cœur et l'esprit que je n'ai plus rien d'autre en tête sinon le service d'amour. Que Dieu me conduise au succès ! Tout cela était bien mal parti ! Ma raison s'est changée en folie. Et c'est vous, Brangien, qui avez apporté le breuvage ; vous avez commis une grave erreur. Ce breuvage aux effets disparates fut concocté avec plusieurs sortes d'herbes : je meurs pour elle et elle ne sent rien. L'effet n'est pas réparti de manière équilibrée car je suis Tristan le malheureux. »

A ces mots, elle l'a reconnu. Elle tombe à ses pieds et le prie de pardonner sa méchanceté. Il la prend par la main et la relève puis la couvre de baisers. A présent, il la prie d'accomplir sa mission

Et qu'el la face sans essoigne
340 — Bien s'an porra apercevoir -
Et qu'ele en face son pooir.
Brangien l'an moine par lo poin,
L'uns pres de l'autre, non pas loing,
344 Et viennent en la chanbre ensanble.
Voit lo Ysiaut, li cuers li tranble,
Car mout lo het por les paroles
Que il dist hui matin si foles.
348 Mout boenement et sanz losange
La salua, a quel qui praigne :
« Dex saut, fait ce il, la raïne,
Avoc li Brangien sa meschine !
352 Car ele m'avroit tost gari
Por sol moi apeler ami.
Amis sui je, et ele amie.
N'est pas l'amors a droit partie :
356 Je sui a doble traveillié,
Mais el n'an a nule pitié.
O fain, o soif et ou durs liz,
Pansis, pansant, do cuer, do piz
360 Ai soferte mainte destrece.
N'ai rien mesfait par ma parece.
Mais cil Dex qui reigne sanz fin,
Qui as noces Archedeclin
364 Lor fu tant cortois botoillier
Que l'eve fist en vin changier,
Icel Dex me mete en corage
Qui me giet d'icest folage ! »
368 Cele se taist, qui mot ne sone.
Voit la Brangien si l'araisone :
« Dame, fait ele, quel sanblant
Faites au plus loial amant
372 Qui onques fust ne jamais soit ?
Vostre amor l'a trop en destroit.
Metez li tost voz braz au col !
Por vos s'est tonduz conme fol.
376 Dame entandez que je i di :
Ce est Tritans, gel vos afi.
— Damoisele, vos avez tort.
Car fussiez vos a lui au port
380 O il ariva hui matin !
Trop a en lui cointe meschin !

300

sans retard et (elle pourra bien être au fait de la chose), qu'elle fasse ce qui est en son pouvoir. Brangien l'amène par le poing et, l'un près de l'autre, côte à côte, ils pénètrent ensemble dans la chambre.

Yseut le voit : son cœur frémit car elle le déteste depuis les sottes paroles qu'il avait débitées dans la matinée. Tristan la salua avec respect mais sans flatterie, quoi qu'il en doive résulter :

« Dieu sauve la reine, dit-il, ainsi que Brangien sa suivante ! Car elle m'aurait bientôt guéri pour peu qu'elle m'appelle « ami ». Je suis en effet son ami et elle est mon amie. L'amour n'est toutefois pas mutuellement partagé : je souffre deux fois plus qu'elle mais elle n'a aucune pitié pour moi. La faim, la soif, les lits durs, les pensées, les soucis, dans le cœur et dans la poitrine : j'ai subi bien des tourments. On ne pourra pas me reprocher d'être resté inactif. Mais Dieu qui règne pour l'éternité et qui aux noces d'Architriclinus[10] fut un échanson assez courtois pour changer l'eau en vin, que ce Dieu-là me donne la force d'échapper à la folie ! »

Yseut se tait et ne sonne mot. Brangien la voit et s'adresse à elle :

« Dame, quel accueil réservez-vous au plus loyal amant qui fut et sera jamais ? Votre amour l'a trop tourmenté. Jetez-vous à son cou ! C'est pour vous qu'il s'est fait tondre comme les fous ! Dame, écoutez ce que je vous dis : c'est bien Tristan, je vous assure !

— Demoiselle, vous avez tort. On voit bien que vous n'étiez pas avec lui quand il a débarqué au port ce matin ? C'est un garçon habité par la ruse.

---

10. C'est le nom qu'on donnait au Moyen Age au marié des noces de Cana. Ce nom n'apparaît pas dans l'Evangile.

Se ce fust il, il n'aüst pas
Hui dit de moi si vilains gas,
384 Oiant toz cez en cele sale.
Miauz volsist estre el fonz de cale !
— Dame, gel fis por nos covrir
Et por aux toz por fox tenir.
388 Ainz ne soi rien de devinaille.
La vostre amor trop me travaille.
Po vos manbre de Gamarien
Qui ne demandoit autre rien
392 Fors vostre cors qu'il en mena.
Qui fu ce qui vos delivra ?
— Certes, Tritans, li niés lo roi,
Qui mout fu de riche conroi. »
396 Voit lo Tritans, mout li est buen :
Bien set que il avra do suen,
S'amor, car plus ne li demande.
Sovant en a esté en grande.
400 — Resanble je point a celui
Qui sol, sanz aïe d'autrui,
Vos secorut a cel besoin,
A Guimarant copa lo poin ?
404 — Oïl, itant que estes home.
Ne vos conois, ce est la some.
— Certes, dame, c'est grant dolor.
Ja fui je vostre harpeor,
408 En la chanbre del ju menistre,
Tele ore que je fui mout tristre,
Et vos, raïne, encor un poi.
Car de la plaie que ge oi
412 Que il me fist parmi l'espaule
— Si issi je de cestë aule -
Me randistes et sauf et sain.
Autres de vos n'i mist la main.
416 Del velin del cruiel sarpent,
Panduz soie, se je en mant !
Me garesistes sanz mehain.
Et qant je fui entrez el bain,
420 Traisistes vos mon branc d'acier,
Trovastes l'osche a l'essuier.
Donc apelastes Perenis
O la bande de paile bis,
424 O la piece iert envolopee.

Si c'était Tristan, plutôt que de faire sur moi des plaisanteries douteuses devant tout le monde, il aurait voulu être à fond de cale !

— Madame, je ne l'ai fait que pour cacher notre jeu et afin que tout le monde me prenne pour un fou. Laissons de côté ces devinettes ! Notre amour me fait trop souffrir. Souvenez-vous de Gamarien qui ne demandait rien d'autre que votre corps et qui vous enleva ! Qui donc fut celui qui vous délivra ?

— Oui, c'était Tristan, le neveu du roi, mais il avait une allure élégante ! »

Tristan la regarde et tout cela lui plaît. Il comprend qu'il pourra encore obtenir l'amour d'Yseut car il n'en demande pas plus. Souvent, il a désiré la posséder :

« Est-ce que je ne ressemble pas à celui qui, seul, sans l'aide de quiconque, vous a secourue en coupant le poing de Guimarant ?

— Oui, comme un homme ressemble à un autre homme mais, pour tout vous avouer, je ne vous reconnais pas.

— Vraiment, dame, votre réponse me fait souffrir. J'ai été autrefois votre joueur de harpe. Vous êtes venue dans la chambre où je me trouvais, à un moment où j'étais très triste, mais vous n'étiez pas heureuse non plus. Vous m'avez totalement guéri de la plaie que je reçus à l'épaule ; grâce à vous je me suis sorti de cette affaire. Vous avez été la seule à me guérir. Vous m'avez permis d'échapper au venin du cruel dragon. Qu'on me pende si je mens ! Et pendant que j'étais dans un bain, vous avez tiré mon épée d'acier et, en l'essuyant, vous avez remarqué l'entaille. Vous avez appelé Périnis qui vous apporta la pièce de métal manquante enveloppée dans une bande de soie grise.

L'acier joinssistes a l'espee.
Qant l'un acier a l'autre joint,
Donc ne m'amastes vos donc point.
428 Par grant ire, por moi ferir,
L'alastes a deus poinz saisir,
Venistes vers moi tote iriee.
En po d'ore vos oi paiee
432 O la parole do chevol,
Don je ai puis au grant dol.
Vostre mere sot ce secroi,
Ice vos afi je par foi.
436 Don me fustes vos puis bailliee.
Bien fu la nes apareilliee.
Qant de havle fumes torné,
Autre jor nos failli oré.
440 Toz nos estut nagier as rains.
Je meïsmes i mis les mains.
Granz fu li chauz s'aümes soi.
Brangien qui ci est devant toi
444 Corut en haste au trosseroel;
Ele mesprist estre son voil.
Do buvrage empli la cope,
Mout par fu clers, n'i parut sope.
448 Tandi lo moi et je lo pris.
Ainz ne t'iert mal ne après pis,
Car trop savez de la favele.
Mar vos vi onques, damoisele !
452 — De mout bon maistre avez leü !
A vostre voil seroiz tenu
Por Tristan, a cui Dex aït !
Mais toz en iroiz escondiz.
456 Diroiz vos mais nule novele ?
— Oïl : lo saut de la chapele.
Qant a ardoir fustes jugiee
Et as malades otroiee,
460 Mout s'antraloient desrainnant
Et mout duremant estrivant
Li quex d'aux vos avroit el bois.
A l'un en donerent lo chois.
464 Je n'an fis autre enbuschemant
Fors do Gorvenal solemant.
Mout me deüssiez bien conoistre,
Car formant les fis je croistre ;

304

Vous avez joint la pièce à l'entaille. Comme elle s'ajustait exactement, vous avez pris le parti de ne pas m'aimer. Dans un moment de fureur, vous avez saisi l'arme à deux mains avec l'intention de me frapper ; pleine de colère, vous êtes venue vers moi. Il me fallut peu de temps pour vous calmer en vous racontant l'épisode du cheveu qui me valut ensuite tant de souffrances. Votre mère apprit ceci en privé. Je vous assure que tout cela est vrai. Ensuite, on vous confia à moi. Le navire fut parfaitement équipé. Le deuxième jour après notre départ, le vent tomba. Il nous fallut utiliser les rames. Moi-même, j'aidai à la manœuvre. Il faisait très chaud, nous avions soif. Brangien, ici présente devant toi, courut jusqu'aux bagages. Sans le vouloir, elle commit une méprise et remplit la coupe avec le breuvage d'amour. Il était parfaitement limpide ; les ingrédients ne transparaissaient pas. Elle me le tendit et j'en bus. Ni avant, ni après, vous n'avez eu à le regretter car vous avez su vous débrouiller. C'est pour mon malheur que j'ai appris à vous connaître, demoiselle.

— Vous avez lu de bien bons auteurs ! Vous voulez faire croire que vous êtes Tristan, que Dieu le sauve ! mais vous repartirez déçu. Allez-vous nous raconter encore quelque chose ?

— Oui, le saut de la chapelle quand on vous condamna à être brûlée et livrée aux lépreux. Ils discutaient beaucoup et se querellaient très vivement pour désigner celui qui vous posséderait dans la forêt. Le choix tomba sur l'un d'entre eux. Avec la seule aide de Gouvernal, je leur tendis une embuscade. Vous devriez me reconnaître car c'est moi qui là-bas les fis mettre en pièces,

468 Ainz par moi n'en fu un desdit,
Mes Gorvenal, cui Dex aït!
Lor dona tex cox des bastons
Ou s'apooient des moignons.
472 En la forest fumes un terme
O nos plorames mainte lerme.
Ne vit encore l'hermite Ugrin?
Dex mete s'ame a boene fin!
476 — Ce poez bien laissier ester.
De lui ne fait mie a parler.
Vos nel resanbleroiz oan:
Il est prodom et vos truanz.
480 Estrange chose avez enprise:
Maint engingniez par truandise.
Je vos feroie mout tost prandre
Et au roi voz ovres antandre.
484 — Certes, dame, si lo savoit,
Je cuit qu'i vos en peseroit.
L'an dit: « Qui ainz servi Amor,
Tot lo guerredone en un jor. »
488 Selonc les ovres que ci oi
Est ce granz errors endroit moi.
Je soloie ja avoir drue,
Mais or l'ai, ce m'est vis, perdue.
492 — Sire, qui vos a destorbé?
— Cele qui tant jorz m'a amé
Et fera encor, se Deu plaist.
Ne n'est mestier c'ancor me laist.
496 Or vos conterai autre rien:
Estrange nature a en chien.
Queles! Qu'est Hudent devenu?
Qant cil l'orent trois jorz tenu,
500 Ainz ne vost boivre ne mangier;
Por moi se voloit enragier.
Donc abatirent au brechet
Lo bel lïen o tot l'uisset.
504 Ainz ne fina, si vint a moi.
— Par cele foi que je vos doi,
Certes, jel gart en ma saisine
A celui eus cui me destine,
508 Q'ancor ferons ensanble joie.
— Por moi lairoit Ysiaut la bloie.
Car lo me mostrez orandroit,

306

ou plutôt je n'en touchai moi-même pas un seul.
Mais Gouvernal, que Dieu le garde ! leur flanqua
une belle volée avec les béquilles sur lesquelles ils
appuyaient leurs moignons. Nous sommes restés
un certain temps dans la forêt où nous avons
versé bien des larmes. L'ermite Ogrin vit-il
encore ? Que Dieu protège son âme !

— Laissez ce sujet : vous ne devez pas parler
de lui car vous ne lui ressemblez nullement. Lui,
c'est un brave homme et vous, vous n'êtes qu'un
truand. Vous vous êtes lancé dans un métier
bizarre : votre malhonnêteté en a trompé plus
d'un. Je vais vous faire arrêter et vous raconterez
vos exploits au roi.

— Dame, si le roi savait tout, je crois que cela
vous ferait du mal. On dit : « Service d'amour
vaut une récompense immédiate. » Mais d'après
ce que j'entends ici, ce dicton est erroné en ce qui
me concerne. Je pensais avoir une amie mais
maintenant je l'ai perdue, il me semble.

— Seigneur, qu'est-ce qui vous trouble ?

— Celle qui m'a toujours aimé et qui
m'aimera encore, si c'est le plaisir de Dieu, car il
ne faut pas qu'elle m'abandonne encore une fois.
A présent, j'ai une autre histoire à vous raconter :
les chiens possèdent un étrange caractère. Tiens !
Qu'est devenu Husdent ? Pendant les trois jours
où on l'enferma, il refusa de boire et de manger.
Mon absence le rendait enragé. Alors, on enleva
la belle laisse du brachet et on ouvrit la porte.
Sans tarder, il me rejoignit.

— Au nom de la confiance que je vous dois,
assurément, je le garde pour le rendre à celui
auquel je destine la joie de nos retrouvailles.

— Quitterait-il pour moi Yseut la blonde ?
Montrez-le-moi donc tout de suite

Savoir se il me conoistroit !
512 — Connoistre ! vos dites richece.
Po priseroit vostre destrece,
Car puis que Tristanz s'an ala,
Home de lui ne s'aprima
516 Qu'il ne volsist mangier as danz.
Il gent en la chanbre loianz.
Damoisele, amenez lo ça ! »
Brangien i cort sou desloia.
520 Qant li brechez l'oï parler,
Lo lïen fait des mains voler
A la meschine qui l'amoine ;
De venir a Tritan se poine.
524 Sore li cort, lieve la teste,
Onques tel joie ne fist beste ;
Boute do grain et fiert do pié,
Toz li monz en aüst pitié ;
528 Ses mains loiche, de joie abaie.
Voit lo Ysiaut, formant s'esmaie,
Craint que il soit enchanteor
O aucun boen bareteor :
532 Tristanz ot povre vesteüre.
Au brachet dit : « La norriture
C'ai mise en toi soit beneoite !
Ne m'as mie t'amor toloite.
536 Mout m'as montré plus bel sanblant
Que celi cui j'amoie tant.
Ele cuide que je me faigne.
Ele verra la destre enseigne
540 Q'ele me dona en baisant,
Qant departimes en plorant :
Cest enelet petit d'or fin.
Mout m'a esté prouchien voisin ;
544 Mainte foiz ai a lui parlé
Et quis consoil et demandé.
Qant il ne me savoit respondre,
Avis m'iert que deüsse fondre.
548 Par amor baisai l'esmeraude ;
Mi oil moilloient d'eve chaude. »
Ysiaut conut bien l'anelet
Et vit la joie del brechet
552 Que il fait, a po ne s'anrage.
Or s'aparçoit en son corage,

pour voir s'il me reconnaît.

— Vous reconnaître ? Quelle énormité ! Il se moquerait bien de votre allure miteuse car, depuis le départ de Tristan, nul ne peut s'approcher de lui sans qu'il montre les crocs. Il geint dans la chambre voisine. Demoiselle, amenez-le ici ! »

Brangien court détacher le chien. Quand le petit braque entendit la voix de Tristan, il fit voler la laisse des mains de la jeune fille qui le conduisait. Il file vers Tristan, bondit sur lui et dresse la tête. Jamais un animal ne manifesta une aussi grande joie ! Il frotte son museau et ses pattes contre son maître. Le monde entier en aurait été ému. Il lui lèche les mains et jappe de bonheur. En voyant cela, Yseut est bouleversée ; elle craint que le fou ne soit un enchanteur ou un excellent imitateur. Tristan est pauvrement vêtu. Il dit au petit braque :

« Béni soit le dressage que je t'ai fait subir ! Tu ne m'as pas frustré de ton affection. Tu m'as réservé un plus bel accueil que celle que j'aimais tant. Elle croit que je suis un comédien. Elle va voir le signe indiscutable qu'elle m'a remis avec ses baisers quand nous sommes quittés en pleurant : cette petite bague d'or fin. Je ne m'en suis jamais défait. Plus d'une fois, je lui ai parlé et demandé conseil ; quand elle ne pouvait me répondre, j'avais l'impression de m'effondrer. J'embrassais l'émeraude avec amour et mes yeux se mouillaient de larmes. »

Yseut reconnut parfaitement la petite bague. Elle vit également la joie manifestée par le braque ; elle faillit devenir folle. Maintenant, elle comprend dans son cœur

C'est Tritans a cui el parole :
« Lasse, fait ele, tant sui fole !
556 Hé ! mauvais cuers, por que ne fonz,
Qant ne conois la rien el mont
Qui por moi a plus de tormant ?
Sire, merci ! Je m'an repant. »
560 Pasmee chiet, cil la reçoit.
Or voit Brangien ce qu'el voloit.
Qant el revint, el flans l'anbrace,
Lo vis et lo nes et la face
564 Li a plus de mil foiz baisié.
« Ha ! Tristanz, sire, quel pechié,
Qui tel poine sofrez por moi !
Don mal soie fille de roi,
568 S'or ne vos rant lo guerredon !
Quelles, Brangien ! Quel la feron ?
— Dame, nel tenez mie a gas.
Alez, si li querez les dras.
572 Il est Tritanz et vos Ysiaut. »
Or voit l'an bien qui plus se deut
A molt petitet d'achoison.
Et dit : « Quel aise li feron ?
576 — Tandis con vos avez loisir,
Molt vos penez de lui servir,
Tant que Mars viegne de riviere.
— Car la trovast il si pleniere
580 Qu'il ne venist devant uit jorz ! »...
... A cez paroles, sanz grant cri,
Con vos avez ici oï,
Entre Tritanz soz la cortine :
584 Entre ses braz tient la raïne.

que c'est à Tristan qu'elle parle.

« Malheureuse ! dit-elle, suis-je donc folle à ce point ! Ah, cœur ingrat, pourquoi ne t'évanouis-tu pas de n'avoir pas reconnu l'être au monde qui a le plus souffert pour moi ? Pitié, seigneur, je me repens ! »

Elle tombe évanouie dans les bras de Tristan. Brangien assiste à la scène qu'elle attendait. Quand Yseut reprit ses esprits, elle entoura de ses bras la taille de Tristan, embrassa plus de mille fois son front, son nez et ses joues.

« Ah, Tristan, mon seigneur, quelle injustice que vous ayez tant souffert pour moi ! Que je ne sois plus fille de roi si je ne vous accorde pas la récompense de vos mérites ! Hé bien, Brangien, qu'allons-nous lui donner ?

— Ma dame, ne plaisantez pas ! Trouvez-lui des vêtements. Il est Tristan, et vous, Yseut. On voit bien que celui qui se lamente le plus a peu de raisons de le faire. »

Yseut dit :

« Comment le rendre heureux ?

— Puisque vous avez le temps de vous en occuper, mettez-vous à son service avant que Marc ne revienne de sa chasse aux oiseaux de rivière. Ah, puisse-t-il trouver tant de gibier qu'il ne revienne pas avant huit jours ! (...) »

A ces mots, sans faire de bruit, comme je vous l'ai dit, Tristan pénètre sous la courtine ; il tient la reine dans ses bras.

Marie de France
Lai du Chèvrefeuille

Londres, British Museum, Harley 978, f° 171v°b-172v°b (H : ms. de base)
Paris, Bibliothèque Nationale, nouv. acq. fr. 1104, f° 32b-33a (S)

Asez me plest e bien le voil,
Del lai qu'hum nume *Chievrefoil*,
Que la verité vus en cunt
4 Pur quei fu fez, coment e dunt. (comment f. f., de coi et
dont S)
Plusur le m'unt cunté e dit
E jeo l'ai trové en escrit
De Tristram e de la reïne,
8 De lur amur ki tant fu fine,
Dunt il eurent meinte dolur,
Puis en mururent en un jur.
Li reis Marks esteit curuciez,
12 Vers Tristram sun nevu iriez;
De sa tere le cungea
Pur la reïne qu'il ama.
En sa cuntree en est alez,
16 En Suthwales u il fu nez.
Un an demurat tut entier,
Ne pot ariere repeirier;
Mes puis se mist en abandun
20 De mort e de destructïun.
Ne vus esmerveilliez neënt,
Kar cil ki eime lealment
Mut est dolenz e trespensez
24 Quant il nen ad ses volentez.
Tristram est dolenz e pensis,
Pur ceo s'esmut de sun païs.
En Cornwaille vait tut dreit
28 La u la reïne maneit.
En la forest tuz suls se mist:
Ne voleit pas qu'hum le veïst.
En la vespree s'en eisseit,
32 Quant tens de herbergier esteit.
Od païsanz, od povre gent,
Perneit la nuit herbergement;
Les noveles lur enquereit
36 Del rei cum il se cunteneit.
Ceo li dïent qu'il unt oï
Que li barun erent bani,

C'est pour moi un grand plaisir et un désir naturel de vous conter l'histoire véritable du lai intitulé le *Chèvrefeuille*, pourquoi et comment il fut composé et d'où il vient (var : comment il fut composé, à propos de quoi et d'où il vient S).

Plus d'un me l'a raconté et moi, je l'ai trouvé écrit dans un livre sur Tristan et la reine[1] qui raconte leur amour qui fut si parfait et leur valut bien des souffrances avant de les réunir dans la mort, le même jour. Le roi Marc poursuivait de sa colère et de sa fureur son neveu Tristan. Il l'avait chassé de son royaume à cause de l'amour qu'il portait à la reine. Tristan s'en retourna dans son pays natal, en Galles du Sud. Il y resta une année entière sans jamais pouvoir revenir. Par la suite, il s'exposa à la mort et à l'anéantissement. Ne vous en étonnez pas car celui qui aime très loyalement est rempli de tristesse et de souci quand il ne peut combler ses désirs.

Tristan était affligé et soucieux. C'est pourquoi, il décida de quitter son pays et de retourner en Cornouailles où vivait la reine. Il se cacha tout seul dans la forêt. Il ne voulait pas être vu. Il en sortait le soir quand il fallait trouver un gîte. Il était hébergé pour la nuit par des paysans, de pauvres gens. Auprès d'eux, il s'informait sur les faits et gestes du roi. Ils lui rapportent ce qu'ils ont entendu : les barons sont convoqués

---

1. On ignore quel est ce livre dont parle Marie et qui contenait une version *écrite* du lai. Ce livre existe-t-il vraiment ? Les auteurs médiévaux se réfèrent parfois (de manière purement formelle) à des « livres » antérieurs où ils disent puiser la matière de leur œuvre. Par ce procédé, ils pensent conférer une dignité et un sérieux incontestables à leurs écrits. La tradition orale ne leur paraît pas une caution suffisante car elle reste entachée d'imprécision voire de futilité.

A Tintagel deivent venir :
40 Li reis i veolt sa curt tenir ;
A Pentecuste i serunt tuit,
Mut i avra joie e deduit,
E la reïne i sera.
44 Tristram l'oï, mut se haita :
Ele n'i purrat mie aler
K'il ne la veie trespasser.
Le jur que li reis fu meüz,
48 Tristram est el bois revenuz.
Sur le chemin que il saveit
Que la rute passer deveit,
Une codre trencha par mi,
52 Tute quarreie la fendi.
Quant il ad paré le bastun,
De sun cutel escrit sun nun.
Se la reïne s'aparceit,
56 Ki mut grant garde s'en perneit
(Autre feiz li fu avenu
Que si l'aveit aparceü)
De sun ami bien conustra (*Dans S, 58-59 précèdent 56-57*)
60 Le bastun, quant el le verra.
Ceo fu la summe de l'escrit
Qu'il li aveit mandé e dit : (qui fu el baston que je dit *S*)
Que lunges ot ilec esté
64 E atendu e surjurné
Pur espïer e pur saveir
Coment il la peüst veeir,
Kar ne poeit vivre sanz li.
68 D'euls deus fu il tut autresi
Cume del chievrefoil esteit
Ki a la codre se perneit :
Quant il s'i est laciez e pris,
72 E tut entur le fust s'est mis,
Ensemble poent bien durer,
Mes ki puis les voelt desevrer,
Li codres muert hastivement
76 E li chivrefoilz ensement.
« Bele amie, si est de nus :
Ne vuz sanz mei, ne jeo sanz vus. »
La reïne vait chevachant.
80 Ele esgardat tut un pendant, (Et e. un poi avant *S*)

à Tintagel où ils doivent se rendre, car le roi veut y tenir sa cour. A la Pentecôte, ils y seront tous ; il y aura beaucoup de joie et de plaisir ; la reine y sera. En entendant cela, Tristan se réjouit. Yseut ne pourra se rendre là-bas sans qu'il la voie passer.

Le jour du départ du roi, Tristan retourne dans la forêt. Sur le chemin que le cortège devait emprunter, il coupa une branche de coudrier par le milieu et l'équarrit en la taillant. Quand le bâton est prêt, il y grave son nom avec un couteau[2]. Si la reine le remarque (car elle faisait très attention ; il lui était déjà arrivé précédemment de retrouver Tristan par un moyen similaire[3]), elle reconnaîtra parfaitement, dès qu'elle le verra, le bâton de son ami. Voici l'explication détaillée du message qu'il lui adresse[4] (var : qui se trouvait sur le bâton dont je parle) : il était resté longtemps dans la forêt, aux aguets, attendant de connaître un moyen pour la revoir car il ne pouvait vivre sans elle. Il en était d'eux comme du chèvrefeuille qui s'enroulait autour du coudrier ; une fois qu'il s'y est enlacé et qu'il s'est attaché au tronc, ils peuvent longtemps vivre ensemble. Mais ensuite, si on cherche à les séparer, le coudrier meurt aussitôt et le chèvrefeuille pareillement. « Belle amie, il en est ainsi de nous : ni vous sans moi, ni moi sans vous[5] ! »

La reine s'avançait à cheval. Elle scrutait le talus (var : elle regardait un peu devant elle),

2. Tristan écrit-il son propre nom ou celui d'Yseut ?

3. Allusion à l'épisode des copeaux (cf. Saga, ch. LIV ou *Folie* d'Oxford, v. 784 et suiv.) par lesquels Tristan fixe rendez-vous à Yseut ?

4. Passage diversement interprété : « Le message est-il gravé en entier sur le bâton, ou bien Marie n'en suggère-t-elle que la signification, impliquée dans le bâton portant le seul nom de Tristan ? » (Hœpffner). En suivant, le ms. H, nous pensons que Marie explicite ici pour son lecteur la signification et la devise de l'emblème (*Ceo... que* = en corrélation, avec un sens explicatif pour *que* : « ceci... à savoir que... »). Une longue inscription paraît difficilement réalisable sur un support ténu ; pourtant, les variantes du ms. S semblent l'accréditer.

5. On a retrouvé sur deux cordons de soie tissés au XIIe siècle un message d'amour

Le bastun vit, bien l'aparceut,
Tutes les lettres i conut.
Les chevaliers ki la menoent
84 E ki ensemble od li erroent
Cumanda tuz a arester :
Descendre voet e resposer.
Cil unt fait sun commandement.
88 Ele s'en vet luinz de sa gent ;
Sa meschine apelat a sei,
Brenguein, ki mut ot bone fei.
Del chemin un poi s'esluina,
92 Dedenz le bois celui trova
Que plus amot que rien vivant :
Entre eus meinent joie mut grant.
A li parlat tut a leisir
96 E ele li dit sun pleisir ;
Puis li mustra cumfaitement
Del rei avrat acordement,
E que mut li aveit pesé
100 De ceo qu'il l'ot si cungeé :
Par encusement l'aveit fait.
Atant s'en part, sun ami lait.
Mes quant ceo vint al desevrer,
104 Dunc comencierent a plurer.
Tristram en Wales s'en rala
Tant que sis uncles le manda.
Pur la joie qu'il ot eüe
108 De s'amie qu'il ot veüe
E pur ceo k'il aveit escrit (par le baston qu'il ot e. *S*)
Si cum la reïne l'ot dit,
Pur les paroles remembrer,
112 Tristram, ki bien saveit harper,
En aveit fet un nuvel lai ;
Asez briefment le numerai :
Gotelef l'apelent Engleis,
116 *Chievrefoil* le nument Franceis.
Dit vus en ai la verité
Del lai que j'ai ici cunté.

vit le bâton, le reconnut et distingua les inscriptions. A tous les chevaliers qui la conduisaient et l'accompagnaient, elle ordonna de s'arrêter. Elle veut descendre de cheval et se reposer. Ils lui obéissent; elle s'éloigne de son escorte, appelle sa servante Brangien qui lui reste très fidèle. Elle quitta un peu le chemin et, dans la forêt, elle trouva celui qu'elle aimait plus que tout au monde. Ils laissent tous deux éclater leur joie. Il lui parle tout à son aise et elle lui dit ce qu'elle désire. Ensuite, elle lui explique comment il pourra se réconcilier avec le roi qui regrette de l'avoir exilé : il a été abusé par des calomnies. Puis elle part et quitte son ami. Mais quand arrive le moment de la séparation, ils commencent à pleurer. Tristan retourna au pays de Galles jusqu'à ce que son oncle le fît revenir.

Pour la joie qu'il éprouva de revoir son amie et pour se rappeler les paroles de la reine qu'il avait mises par écrit (var : à cause du bâton qu'il avait gravé), Tristan qui savait bien jouer de la harpe avait composé un nouveau lai[6]. Je le nommerai brièvement : en anglais, on l'appelle *Gotelef*, les Français le nomment *Chèvrefeuille*. Je viens de vous dire la véritable histoire du lai que j'ai raconté ici.

qui rappelle, à bien des égards, cette devise du *Chèvrefeuille* : « *Jo sui druerie* ("gage d'amour") *Ne me donnez mie, Ki nostre amur deseivre La mort pu(ist ja receivre)* ». Voir le *Bulletin de l'Ecole des Chartes*, 14, 1853, 56-62.
6. Tristan est donc le premier « auteur » du lai que Marie vient de rappeler. Autorité fictive, il va sans dire, mais qui justifie l'entreprise de commémoration tentée par Marie : le texte « met en abîme » les circonstances de sa propre création.

« Tristan Rossignol »

Le Donnei des Amants

(extrait v. 453-683) lai anonyme[1]

— Oï ! bele, poi vus sovent
E relment en memorie tent
Quel chose Ysoud fit pur Tristran,
4 Quant ne l'aveit veü d'un an,
E il repeira de Bretaine
Sanz compaignun e sanz compaigne.
Entur la nuit, en un gardin,
8 A la funtaine suz le pin,
Suz l'arbre Tristran se seeit,
E aventures i atendeit.
Humain language deguisa,
12 Cum cil que l'aprist de peça ;
Il cuntrefit le russinol,
La papingai, le oriol,
E les oiseals de la gaudine.
16 Ysoude escote la reïne
Ou gisout juste le rei Mark,
Mes el ne sout de quele part ;
De quele voiz ne sout en fin
20 Si fu el parc ou el gardin,
Mes par cel chant ben entendi
Ke pres de luec ot sun ami.
De grant engin esteit Tristrans :
24 Apris l'aveit en tendres anz ;
Chascun oisel sout contrefere
Ki en forest vent ou repeire.
Tristrans feseit tel melodie
28 Od grant dousur ben loinz oïe.
N'est quer enteins de murdrisur,
Ke de cel chant n'eüst tendrur.
Ore est Ysoud en grant anguise
32 E pru n'entent que fere pusse ;
Kar leïnz sunt .x. chevalers
Ki ne servent d'autres mesters
Fors de guaiter la bele Ysoud :
36 N'istrat pas fors quant ele volt.
Defors oït sun ami cher :
Cil sunt dedenz pur lui gaiter,
E li fel neims que mut plus doute

« Ah ! ma belle, vous oubliez facilement et vous n'avez pas vraiment présent à la mémoire[2] ce qu'Yseut fit pour Tristan quand elle ne le vit plus pendant un an et qu'il revint de Bretagne sans compagnon ni compagne.

Vers le soir, dans un jardin, près d'une fontaine sous un pin, Tristan était assis sous un arbre et attendait l'aventure. Il déguisa sa voix comme quelqu'un le lui avait appris il y a longtemps. Il imita le rossignol, le perroquet, le loriot et tous les oiseaux de la forêt[3]. La reine Yseut écoutait. Le roi Marc était allongé à ses côtés. Toutefois, elle ignorait d'où venait cette voix. Venait-elle du parc ou du jardin ? Ce chant lui fit néanmoins parfaitement comprendre que son ami se trouvait à proximité.

Tristan connaissait plus d'une ruse : il les avait apprises pendant son jeune âge. Il savait imiter chaque oiseau qui vient ou habite dans la forêt. Tristan chantait de très belles mélodies avec une grande douceur mais on l'entendait de loin. Tous les cœurs épris de violence étaient attendris en écoutant son chant.

Yseut éprouve une grande anxiété. Elle ne sait pas très bien ce qu'elle peut faire car, près d'elle, se trouvent dix chevaliers qui n'ont pas d'autre mission que de veiller sur elle. Elle ne pourra pas sortir comme elle le souhaite. Elle entend son bel ami dehors et ces chevaliers sont à l'intérieur, pour la surveiller, comme le nain félon qu'elle craint plus encore

1. Le mot *donnei, donnoi* vient de la langue d'oc : *domnei*, tiré du verbe *domneiar*, « faire la cour aux dames », d'où le sens de « conversation amoureuse ».
2. Le texte se présente comme un dialogue entre deux amoureux surpris par le poète. Au fil de la conversation, s'insèrent des historiettes associées à des réflexions sur l'amour. Pour les anecdotes, la rhétorique (voir aussi le vers 206) emploie le terme d'exemple (*exemplum*). Il s'agit d'un récit bref, présenté souvent comme véridique, et qui s'intègre à un discours en vue d'apporter une leçon salutaire.
3. Dans le lai de *Laüstic* (ou « rossignol » en breton), Marie de France raconte l'histoire d'une dame qui abandonne le lit conjugal pour rejoindre son amant. Elle explique à son mari qu'elle aime entendre le chant du rossignol le soir. Le mari capturera un rossignol, tordra le cou à l'oiseau et le jettera sur son épouse désolée.

40 Ke trestuz ceus de l'autre rute.
Entre ses braz le rei la tent,
Tristran dehors e chante e gient
Cum russinol que prent congé
44 En fin d'esté od grant pité.
Ysoud en ad dolur et ire,
Plure des oilz, del quer suspire,
E si ad dit mut belement,
48 Tut suspirant, sanz ovrir dent :
« Ja nen ai jo fors une vie,
Mes cele est dreit par mi partie :
L'autre part ai, e Tristran l'une ;
52 Nostre vie est dreite commune,
Mes cele part ki est la fors
Ai plus chere que le mien cors.
Poi preiserai ceste de ça,
56 Si cele part perist de la.
J'ai ci le cors, il ad le quer :
Perir nel lerrai a nul fuer.
La vois jo, quei que m'en avenge,
60 Ki que fole ou sage me tenge,
Reseive jo ou mort ou pleie.
Or seit tut en la Deu maneie ! »
Mut belement des braz le rei
64 Se deslaça tut en cecrei ;
Tote nue fors sa chemise
Del lit le rei Ysoud s'est mise ;
En un mantel forré de gris
68 Alee s'est, covert le vis,
E par les chevalers trespasce
Dunt ad leïnz une grant masse ;
Si les trouva tuz endormiz,
72 Asquans en l'eire, asquanz en liz,
Cum aventure adunc esteit,
Ke mut belement aveneit,
Kar il esteient custumer
76 Tut autrement la nuit veiller :
Quant cinc reposent en dormant,
Li autre cinc furent veillant,
Asquans as us ou as fenestres,
80 Pur despiër defors les estres,
Dunt il furent mult curius ;
Kar dure vie unt li gelus :

que toute la troupe. Le roi la tient dans ses bras. Dehors, Tristan chante et gémit comme le rossignol qui prend congé de l'été dans un chant émouvant. Yseut en souffre et s'émeut; elle pleure, elle soupire et dit très doucement, sans desserrer les dents :

« Je n'ai qu'une vie mais elle est partagée en deux. J'en ai une part et Tristan possède l'autre. Notre vie ne fait qu'un mais la part de moi-même qui est là dehors m'est plus chère que mon corps. Je ferai peu de cas de ce dernier si l'autre partie de moi-même meurt. Mon corps est ici mais Tristan possède mon cœur[4]. Je ne le laisserai périr pour rien au monde. J'irai là-bas, quoi qu'il arrive, qu'on me prenne pour une folle ou non, dussé-je en recevoir la mort ou une blessure ! Je m'en remets à la main de Dieu ! »

Très doucement, elle s'échappa des bras du roi, en s'efforçant de ne rien laisser paraître. Presque nue, elle ne portait qu'une chemise. Elle quitta le lit du roi et partit revêtue d'un mantel fourré de gris.

Le visage dissimulé, elle échappa à la surveillance des chevaliers pourtant fort nombreux à ses côtés. Elle les trouva tous endormis, les uns par terre, les autres dans des lits. C'était une aubaine et elle tombait fort bien car, d'habitude, ils veillaient d'une autre manière. Pendant que cinq d'entre eux dormaient, les cinq autres veillaient, les uns aux portes, les autres aux fenêtres afin d'épier l'extérieur des appartements. Ils consacraient tous leurs soins à cette surveillance. Car les jaloux mènent une existence difficile :

---

4. Cette opposition du corps et du cœur est un motif fréquent dans la poésie lyrique. Chrétien de Troyes le reprend dans son roman de *Cligès* qualifié d'anti-*Tristan*.

Ire, tençun o(n)t chescun jor,
84 La nuit suspeciun e paor.
Tres ben veium que li dolent
Turmenté sunt assez greffment :
Si tel dulur, pur verité,
88 Suffrissent cil pur l'amur Dé,
Gelus que unt lor quer frarin
Serreient dunc martir en fin.
« Ki me demande de cel nom
92 E si en volt oïr raisun,
Pur quei seit cil nomé gelus
Ke pur sa femme est envius
E si la guarde estreitement
96 D'ome estrange e de parent,
La dreite reisun si orrez
Pur quei gelus est apellez :
Gelus est nomé de gelee,
100 Ke l'ewe moille tent fermee.
Ben aparceit k'i met sa cure
Que'le est gelee en sa nature ;
Tost pora sa nature entendre
104 Ke alques velt de garde prendre :
Gelee est freide e si est dure,
E mult estreit a desmesure :
Ewe corante si ferm lie
108 Ke ne se put remuer mie,
Coure de li ne departir,
Plus ke dame de chambre issir
Ke gelus tent en sa baillie
112 E garde en prent par gelusie.
Gelee terre mole endure,
Cume cailloy eschie e dure,
E tant l'estreint par sun geler
116 Ke buef ne la puet reverser ;
Dure e freide est asprement.
E li geluz est ensement :
Par sa feme est refreidiz,
120 Durs est a granz e a petiz,
A sa feme nomeement,
Kar il la guaite estreitement ;
Enteins que lui fait un reguard,
124 Le gelus tut se deive e art :
Ne put fere a sa feme ren,

tous les jours, c'est la colère ou la dispute ; la nuit, c'est le soupçon et la peur. Les malades, on le comprend bien, sont déjà fort tourmentés. Mais si ces derniers supportaient pour l'amour de Dieu un tel supplice, les jaloux qui ont le cœur vil seraient, en ce qui les concerne, de véritables martyrs.

Quand on m'interroge sur leur nom et qu'on veut savoir pourquoi on appelle jaloux celui qui convoite avidement sa femme et qui l'éloigne soigneusement de ses parents et des étrangers, alors écoutez l'explication que je propose de ce terme. Jaloux vient de la gelée qui solidifie l'eau courante[5]. Quand on y prête attention, on s'aperçoit clairement qu'elle est gelée substantiellement. Celui qui voudra faire un peu attention pourra parfaitement comprendre ses propriétés. La gelée est froide, dure et compacte à l'extrême. Elle saisit l'eau courante de telle manière que cette dernière ne peut plus remuer, ni s'écouler ni s'échapper d'elle, pas plus qu'une dame ne peut sortir de la chambre où un jaloux la retient prisonnière et la fait garder ombrageusement. La gelée durcit la terre molle et la rend semblable à un caillou âpre et dur ; elle la saisit tellement en la solidifiant qu'un bœuf ne peut même pas l'entamer. Elle est âprement dure et froide. Le jaloux lui est comparable : il est refroidi par sa femme ; il est dur envers grands et petits, surtout envers sa femme car il la surveille étroitement. Surtout lorsqu'elle lui jette un regard, le jaloux perd la tête et s'enflamme : il n'a pu apporter quoi que ce soit à sa femme

---

5. Ce jeu poétique sur les mots *jaloux-gelée* rappelle la longue tradition des « étymologies » rhétoriques du Moyen Age dont Isidore de Séville au viie siècle fut le plus illustre représentant. On se reportera à son *Livre des Etymologies* précisément. La tradition se poursuivra bien après lui.

N'il ne suffre qu'autre i ait ben,
Joie ne ben ne nul deduit ;
128 Estreit la garde e jor et nuit ;
E mult espie sun afaire ;
Trop li est durs e de mal eire.
Pur ço que il est durs et freiz,
132 E tent sa feme en granz destreiz,
En fermine la garde e prent
Cume gellee l'ewe tent,
Par tel reisun tut a estrus
136 De gellee est nomé gelus.
Ma dame Ysoud fu ensement
Guaitee mult estreitement ;
Mes cele nuit, quant fu levee,
140 Par mi les gueiturs est alee ;
Belement vint ci que a l'us,
E quant la barre trait en sus,
Li anelez un poi sona,
144 E li culvers neim s'eveilla :
Esgardé a de totes parz
Li fel culvert de males ars ;
A ço qu'Yseut l'us deferma,
148 Li neims s'escrie : « E ! la, e ! la ! »
La reïne s'en ist tut bel,
E cil saut sus cum arundel,
E s'afuble d'un mantelet ;
152 Corant après Yseut se met ;
Par cel braz destre la saka :
« Avoi ! dame, fet il, esta !
A quel ure de chambre issez ?
156 Mar i portastes unc les pez,
E par mun chef ne poi ne grant
De leauté ne voi semblant. »
Ysoud en ad al quer irrur :
160 La palme leve par vigur,
E tele buffe al neim dona
Ke quatre denz li eslocha,
E si li dit od murne chere :
164 « Soudee aiez de chamberere !
Li naim trebuche sur un banc :
La gule aveit pleine de sanc ;
Gient li crapouz e crie en halt,
168 Il chet e leve e pus tressalt.

et il ne supporte pas qu'un autre en ait la jouissance, ni qu'il en obtienne une joie, un agrément, ni aucun plaisir. Il la surveille étroitement jour et nuit et veille sur ses faits et gestes. Il est trop dur envers elle et trop vil. Parce qu'il est dur et froid et parce qu'il maintient sa femme sous la contrainte, il la garde et la confine dans un château fort, comme le gel saisit l'eau ; c'est pour cette raison que le mot *jaloux* vient directement de *gelée*.

Ma dame Yseut était, de la même façon, gardée très étroitement. Mais cette nuit-là, quand elle se leva, elle s'avança au milieu des gardes. Elle arriva sans difficulté à la porte et, quand elle ôta la barre, une petite chaîne tinta légèrement. L'ignoble nain se réveilla. Cet abject traître aux ruses infernales regarda de tous les côtés. Lorsqu'il vit qu'Yseut avait ouvert la porte, il s'écria : « Eh, là ! Eh, là ! »

La reine était sortie très tranquillement. Le nain bondit comme une petite hirondelle et revêtit un mantel. Il se lança à la poursuite d'Yseut et l'attrapa par le bras droit :

« Hé, là, dame ! fait-il, halte là ! A quelle heure sortez-vous de votre chambre ? Malheur à vous d'avoir mis les pieds dehors ! Par ma tête, je ne vois là aucune apparence de loyauté, ni petite ni grande. »

La colère monta dans le cœur d'Yseut. Elle leva énergiquement la main et donna une telle claque au nain qu'elle lui déboîta quatre dents. Elle lui dit ensuite d'un air sévère :

« Recevez le traitement d'une chambrière ! »

Le nain tomba sur un banc. Il avait le visage en sang. Ce crapaud[6] gémit et vociféra. Il tomba, se releva et bondit.

---

6. Cette métaphore péjorative appliquée au nain rappelle le nom du nain dans le roman de Béroul. Selon un critique, Frocin signifierait en effet « grenouille » (cf. l'anglais *frog*).

Tel noise e brai e cri leva
Ke li rei Mark s'en esveilla,
Si demande quel noisse i ait.
172 « Sire, fait il, malement vait :
La reïne m'ad si tué
E de sun poin tut endenté,
Ke ele issi tut a larun,
176 Sanz conpaignie ou conpaignun ;
Tantost cum jo la vi issir,
Si la voleie jo tenir :
Del poin me feri a tel ire
180 Ke quatre denz me sunt a dire. »
Li reis respunt e si li dit :
« Tais tei, wicard, que Deu t'aït !
Quant dame Ysoud est si hardie,
184 Ben sai n'i ad ren de folie.
Tu as que fous vers li mespris :
Tristran n'est pas en cest païs,
E ele en est mult plus iree,
188 Quant tu a tort l'as chalengee.
Lès la dame, s'ele ad mester,
Par cel gardin esbaneier ;
Ceo peise mei ke plusurs feiz
192 Trop l'avum tenu(e) en destreiz.
Ysoud surrist et vet avant,
Le chef covert e enveisant,
E vet tut dreit a sun ami :
196 Tristran saut tost encuntre li ;
Entrelacent mult ferm les braz,
Cum il fussent cosu de laz,
Beissent estreit e entreacolent,
200 Ovrent assez e poi parolent,
Meinent lur joie e lur deduit
Mut grant pece de cele nuit ;
Meinent lor joie e lur amurs
204 Mal gré le neim e les guaiturs.
Ysoud mustra ben par cel fait,
Ke deit a essample estre treit,
K'amie n'est fine ne pure
208 Ke ne se met en aventure
E en perilus hardement
S'ele aime del tut lealment
— Sertes, amis, veir avez dit

330

Il fit un tel bruit et poussa de tels cris que le roi Marc s'éveilla et demanda la raison de ce vacarme :

« Sire, répondit le nain, tout va mal ! La reine a failli me tuer. Elle a fait tomber toutes mes dents après m'avoir frappé du poing. Elle vient de sortir comme une voleuse sans compagnie ni compagnon. Dès que je la vis sortir, je voulus la retenir mais elle me frappa si furieusement qu'il me manque à présent quatre dents. »

Le roi répondit :

« Tais-toi, malin, et que le ciel t'assiste ! Puisque ma dame Yseut montre une telle hardiesse, je sais qu'elle ne commet aucune folie. Tu t'es comporté comme un insensé à son égard ! Tristan n'est pas dans la région. Elle a été d'autant plus furieuse que tu l'as réprimandée à tort ! Laisse-la donc se divertir dans le jardin, si elle le souhaite. Cela me chagrine de l'avoir trop souvent retenue comme une prisonnière. »

Yseut sourit et poursuivit son chemin, le visage dissimulé mais joyeux. Elle se rendit aussitôt près de son ami. Tristan courut à sa rencontre. Ils s'enlacèrent étroitement comme s'ils avaient été cousus l'un à l'autre avec des liens.

Ils se donnent de tendres baisers et des caresses. Ils font beaucoup de choses mais parlent peu. Ils s'abandonnent à leur joie et à leur plaisir une grande partie de la nuit. Ils s'adonnent à leur joie et à leurs amours malgré le nain et les gardes.

Yseut apporte l'illustration d'une idée qui doit être considérée comme un exemple : une amie n'est parfaite et pure que lorsqu'elle s'expose elle-même à l'aventure et lorsqu'elle se met en péril, si du moins son amour est sincère.

— Certes, mon ami, c'est vrai

212 Ore m'escutez un petit.
    Ysoud fit ben qui tant ama
    Tristran, qui ainc ne li fausa.
    Tristran pur li fit grant atie
216 Plus qu'or ne freit nus pur s'amie :
    Rere se fit, dreit cume fol,
    Barbe, gernuns e chef e col,
    E bricun se feseit clamer,
220 Ewe de bro sur sei geter.
    Apertement dunt li mustra
    Ke pas en gabes nen ama.
    Vostre semblant pus ben noter,
224 Le quer dedenz nent aviser,
    E meinte fez quer e semblant
    En dous veies vunt descordant :
    Kar li alquant gettent suspir,
228 Dolent, pleinent cum al morir,
    Vunt sovent a munt e a val,
    E il al quer n'unt point de mal.
    Kar il nen aiment fors a gas.

mais écoutez-moi un peu. Yseut qui aimait beaucoup Tristan a parfaitement agi en ne trompant pas son ami. Mais Tristan se mit également en peine pour elle, plus qu'on ne le ferait pour son amie. Il se fit tondre comme un fou la barbe, les moustaches, la tête et la nuque et, tout en se faisant traiter de sot, il se fit jeter sur lui du potage[7]. Il donna alors la preuve parfaite qu'il ne l'aimait pas pour rien. Je peux parfaitement lire sur votre visage mais je ne peux voir dans votre cœur. Souvent, le cœur et le visage ne coïncident pas dans leurs expressions. Car certains soupirent, souffrent, se plaignent comme s'ils allaient mourir. Ils passent par des hauts et des bas mais dans leur cœur, ils ne ressentent aucun mal car leur amour est une comédie.

7. Aucune version conservée de la *Folie Tristan* ne mentionne ce détail du brouet jeté sur Tristan. L'auteur du *Donnei* connaissait-il une autre tradition que celles des manuscrits de Berne et d'Oxford? C'est possible.

Thomas
Le Roman de Tristan

Entre ses bras Yseut la reïne.
Bien cuidoient estre a seor.
Sorvient i par estrange eor
4 Li rois, que li nains i amene.
Prendre les cuidoit a l'ovraine,
Mes, merci Deu, bien demorerent
Quant aus endormis les troverent.
8 Li rois les voit, au naim a dit :
« Atendés moi chi un petit ;
En cel palais la sus irai,
De mes barons i amerrai :
12 Verront com les avon trovez ;
Ardoir les frai, quant ert pruvé. »
Tristran s'esvella a itant,
Voit le roi, mes ne fait senblant :
16 Car el palés va il son pas.
Tristram se dreche et dit : « A ! las !
Amie Yseut, car esvelliez :
Par engien somes agaitiez !
20 Li rois a veü quanque avon fait,
Au palais a ses omes vait ;
Fra nos, s'il puet, ensenble prendre,
Par jugement ardoir en cendre.
24 Je m'en voil aler, bele amie,
Vos n'avez garde de la vie,
Car ne porez estre provee
....
28 Fuir deport et querre eschil,
Guerpir joie, siouvre peril.
Tel duel ai por la departie
Ja n'avrai hait jor de ma vie.
32 Ma doce dame, je vos pri
Ne me metez mie en obli :
En loig de vos autant m'amez
Comme vos de près fait avez.
36 Je n'i os, dame, plus atendre ;
Or me baisiés au congié prendre. »
De li baisier Yseut demore,
Entent les dis et voit qu'il plore ;

La rencontre dans le verger
(manuscrit de Cambridge)

(...) entre ses bras Yseut la reine[1]. Ils se croyaient en parfaite sûreté. Par un étrange malheur, arrive le roi conduit par son nain. Il pensait les prendre en flagrant délit, mais Dieu merci, le roi et le nain avaient trop tardé et trouvèrent les amants endormis. En les voyant, le roi dit au nain :

« Attends-moi ici quelques instants. Je retourne au palais pour chercher mes barons. Ils les verront comme nous les avons trouvés. Je les ferai monter sur le bûcher quand leur faute aura été constatée. »

Tristan s'éveille à cet instant précis. Il voit le roi mais ne laisse rien paraître. Le roi retourne au palais à grands pas. Tristan se lève et dit :

« Hélas ! Yseut, mon amie, réveillez-vous vite ! Nous avons été surpris par ruse. Le roi a vu tout ce que nous avons fait. Il est parti chercher ses hommes au palais. S'il le peut, il nous fera capturer et nous condamnera à être réduits en cendres. Je vais m'en aller, ma douce amie. Vous n'avez rien à craindre pour votre vie car on ne pourra pas vous accuser (...) fuir mon bonheur et rechercher l'exil, abandonner la joie et me soumettre au danger. Je souffre tellement de vous quitter que je n'aurai plus jamais de joie dans ma vie. Ma douce dame, je vous implore de ne pas m'oublier. Aimez-moi de loin autant que lorsque je suis à vos côtés. Je ne peux rester plus longtemps, dame. Donnez-moi un baiser d'adieu ! »

Yseut l'embrasse longtemps. Elle écoute ses paroles et voit qu'il pleure.

---

1. Selon le roman de Gottfried et la saga (ch. 66), après avoir constaté la chasteté des amants endormis dans la forêt (Béroul, v. 1981 et suiv.), Marc accepte leur retour à la cour. Mais Tristan et Yseut continuent de se rencontrer clandestinement dans le verger. Un soir, Marc les surprend une fois de plus en « flagrant délit ».

40 Lerment si oil, du cuer sospire,
   Tendrement dit : « Amis, bel sire,
   Bien vos doit menbrer de cest jor
   Que partistes a tel dolor.
44 Tel paine ai de la desevranche
   Ains mais ne sui que fu pesanche.
   Ja n'avrai mais, amis, deport,
   Quant j'ai perdu vostre confort,
48 Si grand pitié, ne tel tendrour
   Quant doi partir de vostre amor ;
   Nos cors partir ore convient,
   Mais l'amor ne partira nient.
52 Nequedent cest anel pernés :
   Por m'amor, amis, le gardés.

....

Manuscrit Sneyd 1 (Oxford, Bodleian Library, d 16 f° 4a-10d)

....
   Sis corages mue sovent,
   E pense molt diversement
4 Cum changer puisse sun voleir,
   Quant sun desir ne puit aveir,
   E dit dunc : « Ysolt, bele amie,
   Molt diverse vostre vie :
8 La nostre amur tant se desevre
   Qu'ele n'est fors pur mei decevre.
   Jo perc pur vos joie e deduit,
   E vos l'avez e jur e nuit,
12 Jo main ma vie en grant dolur,
   E vos vostre en delit d'amur.
   Jo ne faz fors vos desirer,
   E vos nel puez consirer
16 Que deduit e joie n'aiez
   E que tuiz vos buenz ne facez.
   Pur vostre cors su jo em paine,
   Li reis sa joie en vos maine :
20 Sun deduit maine e sun buen,
   Ço que mien fu ore est suen.
   Ço qu'aveir ne puis claim jo quite,
   Car jo sai bien qu'il se delite ;
24 Ublié m'ad pur suen delit.

338

Les yeux remplis de larmes, elle pousse un profond soupir et dit tendrement :

« Mon ami, beau seigneur, vous vous souviendrez de ce jour où votre départ provoqua une grande souffrance. Je souffre tant de cette séparation ! Jamais, je n'ai autant souffert ! Plus jamais, mon ami, je n'éprouverai de la joie puisque j'ai perdu votre réconfort. Quelle pitié ! Une telle tendresse et je dois me passer de votre amour ! Il nous faut à présent séparer nos corps mais nous ne nous séparerons pas de notre amour. Prenez cependant cet anneau et gardez-le, mon ami, pour l'amour de moi (...)

Le mariage de Tristan
(fragment Sneyd 1)

(...) Il change souvent d'avis et réfléchit aux diverses manières de modifier sa volonté, puisqu'il ne peut réaliser son désir. Il dit alors :

« Yseut, ma belle amie, votre vie est fort changeante. Notre amour s'éloigne tellement de nous qu'il n'est que déception pour moi. A cause de vous, je perds joie et plaisir mais vous, vous les possédez jour et nuit. Je passe ma vie à souffrir énormément et vous menez la vôtre dans le plaisir d'amour. Je ne fais que vous désirer mais vous ne pouvez éviter d'obtenir le plaisir et la joie ; vous faites ce que vous voulez. C'est votre corps qui me fait souffrir alors que le roi en vous trouve sa joie. Il trouve son plaisir, il trouve sa jouissance : ce qui était à moi est aujourd'hui à lui.

Je renonce à ce que je ne puis obtenir, car je sais bien qu'il trouve son plaisir avec elle. Elle m'a oublié parce qu'elle jouit de lui.

En mun corage ai en despit
Tutes altres pur sulë Ysolt ;
E rien comforter ne me volt,
28 E si set bien ma grant dolur
E l'anguisse qu'ai pur s'amur ;
Car d'altre sui mult coveité
E pur ço grifment anguissé.
32 Se d'amur tant requis n'esteie,
Le desir milz sofrir porreie
E par l'enchalz quid jo gurpir,
S'ele n'en pense, mun desir.
36 Quant mun desir ne puis aveir,
Tenir m'estuit a mun püeir,
Car m'est avis faire l'estot :
Issi fait cil ki mais n'en pot.
40 Que valt tant lunges demurer
E sun bien tuit diz consirer ?
Que valt l'amur a maintenir
Dunt nul bien ne put avenir ?
44 Tantes paines, tantes dolurs
Ai jo sufert pur ses amurs
Que retraire m'en puis bien :
Maintenir la ne me (valt rien).
48 De li sui del tuit obl(iez),
Car sis corages est (changez).
E ! Deu, bel pere, reis celestre,
Icest cange coment puit estre ?
52 Coment avreit ele changé,
Quant encore maint l'amisté ?
Coment porrat l'amur gurpir ?
Ja ne puis jo pur rien partir.
56 Jo sai bien, si parti em fust,
Mis cuers par le suen le soüst ;
Mal, ne bien, ne rien ne fist,
Que mis cuers tost nel sentist.
60 Par le mien cuer ai bien sentu
Que li suens m'ad bien tenu
E cumforté a sun poeir.
Se mun desir ne puis aveir,
64 Ne dei pas pur ço cur a change
E li laisier pur estrange ;
Car tant nos sumes entremis
E noz cors en amur malmis,

En moi-même, je méprise toutes les autres femmes à cause de la seule Yseut. Elle ne veut même pas me consoler ; elle connaît pourtant ma grande douleur et les tourments que me cause son amour. Une autre femme me convoite et c'est pourquoi je suis terriblement tiraillé. Si je n'étais pas tant sollicité par mon amour, je supporterais mieux le désir[2] et, si elle ne se préoccupe pas de la chose, je pense échapper à mon désir par la souffrance. Mais, puisque je ne peux réaliser mes désirs, je dois m'en tenir au possible ; cela me semble inéluctable. C'est ainsi que se comporte celui qui ne peut rien faire d'autre. A quoi sert-il d'attendre et de toujours s'abstenir de son bien ? A quoi sert-il de préserver un amour dont aucun bien ne peut advenir ? A cause de mon amour pour elle, j'ai enduré tant de peines et de douleurs que j'ai acquis le droit de m'éloigner. Préserver mon amour ne me rapporte rien. J'ai totalement disparu de son esprit, car ses sentiments ont changé. Mon Dieu, notre père, roi des cieux, comment ce changement a-t-il pu se produire ? Comment aurait-elle changé à mon égard ? Quand l'affection demeure, comment l'amour peut-il s'en aller ? Je ne peux nullement me séparer d'elle[3]. En ce qui me concerne, je sais bien que si mon cœur se détachait d'elle, son cœur à elle l'avertirait. De son côté, elle ne faisait rien de bien ou de mal sans que mon cœur ne l'apprît. Dans mon cœur, j'ai bien senti que son cœur m'est resté fidèle et m'a apporté son réconfort comme il a pu. Si je ne peux satisfaire mon désir, je ne dois pas pour autant lui être infidèle et l'abandonner pour une autre femme. Car nous avons tellement abandonné et malmené nos corps dans l'amour

2. Le ms. indique *le de*. La correction en *le desir* s'impose à cause du parallélisme des expressions. Le mot *désir* est employé deux vers plus bas.

3. Passage délicat. Bédier adopte une ponctuation différente et traduit : « Comment la reine Isolt aurait-elle changé à mon égard, puisque (en moi) vit toujours l'amour ? Comment pourra(it)-elle s'évader hors de l'amour, tandis que, moi, je ne le puis en aucune manière ? »

68 S'aveir ne puis mun desir,
   Que pur altre deive languir ;
   E a iço qu'ele poüst,
   Voleir ad, si poeir oüst ;
72 Car ne li dei saveir mal gré,
   Quant bien ad en sa volenté ;
   Së ele mun voleir ne fait,
   Ne sai quel mal gré en ait.
76 Ysolt, quel que seit le poeir,
   Vers mei avez mult buen penseir.
   Coment purreit dunc changier ?
   (M'amur) vers li ne pois trichier.
80 (Jo sai bien,) si changer volsist,
   (Que li miens) coers tost le sentist.
   Que seit de la tricherie,
   Jo sent bien la departie :
84 En mun corage tres bien sent
   Que petit mei aime u nient ;
   Car, s'ele en sun coer plus m'amast,
   D'acune rien me comfortast.
88 — Ele, de quei ? — D'icest ennui.
   — U me trovreit ? — La u jo sui.
   — Si ne set u ne en quele tere.
   — Nun ? e si me feïst dunc querre !
92 — A que faire ? — Pur ma dolor.
   — Ele nen ose pur sun seignur,
   Tuit nen oüst ele voleir.
   — A quei ? Quant nel pot aveir,
96 Aimt sun seignur, a lui se tienge !
   Ne ruis que de mei li sovienge !
   Ne la blam pas s'ele mei oblie,
   Car pur mei ne deit languir mie :
100 Sa grant belté pas nel requirt,
   Ne sa nature n'i afirt,
   Quant de lui ad sun desir,
   Que pur altre deive languir.
104 Tant se deit deliter al rei
   Oblier deit l'amur de mei,
   En sun seignur tant deliter
   Que sun ami deit oblier.
108 E quei li valt ore m'amur
   Emvers le delit sun seignur ?
   Naturelment li estuit faire

que, si je ne peux satisfaire mon désir, je ne peux pas non plus languir pour une autre femme. Elle-même voudrait sans doute obtenir ce qu'elle ne peut réaliser car je ne dois pas lui tenir rigueur dans la mesure où elle le désire. Si elle n'agit pas comme je le souhaite, faut-il lui en vouloir ? Yseut, quand bien même votre volonté vous échappe, vous avez envers moi d'excellentes pensées. Comment donc pourrait-elle changer ? Mon amour ne peut tricher envers elle. Je suis sûr que si elle changeait ses sentiments, mon cœur le sentirait aussitôt. Qu'elle ait triché ou non envers moi, je ressens durement la séparation. Je sens très bien au fond de moi-même qu'elle m'aime peu ou pas du tout. Car, si dans son cœur elle m'aimait davantage, elle trouverait un moyen de me réconforter.

— Elle ? Et de quoi ? — De cette douleur.

— Où me trouverait-elle ?

— Là où je me trouve.

— Elle ne sait pas où ni dans quel royaume je suis. — Vraiment ? Alors qu'elle me fasse rechercher !

— Pour quoi faire ? — Pour alléger ma douleur.

— Elle n'ose pas à cause de son mari, même si elle en a la volonté.

— A quoi bon, alors ! Puisqu'elle n'a pas pu avoir cette volonté, qu'elle aime son mari, qu'elle lui soit fidèle ! Je ne lui demande pas de se souvenir de moi ! Je ne la blâme pas si elle m'oublie, car il ne sert à rien qu'elle languisse à cause de moi. Cela n'est pas conforme aux exigences de sa grande beauté et il ne convient pas non plus à sa nature, puisque Marc comble ses désirs, de languir pour un autre homme. Elle est si heureuse avec le roi qu'elle en oublie son amour pour moi. Elle éprouve tant de plaisirs avec son mari qu'elle doit oublier son ami. Que vaut à ses yeux mon amour en comparaison du plaisir que lui offre son mari ? Sa nature est venue

Quant a sun voleir ne volt traire ;
112 A ço se tienge que aveir puet,
Car ço que aime laissier estuit.
Prenge ço que puet aveir,
E aturt bien a sun voleir :
116 Par jueir, par sovent baisier
Se puet l'en issi acorder.
Tost li porra plaisir si bien
De mei ne li menbera rien.
120 Si li menbre, e mei que chalt ?
Face bien u nun, ne l'en chalt :
Joie puet aveir et delit
Encuntre amur, si cum jo quit.
124 Cum puet estre qu'encuntre amur
Ait delit, u aimt sun seignur,
U puset metre en obliance
Que tant ad eu en remenbrance ?
128 Dunt vient a hume volunté
De haïr ço qu'il ad amé,
U ire porter u haür
Vers ço u ad mis s'amur ?
132 Ço que amé ad ne deit haïr,
Mais il s'en puet bien destolir,
Esluinier se e deporter,
Quant ne veit raisun d'amer.
136 Ne haïr n'amer ne deit
Ultre ço que raisun veit.
Quant l'en fait ovre de franchise,
Sur ço altre de colvertise,
140 A la franchise deit l'en tendre,
Que encuntre mal ne deit mal rendre.
L'un fait deit l'altre si sofrir
Que entre euls se deivent garantir :
144 Ne trop amer pur colvertise,
Ne trop haïr pur franchise.
La franchise deit l'en amer
E la coilvertise doter,
148 E pur la franchise servir
E pur la coilvertise haïr.
Pur ço qu'Isolt m'ad amé,
Tant senblant de joie mustré,
152 Pur ço ne la dei haïr.
Pur chose que puisse avenir.

344

au secours de sa volonté. Qu'elle se limite donc à ce qu'elle peut avoir, car il lui faut abandonner ce qu'elle aime ! Qu'elle prenne ce qu'elle peut obtenir et qu'elle y conforme sa volonté ! Les jeux de l'amour et les baisers fréquents permettent la bonne entente. Elle y trouvera tant de plaisir qu'elle ne se souviendra plus du tout de moi. Si elle m'oublie, que m'importe ? Qu'elle fasse bien ou mal, cela lui est indifférent ! Elle peut obtenir la joie et le plaisir à l'encontre même de l'amour, à ce qu'il me semble. Comment se fait-il qu'à l'encontre de l'amour elle obtienne le plaisir ou qu'elle aime son mari ou qu'elle puisse renvoyer à l'oubli un être dont elle a gardé longtemps le souvenir ? D'où vient pour un être humain la volonté de haïr ce qu'il a aimé, de manifester sa colère ou sa haine envers quelqu'un en qui il a placé son amour ? Ce qu'il a aimé, il ne doit pas le haïr mais il peut bien s'écarter de lui, s'en éloigner et l'abandonner quand il ne voit plus de raison d'aimer. On ne doit ni haïr ni aimer au-delà de ce que l'esprit aperçoit. Quand on voit autrui réaliser une œuvre noble puis une mauvaise[4], il ne faut regarder que celle qui est noble car on ne doit pas rendre le mal pour le mal. La première doit aider à supporter l'autre car elles se contrebalancent : il ne faut pas trop aimer cette personne à cause de la méchanceté ni trop la haïr à cause de l'action noble qu'elle commet. On doit aimer la noblesse et redouter la méchanceté, à la fois pour servir la noblesse et pour haïr la méchanceté. Puisqu'Yseut m'a aimé, puisqu'elle m'a offert souvent un visage heureux, à cause de cela je ne dois pas la haïr. Quoi qu'il puisse m'arriver

---

4. C'est le cas d'Yseut qui aima d'abord Tristan (*ovre de franchise*) puis Marc (*colvertise*).

E quant ele nostre amur oblie,
De li ne me deit menbrer mie.
156 Jo ne la dei amer avant,
Ne haïr ne la dei par tant;
Mais jo me voil issi retraire
Cum ele le fait, si jol puis faire :
160 Par ovres, par faiz assaier
Coment me puisse delivrer
En ovre ki est contre amur,
Cum ele fait vers sun seignur.
164 Coment le puis si esprover
Se par femme nun espuser ?
El fait nul raisun oüst
Se dreite espuse ne fust,
168 Car cil est sis dreit espus
Ki fait l'amur partir de nos.
De lui ne se deit ele retraire,
Quel talent quë ait, l'estuit faire.
172 Mais mei n'estuit faire mie,
Fors que assaier voldrai sa vie :
Jo voil espuser la meschine
Pur saveir l'estre a la reïne,
176 Si l'espusaille e l'assembler
Me pureient li faire oblier,
Si cum ele pur sun seignur
Ad entroblïé nostre amur.
180 Nel faz mie li pur haïr,
Mais pur ço que jo voil partir,
U li amer cum ele fait mei
Pur saveir cume aime lu rei. »
184 Molt est Tristans en grant anguisse
De cest'amur que faire poïsse,
En grant estrif e en esprove.
Altre raisun nule n'i trove
188 Mais qu'il enfin volt assaier
S'encuntre amur poisse delitier,
Se par le delit qu'il volt
Poisse entroblïer Ysolt,
192 Car il quide qu'ele oblit
Pur sun seignur u pur delit :
Pur ço volt femme espuser
Qu'Isolt n'en puisse blamer
196 Que encontre raisun delit quierge,

et puisqu'elle a oublié notre amour, je ne dois plus me souvenir d'elle. Je ne dois pas continuer à l'aimer mais je ne dois pas la haïr pour autant. Je veux renoncer à elle comme elle l'a fait pour moi, si j'en suis capable. Par des actes, par des expériences, je chercherai à me libérer grâce à une attitude qui sera à l'encontre de l'amour, comme elle le fait avec son mari. Or, comment éprouver cela sinon en épousant une femme ? En réalité, aucune raison ne pourrait justifier Yseut si elle n'était l'épouse légitime de Marc ; car c'est ce mari légal qui fait disparaître notre amour. Elle ne peut pas se séparer de lui. Quelle que soit sa volonté, elle lui est soumise. En ce qui me concerne, je n'y suis pas soumis mais je vais quand même tester ses sentiments. Je veux épouser la jeune fille pour connaître les sentiments de la reine afin de savoir si les épousailles et l'amour charnel pourront me la faire oublier, tout comme elle a oublié notre amour à cause de son mari. Je n'agis pas ainsi parce que je la hais mais parce que je veux me séparer d'elle ou l'aimer comme elle m'aime, pour savoir comment elle aime le roi. »

Tristan est en proie à une profonde angoisse. Cet amour pour lequel il ne sait que faire le plonge dans un long débat intérieur et une grande épreuve. Il ne trouve pas d'autre solution que d'essayer de trouver son plaisir contre l'amour. Par le plaisir qu'il cherche, il pourrait ainsi oublier Yseut, car il pense qu'elle l'oublie à cause de son mari et du plaisir qu'il lui donne. C'est pourquoi, il veut épouser une femme telle qu'Yseut ne puisse le blâmer de rechercher le plaisir contre la raison,

Que sa procise nen afirge;
Car Ysolt as Blanches Mains volt
Pur belté e pur nun d'Isolt.
200 Ja pur belté qu'en li fust,
Se le nun d'Isolt ne oüst,
Ne pur le nun senz belté,
Ne l'oust Tristans en volenté:
204 Ces dous choses qu'en li sunt
Ceste faisance emprendre font,
Qu'il volt espuser la meschine
Pur saveir l'estre la reïne,
208 (Coment) se puisse delitier
(Enc)untre amur od sa moillier;
Assaier le volt endreit sei,
Cum Ysolt fait envers lu rei;
212 E il pur ço assaier volt
Quel delit avra od Ysolt.
A sa dolur, a sa gravance
Volt Tristrans dunc quere venjance;
216 A sun mal quert tel vengement
Dunt il doblera sun turment;
De paine se volt delivrer,
Si ne se fait fors encombrer;
220 Il en quida delit aveir
Quant il ne puet de sun voleir.
Le nun, la belté la reïne,
Nota Tristrans en la meschine,
224 Pur le nun prendre ne la volt
Ne pur belté, ne fust Ysolt.
Ne fust ele Ysolt apelee,
Ja Tristrans ne la oust amee;
228 Se la belté Ysolt n'oüst,
Tristrans amer ne la poüst;
Pur le nun e pur la belté
Que Tristrans i ad trové
232 Chiet en desir e en voleir
Que la meschine volt aveir.
Oez merveilluse aventure,
Cum genz sunt d'estrange nature,
236 Que en nul lieu ne sunt estable!
De nature sunt si changable,
Lor mal us ne poent laissier,
Mais le buen puent changer.

car cela ne correspond pas à sa valeur. Il veut Yseut aux Blanches Mains pour sa beauté et pour le nom d'Yseut qu'elle porte. Jamais il ne l'aurait désirée, quelle que fût sa beauté, si elle n'avait pas porté le nom d'Yseut ou si elle avait porté le nom d'Yseut sans être belle. Ces deux qualités qui se trouvent en elle l'amènent à épouser la jeune fille afin de connaître les sentiments de la reine et de savoir comment il lui sera possible de trouver le plaisir avec sa femme, à l'encontre même de l'amour. Il veut essayer cela sur lui, comme Yseut l'a essayé avec le roi. Il veut pour cette raison essayer le plaisir qu'il aura avec Yseut.

A sa douleur, à sa peine, Tristan cherche donc une vengeance. Il cherche une telle vengeance à son mal qu'elle doublera en fait ses souffrances. Il cherche à se délivrer de sa peine et ne fait que s'y enfoncer davantage. Il crut qu'il pourrait obtenir du plaisir tout en ne pouvant pas satisfaire son désir. Tristan remarqua chez la jeune fille le nom et la beauté de la reine. Il n'aurait accepté de la prendre ni pour son nom ni pour sa beauté si elle n'avait pas porté le nom d'Yseut. Si elle ne s'était pas appelée Yseut, jamais Tristan ne l'aurait aimée. Si elle n'avait pas eu la beauté d'Yseut, Tristan n'aurait pu l'aimer non plus. A cause du nom et de la beauté que Tristan a trouvés en elle, il succombe au désir et à la volonté de posséder la jeune fille.

Ecoutez la merveilleuse aventure ! Ecoutez comme les êtres sont étranges et inconstants ! Ils sont si changeants de nature qu'ils ne peuvent pas abandonner leurs mauvaises habitudes et qu'ils renoncent au bien.

240 El mal si acostomer sont
   Que pur dreit us tuit dis l'unt,
   E tant usent la colvertise
   Qu'il ne sevent qu'est franchise,
244 E tant demainent vilanie
   Qu'il oblient corteisie;
   De malveisté tant par se painent
   Que tute lor vie laenz mainent,
248 De mal ne se puent oster,
   Itant se solent aüser.
   Li uns sunt del mal acostomier,
   Li altre de bien renoveler;
252 Tute l'entente de lor vie
   En changer novelerie,
   E gurpisent lor buen poeir
   Pur prendre lor malveis voleir.
256 Novelerie fait gurpir
   Buen poeir pur malveis desir,
   E le bien, que aveir puet, laissier
   Pur sei el mal delitier;
260 Le meillur laisse del suen
   Tuit pur aveir l'altrui mainz buen;
   Ço que suen est tient a pejur,
   L'altrui, qu'il coveite, a meillor.
264 Si le bien qu'il ad suen ne fust,
   Ja encuntre cuer ne l'oüst;
   Mais iço qu'aveir lui estuit
   En sun corage amer ne puit.
268 S'il ne poüst ço qu'il ad aveir,
   De purchaceir oust dunc voleir;
   Meillur del suen quide troveir,
   Pur ço ne puet le suen amer.
272 Novelerie le deceit
   Quant ne volt iço qu'aveir deit
   E iço qu'il n'ad desire
   U laisse suen pur prendre pire.
276 L'en deit, ki puet, le mal changer
   Pur milz aveir le pis laissier,
   Faire saveir, gurpir folie,
   Car ço n'est pas novelerie
280 Ki change pur sei amender
   U pur sei de mal oster;
   Mais maint en sun cuer change

Ils s'habituent tellement au mal que celui-ci devient leur véritable nature. Ils se servent tellement de la tromperie qu'ils ne savent plus ce qu'est la sincérité. Ils cultivent tant la vilenie qu'ils en oublient la générosité. Ils s'acharnent tant à commettre le mal que toute leur vie y est soumise ; ils ne peuvent plus lui échapper et en prennent l'habitude. Les uns sont accoutumés à commettre le mal, les autres à éviter le bien. Ils abandonnent toutes leurs pensées à l'inconstance. Ils fuient la vertu pour s'adonner aux mauvais penchants. L'inconstance fait fuir la vertu à cause du méchant désir ; elle fait abandonner le bien possible pour un plaisir que l'on puise dans le mal. C'est répudier le meilleur de soi pour obtenir des choses bien moindres. Le bien qu'il possède, l'inconstant le méprise, mais il convoite celui d'autrui qu'il considère meilleur. Si le bien qu'on possède n'existait pas, on ne le détiendrait pas à contre-cœur mais tout ce que l'on possède de droit, on ne peut l'aimer en son for intérieur. S'il ne pouvait obtenir ce qu'il possède, il aurait l'intention de le conquérir. Il croit toujours trouver mieux ailleurs, c'est pour cela qu'il n'aime pas ce qui lui appartient. L'inconstance le trompe puisqu'il rejette ce qui lui appartient et souhaite ce qu'il n'a pas, au point de refuser ce qu'il a pour choisir le pire. Si c'est possible, il faut troquer le mal pour le meilleur et refuser le pire ; il faut agir sagement, fuir la folie, car il n'est pas inconstant celui qui change dans le sens du bien et qui veut éviter le mal. Mais beaucoup de gens ont dans le cœur un désir de changement

E quide troveir en l'estrange
284 Ço qu'il ne puet en sun privé.
Ce lui diverse sun pensé,
Ço qu'il n'ont volent assaier
E enaprès lor aparer.
288 Les dames faire le solent,
Laissent ço q'unt pur ço que volent
E asaient cum poent venir
A lor voleir, a lor desir.
292 Ne sai, certes, que jo en die :
Mais trop par aiment novelerie
Homes e femmes ensement,
Car trop par changent lor talent
296 E lor desir e lor voleir
Cuntre raisun, cuntre poeir.
Tels d'amur se volt vancier
Ki ne se fait fors empeirier ;
300 Tels se quide jeter d'amur
Ki duble acreist sa dolur,
E tels i purchace venjance
Ki chet tost en grive pesance,
304 E tel se quide delivrer
Ki ne se fait fors encumbrer.
Tristran quida Ysolt gurpir
E l'amur de sun cuer tolir ;
308 Par espuser l'altre Ysolt,
D'iceste delivrer se volt ;
E si ceste Ysolt ne fust,
L'altre itant amé ne oüst ;
312 Mais par iço qu'Isol amat
D'Ysol amer grant corage ad ;
Mais par iço qu'il ne volt lassier
Ad il vers ceste le voleir,
316 Car s'il poüst aveir la reïne
Il n'amast Ysolt la meschine :
Pur ço dei jo, m'est avis, dire,
Que ço ne fut amur ne ire ;
320 Car si ço fin' amur fust,
La meschine amé ne oüst
Cuntre volenté s'amie ;
Dreite haür ne fu ço mie,
324 Car pur l'amur la reïne
Enama Tristrans la meschine ;

car ils croient trouver ailleurs ce qu'ils n'ont pas en eux. Leur esprit les pousse à ne pas user ce qu'ils ont et à ne pas s'en contenter. Les dames se comportent souvent de cette manière : elles abandonnent ce qu'elles ont au profit de ce qu'elles désirent et tentent d'obtenir la satisfaction de leur désir et de leur caprice. Je ne sais vraiment pas que dire là-dessus, mais les hommes tout comme les femmes aiment trop l'inconstance, car ils bradent leur raison et leur pouvoir contre le désir, le caprice et l'inclination. Tel qui veut avancer en amour ne fait que s'enliser. Tel qui espère échapper à l'amour ne fait que redoubler ses souffrances. Tel qui cherche à se venger tombe dans une situation encore plus pénible. Tel qui cherche à se délivrer ne fait que s'empêtrer davantage.

Tristan croyait se débarrasser d'Yseut et ôter l'amour de son cœur. En épousant l'autre Yseut, il voulait se délivrer de la première mais, s'il n'y avait pas eu la première, il n'aurait jamais aimé la seconde. Pour avoir aimé la première, il éprouve le désir d'aimer la seconde. Mais c'est parce qu'il ne veut pas abandonner la première qu'il aime la seconde car s'il pouvait avoir la reine, il n'aimerait pas la demoiselle Yseut. Il me faut donc dire, selon moi, que ce n'était ni l'amour ni la colère qui le poussait. Car, s'il avait éprouvé un amour parfait, il n'aurait jamais aimé la jeune fille contre la volonté de son amie. Ce n'était pas non plus de la haine, car Tristan aimait la jeune fille à cause de son amour pour la reine.

E quant l'espusa pur s'amur,
Idunc ne fu ço pas haür;
328 Car s'il de cuer Ysolt haïst
Ysolt pur s'amur ne presist,
Se de fin' amur l'amast
L'altre Ysolt nen espusast;
332 Mais si avint a cele feiz
Que tant ert d'amur en destreiz
Qu'il volt encontre amur ovrer
Pur de l'amur sei delivrer;
336 Pur sei oster de la dolur,
Par tant chaï en greinur.
Issi avient a plusurs genz:
Quant ont d'amur greinurs talenz,
340 Anguisse, grant paine e contraire,
Tel chose funt pur euls retraire,
Pur delivrer, pur els venger,
Dunt lor avient grant encumbrer;
344 E sovent itel chose funt
Par conseil, dunt en dolur sunt.
A molz ai veü avenir,
Quant il ne puent lor desir
348 Ne ço que plus aiment aveir,
Qu'il se pristrent a lor poeir,
Par destrece funt tel faisance
Dunt sovent doblent lor grevance;
352 E quant se volent delivrer,
Ne se poent desencombrer.
En tel fait e en vengement
E amur e ire i entent,
356 Ne ço n'est amur ne haür,
Mais ire mellé a amur
E amur mellé od ire.
Quant fait que faire ne desire
360 Pur sun buen qu'il ne puet aveir,
Encontre desir fait voleir;
E Tristrans altretel refait:
Cuntre desir a voler trait;
364 Pur ço que se dolt par Ysolt,
Par Isolt delivrer se volt;
E tant la baise e tant l'acole,
Envers ses parenz tant parole,
368 Tuit sunt a un de l'espuser,

354

Quand il l'épousa pour l'amour de la reine Yseut, il ne détestait pas cette dernière, car s'il l'avait détestée, il n'aurait pas accepté d'épouser l'autre Yseut de bon cœur et, s'il avait aimé la reine d'un amour parfait, il n'aurait pas épousé l'autre Yseut. Mais il arriva cette fois qu'il était tellement tourmenté par son amour qu'il voulait le combattre pour s'en délivrer. En voulant fuir la souffrance, il tomba de mal en pis. C'est ce qui arrive à bien des gens : quand, à cause d'un amour, ils éprouvent de grands désirs, de l'angoisse, une peine immense et de l'affliction, ils trouvent de tels moyens pour s'en délivrer, pour s'en échapper et pour se venger qu'ils aggravent encore leur situation. Souvent, ils commettent délibérément une action qui, ensuite, les fait souffrir.

J'ai constaté que bien des gens, lorsqu'ils ne peuvent réaliser leurs désirs ni posséder ce qu'ils souhaitent, se font prendre au piège de leur propre inclination et, dans leur malheur, ils commettent des actes qui redoublent leurs tourments. Quand ils veulent s'en délivrer, ils ne peuvent plus ôter leurs liens. Dans cette conduite et ce ressentiment, se trouvent à la fois de l'amour et de la colère mais ce n'est ni de l'amour ni de la colère ; c'est plutôt de la colère mélangée à de l'amour et de l'amour mêlé à de la colère. Quand on fait ce qu'on ne désire pas faire parce qu'on ne peut obtenir ce qu'on désire, c'est l'inclination qui agit à l'encontre du désir. Et Tristan agit de la sorte : il aspire à vouloir à l'encontre de son désir.

Parce qu'il souffre à cause d'Yseut, il veut se délivrer par Yseut. Il lui donne tant de baisers et l'embrasse tant, il parle si bien à ses parents que tout le monde est favorable au mariage :

Il del prendre, els del doner.

Jur est nomez, terme mis,
Vint i Tristrans od ses amis,
372 Li dux ove les suens i est,
Tuit l'aparaillement est prest ;
Ysolt espuse as Blanches Mains.
La messe dit li capeleins
376 E quanque i affirt al servise,
Solunc l'ordre de sainte eglise ;
Pois vont cum a feste mangier,
Enaprès esbanïer
380 A quintaines, as cembels,
As gavelocs e as rosels,
A palastres, as eschermies,
A gieus de plusurs aaties,
384 Cum a itel feste affirent
E cum cil del siecle requirent.
Li jors trespasse od le deduit,
Prest sunt li lit cuntre la nuit ;
388 La meschine i funt cholcher,
E Tristrans se fait despuillier
Del blialt dunt vestu esteit ;
Bien ert seant, al puin estreit.
392 Al sacher del blialt qu'il funt,
L'anel de sun dei saché ont
Qu'Isolt al jardin lui dona
La deraigne feiz qu'il i parla.
396 Tristran regarde, veit l'anel
E entre en sun pensé novel ;
Le penser est grant anguisse
Qu'il ne set que faire poïsse.
400 Sis poers lui est a contraire,
Se sa volenté poüst faire.
E pense dunc estreitement
Tant que de sun fait se repent ;
404 A contraire lui est sun fait,
En sun corage se retrait
Par l'anel qu'il en sun dei veit,
En sun penser est molt destreit ; _distressed_
408 Membre lui de la covenance
Qu'il li fist a la sevrance
Enz el jardin, al departir ;
De parfunt cuer jette un suspir,

356

lui est décidé à la prendre et eux sont décidés à la lui donner.

Le jour des noces est arrêté, l'échéance est fixée. Tristan avait invité ses amis et le duc avait convié les siens. Tout est fin prêt. Il épouse Yseut aux Blanches Mains. Le chapelain célèbre la messe et accomplit tout ce que prescrit l'office selon la liturgie de la Sainte Eglise. Puis, ils se rendent à un véritable festin et vont ensuite se divertir : quintaine[5], joutes, concours de javelots, lancers de roseaux, palestre, escrime et jeux divers, comme c'est la coutume pour ce genre de fêtes et pour des chevaliers qui vivent dans le siècle.

Le jour se termina avec les divertissements. On prépara les lits pour la nuit. On y coucha la jeune fille et Tristan se fit enlever le bliaut dont il était revêtu ; seyant à souhait, l'habit était étroit aux poignets. En lui retirant son bliaut, ses gens firent tomber de son doigt la bague qu'Yseut lui avait remise dans le verger lors de leur dernier entretien.

Tristan regarda par terre et vit la bague. Il devint nouvellement pensif. Son penser le plongea dans une telle angoisse qu'il ne savait plus que faire. Son projet le contrariait dans la mesure où il aurait pu suivre son penchant.

Il pense profondément et en vient à se repentir de son acte. Il se repent de son action ; elle le contrarie. Il se replie en son for intérieur à cause de l'anneau qu'il voit à son doigt ; ses pensées le font beaucoup souffrir. Il se souvient de ce qu'il avait convenu avec son amie, lors de leur séparation dans le verger. Il soupire du fond du cœur

---

5. Sorte de mannequin mobile que les chevaliers sur leur monture devaient frapper correctement, faute de quoi ils étaient renversés de leur cheval.

412 A sei dit : « Coment le pois faire ?
    Icest ovre m'est a contraire ;
    Nequedent si m'estuit cholcher
    Cum ove ma dreite moillier ;
416 Avoc li me covient giseir,
    Car jo ne la puis pas gurpir :
    Ço est tuit par mun fol corage,
    Ki tant m'irt jolif e volage.
420 Quant jo la meschine requis
    A ses parenz, a ses amis,
    Poi pensai dunc d'Ysolt m'amie
    Quant empris ceste derverie
424 De trichier, de mentir ma fei.
    Colchier m'estuit, ço peise mei.
    Espusee l'ai lealment
    A l'us del mustier, veant gent :
428 Refuser ne la pois jo mie,
    Ore m'estuit fare folie.
    Senz grant pechié, senz mal faire
    Ne me puis d'iceste retraire,
432 Ne jo n'i pois assembler
    Si jo ne mei voil desleer,
    Car tant ai vers Ysolt fait
    Que n'est raisun que ceste m'ait ;
436 A iceste Ysolt tant dei
    Qu'a l'altre ne puis porter fei,
    E ma fei ne redei mentir,
    Ne jo ne dei ceste gurpir.
440 Ma fei ment a Ysolt m'amie
    Se d'altre ai delit en ma vie
    E si d'iceste mei desport
    Dunc frai pechié e mal e tort,
444 Car jo ne la puis pas laissier,
    N'en li ne mei dei delitier
    De chulcher ove li en sun lit
    Pur mun buen ne pur mun delit :
448 Car tant ai fait vers la reïne,
    Culcher ne dei od la meschine,
    E envers la meschine tant fait
    Que ne puet mie estre retrait ;
452 N'Ysolt ne dei jo trichier,
    Ne ma femme ne dei laissier,
    Ne me dei de li partir,

et se dit : « Comment ai-je pu commettre une chose pareille ? Ce mariage me contrarie et pourtant je dois coucher avec celle qui est mon épouse légitime. C'est avec elle que je dois coucher car je ne peux pas la délaisser. C'est la faute de mon cœur insensé, trop ardent et volage. Quand j'ai demandé la jeune fille à ses parents et à ses amis, je n'ai pas suffisamment pensé à Yseut mon amie ; j'ai alors commis cette folie de trahir et renier mon engagement envers elle. Il me faut coucher avec ma future femme et cela m'ennuie. Je l'ai épousée légitimement aux portes de l'église[6] et devant tout le monde. Je ne peux pas la repousser. Je suis donc condamné à commettre une folie. Je ne peux m'éloigner d'elle sans provoquer en même temps une grande faute et une méchanceté ; je ne peux pas non plus m'unir à elle car je ne veux pas être déloyal envers Yseut. J'ai tant fait à son égard qu'il n'est pas bien que j'appartienne à mon épouse. Je dois tellement à Yseut que je ne peux m'engager envers une autre. Je ne dois ni trahir ma promesse ni délaisser mon épouse. Je trahis ma promesse envers mon amie Yseut si j'obtiens le plaisir de ma vie auprès d'une autre. Si je trouve la joie avec mon épouse, alors je commets une erreur, un crime et une faute grave, car je ne peux pas la délaisser ni jouir d'elle en couchant à ses côtés pour mon plaisir et ma satisfaction. J'ai tant fait envers la reine que je ne dois pas coucher avec ma jeune épouse et j'ai tant fait envers cette dernière que je ne peux plus reculer. Je ne dois ni tromper Yseut, ni repousser ma femme

6. La publicité des noces était capitale au Moyen Age. L'Eglise luttait contre les mariages clandestins. Pour permettre au plus grand nombre de voir les nouveaux époux s'engager l'un envers l'autre, le prêtre bénissait l'union devant les portes extérieures de l'église. Le bâtiment était souvent trop exigu pour accueillir la foule, surtout lorsqu'il s'agissait de mariages princiers.

Ne jo ne dei ove li gesir.
456 S'a ceste tinc covenance,
Dunc ment a Ysolt ma fïance ;
E si jo port a Ysolt ma fei,
Vers ma espuse me deslei.
460 Vers li ne me dei desleer,
N'encuntre Ysolt ne voil ovrer.
Ne sai a la quele mentir,
Car l'une me covient traïr
464 E decevre e enginnier,
U anduis, ço crei, trichier ;
Car tant m'est ceste aprocée
Que Ysolt est ja enginnée.
468 Tant ai amée la reïne
Qu'enginnée est la meschine,
Et jo forment enginné sui,
E l'une e l'altre mar conui.
472 L'une e l'altre pur mei se dolt,
E jo m'en duil pur duble Ysolt.
Supris en sunt andui de mei,
A l'une, a l'altre ment ma fei :
476 A la reïne l'ai mentie, *present perfect / I have lied*
A ceste n'en pois tenir mie.
Pur qui la doüse jo mentir,
A une la puis jo tenir.
(Since) 480 Quant menti l'ai a la reïne,
Tenir la dei a la meschine,
Car ne la puis mie laissier.
Ne ne dei Ysolt tricher !
484 Certes, ne sai que faire puisse.
De tutes pars ai grant anguisse,
Car m'est ma fei mal a tenir,
E pis de ma femme gurpir.
488 Coment qu'avienge del delit,
Culchier m'estuit en sun lit.
D'Isolt m'ai ore si vengé
Que premir sui enginné ;
492 D'Isol me voldreie vengier,
Enginné sui al premier. *chiasme — words in a different form & order*
Contre li ai tant trait sur mei
Que jo ne sai que faire dei.
496 Si jo me chul avoc ma spuse,
Ysolt en irt tute coreüse ;

360

ni coucher avec elle. Si je respecte la promesse que je lui ai faite, je trahis mon engagement envers Yseut et si je suis fidèle à Yseut, je suis déloyal envers mon épouse. Je ne veux pas manquer de loyauté envers Yseut ni mal agir envers elle. Je ne sais pas à laquelle mentir car il me faut ou bien trahir, tromper et mystifier l'une des deux ou alors, je crois, mystifier les deux. Je me suis tant approché de la seconde qu'Yseut est déjà trompée. J'ai tant aimé la reine que ma jeune épouse est déjà trompée. Et moi-même je suis trompé ! J'ai connu l'une et l'autre pour mon malheur. L'une et l'autre souffrent à cause de moi et moi-même je souffre à cause des deux Yseut. Je les ai trompées toutes les deux. J'ai trahi ma promesse envers l'une et l'autre. J'ai dupé la reine et ne peux éviter de duper la seconde. Pourtant, quelle que soit celle que je trompe, je peux rester fidèle à l'autre. Puisque j'ai trompé la reine, je dois rester fidèle à mon épouse car je ne veux pas la délaisser. Mais non, je ne dois pas tromper Yseut ! Vraiment, je ne sais plus que faire ! De tous les côtés, c'est le désarroi, car mon engagement par le mariage me coûte beaucoup et abandonner mon épouse me coûterait encore davantage. Quel que soit le plaisir que j'en retirerai, je dois coucher dans son lit. Ah, la belle vengeance envers Yseut quand je suis moi-même le premier dupé ! Je voulais me venger d'Yseut mais c'est moi qui suis le premier piégé ! Je me suis porté des coups à moi-même alors que je croyais l'atteindre ! Maintenant, je ne sais plus que faire. Si je couche avec mon épouse, Yseut se mettra en colère.

Se jo od li ne voil chulcher,
Aturné m'irt a reprover
500 E de li avrai mal e coruz;
De ses parenz, des altres tuiz
Haïz e huniz en sereie,
E envers Deu me mesfreie.
504 Jo dut hunte, jo dut pechié.
Quei idunc quant jo serai chulchié
Se od le chulcher ço ne faz
Que en mun corage plus haz,
508 Que plus m'ert contre volenté?
Del gesir n'i avrai ja gré.
Ele savra par mun poeir
Que vers altre ai greinur voleir.
512 Simple est s'ele ne l'aparceit
Qu'altre aim plus e coveit
E que milz volsisse culchier
U plus me puisse delitier.
516 Quant de mei n'avra sun delit,
Jo crei qu'ele m'amera petit :
Ço ere a dreit qu'en haür m'ait
Quant m'astienc del naturel fait
520 Ki nos deit lier en amur.
Del astenir vient la haür :
Issi cum l'amur vient del faire,
Si vient la haür del retraire ;
524 Si cum l'amur del ovre vient,
E la haür ki s'en astient.
Si jo m'astinc de la faisance,
Dolur en avrai e pesance,
528 E ma proeise e ma franchise
Turnera a recreantise ;
Ço qu'ai conquis par ma valur
Perdrai ore par cest'amur,
532 L'amur qu'ad vers mei eü
Par l'astenir m'irt or toleü,
Tuit mun servise e ma franchise
M'irt tolu par recreantise.
536 Senz le faire molt m'ad amé
E coveité en sun pensé ;
Or me harra par l'astenir
Pur ço qu'ele n'at sun desir,
540 Car ço est que plus alie

Si je ne couche pas avec elle, cela me vaudra la réprobation et elle m'accablera de sa colère et de sa méchanceté. Je serai haï et honni par ses parents, par tout le monde, et je me rendrai coupable envers Dieu. Je redoute la honte et le péché. Qu'arrivera-t-il quand je serai couché à ses côtés si je ne fais pas ce que je déteste le plus au fond de moi-même et ce qui me contrarie le plus ? Je ne coucherai jamais à ses côtés de mon plein gré. Elle comprendra par mon comportement que j'en aime une autre. Elle sera bien sotte si elle ne s'aperçoit pas que je lui préfère une autre femme et que j'aimerais mieux m'étendre aux côtés de celle-là pour qu'elle me procure plus de plaisir ! Quand mon épouse n'obtiendra pas son plaisir de moi, je crois qu'elle ne m'aimera plus beaucoup. Elle aura raison de me détester quand je refuserai de me soumettre au lien de nature qui doit nous unir. Cette abstention provoquera sa haine. L'acte charnel nourrit l'amour, son refus fait naître la haine. L'amour vient de l'œuvre de chair et la haine de celui qui s'en abstient. Si je refuse d'avoir toute relation avec elle, j'en retirerai douleur et souffrance. Ma bravoure et ma réputation deviendront lâcheté. Tout ce que ma valeur m'a acquis, je le perdrai à cause de cet amour. L'amour qu'elle me vouait me sera ravi parce que je me serai abstenu. Tous mes exploits et ma réputation s'évanouiront dans cette lâcheté. Avant de se donner à moi, elle m'a beaucoup aimé et convoité en pensée. Désormais, elle me détestera parce que je refuse de m'unir à elle et parce que ses désirs ne seront pas comblés. Car n'est-ce pas le plaisir qui lie le plus

En amor amant e amie ;
E pur iço ne li voil faire,
Car d'amur la voil retraire.
544 Bien voil que la haür i seit,
Plus de l'amur or le coveit.
Trop l'ai certes sur mei atrait ;
Envers m'amie sui mesfait
548 Ki sur tuz altres m'ad amé.
Dunt me vient ceste volenté
E cest desir e cest voleir
U la force u le poeir
552 Que jo vers ceste m'acointai
U que jo unques l'espusai
Contre l'amur, cuntre la fei
Que a Ysolt m'amie dei ?
556 Encor la voil jo plus tricher
Quant près me voil acointer,
Car par mes diz quir jo acaisun
Engin, semblance e traïsun
560 De ma fei a Ysolt mentir,
Pur ço qu'od ceste voil gesir.
Encuntre amur achaisun quer,
Pur mei en ceste delitier.
564 Ne dei trichier pur mun delit
Tant cum Ysolt m'amie vit ;
Que traïtre e que fel faz
Quant cuntre li amur purchaz.
568 Jo m'en sui ja purchacé tant
Dunt avrai duel tut mun vivant ;
E pur le tort que jo ai fait
Voil que m'amie dreiture ait,
572 E la penitance en avrai
Solunc ço que deservi l'ai :
Chulcher m'en voil or en cest lit,
E si m'astendrai del delit.
576 Ne pois, ço crei, aveir torment
Dunt plus aie paine sovent
Ne dont aie anguisse greinur,
Ait entre nos ire u amur ;
580 Car si delit de li desir,
Dunc m'irt grant paine l'astenir,
E si ne coveit le delit,
Dunc m'irt fort a sofrir sun lit.

364

l'amour d'un amant et de son amie? C'est pour cela que je ne veux pas m'unir à elle. Je veux qu'elle me retire son amour. Je souhaite même qu'elle me déteste. Je préfère sa haine à son amour. Vraiment, je l'ai trop séduite! J'ai mal agi envers mon amie qui m'a aimé plus que tout autre.

D'où me vient donc ce souhait, cette volonté et ce désir ou bien cette force et ce pouvoir de lier connaissance avec une jeune femme et de l'épouser en dépit de l'amour et de la promesse qui me liaient à mon amie Yseut? J'aggrave encore la tromperie en la fréquentant car, en lui parlant, je cherche la moindre occasion de duper, tromper et trahir Yseut puisque je veux coucher avec une autre. Je vais à l'encontre de mon amour en cherchant le plaisir. Tant qu'elle vivra, je ne dois pas tromper Yseut au nom de mon plaisir. Je me conduis comme un traître et un félon quand je cultive un amour qui va à l'encontre d'elle. Je me suis déjà tellement engagé que, toute ma vie durant, j'en éprouverai du remords. Et pour tout le tort que je lui ai causé, je veux que mon amie obtienne réparation car je recevrai une pénitence en proportion de ma faute. Je coucherai donc dans le lit de mon épouse mais je resterai chaste. Il n'y a pas pour moi, je crois, de tourment plus pénible qui me vaille une torture *576-579* plus grande, quels que soient le ressentiment ou l'amour entre nous deux. Car si je la désire, je souffrirai de rester chaste et, si elle ne m'attire pas, il me sera insupportable de rester dans le lit.

584 U li haïr u li amer
    M'irt forte paine a endurer.
    Pur ço qu'a Ysolt ment ma fei,
    Tel penitance preng sur mei,
588 Quant ele savra cum sui destreit
    Par tant pardoner le mei deit. »
    Tristran colche, Ysolt l'embrace,
    Baise lui la buche e la face,
592 A li l'estraint, del cuer suspire
    E volt iço qu'il ne desire ;
    A sun voleir est a contraire
    De laissïer sun buen u del faire.
596 Sa nature proveir se volt,
    La raison se tient a Ysolt.
    Le desir qu'il ad vers la reine
    Tolt le voleir vers la meschine ;
600 Le desir lui tolt le voleir,
    Que nature n'i ad poeir.
    Amur e raisun le destraint,
    E le voleir de sun cors vaint.
604 Le grant amor qu'ad vers Ysolt
    Tolt ço que la nature volt,
    E vaint icele volenté
    Que senz desir out en pensé.
608 Il out boen voleir de li faire
    Mais l'amur le fait molt retraire.
    Gente la sout, bele la set
    E volt sun buen, sun desir het ;
612 Car s'il nen oust si grant desir,
    A son voleir poust asentir ;
    Mais a sun grant desir asent.
    En paine est e en turment,
616 En grant pensé, en grant anguisse ;
    Ne set cume astenir se poisse,
    Ne coment vers sa femme deive,
    Par quel engin covrir se deive,
620 Nequedent un poi fu huntus
    E fuit ço dunt fu desirus,
    Eschive ses plaisirs e fuit
    C'umcore n'oüst de sun deduit.
624 Dunc dit Tristrans : « Ma bele amie,
    Nel tornez pas a vilanie,
    Un conseil vos voil geïr ;

Que je l'aime ou que je la déteste, il me faudra supporter une pénible épreuve. Comme j'ai manqué à ma parole envers Yseut, je dois prendre sur moi d'accepter cette pénitence. Quand Yseut saura combien je suis tourmenté, elle devra tout me pardonner. »

Tristan se couche, Yseut l'embrasse. Elle lui embrasse la bouche et le visage et le serre contre elle. Elle soupire profondément et aspire à un acte qu'il refuse. Sa volonté s'oppose à ce qu'il prenne son plaisir ou à ce qu'il le délaisse. Sa nature veut se manifester mais sa raison reste fidèle à Yseut. Son amour pour la reine lui ôte toute concupiscence envers la jeune fille. Le désir lui ôte la concupiscence pour vaincre sa nature. Amour et raison le tourmentent et briment les exigences de son corps. Son amour pour Yseut annihile ses tendances naturelles. Il vainc une impulsion sans véritable désir qui le hantait. Il avait bien envie de passer à l'acte mais son amour le fit reculer. Il savait que sa femme était aimable et belle. Il voudrait bien la posséder mais il déteste son propre désir, car s'il n'avait éprouvé un tel désir pour Yseut la Blonde, il se serait abandonné au plaisir mais il se soumet à son parfait désir d'amant. Il éprouve de la peine, du tourment, de douloureuses pensées et une terrible angoisse. Il ne sait comment il pourra s'abstenir, ni comment il se comportera envers sa femme. Il ne sait quelle ruse adopter pour se dérober. Il se sent un peu honteux de fuir ce dont il a envie. Il esquive et fuit les plaisirs qu'il n'a pas encore tirés de ces étreintes. Tristan dit alors :

« Ma belle amie, ne prenez pas pour une vilenie le secret que je vais vous confier.

Si vos pri molt del covrir,
628 Que nuls nel sace avant de nos :
Unques nel dis fors or a vos.
De ça vers le destre costé
Ai el cors une enfermeté,
632 Tenu m'ad molt lungement ;
Anoit m'ad anguissé forment.
Par le grant travail qu'ai eü
M'est il par le cors esmeü,
636 Si anguissusement me tient
E si près de la feie me vient
Que jo ne m'os plus emveisier
Ne mei pur le mal travaillier.
640 Uncques pois ne me travaillai
Que treiz feiz ne me pasmai ;
Malades en jui lunges après.
Ne vos em peist si or le lais :
644 Nos le ravrum encore asez
Quant jo voldrai e vos voldrez. »
— Del mal me peise, Ysolt respont,
Plus que d'altre mal en cest mond ;
648 Mais del el dunt vos oi parler
649 *Voil jo e puis bien desporter. »
Ysolt en sa chambre suspire
Pur Tristran que tant desire,
652 Ne puet en sun cuer el penser
Fors ço sulment : Tristran amer.
Ele nen ad altre voleir
Ne altre amur, ne altre espeir,
656 En lui est trestuit sun desir,
E ne puet rien de lui oïr ;
Ne set u est, en quel païs,
Ne si il est u mort u vis :
660 Pur ço est ele en greinur dolur.
N'oï piech'ad nule verur.
Ne set pas qu'il est en Bretaigne ;
Encore le quide ele en Espaigne,
664 La u il ocist le jaiant,
Le nevod a l'Orguillos grant,
Ki d'Afriche ala requere
Princes e reis de tere en tere.
668 Orguillus ert hardi e pruz,
Si se cumbati a tuz,

Je vous prie de le garder pour vous afin que personne d'autre que nous n'en prenne connaissance. Je n'en ai jamais parlé à quiconque avant vous. Par ici, sur ma hanche droite, j'ai une blessure qui me fait souffrir depuis longtemps. Elle m'a causé cette nuit de grandes souffrances. La douleur que j'ai éprouvée s'est répandue dans l'ensemble de mon corps. Je souffre tellement et si près de la région du foie que je n'ose plus faire l'amour ni même un quelconque effort tant cela me fait mal. Quand j'accomplis le moindre effort, je manque de m'évanouir trois fois. Je suis obligé de m'allonger ensuite pendant un certain temps. Ne vous tourmentez pas si je vous délaisse à présent : vous aurez encore suffisamment l'occasion de faire l'amour quand je le voudrai et quand vous le voudrez.

— Cette maladie m'inquiète, répondit Yseut, plus que toute autre maladie au monde. J'accepte volontiers de m'abstenir de la chose dont vous parlez. »

L'autre Yseut soupire dans sa chambre à cause de Tristan qu'elle désire tant. En son for intérieur, elle ne peut penser qu'à une seule chose : aimer Tristan. Elle n'a pas d'autre désir, pas d'autre amour, ni d'autre espoir. En lui se trouve tout son désir. Elle n'a aucune nouvelle de lui. Elle ne sait pas où il est, dans quel pays il se trouve, s'il est mort ou vivant. C'est pourquoi, elle éprouve une peine plus grande encore. Il y a longtemps qu'elle n'a pas reçu de ses nouvelles. Elle ne sait pas s'il est en Bretagne et elle croit qu'il se trouve encore en Espagne, là où il tua le géant, le neveu du Grand Orgueilleux qui, parti d'Afrique, venait provoquer princes et rois d'un pays à l'autre.

L'Orgueilleux était téméraire et courageux. Il affrontait tout le monde.

Plusurs afolat e ocist
E les barbes des mentuns prist;
672 Unes pels fist des barbes granz,
Hahuges e bien traïnanz.
Parler oï del rei Artur
Ki en tere out si grant honur,
676 Tel hardement e tel valur,
Vencu ne fut unc en estur;
A plusurs combatu s'esteit
E trestuz vencu aveit.
680 Quant li jaianz cest oï,
Mande lui cum sun ami
Qu'il aveit une noveles pels,
Mais urle i failli e tassels,
684 De barbes as reis, as baruns,
As princes d'altres regiuns,
Qu'en bataille aveit conquis,
Par force en estur ocis;
688 E fait en ad tel guarnement
Cum de barbes a reis apent,
Mais que urle encore i falt;
E pur ço qu'il est le plus halt,
692 Reis de tere e d'onur,
A lui mande pur s'amur
Qu'il face la sue escorcer
Pur haltesce a lui emveier,
696 Car si grant honur lui fera
Que sur les altres la metera.
Issi cum il est reis halteins
E sur les altres sovereins,
700 Si volt il sa barbe eshalcer,
Si pur lui la volt escorcer;
Tuit desus la metera as pels,
Si em fra urle e tassels;
704 E s'il emveier ne la volt,
Fera de lui que faire solt:
Les pels vers sa barbe meterat,
Cuntre lui se combaterat;
708 E qui veintre puit la bataille,
Amduis ait dunc senz faile.
Qaunt Artus ot icest dire,
El cuer out dolur e ire;
712 Al jaiant cuntremandat

Il tuait et blessait la plupart de ses adversaires. Il leur arrachait la barbe du menton. Avec toutes ces barbes, il se fabriquait ensuite une grande pelisse, bien ample et traînant par terre[7]. Il entendit parler un jour du roi Arthur dont le royaume possédait réputation, puissance et valeur. Or, Arthur était encore invaincu. Il avait affronté plusieurs adversaires qu'il avait tous vaincus.

Quand le géant apprend la chose, il envoie au roi un message amical dans lequel il lui parle de sa pelisse toute neuve à laquelle manque une bordure et un col et qui comporte des barbes de rois, de barons et de princes de tous les pays, qu'il a vaincus dans ses batailles et qu'il a victorieusement tués dans des combats. Avec ces barbes royales, il a confectionné un habit très digne, bien que la bordure fasse encore défaut ; comme Arthur est le plus grand roi de la terre et le plus prestigieux, il lui demande en signe d'amitié d'écorcher son menton afin de lui envoyer ce titre de gloire ; lui-même lui fera un grand honneur en plaçant cette barbe au-dessus des autres ; comme Arthur est un roi éminent qui l'emporte sur tous les autres, il glorifiera sa barbe, à condition qu'il accepte de s'en défaire. Il la mettra en haut de la pelisse afin qu'elle serve de bordure et de col. Mais, s'il refuse de la lui envoyer, il fera comme pour les autres. Il mettra en jeu la pelisse et se battra contre lui. Le vainqueur remportera la pelisse et la barbe.

En entendant ce message, Arthur sentit la douleur et la colère monter en lui. Il fit répondre au géant

---

7. Ce géant amateur de barbes figure dans un roman de l'anglo-normand Wace (*Brut*, v. 11960 et suiv.). Il porte le nom de Riton. On peut le retrouver dans une série de mythes indo-européens.

Qu'enceis se combaterat
Que de sa barbe seit rendant
Pur crime cum recreant.

716 E quant li jaianz cest oï
Que li reis si respondi,
Molt forment le vint requere
Tresque as marches de sa tere

720 Pur combatre encontre lui.
Ensemble vindrent puis andui,
E la barbe e les pels mistrent,
Par grant irrur puis se requistrent.

724 Dure bataille, fort estur
Demenerent trestuit le jor.
Al demain Artur le vencui,
Les pels, la teste lui toli.

728 Par proeise, par hardement
Le conquist issi faitement.
A la matire n'afirt mie,
Nequedent boen est quel vos die

732 Que niz a cestui cist esteit
Ki la barbe aveir voleit
Del rei e del empereur
Cui Tristrans servi a cel jor

736 Quant il esteit en Espaigne
Ainz qu'il repairast en Bretaigne.
Il vint la barbe demander,
Mais ne la volt a lui doner,

740 Ne troveir ne pot el païs
De ses parenz, de ses amis
Ki la barbe dunc defendist
Ne contre lui se combatist.

744 Li reis em fu forment dolenz,
Si se plainst oianz ses genz;
E Tristrans l'emprist pur s'amur,
Si lui rendi molt dur estur

748 E bataille molt anguissuse:
Vers amduis fu deluruse.
Tristrans i fu forment naufré
E el cors blecé e grevé.

752 Dolent em furent si amis,
Mais li jaianz i fu ocis;
E pois icele naufreüre
N'oï Ysolt nul aventure,

qu'il acceptait le combat et que ce serait une lâcheté de lui céder sa barbe[8]. Lorsque le géant entendit la réponse du roi, il vint le défier aux frontières mêmes de son royaume et le provoqua en duel. Tous deux se présentèrent face à face. Ils mirent en jeu la barbe et la pelisse et s'affrontèrent furieusement. Toute la journée, ils soutinrent une dure bataille et une lutte terrible. Le lendemain, Arthur fut vainqueur. Il décapita son adversaire et lui prit sa pelisse. Sa prouesse et sa hardiesse lui valurent ce beau fait d'armes.

Cet épisode ne concernait pas l'histoire mais néanmoins, il me fallait le raconter, parce que le neveu de l'Orgueilleux voulait conquérir la barbe du roi et de l'empereur au service duquel Tristan s'était mis lorsqu'il se trouvait en Espagne avant de se rendre en Bretagne. Il vint exiger la barbe du roi qui la lui refusa. Le roi ne put trouver dans son royaume parmi ses parents et ses amis quelqu'un qui prît sa défense et combattît le géant. Le roi en fut très affligé ; il se plaignit devant ses gens. Tristan qui avait de l'amitié pour lui proposa ses services et livra à son adversaire un dur combat ainsi qu'une bataille très douloureuse. L'un et l'autre eurent à en souffrir. Tristan fut touché et reçut une grave blessure. Ses amis en furent affectés mais le géant fut exterminé. Depuis que Tristan avait reçu cette blessure, Yseut n'eut plus aucune nouvelle de lui

8. La barbe est évidemment un attribut viril. Elle symbolise également la force au même titre que les cheveux (cf. Samson dans la Bible). Arthur ne peut donc renoncer à sa force virile vis-à-vis de ce géant « castrateur ».

756 Car ço est costume d'envie
    Del mal dire e del bien mie ;
    Car emvie les bons faiz ceille,
    Les males ovres esparpeille.
760 Li sages hum pur ço dit
    Sun filz en ancien escrit :
    « Milz valt estre senz compainie
    Qu'aveir compainun a envie,
764 E senz compainun nuit e jor
    Que aveir tel u n'ait amor. »
    Le bien celerat qu'il set,
    Le mal dirat quant il le het ;
768 Se bien fait, ja n'en parlerat ;
    Le mal a nul ne celerat :
    Pur ço valt milz senz compainun
    Que tel dunt ne vient si mal nun.
772 Tristrans ad compainuns asez
    Dunt est haïz e poi amez,
    De tels entur March lu rei
    Ki nel aiment ne portent fei :
776 Le bien qu'oient vers Ysolt ceilent,
    Le mal par tuit esparpeilent ;
    Ne volent le bien qu'oient dire,
    Pur la reïne, ki le desire ;
780 E pur iço qu'il emvïent,
    Ço que plus het, ço en dïent.
    En sa chambre se set un jor
    E fait un lai pitus d'amur :
784 Coment dan Guirun fu supris,
    Pur l'amur de la dame ocis
    Qu'il sur tute rïen ama,
    E coment li cuns puis li dona
788 Le cuer Guirun a sa moillier
    Par engin un jor a mangier,
    E la dolur que la dame out
    Quant la mort de sun ami sout.
792 La reïne chante dulcement,
    La voiz acorde a l'estrument.
    Les mainz sunt beles, li lais buons
    Dulce la voiz, bas li tons.
796 Survint idunc Carïado,
    Uns riches cuns de grant alo,
    De bels chastés, de riche tere ;

374

car l'envie, habituellement, aime rapporter les mauvaises nouvelles et taire les bonnes. L'envie cache les actions d'éclat et répand les mauvaises. C'est pourquoi, le sage dit à son fils dans un écrit[9] : « Mieux vaut ne pas avoir de compagnon du tout plutôt que de vivre dans la compagnie des envieux. Rester nuit et jour sans compagnon est préférable à la fréquentation de gens qui ne nous aiment pas. » L'envieux cache le bien qu'il sait mais la haine le fait médire. Lorsqu'on agit bien, il n'en dit pas un mot mais il ne cache à personne la faute commise. C'est pourquoi, il vaut mieux n'avoir aucun compagnon qu'avoir avec soi des gens d'où ne vient que le mal.

Tristan a beaucoup de compagnons dont il est haï et qui ne l'aiment que bien peu. Beaucoup, autour du roi Marc, ne l'aiment guère et ne lui portent guère d'estime. Ils cachent à Yseut les bonnes nouvelles qu'ils entendent sur Tristan et répandent partout les mauvaises. Ils ne veulent pas qu'elle entende de bonnes nouvelles parce que la reine les désire trop. A cause de leur jalousie, ils ne lui parlent que des choses qu'elle déteste.

Un jour, la reine était assise dans sa chambre et chantait un lai d'amour émouvant : il racontait comment le seigneur Guiron fut surpris et mis à mort pour avoir aimé une dame à la folie et comment ensuite le comte donna perfidement le cœur de Guiron à manger à sa femme ; le lai évoquait aussi la douleur qu'éprouva cette dame quand elle apprit la mort de son ami[10].

La reine chantait doucement et accordait sa voix à l'instrument. Belles étaient ses mains, charmant était le lai chanté d'une voix tendre et sur un ton bas. Arrive alors Cariado, un puissant comte et un grand propriétaire de beaux châteaux et de riches terres.

9. Il doit s'agir d'une sentence de la *Disciplina clericalis*, manuel de sagesse écrit à l'intention des clercs.
10. C'est le célèbre motif du « cœur mangé ».

A cort ert venu pur requere
800 La reïne de druerie.
Ysolt le tient a grant folie.
Par plusurs feiz l'ad ja requis
Puis que Tristrans parti del pais.
804 Idunc vint il pur corteier ;
Mais unques n'i pot espleiter
Ne tant vers la reïne faire,
Vaillant un guant em poïst traire,
808 Ne en promesse ne en graant ;
Unques ne fist ne tant ne quant.
En la curt ad molt demoré
E pur cest amor sujorné.
812 Il esteit molt bels chevaliers,
Corteis, orguillus e firs ;
Mes n'irt mie bien a loer
Endreit de ses armes porter.
816 Il ert molt bels e bons parleres,
Doneür e gabeeres :
Trove Ysolt chantant un lai,
Dit en riant : « Dame, bien sai
820 Que l'en ot fresaie chanter
Contre de mort home parler,
Car sun chant signefie mort ;
E vostre chant, cum jo record,
824 Mort de fresaie signifie :
Alcon ad or perdu la vie.
— Vos dites veir, Ysolt lui dit,
Bien voil que sa mort signifit.
828 Assez est huan u fresaie
Ki chante dunt altre s'esmaie.
Bien devez vostre mort doter,
Quant vos dotez le mien chanter,
832 Car vos estes fresaie asez
Pur la novele qu'aportez.
Unques ne crei aportisiez
Novele dunt l'en fust liez,
836 Ne unques chaenz ne venistes
Que males noveles ne desistes.
Il est tuit ensement de vos
Cum fu jadis d'un perechus,
840 Ki ja ne levast del astrier
Fors pur alcon home coroceir :

Il était venu à la cour pour tenter de séduire la reine. Yseut le prenait pour un insensé. A plusieurs reprises déjà, il l'avait sollicitée depuis que Tristan avait quitté le pays. Il venait donc pour la courtiser mais il n'y réussissait pas. Malgré ses efforts, il ne parvint jamais à lui arracher la moindre faveur, la moindre promesse ou le moindre engagement. Il resta longtemps à la cour. Il y séjournait à cause de cet amour. C'était un beau chevalier, courtois, plein d'orgueil et de fierté mais il n'était guère digne d'éloges dans le métier des armes. Il était beau parleur et bavard, galant et diseur de bons mots. Il trouve Yseut qui chante un lai et dit en riant :

« Madame, je sais bien qu'on entend l'effraie[11] quand on va parler d'un mort car son chant est signe de mort. Votre chant, si je m'en souviens bien, signifie la mort de l'effraie. A l'instant, quelqu'un vient de perdre la vie !

— Vous dites vrai, lui dit Yseut. Je vous accorde que mon chant signifie cette mort. On peut bien appeler « chat-huant » ou « effraie » celui dont le chant effraie celui qui l'entend. Alors craignez votre propre mort puisque vous faites l'effraie avec la nouvelle que vous m'apportez. Vous n'apportez jamais des informations dont on se réjouirait ! Vous n'entreriez jamais ici sans m'apporter de mauvaises nouvelles. Il en est de vous comme jadis du paresseux qui ne se levait jamais de son âtre que pour provoquer la colère de quelqu'un.

---

11. Déjà pendant l'antiquité, la fresaie était un oiseau de mauvais augure (Pline, *Hist. nat.*, X, 12). La croyance se retrouve dans le *Bestiaire* de Guillaume le Clerc et dans *Pyrame et Thisbé*.

De vostre ostel ja nen isterez
Si novele oï n'avez
844 Que vos poissiez avant conter.
Ne volez pas luin aler
Pur chose faire que l'en die.
De vos n'irt ja novele oïe
848 Dunt vos amis aient honur,
Ne cels ki vos haient dolor.
Des altrui faiz parler volez,
Les voz n'irent ja recordez. »
852 Carïado dunc li respont :
« Coruz avez, mais ne sai dont.
Fols est ki pur voz diz s'esmaie.
Si sui huan e vos fresaie,
856 Que que seit de la meie mort,
Males noveles vos aport
Endreit de Tristan vostre dru :
« Vos l'avez, dame Ysolt, perdu ;
860 En altre terre ad pris moillier.
Des or vos purrez purchacer,
Car il desdeigne vostre amor
E ad pris femme a grant honor,
864 La fille al dux de Bretaigne. »
Ysolt respont par engaigne :
« Tuit diz avez esté huan
Pur dire mal de dan Tristran !
868 Ja Deus ne doinst que jo bien aie
Si endreit de vos ne sui fresaie !
Vos m'avez dit male novele,
Ui ne vos dirai jo bele :
872 En veir vos di, pur nient n'amez,
Ja mais de mei bien n'esterez.
Ne vos ne vostre droerie
N'amerai ja jor de m(a vie.)
876 Malement porcha(cé me oüsse,)
Se vostre amor re(ceüsse).
Milz voil la sue aveir perdue
Que vostre amor receüe.
880 Tele novele dit m'avez
Dunt ja certes pro nen avrez. »
Ele s'en ad irée forment ;
E Carïado bien l'entent,
884 Ne la volt par diz anguissier

Vous ne sortirez jamais de votre demeure si vous n'avez pas entendu une nouvelle à colporter. Vous ne voulez pas aller loin pour accomplir une action dont on parlera ensuite. En fait, jamais on n'apprend à votre sujet une nouvelle dont vos amis puissent tirer honneur et vos ennemis de la tristesse. Vous voulez parler des faits d'autrui mais on ne parlera jamais des vôtres. »

Cariado lui répond :

« Vous êtes en colère mais je ne sais pas pourquoi. Bien fou serait celui qui craindrait vos paroles. Je suis le chat-huant et vous l'effraie. Quoi qu'il en soit au sujet de ma mort, je vous apporte de mauvaises nouvelles de Tristan votre ami. Vous l'avez perdu, dame Yseut. Il a pris femme dans un autre pays. Désormais, vous pourrez chercher à séduire quelqu'un d'autre, car il dédaigne votre amour et a épousé solennellement la fille du duc de Bretagne. »

Fort dépitée, Yseut répondit :

« Toujours vous avez été chat-huant pour dire du mal de Tristan. Que jamais Dieu ne m'accorde ses bienfaits si je ne suis effraie envers vous ! Vous m'avez apporté une mauvaise nouvelle. Je vais vous en dire une belle, moi aussi. Je vous le dis très clairement, vous m'aimez en vain. Jamais vous ne recevrez de moi la moindre faveur. De ma vie, je ne vous aimerai jamais. Vous avez en vain cherché à me séduire si vous avez pensé que j'accepterais de vous aimer. J'aurais préféré perdre son amour plutôt que d'accueillir le vôtre. Vous m'avez apporté une nouvelle dont vous ne tirerez aucun profit. »

Elle succombe à une grande colère. Cariado s'en aperçoit. Il ne cherche plus par ses paroles à provoquer son angoisse,

Ne ramponer ne corucer,
De la chambre viaz s'en vait,
E Ysolt molt grant dolor fait;
888 En sun corage est anguissée
E de ceste novele irée.

Manuscrit de Turin (bibliothèque privée, manuscrit perdu —
transcrit par J. Bédier d'après une photographie)

E les deliz des granz amors
E lor travaus et lor dolurs
E lor paignes et lor ahans
4 Recorde a l'himage Tristrans.
Molt la baise quant est haitez,
Corrusce soi, quant est irez,
Que par penser, que par songes,
8 Que par craire en son cuer mençoinges,
Qu'ele mette lui en obli
Ou qu'ele ait acun autre ami;
Qu'ele ne se pusse consirrer
12 Que li n'estoce autre amer,
Que mieuz a sa volunté l'ait.
Hiceste penser errer le fait.
Errance son corage debote;
16 Del biau Cariados se dote
Qu'ele envers lui ne turne s'amor;
Entur li est e nuit e jor,
E si la sert e si la losange,
20 E sovent de lui la blestange.
Dote, quant n'a son voler,
Qu'ele se preigne a son poer,
Por ce qu'ele ne puet avoir lui,
24 Que son ami face d'autrui.
Quant il pense de tel irur,
Donc mustre a l'image haiur,
Vient l'autre a esgarder;
28 Mais ne volt ne seoir ne parler:
Hidonc enparole Brigvain,
E dist donc: « Bele, a vos me plain
Del change e de la trischerie
32 Que envers moi fait Ysode m'amie. »
Quanqu'il pense a l'image dit;

ses insultes, sa colère. Il sort de la chambre et Yseut éprouve une grande douleur. Son cœur est angoissé et courroucé par la nouvelle qu'elle vient d'entendre.

La salle aux images
(manuscrit de Turin)

Les voluptés des grandes amours, les souffrances, les douleurs, les peines, les lassitudes, Tristan les rappelle à l'image d'Yseut. Il la couvre de baisers quand il est heureux. Il s'emporte, quand il est triste, à l'idée qu'en pensée, en songe, en croyant des mensonges, Yseut puisse l'oublier ou avoir un autre ami, qu'elle ne puisse éviter de prendre un autre amant plus disponible à son désir.

Cette pensée l'égare. Cet égarement bouleverse ses sentiments. Il craint qu'elle retourne ses sentiments vers le beau Cariado. Il est nuit et jour à ses côtés ; il la sert, la flatte et lui reproche ses sentiments pour Tristan. Il redoute que, n'ayant pas ce qu'elle désire, elle se résigne à prendre ce qu'elle pourra trouver. Comme elle ne peut avoir son ami, elle pourrait faire d'un autre son ami. Quand il s'adonne à cette pensée douloureuse, il exprime sa haine à l'image d'Yseut et se tourne vers celle de Brangien. Comme il ne veut plus voir Yseut ni lui parler, il s'adresse à Brangien :

« Belle, c'est à vous que je me plains de l'inconstance et de la trahison d'Yseut à mon égard. »

Il dit tout ce qu'il pense à l'image

Poi s'en dessevre un petit,
Regarde en la main Ysodt,
36 L'anel d'or doner li volt,
Vait la chere e le senblant
Qu'au departir fait son amant;
Menbre lui de la covenance
40 Qu'il ot a la desevrance;
Hidonc plure e merci crie
De ce que pensa folie,
E siet bien que il est deceü
44 De la fole irur que il a eü.
Por iço fist il ceste image
Que dire li volt son corage,
Son bon penser et sa fole errur,
48 Sa paigne, sa joie d'amor,
Car ne sot vers cui descoverir
Ne son voler, ne son desir.
Tristran d'amor si se contient.
52 Sovent s'en vait, sovent revent,
Sovent li mostre bel semblant,
E sovent lait, com diz devant.
Hice li fait faire l'amor,
56 Que met son corage en errur.
Se sor tute rien li n'amast,
De nul autre ne se dotast:
Por ço en est en suspecion
60 Que il n'aimme riens se li non.
S'envers autre amor eüst,
De ceste amor jalus ne fust;
Mes por ce en est il jalus
64 Que de li perdre est poürus.
De li perdre n'eüst il ja pour,
Ne fust la force de l'amor;
Car de ce qu'a l'homme n'est rien,
68 Ne li chaut si vait mal ou bien.
Coment devroit de ce doter
Dont unques n'ot rien en penser?
Entre ces quatre ot estrange amor:
72 Tut en ourent painne e dolur,
E un e autre en tristur vit;
E nuls d'aus nen i a deduit.
Primer se dote Marques le rai
76 Que Ysod ne li porte foi,

puis s'en éloigne un peu. Il regarde la main d'Yseut qui veut lui donner un anneau d'or. Il voit l'expression de son visage au moment où son amant s'en va. Il se souvient du serment prononcé lors de cette séparation. Il pleure donc et lui demande pardon pour ses pensées ineptes. Il sait bien qu'il a été égaré par une colère qui l'a rendu fou. C'est pourquoi, il a fabriqué cette image. Il vient lui avouer ses sentiments, ses loyales pensées et son égarement, sa peine, sa joie d'amour car il ne savait à qui dévoiler ses vœux ni son désir.

Ainsi se conduit Tristan en amour. Souvent, il s'en va ; souvent, il revient ; souvent, il montre un visage agréable à la statue et souvent il lui présente un visage détestable, comme je l'ai dit plus haut. Il agit ainsi à cause de l'amour qui égare ses sentiments. S'il n'aimait pas Yseut plus que tout au monde, il ne craindrait personne d'autre. Il vit dans le soupçon parce qu'il n'aime qu'elle. S'il aimait une autre femme, il n'éprouverait pas une telle jalousie mais il est jaloux d'Yseut parce qu'il craint de la perdre. Il ne craindrait pas de la perdre si sa passion était moindre. Car aucun homme ne se soucie de savoir si une personne qui lui est indifférente se porte bien ou mal. Comment redouter quoi que ce soit pour qui ne tient aucune place dans son esprit ? Un étrange amour unit ces quatre personnes : chacun en retire peine et douleur et tous vivent dans la tristesse. Aucun d'entre eux n'en retire de la joie. D'abord, le roi Marc craint qu'Yseut lui soit infidèle

Que ele aime autre de lui :
Quel talent qu'en ait, soffre l'ennui.
Hice li doit bien ennuier
80 Et en son corage angoisser,
Car il n'aime rien ne desire
Fors soul Ysode que de lui tire.
Del cors puet faire son delit,
84 Mes ice poi a lui soffit,
Quant autres en a le corage,
De ce se derve e enrage ;
Pardurable est la dolur
88 Que ele envers Tristran a s'amor.
Après le rai s'en sent Ysodt,
Que ele a ce que avoir ne volt,
D'autre part ne puet avoir
92 Hice dont ele a le volair.
Li rois nen a que un turment,
Mais la raïne duble entent.
Ele volt Tristran e ne puet :
96 A son seignor tenir l'estuet,
Ele ne le puet guerpir ne laisser,
N'ele ne se puet deliter,
Ele a le cors, le cuer nel volt :
100 C'est un turment dont el se deut ;
Et l'autre est que Tristran desire,
Se li deffent Marques sis sire
Qu'ensenble ne poent parler,
104 Et el que lui ne poet amer.
Ele set bien soz ciel n'a rien
Que Tristran voile si grant bien.
Tristran volt li e ele lui,
108 Avoir ne la puet : c'est l'ennui.
Duble paigne, duble dolur
Ha dan Tristran por s'amor.
Espus est a icele Ysodt
112 Qu'amer ne puet, ne amer ne volt.
Il ne la puet par droit guerpir,
Quel talent qu'ait, li estut tenir,
Car ele nel volt clamer quite.
116 Quant l'embrasce, poi se delite,
Fors soul le non que ele porte :
Ce, sevaus, auques le conforte.
Il ha dolur de ce qu'il a,

et qu'elle aime un autre que lui ; malgré qu'il en ait, il endure un vif tourment. Cela le tourmente vraiment et cela bouleverse ses sentiments car il n'a d'amour et de désir que pour Yseut qui s'est détachée de lui. Il peut jouir de son corps mais cela ne lui suffit guère dès lors qu'un autre possède ses sentiments. Cela le rend fou de fureur et de colère. Sa douleur est interminable puisqu'Yseut a donné son amour à Tristan. Après le roi, c'est Yseut qui en souffre car elle a ce qu'elle ne désire pas et elle ne peut avoir ce qu'elle désire. Le roi n'a qu'un seul motif de tristesse mais pour la reine j'en trouve deux. Elle veut Tristan et ne peut l'avoir. Elle doit rester avec un mari qu'elle ne peut ni fuir ni délaisser ; il ne lui procure aucun plaisir ; elle s'unit à son corps mais ne veut pas de son cœur. C'est le premier tourment qui l'afflige. Il y en a un autre : elle désire Tristan. Marc, son époux, lui interdit de parler à Tristan et lui demande de n'aimer que lui, Marc. Elle sait bien que Tristan ne souhaite personne d'autre qu'elle en ce monde. Tristan veut Yseut, Yseut veut Tristan. Là est son tourment. Le seigneur Tristan souffre double peine et double torture à cause de son amour. Il a épousé l'autre Yseut qu'il ne veut ni ne peut aimer. Il n'a pas le droit de la quitter ; malgré qu'il en ait, il doit la garder car elle ne veut pas demander la séparation. Quand il l'embrasse, il ne ressent qu'un faible plaisir, à l'exception du nom qu'elle porte. C'est la seule chose qui le réconforte. Il souffre à cause de la femme qu'il possède

120 E plus se deut de ce que nen a.
La bele raïne, s'amie,
En cui est sa mort e sa vie ;
E por ce est duble la paigne
124 Que Tristan por ceste demainne.
Por cest amor se deut al mains
Ysode, sa feme, as blanchemains :
Que que soit or de l'autre Ysodt,
128 Hiceste sanz delit se deut,
Ele n'a delit de son seignor
N'envers autre nen a amor ;
Cestui desire, cestui ha,
132 E nul delit de lui nen a.
Hiceste est a Marque a contraire,
Car il puet d'Isode son bon faire,
Tuit ne puisse il son cuer changier ;
136 ....
Ceste ne set ou deliter,
Fors Tristran sanz delit amer ;
De lui desire avoir deduit,
140 E rien nen a ne li enuit.
L'acoler e le baisier
De lui vousist plus asaier ;
Il ne li puet abandoner,
144 N'ele ne le volt pas demander.
Hici ne sai que dire puisse,
Quel d'aus quatre a greignor angoisse,
Ne la raison dire ne sai,
148 Por ce que esprové ne l'ai.
La parole mettrai avant,
Le jugement facent amant,
Al quel estoit mieuz de l'amor
152 Ou sanz lui ait greignor dolur.
Dan Marques a le cors Ysodt,
Fait son bon quant il en volt ;
Contre cuer li est a ennui
156 Qu'ele aime Tristran plus de lui,
Car il n'aimme rien se li non.
Ysode rest al rai a bandon :
De son cors fait ce que il volt ;
160 De cest ennui sovent se deut,
Car envers le rai n'a amor.
Suffrir l'estuet com son seignor

et souffre encore plus de celle qu'il ne possède pas : la belle reine, son amie, en qui résident sa mort et sa vie. Voilà pourquoi Tristan souffre deux fois. Mais elle ne souffre pas moins, Yseut aux Blanches Mains, sa femme. Quoi qu'il en soit de la reine, Yseut aux Blanches Mains souffre d'une absence de plaisir. Son mari ne lui en procure jamais et elle n'a pas d'amant. Elle désire Tristan, elle est à Tristan et ne reçoit de lui aucun plaisir. Yseut la Blonde déteste Marc car il peut faire ce qu'il veut de son corps mais il ne peut pas changer son cœur. (...) Et l'autre Yseut ne sait où trouver du plaisir. Elle n'a d'autre solution que d'aimer Tristan sans jouissance. Elle désirerait connaître le plaisir avec lui mais elle n'obtient rien qu'à contre-cœur. Elle voudrait l'étreindre et l'embrasser davantage mais il se refuse et elle ne veut pas l'exiger de lui. Je ne sais dire lequel des quatre souffre le plus et je me sens incapable d'expliquer cela parce que je ne suis pas dans leur situation. Je me contente d'exposer la chose. Aux amants de juger lequel des quatre aime le mieux ou connaît la douleur la plus forte, faute d'être aimé.

Le seigneur Marc possède le corps d'Yseut. Il en fait ce que bon lui semble. Il est particulièrement affecté qu'elle aime Tristan plus que lui car lui, n'aime qu'elle. Yseut est à la disposition du roi. Il fait de son corps ce qu'il désire. Ce tourment lui est souvent insupportable car elle n'éprouve aucun amour pour le roi. Elle le supporte comme étant son mari

E d'autre part el n'a volair
164 Fors Tristran son ami avoir,
Que feme a prise en terre estrange;
Dote que curruz ait al change,
E en espoir est nequedent
168 Que vers nului n'ait nul talent.
Ysolt Tristran soule desire
E siet bien que Marques si sire
Fait de son cors tut son volair,
172 E si ne puet delit avoir
Fors de volair ou de desir.
Feme a a quil ne puet gesir
E qu'amer ne puet a nul fuer,
176 Mais rien ne fait encontre cuer.
Ysolt as blansdoiz, sa moiller,
Ne puet el mont rien covaiter
Fors soul Tristran, son bel seignor,
180 Dont ele a le cors sanz amor:
Hice l'en faut que plus desire.
Ore puet qui set esgart dire
A quel de l'amor mieuz estoit,
184 Ou qui greignor dolur en ait.
Ysodt as Blanchesmains la bele
Ovec son signor jut pucele;
En un lit se cochent amedui
188 La joie ne sai, ne l'ennui.
Ne li fait mais com a moiller
Chose ou se puisse deliter.
Ne sai se rien de delit set
192 Ou issi vivre aimme ou het;
Bien puet dire, si l'en pesast,
Ja en son tens ne le celast,
Com ele l'a, a ses amis.
196 Avint issi qu'en cel païs
Danz Tristan e danz Caerdins
Dourent aler o lor voisins
A une feste por juer.
200 Tristran i fet Ysodt mener:
Caerdins li chevauche a destre
E par la raigne la senestre,
E vount d'envoisures plaidant.
204 As paroles entendent tant
Qu'il laissent lor chevaus turner

et n'a pas d'autre désir par ailleurs sinon de posséder son ami Tristan qui a pris femme en terre étrangère. Elle redoute son infidélité et espère néanmoins que son désir ne s'attachera pas à une autre femme. Tristan ne désire qu'Yseut et il sait que Marc, son mari, fait ce qu'il veut de son corps et lui-même ne peut obtenir le plaisir qu'en songe ou en désir. Il a une femme près de laquelle il ne peut se coucher et qu'il ne peut aimer à aucun prix sinon à contre-cœur. Yseut aux doigts blancs, sa femme, ne convoite personne d'autre au monde que Tristan, son cher mari ; elle jouit de son corps qui reste froid à l'amour qu'elle lui porte. Il lui manque ce qu'elle désire le plus. Maintenant, celui qui sait juger peut dire lequel est le meilleur amoureux ou lequel est le plus malheureux.

Yseut aux Blanches Mains, la jolie, couche encore vierge avec son mari. Ils partagent le même lit mais j'ignore la joie qu'ils éprouvent ainsi que leur tourment. Tristan ne lui donne jamais la possibilité de goûter le plaisir comme on le fait pour une épouse. Je ne sais pas si elle connaît le plaisir, si elle aime ou si elle déteste ce genre de vie. Je peux dire toutefois que si cela l'ennuyait, elle n'aurait jamais caché la chose à ses amis comme elle le fait.

Il arriva un jour dans ce pays que Tristan et sire Kaherdin durent se rendre avec leurs voisins à une fête pour participer à des joutes. Tristan y emmène Yseut. Kaherdin chevauche à sa droite et tient ses rênes de la main gauche. Ils échangent des plaisanteries. Captivés par leurs propos, ils laissent les chevaux

Cele part qu'il volent aler.
Cel a Caerdin se desraie,
208 E l'Ysodt contre lui s'arbroie ;
Ele le fiert des esperons.
Al lever que fait des chalons
A l'autre cop que volt ferir,
212 Estuet li sa quisse aovrir ;
Por soi tenir la destre estraint.
Li palefrois avant s'enpaint,
E il escrille a l'abaissier
216 En un petit cros en euvier.
Li piez de novel ert ferrez :
Ou vait el tai s'est cruïssé ;
Al flatir qu'il fait el pertus,
220 Del cros del pié saut eaue sus ;
Contre les cuises li sailli,
Quant ele ses cuisses enovri
Por le cheval que ferir volt.
224 De la fraidure s'esfroie Ysodt,
Gete un cri, e rien ne dit,
E si de parfont cuer rit
Que, si ere une quarantaigne,
228 Encor s'astent adonc a paigne.
Caerdins la voit issi rire,
Qui de lui ait oï dire
Chose ou ele note folie
232 Ou mauvaisté ou vilannie,
Car il ert chevaler hontus
E bon e frans e amerus.
De folie a por ce poür
236 El ris qu'il vait de sa sorur ;
Honte li fait poür doter.
Hidonc li prent a demander :
« Ysode, de parfont reïstes,
240 Mais ne sai dont le ris feïstes.
Se la verai achoison ne sai,
En vos mais ne m'afierai.
Vos me poez or bien deçoivre :
244 Se je après m'en puis apercoivre,
Ja mai certes com ma sorur
Ne vos tendrai ne foi n'amor. »
Ysode entent que il li dit,
248 Set que, se de ce l'escondit,

aller à leur fantaisie. Celui de Kaherdin fait un écart et celui d'Yseut se cabre à côté de lui. Quand l'animal lève les sabots, elle le pique des éperons. Elle veut piquer une seconde fois et doit entrouvrir les cuisses. Elle se retient par la main droite aux rênes du cheval. Le palefroi bondit. En retombant, il glisse dans un petit creux rempli d'une flaque d'eau. Le sabot du cheval venait d'être ferré. Il s'enfonça dans la boue. Dès que le pied frappa dans la flaque, de l'eau en jaillit et gicla jusqu'aux cuisses d'Yseut, quand elle les desserra pour piquer des éperons. L'eau glacée la fit frissonner. Elle poussa un cri, ne dit rien de plus mais fut saisie d'un fou rire tellement irrésistible que quarante jours de pénitence auraient à peine suffi pour la calmer[12]. Kaherdin qui la voit rire de la sorte croit qu'elle a entendu des propos qu'elle jugeait sots, méchants ou grossiers ; car c'était un chevalier pudique, bon, franc et gentil. Il redoutait quelque indécence dans le rire de sa sœur. Son embarras trahissait une appréhension. Il lui demanda alors :

« Yseut, vous avez ri de bon cœur mais j'en ignore la raison. Si vous ne me dites pas pourquoi vous avez ri, plus jamais je n'aurai confiance en vous. Vous pourriez certes me mentir à présent, mais si j'apprends tantôt la vraie raison, jamais plus, ma sœur, je ne vous apporterai ma confiance ni mon affection. »

En l'entendant, Yseut comprend que si elle lui dissimule la vérité,

12. Une autre interprétation est possible si l'on suit le texte de la saga : « Elle rit tellement qu'ayant chevauché un quart de mille (*quarentaigne*), c'est à peine si elle parvient à s'arrêter de rire. »

Que il l'en savera molt mal gré,
E dist : « Ge ris de mon pensé
D'une aventure que avint,
252 E por ce ris que m'en sovint.
Ceste aigue, que ci esclata,
Sor mes cuisses plus haut monta
Que unques main d'ome ne fist,
256 Ne que Tristran onques ne me quist.
Frere, or vos ai dit le dont ...
....

Manuscrit de Strasbourg (Bibliothèque du Séminaire protestant,
manuscrit détruit en 1870 — transcrit par F. Michel)

E vunt s'ent dreit vers Engleterre
Ysolt veeir e Brengien querre ;
Ker Kaerdin veeir la volt,
4 E Tristan volt veeir Ysolt.
Que valt que l'um alonje cunte,
U die ce que n'i amunte ?
Dirrai la sume e la fin.
8 Entre Tristran e Kaerdin
Tant unt chevalchié e erré
Qu'il vienent a une cité
U Marke deit la nuit gisir.
12 Quant il ot qu'il i deit venir
(La veie seit e le chemin),
Encuntre vait od Kaerdin.
De luin a luin vunt cheminant
16 E la rocte al rei purveant.
Quant la rocte al rei fu ultrée,
La la reïne unt encuntrée :
De fors le chemin dunc descendent,
20 Li varlet iluec l'atendent.
Il sunt sur un chasne munté,
Qu'esteit sur un chemin ferré ;
La rote poent surveeir,
24 Els ne pue(nt) aperceveir.
Vienent garzun, vienent varlet,
Vienent seuz, vienent brachet
E li curliu e li veltrier
28 E li cuistruns e li bernier

392

il lui en voudra. Elle dit alors :

« Je ris en pensant à ce qui m'est arrivé un jour. C'est le souvenir de cette chose qui m'a fait rire. L'eau qui a giclé sur moi est montée plus haut que jamais la main d'un homme ne l'a fait. Tristan n'est même pas allé chercher jusque-là. Mon frère, voilà la raison (...)

Le cortège d'Yseut
(manuscrit de Strasbourg)

Ils gagnent l'Angleterre pour rendre visite à Yseut et pour chercher Brangien car Kaherdin veut voir cette dernière et Tristan veut voir Yseut.

A quoi sert-il que je m'étende ou que je m'éloigne du sujet ? J'abrège et j'en viens au fait. Après une longue chevauchée, Tristan et Kaherdin arrivent dans une ville où Marc devait passer la nuit. Quand il apprit son arrivée, Tristan qui connaissait son itinéraire partit à sa rencontre avec Kaherdin. A force de cheminer, ils discernent au loin l'escorte du roi. Quand cette troupe fut passée, c'est la compagnie de la reine qu'ils aperçurent.

Ils descendent de cheval à l'écart du chemin. Là, les valets les attendent. Ils montent sur un chêne qui domine le chemin pierreux et peuvent apercevoir l'escorte sans être aperçus d'elle. Ce sont d'abord les serviteurs qui s'avancent ; puis viennent les valets, les limiers, les braques, les messagers et les chefs de meute, les cuisiniers et les rabatteurs,

E marechals e herberjurs
Cils sumiers (e cils chaceürs)
Cils chevals, palefreis (en destre,)
32 Cils oisels qu'e(n) porte a senestre.
Grant est la rocte e le chemin.
Mult se merveille Kaerdin
De la rote qui ensi est grant
36 E des merveilles qu'il i a tant,
E qu'il ne veit la reïne
Ne Brengien la bele meschine.
Atant eis lur les lavenderes
40 E les foraines chamberreres
Ki servent del furain mester,
Del liz aturner, del eshalcer,
De dras custre, des chiés laver,
44 Des altres choses aprester.
Dunc dit Kaerdin : « Or la vei.
— Ne vus, dit Tristran, par ma fei !
Ainz sunt chamberreres fureines
48 Qui servent de grosses ovraines. »
A ce eis lur li chamberlangs ;
Après lui espessist li rangs
De chevaliers, de dameisels,
52 D'ensegnez, de pruz e de bels ;
Chantent bels suns e pastureles.
Après vienent les dameiseles,
Filles a princes e a baruns,
56 Nees de plusurs regiuns ;
Chantent suns e chanz delitus.
Od eles vunt li amerus,
Li enseignez e li vaillant ;
60 De druerie vunt parlant,
De veir amur e de ...
Que bels senblant seit de ...
Sulunc ce qu'en l'amur .....
64 Par fo.. e de raisun !.......
Vers els que entre ....
Dunc dit Kaerdin : « Ore la vei !
Ceste devant est la reïne.
68 E quele est Brengien la meschine ? »
....

les palefreniers et les fourriers, les chevaux de charge et les chevaux de chasse ; on tenait de la main droite les palefrois par les rênes, les oiseaux de la main gauche. Long est le cortège sur le chemin. Kaherdin est ébloui par le faste de cet énorme cortège et par les merveilles qu'il comporte. Il s'étonne de ne pas voir la reine ni Brangien, la belle jeune fille. Voici maintenant que s'avancent les lavandières et les chambrières ordinaires qui s'appliquent aux tâches collectives : préparer les lits, les installer, coudre les vêtements, laver les cheveux et diverses autres tâches. Kaherdin s'écrie soudain :

« Je la vois.

— Pas du tout, répondit Tristan, par ma foi ! Ce sont les chambrières ordinaires chargées des gros ouvrages. »

Ils aperçoivent alors le chambellan. A ses côtés, grossissent les rangs des chevaliers, de jeunes nobles distingués, valeureux et beaux. Ils chantent de jolies chansons et des pastourelles. Suivent les demoiselles, filles des princes et des barons, qui venaient de plusieurs pays. Elles chantent des chansons et de charmantes mélodies. Leurs compagnons sont galants, bien élevés et vaillants. Ils font leur cour et l'amitié sincère (...)

Alors Kaherdin s'écria :

« Je la vois ! Celle qui marche devant est la reine. Mais laquelle est Brangien sa suivante ? » (...)

....

Qui pur Tristran el cuer se dolt,
« Dame, dit Brengvein, morte sui.
4 Mar vi l'ure que vus cunui,
Vus e Tristran vostre ami !
Tut mun païs pur vus guerpi,
E pus, pur vostre fol curage,
8 Perdi, dame, mun pucelage.
Jol fiz, certes, pur vostre amur :
Vus me pramistes grant honur,
E vus e Tristran le parjure,
12 Ki Deu doinst ui malaventure
E dur encunbrer de sa vie !
Par li fu ge primer hunie.
Menbre vus u vus m'enveiastes
16 A ocire me cummandastes ;
Ne remist en vostre fentise
Que par les sers ne fui ocise ;
Melz me valuit la lur haür,
20 Ysolt, que ne fiz vostre amur,
Chetive et malveise fui
Quant puis icel ure vus crui,
Que unques vers vus amur oi,
24 Pus ke ceste mort par vus soi.
Pur quei n'ai quis la vostre mort,
Quant me la quesistes a tort ?
Cel forfez fud tut pardoné,
28 Mes or est il renovelé
Par l'acheisun e par l'engin
Que fait avez de Kaherdin.
Dehait ait la vostre franchise,
32 Quant si me rendez mun servise !
C'est ço, dame, la grant honur
Que doné m'ad pur vostre amur ?
Il voleit aver cunpaignie
36 A demener sa puterie :
Ysolt, ço li feïstes fere
Pur moi a la folie traire ;
Vus m'avez, dame, fait hunir
40 Pur vostre malveisté plaisir.

396

Dénouement du roman
(manuscrit Douce)

... dont le cœur languit à cause de Tristan :

« Dame, dit Brangien, je suis morte. Maudite soit l'heure où je vous ai connus, vous et votre ami Tristan. J'ai quitté mon pays pour vous ; ensuite, votre folle passion, ma dame, m'a fait perdre ma virginité. J'ai accepté cela par amour pour vous. Vous m'avez promis en échange de grands honneurs, vous et Tristan le parjure, que Dieu l'accable aujourd'hui de malheurs et de terribles épreuves durant toute sa vie ! C'est à cause de lui que j'ai connu la honte pour la première fois. Souvenez-vous de l'endroit où vous m'avez envoyée ! Vous aviez ordonné qu'on me tuât ! Il n'a pas tenu à votre déloyauté que je n'aie été tuée par les serfs. Leur haine m'a été plus profitable que votre amitié, Yseut. Je suis une malheureuse et une femme méprisable de vous avoir conservé ma fidélité après que vous m'avez avoué cette tentative de meurtre sur moi. Pourquoi n'ai-je pas cherché votre mort puisque vous aviez injustement cherché la mienne ? Ce forfait vous a été intégralement pardonné mais vous récidivez à présent avec la ruse concernant Kaherdin. Maudite soit votre noblesse quand vous me récompensez de la sorte ! Est-ce là, ma dame, le grand honneur que Kaherdin m'a donné pour l'amour de vous ? Il voulait avoir une compagne pour assouvir sa débauche. Yseut, vous l'avez poussé à agir de la sorte pour m'entraîner dans la folie. Vous m'avez, ma dame, totalement déshonorée pour satisfaire votre malice.

Vus m'avez mise a desonur :
Destruite en ert nostre amur.
Deus ! tant le vus oï loer,
44 Pur fere le moi enamer !
Unc ne fud hum de sun barnage,
De sun pris, de sun vasselage :
Quel chevaler vus le feïstes !
48 Al meliur del mund le tenistes,
E c'est or le plus recraant
Ki unc portast n'escu ne brant.
Quant pur Karïado s'en fuit,
52 Sun cors seit huniz e destruit !
Quant fuit pur si malveis hume,
Ja n'ad plus cuard desqu'a Rume.
Ore me dites, reïne Ysolt,
56 Des quant avez esté Richolt ?
U apreïstes sun mester
De malveis hume si apreiser
E d'une caitive traïr ?
60 Pur quei m'avez fait hunir
Al plus malveis de ceste terre ?
Tant vaillant me sunt venu querre !
Cuntre tuz me sui ben gardee
64 Ore sui a un cuard dunee !
Ço fud par vostre entisement.
Jon averai ben le vengement
De vus, de Tristran vostre ami :
68 Ysolt, e vus e lui deffi ;
Mal en querrai e damage
Pur la vilté de ma huntage. »
Quant Ysolt ceste curuz entent
72 E ot icest desfïement
De la ren del mund que plus creit
E que melz s'onur garder deit,
(Icest est sa joie e sun hait
76 K'issi vilement li dit tel lait),
Mult en est al quer anguissee
Od ço qu'ele est de li iree :
Près del quer ses ires li venent
80 Dubles anguises al quer li tent ;
Ne set de laquele defendre,
N'a qui ele se puisse prendre ;
Suspire e dit : « Lasse, caitive !

Vous m'avez plongée dans la honte ! Notre amitié est détruite ! Dieu, je vous ai tellement entendue le louer pour que je m'éprenne de lui ! Jamais il n'y eut de baron aussi noble, aussi valeureux et aussi courageux ! Quel chevalier vous faisiez de lui ! Vous le considériez comme le meilleur chevalier du monde et c'est en réalité le plus lâche qui ait jamais porté un écu ou une épée ! Pourquoi s'est-il enfui devant Cariado ? Qu'il soit honni et mis à mort ! Puisqu'il a fui devant un homme si méchant, il est le plus couard qui vit jusqu'à Rome.

Dites-moi à présent, reine Yseut, depuis quand jouez-vous le rôle de Richeut[13] ? Où avez-vous appris son métier qui consiste à faire l'éloge d'un méchant et à trahir une malheureuse ? Pourquoi m'avez-vous fait déshonorer par la plus méchante personne de la terre ? Tant d'hommes vaillants sont venus me faire la cour ! Je me suis bien gardée d'eux et maintenant on me donne à un couard. Cela s'est produit à votre instigation. Je me vengerai de vous et de votre ami Tristan. Je vous défie, Yseut, ainsi que lui. Je chercherai à vous nuire et vous me paierez la honte de mon humiliation. »

Quand Yseut entend cette colère et le défi lancé par l'amie la plus fidèle qui veille sur son honneur mais qui met toute sa joie et tout son plaisir à l'insulter aussi grossièrement, elle en est bouleversée dans son cœur et s'emporte. La fureur lui saisit le cœur ; deux motifs d'angoisse l'étreignent : elle ne sait contre lequel se défendre ni lequel attaquer. Elle soupire et dit :

« Hélas ! Malheureuse que je suis !

13. C'est le personnage type de l'entremetteuse dans un très ancien fabliau qui porte son nom.

84 Grant dolz est que jo tant sui vive,
   Car unques nen oi se mal nun
   En ceste estrange regiun.
   Tristran, vostre cors maldit seit!
88 Par vus sui jo en cest destreit!
   Vus m'amenastes el païs,
   En peine jo ai esté tuz dis;
   Pur vus ai de mun seingnur guerre
92 E de tuz ceus de ceste terre,
   Priveement u en apert.
   Qui'n calt de ço? ben l'ai suffert,
   E suffrir uncore le peüse,
96 Se l'amur de Brengvein eüse.
   Quant purchaser me volt contraire
   E tant me het, ne sai que faire.
   Ma joie soleit maintenir:
100 Tristan, pur vus me volt hunir.
   Mar acuintai unc vostre amur,
   Tant en ai curuz e irur!
   Toleit m'avez tuz mes parenz,
104 L'amur de tutes estranges genz.
   E tut iço vus semble poi,
   Se tant de confort cum jo oi
   Ne me tolisez al derein
108 Ço est de la franche Brengven.
   Si vaillante ne si leele
   Ne fud unques mais damisele;
   Mais entre vus et Kaherdin
112 L'avez sustraite par engin.
   Vus la vulez a vus mener
   Ysolt as Blanches Mains guarder;
   Pur ço que leele la savez,
116 Entur li aveir la vulez;
   Emvers mei errez cum parjure,
   Quant me tolez ma nurreture.
   Brengvein, membre vus de mon pere
120 E de la priere ma mere!
   Si vus me guerpisez ici
   En terre estrange, senz ami,
   Que frai dunc? Coment viverai
124 Car comfort de nuli nen ai?
   Brengvein, si me vulez guerpir,
   Ne me devez pur ço haïr,

Quelle douleur pour moi d'être encore en vie car je ne connais que le mal dans ce royaume étranger. Tristan, puissiez-vous être maudit ! C'est à cause de vous que je me trouve dans cette détresse. C'est vous qui m'avez conduite dans ce pays où je n'ai fait que souffrir depuis toujours. A cause de vous, je suis en conflit avec mon mari et tous les barons de son royaume, secrètement ou ouvertement. Qu'importe ? J'ai bien supporté cela jusqu'à présent et je peux encore le supporter à l'avenir si Brangien me voue son affection. Quand elle veut me persécuter et quand elle me déteste à ce point, je ne sais plus que faire. Elle me maintenait jadis dans la joie. Maintenant Tristan, à cause de vous, elle veut m'infliger la honte ! Quel malheur d'avoir rencontré votre amour ! Il m'irrite et m'afflige tant ! Vous avez éloigné de moi tous mes parents ; vous m'avez privée de l'affection de tout le monde ! Et tout cela ne vous suffit pas puisque vous m'ôtez en définitive le seul réconfort qui me restait : la noble Brangien. On ne vit jamais de plus vaillante ni de plus fidèle demoiselle mais vous et Kaherdin, me l'ôtez par ruse. Vous voulez la prendre avec vous pour qu'elle veille sur Yseut aux Blanches Mains. Vous connaissez sa fidélité, c'est pourquoi vous voulez l'avoir aux côtés de votre épouse. Vous vous conduisez envers moi comme un parjure en m'ôtant ma protégée. Brangien, souvenez-vous de mon père et de la prière de ma mère. Si vous m'abandonnez ici dans un royaume étranger, sans amis, que ferai-je donc ? Comment vivrai-je ? Personne ne m'apportera de réconfort ! Brangien, si vous voulez me quitter, vous ne devez pas me haïr pour autant,

Ne emvers mei querre acheisun
128 D'aler en altre regiun;
Car bon congé vus voil doner,
S'a Kaherdin vulez aler.
Ben sai Tristran le vus fait faire,
132 A qui Deus en duinst grant contraire!»
Brengvein entent al dit Ysolt,
Ne puet laisser que n'i parolt,
E dit: «Fel avez le curage,
136 Quant sur moi dites itele rage
E ço qu'unques n'oi en pensé.
Tristran ne deit estre blasmé:
Vus en devez la hunte aveir,
140 Quant l'usez a vostre poer;
Se mal ne me volsissez,
Tant lungement ne l'usissez.
La malvesté que tant amez
144 Sur Tristran aturner vulez,
Ja ço seit que Tristan n'i fust,
Pire de lui l'amur eüst.
Ne me pleing de la sue amur,
148 Mais pesance ai e grant dolur
De ço que m'avez enginné
Pur granter vostre malvesté.
Hunie sui, si mais le grant.
152 Guardez vus en dessornavant,
Car de vus me quid ben vengier!
Quant me vulez marier,
Pur quei ne me dunastes vus
156 A un hume chevalerus?
Mais al plus cuard qu'unc fud né
M'avez par vostre engin duné.»
Ysolt respunt: «Merci, amie!
160 Unques ne vuz fiz felunie;
Ne par mal ne par malveisté
Ne fud unc cest plai enginné;
De traïsun ne dutés ren:
164 Si m'aïst Deus, jol fiz pur ben.
Kaherdins est bons chevalers,
Riches dux, seürs guerrers;
Ne quidez pas qu'il s'en alast
168 Pur Karïado qu'il dutast,
Einz le dient par lur envie,

402

ni saisir l'occasion d'aller dans un autre pays contre ma volonté. Car je peux vous donner l'autorisation d'aller chez Kaherdin. Je sais bien que c'est Tristan qui vous pousse à faire tout cela. Que Dieu lui inflige de terribles épreuves ! »

Brangien écoute les propos d'Yseut. Elle ne peut s'empêcher de lui répondre :

« La félonie de votre cœur vous fait dire sur moi des insanités et vous me prêtez des idées qui ne m'ont jamais effleuré l'esprit. Tristan ne doit pas être blâmé. C'est sur vous que doit retomber la honte puisque c'est vous qui l'infligez à votre gré. Si vous ne me vouliez aucun mal, jamais vous ne l'utiliseriez contre moi ! La méchanceté que vous adorez, vous voulez en rendre Tristan responsable. Or, si Tristan n'existait pas, vous seriez amoureuse d'un homme pire que lui. Je ne me plains pas de son amour mais ce qui me pèse et me fait très mal, ce sont vos manigances pour assouvir votre perversité. Je suis déshonorée si je lui cède. Faites attention dorénavant, car je pense pouvoir bien me venger de vous. Puisque vous voulez me marier, pourquoi ne me donnez-vous pas à un vrai chevalier ? Au contraire, c'est au plus couard du monde que vous m'avez perfidement livrée. »

Yseut répond :

« Je vous en prie, mon amie ! Je ne vous ai jamais trahie. Aucune malversation de ma part, aucune méchanceté ne vous ont préparé un piège. Ne redoutez pas de trahison ! Que le ciel m'en soit témoin, j'ai voulu votre bien. Kaherdin est un bon chevalier, un duc puissant, un solide guerrier. Ne croyez pas qu'il s'est enfui par peur de Cariado. Ce sont les jaloux qui disent cela,

Car pur lui ne s'en alad mie.
Se vus oez sur lui mentir,
172 Nel devez pas pur ço haïr,
Ne Tristran mun ami, ne mei.
Brengvein, jo vus afi par fei,
Coment que vostre plai aturt,
176 Que tuit cil de ceste curt
La medlee de nus vuldreient ;
Nostre enemi joie en avreient.
Se vus avez vers mei haür,
180 Ki me voldra puis nul honur ?
Coment puis jo estre honuree,
Se jo par vus sui avilee ?
L'en ne poet estre plus traïz
184 Que par privez e par nuirriz.
Quant li privez le conseil set,
Traïr le puet, s'il le het.
Brengvein, qui mun estre savez,
188 Se vus plaist, hunir me poez ;
Mais ço vus ert grant reprover,
Quant vus m'avez a conseiller,
Se mun conseil e mun segrei
192 Par ire descovrez al rei.
D'altre part jo l'ai fait par vus :
Mal ne deit aveir entre nus.
Nostre curuz a ren n'amunte :
196 Unques nel fiz pur vostre hunte,
Mais pur grant ben e pur honur.
Pardunez moi vostre haür.
De quei serez vus avancee
200 Quant vers lu rei ere enpeiree ?
Certes el men empirement
Nen ert le vostre amendement ;
Mais, si par vus sui avilee,
204 Mains serez preisee e amee.
E perdu en avrez m'amur
E l'amisté de mun seignur.
Quel semblent qu'il uncs me face,
208 Ne quidez qu'il ne vus enhace.
Emvers mei ad si grant amur,
Nus ne porreit mettre haiur,
Nuls ne nus poreit tant medler
212 Que sun cors poust de mei sevrer.

car rien n'aurait pu le faire partir. Si vous avez entendu sur lui des mensonges, ce n'est pas une raison pour le haïr, ni pour haïr Tristan ou moi. Brangien, je vous le certifie, quelle que soit l'issue de cette affaire, les gens de la cour souhaitent notre brouille. Nos ennemis seraient trop heureux ! Si vous me détestez, qui me respectera encore ? Comment pourrai-je être honorée si c'est vous qui m'infligez l'infamie ? La pire trahison est celle qui vient de nos proches et de nos protégés. Un intime qui vient de recueillir un secret peut le divulguer s'il est poussé par la haine. Brangien, vous qui connaissez le fond de mon cœur, vous pouvez me plonger dans la honte, si tel est votre plaisir, mais vous mériterez de sérieux reproches si, après avoir été ma confidente, vous révélez dans votre fureur mon projet et mon secret au roi ! Par ailleurs, c'est pour vous que j'ai fait tout cela. Il ne doit y avoir aucune méchanceté entre nous. Notre colère ne sert à rien. Je n'ai jamais agi pour vous infliger la honte mais pour votre plus grand bien et votre plus grande gloire. Abandonnez votre rancune envers moi ! En quoi cela vous avancera-t-il de me rabaisser aux yeux du roi ? Mon avilissement ne vous grandira en rien, mais si je suis avilie à cause de vous[14], vous serez moins appréciée et moins aimée qu'auparavant et vous aurez perdu mon affection ainsi que la faveur de mon époux. Quel que soit son comportement à mon égard, n'allez pas croire que vous échapperez à sa haine. Il éprouve envers moi une telle affection que personne ne parviendrait à susciter sa haine contre moi ; nul ne pourrait nous brouiller au point qu'il me répudie.

---

14. Le fragment de Turin insère ici quatre vers : « Tel fera votre éloge pour vous blâmer en réalité. La bonne société éprouvera pour vous plus que du mépris. »

Mes faiz puet aveir contre quer,
Mei ne puet haïr a nul fuer;
E mes folies puet haïr,
216 Mais m'amur ne puet unc guerpir;
Mes faiz en sun cuer haïr puet:
Quel talent qu'ait, amer m'estuet.
Unques a nul qui mal me tint
220 Emvers lu rei ben n'en avint:
Ki li dient ço qu'il plus het,
Sachez que mal gré lur en set.
De quei avancerez lu rei,
224 Se vus li dites mal de mei?
De quele chose l'averez vengé,
Quant vus mei avrez empeiré?
Pur quei me volez vus traïr?
228 Quei li vulez vus descouvrir?
Que Tristran vint parler a mei?
E quel damage en ad le rei?
De quei l'avez vus avancé,
232 Quant de moi l'avez curucé?
Ne sai quel chose i ait perdu. »
Brengvein dit : « Bien vus est defendu,
Juré l'avez passé un an,
236 Le parler e l'amur Tristran.
La defense e le serement
Avez tenu malveisement:
Des que poesté en eüstes,
240 Chative Ysolt, parjure fustes,
Feimentie e parjuree.
A mal estes si aüsee
Que vus nel poez pas guerpir;
244 Vostre viel us estuet tenir.
Se usé ne l'eussez d'amfance,
Ne mainteinsez la fesaunce;
S'al mal ne vus delitissez,
248 Si lungement nel tenissez.
Que puleins prent en danteüre,
U voille u nun, lunges li dure,
E que femme en juvente aprent,
252 Quant ele nen ad castiement,
Il li dure tut sun eage,
S'ele ad poer a sun curage.
Vus l'apreïstes en juvente:

Mon comportement pourra le contrarier mais ne l'amènera jamais à me détester. Il peut haïr mes folies mais il ne peut cesser de m'aimer. Mon comportement peut lui répugner mais, malgré qu'il en ait, il faut qu'il m'aime. Ceux qui m'ont voulu du mal n'ont jamais bénéficié de sa reconnaissance. Ceux qui lui tiennent des propos insupportables, sachez bien qu'il leur en veut. En quoi cela avancerait-il le roi si vous lui disiez du mal de moi ? De quoi l'aurez-vous vengé quand vous m'aurez fait déconsidérer ? Pourquoi voulez-vous me trahir ? Que voulez-vous lui révéler ? Que Tristan est venu me parler ? Quel tort cela fait-il au roi ? En quoi lui aurez-vous rendu service après avoir excité son courroux à mon sujet ? Je ne vois pas ce que je lui ai fait perdre. »

Brangien répondit :

« On vous a strictement interdit de parler à Tristan et de l'aimer. Vous aviez donné votre promesse, il y a plus d'un an. Vous avez bien mal respecté cette règle et ce serment. Dès que vous en avez eu la possibilité, infâme Yseut, vous vous êtes reniée, démentie, parjurée. Vous êtes tellement habituée au vice que vous ne pouvez plus vous en séparer. Vous ne pouvez combattre votre ancienne habitude. Si vous n'aviez plongé dans le vice dès l'enfance, vous ne vous y adonneriez pas en ce moment. Si le mal n'était pas un plaisir pour vous, vous ne le commettriez pas en permanence. Ce que le poulain apprend lors de son dressage, que cela lui plaise ou non, reste marqué en lui pendant longtemps et ce qu'une femme apprend pendant sa jeunesse, quand on ne la corrige pas, lui reste pour toute sa vie, si on ne vient pas brider ses désirs. Vous avez appris le vice dans votre jeunesse

256 Tuz jurs mais ert vostre entente.
S'en juvente apris ne l'eusez,
Si lungement ne l'usisez.
Si li reis vus eust castïé,
260 Ne feïsez la maveisté;
Mais pur ço qu'il le vus consent,
L'avez usé si lungement.
Il le vus ad pur ço suffert
264 Que il ne fud uncs ben cert;
Jo l'en dirrai la verité:
Puis en face sa volenté!
Tant avez usé l'amur
268 Ublié en avez honur,
E tant mené la folie
Ne larrez a vostre vie.
Tres que li reis s'en aparçut,
272 Castier par dreit vus en dut;
Il l'ad suffert si lungement
Huniz en est a tute sa gent.
Le nes vus en deüst trencher
276 U altrement aparailer
Que hunie en fusez tuz dis:
Grant joie fust a voz enmis.
L'en vus deüst faire grant huntage,
280 Quant hunissez vostre lingnage,
Voz amis e vostre seingnur.
Se vus amisez nul honur,
Vostre malveisté laissisez.
284 Ben sai en quei vus vus fiez:
En la jolifté de le rei,
Que voz bons suffre endreit sei.
Pur ço qu'il ne vus puet haïr,
288 Ne volez sa hunte guerpir;
Envers vus ad si grant amur
Que il suffre sa desonur;
Se il itant ne vus amast,
292 Altrement vus en castïast.
Ne larai, Ysolt, nel vus die:
Vus faites mult grant vilanie,
A vostre cors hunisement,
296 Quant il vus aime si durement,
E vus vers li vus cuntenez
Cum vers home qui naent n'amez.

et il restera toujours votre passion. Si vous ne l'aviez pas appris dans votre jeune âge, vous ne le pratiqueriez pas si constamment. Si le roi vous avait châtiée, vous ne commettriez pas le mal. Mais, comme il a été tolérant envers vous, vous persévérez. Il a supporté votre attitude parce qu'il ne sait rien de certain sur vous. Je lui dirai donc la vérité : qu'il fasse ensuite ce qu'il voudra ! Vous vous êtes tellement adonnée à l'amour que vous en avez oublié la décence. Vous avez tellement donné dans la folie que vous continuerez toute votre vie à le faire. Dès que le roi s'en est aperçu, il aurait dû vous châtier. Il a supporté la chose trop longtemps et cela lui vaut d'être déconsidéré par tout le monde. Il aurait dû vous faire couper le nez[15] ou vous mutiler d'une autre façon afin que le déshonneur vous accable à tout jamais. Cela aurait été un grand motif de joie pour vos ennemis. On aurait dû vous infliger une grande honte dans la mesure où vous causiez vous-même la honte de votre famille, de vos amis et de votre mari. Si vous aviez aimé l'honneur, vous auriez abandonné le vice. Je sais bien sur quoi vous vous fondez : sur la gentillesse du roi qui supporte votre bon plaisir. Parce qu'il ne peut pas vous haïr, vous ne voulez pas renoncer à le déshonorer. Il a tellement d'amour pour vous qu'il en supporte le déshonneur. S'il ne vous aimait pas autant, il aurait trouvé un moyen de vous châtier. Je ne cesse de vous le dire, Yseut : vous vous conduisez d'une manière ignoble et cette honte retombe sur vous ! Quand le roi vous aime si ardemment, vous vous comportez envers lui comme envers quelqu'un que vous n'aimeriez pas.

---

15. Dans un lai de Marie de France intitulé *Bisclavret*, une femme infidèle subit une mutilation identique. Le nez lui est arraché par son époux transformé temporairement en loup-garou.

Eussez vus emvers lui amur,
300 Ne feïsez sa desonur. »
Quant Ysolt ot sei si despire,
A Brengvein respunt dunc par ire :
« Vus moi jugez trop cruelement.
304 Dehé ait or vostre jugement !
Vus parlez cum desafaitee
Quant si m'avez a desleée.
Certes, si jo sui feimentie,
308 Parjure, u ren hunie,
U se jo ai fait malvesté,
Vus moi avez ben conseilé.
Ne fust la consence de vus,
312 Ja folie n'eüst entre nus ;
Mais pur ço que le consentistes,
Ço que faire dui m'apreïstes :
Les granz enginz e les amurs,
316 Les dutaunces, les tristurs,
E l'amur que nus maintenimes,
Par vus fud quanque feïmes.
Primer en deceüstes mei
320 Tristran après, e puis le rei ;
Car peç'a que il le seüst,
Se li engin de vus ne fust.
Par messunges que li deïstes
324 En la folie nus tenistes ;
Par engin e par decevance
Covristes vus nostre fesance.
Plus de moi estes a blasmer
328 Quant vus me devriez garder,
E dunc moi feites hunir.
Ore moi volez descovrir
Del mal qu'ai fait en vostre garde ;
332 Mais fu e male flame m'arde,
Se il vent a dire la verité,
Se de ma part est puint celé,
E se li reis venjance prent,
336 De vus la prenge primerement !
Emvers lui l'avez deservi ;
Nequedent jo vus cri merci,
Que le cunseil ne descovrez
340 E vostre ire moi pardonez. »
Dunc dit Brengvein : « Nu frai, par fei !

410

Si vous aviez de l'amour pour lui, vous ne causeriez pas son déshonneur. »

Quand Yseut entendit les paroles méprisantes qui la visaient, elle répondit vivement à Brangien :

« Vous me jugez trop férocement. Maudit soit votre jugement ! Vous parlez insolemment en me traitant d'infâme ! A vrai dire, si je suis menteuse ou parjure ou déshonorée, si j'ai commis le mal, c'est que vous m'avez bien conseillée ! Sans votre assentiment, Tristan et moi nous n'aurions pas sombré dans l'excès. Mais vous avez consenti à cela et vous m'avez appris ce que je devais faire : les ruses extrêmes et les amours, les doutes et les tristesses, l'amour que nous avons partagé, c'est vous qui avez provoqué tout cela. Vous m'avez d'abord trompée, puis vous avez trompé Tristan et enfin le roi. Car il y a longtemps qu'il aurait tout appris sans votre malice. Les mensonges que vous lui avez fait croire nous ont maintenus dans notre amour extrême. Votre ruse et votre fourberie ont dissimulé notre vrai comportement. Vous méritez d'être blâmée plus que moi, puisque vous deviez veiller sur ma personne et que vous m'infligez la honte. Et maintenant vous voulez révéler le mal que j'ai commis sous votre garde. Que le feu et les flammes infernales me dévorent, s'il finit par apprendre la vérité, s'il apprend tout sur moi. S'il veut obtenir vengeance, qu'il s'en prenne d'abord à vous ! Vous l'aurez mérité à ses yeux ! Cependant, je vous implore de ne pas révéler notre secret et je vous demande d'oublier votre colère envers moi. »

Brangien répondit alors :

« Je n'en ferai rien, par ma foi !

Jol mustrai primer al rai ;
Orrum qui ad tort u dreit ;
344 Cum estre puet idunc si seit ! »
Par mal s'en part atant d'Ysolt,
Jure qu'al rei dire le volt.
En cest curuz e en ceste ire,
348 Vait Brengien sun buen al rei dire :
« Sire, dit ele, ore escutez,
Ce ke dirrai pur veir creez. »
Parole al rei tut a celee,
352 De grant engin s'est purpensee,
Dit : « Entendez un poi a mei.
Lijance e lealté vus dei
E fiance e ferm'amur
356 De vostre cors, de vostre hunur :
E quant jo vostre hunte sai,
M'est avis a celer ne l'ai.
E se jo anceis la seüsse,
360 Certes descoverte l'eüsse.
Itant vus voil dire d'Ysolt :
Plus enpire que ne solt ;
De sun curage est empeiree ;
364 E s'el n'est de melz gaitee,
Ele fra de sun cors folie,
Car uncore nel fist ele mie ;
Mais ele n'atent se aise nun.
368 Pur nent fustes en suspeciun :
Jon ai eü mult grant irrur
E dutance el cuer e poür ;
Car ele ne se volt pur ren feindre
372 S'ele puet a sun voleir ateindre,
Pur ço vus venc io conseiler
Que vus la facez melz gaiter.
Oïstes uncs la parole :
376 « Vuide chambre fait dame fole,
Aise de prendre fait larrun,
Fole dame vuide maisun ? »
Pez'a qu'avez eü errance.
380 Jo meïmes fu en dutance,
Nut et jur pur li en aguait ;
Mais pur nent l'ai jo fait,
Car deceü avum esté
384 E del errur e del pensé.

412

Je m'en vais tout de suite voir le roi. Nous verrons bien qui a tort ou raison. Advienne que pourra ! »

Brangien quitte cruellement Yseut et jure qu'elle ira parler au roi. Emportée par son courroux et son émotion, Brangien alla raconter au roi ce qu'elle avait sur le cœur :

« Sire, fait-elle, écoutez ce que je vais vous dire et croyez bien que c'est la vérité ! »

Elle parla au roi après l'avoir entraîné à l'écart. Elle s'avisa d'une ruse parfaite :

« Ecoutez-moi un peu ! Je vous dois allégeance, loyauté, fidélité. Je dois aussi un attachement sincère à votre personne et à votre honneur. Quand je vous sais exposé à la honte, mon devoir est de parler. Et si j'avais appris la chose plus tôt, je vous l'aurais assurément révélée. C'est d'Yseut dont il s'agit : les choses vont de mal en pis ! Son cœur est en danger. Si elle n'est pas mieux surveillée, elle commettra une folie. Même si elle n'atteint pas encore ce stade, elle ne pense pour l'instant qu'à son plaisir. Vous l'avez soupçonnée en vain, mais moi, j'éprouve une anxiété, une inquiétude et une grande peur en moi-même, car elle ne recule devant rien pour satisfaire son désir. C'est pourquoi, je viens vous conseiller de mieux la surveiller. Vous connaissez le proverbe : « Chambre vide fait dame folle, l'occasion fait le larron, dame folle vide la maison. » Il y a longtemps que vous vous méfiez. Moi-même, je n'étais pas tranquille. Je la surveillais nuit et jour mais ce fut inutile car nous avons été trompés sur nos soupçons et nos suppositions.

Ele nuz ad tuz engingné
E les dez senz jeter changé ;
Enginnum la as dez geter,
388 Quant avainge a sun penser,
Qu'ele ne puisse sun bon aver
Itant cum est en ceste vuleir :
Kar qui un poi la destreindra,
392 Jo crei ben qu'ele s'en retraira.
Certes, Markes, c'est a bon dreit,
Huntage avenir vus en deit
Quant tuz ses bons li cunsentez
396 E sun dru entur li suffrez.
Jol sai ben, io face que fole
Que unques vus en di parole,
Car vus m'en savrez mult mal gré.
400 Ben en savez la verité.
Quel senblant que vus en facez,
Ben sai pur quei vus en feinnez :
Que vus ne valez mie itant
404 Que fere li osissez senblant.
Reis, jo vus en ai dit asez
Ove iço que vus savez. »
Li reis as diz Brengien entent,
408 Si se merveille mult forment
Que ço puisse estre qu'ele conte
De sa dutance e de sa hunte,
Qu'il l'ait suffert e qu'el le sace,
412 Qu'il se feint, quel senblance que face.
Idunc est il en grant errur ;
Prie que die la verur ;
Car il quide que Tristran seit
416 En la chanbre, cum il soleit ;
Sa fei lealment li afie
Que le conseil ne dirrat mie.
Dunc dit Brengvein par grant cuintise :
420 « Reis, pur dire tut mun servise,
Ne vus voil seler l'amisté
Ne le plai qu'ele ad enginné.
Nus avum esté deceü
424 De l'errur que avum eü,
Qu'el vers Tristan eüst amur.
Ele ad plus riche doneür :
Ço est Carïado le cunte ;

Elle nous a bien dupés. Elle a changé les dés sans les jeter. Abusons-la à notre tour quand elle va jeter les dés et quand elle comprendra qu'elle ne peut pas satisfaire son désir comme elle l'espère ! Si on lui impose quelques contraintes, elle reviendra dans le droit chemin. Certes, Marc, il est normal que le déshonneur retombe sur vous dans la mesure où vous supportez toutes ses libertés ainsi que la présence de votre rival à ses côtés. Je sais bien que je commets une folie en vous faisant cet aveu car vous me le reprocherez. Vous savez déjà la vérité. Même si vous n'en prenez pas l'air, je sais bien pourquoi vous réagissez de la sorte : vous ne vous sentez pas le courage de l'affronter. Sire, je vous ai tout dit, en plus de ce que vous savez déjà. »

Le roi écoute les propos de Brangien. Il s'étonne grandement de retrouver en eux le reflet de ses propres craintes et de sa honte. Il souffre et elle le sait. Il dissimule l'expression réelle de son visage et elle en devine toutes les vraies nuances. Il en est fort irrité et la prie de dire la vérité car il croit que Tristan se trouve dans la chambre comme jadis. Alors, la subtile Brangien poursuit :

« Sire, pour accomplir parfaitement mon devoir, je ne veux pas vous cacher le pacte d'amitié ni les projets qu'elle manigance. Nous avons été abusés en croyant à tort qu'elle aimait Tristan. Elle a en fait un soupirant plus avantageux ; il s'agit du comte Cariado[16].

16. Brangien dénonce Cariado à Marc après avoir juré (v. 340) de dénoncer Tristan. Ce changement de stratégie est probablement le résultat de la ruse qu'elle a méditée (v. 351).

428 Entur li est pur vostre hunte.
    D'amur a tant requis Ysolt
    Qu'or m'est avis granter li volt ;
    Tant a lousengé e servi
432 Qu'ele en volt faire sun ami ;
    Mais de ço vus afi ma fei
    Qu'unc ne li fist plus qu'a mei.
    Ne di pas, se aise en eüst,
436 Tut sun bon faire n'em peüst,
    Car il est beals e pleins d'engins,
    Entur li est seirs e matins,
    Sert la, lousenge, si li prie.
440 N'est merveille s'ele fait folie
    Vers riche hume tant amerus ;
    Reis, jo moi merveille mult de vus
    Que entur li tant li suffrez,
444 U pur quel chose tant l'amez.
    Del sul Tristran avez poür :
    Ele n'ad vers lui nul amur,
    Jo m'en sui ben aparceüe ;
448 Ensement en fu deceüe.
    Desci qu'il vint en Engleterre
    Vostre pais e vostre amur querre.
    E tres que Ysolt l'oï dire,
452 Aguaiter le fist pur ocire ;
    Karïado i emveia,
    Ki a force l'en chaça.
    Pur veir ne savum quant ad fait.
456 Par Ysolt li vint cest aguait ;
    Mais certes, s'ele unques l'amast,
    Tel hunte ne li purchazast.
    S'il est morz, ço est grant peché,
460 Car il est pruz e ensengné,
    Si est vostre niés, sire reis ;
    Tel ami n'avrez mais cest meis. »
    Quant li reis ot ceste novele,
464 Tuz li curages l'en eschancele,
    Car il ne set qu'il em puise fere ;
    Ne volt la parole avant retraire,
    Car n'i veit nul avancement.
468 A Brengvein dit priveement :
    « Amie, ore vus covent ben ;
    Sur vus ne m'entremettrai ren,

Il la fréquente en dépit de la honte que cela vous cause. Il a tellement courtisé Yseut que je crois bien qu'elle va maintenant lui céder. Il a si bien su lui parler et la servir qu'elle veut en faire son ami. Je vous certifie néanmoins que jusqu'à présent, il ne lui a rien fait de plus qu'à moi. Je ne dis pas que, si elle en avait eu la possibilité, elle ne lui aurait pas accordé ses faveurs, car il est beau et plein d'astuces. Il l'entoure matin et soir. Il la sert, la flatte et la supplie. Comment s'étonner qu'elle succombe à un homme puissant et qui l'aime tant ? Sire, je m'étonne fort que vous supportiez ses excès ou que vous ayez quelque estime pour Cariado. Vous ne craignez que Tristan, mais elle ne l'aime plus du tout. Je m'en suis bien aperçue ; moi aussi, j'ai été trompée. Dès qu'il revint en Angleterre pour se réconcilier avec vous et retrouver votre estime, quand Yseut apprit son retour, elle le fit guetter pour le tuer. Elle lui envoya Cariado pour l'obliger à s'enfuir. A vrai dire, nous ignorons quand cela s'est passé. C'est Yseut qui médita cette traque. Si elle avait aimé Tristan, jamais elle n'aurait recouru à une pareille ignominie. S'il est mort, c'est un grand malheur, car il est preux et instruit ; il est votre neveu, sire. Vous ne trouverez jamais un ami de sa trempe. »

Quand le roi entendit cette nouvelle, il sentit son cœur chanceler, car il ne savait plus que faire. Il ne voulait plus poursuivre la conversation ; c'était inutile. Il lui dit alors discrètement :

« Amie, c'est à vous de jouer désormais. Je ne me mêlerai en rien de votre affaire,

Fors, al plus bel que jo purrai,
472 Kariado esluingnerai,
E d'Isolt vus entremetrez.
Privé consoil ne li celez
Ne de barun ne de chevaler,
476 Que ne seiez al conseiler;
En vostre garde la commant:
Cunveinez vus en desornavant!»
Ore est Ysolt desuz la main
480 E desuz le conseil Brengvein;
Ne fait ne dit priveement
Qu'ele ne seit al parlement.
Vunt s'en Tristran e Kaherdin
484 Dolent et tristre lur chemin.
Ysolt en grant tristur remaint,
E Brengvein, que forment se plaint.
Markes rad el cuer grant dolur,
488 E em peisance est de l'errur.
Karïado rest en grant peine,
Ki pur l'amur Ysolt se peine,
E ne puet vers li espleiter
492 Que l'amur li vuille otreier;
Ne vult vers lu rei encuser.
Tristran se prent a purpenser
Que il s'en vait vileinement,
496 Quant ne set ne quar ne coment
A la reïne Ysolt estait,
Ne que Brengvein la fraunche fait.
A Deu cumaunde Kaherdin,
500 E returne tut le chemin,
E jure que ja mais n'ert liez
Si avrad lur estre assaiez.
Mult fud Tristran suspris d'amur;
504 Ore s'aturne de povre atur,
De povre atur, de vil abit,
Que nuls ne que nule quit
Ne aparceive que Tristran seit.
508 Par un herbe tut les deceit,
Sun vis em fait tut eslever,
Cum se malade fust, emfler;
Pur sei seürement covrir,
512 Ses pez e ses mains fait vertir;
Tut se apareille cum fust lazre,

sinon au moment opportun, pour éloigner Cariado. Occupez-vous d'Yseut ! Ne lui cachez pas votre opinion personnelle à propos des barons et des chevaliers, afin de recueillir toujours ses confidences. Je la place sous votre garde. Veillez sur elle dorénavant ! »

Désormais, Yseut est sous la surveillance et l'autorité de Brangien. Elle ne fait ni ne dit rien en privé hors de la présence de Brangien. Tristan et Kaherdin poursuivent leur chemin, désolés et tristes. Yseut reste plongée dans une grande tristesse avec Brangien qui ne cesse de se plaindre. Marc ressent également dans son cœur une grande douleur et se repent de ses soupçons. Cariado est affligé d'une grande peine car l'amour d'Yseut lui fait mal et il ne réussit pas à obtenir sa tendresse. Il ne veut pas l'accuser devant le roi. Tristan se rend compte que son départ est honteux quand il ne sait comment la reine l'a pris et quand il ignore ce que fait la noble Brangien. Il recommande Kaherdin à Dieu et rebrousse chemin. Il jure qu'il n'aura de cesse tant qu'il n'aura pas sondé leur cœur.

Tristan est très amoureux. Il revêt de pauvres habits, de pauvres atours et de minables loques afin que personne ne puisse penser ni remarquer qu'il est Tristan. Avec une herbe, il abuse tout le monde. Il fait gonfler son visage et se tuméfie, comme s'il était lépreux. Pour mieux passer incognito, il contorsionne ses pieds et ses mains. Il se donne l'apparence d'un lépreux,

E puis prent un hanap de mazre
Que la reine li duna
516 Le primer an que il l'amat,
Met i de buis un gros nüel,
Si s'apareille un flavel.
A la curt le rei s'en vait
520 E près des entrees se trait
E desire mult a saver
L'estre de la curt e veer.
Sovent prie, sovent flavele,
524 N'en puet oïr nule novele
Dunt en sun cuer plus liez en seit.
Li reis un jur feste teneit,
Sin alat a la halte glise
528 Pur oïr le grant servise ;
Eissuz en ert hors des palès,
E la reïne vent après.
Tristran la veit, del sun li prie ;
532 Mais Ysolt nel reconuit mie.
Et il vait après, si flavele,
A halte vuiz vers li apele,
Del sun requiert pur Deu amur
536 Pitusement, par grant tendrur.
Grant eschar en unt li serjant
Cum la reine vait si avant.
Li uns l'empeinst, l'altre le bute,
540 E sil metent hors de la rute,
L'un manace, l'altre le fert ;
Il vait après, si lur requiert
Que pur Deu alcun ben li face,
544 Ne s'en returne pur manace.
Tuit le tenent pur ennuius,
Ne sevent cum est besuignus.
Suit les tresqu'enz en la capele,
548 Crie e del hanap flavele.
Ysolt en est tut ennuée,
Regarde le cum feme irée,
Si se merveille que il ait
552 Ki pruef de li itant se trait,
Veit le hanap qu'ele cunuit,
Que Tristran ert buen s'aparçut
Par sun gent cors, par sa faiture,
556 Par la furme de s'estature ;

puis il prend un hanap de madre[17] que la reine lui donna la première année de leur amour ; il y place une grosse bille de buis et se fabrique ainsi une cliquette de lépreux. Il se rend à la cour du roi, se place près de l'entrée et s'enquiert sur tout ce qui est à voir ou à savoir à la cour. Souvent il quémande, souvent il agite sa crécelle mais il ne peut recueillir aucune nouvelle susceptible de lui réjouir le cœur.

Un jour de fête, le roi avait réuni sa cour et se rendait à l'église principale pour entendre la grand'messe. Il sortit du palais et la reine le suivit. Tristan la voit et lui réclame l'aumône mais la reine ne le reconnaît pas. Il la suit, agite sa crécelle, l'appelle bien fort et lui demande la charité, pour l'amour de Dieu, avec une voix pitoyable qui suscitait une grande compassion.

Les sergents le tournent en dérision, tandis que la reine continue son chemin. Certains le bousculent, d'autres le poussent ; ils l'écartent du cortège ; certains le menacent, d'autres le frappent. Tristan continue de les suivre et leur demande l'aumône au nom du ciel. Il ne les quitte pas malgré leurs menaces. Ils le prennent tous pour un gêneur. Ils ne savent pas qu'il le fait exprès. Il les suit jusqu'à la chapelle. Il crie et agite son hanap. Yseut en est excédée. Elle le regarde comme une femme en colère et se demande ce qu'il a pour s'approcher aussi près d'elle. Elle aperçut le hanap qu'elle reconnut. Elle comprit que c'était Tristan à cause de son noble corps, de son allure et de sa stature.

17. Il s'agit d'un bois veiné servant à la fabrication de hanaps.

En sun cuer en est esfreée
E el vis teinte e colurée,
Kar ele ad grant poür del rei ;
560 Un anel d'or trait de sun dei,
Ne set cum li puisse duner,
En sun hanap le volt geter.
Si cum le teneit en sa main
564 Aparceüe en est Brengvein ;
Regarde Tristran, sil cunut,
De sa cuintise s'aparçut,
Dit lui qu'il est fols e bricuns
568 Ki si embat sur les baruns,
Les serjanz apele vilains
Qui le suffrent entre les seins,
E dit a Ysolt qu'ele est feinte :
572 « Des quant avez esté si seinte
Que dunisez si largement
A malade u a povre gent ?
Vostre anel doner li vulez ?
576 Par ma fei, dame, nun ferez.
Ne donez pas a si grant fès,
Que vus repentez enaprès ;
E si vus or li dunisez,
580 Encor ui vus repentirez. »
As serjanz dit qu'illuques veit
Que hors de le glise mis seit ;
E cil le metent hors ad l'us,
584 E il n'ose preier plus.
Or veit Tristran, e ben le set,
Que Brengvein li e Ysolt het ;
Ne set suz cel que faire puisse ;
588 En sun quer ad mult grant anguisse
Debutter l'ad fait mult vilement ;
Des oilz plure mult tendrement,
Plaint s'aventure sa juvente,
592 Qu'unques en amer mist s'entente :
Suffert en ad tantes dolurs,
Tantes peines, tantes poürs,
Tantes anguisses, tanz perilz,
596 Tantes mesaises, tanz eissilz,
Ne pot laisser que dunc ne plurt.
Un viel palès ot en la curt :
Dechaet ert e depecez.

Dans son cœur, elle en est bouleversée. Son visage change de couleur ; elle rougit car elle a très peur du roi. Elle retire un anneau de son doigt mais ne sait comment lui donner ; elle veut le jeter dans son hanap. Elle le tient encore dans sa main lorsque Brangien l'aperçoit. Elle comprend sa ruse et traite Tristan de fou et de coquin. Elle appelle vilains les sergents qui tolèrent la présence du malade parmi les gens sains et elle reproche à Yseut sa fourberie :

« Depuis quand êtes-vous si sainte pour donner aussi généreusement aux lépreux ou aux pauvres gens ? Vous voulez lui donner votre anneau ? Par ma foi, ma dame, vous n'en ferez rien. Ne vous mettez pas en frais au point d'avoir à le regretter par la suite ! Si vous lui donnez maintenant, aujourd'hui même vous vous en repentirez. »

Elle s'adresse aux sergents qu'elle voit à proximité et leur ordonne de jeter le lépreux hors de l'église. Ils le mettent donc à la porte et Tristan n'ose plus quémander.

A présent, Tristan voit et comprend parfaitement que Brangien les déteste, lui et Yseut. Il ne sait que faire. Dans son cœur, il ressent une très grande angoisse. Yseut l'a fait chasser de manière ignoble. Ses yeux laissent couler des larmes de tendresse. Il plaint son aventure et sa jeunesse et déplore d'avoir placé ses espoirs dans l'amour. Il a supporté tant de douleurs, tant de peines, tant de peurs, tant d'angoisses, tant de périls, tant de chagrins, tant d'exils qu'il ne peut plus s'empêcher de pleurer.

Il y a, dans la cour, une vieille bâtisse délabrée et en ruine.

600 Suz le degré est dunc mucez,
    Plaint sa mesaise e sa grant peine
    E sa vie que tant le meine.
    Mult est febles de travailer,
604 De tant juner e de veiller.
    Del grant travail e des haans
    Suz le degré languist Tristrans,
    Sa mort desire e het sa vie,
608 Ja ne leverad mais senz aie.
    Ysolt en est forment pensive,
    Dolente se claime e cative
    K'issi faitement veit aler
612 La ren qu'ele plus solt amer;
    Ne set qu'en face nequedent,
    Plure e suspire sovent,
    Maldit le jur, maldit l'ure
616 Qu'ele el secle tant demure.
    Le service oent al muster,
    E puis vunt el palès mangier
    E demeinnent trestut le jur
620 En emveisure e en baldur;
    Mais Ysolt n'en ad nul deduit.
    Avint issi que einz la nuit
    Que li porter aveit grant freit
624 En sa loge u il se seit;
    Dist a sa femme qu'ele alast
    Quere leingne, sin aportast.
    La dame ne volt luinz aler,
628 Suz le degré en pout trover
    Seiche leine e velz marien,
    E vait i, ne demure ren;
    E ceste entre enz en l'oscurté;
632 Tristran i ad dormant trové;
    Trove s'esclavine velue,
    Crie, a poi n'est del suen esue,
    Quide que ço deable seit,
636 Car ele ne sot que ço esteit;
    En sun quer ad grant hisdur,
    E vent, sil dit a sun seingnur.
    Icil vait a la sale guaste
640 Alume chandele, e si taste,
    Trove i Tristran dunc gesir
    Ki près en est ja de murir;

424

Tristan se cache sous l'escalier. Il se plaint de son infortune, de sa grande peine ainsi que de la vie qu'il mène depuis si longtemps. Il est devenu très faible à force de se tourmenter, de jeûner et de veiller. Sous l'escalier, Tristan languit de ses grands tourments et de sa lassitude[18]. Il désire la mort et déteste sa vie. Sans aide, il ne pourra jamais se lever. Yseut est plongée dans ses pensées. Elle se clame malheureuse et misérable de voir partir ainsi la personne qu'elle aime le plus au monde. Elle ne sait que faire : elle pleure et pousse de nombreux soupirs. Elle maudit le jour et l'heure de rester en vie si longtemps. La cour écoute la messe à l'église puis revient au palais pour manger. Toute la journée se passe dans l'allégresse des réjouissances. Mais Yseut demeure étrangère à ces divertissements.

Dans la soirée, il arriva que le portier eut grand froid dans sa loge. Il dit à sa femme d'aller chercher du bois et de lui en apporter. La dame n'avait pas envie d'aller loin : elle pouvait trouver sous l'escalier du bois sec et du vieux merrain. Elle s'y rend sans tarder. Elle entre dans l'obscurité et trouve Tristan qui dort. Elle touche l'esclavine[19] velue et crie. Peu s'en faut qu'elle ne perde la tête ! Elle s'imagine qu'elle a rencontré le diable, car elle ne sait pas de qui il s'agit. Dans son cœur, elle ressent un grand effroi et retourne chez elle pour raconter la chose à son mari. Celui-ci se rend dans les ruines, allume une chandelle et tâte. Il trouve Tristan couché à terre, sur le point de mourir.

---

18. Lieu commun de la littérature médiévale. La *Chanson de saint Alexis* évoque le saint qui vient de mourir totalement délaissé sous un escalier. Dans un autre texte, Girard de Roussillon malade est chassé, la nuit de Noël, de la maison d'un riche et se réfugie dans un cellier. On pourrait également songer, dans la Bible, aux lamentations du pauvre Job couvert d'ulcères et couché sur un tas de cendres.

19. Etoffe grossière faisant penser à une toison.

Que estre puet si se merveille,
644 E vent plus près a la candele,
Si aparceit a sa figure
Que ço est humaine faiture.
Il le trove plus freit que glace,
648 Enquert qu'il seit e qu'il i face,
Coment il vint suz le degré.
Tristran li ad trestut mustré
L'estre de lui e l'achaisun
652 Pur quei il vint en la maisun.
Tristran en li mult se fiot,
E li porters Tristran mult amot :
A quel travail, a quelque peine,
656 Tresqu'enz en sa loge l'ameine ;
Suef lit li fait a cucher,
Quert li a beivre e a manger ;
E un message porte a Ysolt
660 E a Brengvein, si cum il solt.
Pur nule ren que dire sace,
Ne puet vers Brengvein trover grace.
Isolt Brengvein a li apele
664 E dit li : « Franche damisele,
Ove Tristran vus cri merci !
Alez en parler, ço vus pri.
Conforter le en sa dolur :
668 Il muert d'anguise e de tristur ;
Jal suliez unc tant amer :
Bele, car l'alez cunforter !
Ren ne desire se vus nun.
672 Dites li seveals l'achaisun
Pur quei e des quant le haiez. »
Brengvein dit : « Pur nent en parlez.
Ja mais par moi n'avrad confort.
676 Jo li vul melz asez la mort
Que la vie u la santé.
Oan mais ne m'ert reprové
Que par moi aiez fest folie :
680 Ne vul covrer la felunie.
Leidement fud de nus retrait
Que par moi l'aviez tuit fait,
E par ma feinte decevance
684 Solei seler la fasance.
Tut issi vait qui felun sert :

Il se demande ce que cela peut être et s'approche avec sa chandelle. A l'aspect général du corps, il remarque qu'il s'agit d'une forme humaine. Il la trouve plus froide que glace. Il demande à l'individu qui il est et ce qu'il fait là, comment il est venu sous l'escalier. Tristan lui explique qui il est et la raison de sa venue dans la maison. Tristan avait parfaitement confiance en lui et le portier aimait Tristan. Avec de grands efforts et au prix de quelque peine, il le conduit jusque dans sa loge. Il le fait coucher dans un lit moelleux, lui cherche à boire et à manger. Il porte un message à Yseut et à Brangien comme il en avait l'habitude mais, quoi qu'il dise, il ne trouve grâce aux yeux de Brangien.

Yseut appelle Brangien près d'elle et lui dit :

« Noble demoiselle, avec Tristan j'implore votre pitié ! Allez lui parler, je vous en prie. Apaisez-le dans sa douleur. Il meurt d'angoisse et de mélancolie. Vous l'aimiez tant jadis ! Belle, allez donc le réconforter. Il ne désire rien d'autre que vous. Dites-lui au moins pourquoi et depuis quand vous le détestez.

— Cette demande est inutile ! dit Brangien. Jamais il n'obtiendra de moi la moindre consolation. Je lui souhaite la mort plus que la vie ou la santé. A présent, on ne me reprochera plus de vous avoir encouragée à commettre votre folie. Je ne veux pas couvrir la félonie. On a affreusement médit sur nous et soutenu que vous aviez commis le mal à cause de moi et que j'avais pour habitude de dissimuler vos faits et gestes par d'adroits mensonges. Voilà ce qui arrive à une personne qui se met au service d'un félon :

U tost u tart sun travail pert.
Servi vus ai a mun poer :
688 Pur ço dei le mal gré aveir.
Se regardissez a franchice,
Rendu m'ussez altre service,
De ma peine altre guerdun
692 Que moi hunir par tel barun. »
Ysolt li dit : « Laissez ester.
Ne me devez pas reprover
Iço que par curuz vus diz :
696 Peise moi certes que jol fiz.
Pri vus quel moi pardunisez
E tresques a Tristran en algez,
Car ja mais haitez ne serra,
700 Se il a vus parlé nen a. »
Tant la losenge, tant la prie,
Tant li pramet, tant mercie crie
Qu'ele vait a Tristran parler,
704 En sa loge u gist conforter ;
Trove le malade e mult feble,
Pale de vis, de cors endeble,
Megre de char, de colur teint.
708 Brengvein le veit qu'il se pleint,
E cum suspire tendrement,
E prie si pitusement
Qu'ele li die, pur Deu amur,
712 Pur quei ele ait vers li haür,
Qu'ele li die la vérité.
Tristran li ad aseüré
Que ço pas verité n'estoit
716 Ce que sur Kaherdin estoit,
E qu'en la curt le fra venir
Pur Karïado desmentir.
Brengvein le creit, sa fei em prent,
720 E par tant funt l'acordement,
E vunt en puis a la reïne
Suz en une chambre marbrine ;
Acordent sei par grant amur,
724 E puis confortent lur dolur.
Tristran a Ysolt se deduit.
Après grant pose de la nuit
Prent le congé a l'enjurnee
728 E si s'en vet vers sa cuntree,

tôt ou tard, elle perd le fruit de ses efforts. Je vous ai servie comme j'ai pu ; c'est la raison pour laquelle vous m'en savez mauvais gré. Si vous respectiez les cœurs nobles, vous m'auriez rendu un autre service et vous auriez offert une autre récompense à ma peine qu'un baron qui me couvre de honte. »

Yseut lui répond :

« Laissez cela. Vous ne devez pas me reprocher ce que je vous ai dit dans ma colère. Cela me pèse de l'avoir fait. Je vous prie de me pardonner et d'aller trouver Tristan, car il ne retrouvera jamais la joie tant qu'il ne vous aura pas parlé. »

Elle l'a tant flattée, tant priée, elle lui a tant promis, elle a tant imploré sa pitié que Brangien se rend auprès de Tristan pour le réconforter dans la loge où il gît. Elle le trouve malade et très faible, pâle, le corps affaibli, maigre et de mauvaise mine. Brangien le voit se plaindre et soupirer tendrement. Il la prie pitoyablement de lui révéler, pour l'amour de Dieu, les raisons de sa haine et de lui dire la vérité. Tristan lui certifia que ses griefs contre Kaherdin n'étaient pas fondés : il le ferait même venir à la cour pour démentir Cariado.

Brangien le croit et accepte sa parole ; ils scellent leur réconciliation et partent retrouver la reine dans sa chambre de marbre. Ils se réconcilient en toute affection et oublient leur douleur. Tristan se divertit en compagnie d'Yseut. Après avoir passé ensemble la majeure partie de la nuit, Tristan prend congé au petit jour ; il retourne dans son pays.

Trove son nevu qui l'atent,
E passe mer al primer vent,
E vent a Ysolt de Bretaingne,
732 Qui dolente est de cest ovraingne.
Ben li est enditee l'amur,
El quer en ad mult grant dolur
E grant pesance e deshait,
736 Tut sun eür li est destrait.
Coment il aime l'altre Ysolt,
C'est l'achaisun dunt or s'en dolt.
Veit s'en Tristran, Ysolt remaint,
740 Ki pur l'amur Tristran se pleint,
Pur ço que dehaité s'en vait;
Ne set pur veir cum li estait.
Pur les granz mals qu'il ad suffert
744 Qu'a privé li ad descovert,
Pur la peine, pur la dolur
Que tant ad eü pur s'amur,
Pur l'anguise, pur la grevance,
748 Partir volt a la penitance.
Pur ço que Tristran veit languir,
Ove sa dolur vult partir.
Si cum ele a l'amur partist
752 Od Tristran qui pur li languist,
E partir vult ove Tristran
A la dolur e a l'ahan.
Pur lui s'esteut de maint afeire
756 Qui a sa bealté sunt cuntraire,
E meine en grant tristur sa vie.
E cele, qui est veire amie
De pensers e de granz suspirs,
760 E leise mult de ses desirs,
Plus leale ne fud unc veüe,
Vest une bruine a sa char nue;
Iloc la portoit nuit e jur,
764 Fors quant culchot a sun seignur.
Ne s'en aparceurent nïent,
Un vou fist e un serement
Qu'ele ja mais ne l'ostereit,
768 Se l'estre Tristran ne saveit.
Mult suffre dure penitance
Pur s'amur en mainte fesance,
E mainte peine e maint ahan

Il rejoint son navire[20] qui l'attend, il passe la mer au premier vent. Il retrouve alors Yseut de Bretagne, bien malheureuse du fait de son absence. L'amour s'est bien insinué en elle. Elle a le cœur rempli de douleur, d'angoisses et de découragement. Tout le bonheur qu'elle attendait s'est transformé pour elle en tourment. Tristan aime l'autre Yseut, voilà le motif de sa douleur.

Tristan s'en va. Yseut se lamente pour l'amour de Tristan et pour le désespoir qu'a provoqué son départ. Elle ne sait pas à vrai dire comment il se porte. A cause des grands maux dont il a souffert et qu'il lui a révélés en secret, à cause de la peine, de la douleur que son amour lui a causées, à cause de l'inquiétude et de la peine qu'il éprouve, elle veut partager les épreuves qu'il endure. Pour avoir vu la langueur de Tristan, elle veut partager sa douleur. Tout comme elle a partagé jadis l'amour de Tristan languissant pour elle, elle veut désormais partager la douleur et l'accablement de son ami. A cause de lui, elle s'impose bien des contraintes préjudiciables à sa beauté et elle passe sa vie dans la mélancolie. Elle qui est l'amie parfaite des pensers douloureux et des grands soupirs abandonne la plupart de ses désirs : vit-on jamais une amie plus loyale ? Elle porte nuit et jour un cilice sur sa chair nue, sauf quand elle couche avec son mari. Personne ne s'aperçoit de la chose. Elle fait le vœu et le serment de ne jamais ôter le cilice tant qu'elle n'aura pas de nouvelles de Tristan. A cause de son amour, en de multiples occasions, elle souffre une bien dure pénitence.

20. Le ms. indique *nevv*. Or, on ne connaît pas de « neveu » de Tristan.

772 Suffre ceste Ysolt pur Tristran,
Mesaise, dehait e dolur.
Apruef si prist un vïelur,
Si li manda tote sa vie
776 E sun estre, e puis li prie
Qu'il li mant tut son curage
Par enseignes par cest message.
Quant Tristran la novele sout
780 De la reïne qu'il plus amout,
Pensis en est e deshaitez;
En sun quer ne pot estre leez
De si la qu'il ait veüe
784 La bruine qu'Ysolt ot vestue,
Ne de sun dos n'ert ja ostee,
De si qu'il venge en la cuntree.
Idunc parole a Kaherdin
788 Tant qu'il se metent en chemin,
E vunt s'en dreit en Engletere
Aventure e eür conquerre.
En penant se sunt aturné,
792 Teint de vis, de dras desguisé,
Que nuls ne sace lur segrei;
E venent a la curt le rei
E parolent priveement
796 E funt i mult de lur talent.
A une feste que li reis tint,
Grant fu li poples que i vint;
Après manger deduire vunt
800 E plusurs jus comencer funt
D'eskermies e de palestres.
De tuz i fud Tristran mestres.
E puis firent uns sauz waleis
804 E uns qu'apelent waveleis,
E puis si porterent cembeals
E lancerent od roseals,
Od gavelos e od espiez:
808 Sur tuz i fud Tristran preisez,
E empruef li Kaherdin
Venqui les altres par engin.
Tristran i fud reconeüz,
812 D'un sun ami aparceüz:
Dous chevals lur duna de pris,
Nen aveit melliurs el païs,

Pour Tristan, cette Yseut-là souffre bien des peines et bien des supplices, elle endure le chagrin, le malheur et la douleur.

Un jour, elle fit venir un vielleur ; elle lui confia tous les secrets de sa vie et de son cœur et le pria d'aller ensuite révéler symboliquement ce message à Tristan. Quand Tristan reçut des nouvelles de la reine qu'il aimait le plus, il devint pensif et morne. Toute joie lui sera refusée tant qu'il n'aura pas vu le cilice qu'Yseut avait revêtu : elle ne le retirera de son dos que lorsque Tristan sera de retour au pays.

Tristan parle à Kaherdin et tous deux se mettent en route. Ils se dirigent vers l'Angleterre en quête d'aventure et de bonheur. Ils s'habillent en pénitents, se teignent le visage et se déguisent pour ne pas révéler leur secret. Ils arrivent à la cour du roi, vont parler discrètement à leurs amies et réalisent ainsi leur projet.

La grande foule se rendit à une fête qu'organisa le roi. Après le repas, on s'adonna aux divertissements qui débutèrent par plusieurs épreuves d'escrime et de palestre. Tristan les remporta toutes. Ensuite, ce furent des sauts gallois et ceux qu'on appelle *gavelois* (?), des joutes, des concours de lancers : roseaux, javelots, épieux et Tristan s'illustra dans toutes ces épreuves, toujours devant Kaherdin qui surpassait habilement ses adversaires. Tristan fut reconnu par un de ses amis. Il lui donna deux chevaux de valeur, les meilleurs du pays,

Car il aveit mult grant poür
816 Que il ne fusent pris al jur.
En grant aventure se mistrent.
Deus baruns en la place occirent :
L'un fud Karïado li beals,
820 Kaherdin l'occist as cembeals
Pur tant que il dit qu'il s'en fui
A l'altre feiz qu'il s'en parti ;
Aquité ad le serement
824 Ki fud fait a l'acordement ;
E puis se metent al fuïr
Amdeus pur lur cors guarir.
Vunt s'en amdui a esperun
828 Emvers la mer li compaignun.
Cornewaleis les vunt chaçant,
Mais il les perdent a tant.
El bois se mistrent en le chimin
832 Entre Tristran e Kaherdin ;
Les tresturz des deserz errerent,
E par iço de eus se garderent.
En Bretaingne tut dreit s'en vunt :
836 De la venjance leez en sunt.
Seignurs, cest cunte est mult divers,
E pur ço l'uni par mes vers
E di en tant cum est mester
840 E le surplus voil relesser.
Ne vol pas trop en uni dire :
Ici diverse la matyre.
Entre ceus qui solent cunter
844 E del cunte Tristran parler,
Il en cuntent diversement :
Oï en ai de plusur gent.
Asez sai que chescun en dit
848 E ço qu'il unt mis en escrit,
Mes sulun ço que j'ai oï,
Nel dïent pas sulun Breri
Ky solt les gestes e les cuntes
852 De tuz les reis, de tuz les cuntes
Ki orent esté en Bretaingne.
Ensurquetut de cest' ovraingne
Plusurs de noz granter ne volent
856 Ço que del naim dire ci solent,
Que femme Kaherdin dut amer :

car il avait très peur d'être fait prisonnier avec Kaherdin. Ils avaient couru de gros risques en tuant sur la place deux barons : l'un était le beau Cariado. Kaherdin le massacra lors des joutes parce que celui-ci avait déclaré que Kaherdin avait fui lorsqu'il était parti autrefois en exil. Il a ainsi tenu le serment prononcé lors de la réconciliation.

Tristan et Kaherdin prennent la fuite pour se protéger l'un et l'autre. Les compagnons se dirigent tous deux vers la mer en donnant vivement de l'éperon. Les Cornouaillais partent à leur poursuite mais perdent leur trace. Les fuyards empruntent les sentiers forestiers ; ils cheminent sur les chemins détournés des contrées désertes et échappent ainsi à leurs poursuivants. Ils retournent directement en Bretagne et sont satisfaits d'avoir obtenu leur vengeance.

Seigneurs, ce conte est fort varié. C'est pourquoi, je l'unifie par mes vers et je raconte uniquement ce qui est nécessaire ; j'élimine le surplus. Je ne veux toutefois pas unifier à l'excès ; ici, la matière diverge. Chez tous les conteurs, et plus particulièrement chez ceux qui racontent l'histoire de Tristan, il y a des versions différentes. J'en ai entendu plusieurs. Je sais parfaitement ce que chacun raconte et ce qui a été couché par écrit. Mais, d'après ce que j'ai entendu, ces conteurs ne suivent pas la version de Bréri qui connaissait les récits épiques et les contes de tous les rois et de tous les comtes ayant hanté la Bretagne. Mais surtout, pour l'ouvrage qui nous concerne, la plupart d'entre nous ne veulent pas cautionner l'épisode du nain dont la femme de Kaherdin aurait été amoureuse[21].

---

21. La « femme » de Kaherdin (probablement sa sœur) serait tombée amoureuse d'un nain qui aurait cherché par la suite à se débarrasser de Tristan. Certains éléments du récit rejeté par Thomas sont assez curieusement superposables sur l'épisode qui va suivre. Le nain en question aurait-il quelque rapport avec Tristan le *Nain* qui cause indirectement la mort de Tristan ?

Li naim redut Tristran navrer
E entuscher par grant engin,
860 Quant ot afolé Kaherdin;
Pur ceste plaie e pur cest mal
Enveiad Tristran Guvernal
En Engleterre pur Ysolt.
864 Thomas iço granter ne volt,
E si volt par raisun mustrer
Qu'iço ne put pas esteer,
Cist fust par tut la part coneü
868 E par tut le regne seü
Que de l'amur ert parçuners
E emvers Ysolt messagers.
Li reis l'en haeit mult forment,
872 Guaiter le feseit a sa gent:
E coment pust il dunc venir
Sun servise a la curt offrir
Al rei, as baruns, as serjanz,
876 Cum fust estrange marchanz,
Que hum issi coneüz
N'i fud mult tost aparceüz?
Ne sai coment il se gardast,
880 Ne coment Ysolt amenast.
Il sunt del cunte forsvejé
E de la verur esluingné,
E se de ço ne volent granter,
884 Ne voil vers eus estriver;
Tengent le lur e jo le men,
La raisun s'i pruvera ben!
En Bretaingne sunt repeiré
888 Tristran e Kaherdin haité,
E deduient sei leement
Od lur amis e od lur gent,
E vunt sovent en bois chacer
892 E par les marches turneier.
Il orent le los e le pris
Sur trestuz ceus del païs
De chevalerie e d'honur,
896 E, quant il erent a sujur,
Dunc en alerunt en boscages
Pur veer les beles ymages.
As ymages se delitoent
900 Pur les dames que tant amouent:

436

De son côté, le nain aurait été poussé à blesser Tristan et à l'empoisonner par ruse, après avoir tué Kaherdin. A cause de cette blessure et du mal qui s'ensuivit, Tristan envoya Gouvernal en Angleterre pour chercher Yseut. Thomas ne peut garantir cet épisode et prouvera, arguments à l'appui, que cette histoire ne tient pas debout. Gouvernal était connu partout et l'on savait dans tout le royaume qu'il était complice de l'amour de Tristan ; il était en outre le messager de celui-ci auprès d'Yseut. Le roi l'avait pris en haine. Il le faisait surveiller par ses gens. Comment donc un homme aussi connu aurait-il pu venir à la cour offrir ses services au roi, aux barons, aux hommes d'armes, comme un marchand étranger, sans être aussitôt reconnu ? Je ne vois pas comment il aurait pu se protéger, ni comment il aurait emmené Yseut. Nos conteurs se fourvoient et s'éloignent de la vérité et, s'ils ne veulent pas en convenir, je ne veux pas en débattre avec eux. Ils n'ont qu'à s'en tenir à leur version, moi je m'en tiens à la mienne : on verra bien qui a raison !

Tristan et Kaherdin retournent joyeux en Bretagne et passent du bon temps avec leurs amis et leurs gens. Ils partent souvent chasser dans la forêt et s'en vont tournoyer aux marches du royaume. En chevalerie et prestige, ils remportent prix et honneurs sur tous les chevaliers du pays. Quand ils étaient inoccupés, ils allaient dans les bois pour contempler les belles images. Ils trouvaient du plaisir auprès de ces images qui leur rappelaient les dames qu'ils aimaient tant.

Le jur i aveient deduit
De l'ennui qu'il orent la nuit.
Un jur erent alé chacer
904 Tant qu'il furent al repeirer,
Avant furent lur compaingnun :
Nen i aveit se eus deus nun.
La Blanche Lande traverserunt,
908 Sur destre vers la mer garderent :
Veient venir un chevaler
Les walos sur un vair destrer.
Mult par fud richement armé :
912 Escu ot d'or a vair freté,
De meïme le teint ot la lance,
Le penun e la conisance.
Une sente les vent gualos,
916 De sun escu covert e clos ;
Lungs ert e grant e ben pleners,
Armez ert e beas chevalers.
Entre Tristran e Kaherdin
920 L'encuntre attendent el chimin ;
Mult se merveillent qui ço seit.
Il vent vers eus u il les veit,
Salue les mult ducement,
924 E Tristram sun salu li rent.
Puis li demande u il vait
E quel busuing e quel haste ait.
« Sire, dit dunc li chevaler,
928 Savet me vus enseingner
Le castel Tristran l'Amerus ? »
Tristran dit : « Que li vulez vus ?
U ki estes ? Cum avez vus nun ?
932 Ben vus merrun a sa maisun.
E s'a Tristran vulez vus parler,
Ne vus estut avant aler,
Car jo sui Tristran apellez ;
936 Or me dites que vus volez. »
Il respunt : « Ceste novele aim.
Jo ai a nun Tristran le Naim ;
De la marche sui de Bretanie
940 E main dreit sur la mer d'Espanie.
Castel i oi e bele amie,
Altretant l'aim cum faz ma vie ;
Mais par grant peiché l'ai perdue :

438

Pendant la journée, c'est là qu'ils se consolaient de leurs tristesses de la nuit.

Un jour, ils étaient partis à la chasse et se trouvaient sur le point de rentrer. Leurs compagnons les avaient précédés. Tristan et Kaherdin se retrouvaient tous les deux seuls. Ils traversaient la Blanche Lande et regardaient sur leur droite du côté de la mer. Ils virent arriver un chevalier au grand galop sur un destrier à la robe gris pommelé. Il portait des armes magnifiques : un écu d'or fretté de vair[22], une lance avec un pennon et une connaissance[23] de la même couleur. Il arrivait au galop par un sentier, bien protégé derrière son écu. Elancé, fort et impressionnant avec ses armes, c'était un beau chevalier.

Tristan et Kaherdin attendent de le rencontrer sur le chemin. Ils se demandent bien qui cela peut être. Le chevalier arrive vers eux et les aperçoit. Il les salue fort calmement. Tristan lui rend son salut et lui demande où il va, quel besoin et quelle hâte le poussent.

« Sire, répondit le chevalier, sauriez-vous m'indiquer le château de Tristan l'Amoureux ?

— Que lui voulez-vous ? répliqua Tristan. Et qui êtes-vous ? Comment vous appelez-vous ? Nous vous conduirons chez lui. Maintenant, si c'est à Tristan que vous voulez parler, inutile d'aller plus loin, car on m'appelle Tristan. Alors dites-moi ce que vous voulez.

— Quelle aimable nouvelle pour moi ! répondit le chevalier. Je m'appelle Tristan le Nain. Je suis de la marche de Bretagne et j'habite juste sur les côtes de la mer d'Espagne. J'y possédais un château et une belle amie ; je l'aime autant que ma propre vie mais je l'ai perdue après un grand malheur.

22. Termes de blason : *fretté* : entrecroisement de bandes diagonales ; *vair* : imitation de la fourrure sur le blason comprenant de petites figures en forme de clochetons disposées tête-bêche sur des lignes horizontales.
23. Figure peinte sur l'écu permettant de reconnaître un chevalier.

944 Avant er nuit me fud tollue.
Estut l'Orgillius Castel Fer
L'en a fait a force mener.
Il la tent en sun castel,
948 Si en fait quanques li est bel.
Jon ai el quer si grant dolur
A poi ne muer de la tristur,
De la pesance e de l'anguisse;
952 Suz cel ne sai que faire puisse;
N'en puis senz li aveir confort;
Quant jo perdu ai mon deport
E ma joie e mun delit,
956 De ma vie m'est pus petit.
Sire Tristran, oï l'ai dire,
Ki pert iço qu'il plus desire,
Del surplus deit estre poi.
960 Unkes si grant dolur nen oi,
E pur ço sui a vus venuz:
Dutes estes e mult cremuz
E tuz li meldre chivalers,
964 Li plus francs, li plus dreiturers,
E icil qui plus ad amé
De trestuz ceus qui unt esté;
Si vus en cri, sire, merci,
968 Requer vostre franchise e pri
Qu'a cest busuing od mei venez,
E m'amie me purchacez.
Humage vus frai e lijance,
972 Si vus m'aidez a la fesance. »
Dunc dit Tristrans : « A mun poeir
Vus aiderai, amis, pur veir;
Mes a l'hostel or en alum :
976 Contre demain nus aturnerum,
Et si parfeisums la busunie. »
Quant il ot que le jur purluinie,
Par curuz dit : « Par fei, amis,
980 N'estes cil que tant a pris !
Jo sai que, si Tristran fuisset,
La dolur qu'ai sentisset,
Car Tristran si ad amé tant
984 Qu'il set ben quel mal unt amant.
Si Tristran oïst ma dolur,
Il m'aidast a icest amur;

Dans la nuit d'avant-hier, on me l'a ravie. Estout l'Orgueilleux du Château Fier[24] l'a fait emmener de force. Il la retient dans son château et il en fait tout ce qu'il veut. Mon cœur en ressent une douleur si grande qu'il est sur le point de sombrer dans la mélancolie, la douleur et le désespoir. Je ne sais plus que faire. Sans elle, tout réconfort m'est impossible. Quand j'ai perdu mon plaisir, ma joie et mon délice, ma vie ne vaut plus grand'chose. Sire Tristan, je l'ai entendu dire : celui qui perd l'objet de tous ses désirs ne doit plus accorder d'importance au reste. Jamais je n'ai éprouvé une si grande douleur et c'est pourquoi je suis venu vous trouver. On vous craint et on vous redoute fort. Vous êtes le meilleur de tous les chevaliers, le plus noble, le plus droit, celui qui a le plus aimé parmi tous ceux qui ont vécu ici. Je vous en prie, sire, pitié ! J'en appelle à votre noblesse. Je vous en prie ! Assistez-moi dans cette affaire et recherchez mon amie ! Je vous prêterai hommage et vous ferai allégeance si vous m'aidez dans cette entreprise.

— Vraiment, je vous aiderai, ami, de toutes mes forces ! répondit Tristan. Mais rentrons chez moi, à présent. Demain matin, nous nous équiperons et nous réglerons tout cela. »

Quand il constate que Tristan tarde un peu, le chevalier se fâche :

« Ami, par ma foi, vous n'êtes pas celui dont on loue la valeur ! Je suis sûr que, si vous étiez Tristan, vous ressentiriez la même douleur que moi, car Tristan a tant aimé qu'il connaît le mal dont souffrent les amants. Si Tristan entendait ma douleur, il m'aiderait dans cet amour qui est le mien.

---

24. Les différentes parties de ce nom peuvent se traduire : l'adjectif *fier* en ancien français signifie « farouche, sauvage » (sens étymologique) et secondairement « cruel, redoutable », alors que le terme *estolt* signifie déjà « audacieux, téméraire, violent, orgueilleux ». Dans un court fragment en vieil allemand qui reprend cet épisode, le même personnage se nomme l'*Orgueilleux de la forêt maudite*.

Itel peine ne itel pesance
988 Ne metreit pas en purlungance.
Qui que vus seiet, baus amis,
Unques n'amastes, ço m'est avis.
Se seüsez que fud amisté,
992 De ma dolur eussez pité :
Que unc ne sot que fud amur,
Ne put saver que est dolur,
E vus, amis, que ren amez,
996 Ma dolur sentir ne poez ;
Se ma dolur pusset sentir,
Dunc vuldriez od mei venir.
A Deu seiez ! Jo m'en irrai
1000 Querre Tristran quel troverai.
N'avrai confort se n'est par lui.
Unques si esgaré ne fui !
E ! Deus, pur quei ne pus murir
1004 Quant perdu ai que plus desir ?
Meuz vousisse la meie mort,
Car jo n'avrai nul confort,
Ne hait, ne joie en mun corage,
1008 Quant perdu l'ai a tel tolage,
La ren el mund que plus aim. »
Eissi se pleint Tristran le Naim ;
Aler se volt od le congé.
1012 L'altre Tristran en ad pité
Et dit lui : « Bels sire, or esteez !
Par grant reisun mustré l'avez
Que jo dei aler ove vus,
1016 Quant jo sui Tristran l'Amerus
E jo volenters i irrai ;
Suffrez, mes armes manderai. »
Mande ses armes, si s'aturne,
1020 Ove Tristran le Naim s'en turne.
Estult l'Orgillus Castel Fer
Vunt dunc pur occire aguaiter.
Tant sunt espleité e erré
1024 Que sun fort castel unt trové.
En l'uraille d'un bruil descendent,
Aventures iloc atendent.
Estut l'Orgillius ert mult fers,
1028 Sis freres ot a chevalers
Hardiz e vassals e mult pruz,

Il ne permettrait pas que se prolongent une telle peine et une telle affliction. Qui que vous soyez, cher ami, il me semble que vous n'avez jamais aimé. Si vous saviez ce qu'est l'amitié, vous prendriez ma douleur en pitié. Celui qui n'a jamais su ce qu'est l'amour, ne peut pas savoir ce qu'est la douleur et vous, mon ami, qui n'aimez personne, vous ne pouvez pas sentir ma douleur. Si vous pouviez la ressentir, alors vous accepteriez de m'accompagner. Adieu ! Je m'en vais à la recherche de Tristan et je le trouverai. Sans lui, je n'obtiendrai aucun réconfort. Jamais je n'ai été aussi éperdu ! Ah, Dieu ! Pourquoi ne puis-je pas mourir quand j'ai perdu la personne que je désire le plus ? Je préférerais mourir car je n'obtiendrai aucun réconfort, aucun plaisir, aucune joie dans mon cœur puisque, par ce rapt, j'ai perdu la personne que j'aime le plus au monde. »

Ainsi se lamente Tristan le Nain. Il veut prendre congé. Mais l'autre Tristan a pitié de lui et dit :

« Beau sire, ne partez pas ! Vous m'avez convaincu de vous suivre. Puisque je suis Tristan l'Amoureux, j'irai volontiers. Souffrez seulement qu'on m'amène mes armes ! »

Il demande qu'on lui apporte ses armes, s'équipe et part avec Tristan le Nain. Ils partent pour guetter et tuer Estout l'Orgueilleux du Château Fier. A force de chevaucher et cheminer, ils arrivent en vue de son château fort. A la lisière d'un fourré, ils descendent de leur monture et c'est là qu'ils attendent l'aventure.

Estout l'Orgueilleux était très cruel. Ses six frères étaient ses chevaliers, hardis, vaillants et très preux,

Mais de valur les venquit tuz.
Li dui d'un turnei repairerent;
1032 Par le bruill les embuscherent,
Escrierent les ignelement,
Sur eus ferirent durement;
Li dui frere i furent ocis.
1036 Leve li criz par le païs
E muntent icil del castel.
Li sires ot tut sun apel
E les dous Tristrans assailirent
1040 E agrement les emvaïrent.
Cil furent mult bon chevaler,
De porter lur armes e manier;
Defendent sei encuntre tuz
1044 Cum chevaler hardi e pruz,
E ne finerent de combatre
Tant qu'il orent ocis les quatre.
Tristran li Naim fud mort ruez,
1048 E li altre Tristran navrez,
Par mi la luingne, d'un espé
Ki de venim fu entusché.
En cel ire ben se venja,
1052 Car celi ocist quil navra.
Ore sunt tuit li set frere ocis,
Tristran mort e l'altre malmis,
Qu'enz el cors est forment plaié.
1056 A grant peine en est repairé
Pur l'anguise qui si le tent;
Tant s'efforce qu'a l'ostel vent,
Ses plaies fet aparailler,
1060 Mires querre pur li aider.
Asez en funt a lui venir:
Nuls nel puet del venim garir,
Car ne s'en sunt aparceü,
1064 E par tant sunt tuit deceü.
Il ne sevent emplastre faire
Ki le venim em puisse traire.
Asez batent, triblent racines,
1068 Cuillent erbes e funt mecines,
Mais ne l'em puent ren aider:
Tristran ne fait fors empeirer.
Li venims espant par tut le cors,
1072 Emfler le fait dedenz e dehors;

mais il les surclassait par sa valeur. Deux d'entre eux rentraient d'un tournoi. Les deux Tristan s'étaient cachés dans le fourré; ils les provoquèrent promptement et les frappèrent violemment. Les deux frères furent tués.

Le bruit s'en répand dans tout le pays et ceux du château enfourchent leur monture. Ils assaillent les deux Tristan et les attaquent furieusement. C'étaient de bons chevaliers, habiles au maniement des armes. Tristan et Kaherdin les affrontent tous à la fois, comme de preux et vaillants chevaliers, et cessent le combat lorsqu'ils ont tué les quatre chevaliers. Tristan le Nain reçut un coup mortel et l'autre Tristan fut blessé aux reins par un épieu empoisonné. Sa colère lui permit une belle vengeance car il tua celui qui l'avait blessé.

Les sept frères sont tués, un Tristan est mort et l'autre bien mal en point car grièvement blessé. Il rentre chez lui avec beaucoup de difficulté à cause de la douleur qui le torture. Il arrive à force dans sa demeure et fait soigner ses plaies. Il fait chercher des médecins pour le secourir. On en fait venir plus d'un à son chevet mais aucun ne peut le guérir du poison, car ils n'ont même pas remarqué l'existence de celui-ci et ils sont tous induits en erreur. Ils ne savent pas fabriquer le remède qui pourra extraire le venin. Ils battent et broient beaucoup de racines, cueillent des herbes, fabriquent des médicaments mais ne peuvent en rien soulager Tristan. L'état de celui-ci ne fait qu'empirer. Le venin se répand dans tout son corps, fait enfler l'intérieur et l'extérieur de son corps.

Nercist e teint, sa force pert,
Li os sunt ja mult descovert.
Or entent ben qu'il pert sa vie
1076 Se il del plus tost n'ad aïe,
E veit que nuls nel puet guarir
E pur ço l'en covent murir.
Nuls ne set en cest mal mecine ;
1080 Nequident s'Ysolt la reïne
Icest fort mal en li saveit
E od li fust, ben le guareit ;
Mais ne puet a li aler
1084 Ne suffrir le travail de mer ;
E il redute le païs,
Car il i ad mult enemis ;
N'Ysolt ne puet a li venir ;
1088 Ne seit coment puise garir.
El cuer en ad mult grant dolur,
Car mult li greve la langur,
Le mal, la puür de la plaie ;
1092 Pleint sei, forment s'en esmaie,
Car mult l'anguise le venim ;
A privé mande Kaherdin :
Descovrir volt la dolur,
1096 Emvers lui ot leele amur ;
Kaherdin repot lui amer.
La chambre u gist fait delivrer :
Ne volt sufrir qu'en la maisun
1100 Remaine al cunseil s'eus dous nun.
En sun quer s'esmerveille Ysolt
Qu'estre puise qu'il faire volt,
Se le secle vule guerpir,
1104 Muine u chanuine devenir :
Mult par est en grant effrei.
Endreit sun lit, suz la parei,
Dehors la chambre vait ester,
1108 Car lur conseil volt escuter.
A un privé guaiter se fait
Tant cum suz la parei estait.
Tristran s'est tant efforcé
1112 Qu'a la parei est apuié.
Kaherdin set dejuste lui
Pitusement plurent andui,
Plangent lur bone companie

Tristan noircit, devient livide, perd toute sa force. On voit déjà apparaître ses os. Il est assuré de perdre la vie s'il ne reçoit pas de l'aide au plus vite. Il comprend aussi que personne ne peut le guérir et c'est pourquoi il ne lui reste qu'à mourir.

Nul ne connaît de remède à ce mal. Néanmoins, si la reine Yseut apprenait la terrible maladie qui le ronge et si elle se trouvait à ses côtés, elle le guérirait. Mais il ne peut aller la trouver ni supporter la fatigue d'une traversée. Par ailleurs, il craint le pays parce qu'il a là-bas beaucoup d'ennemis. Yseut ne peut pas non plus le rejoindre. Il ne sait pas comment il pourra guérir. Il ressent dans son cœur une atroce douleur car la langueur le tourmente ainsi que la douleur et la puanteur de la plaie. Il se lamente, se trouble énormément parce que le poison le torture.

Il fait venir en secret Kaherdin. Il veut lui révéler le motif de sa souffrance. Tristan avait pour lui une amitié sincère. Kaherdin saura lui montrer la sienne. Il fait sortir les gens de la chambre où il gît. Il ne veut plus voir personne dans la pièce, sinon eux deux. Yseut aux Blanches Mains s'interroge dans son cœur : « Que peut-il bien projeter ? Veut-il quitter le siècle pour devenir moine ou chanoine ? »

Elle est fort inquiète. Elle se rend à l'endroit où se trouve le lit de Tristan mais de l'autre côté de la paroi, car elle veut écouter la conversation. Un homme de confiance monte la garde pendant tout le temps où elle est accolée au mur. Avec beaucoup de mal, Tristan parvient à s'appuyer contre la paroi. Kaherdin se trouve à côté de lui. Tous deux pleurent de manière pitoyable. Ils regrettent leur bonne compagnie

1116 Ki si brefment ert departie,
       L'amur e la grant amisté ;
       El quer unt dolur e pité,
       Anguice, peisance e peine ;
1120 Li uns pur l'altre tristur meine.
       Plurent, demeinent grant dolur,
       Quant si deit partir lur amur :
       Mut ad esté fine e leele.
1124 Tristran Kaherdin en apele,
       Dit li : « Entendez, beals amis,
       Jo sui en estrange païs,
       Jo ne ai ami ne parent,
1128 Bel compaing, fors vus sulement.
       Unc n'i oi deduit ne deport,
       Fors sul par le vostre confort.
       Ben crei, s'en ma terre fuce,
1132 Par conseil garir i peüce ;
       Mais pur ço que ci n'ad aïe,
       Perc jo, bels dulz compainz, la vie ;
       Senz aïe m'estut murir,
1136 Car nuls hum ne me put garir
       Fors sulement reïne Ysolt.
       Le me puet fere, s'ele volt :
       La mecine ad e le poeir,
1140 E, se le seüst, le vuleir.
       Mais, bels compainz, n'i sai que face,
       Pur quel engin ele le sace.
       Car jo sai bien, s'ele le soüst,
1144 De cel mal aider me poüst,
       Par sun sen ma plaie garir ;
       Mais coment i puet ele venir ?
       Se jo seüse qui i alast
1148 Mun message a li portast
       Acun bon conseil me feïst,
       Des que ma grant besuine oïst.
       Itant la crei que jol sai ben
1152 Que nel larreit pur nule ren
       Ne m'aidast a ceste dolur,
       Emvers mei ad si ferm amur !
       Ne m'en sai certes conseiler,
1156 E pur ço, compainz, vus requer :
       Pur amisté e pur franchise
       Enpernez pur moi cest servise !

qui va disparaître en un rien de temps ainsi que leur affection et leur grande amitié. Dans leur cœur, ils éprouvent douleur, pitié, angoisse, anxiété et peine. Ils ressentent de la tristesse l'un pour l'autre. Ils pleurent, manifestent leur peine puisque cette amitié doit prendre fin : elle a pourtant été si parfaite et loyale ! Tristan murmure :

« Ecoutez, doux ami ! Je me trouve dans un pays étranger. Je n'ai ni parent, ni ami ; je n'ai que vous, mon compagnon. Jamais je n'ai eu de plaisir ou de joie sinon par votre réconfort. Je crois bien que si je me trouvais chez moi, je pourrais guérir grâce à l'aide de quelqu'un, mais il n'y a personne ici pour m'aider, mon doux compagnon, voilà pourquoi je perds la vie. Il me faut mourir inexorablement car personne ne peut me guérir hormis la reine Yseut. Elle le peut si elle le veut. Elle connaît tous les remèdes et possède le pouvoir et la volonté de me guérir, si on l'informe sur mon sort. Mais, mon cher compagnon, je ne sais que faire. Par quel moyen lui faire savoir ? Je suis sûr que, si elle apprenait ce qui m'arrive, elle pourrait m'aider à lutter contre mon mal. Sa science saurait guérir ma plaie. Mais comment la faire venir ? Si je savais qui lui envoyer pour lui porter mon message, elle me prodiguerait ses soins attentifs dès qu'elle apprendrait ma détresse. Je crois en elle et je sais bien que rien ne pourrait la détourner d'apporter un soulagement à ma douleur. Elle m'aime d'un amour si ferme ! Je ne sais à quoi m'en tenir et c'est pourquoi, mon compagnon, j'en appelle à votre aide. Par amitié et par générosité, rendez-moi ce service !

Cest message faites pur mei
1160 Par cumpanie e sur la fei
Qu'afiastes de vostre main
Quant Ysolt vus dona Brengvein!
E ici vus affi la meie,
1164 Si pur mei empernez la veie,
Vostre liges hum devendrai,
Sur tute ren vus amerai. »
Kaherdin veit Tristran plurer,
1168 E ot le pleindre, desconforter,
Al quer en ad mult grant dolur,
Tendrement respunt par amur,
Dit lui : « Bel compaing, ne plurez,
1172 E jo frai quanque vus volez.
Certes, amis, pur vus garir,
Me metrai mult près de murir,
E en aventure de mort
1176 Pur conquerre vostre confort.
Par la lealté que vus dei,
Ne remaindra mie pur mei
Ne pur chose que fere puise,
1180 Pur destrece ne pur anguise,
Que jo n'i mette mun poer
A faire vostre vuler.
Dites que li vulez mander,
1184 E jo m'en irrai aprester. »
Tristran respunt : « Vostre merci !
Ore entendez que jo vus di.
Pernez cest anel avoc vus.
1188 Ço sunt enseingnes entre nus,
E quant en la terre vendrez,
En curt marcheant vus ferez,
E porterez bons dras de seie.
1192 Faites qu'ele cest anel veie,
Car des qu'ele l'avrad veü
E de vus s'iert aparceü
Art e engin après querra
1196 Que a leiser i parlera.
Dites li saluz de ma part,
Que nule en moi senz li n'a part.
De cuer tanz saluz li emvei
1200 Que nule ne remaint od mei.
Mis cuers de salu la salue,

450

Portez-lui de ma part ce message, au nom de l'amitié et de la promesse que vous avez jurée de votre main quand Yseut vous donna Brangien. De mon côté, je vous jure toute ma fidélité, si vous faites pour moi ce voyage. Je deviendrai votre homme lige et je vous aimerai plus que tout. »

Kaherdin voit Tristan pleurer. Il l'entend se plaindre et perdre courage. Cela lui brise le cœur. Il lui parle tendrement :

« Ne pleurez pas, mon compagnon, je ferai ce que vous voulez. Oui, ami, pour vous sauver, je suis prêt à affronter la mort et je prendrai tous les risques pour conquérir votre réconfort. Au nom de la fidélité que je vous dois, je n'hésiterai pas un instant, toute affaire cessante, et malgré la détresse ou l'angoisse qui peuvent en résulter, à mettre toute ma volonté au service de votre désir. Dites-moi quel message vous voulez lui transmettre et je me préparerai aussitôt à partir. »

Tristan répond :

« Je vous en remercie. Ecoutez donc ! Prenez cet anneau sur vous ! C'est un signe convenu entre elle et moi. Dès que vous accosterez, vous vous ferez passer pour un marchand et vous apporterez à la cour de beaux vêtements de soie. Faites en sorte qu'elle aperçoive cet anneau car dès qu'elle l'aura vu et qu'elle vous aura reconnu, elle trouvera un prétexte ou une ruse pour vous parler tout à loisir. Adressez-lui mes salutations car sans elle aucun salut ne trouve sa place en moi. Je lui envoie des saluts d'autant plus cordiaux qu'aucun salut ne m'accompagne. Mon cœur la salue en espérant d'elle mon salut.

Senz li ne m'ert santé rendue ;
Emvei li tute ma salu.
1204 Cumfort ne m'ert jamais rendu,
Salu de vie ne santé,
Se par li ne sunt aporté.
S'ele ma salu ne m'aporte
1208 E par buche ne me conforte,
Ma santé od li dunc remaine,
E jo murrai od ma grant peine ;
En fin dites que jo sui morz
1212 Se jo par li n'aie conforz.
Demustrez li ben ma dolur
E le mal dunt ai la langur,
E qu'ele conforter moi venge.
1216 Dites li qu'or li suvenge
Des emveisures, des deduiz
Qu'eümes jadis jors e nuiz,
Des granz peines, des tristurs
1220 E des joies e des dusurs
De nostre amur fine e veraie
Quant ele jadis guari ma plaie,
Del beivre qu'ensemble beümes
1224 En la mer quant suppris en fumes.
El beivre fud la nostre mort,
Nus n'en avrum ja mais confort ;
A tel ure duné nus fu
1228 A nostre mort l'avum beü.
De mes dolurs li deit menbrer
Que suffert ai pur li amer :
Perdu en ai tuz mes parenz,
1232 Mun uncle le rei e ses genz ;
Vilment ai esté congeiez,
En altres terres eissilliez ;
Tant ai suffert peine e travail
1236 Qu'a peine vif e petit vail.
La nostre amur, nostre desir
Ne poet unques hum partir ;
Anguise, peine ne dolur
1240 Ne porent partir nostre amur :
Cum il unques plus s'esforcerent
Del partir, mains espleiterent ;
Noz cors feseient desevrer,
1244 Mais l'amur ne porent oster.

Sans elle, je ne pourrai retrouver la santé. Adressez-lui donc toutes mes salutations. Je ne retrouverai plus jamais le réconfort, une vie et une santé salutaires, si elle ne me les procure pas. Si elle ne m'apporte pas mon salut et si elle ne vient pas me consoler de vive voix, alors que mes chances de guérison restent avec elle, là-bas, et je mourrai avec mon immense désespoir ! Pour finir, dites-lui que je suis mort si elle ne m'apporte pas son réconfort. Expliquez-lui bien ma douleur et le mal qui cause ma langueur pour qu'elle vienne me réconforter. Dites-lui de se souvenir des réjouissances et des plaisirs que nous avons partagés jadis jour et nuit. Qu'elle se rappelle les grandes peines, la mélancolie, les joies et la douceur de notre amour parfait et vrai, quand elle a guéri autrefois ma plaie ! Qu'elle se rappelle le breuvage que nous avons bu ensemble sur la mer quand nous avons été saisis par l'erreur ! Ce breuvage contenait notre propre mort. Nous n'avons jamais eu de trêve à nos tourments depuis lors. Cette potion nous fut donnée à un moment qui nous valut de boire à notre propre mort. Elle doit se souvenir des douleurs que j'ai endurées pour l'aimer. J'ai perdu tous mes parents, mon oncle le roi et ses gens. J'ai été chassé comme un malfrat, exilé sur des terres lointaines. J'ai souffert tant de peines et de tortures que je ne vis plus que faiblement. Je suis prêt à m'éteindre. Notre amour, notre désir, personne n'a jamais pu le briser. Le désespoir, la peine et la douleur n'ont jamais pu briser notre amour. Plus on s'efforçait de le briser, moins on y réussissait ! On parvenait à séparer nos corps mais pas à en ôter l'amour.

Menbre li de la covenance
Qu'ele me fist a la desevrance
El gardin, quant de li parti,
1248 Quant de cest anel me saisi:
Dist mei qu'en quele terre qu'alasse,
Altre de li ja mais n'amasse.
Unc puis vers altre n'oi amur,
1252 N'amer ne puis vostre serur,
Ne li ne altre amer porrai
Tant cum la reïne amerai;
Itant aim Ysolt la reïne
1256 Que vostre serur remain mechine.
Sumunez la en sur sa fei
Qu'ele a cest busuin venge a mei:
Ore i perge s'unques m'ama!
1260 Quanque m'ad fait poi me valdra
S'al buisuingn ne me volt aider,
Cuntre cel dolur conseiler,
Que me valdra la sue amor,
1264 Se or me falt en ma dolur?
Ne sai que l'amisté me valt,
S'a mun grant besuing ore falt.
Poi m'ad valu tut sun confort
1268 S'ele ne m'aït cuntre la mort.
Ne sai que l'amur ait valu,
S'aider ne me volt a salu.
Kaherdin, ne vus sai preier
1272 Avant d'icest que vus requer:
Faites al melz que vus poez,
E Brengvein mult me saluez.
Mustrez li le mal que jo ai:
1276 Se Deu n'en pense, jo murrai;
Ne puz vivre lungement
A la dolur, al mal que sent.
Pensez, cumpaing, del espleiter
1280 E de tost a moi repeirer,
Car se plus tost ne revenez,
Sachez ja mais ne me verrez.
Quarante jurs aiez respit;
1284 E se ço faites que jo ai dit,
Que Ysolt se venge ove vus,
Gardez nuls nel sache fors nus.
Celez l'en vers vostre serur,

Rappelez-lui le serment qu'elle me fit au moment des adieux dans le jardin quand je dus la quitter et qu'elle me remit cet anneau. Elle me demanda de ne jamais aimer une autre femme, où que j'allasse. Jamais, je n'en ai aimé une autre. Je n'ai pas pu aimer votre sœur et je ne pourrai jamais aimer quelque femme que ce soit tant que j'aimerai la reine. J'aime tellement la reine Yseut que votre sœur est restée vierge. Exigez d'elle, sur la foi qu'elle me doit, de venir à moi car j'ai grand besoin d'elle. On verra bien alors si elle m'a jamais aimé. Tout ce qu'elle a déjà fait pour moi ne vaudra rien si elle ne veut pas m'aider dans ma détresse et soulager ma douleur. Que vaudra son amour à mes yeux si elle m'abandonne dans mon tourment ? J'estime que son affection ne vaut rien si elle me manque quand j'ai besoin d'elle. Tout son réconfort ne vaut rien jusqu'à présent, si elle ne m'aide pas à lutter contre la mort. Je ne sais pas ce que vaut notre amour si elle ne veut pas contribuer à mon salut. Kaherdin, je me borne à vous adresser cette prière : faites de votre mieux et saluez Brangien de ma part ! Exposez-lui le mal qui m'accable ! Si Dieu ne fait rien, je mourrai. Je ne peux plus vivre très longtemps, à en juger par la douleur et le mal que je ressens. Compagnon, dépêchez-vous de partir et revenez bien vite car si vous n'êtes pas bientôt de retour, sachez que vous ne me verrez plus jamais ! Vous avez quarante jours devant vous. Si vous faites ce que je vous ai dit, si Yseut revient avec vous, veillez à ce que personne ne le sache, à l'exception de nous. Dissimulez la chose à votre sœur

1288 Que suspeçiun n'ait de l'amur :
     Pur mire la ferez tenir,
     Venue est ma plai guarir.
     Vus en merrez ma bele nef,
1292 Porterez i duble tref :
     L'un est blanc e le altre neir ;
     Se vus Ysolt poez aver,
     Qu'ele venge ma plai garir,
1296 Del blanc siglez al revenir ;
     E se vus Ysolt n'amenez,
     Del neir sigle idunc siglez.
     Ne vus sai, amis, plus que dire ;
1300 Deus vus conduie, nostre sire,
     E sain e salf il vus remaint ! »
     Dunc suspire e plure e plaint,
     E Kaherdin plure ensement,
1304 Baise Tristran e congé prent.
     Vait s'en pur sun ere aprester ;
     Al primer vent se met en mer.
     Halent ancres, levent lur tref,
1308 E siglent amunt al vent suef,
     Trenchent les wages e les undes,
     Les haltes mers e les parfundes.
     Meine bele bachelerie,
1312 De seie porte draperie
     Danrée d'estranges colurs
     E riche veissele de Turs,
     Vin de Peito, oisels d'Espaine,
1316 Pur celer e covrer s'ovraingne,
     Coment venir pusse a Ysolt,
     Cele dunt Tristran tant se dolt.
     Trenche la mer ove sa nef,
1320 Vers Engletere a plein tref.
     Vint jurz, vint nuz i a curu
     Einz qu'il seit en l'isle venu,
     Einz qu'il puise la parvenir
1324 U d'Ysolt puise ren oïr.
     Ire de femme est a duter,
     Mult s'en deit chascuns garder,
     Car la u plus amé avra,
1328 Iluc plus tost se vengera.
     Cum de leger vent lur amur,
     De leger revent lur haür,

afin qu'elle n'ait aucun soupçon sur mon amour. Vous ferez passer Yseut la Blonde pour un médecin qui est venu guérir ma plaie. Vous prendrez mon propre navire et emporterez deux voiles : l'une blanche, l'autre noire. Si vous pouvez atteindre Yseut et obtenir qu'elle vienne guérir ma plaie, hissez la voile blanche pour le retour, et si vous ne ramenez pas Yseut, hissez la voile noire. Je ne peux rien vous dire de plus. Que Dieu, Notre Seigneur, vous conduise à bon port et qu'il vous ramène sain et sauf ! »

Il soupire, pleure et se lamente. Kaherdin pleure comme lui. Il embrasse Tristan et prend congé. Il se prépare ensuite à partir. Au premier vent, il prend la mer. Ses marins lèvent l'ancre, hissent la voile et naviguent à contre-courant avec une brise très légère. Ils fendent les vagues et les flots, sur les hautes et profondes mers. Kaherdin emmène une troupe nombreuse de jeunes gens. Il emporte des étoffes de soie, des tissus aux couleurs chatoyantes, de la luxueuse vaisselle de Tours, du vin de Poitou, des oiseaux d'Espagne, excellents prétextes pour dissimuler le motif réel du voyage : aller trouver Yseut, celle pour qui Tristan souffre tant.

Kaherdin traverse la mer avec son navire et navigue à pleines voiles vers l'Angleterre. Il voyage vingt jours et vingt nuits[25] avant d'accoster sur l'île, avant d'arriver à l'endroit où il pourra obtenir des nouvelles d'Yseut.

Colère de femme est redoutable. Chacun doit y prendre garde car là où elle aura le plus aimé, là elle prendra la vengeance la plus prompte. Un rien fait naître leur amour, un rien fait naître leur haine.

---

25. Le manuscrit Sneyd indique une durée de huit jours pour le voyage.

E plus dure lur enimisté,
1332 Quant vent, que ne fait l'amisté.
L'amur s(e)vent amesurer,
E la haür nent atemprer,
Itant cum eles sunt en ire ;
1336 Mais jo nen os mun ben dire
Car il n'afert rens envers mei.
Ysolt estoit suz la parei,
Les diz Tristran escute e ot,
1340 Ben ad entendu chacun mot :
Aparceüe est de l'amur.
El quer en ad mult grant irrur,
Qu'ele ad Tristran tant amé,
1344 Quant vers altre s'est aturné ;
Mais or li est ben descovert
Pur quei la joie de li pert.
Ço qu'ele ad oï ben retent,
1348 Semblant fait que nel sace nent ;
Mais tres qu'ele aise en avra,
Trop cruelment se vengera
De la ren del mund qu'aime plus.
1352 Tres que overt furent li us,
Ysolt est en la chambre entree,
Vers Tristan ad s'ire celee,
Sert le e mult li fait bel semblant
1356 Cum amie deit vers amant,
Mult ducement a li parole,
E sovent le baise e acole,
E mustre lui mult grant amur,
1360 E pense mal en cele irrur
Par quel manere vengé ert,
E sovent demande e enquert
Kant Kaherdin deit revenir
1364 Od le mire quil deit guarir ;
De bon curage pas nel plaint :
La felunie el cuer li maint
Qu'ele pense faire, s'ele puet
1368 Car ire a ço la comuet.
Kaherdin sigle amunt la mer,
E si ne fine de sigler
De si la qu'il vent a l'altre terre,
1372 U vait pur la reïne querre :
Ço est l'entree de Tamise ;

Et leur inimitié, lorsqu'elle se manifeste, dure plus longtemps que leur amitié. Elles savent mesurer leur amour mais non modérer leur haine quand elles sont en proie à la colère. Mais je n'ose dire mon sentiment là-dessus, car il ne m'appartient pas de le faire. Yseut était collée à la paroi. Elle écoute et entend les propos de Tristan ; elle a parfaitement entendu chaque mot ; elle a eu connaissance de son amour. Elle ressent dans son cœur une très grande colère d'avoir tant aimé Tristan alors qu'il s'est tourné vers une autre. Mais à présent la raison pour laquelle elle perd la joie de l'aimer lui devient tout à fait évidente. Elle retient parfaitement ce qu'elle a entendu et fait comme si elle ne savait rien. Mais, à la première occasion, elle se vengera fort cruellement de l'être qu'elle aime le plus au monde.

Dès qu'on rouvrit les portes, Yseut rentra dans la chambre. Elle cacha sa colère à Tristan. Elle lui prodiguait ses soins et lui offrait un visage très agréable, comme celui d'une amie à son amant. Elle lui parle très tendrement, lui donne des baisers, le serre contre elle, lui manifeste son plus grand amour. Mais dans sa colère, elle pense à mal et réfléchit au moyen de se venger. Elle interroge souvent Tristan et s'enquiert de la date du retour de Kaherdin avec le médecin qui doit apporter la guérison. Elle ne le plaint pas d'un cœur sincère. La félonie qu'elle médite de commettre, si elle le peut, hante son cœur, car c'est la colère qui la fait agir de la sorte.

Kaherdin navigue en direction du nord. Il ne cesse de naviguer jusqu'à ce qu'il atteigne le pays où il doit chercher la reine. C'est l'embouchure de la Tamise.

Vait en amunt a marchandise ;
En la buche, dehors l'entree,
1376 En un port ad sa nef ancree ;
A sun batel en va amunt
Dreit a Lundres, desuz le punt ;
Sa marchandise iloc descovre,
1380 Ses dras de seie pleie e ovre.
Lundres est mult riche cité,
Meliur n'ad en cristienté,
Plus vaillante ne melz aisie
1384 Melz guarnie de gent preisie.
Mult aiment largesce e honur,
Cunteinent sei par grant baldur.
Le recovrer est d'Engleterre :
1388 Avant d'iloc ne l'estut querre.
Al pé del mur li curt Tamise ;
Par la vent la marchandise
De tutes les teres qui sunt
1392 U marcheant cristïen vunt.
Li hume i sunt de grant engin.
Venuz i est dan Kaherdin
Ove ses dras, a ses oisels,
1396 Dunt il ad de bons e de bels.
En sun pung prent un grant ostur
E un drap d'estrange culur
E une cupe ben ovree :
1400 Entaillee e neelee.
Al rei Markes en fait present
E li dit raisnablement
Qu'od sun aveir vent en sa terre
1404 Pur altre guaignier e conquerre :
Pais li doinst en sa regïun
Que pris n'i seit a achaisun,
Ne damage n'i ait ne hunte
1408 Par chamberlens ne par vescunte.
Li reis li dune ferme pes,
Oiant tuz iceus des pales.
A la reïne vait parler,
1412 De ses avers li volt mustrer.
Un afiçail ovré d'or fin
Li porte en sa main Kaherdin,
Ne qui qu'el secle melliur seit :
1416 Present a la reine em fait.

Il la remonte avec sa marchandise. Dans l'estuaire, avant l'entrée du port, il jette l'ancre. Il suit le fleuve en amont dans une barque, directement vers Londres, sous le pont. C'est là qu'il déballe sa marchandise, déplie et expose ses étoffes de soie.

Londres est une riche cité. Il n'y en a pas de meilleure dans la chrétienté, ni de plus valeureuse, ni de plus agréable, ni de mieux pourvue en personnes de mérite. Elles aiment la générosité et l'honneur ; elles mènent une existence fort allègre. C'est le foyer de l'Angleterre : inutile de chercher ailleurs. Au pied de ses murs, coule la Tamise. C'est par là qu'arrivent les marchandises de tous les pays où se rendent les marchands chrétiens. Les gens y ont du génie.

Le seigneur Kaherdin y arrive avec ses étoffes et ses oiseaux ; il en a de bien bons et beaux ! Il prend sur son poing un grand autour et une étoffe à la couleur étrange, puis une coupe bien travaillée avec des gravures et des incrustations d'émail noir. Il l'offre au roi Marc et lui dit sagement qu'il vient dans son royaume avec ses richesses dans l'espoir d'en gagner et d'en acquérir d'autres : que le roi lui accorde sa protection sur ses terres afin qu'il ne rencontre aucune difficulté et ne subisse ni dommage ni avanie de la part des chambellans ou des vicomtes. Le roi lui accorde sa protection devant tous les habitants du palais.

Kaherdin va parler à la reine et veut lui montrer certaines de ses richesses. Il lui remet en mains une broche d'or fin, la plus belle qui soit. Il en fait cadeau à la reine.

« Li ors est mult bons, ce dit,
Unques Ysolt melliur ne vit ;
L'anel Tristran de sun dei oste,
1420 Juste l'altre le met encoste,
E dit : « Reïne, ore veiez :
Icest or est plus colurez
Que n'est li ors de cest anel ;
1424 Nequedent cestu tenc a bel. »
Cum la reïne l'anel veit,
De Kaherdin tost s'aperceit ;
Li quers li change e la colur
1428 E suspire de grant dolur.
Ele dute a oïr novele,
Kaherdin une part apele,
Demande si l'anel vult vendre
1432 E quel aveir il en vult prendre,
U s'il ad altre marchandise.
Tut iço fait ele par cuintise,
Car ses gardes decevre volt.
1436 Kaherdin est suz a Ysolt :
« Dame, fait il, or entendez
Ço que dirrai, si retenez.
Tristran vus mande cum druz
1440 Amisté, servise e saluz
Cum a dame, cum a s'amie
En qui maint sa mort e sa vie.
Liges hum vus est e amis ;
1444 A vus m'ad par busing tramis ;
Mande a vus ja n'avrat confort,
Se n'est par vus, a ceste mort,
Salu de vie ne santez,
1448 Dame, si vus ne li portez.
A mort est navré d'un espé
Ki de venim fu entusché.
Nus ne poüm mires trover
1452 Ki sachent sun mal meciner ;
Itant s'en sunt ja entremis
Que tuit sun cors en est malmis.
Il languist e vit en dolur
1456 En aguisse e en puür.
Mande vos que ne vivra mie
Se il nen ad la vostre aïe,
E pur ço vus mande par mei,

« L'or est de très bonne qualité ! dit-il. »

Jamais Yseut n'en avait vu de plus belle. Kaherdin ôta de son doigt l'anneau que lui avait donné Tristan. Il le mit à côté de la broche et dit :

« Reine, voyez plutôt ! L'or de la broche est plus éclatant que l'or de cet anneau, cependant je trouve ce dernier assez joli ! »

Dès qu'elle voit l'anneau, elle reconnaît aussitôt Kaherdin. Son cœur s'émeut, elle pâlit et pousse de grands soupirs de douleur. Elle redoute les nouvelles qu'elle va apprendre. Elle prend à part Kaherdin et lui demande s'il veut lui vendre l'anneau, à quel prix, et s'il a d'autres marchandises. Elle agit ainsi pour donner le change car elle veut tromper ses gardes. Kaherdin se trouve donc seul avec Yseut.

« Dame, fait-il, écoutez bien ce que je vais vous dire et retenez-le ! Tristan vous exprime en amant fidèle son amitié, son désir de vous servir et son salut, comme à sa dame, comme à son amie qui tient entre ses mains sa mort et sa vie. Il est votre homme lige et votre ami. C'est par nécessité qu'il m'a envoyé vers vous. Il vous fait savoir que jamais il n'obtiendra de réconfort contre la mort sinon par vous. Il n'obtiendra ni le salut de sa vie ni la santé si vous ne les lui apportez pas, ma dame. Il a été blessé par un épieu trempé dans du venin. Nous ne pouvons trouver aucun médecin capable de guérir son mal. Beaucoup ont déjà essayé mais ils n'ont réussi qu'à faire empirer son état. Il languit et vit dans la douleur, l'angoisse et la puanteur. Il vous fait savoir qu'il ne survivra pas s'il ne reçoit pas votre aide. C'est pourquoi, il vous demande de venir par mon intermédiaire.

1460 Si vus sumunt par cele fei
E sur iceles lealtez
Que vus, Ysolt, a li devez,
Pur ren del munde nel lassez
1464 Que vus a lui or ne vengez,
Car unques mais n'en ot mester,
E pur ço nel devez lasser.
Ore vus membre des granz amurs
1468 E des peines e des dolurs
Qu'entre vus dous avez suffert !
Sa vie e sa juvente pert ;
Pur vus ad esté eissillez,
1472 Plusurs feiz del rengne chachez ;
Le rei Markes en ad perdu :
Pensez dels mals qu'il ad eü !
Del covenant vus deit membrer
1476 Qu'entre vus fud al desevrer
Einz el jardin u le baisastes,
Quant vus cest anel li dunastes :
Pramistes li vostre amisté ;
1480 Aiez, dame, de li pité !
Si vus ore nel sucurez,
Ja mais certes nel recovrez ;
Senz vus ne puet il pas guarir ;
1484 Pur ço vus i covent venir,
Car vivre ne puet altrement.
Iço vus mande lealment,
D'enseingnes cest anel emveie :
1488 Guardez le, il le vus otreie. »
Quant Ysolt entent cest message,
Anguice est en sun curage,
E peine e pité e dolur,
1492 Unques uncore n'ot maür.
Or pense forment e suspire
Tristran sun ami desire,
Mais ele ne set coment aler ;
1496 Ov Brengvein en vait parler.
Cunte li tute l'aventure
Del venim de la navreüre,
La peine qu'ad e la dolur,
1500 E coment gist en sa langur,
Coment e par qui l'a mandee,
U sa plaie n'ert ja sanee ;

464

Il vous implore, au nom de la promesse et de la fidélité que vous, Yseut, lui devez, de ne l'abandonner pour rien au monde. Il vous implore de venir à lui car jamais il n'a eu autant besoin de vous ; vous ne devez pas l'abandonner. Souvenez-vous de vos grandes amours, des peines et des douleurs que vous avez supportées ensemble ! Il perd sa vie et sa jeunesse. A cause de vous, il a été exilé et plusieurs fois chassé du royaume. Il a perdu l'appui du roi Marc. Pensez aux maux qu'il a supportés ! Vous devez vous rappeler la promesse que vous fîtes, lors de vos adieux dans le jardin où vous lui avez donné un baiser en lui remettant cet anneau. Vous lui aviez promis votre amitié. Dame, ayez pitié de lui ! Si vous ne le secourez pas maintenant, vous ne le retrouverez plus jamais. Il ne peut pas guérir sans vous. C'est pourquoi vous devez venir car autrement il ne pourrait vivre. Voilà ce qu'il vous fait dire en amant loyal. Il vous envoie cet anneau en signe de connivence. Gardez-le ! Il vous en fait don. »

Quand Yseut entend ce message, elle ressent de l'angoisse dans son cœur ainsi que de la peine, de la pitié et de la douleur. Elle n'en ressentit jamais d'aussi grandes.

Elle se met à penser intensément et à soupirer, elle désire son ami Tristan mais elle ne sait comment le rejoindre. Elle va en parler à Brangien. Elle lui raconte toute l'histoire du venin et de la blessure ; elle lui conte la peine qu'éprouve Tristan ainsi que sa douleur et comment il gît accablé de langueur, comment et par qui il l'a priée de venir, sans quoi sa plaie ne guérirait jamais.

Mustré li a tute l'anguisse,
1504 Puis prent conseil que faire puisse.
Or comence le suspirer
E le plaindre e le plurer
E la peine e la pesance
1508 E la dolur e la grevance
Al parlement que eles funt,
Pur la tristur que de lui unt.
Itant unt parlé nequedent
1512 Conseil unt pris al parlement
Qu'eles lur eire aturnerunt
E od Kaherdin s'en irrunt
Pur le mal Tristran conseiller
1516 E a sun grant bosing aider.
Aprestent sei contre le seir,
Pernent ço que vuolent aveir
Tres que li altre dorment tuit,
1520 A celee s'en vunt la nuit
Mult cuintement, par grant eür,
Par une posterne de le mur
Que desur Tamise estoit
1524 Al flot muntant l'eve i veneit.
Li bastels i esteit tut prest,
La reïne entree i est.
Nagent, siglent od le retreit;
1528 Ysnelement al vent s'en vait.
Mult s'esforcent de l'espleiter:
Ne finent unques de nager,
De si la qu'a la grant nef sunt;
1532 Levent les tres e puis s'en vunt.
Tant cum li venz les puet porter
Curent la lungur de la mer,
La terre estrange en costeiant
1536 Par devant le port de Wizant,
Par Buluingne e par Treisporz.
Li venz lur est portanz e forz
E la nef legere kis guie.
1540 Passent par devant Normendie,
Siglent joius e leement,
Kar oré unt a lur talent.
Tristran qui de sa plaie gist,
1544 En sun lit forment languist;
De ren ne puet confort aveir;

Elle lui montra toute son angoisse puis elle lui demanda conseil pour agir. Commencent alors les soupirs, les lamentations et les pleurs, la peine et le chagrin, la douleur et l'affliction durant leur entretien ; la mélancolie qu'elles éprouvent pour Tristan en est la cause. Néanmoins, à force de discuter, elles prennent la décision de se préparer pour le voyage et d'aller voir Kaherdin pour remédier au mal de Tristan et l'aider dans sa grande détresse.

Vers le soir, elles se préparent et prennent ce dont elles ont besoin. Lorsque tout le monde est endormi, ils s'en vont dans la nuit, à la dérobée, avec beaucoup de discrétion, en prenant quelques risques ; ils sortent par une poterne du mur qui surplombait la Tamise. L'eau y parvenait à marée montante. L'esquif était prêt ; la reine y embarqua.

Ils naviguent et se laissent pousser par la voile déployée. Emportée par le vent, la barque s'éloigne rapidement. Ils se dépêchent autant qu'ils peuvent. Ils naviguent jusqu'à ce qu'ils se trouvent sur le grand navire. Alors, ils hissent la voile et prennent le large. Aussi vite que le vent peut les pousser, ils parcourent toute la longueur de la mer, côtoient la terre étrangère en passant à hauteur du port de Wissant, devant Boulogne et le Tréport. Le vent violent les entraîne et le navire qui les conduit est léger. Ils passent au large de la Normandie, naviguent gaiement et sans encombre, car ils ont le vent qu'ils souhaitent.

Tristan, que sa plaie oblige à rester couché dans son lit, éprouve une grande langueur. Il n'y a rien qui puisse le réconforter.

Mecine ne li put vailler,
Rien qu'il face ne li aüe.
1548 D'Ysolt desire la venue,
Il ne coveite altre ren,
Senz li ne puet aveir nul ben ;
Pur li est ço que il tant vit ;
1552 Languist, atent la en sun lit,
En espeir est de sun venir
E que sun mal deive guarir,
E creit qu'il senz li ne vive.
1556 Tut jurs emveie a la rive
Pur veer si la nef revent :
Altre desir al quer nel tent ;
E sovent se refait porter,
1560 Sun lit faire juste la mer
Pur atendre e veer la nef
Coment ele sigle e a quel tref.
Vers nule ren n'ad il desir
1564 Fors sulement de sun venir :
En ço est trestut sun pensé,
Sun desir e sa volenté.
Quanqu'ad el mund mis ad a nent
1568 Se la reïne a lui ne vent ;
E raporter se fait sovent
Pur la dute qu'il en atent,
Car il se crent qu'ele n'i venge
1572 E que lealté ne li tenge,
E volt melz par altre oïr
Que senz li veie la nef venir.
La nef desire purveer,
1576 Mais le faillir ne vult saveir.
En sun quer en est angussus
E de li veer desirus ;
Sovent se plaint a sa muiller,
1580 Mais ne li dit sun desirer
Fors de Kaherdin qui ne vent :
Quant tant demure, mult se crent
Qu'il n'ait espleité sa fesance.
1584 Oiez pituse desturbance,
Aventure mult doleruse
E a trestuz amanz pituse ;
De tel desir, de tel amur
1588 N'oïstes unc greniur dolur.

Aucun remède n'est efficace ; tout ce qu'il tente ne lui sert à rien. Il désire la venue d'Yseut, il n'aspire à rien d'autre. Sans elle, il n'éprouve aucun bien. C'est pour elle qu'il continue de vivre. Languissant, il l'attend dans son lit. Il espère sa venue et, grâce à elle, la guérison de son mal. Il sait qu'elle est sa seule chance de survie.

Chaque jour, il envoie quelqu'un sur le rivage pour guetter le retour du navire. Il n'a pas d'autre désir dans son cœur que cette venue. Souvent, il se fait porter et demande qu'on installe son lit face à la mer afin d'attendre le navire et de le voir arriver. Il ne désire rien d'autre que d'assister à son retour. C'est à cela que tendent toutes ses pensées, tout son désir et toute sa volonté. Tout ce qu'il possède au monde est réduit à néant si la reine ne revient pas vers lui.

Il se fait plus d'une fois ramener chez lui, assailli par le doute, car il craint qu'elle ne vienne pas et ne tienne pas sa promesse. Il préfère apprendre la nouvelle d'un autre plutôt que de voir arriver le navire sans Yseut. Il désire épier le navire mais ne veut imaginer un échec. Son cœur vit entre l'angoisse de ne pas l'apercevoir et le désir de le voir. Souvent, il se plaint à son épouse mais ne lui révèle pas son désir profond, si ce n'est que Kaherdin met bien du temps pour venir. Puisqu'il ne revient pas, Tristan craint fort qu'il ait échoué dans son entreprise.

Ecoutez la pitoyable malchance, la douloureuse aventure digne de susciter la pitié de tous les amants ! A-t-on jamais entendu qu'un tel désir et un si grand amour aient provoqué une aussi grande douleur ?

La u Tristran atent Ysolt,
E la dame venir i volt,
E près de la rive est venue,
1592 Eissi que la terre unt veüe;
Balt sunt e siglent leement,
Del sud lur salt dunques un vent,
E fert devant en mi cel tref,
1596 Refrener fait tute la nef.
Curent al lof, le sigle turnent;
Quel talent qu'aient s'en returnent.
Li venz s'esforce e leve l'unde,
1600 La mer se muet qui est parfunde,
Truble li tens, l'air espessist,
Levent wages, la mer nercist,
Pluet e gresille e creist li tenz,
1604 Rumpent bolines e hobens;
Abatent tref e vunt ridant,
Od l'unde e od le vent wacrant.
Lur batel orent en mer mis,
1608 Car près furent de lur païs;
A mal eür l'unt ublié:
Une wage l'ad despescé;
Al meins ore i unt tant perdu,
1612 Li orage sunt tant creü
Qu'eskipre n'i ot tant preisez
Qu'il peüst ester sur ses pez.
Tuit i plurent e tuit se pleinent,
1616 Pur la poür grant dolur maingnent.
Dunc dit Ysolt : « Lasse ! Chaitive !
Deus ne volt pas que jo tant vive
Que jo Tristran mun ami veie;
1620 Neié em mer volt que jo seie.
Tristran, s'a vus parlé eüsse,
Ne me calsist se puis morusse.
Beals amis, quant orét ma mort,
1624 Ben sai puis n'avrez ja confort.
De ma mort avrez tel dolur,
A ce qu'avez si grant langur,
Que ja puis ne purrez guarir.
1628 En mei ne remaint le venir :
Se Deus volsist, jo venisse,
De vostre mal m'entremeïsse,
Car altre dolur n'ai jo mie

Tristan attend Yseut et la dame est pressée d'arriver. La côte était en vue et, du bateau, on apercevait la terre. Tout le monde était gai et la navigation agréable. Soudain, un vent du sud les assaille et frappe la voile de plein fouet. Il fait chavirer tout le navire.

Les matelots courent vers le lof[26] et tournent la voile. Contre toute attente, ils sont repoussés en arrière. Le vent se renforce et soulève les flots. La mer se remue jusque dans ses profondeurs. Le temps se trouble, l'air s'épaissit, les vagues se gonflent, la mer noircit. Il pleut et grésille, la tempête augmente. Boulines et haubans se rompent. Les matelots enlèvent la voile et le navire part à la dérive, ballotté au gré des flots et du vent. Ils venaient de mettre leur chaloupe à la mer car ils étaient sur le point d'arriver à destination mais malheureusement ils l'oublièrent : une vague la mit en pièces. D'ailleurs, ils subirent tant de dégâts et l'orage devint si violent que même les matelots les plus expérimentés ne purent tenir sur leurs pieds. Tous pleuraient, tous se lamentaient. La peur les poussait à manifester un grand effroi. Yseut dit alors :

« Hélas ! Malheureuse que je suis ! Dieu ne m'accorde pas de vivre assez longtemps pour que je puisse revoir mon ami Tristan. Il souhaite que je me noie dans la mer. Tristan, si j'avais pu vous parler, il m'aurait été indifférent de mourir ensuite. Mon ami, quand vous apprendrez ma mort, je sais bien que vous ne vous consolerez jamais. Ma mort vous causera une telle douleur, en plus de la langueur qui vous accable, que vous ne pourrez plus jamais guérir. Il ne dépend pas de moi que j'arrive désormais à vos côtés. Si Dieu le souhaitait, je serais venue et je me serais occupée de votre mal car je ne ressens aucune douleur

---

26. Côté du navire frappé par le vent.

1632 Fors de ço que n'avez aïe.
     C'est ma dolur e ma grevance,
     E al cuer en ai grant pesance
     Que vus n'avrez, amis, confort,
1636 Quant jo muer, contre vostre mort.
     De la meie mort ne m'est ren :
     Quant Deu la volt, jo la voil ben :
     Mais tres que vus, amis, l'orrez,
1640 Jo sai ben que vus en murrez.
     De tel manere est nostre amur
     Ne puis senz vus sentir dolur ;
     Vus ne poez senz moi murrir,
1644 Ne jo senz vus ne puis perir.
     Se jo dei em mer periller,
     Dun vus estuet a tere neier :
     Neier ne poez pas a tere ;
1648 Venu m'estes en la mer querre.
     La vostre mort vei devant mei,
     E ben sai que tost murrir dei.
     Amis, jo fail a mun desir,
1652 Car en voz bras quidai murrir,
     En un sarcu enseveiliz,
     Mais nus l'avum ore failliz.
     Uncore puet il avenir si :
1656 Car, se jo dei neier ici,
     E vus, ço crei, devez neier,
     Uns peissuns poust nus dous mangier ;
     Eissi avrum par aventure,
1660 Bels amis, une sepulture,
     Tel hum prendre le purra
     Ki noz cors i reconuistra,
     E fra en puis si grant honur
1664 Cume covent a nostre amur.
     Ço que jo di estre ne puet,
     — E ! se Deu le vult, si estuet.
     — En mer, amis, que querreiez ?
1668 Ne sai que vus i feïssez.
     Mais jo i sui, si i murrai !
     Senz vus, Tristran, i neerai,
     Si m'est, beals dulz, suef confort
1672 Que ne savrez ja ma mort.
     Avant d'ici n'ert mais oïe ;
     Ne sai, amis, qui la vus die.

si ce n'est celle de vous savoir désemparé. Voilà ma douleur et ma souffrance ! Ce qui me déchire le cœur, c'est que vous n'obtiendrez aucun réconfort vis-à-vis de la mort, ami, puisque je meurs. Ma mort m'importe peu. Puisque Dieu la souhaite, je l'accepte volontiers. Mais dès que vous l'apprendrez, mon ami, je sais bien que vous en mourrez. Notre amour est si profond que je ne puis ressentir de la douleur sans que vous la ressentiez également. Vous ne pouvez mourir sans moi et je ne peux périr sans vous. Si je dois périr en mer, alors il faut aussi que vous soyez noyé sur la terre. Mais il n'est pas possible de se noyer sur la terre ferme. Vous êtes donc venu me chercher sur la mer. J'aperçois votre mort devant moi mais je sais bien que je dois mourir bientôt. Ami, mon désir ne sera pas comblé car je pensais mourir entre vos bras et être ensevelie dans le même cercueil que vous. Mais cela nous est refusé. Toutefois, il peut encore arriver une chose : si je dois me noyer ici, vous devez, je crois, vous noyer aussi. Un poisson pourrait nous avaler tous les deux[27]. Un heureux hasard nous donnera alors, bel ami, une sépulture commune. Un pêcheur pourra capturer le poisson, il reconnaîtra nos deux corps à l'intérieur et les honorera ensuite comme notre amour le mérite. Mais tout cela est impossible.

— Eh, si Dieu le veut, cela sera !

— Ami, qu'iriez-vous chercher sur la mer ? Je ne sais pas ce que vous y feriez mais moi j'y suis et je mourrai. Je m'y noierai sans vous, Tristan. C'est pour moi un doux réconfort, mon tendre amour, que vous n'apprendrez pas ma mort. Ailleurs qu'ici, on n'en entendra jamais parler. Je ne sais pas, mon ami, qui irait vous la raconter.

---

27. Allusion probable à l'épisode de Jonas dans la Bible. Sa désobéissance envers Yahvé a provoqué une tempête. Il est sacrifié par les marins et jeté à la mer puis avalé par une baleine.

Apruef mei lungement vivrez
1676 E ma venue atendrez.
Se Deu plaist, vus poez garir :
Ço est la ren que plus desir.
Plus coveit la vostre santé
1680 Que d'ariver n'ai volenté,
Car vers vus ai si fine amur.
Amis, dei jo aveir poür,
Puis ma mort, si vus guarissez,
1684 Qu'en vostre vie m'ubliez,
U d'altre femme aiez confort,
Tristran, apruef la meie mort ?
Amis, d'Ysolt as Blanches Mains
1688 Certes m'en crem e dut al mains.
Ne sai se jo duter en dei,
Mais, se mort fussez devant mei,
Apruef vus curt terme vivreie.
1692 Certes, ne sai que faire deie,
Mais sur tute ren vus desir.
Deus nus doinst ensemble venir
Que jo, amis, guarir vus puisse,
1696 U nus dous murrir d'une anguisse ! »
Tant cum dure la turmente,
Ysolt se plaint, si se demente.
Plus de cinc jurs en mer dure
1700 Li orages e la laidure,
Puis chet li venz e bels tens fait.
Le blanc sigle unt amunt trait,
E siglent a mult grant espleit,
1704 Que Kaherdin Bretaine veit.
Dunc sunt joius e lé e balt,
E traient le sigle ben halt,
Que hum se puise aparcever
1708 Quel ço seit, le blanc u le neir :
De lung volt mustrer la colur,
Car ço fud al derein jur
Que Tristran lur aveit mis
1712 Quant il turnerent del païs.
A ço qu'il siglent leement,
Lievet li chalz e chet li vent
Eissi qu'il ne poent sigler.
1716 Mult suef e pleine est la mer.
Ne ça ne la lur nef ne vait

474

Vous vivrez longtemps après moi et vous attendrez ma venue. Si Dieu le veut, vous pouvez guérir : c'est mon souhait le plus cher. Je désire plutôt vous voir en bonne santé qu'arriver à bon port, car j'éprouve pour vous un amour extrême. Après ma mort, si vous guérissez, ami, je dois craindre que vous ne finissiez par m'oublier de votre vie et que vous trouviez le réconfort auprès d'une autre femme, après ma mort. Ami, je redoute Yseut aux Blanches Mains et c'est elle surtout que je crains. Je ne sais si je dois vraiment la redouter mais si vous mouriez avant moi, je ne vous survivrais pas longtemps. Oui, vraiment, je ne sais que faire mais je vous désire plus que tout. Que Dieu nous accorde d'être réunis, afin que je puisse vous guérir ou que nous puissions mourir tous les deux de la même angoisse ! »

Yseut se plaint et se lamente aussi longtemps que dure la tourmente. L'orage et le mauvais temps sur la mer durent plus de cinq jours. Ensuite, le vent tombe et le beau temps revient.

Les matelots hissent la voile blanche et naviguent à vive allure. Kaherdin voit enfin la Bretagne. Tout le monde laisse éclater son bonheur et sa joie. Les matelots hissent la voile bien haut afin qu'on puisse apercevoir de la terre quelle est sa couleur, blanche ou noire. Ils veulent que la couleur soit visible de loin parce que c'était le dernier jour du délai fixé par Tristan au moment du départ.

Tandis qu'ils naviguent joyeusement, la chaleur se lève et le vent tombe de telle manière qu'ils ne peuvent plus avancer. La mer est calme et étale. Le navire ne va ni d'un côté ni de l'autre,

Fors itant cum l'unde la trait,
Ne lur batel n'unt il mie :
1720 Or i est grant l'anguserie.
Devant eus près veient la terre,
N'unt vent dunt la puisent requerre.
Amunt, aval vunt dunc wacrant
1724 Ore arere e puis avant.
Ne poent lur eire avancer,
Mult lur avent grant encumbrer.
Ysolt en est mult ennuiee :
1728 La terre veit qu'ad coveitee,
E si n'i pot mie avenir ;
A poi ne muert de sun desir.
Terre desirent en la nef,
1732 Mais il lur vente trop suef.
Sovent se claime Ysolt chative.
La nef desirent a la rive :
Uncore ne la virent pas.
1736 Tristrans en est dolenz e las,
Sovent se plaint, sovent suspire
Pur Ysolt que tant desire,
Plure des oils, sun cors detuert,
1740 A poi que del desir ne muert.
En cel anguisse, en cel ennui
Vent sa femme Ysolt devant lui.
Purpensee de grant engin,
1744 Dit : « Amis, or vent Kaherdin.
Sa nef ai veüe en la mer,
A grant peine l'ai veu sigler ;
Nequedent jo l'ai si veüe
1748 Que pur la sue l'ai coneüe.
Deus duinst que tel novele aport
Dunt vus al quer aiez confort ! »
Tristran tresalt de la novele,
1752 Dit a Ysolt : « Amie bele,
Savez pur veir que c'est sa nef ?
Or me dites quel est le tref. »
Ço dit Ysolt : « Jol sai pur veir.
1756 Sachez que le sigle est tut neir.
Trait l'unt amunt e levé halt
Pur ço que li venz lur falt. »
Dunt a Tristran si grant dolur
1760 Unques n'out, ne avrad maür,

476

excepté là où le flot l'entraîne et ils n'ont plus leur barque. A présent, grande est leur angoisse.

Tout près devant eux, ils aperçoivent la terre mais ils n'ont pas de vent pour y parvenir. Ils louvoient alors en amont et en aval, en arrière puis en avant. Ils ne peuvent plus avancer. C'est une grande infortune qui les accable. Yseut en est effondrée. Elle aperçoit la terre tant désirée et ne peut y parvenir. Peu s'en faut qu'elle ne meure de son désir. Les matelots veulent accoster mais le vent est trop faible. A plusieurs reprises, Yseut se plaint de son malheur. Ils sont impatients d'atteindre la rive mais ils ne la voient toujours pas.

Las d'attendre, Tristan sombre dans l'affliction. Souvent il se plaint, souvent il soupire après Yseut qu'il désire tant. Il pleure, il se tord de désespoir. Son désir est sur le point de le faire mourir. Alors qu'il se trouvait dans cette angoisse et ce tourment, sa femme Yseut se présenta devant lui. Elle avait médité un terrible plan :

« Ami, lui dit-elle, voici qu'arrive Kaherdin. J'ai aperçu son navire sur la mer. Il naviguait à grand-peine. Néanmoins, je l'ai bien vu et parfaitement reconnu. Que Dieu lui accorde de vous apporter une nouvelle qui puisse vous réconforter le cœur ! »

Tristan tressaille à cette nouvelle. Il dit à Yseut :

« Belle amie, êtes-vous certaine que c'est son navire ? Dites-moi alors de quelle couleur est la voile ! »

— Je suis parfaitement sûre que c'est son navire. Sachez que la voile est toute noire. Elle est hissée bien haut parce que le vent fait défaut. »

Alors Tristan ressentit une douleur telle qu'il n'en eut et n'en aura jamais de plus vive.

E turne sei vers la parei,
Dunc dit : « Deus salt Ysolt e mei !
Quant a moi ne volez venir,
1764 Pur vostre amur m'estuet murrir.
Jo ne puis plus tenir ma vie ;
Pur vus muer, Ysolt, bele amie.
N'avez pité de ma langur,
1768 Mais de ma mort avrez dolur.
Ço m'est, amie, grant confort
Que pité avrez de ma mort. »
« Amie Ysolt » treis feiz dit,
1772 A la quarte rent l'espirit.
Idunc plurent par la maisun
Li chevaler, li compaingnun.
Li criz est halt, la pleinte grant.
1776 Saillient chevaler e serjant
E portent li hors de sun lit,
Puis le cuchent sur un samit,
Covrent le d'un palie roié.
1780 Li venz est en la mer levé
E fert sei en mi liu del tref,
A terre fait venir la nef.
Ysolt est de la nef issue,
1784 Ot les granz plaintes en la rue,
Les seinz as musters, as chapeles ;
Demande as humes quels noveles,
Pur quei il funt tel soneïz,
1788 E de quei seit li plureïz.
Uns ancïens dunc li dit :
« Bele dame, si Deu m'aït,
Nus avum issi grant dolur
1792 Que unques genz n'orent maür.
Tristran, li pruz, li francs, est mort :
A tut ceus del rengne ert confort.
Larges estoit as bosungnus,
1796 E grant aïe as dolerus.
D'une plaie que sun cors ut
En sun lit ore endreit murut.
Unques si grant chaitivesun
1800 N'avint a ceste regiun. »
Tresque Ysolt la novele ot,
De dolur ne puet suner un mot.
De sa mort ert si adolee

Il se tourna vers le mur et dit :

« Que Dieu nous sauve, Yseut et moi ! Puisque vous ne voulez pas venir à moi, il me faudra mourir à cause de mon amour pour vous. Je ne peux plus retenir ma vie. C'est pour vous, Yseut ma belle amie, que je meurs. Vous n'avez pas eu pitié de ma langueur mais ma mort vous causera de la douleur. Amie, c'est pour moi une grande consolation de savoir que vous aurez pitié de ma mort. »

Il répéta trois fois : « Amie Yseut ! » A la quatrième, il rendit l'esprit.

Alors, dans toute la maison, ses chevaliers et compagnons se mettent à pleurer. Leurs cris retentissent très fort ainsi que leurs grandes plaintes. Chevaliers et hommes d'armes accourent pour tirer le corps du lit et le coucher sur un samit. Ils le recouvrent d'un tissu de soie rayé. Sur la mer, le vent s'est levé et frappe le creux de la voile. Il permet au navire d'atteindre le rivage. Yseut quitte le bateau. Elle entend les lamentations dans la rue, les cloches des églises et des chapelles. Elle demande des nouvelles aux gens : pourquoi ces sonneries de cloches ? pourquoi ces pleurs ? Un homme âgé lui répond :

« Belle dame, que le ciel me protège, nous sommes plongés dans une immense douleur. Nous n'en avons jamais connu une aussi grande. Le preux, le noble Tristan est mort. Il était le réconfort de tous les habitants du royaume : généreux envers les nécessiteux, secourable envers les affligés. Il est mort dans son lit d'une plaie qu'il a reçue. Jamais un tel malheur n'est arrivé dans ce royaume. »

Lorsqu'elle entendit cette nouvelle, Yseut resta muette de douleur. La mort de Tristan la fit tant souffrir

La rue vait desafublee
Devant les altres el palès.
Bretun ne virent unques mes
Femme de la sue bealté :
1808 Mervellent sei par la cité
Dunt ele vent, ki ele seit.
Ysolt vait la ou le cors veit,
Si se turne vers orïent,
1812 Pur lui prie pitusement :
« Amis, Tristran, quant mort vus vei,
Par raisun vivre puis ne dei.
Mort estes pur la meie amur,
1816 E jo muer, amis, de tendrur,
Quant a tens ne poi venir

Manuscrit Sneyd 2 (Oxford, Bodleian Library d 16, f°17a et b)

Pur vos et vostre mal guarir
Amis, amis, pur vostre mort
N'avrai jamais de rien confort,
4 Joie, ne hait, ne nul deduit.
Icil orages seit destruit
Que tant me fist, amis, en mer,
Que n'i poi venir, demurer !
8 Se jo fuisse a tens venue,
Vie vos oüse, amis, rendue,
E parlé dulcement a vos
De l'amur qu'ad esté entre nos ;
12 Plainte oüse la mei aventure,
Nostre joie, nostre emveisure,
La paine e la grant dolur
Qu'ad esté en nostre amur,
16 E oüse iço recordé
E vos baisié e acolé.
Se jo ne poisse vos guarir,
Qu'ensemble poissum dunc murrir !
20 Quant a tens venir n'i poi
E jo l'aventure n'oi,
E venue sui a la mort,
De meisme le beivre avrai confort.
24 Pur mei avez perdu la vie,
E jo frai cum veraie amie :

480

qu'elle parcourait les rues avec ses vêtements défaits. Elle entra avant tout le monde au palais. Jamais encore les Bretons ne virent une femme d'une telle beauté. Dans la cité, tout le monde se demandait d'où elle venait et qui elle était.

Yseut se rend près du corps, elle se tourne vers l'orient et, saisie de pitié, prie pour Tristan :

« Ami, en vous voyant mort, je ne peux ni ne dois souhaiter vivre. Vous êtes mort par amour pour moi et je meurs de tendresse pour vous, mon ami, parce que je n'ai pu arriver à temps

pour vous guérir et vous soulager de votre mal. Rien ne pourra jamais plus me consoler ni me réjouir, aucun plaisir, aucune réjouissance. Maudit soit cet orage qui m'immobilisa sur la mer et qui m'empêcha d'arriver ! Si j'étais venue à temps, ami, je vous aurais rendu la vie et je vous aurais parlé tendrement de notre amour. J'aurais plaint mon aventure, notre joie, nos plaisirs, la peine et la grande douleur que nous valut notre amour. Je vous aurais rappelé tout cela en vous baisant et en vous embrassant. Puisque je n'ai pu vous guérir, puissions-nous au moins mourir ensemble ! Puisque je n'ai pu arriver à temps ni déjouer le sort, puisque je suis arrivée après votre mort, je me consolerai en buvant le même breuvage que vous. Vous avez perdu la vie à cause de moi. Je me comporterai donc en véritable amie :

Pur vus voil murir ensement. »
Embrace le, si se estent,
28 Baise la buche e la face
E molt estreit a li l'enbrace,
Cors a cors, buche a buche estent,
Sun espirit a itant rent,
32 E murt dejuste lui issi
Pur la dolur de sun ami.
Tristrans murut pur sun desir,
Ysolt, qu'a tens n'i pout venir.
36 Tristrans murut pur sue amur,
E la bele Ysolt par tendrur.
Tumas fine ci sun escrit :
A tuz amanz saluz i dit,
40 As pensis e as amerus,
As emvius, as desirus,
As enveisiez e as purvers,
(A tuz cels) ki orunt ces vers.
44 (S)i dit n'ai a tuz lor voleir,
(Le) milz ai dit a mun poeir,
(E dit ai) tute la verur,
(Si cum) jo pramis al primur.
48 E diz e vers i ai retrait :
Pur essample issi ai fait
Pur l'estorie embelir,
Que as amanz deive plaisir,
52 E que par lieus poissent troveir
Choses u se puissent recorder :
Aveir em poissent grant confort,
Encuntre change, encuntre tort,
56 Encuntre paine, encuntre dolur,
Encuntre tuiz engins d'amur !

je veux mourir pour vous de la même manière. »

Elle le serre dans ses bras et s'étend à côté de lui. Elle lui baise la bouche, le visage et le tient étroitement enlacé. Elle s'étend, corps contre corps, bouche contre bouche, et rend l'âme. Elle meurt ainsi à côté de lui pour la douleur causée par sa mort. Tristan mourut par amour pour Yseut qui ne put arriver à temps. Tristan mourut par amour pour elle et la belle Yseut par tendresse pour lui.

Thomas achève ici son histoire. Il adresse son salut à tous les amants, aux pensifs et aux amoureux, à ceux qui ressentent l'envie et le désir d'aimer, aux voluptueux et même aux pervers, à tous ceux qui entendront ces vers.

Tout le monde n'a peut-être pas eu son compte mais j'ai fait du mieux que j'ai pu et j'ai dit toute la vérité comme je l'avais promis au début. J'ai rassemblé des contes et des vers. J'ai agi ainsi pour offrir un modèle et pour embellir l'histoire afin qu'elle puisse plaire aux amants et afin qu'ils puissent, en certains endroits, se souvenir d'eux-mêmes. Puissent-ils y trouver une consolation envers l'inconstance, envers le tort, envers la peine, envers la douleur, envers tous les pièges de l'amour !

INDEX DES NOMS PROPRES

B : Béroul
C : lai du *Chèvrefeuille*
D : manuscrit Douce de Thomas
Don. : *Donnei des Amants* (« Tristan rossignol »)
FB : *Folie Tristan* de Berne
FO : *Folie Tristan* d'Oxford
S : Saga norroise
Sn1, Sn2 : fragments Sneyd de Thomas
St : fragment de Strasbourg (roman de Thomas)
T : fragment de Turin (roman de Thomas)

Les chiffres renvoient aux vers sauf pour la Saga où ils indiquent les chapitres.

ADAN B 1134
AFRICHE Sn1 666. S 71, 78 : Afrique.
ALFES S 61 : le monde des Alfes (*Alfheimar*, au pluriel).
ANDRE (saint) B 3132
ANDRET (Andrez) B 2870, 3783, 3877, 4035, 4040.
ANGLAIS 1-2.
ANGLETERRE S 1, 2, 23, 26-29, 44-46, 56, 72, 78, 86, 92-93, 96. FO 70, 78.
ARCHEDECLIN FB 363 : nom du marié des noces de Cana.
ARABIE S 80.
ARTUR (*Artus*) B 649, 653, 684, 1578, 3274, 3285, 3346, 3398, 3495, 3561, 4026, 4109, 4251, etc. FB 246. S 71, 78. Sn1 674, 710, 726.

BAUDAS B 3904 : Bagdad.
BEL JOEOR B 3997 : cheval de Tristan.
BEROX B 1268, 1790 : Béroul, auteur présumé du poème.
BESENCUN FO 235 : Besançon (Doubs).
BLANCHE LANDE B 2653, 3268, 3298, 4009, 4085. D 906 : nom de lieu en Petite Bretagne pour D, en Grande Bretagne pour B.
BLENSINBIL S 5-15, 24 : sœur du roi Marc et mère de Tristan.

BRENGAIN (*Brenguein, Brangain, Brangien*) B 340, 370, 506, 511, 523, 528, 531, 535, 553, 2208, 4035, 4417. C 90. FB 174, 288, 302, 315, 326, 369, 443, 519, 561. D 3, 96, 108, 119. FO 150, 553, 558, 567, 575, 577, 591, etc. S (*Bringvet*), 46-9, 51-55, 63, 80-1, 85-91, 93, 96. St 2. T 29 : Brengain, suivante de la reine Yseut.

BRETAIGNE B 2247, 2310. Sn1 662, 737, 864 : la Petite Bretagne ou Bretagne armoricaine. S 1, 14, 22, 24, 27, 35, 68, 72, 75-6, 78, 94 : la Petite Bretagne. D 853. FB 248. FO 82 : la Grande ou la Petite Bretagne.

BRETUN FO 116, 362. Bretons de Grande Bretagne S 13, 22, 25, 100. D 1805 Bretons de Petite Bretagne.

BRUNEHEUT (manuscrit: *Brunchor*) FB 164 : la reine Brunehaut.

BULUINGNE D 1537 : Boulogne-sur-Mer.

CAERDIN (manuscrit : *Candin*) D 1113. FB 251. FO 28. S (Kardîn) 69, 73-4, 77, 82-90, 93-4, 96-7, 99. St 3, 45, 66. T 197, 201, 229. : frère d'Yseut aux Blanches Mains.

CAHARES B 3076 : Carhaix (Finistère).

CARDUEL B 650, 684 : Carlisle (Nord de l'Angleterre) : une des résidences du roi Arthur.

CARIADO Sn1 796. D 427, etc. : comte de la cour de Marc, amoureux d'Yseut. Voir MARIADOC.

CARLOON B 3758 : Caerlleon-sur-Wysc (cf. *Cuerlion*) au Pays de Galles mais il existe également des Carlyon en Cornouailles.

CASTELE B 3987 : Castille.

CHATONS B 1939 : Caton. Allusion aux *Distiques* de Caton recueil de proverbes célèbres au Moyen Age.

CINGLOR B 4057 : chevalier arthurien inconnu par ailleurs.

CORIS B 4058 : chevalier arthurien inconnu par ailleurs.

CORNEAULAN (*Corneualais, Corneualois, Cornwaleis*) B 121, 468, 877, 953, 2545, 4122. D 829. FO 116. S 2, 93 : les Cornouaillais, sujets du roi Marc.

CORNOT B 3056, 3254, 3265 : *idem*.

CORNOUAILLE (*Cornoualle, Cornuaille, Cornwaille*) B 854, 1371, 1471, 2524, 2923, 4265, 4466, etc. C 27. FB 28, 78. FO 104. S 2-3, 23, 32, 44-45 : Cornouailles insulaire sur laquelle règne le roi Marc.

COSTENTIN B 278 : Constantin.

COSTENTIN B 2386 : le Cotentin normand ou peut-être Constantine en Cornouaille (près de Falmouth).

CROIZ ROGE (*la Croiz*) B 1909, 1915, 1957, 2419, 2646, 2650.

CUERLION B 3368 : Caerleon-sur-Wysc au Pays de Galles, une des résidences d'Arthur.

DAMLEDE (*Damledeu*) B 909, 2584, 3232 : le Seigneur Dieu.

DANEMARK S 19, 23.

DENOLAEN (*Denoalent, Denoalan, Denaalain, Donoalent, Dinoalen, Donoalent, Donoalen, Donalan, Danalain*) B 3139, 3474, 3484, 3839, 4238, 4374, 4382, 4401 : l'un des trois barons ennemis des amants.

DEU (*Deus, Dex, Dé*) B 5, 22, 39, 377, 755, 804, 937, 3364, etc.

DIDON S 4 : reine de Carthage.

DINAN B 1085, 1133, 2847 : fief de Dinas.

DINAS B 1085, 1125, 1129, 2531, 2546, 2847, 2876, 2935, 2939, 2945, 2953, 2984, 3853, 3865, 4301. FB 33 : sénéchal du roi Marc et ami de Tristan.

DUBLIN S 29, 34.

DUREAUME (*Durelme*) B 2232, 4264 : Durham, ville anglaise.

ELENA S 78 : fille du duc Orsl.

ENGLETERRE St 795. D. 425, etc. : Angleterre.

ENGLEIS C 115 : Anglais.

ERMENIA S 24 : cité au sud de la Bretagne.

ESCOCE B 3133. FO 408 : Ecosse.

ESPAIGNE Sn1 663. D 940, 1315. FB 249. S 31, 68, 71, 76 : pays où Tristan est allé combattre un géant.

ESTIENE (saint) B 3070 : saint Etienne, le premier martyr.

ESTRETINE (sainte) FB 271 : mauvaise graphie

pour Christine.

ESTULT L'ORGILLIUS CASTEL FIER D 945, 1021 : Estout l'Orgueilleux, seigneur de Petite Bretagne.

EVAINS voir IVAIN.

EVROL (saint) B 238.

FLAMANDS S 40.

FLANDRES S 35, 39.

FRANCOIS (*Franceis*) B 3426. C 116.

FRISE B 2246, 2610, 2408 : probablement Dumfries en Ecosse.

FROCIN (*Frocins, Frocine*) B 320, 328, 470, 645, 1328, 1349 : nain astrologue ennemi des amants et tué par le roi Marc.

GALES (*Wales*) B 336, 2099, 2129. C 105 : Pays de Galles.

GALOIS B 3758. FB 172 : Gallois.

GAMARIEN (*Guimarant*) FB 389, 403

GASCOINGNE B 1974 : Gascogne.

GAUVAIN (*Gauvains, Gaugains, Vauvain*) B 3258, 3414, 3457, 3471, 4010, 4058, 4060, 4186 : chevalier arthurien, neveu du roi Arthur.

GAVOIE B 2631 : peut-être le pays de Galloway en Ecosse.

GEIRNIR S 22 : personnage masculin sur la bien-aimée duquel existerait une chanson bretonne.

GERFLET (*Girflet, Girflez*) B 3259, 3471, 4011, 4014, 4057 : chevalier arthurien.

GODOINE (*Goudoïne, Goudouïne*) B 3138, 3474, 3477, 4239, 4341, 4356, 4364, 4396, 4411, 4429, 4462 : l'un des trois barons ennemis des amants et tué par Tristan.

GOTELEF C 115 : titre anglais pour le lai du *Chèvrefeuille*.

GOVERNAL (*Gorvenal*) B 242, 965, 1273, 1532, 1547, 3578, 3588, 4299, etc. D 861. FB 465, 469 : instructeur puis écuyer de Tristan.

GUE AVENTUROS B 1320, 2677, 2747, 3436.

GUENELON (*Guenelons*) B 3138, 3462, 3475, 4238.

GUENIEVRE FB 246 : femme du roi Arthur.

GUIRUN Sn1 784, 788 : Guiron, personnage littéraire, héros d'un lai chanté par Yseut.

HAKON IV S Avertissement : fils de Hakon, roi de Norvège. Né en 1204. Régna de 1217 à 1263.

HORLANDE B 2558 : lapsus pour *Irlande*.

HUDENT (*Husdent, Husdanz, Husdens, Husdant, Husdan, Hudain, Huden*) FB 498. FO 873, 896, 904, 907, 909, 913, 933 : chien de Tristan.

IRLANDAIS S 26-29, 34-35, 40, 45.

IRLANDE (*Irlant*) B 2033, 2557, 2617, 2622, 3061. FO 346, 627, 765. S 26, 28, 30-35, 34 (mer d'Irlande), 37, 40, 44-47, 49-50, 80 : l'Irlande, pays natal d'Yseut.

IRON S 78 : empereur de Rome.

ISEUT S (*Isodd*) 28-31, 37-39, 41-42, 44, 46 : reine d'Irlande.

ISEUT (Isodd) : épouse de Tristan - Voir Yseut aux blanches mains.

ISLANDE S 19.

ISNELDONE B 3373 : une des résidences du roi Arthur.

IVAIN (*Evains*) B 3483, 4057 : chevalier arthurien.

IVAIN (*Yvain, Ivein, Ivains*) B 1219, 1247, 1250, 1156, 1228-9, 1261, 1265 : chef des lépreux à qui Yseut est livrée.

JESU B 1000, 2263 : Jésus. S Avertissement.

JOHAN (saint) FO 597 : saint Jean.

KAHERDIN voir CAERDIN.

KANELANGRES S 1-4, 6-15, 24 : chevalier breton, père de Tristan.

KANUEST S 65 : grand veneur du roi Marc.

KORBINBORG S 57 : ville d'Angleterre où Yseut prête serment (Carlion ?).

LANCIEN (*Lencïen*) B 1155, 2359, 2438, 2453, 2394 : résidence du roi Marc. Aujourd'hui Lantien ou Lantyan, village de Cornouailles, sur la rivière Fowey.

LIDAN B 2232, 3562 : nom de lieu.

LOENOIS (*Loenoi*) B 2310, 2868 : patrie de Tristan. Identifiée tantôt avec le Lothian en Ecosse, tantôt avec la région de Caerleon-sur-Wysc (voir SUHTWALES). Confondu plus tard avec le pays de Léon en Bretagne française.

LUCIFER B 322 : étoile Vénus.

LUNDRES D 1378, 1381. S 56 : Londres.

MAL PAS B 3295, 3347, 3614, 3689, 3697, 3707, 3786, 3866, 3884 : nom de lieu.

MALPERTIS B 4286 : Malpertuis est la résidence du goupil dans le *Roman de Renart*.

MARC (*Marks, Mars*) B 349, 1334, 1337, 1969, 2196, 2507, 4444. C 11. D 392, 1400, 1472. FB 3, 4, 159, 578. FO 95, 115, 146, 163, 269, etc. S (*Markis*) 2-5, 9-11, 14, 22-25, 27-30, 32-34, 44-46, 49-57, 59-60, 63-68, 71-72, 80, 87, 96. Sn1 774. St 11. T 75, 102 : roi de Cornouailles, oncle de Tristan et mari d'Yseut.

MARIADOC (*Mariadokk*) S 51-3, 80-1, 88-89, 93 : sénéchal de Marc, compagnon de Tristan.

MARIADOC (*Mariadokk*) S 72 : comte soupirant d'Yseut.

MARIE (sainte) B 148, 1000. S 101 : la Vierge Marie.

MARIE MADELEINE (sainte) S 101.

MARTIN (saint) B 476.

MOLDAGOG S 73, 75-80, 85 : géant qu'affronte Tristan.

MONT (le) B 2733. FO 230, 235. S 20, 78 : Mont Saint-Michel de Cornouailles (ou de Normandie : Saga).

MORGAN S 24-25 : duc qui a usurpé l'héritage de Tristan.

MORHOUT (*Morhot*) B 28, 136, 848, 855, 2038. FB 79. FO 331, 349, 398, 440. S (*Mórold/Mórhold*) 26-29, 43-44, 53, 62 : oncle d'Yseut, émissaire du roi d'Irlande.

MORROIS (*Morroi*) B 1275, 1648, 1662, 1900, 2090 : grande forêt située en Cornouailles. Identifiée avec le domaine de Moresc, près de Truro.

NANTES (*Namtersborg*) S 74.

NICOLE B 2870 : Lincoln, ville d'Angleterre.

NIQUES B 4129 : Nicée.

NOIRS DE LA MONTAIGNE B 4016 : nom d'un chevalier féerique.

NORMENDIE D 1540. S 68, 78 : Normandie.

NORVEGE S 19.
NORVEGIENS ou NORMANDS S 18.

ODE (saint) FB 25.
OGRIN (*Ogrins, Ugrin*) B 1362, 1377, 1387, 1393, 2266, 2282, 2292, 2411, 2428, 2439, 2505, 2656, 2741, 2809. FB 474 : nom de l'ermite qui conseille les amants dans la forêt du Morrois.
ORCADES S 19.
ORGUILLOS Sn1 665, 668 : nom d'un géant.
ORIENT B 322 : la constellation d'Orion.
ORRI B 2817, 3017, 3019 : nom du forestier qui héberge Tristan.
ORSL S 78 : duc demandant l'aide d'Arthur.
OTRAN B 1406 : roi sarrasin légendaire.

PASSELANDE B 3522 : cheval du roi Arthur.
PEITO D 1315 : Poitou.
PENTECOSTE (*Pentecuste*) B 1766. C 41 : dimanche de la Pentecôte.
PERINIS (*Perenis, Pirinis*) B 764, 2701, 2830, 3026, 3289, 3313, 3315, 3326, 3355, 3382, 3393, 3482, 3495, 3508, 3521, 3529, 3554, 4347, 4416. FB 422 : valet d'Yseut.
PETIT CREU FO 761 : chien enchanté de Tristan.
PICOLET (*Picous*) FB 160, 193 : nom que se donne le fou Tristan devant le roi Marc.
POLOGNE S 61 (le même chapitre mentionne une île nommée Polis d'où vient le chien merveilleux originaire du monde des Alfes).

QEU B 3259 : sénéchal du roi Arthur.
QUI NE FAUT B 1752, 1781 : arc prodigieux inventé par Tristan.

RENEBORS B 3722 : Ratisbonne, ville d'Allemagne.
RICHIER (saint) B 3466.
RICHOLT D 56 : nom d'une entremetteuse dans un fabliau.
ROALD S 14, 16-19, 23-25, 68 : maréchal de Kanelangres, père adoptif de Tristan.

ROBERT S Avertissement : frère Robert, traducteur de la Saga.

ROME (Rume) D 53. FO 408. S 68 (la ville), 26, 78 (le royaume) : Rome.

SAINT JEHAN B 2147 : fête de saint Jean-Baptiste (24 juin).

SAINT LUBIN B 4350 : nom de lieu.

SAINT SAMSON B 2973, 2994. FB 28 : vocable de l'église principale située dans la capitale du roi Marc.

SAISNE (Sesne) B 3254, 3426 : Saxon.

SALEMON B 41, 1461 : Salomon, modèle du roi sage.

SAUT TRISTRAN B 954 : nom de lieu identifié avec Chapel Point (anciennement *Bodrugan's Leap*).

SEGOCON B 279 : nom d'un nain.

SHETLAND S 19.

SUEDE (*Gautland*) S 19.

SUHTWALES C 16 : Sud du Pays de Galles, pays natal de Tristan.

TABLE REONDE B 3379, 3706 : la Table Ronde du roi Arthur.

TAMISE D 1373, 1389.

TANTRIS (*Trantris*) FB 125, 185. FO 317, 322, 328, 365, 370. S 30, 39 : anagramme de Tristran.

THOMAS D 864. Sn2 38 : nom de l'auteur du poème.

THOMAS (saint) B 1126 : saint Thomas apôtre.

TINTAGUEL (*Tintajol*) B 264, 880, 1040, 3150. C 39. FO 94, 99, 132. S 2, 20, 63 : château de Tintagel sis sur la côte nord-ouest de la Cornouailles. Une des résidences du roi Marc.

TOLAS B 4058 : chevalier arthurien. Le nom s'orthographie aussi *Taulat ou Taulas*.

TREISPORZ D 1537 : le Tréport en Normandie.

TRESMOR DE CAHARES B 3076 : saint Trémeur patron de l'église de Carhaix.

TRISTAN LE NAIN D 938, 1010. S 94-95 : chevalier qui demande l'aide de Tristan.

TRISTAN (*Tritan, Tristanz, Tristans, Tristran*) B 5, 234, 296, 467, 1086, 1431, 1858, 2144, etc. C 7, 12, 25, 44, 48, 105, 112. FB 1, 5, 12, 17, 34, 37, 43, etc.

FO 1, 44, 57, 75, 79, 85, 143, etc. S (*Tristram*) 16-47, 49-56, 58-59, 61-101. Sn1 183, 202, 214, etc. : neveu de Marc, amant d'Yseut la Blonde.
TUDELE B 3410 : ville de Tudela (Espagne).
TURS D 1314 : Tours (en Touraine).

UGRIN voir OGRIN.
URGAN LE VELU FO 244, 246. S 62, 76 : géant tué par Tristan.
URIEN B 3483 : père d'Yvain.

VENISE S 20 : Venise (?) : proposition de Kölbing (*Vene-Asoborg*).

WALES voir Gales.
WIZANT D 1536 : Wissant, port français entre Boulogne et Calais.

YDER FB 232 : chevalier arthurien.
YLAIRE (saint) B 4201 : saint HILAIRE.
YSEUT (*Ysiaut, Isolt*) FB 48, 49, 139, 142, 147, 165, 178, etc. FO 96, 118, 149, 153, 171, etc. S (*Isönd*) 30, 33-34, 37-72, 74, 80-81, 85-92, 96-101 : Yseut la Blonde, épouse du roi Marc et amante de Tristan.
YSEUT (AUX BLANCHES MAINS) D 731, 1687. T 126, 177. S (*Isodd*) 69-70, 72, 77, 81-84, 86, 96, 99, 101 : fille d'un duc de Bretagne, épouse de Tristan, appelée aussi YSEUT AUX BLANCS DOIGTS et ISOLT DE BRETAGNE.
YVAIN voir IVAIN.

LA SAGA DE TRISTAN ET YSEUT

CARTE DES PAYS ET DES VILLES
MENTIONNES DANS LA SAGA
(lieux identifiables)

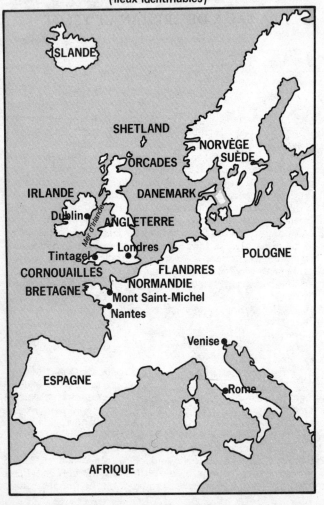

La saga scandinave

Il pourrait paraître surprenant d'avoir choisi dans la vaste production tristanienne une saga scandinave pour la joindre à ces versions françaises en vers de *Tristan et Yseut*. Ce texte s'imposait pourtant à plusieurs titres : comme il s'agit d'une version qui relate intégralement l'histoire des deux amants depuis la rencontre des parents de Tristan jusqu'à la mort d'Yseut, le lecteur désirant avoir une vue d'ensemble de cette légende aura donc ainsi une œuvre complète qui échappe totalement à l'arbitraire d'une reconstruction moderne. D'autre part, et c'est là à la fois l'intérêt et les limites du texte, cette saga n'est rien d'autre que la traduction du *Roman de Tristan* de Thomas ; et il faut bien entendre traduction et non transposition, ce qui différencie la saga des autres textes dérivés de Thomas que sont *Tristan* de Gottfried von Strassburg ou *Sir Tristrem*. On peut ainsi à partir de la saga se faire une certaine idée du contenu de l'original anglo-normand. La lecture en parallèle de la traduction des fragments subsistants de Thomas et de leurs correspondants respectifs dans la saga le montre aisément : il s'agit bien du même texte, certes tronqué, ou faussé ici et là. Tout cela explique que cette saga ne soit pas totalement inconnue en France, même si aucune traduction intégrale n'en avait encore été donnée en français ; ainsi la célèbre reconstitution du roman de Thomas par Joseph Bédier en contient quelques extraits (d'après la traduction allemande).

L'avertissement qui précède la saga nous renseigne sur le contexte de cette traduction scandinave : le roman anglo-normand aurait été traduit en 1226 par un certain frère Robert à la demande du roi Hákon de Norvège, en norvégien — entendons par là en vieux nordique occidental ou norrois, langue alors commune à la Norvège et à l'Islande, et dont, à la différence des dialectes norvégiens modernes, l'islandais moderne est resté extrêmement proche. Une telle traduction prenait sa place dans un vaste projet politique : le roi Hákon désirait en effet moderniser son royaume, l'agrandir et lui donner un rayonnement nouveau, sur le modèle du royaume des Plantagenêts. Dans ce cadre, il fit donc traduire une grande partie des œuvres littéraires circulant alors en Angleterre. Outre la *Saga de Tristan et Yseut*, il est également cité dans *Elis saga* (*Élie de Saint-Gilles*), *Strengleikar* (les *Lais* de Marie de France), *Möttuls saga* (*Le mantel mautaillé*) et *Ívens saga* (*Yvain* de Chrétien de Troyes). Pour donner une idée de l'ampleur du phénomène, citons encore, parmi une centaine d'œuvres traduites : *Erex saga* (*Érec et Énide*) et *Parcevals saga* (*Le conte du Graal* de Chrétien de Troyes), ou encore *Karlamagnús saga* qui compile en dix branches de nombreuses chansons de geste françaises, parfois perdues. Bien évidemment, les traducteurs ne sont pas connus, hormis frère Róbert qu'on croit retrouver sous le nom d'abbé Róbert mentionné dans *Elis saga*, et dont l'influence a peut-être été capitale auprès de Hákon. Comme un tel nom n'était pas courant dans la Norvège de l'époque, on a supposé qu'il pouvait s'agir de quelqu'un venu d'Angleterre, peut-être appartenant au monastère de Lyse près de Bergen.

Hormis la date de 1226 que contient la *Tristrams saga*, il est délicat de préciser une chronologie, mais l'on a pu répartir en deux groupes toutes ces traductions norvégiennes d'après des critères stylistiques. Le premier groupe qui contient notamment les œuvres où Hákon est mentionné se caractérise par l'adoption pour la traduction d'un style dit « courtois » très ornementé — ce dont *Tristrams saga* est le premier exemple. Les figures de rhétorique relevant de l'amplification abondent : allitérations, homéotéleutes et homéoptotes, synonymes et formules binaires voire ternaires, parallélismes syntaxiques et rythmiques, antithèses, quelques hendiadyns, figures étymologiques. (Nous avons essayé d'en donner des équivalents français autant que faire se pouvait.) Ce style n'a pas été forgé spécifiquement pour la traduction des œuvres venues d'Angleterre, car il était apparu précédemment à l'occasion de traductions d'œuvres latines, dont on perçoit d'ailleurs l'influence à travers quelques latinismes d'emprunt comme l'usage répété du datif absolu ou du participe présent. Mais l'utilisation d'un tel style peut se comprendre par le souci des traducteurs de donner un certain équivalent dans la prose norroise de la structure versifiée dans laquelle se présentaient les textes originaux. Pour rendre cette forme poétique, les traducteurs ne pouvaient en effet utiliser les anciens cadres de la poésie eddique ou scaldique dont la complexité ne permettait pas la transposition d'un roman d'une longueur conséquente[1]. D'autre part, cette volonté de traduire des œuvres étrangères montre le désir de Hákon de renouveler la littérature nordique dont les anciens genres connaissaient à l'époque une nette décadence. À la lecture en norrois de *Tristrams saga* par exemple, on peut certes trouver ce style à la longue lourd et répétitif ; mais le traducteur en tire de beaux effets poétiques dans certains passages du roman, comme la présentation du père de Tristan (chap. 1), l'enlèvement de Tristan (chap. 21), les retrouvailles de Tristan et de son père adoptif (chap. 23) ou encore l'enlèvement d'Yseut par le harpeur irlandais (chap. 49).

Le jugement de Joseph Bédier sur cette saga, selon lequel le traducteur aurait supprimé tout ce qui faisait la poésie de l'original, est donc très excessif, mais il reste vrai que, bien que la traduction soit dans l'ensemble fidèle, on peut constater en confrontant la saga avec les fragments de Thomas un certain nombre de différences. Tout d'abord, le traducteur a nécessairement dû transposer quelques traits de civilisation que n'aurait pas compris le public scandinave (mis à part quelques emprunts, comme *kurteiss* : courtois). Ainsi le chien de Tristan (chap. 61) vient du pays des *Alfes*, Kanúest qui a découvert les amants dans la forêt (chap. 65) ne sait pas si ce ne sont pas des *Alfes* — autant d'équivalents pour désigner sans doute le monde des fées — ; de même Tristan traite le géant Urgan de *troll* (chap. 62).

D'autre part, et c'est plus intéressant, l'on trouve dans la saga quelques rares ajouts, notamment à l'extrême fin du texte : Yseut prononce une longue prière devant le cadavre de Tristan, ce qu'on pourrait interpréter comme une volonté de moraliser une histoire par trop scandaleuse, mais la saga se clôt sur la mention des deux arbres se rejoignant par-dessus l'église où reposent les amants, signe de la force infrangible et éternelle de leur amour. (L'épisode est emprunté à d'autres versions de la légende, par exemple voir *Tristant* d'Eilhart von Oberg.) En outre, la même volonté paraît expliquer quelques mentions supplémentaires de Dieu que l'on constate ici et là ou que l'on soupçonne (à l'occasion du serment d'Yseut par exemple). Enfin, les noms de quelques produits ou pays scandinaves paraissent avoir été ajoutés (chap. 18 et 19). Mais rien en tout cas ne permet de penser

---

1. Pour découvrir cette poésie, cf. : Renauld-Krantz, *Anthologie de la poésie nordique ancienne : des origines à la fin du Moyen Âge*, Paris, Gallimard NRF, 1964. R. Boyer & E. Lot-Falck, *Les Religions de l'Europe du Nord*, Paris, Fayard & Denoël, 1974 (Coll. Le trésor spirituel de l'humanité).

que de vastes épisodes aient pu être empruntés à d'autres sources que Thomas.

Les déformations que fait subir la traduction à l'original sont en fait plus graves, car un certain nombre de passages ont été systématiquement réduits ou supprimés : les monologues, les dialogues, les interventions du narrateur, et dans une moindre mesure les descriptions. Ces vastes omissions modifient beaucoup plus l'aspect de l'œuvre originale que l'absence de quelques détails qui ont paru superflus au traducteur les trouvant sans doute extérieurs à l'histoire elle-même, comme la seconde évocation de Londres. À partir de ce constat, Joseph Bédier a essayé d'évaluer l'ampleur de ces omissions, et d'évaluer par là même la longueur du texte original de Thomas. De telles hypothèses restent fragiles, mais l'on peut adopter la proportion avancée par Knud Togeby : la saga ne contiendrait plus que les deux tiers de l'original.

Le problème des omissions reste cependant plus complexe qu'il n'y paraît, car nous ne possédons pas la traduction originale. Il ne subsiste en effet que très peu de manuscrits norvégiens, et les traductions nous sont le plus souvent parvenues dans des manuscrits islandais très tardifs qui offrent toujours des versions sensiblement plus courtes. C'est pourquoi il n'est pas possible de faire la part entre les choix des traducteurs norvégiens et ceux des copistes islandais. Dans ces conditions, on peut expliquer une partie des omissions par le goût des Islandais habitués à lire de vraies sagas islandaises. Les traductions norvégiennes portent bien le nom général de *saga* (récit, histoire) et constituent même le groupe des *riddarasögur* (sagas de chevaliers), mais n'ont presque rien de commun avec le grand genre islandais de la saga[2], même si celui-ci a subi d'importantes influences venant de celles-là (et notamment de *Tristrams saga*). Le style typique de la saga tend en effet tout entier vers l'économie, surtout à l'époque de la traduction du *Roman de Tristan* : peu de description mais primauté de l'action, peu de monologue et de dialogue hormis quelques paroles lourdes de sens, peu d'interventions du narrateur mais récit aussi neutre, objectif et distancié que possible — ce qui produit souvent un

---

2. Pour plus d'informations sur ces sagas, cf. : R. Boyer, *Les Sagas islandaises*, Paris, Payot, 1978. *Sagas islandaises*, Textes traduits, présentés et annotés par Régis Boyer, Paris, Gallimard NRF, 1987 (Bibliothèque de la Pléiade).

effet d'humour noir ; quant à la thématique, la psychologie, notamment amoureuse, en est presque totalement absente. Il apparaît donc que les omissions constatées dans *Tristrams saga* correspondent exactement à tout ce qui pouvait aller contre les caractéristiques des sagas islandaises contemporaines.

Ainsi, tous les éléments tendant à rendre la thématique amoureuse omniprésente ont été réduits, et de ce fait le type même de la narration a changé ; le rythme et les techniques narratives ont en effet subi une modification sensible : les faits gagnent en importance au détriment de leur répercussion psychologique et des commentaires qu'ils peuvent susciter ; la traduction joue du découpage en chapitres et des blancs ainsi créés dans la narration pour ménager quelques effets d'attente (ainsi chap. 13-14, 47-48, et surtout 96-99), ou pour souligner l'importance d'un fait en fin de chapitre (chap. 12, 86) ; curieusement la traduction est réticente à introduire de nouveaux noms de personnages comme s'il ne fallait pas détourner l'attention du lecteur vers des détails inessentiels, et ne le fait parfois qu'avec retard (Blensinbil, Morgan, Roald, Iseut — la reine d'Irlande —, et même Iseut — l'épouse de Tristan —, ce qui atténue le puissant effet d'homophonie avec Yseut) ; les différentes omissions constatées ou supposées introduisent des ellipses narratives qui produisent des effets de surprise (ainsi chap. 46 : la perte de virginité d'Yseut), tournant parfois à l'incohérence (chap. 10 : le narrateur prétend que personne ne soupçonne Kanelangres et Blensinbil, mais montre le roi Marc prêt à accepter leur mariage), ou qui au contraire annulent certains effets d'attente (chap. 96 : l'accord passé entre Tristan et Kaherdin sur la couleur des voiles n'est mentionné que très tardivement, ce qui en gâche toute la force tragique). Les différences narratives sont donc assez diverses, et il est difficile de distinguer ce qui relève du hasard et ce qui relève du projet esthétique. Au total, il ressort tout de même ceci : même si l'histoire perd ici et là de sa cohérence, les Scandinaves semblent bien avoir voulu délibérément donner plus de force aux faits eux-mêmes, pris isolément et presque autonomes, de manière, pour reprendre l'expression d'Álfrun Gunnlaugsdóttir, à les faire parler d'eux-mêmes, ce qui n'est pas plus non plus sans rappeler la narration typique de maintes sagas classiques. Et dans le même ordre d'idées, le nombre des figures de rhétorique a été réduit en Islande.

Les manuscrits de la saga

Les manuscrits où demeure *Tristrams saga* sont très récents (mais ils ont le mérite d'exister !). Ce texte a en effet été conservé dans trois manuscrits en papier des XVIIe et XVIIIe siècles :

a) AM 543 4°, dernier quart du XVIIe s., conservé dans la collection Arna-Magnaeana à Copenhague. Ce manuscrit a servi de base aux trois éditions de la saga : Brynjúlfsson, Kölbing et Vilhjálmsson.

b) ÍB 51 fol., daté de 1688, conservé à la Bibliothèque nationale d'Islande à Reykjavík.

c) JS 8 fol., début du XVIIIe s., qui se trouve au même endroit.

Ces deux manuscrits n'ont pas été publiés, le dernier étant une transcription abrégée de *b).*

En outre, subsistent quatre feuilles appartenant à deux parchemins (deuxième moitié du XVe s.) : *d)* et *e)* appartiennent au même parchemin, *f)* est isolée.

d) Les feuilles 1 et 3, AM 567 4°, XXII, se trouvant dans la collection Arna-Magnaeana, ont été utilisées par les différents éditeurs de la saga. Le texte y est plus complet que dans les passages correspondants des manuscrits en papier où l'ornementation du style a été simplifiée.

e) La feuille 2 se trouvant sous la même cote au même entroit n'a été retrouvée qu'après les trois éditions de la saga.

f) Une quatrième feuille a été plus récemment découverte : fragment Reeves, conservé à la bibliothèque du Congrès à Washington.

Cette dernière feuille présente l'intérêt d'être la seule à correspondre à l'un des fragments subsistants de Thomas (chapitres 71-72 traduits des vers 649-888 du fragment Sneyd 1) ; on s'aperçoit que le texte sur parchemin est un peu plus proche de l'œuvre de Thomas que les manuscrits en papier. A partir des feuilles 1, 2, 3, on constate une déperdition d'environ douze lignes par rapport aux passages correspondants des manuscrits en papier. Paul Schach qui a étudié de près tous ces manuscrits considère qu'un tiers de la traduction originale a dû se perdre au fil du temps.

La traduction française que nous proposons aujourd'hui a été faite principalement à partir de l'édition Brynjúlfsson qui donne uniquement le manuscrit AM 543 4° ; mais nous adoptons les variantes contenues dans les autres éditions, et surtout dans les fragments sur parchemin, lorsque celles-ci nous ont paru intéressantes. Dans cette entreprise nous avons souvent repris les choix de Paul Schach, de même que pour les titres de chapitre que nous rajoutons, et pour le découpage en paragraphes (Paul Schach s'étant lui-même inspiré de l'édition de Bjarni Vilhjálmsson).

Nous tenons enfin à remercier deux personnes sans qui cette traduction n'eût pas été possible : M. le professeur Régis Boyer, notre maître en antiquités nordiques, et M. le professeur Michel Zink, directeur de la collection « Lettres gothiques » au Livre de Poche, qui nous a confié ce travail.

Daniel LACROIX.

Bibliographie de la *Tristrams saga*

Éditions

1. *Saga af Tristram ok Ísönd, samt Möttuls saga*, éd. Gísli Brynjúlfsson, Copenhague, 1878. (Ms. AM 543 4° + à part fol. 1 & 3, AM 567 4°, xxii.)

2. *Die nordische und die englische Version der Tristan Sage*, Erster Theil : *Tristrams saga ok Ísöndar*, éd. Eugen Kölbing, Heilbronn, 1878. (Ms. AM 543 4° corrigé d'après fol. 1 & 3. AM 567 4°, xxii.)

3. *Riddarasögur*, fyrsta bindi : *Saga af Tristram og Ísönd, Möttuls saga, Bevers saga*, éd. Bjarni Vilhjálmsson, Reykjavík, Haukadalsútgáfan, 1954. (Íslendingasagnaútgáfan, III 1). (Ms. AM 543 4°, corrigé d'après mss. ÍB 51 fol. & JS 8 fol. Orthographe modernisée.)

4. « An unpublished Leaf of *Tristrams saga* : AM 567 4°, xxii, 2 », éd. Paul Schach, *Research Studies* 32, Washington State University, 1964 (pp. 50-62).

5. « The Reeves Fragment of *Tristrams saga of Ísöndar* », éd. Paul Schach, in *Einarsbók* : Afmaeliskveðja til Einars ól. Sveinsonar, éd. B. Guðason, H. Halldórsson & J. Kristjánsson, Reykjavík, 1969 (pp. 296-308).

Traductions

1. Traduction allemande : cf. édition Kölbing (2).

2. Traduction anglaise : *The saga of Tristram and Ísönd*, trad. Paul Schach, Lincoln & London, University of Nebraska Press, 1973.

3. Traduction espagnole : Á. Gunnlaugsdóttir, *Tristan en el Norte*, thèse de doctorat, 1. Trad. de *Tristrams saga*, Reykjavík, Stofnun Arna Magnússonar, 1978. (Thèse soutenue à l'université de Barcelone.)

Quelques références bibliographiques autour de la *Tristrams saga*

Sur les contacts entre l'Angleterre anglo-normande et la Scandinavie :

— *Les Relations littéraires franco-scandinaves au Moyen Âge*, Actes du colloque de Liège d'avril 1972, Paris, Les Belles Lettres, 1975 (Bibliothèque de la Faculté de Philologie et Lettres de l'Université de Liège, CCVII).

— K. TOGEBY : « L'influence de la littérature française sur les littératures scandinaves au Moyen Âge », in *Grundriss der romanischen Literaturen des Mittelalters*, vol. I : *Généralités*, B, chap. VI, Heidelberg, C. Winter, 1972 (pp. 333-395).

Sur les traductions norvégiennes et leur style :

— *Les Sagas de chevaliers, Riddarasögur*, Actes de la Vᵉ conférence internationale sur les sagas (juillet 1982), Paris, Presses de l'université de Paris-Sorbonne, 1985 (Civilisations n° 10).

— E.F. HALVORSEN, *The Norse Version of the Chanson de Roland*, Copenhague, 1959 (Bibliotheca Arna Magnaeana, 19).

— F.W. BLAISDELL, « Some observations on style in the Riddarasögur », et

— P. SCHACH, « The Style and Structure of *Tristrams saga* », in *Scandinavian Studies*, Essays presented to Dr. Henry Goddard Leach, éd. C.F. Bayerschmidt & E.J. Friis, Seattle, University of Washington Press for the American-Scandinavian Foundation, 1965 (pp. 87-94 et 66-76).

Sur la saga elle-même et son influence en Scandinavie (la bibliographie est vaste sur ce dernier sujet), outre les commentaires contenus dans tous les ouvrages précédemment mentionnés :

— H. RUUS et Th.D. OLSEN, « Emotional Patterns in the *Tristrams saga* », *Actes du 14ᵉ Congrès international arthurien* (août 1984), Rennes, Presses universitaires de Rennes 2, 1985 (t. II, pp. 456-464).

— P. SCHACH, « Some observations on *Tristrams saga* », *Saga-Book* XV, Viking Society for Northern Research, University College London, 1957-61.

— P. SCHACH, « Some observations on the influence of *Tristrams saga ok Ísöndar* on Old Icelandic Literature », in *Old Norse Literature and Mythology. A symposium*, éd. E.C. Polomé, Austin, University of Texas Press, 1969 (pp. 81-129).

Ici est rapportée l'histoire de Tristan et de la reine Yseut, dans laquelle on raconte l'amour qu'ils connurent tous deux. Il s'était écoulé 1 226 années depuis la naissance du Christ, lorsque cette histoire fut transcrite en norvégien sur l'ordre et la demande du noble roi Hákon. Frère Róbert prépara la traduction, et la rédigea le mieux qu'il sut le faire dans les termes qui vont suivre. Nous allons maintenant raconter l'histoire.

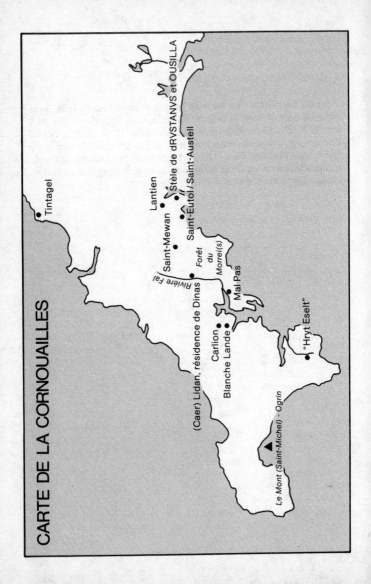

CARTE DE LA CORNOUAILLES

Tintagel

Lantien

Stèle de dRVSTANVS et OUSILLA

Saint-Mewan

Saint-Eutol / Saint-Austell

Forêt du Morrei(s)

Rivière Fal

(Caer) Lidan, résidence de Dinas

Mal Pas

"Hryt Eselt"

Carlion

Blanche Lande

Le Mont (Saint-Michel) - Ogrin

Chapitre 1

Kanelangres

Il y avait en Bretagne un jeune homme d'une très grande beauté, bien fait de sa personne, extrêmement bien doué, puissant, et riche de beaux châteaux et forteresses ; il connaissait mainte science ; il était très vaillant dans l'art de la chevalerie, parfaitement capable de tout acte de bravoure, avisé et habile dans ses projets, prévoyant, devinant l'avenir ; c'était un homme accompli en toute qualité, plus que tous les hommes qui vivaient en ce temps-là dans ce pays ; et ce chevalier s'appelait Kanelangres. C'était un homme très dur pour les gens durs et très féroce pour les féroces. Il avait une grande compagnie de chevaliers fidèles et de vassaux intraitables, et il aurait même aimé avoir une troupe d'hommes plus importante autour de lui s'il avait eu les moyens de l'entretenir. Comme il était très obligeant par ses cadeaux, très attentionné dans son comportement, très dur au combat, il s'empara grâce à sa vaillance, sa valeur et ses coups de lance, de domaines si étendus et de si riches butins qui appartenaient à ses ennemis, qu'en peu d'années sa puissance et son renom s'accrurent considérablement.

Au cours du troisième hiver où il portait les armes et l'armure de chevalier, il rassembla un corps de troupe très important pour attaquer maint roi et duc, et leur infliger de lourdes pertes en hommes et en argent. Il brûla les châteaux et les forteresses du roi dans cette contrée, et beaucoup de chevaliers du roi furent pris et attaqués ; il obtint de chacun d'eux une rançon élevée : de l'or, de l'argent, de riches bijoux, des chevaux et des armures. Il perdait aussi parfois de ses hommes, comme souvent cela peut arriver dans les batailles. Kanelangres se démena tant et si bien contre le roi de la contrée — il dévasta le royaume du roi et captura ses hommes — que le roi lui demanda enfin une trêve et se réconcilia avec lui en présence des hommes les plus sages, et ils se donnèrent alors rendez-vous pour des négociations de paix. Lorsque les accords furent conclus, Kanelangres plaça un régisseur à la tête de ses biens, ses châteaux, ses cités et ses forteresses, ses nobles capitaines et ses vaillants chevaliers. Sur ce, il prépara son armée afin de quitter le pays pour se rendre dans un autre royaume, pour y faire la connaissance d'hommes preux, se rendre célèbre, et accroître sa vaillance et ses qualités chevaleresques.

On lui avait beaucoup parlé de l'Angleterre : c'était là un royaume grand et puissant, beau et célèbre, agréable et opulent, avec toutes sortes de chevaliers courtois, de forteresses solides et de grands châteaux ; les lieux de chasse étaient très riches en gibier à poil et à plume, l'endroit très bien pourvu en minerai d'or et d'argent, en habits de toutes sortes, en bons chevaux, en fourrures grises et blanches, en peaux d'ours et de zibeline. Et c'est pourquoi il s'avisa qu'il voulait voir la bienveillance et la valeur, la gentillesse et la politesse des courtois habitants de ce royaume, qui font honneur et accordent leur profonde amitié à tous les preux qui viennent chez eux et désirent rester parmi eux. Ainsi désirait-il tout à la fois découvrir leur façon de vivre, leurs coutumes et leurs titres d'honneur, leur puissance et leurs armes, leur vaillance et leurs exploits.

Chapitre 2

Kanelangres se rend en Angleterre

Lorsque Kanelangres eut réfléchi à cela, il prépara son voyage pour s'y rendre de la façon qui convenait à sa puissance : d'abondantes provisions, des hommes impressionnants, des chevaliers intelligents et courtois, forts et expérimentés, mais pourtant pas plus de vingt, magnifiquement équipés, avec de bonnes armes légères, de solides armures et les meilleurs chevaux. Ils allèrent vers l'Angleterre et débarquèrent en Cornouailles.

Au moment où Kanelangres vint en Angleterre, le noble roi Marc était l'unique maître et souverain de tous les gens d'Angleterre et de Cornouailles. Le roi Marc se tenait dans la capitale qui s'appelle Tintagel, entouré de sa cour composée d'hommes nombreux et choisis. C'est dans cette cité que se trouvait le plus puissant château de tout le royaume.

Lorsque Kanelangres apprit que le roi se tenait à Tintagel, il s'y dirigea avec ses chevaliers. Et quand il arriva chez le roi, il descendit de cheval ainsi que ses compagnons, et ils allèrent au palais du roi, observant avec attention les dignes et respectables coutumes de la cour ; ils s'avancèrent deux par deux, se tenant par la main, habillés et équipés de magnifiques vêtements. Lorsque Kanelangres et ses compagnons parvinrent devant le roi, ils le saluèrent décemment. Quand il eut entendu et compris les paroles de ces jeunes gens, il leur répondit comme il convient à un roi courtois. Le roi Marc les fit asseoir, plaçant Kanelangres tout près de lui, mais ses compagnons et équipiers plus loin, selon les lois du palais et l'étiquette courtoise. Puis le roi demanda à Kanelangres des renseignements à son sujet. Et le jeune homme, se conduisant bien prudemment, renseigna le roi, lui disant qu'il lui apportait des paroles de paix et le remerciant pour son parfait accueil. Il expliqua ensuite au roi en des termes amicaux d'où il était, et pourquoi il était venu dans son royaume, et spécialement le visiter lui : il désirait rester auprès de lui, dans son honorable cour, afin de se distraire, découvrir un royaume raffiné et des manières courtoises. Lorsque le glorieux roi Marc eut compris que Kanelangres avait en venant à sa cour l'intention de rester près de lui et de le servir, il le reçut magnifiquement, ainsi que ses compagnons, jugeant que dans toutes les qualités ils dépassaient ses propres chevaliers. De ce fait, la meilleure fortune et le bonheur le plus débordant furent acquis à Kanelangres.

Chapitre 3

Le roi Marc prépare des festivités
pour Kanelangres

Lorsque Kanelangres fut resté un certain temps auprès du roi, tenu ainsi en grand honneur et en haute estime, l'on dit qu'alors le noble roi Marc fit préparer de grandes et majestueuses festivités à l'occasion d'une certaine grande fête. Le roi envoie alors des lettres scellées partout dans le pays, invitant tous les hommes importants : comtes, ducs et barons, ainsi que leurs épouses, leurs fils aussi bien que leurs filles. Et quand ils eurent tous pris connaissance de l'invitation du roi et appris sa volonté, ils y accordèrent tous leurs soins et toute leur attention, respectèrent leurs devoirs de vassaux, et préparèrent leur voyage sans retard — les nobles[1], les comtes et toute l'élite de ce royaume, ainsi que les chefs des îles tout à l'entour, en compagnie de leurs épouses, leurs fils et leurs filles, comme il avait été établi dans les coutumes du pays.

Tous les gens sur qui le roi comptait se rendirent alors ensemble à son invitation, et tout ce monde se rassembla en Cornouailles dans une forêt près d'un lac. Il y avait là de belles prairies, étendues, plates, ornées de beaux herbages fleuris. Et du fait que cet endroit était le plus plaisant, en raison d'agréments nombreux, le roi Marc fit installer et dresser dans ces prés de grandes tentes — jaune d'or et vertes, bleues et rouges, richement équipées, dorées et brodées d'or — sous des feuillages odorants et couverts de fleurs fraîches écloses. C'est là que les chevaliers nouvellement adoubés et les jeunes gens se rencontrèrent dans de belles joutes, et participèrent chevaleresquement à des compétitions, sans méchanceté ni tricherie ; et ils gagnèrent ainsi l'affection et l'admiration réjouie des belles jeunes filles et des dames courtoises qui étaient rassemblées là, au milieu d'une si grande quantité de gens se trouvant aussi bien à l'extérieur qu'à l'intérieur des tentes, en compagnie de leurs époux et de leurs bien-aimés qui étaient venus là pour la fête.

Chapitre 4

Kanelangres montre son habileté
à manier les armes

Maintenant se trouve rassemblée là une grande foule constituant la plus belle armée que des yeux humains puissent vouloir contempler. Et alors que le roi Marc était en train de

---

1. P. Schach propose de corriger *Bretar* (Bretons) en *greifar* (comtes). Nous traduisons par « nobles » pour ne pas répéter « comtes ».

regarder ses troupes valeureuses, il fut envahi d'une grande joie à l'idée qu'il devait être le souverain unique de ce pays qui était si puissant, et riche d'une si grande quantité d'hommes distingués et de dames courtoises. Et à cause de tout ceci, il réfléchit avec une bienveillance attentive à la façon dont il pourrait rehausser cette fête au point qu'il n'y en ait jamais de semblable qui approche ses splendeurs de toutes sortes. Sur ce, le roi inaugure la fête, honorant tout son peuple et tous les nobles au moyen de toutes sortes de nourritures de grand prix.

Lorsque le roi eut fini de manger et que chacun fut servi convenablement, les plus jeunes sortirent pour aller dans les prairies déjà mentionnées afin de se divertir ; ils demandèrent à leurs écuyers de les accompagner avec leurs chevaux. Ils voulaient maintenant essayer leur force et leur jeunesse. Les écuyers arrivèrent tout de suite avec leurs chevaux et leurs armures. Les nouveaux chevaliers et tous les jeunes hommes s'arment alors, et lancent leurs chevaux à pleine course dans de dures joutes, afin de gagner l'affection des nombreuses jeunes filles ; et ils distinguent leurs armes au moyen d'une marque de façon qu'elles voient lequel d'entre eux l'emporte dans leurs affrontements.

Mais Kanelangres était entre tous le plus vaillant pour porter les coups et le plus puissant dans les joutes, il savait très bien porter l'armure, et c'était le plus valeureux dans tous les exercices chevaleresques. Il acquit alors, comme à l'accoutumée, la plus haute réputation ; en effet toute cette grande masse de jeunes filles et de femmes avaient le regard fixé sur lui et lui accordaient leur affection, car toutes plaçaient en lui leurs désirs sans pourtant l'avoir vu auparavant, et sans savoir d'où il venait, quelle était son origine familiale ou son nom. Pourtant leurs sentiments se tournaient vers lui, car le naturel féminin est tel que les femmes préfèrent la satisfaction de leurs désirs à la juste mesure ; et elles désirent souvent ce qu'elles ne peuvent obtenir, mais délaissent et méprisent bien des choses qu'elles ont à leur disposition. C'est ce qui se passa pour Didon qui aimait si ardemment qu'elle se consuma d'amour, alors que son bien-aimé, qui était venu d'un pays étranger, l'abandonna. C'est ainsi que mal en prit à beaucoup qui de leur propre gré s'abandonnèrent à un tel tourment.

Chapitre 5

La sœur du roi Marc

Ce renommé et puissant roi Marc avait une sœur qui était si belle et charmante, séduisante et honorable, courtoise et aimable, riche et noble, qu'il n'y avait pas dans tout le monde, selon les connaissances humaines, une rose semblable à elle. Ce joyau de prix était parfaitement conscient en lui-même, et par suite tous les autres gens du royaume, que jamais n'avait été engendrée son égale en intelligence et sagesse, courtoisie et distinction, générosité et noblesse, si bien que les puissants et les humbles, les jeunes et les vieux, les misérables et les pauvres aimaient de tout leur cœur cette aimable jeune fille. Et aussi loin que l'on entendait parler d'elle dans un royaume étranger, sa réputation glorieuse s'y développait, ainsi que la très grande affection que lui portaient beaucoup de chefs renommés et de très beaux jeunes gens qui ne l'avaient même jamais vue.

Chapitre 6

Les tourments
de la princesse

Bien que cette jeune fille courtoise et distinguée possédât si bien les belles manières et toutes sortes de dons, il put bien lui échoir l'occasion de montrer, comme l'on dit souvent, qu'il existe peu de choses à quoi rien ne fasse défaut. Peu de gens furent capables de savoir ou de deviner d'où lui venaient les soucis qui allaient maintenant la gagner ; en effet peu de temps après avoir vu cet homme, elle connut des pensées, des tourments, de grandes inquiétudes, et des états inconnus si divers qu'elle ne put jamais se rappeler, savoir ou comprendre ce qu'elle avait fait à Dieu ou aux hommes pour qu'un destin si pesant doive l'atteindre ou lui échoir, alors qu'elle n'avait jamais fait de mal à personne par ses paroles ou par ses actes, mais plutôt avait contenté tout le monde par ses plaisants sujets de discussion, par sa gentille bienveillance et sa conduite courtoise. Et c'est une grande pitié qu'elle soit à ce point torturée par le tourment et l'inquiétude qui s'abattent sur elle, que cette jeune fille courtoise et descendant d'une grande famille sorte de sa tente, richement parée, comme il lui sied, accompagnée d'une grande et belle suite de jeunes filles charmantes, pour voir et regarder les impétueuses joutes des chevaliers et des autres gens.

Quand elle eut observé un moment leurs exercices et leurs affrontements, elle aperçut tout à coup Kanelangres, le meilleur chevalier, se distinguant parmi tous les autres par ses capacités, sa valeur et ses qualités chevaleresques. Et lorsqu'elle le vit, alors que toute cette grande masse de gens et de femmes louaient sa valeur et ses qualités chevaleresques, et qu'elle eut longuement observé ses talents de cavalier et ses célèbres qualités chevaleresques, elle tomba dans une si profonde méditation que tous ses désirs et son entier amour se portèrent sur lui. Aussitôt elle soupira de tout son cœur, fut toute déchirée intérieurement, ses sentiments s'enflammèrent, le feu qui dévorait ses sentiments glissa plus vite qu'on ne pouvait l'escompter sur son visage, toute sa beauté naturelle disparut et elle souffrit la détresse et l'accablement ; pourtant elle ne savait pas d'où cela venait. Elle soupira alors une seconde fois et fut angoissée, car son cœur et ses membres frissonnèrent à tel point que tout son corps en transpira. Elle avait presque perdu ses esprits en raison de ce grand embrasement qui s'était abattu sur elle, et elle dit ces mots :

« Oh, seigneur Dieu ! d'où me vient cet extraordinaire malaise ? Cette cruelle souffrance m'étreint étrangement : je n'ai aucune douleur aux membres, mais ce feu me brûle et je ne sais d'où il vient. Je souffre d'une grave maladie d'une nature si insupportable que je crois être bien portante et connais pourtant des souffrances insupportables. D'où me vient ce mal qui m'oppresse si insidieusement ? N'y aura-t-il pas quelque médecin assez savant pour pouvoir me donner une potion qui me soigne ? Il n'est guère possible que ce soit la chaleur de cette journée qui instille en moi un si puissant poison. Je n'aurais jamais cru que cette maladie pût me causer tant de douleur incurable, car le feu me fait frissonner et le froid transpirer ; ni la chaleur ni le froid ne sont des maladies, mais elles constituent un tourment et une torture pour ceux qui ont trop de chacun d'eux. Ces deux choses, la chaleur et le froid, me torturent de concert, et du fait qu'aucune des deux ne veut se séparer de l'autre, ni ne m'accorde de répit, je dois malgré moi les supporter toutes les deux. »

C'est ainsi que la courtoise Blensinbil[1] se laissait tourmenter par des tortures diverses.

Chapitre 7

Blensinbil conçoit un projet

Sur ce, elle posa son regard sur la prairie et vit le tournoi des chevaliers, s'intéressant à la façon dont ils lançaient magnifiquement leurs chevaux par la prairie et dont ils brisaient les plus solides bois de lance contre leurs boucliers dans de dures joutes.

Tandis qu'elle regardait les exercices des chevaliers, son feu intérieur s'apaisa, car la vue de ce bel endroit et des joutes attrayantes que se livraient les nobles chevaliers calma le feu de sa passion et rafraîchit sa chaleur extrême. Et comme elle regardait le tournoi, elle fut quelque peu réconfortée et oublia en grande partie son état d'esprit antérieur, car selon les coutumes de l'amour, bien que l'on soit dépossédé de ses esprits par la folie amoureuse, si l'on est pris par quelque occupation divertissante ou quelque travail, alors l'amour est bien plus facile à supporter. Il en allait ainsi pour cette jeune femme : tandis qu'elle prêtait attention au tournoi des chevaliers, son affliction s'atténua.

Cela ne dura pas longtemps, car dès qu'elle remarqua que Kanelangres s'avérait être plus vaillant et plus beau que les autres, la douleur qu'elle avait précédemment ressentie en son cœur fut ranimée par des souffrances diverses causées par d'abondants tourments.

---

1. Le nom de Blensinbil, comme celui d'autres personnages, est donné avec retard, ce qui produit un effet narratif curieux qui peut être dû au hasard, mais semble plutôt faire partie d'une esthétique concertée.

« Assurément, dit-elle, cet homme est doué de pouvoirs magiques et malfaisants du moment que je suis si péniblement torturée à sa vue et en lui jetant le moindre regard. Oh, mon Dieu ! puisses-tu être le bouclier protégeant mon amour terrible, car de grands désordres proviendront de ce chevalier, et si tous ceux qui portent leurs regards sur lui ressentent en eux les mêmes sentiments que moi, c'est qu'il dispose sûrement de connaissances malfaisantes et de tourments empoisonnés pour détruire les gens — en effet, je frissonne tout entière et brûle intérieurement à sa vue. Il est indéniable qu'il est venu ici pour que je sois tourmentée à cause de lui. Oh, seigneur Dieu, comment cette torture et ces désordres, cette affliction et cette souffrance pourront-ils m'être enlevés ? Car il convient que ce soit lui qui demande plutôt que moi je lui fasse de telles offres et couvre de honte et de déshonneur ma personne et toute ma famille ; en effet, il va tout de suite découvrir ma folie et mon imprévoyance, penser que je suis habituée à de telles situations, à des affections volages, me rejeter rapidement de manière déshonorante. Mais à quoi servira-t-il donc de se plaindre d'une telle situation puisque de toute manière je n'ai d'autre possibilité que de lui faire ces révélations, et il s'avère pour moi, comme pour beaucoup, que lorsque l'on a fait un choix, l'on est lié ? »

Chapitre 8

Rencontre de Blensinbil et de Kanelangres

Quand les chevaliers eurent chevauché un moment comme il leur plaisait, ils quittèrent la prairie, de même que le courtois Kanelangres. Il chevaucha vers l'endroit où la charmante Blensinbil avait demeuré en compagnie de son honorable suite de jeunes filles. Et quand il vit où elle se trouvait, il la salua poliment en ces termes : « Que Dieu vous bénisse, honorable dame ! » Aussitôt elle répondit d'un air amical : « Si tu veux, bon chevalier, guérir le mal que tu nous as causé, que Dieu alors t'honore et te bénisse. »

Lorsque Kanelangres entendit les paroles de la jeune fille, ce fut comme si ces mots lui causaient du souci, et il s'adressa aussitôt à elle en ces termes : « Courtoise jeune fille, quel est ce mal dont vous dites que je vous l'ai causé ? »

Blensinbil dit : « Je pense que tu es le seul de nos hommes qui soit conscient du mal que tu as fait, et j'en suis quelque peu triste et courroucée. » Mais elle l'appela pourtant encore une fois, parce qu'elle s'apercevait que ses sentiments étaient violemment affectés par son amour pour lui.

Kanelangres ne comprit pas clairement ce qu'elle avait dit, car il ne connaissait pas ses pensées ; et il lui répond en des termes bienséants : « Aimable jeune fille, si Dieu le veut, j'userai envers vous de la bienséance et du respect que vous-même jugerez bons. » Blensinbil réplique : « Je ne te déchargerai à aucun prix de l'agression que tu as commise sur moi avant que je sache comment tu entends réparer. »

Lorsqu'ils eurent échangé ces paroles, Kanelangres reçut la permission de s'en aller et il lui souhaita le bonjour ; mais la jeune fille soupira de tout son cœur et lui dit : « Dieu du ciel, protégez-nous et sauvegardez-nous ! »

Maintenant Kanelangres s'éloigne, rempli de nouvelles inquiétudes au sujet de ce que pouvait être ce mal : Blensinbil, la sœur du roi, disait qu'il avait mal agi envers elle, et elle entendait qu'il répare. Il réfléchit et s'avise de son soupir, mais plus il réfléchit et moins il comprend ce qu'elle a dit. Il fut toute la journée plongé dans de profondes réflexions ; de même durant la nuit, alors qu'il était couché dans son lit, il examina tant cette question qu'il ne put trouver ni sommeil ni repos.

Chapitre 9

Ils connaissent
tous deux
la même souffrance

Ils éprouvaient tous deux la même peine et connaissaient le même tourment et la même inquiétude, une profonde affliction et une pleine douleur causées par leur grand embarras : elle l'aime avec la meilleure bonne volonté, et lui l'aime avec la plus grande constance, mais sans qu'aucun des deux ne sache les sentiments de l'autre. Du fait qu'il était intelligent et bien appris, il réfléchit à quel moment et à quelle heure, de quelle manière et quand il pourrait avoir avec elle la conversation la plus propre à modifier ses sentiments. Il agit en cette matière comme en toute autre d'une manière convenable et digne, car il y avait une très grande difficulté de l'autre côté : si le roi Marc devait prendre connaissance du fait que ce jeune chevalier nouvellement arrivé à la cour du roi Marc formait de telles intentions et de tels désirs à l'endroit d'une parente à lui si renommée et si proche, et en agissant si secrètement, alors il ne pourrait d'aucune manière réaliser ses désirs.

Chapitre 10

Kanelangres reste
à la cour du roi Marc

Quel besoin avons-nous d'en dire plus à ce sujet, puisque tous ceux qui ont quelque discernement doivent savoir que la coutume des amants est que chacun d'eux cherche à concrétiser ses désirs amoureux au plus vite, même s'ils doivent se rencontrer en secret ? C'est ainsi que ce couple courtois réalisa tout ce qu'il désirait dans le plus parfait accord possible, et chacun des deux profita de l'agréable compagnie de l'autre sans injure ni reproche venant de qui que ce fût, car personne ne fut en mesure ni capable de concevoir des soupçons de quelque sorte que ce fût au sujet de leurs fréquentations. Ils s'aimaient tant l'un l'autre, avec une telle passion, en faisant preuve d'une telle habileté, et dans un tel secret, que jamais le roi n'en eut ni conscience ni connaissance, pas plus que personne d'autre à la cour ; et personne ne put discerner ni découvrir pour quelle raison Kanelangres voulait rester si longtemps à la cour du roi.

Mais le roi s'étonnait beaucoup qu'il lui plût tant de rester avec lui et si longtemps, là où il n'avait aucune possession, alors que loin d'ici il avait de grandes possessions et d'excellents amis dans un autre pays. Mais l'on disait au roi de temps en temps que Kanelangres avait conçu de profonds sentiments pour sa sœur, et qu'il allait vouloir demander sa main et l'obtenir honorablement avec l'assentiment du roi et conformément à sa volonté. Et du fait qu'il s'avérait au-dessus des autres dans toutes les qualités qui peuvent faire honneur à un homme, le roi devait sceller leur union au cours d'une grande fête et avec une obligeance qui l'honorerait, s'il voulait bien essayer d'entretenir le roi de ce sujet. C'est pour ces raisons qu'on eût vraiment dit qu'il leur avait accordé la liberté de se parler au moment où ils le voulaient, et où cela leur plaisait.

Chapitre 11

Kanelangres est blessé

Après qu'un certain temps se fut écoulé, le roi se mit en route en compagnie d'une excellente troupe pour aller participer à un tournoi contre d'autres chevaliers. Quand ils parvinrent à l'endroit fixé, ils préparèrent leur tournoi et participèrent à cette compétition avec toute leur ardeur, soutenant les plus durs affrontements. Ils prirent alors part à la plus dure épreuve avec une grande violence, à tel point qu'aucun ne s'économisait si peu que ce fût en tout ce qu'il pouvait et savait faire. Des hommes tombèrent de chacun des deux côtés en raison de ces attaques tout à fait remarquables, car s'étaient rassemblés là les meilleurs chevaliers.

Or, le très courageux et très vaillant Kanelangres charge furieusement comme un lion au milieu de la mêlée, blesse et tue de valeureux chevaliers autour de lui, et cause de grandes pertes chez l'adversaire. Et comme il ne pense à rien d'autre qu'à avancer vers ceux qui se trouvent de l'autre côté, il reçoit ce faisant une grande et dangereuse blessure de sorte qu'il est presque transpercé par une épée, et tombe aussitôt de cheval, à demi-mort. Cette épreuve se termina ainsi : beaucoup d'hommes valeureux soit tués soit blessés, et une masse de captifs.

Sur ce, les compagnons de Kanelangres le prirent et le ramenèrent chez lui à demi-mort. Gémissements et affliction s'élevèrent alors dans toute l'armée. Tous ceux qui connaissaient sa renommée, son courage et sa noblesse de caractère se lamentaient sur son malheur.

Lorsque la sœur du roi apprit le sort qui accablait son ami, son affliction en devint d'autant plus grande qu'elle était profondément enfouie en son sein, et qu'elle ne pouvait pas la révéler en raison de la grande crainte et de la peur qui autrement lui étaient promises, et qui seraient causées à la fois par le roi Marc, son frère, et par le groupe que constituaient les autres hommes puissants. Cependant, elle pleura son malheur dans une grande souffrance durant le temps qu'elle resta toute seule : sa détresse était d'autant plus grande qu'elle était secrète.

Chapitre 12

La conception de Tristan

Cette courtoise dame et son très valeureux ami Kanelangres se trouvent pris dans une profonde réflexion et une grande perplexité. Elle pense en elle-même que s'il meurt dans des conditions telles qu'elle ne puisse le visiter auparavant, alors elle ne trouvera jamais de consolation à sa peine ; et elle se rend chez sa mère adoptive[1]. Elle lui raconte et lui expose sa peine et sa souffrance, et lui demande de l'accompagner. Elle s'y rendit alors directement faisant preuve d'une habileté sereine, si bien qu'elle y parvint sans que personne ne le sût, sauf celui qu'elle voulait, ainsi que sa mère adoptive qui l'assistait volontiers en tout ce qu'elle désirait.

Lorsqu'elle fut arrivée là où il se trouvait, elle profita du

---

1. Une retouche du texte de Thomas est possible : la pratique de l'adoption était en effet fort répandue en Scandinavie. P. Schach, se reportant au passage correspondant de Gottfried qui donne *meisterinne*, préfère restituer le terme de « nourrice ».

moment où la maison avait été rangée et nettoyée, et que tous étaient sortis. Or, quand elle vit son bien-aimé blessé, elle perdit connaissance et tomba évanouie dans le lit près de lui, et de nouveau furent ranimés sa peine, son affliction et son chagrin, ses pleurs et sa tristesse. Un moment après, lorsqu'elle eut recouvré ses sens, elle le prit dans ses bras et l'embrassa maintes fois, lui disant ces mots : « Mon très cher amour ! » tout en mouillant son visage de ses larmes. Et lui, aussitôt, alors qu'il supportait la douleur et la peine causées par ses tourments, il la prit dans ses bras avec des intentions amoureuses, si bien que la belle dame conçut un enfant dans les tourments causés par son amour.

Alors qu'ils étaient pris dans l'angoisse de leurs peines — elle, en raison de ses tourments, lui, en raison de ses blessures —, ils étaient en train d'engendrer cet enfant qui vécut et sur le sort duquel tous ses amis pleurèrent, et qui est à l'origine de cette histoire.

Chapitre 13

Kanelangres doit rentrer
dans son pays

Lorsqu'ils eurent terminé leur jeu amoureux et leur conversation, elle regagna ses appartements. Son excellent médecin apporta des soins aux blessures de Kanelangres comme auparavant. Et quand il fut guéri, un messager venant de son royaume arriva, et lui donna des nouvelles de ses amis et de sa garde : les Bretons dévastaient ses terres, tuaient ses gens et brûlaient ses cités. Quand il apprit cela, il considéra qu'il ne convenait pas qu'il demeurât là plus longtemps ; au contraire, il se hâta le plus qu'il put de faire préparer ses chevaux, son bateau, son armure et tout ce qu'il y avait encore de nécessaire au voyage. Lorsque sa bien-aimée apprit cela, sa peine et sa tristesse s'accrurent.

Lorsqu'il vint la trouver pour prendre congé d'elle avant de rentrer chez lui, elle dit : « Je suis assurément ta bien-aimée, et c'est imprudemment que j'ai voulu t'aimer parce que je vais certainement mourir à cause de toi, à moins que Dieu veuille bien avoir pitié de moi ; en effet, après ton départ je n'aurai plus jamais de joie ni d'espoir de consolation. Je me lamente tristement sur l'amour que j'ai pour toi, et à présent je me tourne vers une peine plus durable. De ces deux peines, je ne sais laquelle je vais choisir, car je suis peinée de ton départ, mais l'idée que tu restes ici m'effraie, bien que tu puisses souvent me consoler. Mais si je n'avais pas attendu un enfant, c'eût été plus facile pour moi de rester ici et ma peine eût été plus douce à supporter. Si tu pars, ce sera pour moi une affliction que de t'avoir vu. Je préfère pourtant mourir plutôt que de voir le malheur s'abattre sur nous deux, car tu ne mérites pas une telle mort. Mais je mérite de mourir pour toi, plutôt que toi, mon bien-aimé, tu sois tué en étant innocent. Ton départ m'apporte ce grand réconfort que tu ne trouveras pas la mort pour être resté ici ; sinon, en effet, notre enfant eût été orphelin de père, tandis qu'il recevra de toi honneur et réputation. C'est pour moi une peine que de voir ton habileté, ta courtoisie et tes exploits chevaleresques. Je me suis trompée moi-même, c'est pourquoi je suis à ce point perdue et mise à mort. » Sur ce, elle tomba évanouie dans ses bras.

Un moment plus tard, quand elle reprit connaissance dans les pleurs et les lamentations, il la consola, la fit asseoir près de lui, essuya ses yeux et son visage, et lui dit : « Ma bien-aimée, je vais faire en la matière du mieux que je pourrai et de la manière qui nous conviendra le mieux à tous les deux. Je ne connaissais pas le fait dont tu viens de parler. Mais maintenant, du fait que je le connais, j'agirai en la matière de la manière la plus honorable, de sorte que soit je resterai ici près de toi quoique cela comporte du danger, soit tu vas m'accompagner dans mon pays natal et je t'y prodiguerai tous les honneurs qui siéent à notre amour. Maintenant, choisis par toi-même et réfléchis, ma bien-aimée, à ce qui t'agrée. »

Chapitre 14

Kanelangres et Blensinbil
vont en Bretagne

Quand elle s'aperçut de sa bonne volonté, et qu'il voulait l'emmener avec lui dans son pays natal, ou bien, si elle préférait rester là, qu'il voudrait ce qu'elle voudrait, et qu'il était exempt de reproche puisqu'il voulait suivre honorablement sa volonté, elle lui dit avec affection : « Mon bien-aimé qui fais ma joie, il ne nous est pas possible de rester ici librement. Sache en vérité que si nous restons ici, nous vivrons dans la peine et le danger. » Pour ces raisons, ils prirent la décision qu'elle le suivrait dans son pays natal.

Aussitôt Kanelangres prit congé du roi pour rentrer chez lui, se hâta de rejoindre ses bateaux et trouva là ses hommes rassemblés et fin prêts. Puis ils levèrent le mât, hissèrent la voile et trouvèrent un bon vent, si bien qu'ils arrivèrent sains et saufs et débarquèrent tout de suite en Bretagne.

Quand il parvint dans son royaume, il trouva son peuple dans une situation délicate à cause de leurs ennemis. Il appela alors à lui ses gens ainsi que leur chef qu'il savait fidèle et loyal ; il lui révéla toute la situation, y compris l'existence de sa bien-aimée, et il la prit pour épouse conformément à la loi et au sacrement du mariage, au cours d'une importante fête d'une grande distinction. Puis il l'envoya secrètement dans un puissant et solide château. Pendant un certain temps, il prit soin qu'on la gardât d'une façon honorable et bienséante.

Chapitre 15

Naissance de Tristan

Un jour, Kanelangres revêtit son armure et alla se battre avec une grande ardeur afin de regagner les cités et les châteaux de son royaume ; les durs coups ne manquaient pas, maint bouclier fut brisé, certains furent blessés, mais certains tués, des deux côtés, des vassaux et chevaliers furent pris et capturés.

Au cours de cette grande bataille, le courtois Kanelangres fut transpercé et précipité de son cheval sur le sol, mort. Tous ses hommes furent attristés, et ils ramenèrent son corps au château. Des lamentations, des pleurs, avec toutes sortes de plaintes contristées, s'élevèrent alors, et ils ne trouvèrent pas d'autre réconfort que de l'enterrer dignement.

Mais sa belle épouse en éprouva une telle peine que personne ne put la réconforter. Elle tombait souvent évanouie, gisait comme morte, et tenta de se suicider en raison de sa violente peine, refusant toute consolation. Sa joie et tout son enjouement avaient disparu. Elle préférait maintenant mourir plutôt que vivre, parlant ainsi : « Je suis la plus malheureuse entre toutes les femmes. Comment vais-je vivre après la mort d'un si glorieux héros ? J'étais sa vie et son réconfort, et il était mon bien-aimé et ma vie. J'étais son bonheur et il était ma joie. Comment vais-je vivre maintenant qu'il est mort ? Comment trouverai-je du réconfort, puisque mon enjouement est enterré ? Il convient que nous mourions tous les deux ensemble. Puisqu'il ne peut pas venir jusqu'à moi, je suis forcée de traverser la mort, car sa mort bat dans mon cœur. Comment pourrais-je vivre ici plus longtemps ? Ma vie doit suivre sa vie. Si je n'avais pas la contrainte de l'enfant que je porte, je devrais traverser la mort. »

Tandis qu'elle se lamentait ainsi sur sa peine, n'acceptant aucune consolation, elle tomba évanouie sur son lit et son ventre commença à la faire souffrir. Elle ressentait alors à la fois de la peine et de la douleur, et elle resta dans ces souffrances pendant trois jours. Et au cours de la nuit suivant le troisième jour, elle mit au monde un beau garçon dans de grandes tortures et de grands tourments ; et elle mourut, après que l'enfant fut né, à cause de cette grande peine et de cette grande souffrance qu'elle éprouvait, et de l'amour violent qu'elle avait pour son époux.

La peine des gens de la cour s'accroît alors, des amis pleurent leur seigneur, d'autres leur dame, tous sont en deuil des deux. À présent, la peine s'avive dans les salles parmi les hommes de la cour, provoquée par le trépas de leur glorieux seigneur. Mais plus grande encore est l'affliction dans les chambres, chez les chambrières, provoquée par la mort de leur dame. Tous ceux qui voient un garçon si jeune, sans père ni mère, se lamentent.

Chapitre 16

Le baptême de Tristan

Lorsque le maréchal[1] apprit ce qui était arrivé à sa belle maîtresse, il dit qu'il fallait baptiser l'enfant de sorte qu'il ne meure pas sans l'avoir été ; le prêtre vint alors avec le saint chrême et il l'administra à l'enfant, demandant comment il allait s'appeler et disant : « Il me semble judicieux qu'en raison de la peine et de l'anxiété, de l'affliction et des tourments, du chagrin et des inquiétudes, des souffrances et des nombreux sujets de tristesse, et de ce tragique événement, qui nous sont échus à l'occasion de sa naissance, que cet enfant soit nommé Tristam[2] » — dans cette langue « trist » signifie triste, et « hum » signifie homme, et son nom a été changé du fait que Tristam est plus joli à prononcer que Tristhum. « Je vais lui donner ce nom, dit le maréchal, parce qu'il nous est né dans l'affliction. Il a perdu son bonheur et sa joie, c'est-à-dire son père, notre seigneur, et sa mère notre maîtresse, et il convient que nous soyons affligés par le fait qu'il soit né dans la peine et les tourments. » Il fut alors dénommé Tristram[3] et fut baptisé sous ce nom. Il reçut ce nom parce qu'il avait été conçu dans les tourments et porté dans la souffrance, et qu'il est né dans l'affliction et la peine ; et sa vie fut remplie de peine. Il s'appela Tristan à juste titre, car il s'éveillait triste, s'endormait triste, et mourut triste, comme pourront l'apprendre ceux qui écouteront cette histoire plus avant.

Là-dessus, le maréchal fit secrètement enlever l'enfant du château pour l'amener à sa demeure, et le fit garder d'une manière décente et pourtant secrète, le protégeant de ses ennemis. Il ne voulut révéler à personne que le garçon était le fils

---

1. Le mot norrois est plus vague. *Raeðismaðr* signifie « intendant », « régisseur », « économe ». La traduction l'utilise à plusieurs reprises pour différents personnages n'exerçant pourtant pas la même fonction, mais de tels traits de civilisation devaient être difficiles à transposer. Nous avons préféré essayer, comme Kölbing et Schach, de restituer les fonctions initiales de ces personnages secondaires à partir des autres œuvres dérivées de Thomas.

2. Derrière la graphie normalisée employée dans cette traduction (Tristan), le mot est *Tristram* en norrois. Mais pour être cohérente, l'étymologie doit partir d'une forme sans « r ». D'autre part, la traduction de la remarque étymologique aboutit presque, en français, à une tautologie bien évidemment absente du texte norrois.

3. L'explication étymologique demeure insuffisante puisque le nom devient *Tristram* sans commentaire supplémentaire.

de son seigneur. Il demanda alors à sa femme d'aller au lit ; et lorsqu'un certain temps se fut écoulé, il la fit se rendre à l'église et annoncer partout qu'elle avait conçu et mis au monde cet enfant pendant ce temps-là. En effet, il ne voulait pas que le roi apprît que c'était le fils de son seigneur, car si le roi avait pu être informé de cela, il l'aurait alors fait tuer aussitôt de façon qu'il n'ait pas à subir à cause de lui guerre ni dommage, meurtres ou danger pour son royaume. C'est pourquoi le maréchal fit élever le garçon en secret, l'estima et le protégea comme son fils en l'élevant débonnairement.

Chapitre 17

L'éducation de Tristan

Vous pouvez entendre parler ici de conduite brave, de générosité humaine, de bonnes manières courtoises, car cet homme loyal et digne de confiance était avisé et bienveillant ; il fit de son seigneur son fils afin de le protéger des soucis, le mettre à l'abri des ennemis et l'honorer avec respect. Puis il lui fit connaître le savoir des livres, et il était très bon élève ; on lui enseigna au cours de ces études les sept arts principaux[1], et il apprit à maîtriser toutes sortes de langues. Puis il apprit si bien à jouer de sept instruments à cordes, que personne n'était plus connu ni plus talentueux que lui en la matière. Personne n'était plus richement doté que lui en magnanimité, générosité et manières courtoises, en intelligence, prudence et valeur. Pour les bonnes manières et les titres d'honneur personne ne l'égalait, tant il affirmait ces qualités en s'améliorant.

Lorsque son père adoptif discerna ces bonnes dispositions, il l'honora au moyen des plus riches équipements, de bons chevaux et toutes sortes de divertissements, et de toutes les bontés qu'il pouvait lui témoigner en faisant montre d'une obligeance et d'une estime hors pair, si bien que ses fils s'en irritèrent, se

---

1. Les études médiévales étaient composées de deux cycles : le premier ou trivium contenait la grammaire, la rhétorique et la dialectique ; le second ou quadrivium contenait l'arithmétique, la géométrie, la musique, et l'astronomie.

demandant pourquoi leur père le chérissait tant et l'estimait plus que ses (autres[1]) fils, le gratifiant de son affection et de toutes sortes d'honneurs, de services et de belles faveurs, et de sentiments particulièrement tendres. Et ils prenaient leur père en grippe parce qu'ils croyaient que Tristan était leur frère.

Chapitre 18

Tristan est enlevé
par des marchands

Il arriva qu'un jour un grand bateau long-courrier arriva et qu'ils jetèrent l'ancre dans le port, au-dessous du château. C'étaient des marchands norvégiens avec une ample cargaison qui avaient dérivé jusque-là, longuement poussés par des vents soufflant du nord. Il y avait dans la cargaison beaucoup de fourrures grises et de peaux d'hermine, de castor et de zibeline noire, de dents de morse et de manteaux en peau d'ours, d'autours et de faucons gris et blancs — en grande abondance —, de cire et de cuir, de peaux de bouc, de poisson sec et de goudron, d'huile de baleine et de soufre, et toutes sortes de marchandises norvégiennes[2].

La nouvelle en parvint au château, et les fils du maréchal eurent un entretien et firent venir Tristan. Ils lui dirent : « Qu'allons-nous faire vu que nous n'avons pas d'oiseau pour nous divertir ? Or beaucoup de très beaux oiseaux ont été amenés ici sur le bateau. Si tu veux nous aider, tu peux obtenir tout ce qu'il te plaît de demander à notre père, car ni lui ni notre mère ne refusent jamais ce que tu demandes ; ils en achèteront sept des plus beaux plutôt que de te voir chagriné. » Ils lui demandèrent

---

1. Nous rajoutons cet adjectif pour rendre cohérente la fin du paragraphe.
2. On soupçonne les scribes islandais d'avoir allongé cette liste en adjoignant certains produits nationaux comme le soufre, le poisson sec et l'huile de baleine. Rappelons d'autre part que le commerce était l'une des activités majeures des célèbres vikings. Cf. R. Boyer, « Les Vikings : des guerriers ou des commerçants ? », in *Les Vikings et leur civilisation. Problèmes actuels*, éd. R. Boyer, École Pratique des Hautes Études, Paris/La Haye, Mouton, 1976 (Bibliothèque Arctique et Antarctique, 5).

cela avec une telle insistance qu'il finit par leur promettre son concours.

Ils se rendirent tous alors au bateau, et ils firent montrer les oiseaux à Tristan. Mais les marchands étaient norvégiens et ne comprenaient ni le breton, ni le français, ni d'autres langues dans lesquelles mener la transaction. Mais Tristan connaissait des langues, et il conclut avec eux le marché pour sept oiseaux, son père adoptif en paya le prix, et lui les donna à ses frères.

Puis il remarqua un échiquier, et il demanda si l'un des marchands désirait jouer aux échecs avec lui ; l'un d'entre eux accepta, et ils établirent et fixèrent une grosse somme comme enjeu. Lorsque son père adoptif vit qu'il était assis à une table d'échecs, il lui dit : « Mon fils, je rentre à la maison, mais ton maître t'attendra et t'accompagnera à la maison lorsque tu seras prêt. » Et un chevalier courtois et distingué demeura alors avec lui. Or, les marchands étaient admiratifs devant ce jeune homme, et ils louaient ses connaissances, son habileté, sa beauté et ses capacités, sa sagacité et la manière dont il les battait tous. Ils s'avisèrent que s'ils l'emmenaient avec eux, son savoir et ses nombreuses connaissances leur seraient d'une grande utilité, et en outre que s'ils voulaient le vendre, ils en tireraient un grand prix.

Tandis qu'il était assis, attentif au jeu, ils larguèrent les amarres et levèrent l'ancre dans le plus grand secret, et firent sortir le bateau de la baie. Sur le bateau une tente avait été dressée, et il fut porté par un vent arrière et par le courant, de sorte que Tristan ne s'en aperçut pas avant qu'ils fussent loin de la terre. Il dit alors aux marchands : « Messieurs, dans quelle intention avez-vous fait cela ? » Ils répondirent : « Parce que nous voulons que tu nous suives. » Il se mit alors aussitôt à pleurer et à se tourmenter en se lamentant sur son propre sort, le chevalier fit de même en raison de son affection pour lui. Les Normands se saisirent de son maître, le placèrent dans un petit bateau et lui donnèrent une rame. La voile est alors hissée et le bateau lancé à pleine vitesse. Et Tristan se trouvait à présent en leur pouvoir, éprouvant peines et tourments. Son maître parvint à terre avec beaucoup de peine et d'efforts, et il ne fut pas très difficile quant à l'endroit : port ou autre lieu de débarquement. Mais Tristan se trouvait dans la peine et les tourments et il priait Dieu d'avoir pitié de lui, lui demandant qu'il le protège et le préserve des dangers et des ennuis, que ni arme ni vent, ni la traîtrise ni l'infamie, ni la déloyauté ni la fausseté païennes ne lui ravissent la vie, et qu'il ne soit pas livré à leur pouvoir. Il soupira profondément et s'abîma avec affliction dans la terreur et dans la tristesse.

Son maître est à présent rentré au château, et apporte des nouvelles qui ne réjouissent personne. Toute cette grande masse de gens — un millier de personnes — fut peinée et attristée en apprenant l'enlèvement de Tristan. Quand ces nouvelles arrivèrent, toute la cour en fut affligée, et tout le monde descendit en courant vers le rivage. La peine de son père adoptif dépassa celle de tous les autres car il fut plus affecté qu'eux, il pleura, se lamenta sur sa perte, et déclara que tout était dû à sa mauvaise fortune ; ce drame devait lui arriver et cette peine s'abattre sur lui dans des circonstances aussi malheureuses. Il plongea ses regards vers la mer, et cria à haute voix : « Tristan, mon réconfort et mon seigneur qui rassérènes mon esprit et mon cœur, qui combles mon affection et fais ma joie je te recommande à Dieu et je te place sous sa protection et sous sa garde ! Maintenant que je t'ai perdu, je n'aurai plus de réconfort dans la vie puisque nous sommes séparés. »

Il se lamentait souvent et fréquemment sur sa peine avec une telle tristesse, et versait des larmes sur son Tristan bien-aimé. Et tous ceux qui étaient là, jeunes et vieux, le pleuraient et priaient pour lui. Tous ceux qui l'appréciaient et avaient pris plaisir à sa compagnie étaient à présent attristés et peinés, les riches comme les pauvres. Tous ceux qui le connaissaient de par le royaume étaient à présent remplis d'affliction. Étaient tristes tous les gens, là où ils se trouvaient dans le royaume ; était triste également, là où il se trouvait, sur le bateau, le nouveau marin qui était cher à tous et bien connu[1].

Chapitre 19

Les marchands connaissent
une grave tempête

Le maréchal du château pleurait Tristan plus que les autres et il fit préparer un bateau au plus vite avec tout le gréement et

---

1. Une partie de cette dernière phrase est conjecturale car elle n'apparaît que dans la feuille 2 du manuscrit du XVe s., qui est partiellement altérée.

d'abondantes provisions, car il voulait poursuivre les marchands et ne jamais rentrer de sa vie qu'il ne se fût assuré de l'endroit où son fils adoptif Tristan avait été emmené. Il se hâta autant qu'il le put, et sur ce le bateau fut prêt avec tout le gréement, du vin et des provisions. Il monta alors à bord, fit larguer les amarres et lever l'ancre ; aussitôt ils hissèrent la voile et cinglèrent vers le large. Ils se dirigèrent alors vers la Norvège et souffrirent du mauvais temps et de la houle, connurent la faim et la fatigue, la frayeur et l'affliction dans des pays inconnus. Ils vinrent au Danemark et en Suède, en Norvège et en Islande, dans les Orcades et les Shetland[1], afin d'y chercher leur seigneur Tristan. Mais ils ne l'y trouvèrent point.

En effet, lorsque ceux qui l'avaient emmené revinrent aux abords de leur pays, un puissant vent contraire s'abattit sur leur voile, avec de violentes rafales accompagnées de courants dans la mer, de sorte qu'ils étaient comme perdus s'ils n'avaient pas amené la voile au plus vite. Toute la mer était démontée, il grêla et plut, avec des coups de tonnerre et des éclairs. Le mât était haut, la mer profonde ; et le bateau tanguait si fortement en raison de l'orage que personne ne pouvait tenir sur ses pieds. Ils laissèrent alors dériver le bateau dans le sens du vent. Tous étaient angoissés et anxieux, en larmes et effondrés, à tel point que même les plus endurcis dans leur groupe perdaient confiance, et tous pensaient devoir périr, car ils étaient dans la plus grave des situations. Durant toute une semaine cet orage et ce vent les firent dériver dans ces conditions : ils ne voyaient nulle part la terre, ne trouvaient aucun vent favorable. Aussi étaient-ils angoissés et anxieux, et ne savaient pas où trouver une terre ou un port.

Tous s'adressèrent alors au capitaine : « Cet orage, ces peines et ces dangers que nous endurons nous sont advenus comme nous le méritons, car nous avons commis un péché envers Tristan lorsque nous l'avons arraché à ses parents, à ses amis et à son royaume ; cet orage ne cessera jamais et nous ne regagnerons jamais la terre, tant que nous le garderons à bord. Maintenant si Dieu veut bien nous prendre en pitié, nous pardonner et nous accorder un bon vent qui nous permette de regagner la terre, alors nous jurons que pour notre part nous le remettrons en

---

1. Le périmètre scandinave est ainsi si bien dessiné qu'on peut soupçonner une retouche norvégienne du texte de Thomas, ou un ajout islandais postérieur.

liberté. » Et tous alors acceptèrent en se serrant vivement la main.

Peu après, l'obscurité disparut, le soleil commença à briller et la tempête à s'apaiser. Aussitôt, ils retrouvèrent entrain et joie et hissèrent la voile ; et lorsqu'ils eurent vogué un moment, ils virent une terre, cinglèrent vers elle tandis qu'un bon vent gonflait la voile, jetèrent l'ancre près du rivage, débarquèrent Tristan, lui donnèrent quelques-unes de leurs provisions, et prièrent Dieu de lui accorder bonne chance. Ils ne savaient pas sur quelle terre ils l'avaient déposé. Sur ce, ils hissèrent la voile et allèrent leur chemin.

Chapitre 20

Tristan rencontre
des pèlerins

Tristan se trouve maintenant dans un pays inconnu, il est triste et désemparé. Il s'assoit alors et regarde le bateau qui s'éloigne à pleine voile, et il ne veut pas quitter l'endroit tant qu'il voit le bateau. Puis, quand le bateau fut hors de sa vue, il regarda autour de lui, disant ces mots le cœur triste : « Dieu tout-puissant, qui en ton pouvoir as façonné l'homme à ton image, tout autant que tu es un Dieu unique en trois personnes et trois personnes en une seule divinité, apporte-moi réconfort et conseil, et protège-moi des mauvais desseins et des ennuis, des dangers et des ennemis, car tu sais ce dont j'ai besoin. En effet, je ne sais ni en quel endroit je suis venu, ni en quel pays je me trouve. Jamais auparavant je ne me suis trouvé aussi désemparé, misérable et désespéré. Tant que je me trouvais sur le bateau avec les marchands, je trouvais du réconfort et de la gaîté dans leur camaraderie tandis que nous étions ensemble. Maintenant, ici, je suis descendu sur le rivage d'un pays inconnu. D'ici je ne peux voir que forêts, monts et vallées, que falaises abruptes et reliefs. D'ici je ne peux voir ni route ni chemin, et je ne vois d'ici aucun homme. Je ne sais pas d'ici dans quelle direction je dois me diriger, ni quelle décision je dois prendre, ni si cette terre est chrétienne ou païenne, habitée ou inhabitée. Ici tout m'est inconnu sauf mon désespoir. Je ne trouve ici personne qui me redonne espoir et me réconforte, ou m'enseigne les manières et les coutumes de ce pays. Je ne trouve ici ni passage ni bon guide non plus. Il se peut aussi qu'ici je ne connaisse pas la langue des gens, quand bien même je verrais quelqu'un ici. C'est pourquoi j'ai peur que des lions me déchirent ou des ours me mordent, ou quelque autre créature ne craignant pas la voix humaine ou n'ayant jamais vu d'homme auparavant. Ah ! mon père qui m'a perdu ! Ah ! ma mère qui se lamente sur mon sort ! Mes amis qui me pleurent ! Mes parents qui me regrettent ! Maudits soient ces oiseaux que je désirais tant acheter ! Ainsi que le jeu d'échecs où j'obtenais la victoire ! Je suis triste pour mes amis. S'ils me savaient vivant, ma vie serait leur réconfort. Mais je sais qu'il est inutile de me lamenter ainsi. À quoi bon rester assis ici ? Il vaut mieux que je m'éloigne d'ici tant qu'il fait jour et que je peux voir où diriger mes pas, au cas où la chance veuille bien me permettre de découvrir une maison, et d'y trouver un gîte où abriter ma détresse. »

Sur ce, il gravit une colline, découvrit diverses routes frayées par les hommes. Tout heureux, il en suivit une qui le fit sortir de la forêt ; il était alors très fatigué, mais il avança le plus vite qu'il put, il était revêtu de riches vêtements, bien découplé et avait fière allure. Il faisait très chaud ; il marchait sans son manteau qu'il portait sur son épaule, se rappelant souvent ses parents et ses amis, et priant Dieu d'avoir pitié de lui. Son cœur était rempli d'inquiétude.

Peu après, il vit deux pèlerins cheminant par la même route. Ils étaient nés à Veneasor-borg[1] et revenaient du mont du grand Michel. Ils étaient allés là-bas pour y prier. Lorsqu'ils rencontrèrent le garçon, celui-ci les salua poliment et eux de même.

« Ami, disent-ils, à qui appartiens-tu ? Que fais-tu ? et d'où viens-tu ? »

Tristan comprit qu'ils n'étaient pas originaires de ce pays, et il leur répondit habilement, de sorte qu'ils ne surent pas clairement de quelle façon il était venu là, et pourquoi il cheminait là.

« Mes amis, dit-il, je suis originaire de ce pays, je cherche mes compagnons mais je n'en trouve aucun. Nous étions en train de chasser ici aujourd'hui, et ils ont suivi le cerf alors que je suis resté

_____

1. Kölbing propose de voir sous ce nom la ville de Venise.

tout seul à l'arrière. Ils devaient revenir rapidement par ce chemin que nous avons pris en quittant la maison. Dites-moi donc vers où vous allez, et où vous comptez descendre ce soir ; ce serait un plaisir pour moi qu'ainsi nous nous suivions. »

Ils répondirent : « Nous voudrions faire étape dans la cité de Tintagel. »

Tristan dit alors : « J'ai aussi une commission à faire là-bas, et pour cela j'aurai l'assistance d'amis fidèles lorsque nous serons arrivés là-bas ce soir. Si Dieu le veut bien, nous trouverons un bon logis et des amis puissants qui nous témoigneront une parfaite bienveillance. »

Chapitre 21

Tristan instruit des veneurs

Les voilà tous ensemble en route, Tristan et ceux qui l'accompagnaient. Tristan leur demanda des nouvelles de l'étranger, et ce qui s'était passé chez les chefs, rois ou comtes. Tandis qu'ils étaient en train de lui dire ce qui s'était passé, un cerf bondit près d'eux, poursuivi par une grande meute de chiens, des limiers et des lévriers — certains glapissaient, d'autres ouvraient leurs gueules — et tous le poursuivaient férocement. Le cerf comprit qu'il lui serait inutile de courir plus loin. Il coupa alors le chemin au-devant des pèlerins, et aussitôt sauta dans la rivière et suivit le courant ; il chercha à remonter sur la route, mais les chiens furent sur lui, et immédiatement il sauta dans la rivière une seconde fois. Lorsqu'il revint à terre, ils l'attrapèrent et le tuèrent. Les veneurs arrivèrent aussitôt, trouvèrent le cerf là où il gisait, le levèrent sur ses pattes et avaient l'intention de lui couper la tête.

Tristan dit alors : « Qu'avez-vous donc l'intention de faire ? Je n'ai jamais vu découper un cerf comme vous voulez le faire. Dites-moi selon quelle méthode et de quelle manière vous êtes habitués à préparer votre gibier. »

Le chef des veneurs était courtois, modeste et à son avantage dans toutes les pratiques de la vie courtoise. Il vit Tristan qui était magnifique, richement équipé, et avait toutes les apparences de la virilité ; il lui dit : « Mon ami, je t'apprendrai volontiers notre manière de faire. Lorsque nous avons écorché notre gibier, nous le partageons en deux en suivant le dos et le débitons en quartiers. Nous n'avons ni appris ni vu ni entendu ni reçu d'autre manière de faire auprès de qui que ce soit. À présent, si tu en connais une que nous n'ayons jamais vue, nous l'adopterons afin de mieux faire. »

Tristan répond : « Dieu vous en remercie ! En effet, telle n'est pas la coutume de notre pays, dans lequel j'ai été élevé et où je suis né. Mais puisque je perçois de votre part de la bienveillance à mon égard, et si vous me laissez diriger l'opération, je veux bien vous montrer la manière de faire des veneurs de notre pays. »

Il se prépara alors à découper le cerf. Lorsqu'il eut écorché la bête, il la partagea : il coupa d'abord les parties génitales et détacha les cuissots de l'arrière-train. Puis il le vida, enleva les deux épaules, la partie du dos au milieu des filets qui est la plus charnue. Puis il retourna le cerf et lui enleva les deux flancs et toute la graisse qui se trouvait au-dedans, et sépara les pattes avant du dos. Il coupa alors le cou et sépara la tête du cou ; puis il enleva la queue avec toute la graisse des flancs. À ce moment, il prépara une grande broche de bois et enleva le cœur et les rognons, le foie, les poumons et la longe. Il dit alors aux veneurs : « Voilà le cerf découpé selon la coutume de nos veneurs. Préparez la curée pour les chiens. » Mais ils ne savaient pas ce que c'était. Il prit alors les entrailles qu'il avait enlevées du cerf et les plaça sur la dépouille ; il fit venir les chiens et leur donna cette pâture à manger. Il leur dit alors : « Prenez et préparez l'offrande du poteau ; placez la tête du cerf sur le poteau et apportez cela courtoisement au roi. »

Les veneurs disent alors : « Par ma foi, les gens de ce pays n'ont jamais entendu parler ni de curée ni d'offrande du poteau. Puisque tu es le premier veneur à nous avoir apporté cet usage, fais-nous une démonstration de cet art capital et courtois, car nous ne savons pas comment l'on pratique cet usage. »

Alors Tristan prit et coupa un peu de chair de tous les membres, et en fit de même avec les meilleures parties prélevées sur tous les viscères[1] ; il jeta une nouvelle fois ces morceaux sur la dépouille et les chiens les mangèrent avec plaisir. « C'est ce qui

---

1. L'ensemble du passage n'est pas très clair : ici l'on dirait bien que Tristan donne deux fois la curée aux chiens. Nous avons préféré traduire le texte tel qu'il se présente plutôt que de le bouleverser.

s'appelle la curée. Les chiens doivent le manger sur la dépouille. »
Cela parut étrange aux veneurs. Ensuite Tristan alla dans la forêt
et coupa le plus long poteau qu'il trouva — pourtant il pouvait
le porter d'une seule main — ; il attacha à ce poteau la broche
sur laquelle il avait placé les parties les plus délicates qu'il avait
prélevées sur le cerf, et il fixa la tête par-dessus pour finir et dit
aux veneurs : « Messieurs, prenez donc ceci qu'on appelle
l'offrande du poteau, et portez courtoisement la tête au roi ; que
les jeunes qui vous assistent aillent devant vous, et soufflez de vos
cornes de chasse. Ceci s'appelle apporter le don de la chasse.
C'est ainsi que font les veneurs là où je suis né. »

Ils disent : « Nous ne savons pas comment l'on organise le
trajet en la circonstance. Mais sur ce point nous aimons mieux
votre usage que le nôtre. Tu n'as qu'à nous accompagner devant
le roi et lui apporter le don de la chasse. Nous ferons tout ce que
tu ordonneras. »

Ils assirent alors Tristan sur un cheval. Les pèlerins
l'accompagnaient. Il porta la tête sur le poteau et ils arrivèrent
rapidement au domaine royal.

Chapitre 22

Tristan dévoile ses talents
à la cour

Tristan prit alors une corne de chasse et en soufflant dedans
produisit une longue et belle sonnerie. Tous les jeunes assistants
sonnèrent de leur corne comme il leur avait dit. Or, ils formaient
tous ensemble un groupe important et il y avait beaucoup de
cornes : la sonnerie des cornes fut imposante. Une grande troupe
de serviteurs du roi bondirent alors du palais, étonnés et
demandant ce que signifiait cette grande sonnerie de cornes.
Mais Tristan et le groupe des jeunes assistants ne cessèrent pas
de sonner qu'ils ne fussent parvenus devant le roi en personne.
Les veneurs dirent alors au roi comment Tristan avait découpé
le cerf, comment il avait donné la curée aux chiens et constitué
l'offrande du poteau, et comment ils devaient tout en sonnant

apporter la chasse à leur seigneur et roi. En effet, jamais auparavant dans ce pays un cerf n'avait été découpé de cette manière, jamais la prise des veneurs n'avait été rapportée d'une manière aussi distinguée et jamais le roi n'avait été aussi dignement honoré par qui que ce fût.

Comme Tristan demeurait maintenant à la cour du roi, il allait souvent à la chasse et découpait toujours le cerf et les animaux qu'il tuait de la même manière, et les rapportait au roi selon sa coutume. En effet, il n'y avait pas de façon de faire meilleure ni plus distinguée que celle que Tristan avait apprise dans son pays, et les veneurs du roi reconnurent que la sienne était meilleure que les leurs.

Le soir, lorsque le roi avait fini de dîner, la cour prenait place dans la grande salle pour se divertir, certains à une table d'échecs, d'autres de tric-trac, quelques-uns écoutaient des chansons, d'autres des histoires, mais le roi écoutait jouer de la harpe. Tristan reconnut aussitôt l'air et la mélodie, et dit au musicien : « Harpeur, joue bien cette musique. Ce sont des Bretons qui ont composé cet air en Bretagne sur la bien-aimée du bon Geirnis. »

Le harpeur dit alors : « Que sais-tu là-dessus ? As-tu déjà eu un maître de harpe ? En quel pays as-tu appris à jouer d'un instrument à cordes ? car il me semble que tu connais cette mélodie.

— Bon maître, dit Tristan, jadis là où j'habitais j'ai quelque peu appris à jouer de la harpe pour mon plaisir.

— Eh bien ! prends la harpe et fais-nous écouter comment tu as appris. »

Tristan prit alors la harpe et accorda toutes ses cordes, et il offrit au roi et à tous ses hommes une si belle mélodie que le roi et tous ceux qui écoutaient l'admirèrent. Tous faisaient l'éloge de ses qualités : à quel point il avait bien appris à jouer et avait été courtoisement élevé, combien il était doué en diverses belles qualités de cœur et connaissait des plaisirs de toutes sortes. Il émanait de lui la lumière d'une intelligence remarquable. Jamais de leur vie ils n'avaient entendu si harmonieusement jouer de la harpe.

Quand il eut fini de leur jouer la belle mélodie, le roi et beaucoup d'autres lui demandèrent de leur accorder un autre air de harpe. Il considéra que cela leur plaisait et leur prépara une autre mélodie d'une autre sorte. Il tendit une nouvelle fois les cordes, et leur interpréta un autre air, chantant d'une voix qui s'accordait avec la harpe. Un petit moment après, il leur interpréta un troisième air de harpe avec une telle grâce que tous furent ravis et élogieux.

Le roi lui dit alors : « Ami précieux, heureux soit celui qui t'a élevé et t'a sagement instruit. Tu vas passer la nuit dans mes appartements et m'apporter le repos de cette façon en mettant à profit tes connaissances et ta musique, tant que je resterai éveillé. »

À la suite de cela, Tristan fut bien accueilli de tous les gens de cet endroit, il était plaisant et aimable, de bonne humeur et bienveillant, conciliant avec tout le monde. Il était cher à tous, mais plus cher encore au roi ; il s'occupait de ses limiers, son arc et son carquois, et le roi lui donna alors un cheval de selle. Il accompagnait le roi la journée dans ses passe-temps, et la nuit il s'acquittait envers lui de son service de joueur de harpe.

C'est à présent qu'il tirait un riche profit de ce qu'il avait appris dans son enfance. Et si Tristan n'avait pas été enlevé, il n'aurait pas fait la connaissance du roi et des siens, et n'aurait pas été estimé et bien-aimé dans le pays où il se trouve maintenant, apprécié et connu de tous dans cette cité et de par tout le royaume.

Chapitre 23

Retour au père adoptif de Tristan

Nous allons à présent nous taire sur le compte de Tristan et parler quelque peu de son père adoptif, le courtois maréchal, qui voyageait dans de nombreux endroits à la recherche de son fils adoptif. Il fouillait maint pays, et subissait le mauvais temps et les creux, les courants et les tempêtes de l'océan et de la mer, et la douleur d'un dur exil, sans obtenir de nouvelles de Tristan.

Quand il arriva au Danemark — trois hivers s'étaient écoulés depuis qu'il avait quitté sa maison —, il apprit d'un voyageur qui lui parla, que Tristan se trouvait à la cour du roi Marc, auprès d'un souverain puissant et renommé, qu'il y était apprécié et estimé, qu'il était agréable à tous et bien-aimé, et qu'il allait demeurer avec le roi étant donné que le roi l'appréciait beaucoup. Lorsque cet homme lui eut appris ces nouvelles, le maréchal le crut aussitôt parce qu'il reconnut à la description de l'habillement de Tristan qu'il avait dit vrai en tout. C'était l'un des deux pèlerins qui avaient accompagné Tristan et étaient allés à la cour du roi avec les veneurs. Et la preuve en était qu'il connaissait tout ce qui concernait Tristan, sa conduite et la façon dont il s'était assuré l'amitié affectionnée du roi.

Mais le maréchal Roald[1] voulut poursuivre son voyage, il embarqua et attendit un vent favorable. Lorsqu'il se leva, il se prépara à partir, puis cingla vers le large et vint en Angleterre. Ensuite il alla en Cornouailles, pays qui touche à la partie ouest de l'Angleterre. C'est là que le roi et sa cour résidaient. Roald chercha alors secrètement à savoir si quelqu'un pouvait lui fournir des renseignements sûrs. On lui donna des informations qui le réjouirent : Tristan se trouvait par hasard ce jour-là en train de servir le roi à sa table. Roald désirait grandement le rencontrer seul à seul en secret, car s'il avait détenu jadis une opulente autorité, il portait à présent de misérables vêtements. Son aspect indigent était tout entier dû à son voyage pénible et long. Il ne sait pas comment il peut faire pour que Tristan le voie, car il est misérablement vêtu et n'a que peu d'argent pour s'habiller élégamment, de façon à pouvoir s'introduire à la cour sous une apparence digne d'elle. Il est triste, car aucun pauvre n'est le bienvenu à la cour du roi ; en effet, seuls ceux qui sont suffisamment riches y sont les bienvenus. Même si un homme de bonne famille et bien appris se rend à la cour, il y rencontrera peu de gens pour l'aider s'il est pauvre.

Roald est à présent parvenu à la cour mais sans y être accueilli par personne, parce que nul ne sait qui il est ni dans quel but il est venu. Mais finalement il considéra qu'il ne lui servirait à rien, lui un inconnu, de se cacher plus longtemps d'un roi tel que celui qui résidait là, et il se rendit auprès de la porte, du côté extérieur, et héla le gardien. Lorsque le gardien vit ce qu'on lui offrait, il ouvrit la porte, le prit par la main et le mena à la grande salle. Il entra et Roald attendit à l'extérieur.

Puis, Tristan sortit quand le gardien l'appela. Dès que Roald aperçut Tristan et fut sûr de le reconnaître, il tomba évanoui tant sa venue le réjouit. Tous ceux qui accompagnaient Tristan se demandaient avec étonnement pourquoi cet homme s'évanouissant de joie versait de telles larmes de bonheur. Ils le prirent et le soulevèrent. Mais les pleurs et la joie de concert

---

1. Même remarque que pour Blensinbil, chap. 6.

affligeaient et réconfortaient Roald, lui apportant une allégresse si grande que jamais auparavant il n'avait connu un bonheur semblable à celui qu'il pouvait éprouver maintenant qu'il constatait la présence en cet endroit de Tristan. Dès que Tristan le reconnut, il l'accueillit et le prit dans ses bras en l'embrassant, si bien que personne ne pouvait dire à quel point chacun des deux aimait l'autre.

Tristan le prit alors par la main, l'amena près du roi et dit tout fort devant toute la cour qui écoutait : « Sire, c'est un parent, c'est mon père, l'homme qui m'a adopté ; il m'a cherché dans maint pays. À présent il est heureux de m'avoir trouvé. Comme il a longtemps été ballotté sur les flots, il a maintenant l'apparence d'un pauvre homme. Je me réjouirai de sa venue si vous voulez bien l'accueillir. »

Le roi était un homme distingué et courtois, il fit venir secrètement un page et lui dit : « Accompagne cet homme dans notre chambre, sers-le bien et donne-lui un riche habillement, celui dont tu verras qu'il lui sied bien, car il a toujours été un homme riche, avisé, distingué et bien appris. Ainsi, il sera honoré chez nous, car c'était le grand compagnon qui faisait la joie de Tristan. »

Lorsque Roald fut élégamment habillé de précieux vêtements, il eut l'apparence d'un homme de haut rang, pourvu de membres bien conformés. Auparavant il avait l'apparence d'un paysan, mais maintenant il a l'apparence d'un grand propriétaire ou d'un comte. On lui a attribué une place à la table du roi et il y est assis maintenant, puissant auprès des puissants. Ils mangent avec plaisir et Tristan le sert selon les pratiques de la cour.

Chapitre 24

Tristan et Roald rentrent
chez eux.
Tristan tue Morgan

Lorsqu'ils eurent bien mangé et furent rassasiés de mets raffinés et de boissons de prix, ils échangèrent des nouvelles des pays étrangers selon la coutume des gens de cour ; ils parlèrent des derniers événements survenus chez les princes qui vivaient dans les pays étrangers voisins, et de ce qui s'était passé au cours des derniers hivers — de tout ce qu'il convenait que la cour apprît et que Roald rapportât.

Ensuite, dans un discours éloquent, disposant savamment ses mots et faisant preuve d'une mémoire aiguë, Roald raconta au roi, devant toute la cour qui écoutait, de quelle façon Kanelangres, son seigneur et son chef, avait secrètement emmené de cet endroit Blensinbil, la sœur du roi, qu'il aimait, comment il l'épousa et décéda, comment elle mit au monde un fils et mourut, et pourquoi il le fit appeler Tristan. Et il lui montra alors un anneau d'or avec des pierres précieuses qu'avait possédé le père du roi Marc, et que le roi avait donné à sa sœur parce qu'il la chérissait d'une digne affection. Il lui raconta comment Blensinbil lui avait demandé avant sa mort de donner cet anneau au roi, son frère, comme preuve irréfutable de sa mort.

Lorsque Roald eut remis l'anneau et que le roi l'eut pris, ce dernier reconnut le garçon grâce à cela. Aussitôt dans toute cette assemblée de ducs, de comtes, de vassaux, de chevaliers, de pages et d'écuyers, de dames et de servantes, il n'y eut personne qui ne versât des larmes à cause de ce si malheureux événement, ainsi que lorsqu'il exposa le malheur suivant : comment Tristan avait été enlevé et comment il l'avait cherché dans maint pays péniblement et difficilement.

Lorsque le roi eut écouté attentivement ces nouvelles, il fit venir Tristan en lui parlant affectueusement et le prit dans ses bras tout en lui donnant de tendres baisers : c'était son parent bien-aimé et son neveu.

Puis Tristan se rapprocha de son parent, le roi, tomba agenouillé devant lui et lui dit : « Sire, je voudrais à présent que vous me procuriez une armure. Je veux aller voir mon pays natal, mon patrimoine, et venger la mort de mon père, en effet je suis maintenant assez âgé pour être capable de réclamer mes propres droits. »

Alors tous les chefs qui se trouvaient assis des deux côtés du roi dirent qu'il lui seyait bien d'agir ainsi, et le roi y consentit lui disant qu'il allait lui faire préparer une armure.

Cette armure que le roi lui donna était très bonne. Elle avait été faite en grande partie avec de l'argent et de l'or purs, et incrustée de pierres précieuses. Tristan fut équipé par des chevaliers vaillants, beaux, courtois, puissants et distingués. Ils fixèrent des éperons en or pur à ses pieds : deux vassaux les avaient fabriqués. Le roi Marc lui ceignit lui-même l'épée, lui donna un puissant coup au col et lui dit : « Mon cher parent, ne reçois jamais de coups d'autres gens sans en tirer vengeance aussitôt. N'accepte aucune indemnité ni d'autre réparation qu'un coup pour un coup tant que tu peux te venger ; c'est ainsi que tu rendras célèbres tes qualités chevaleresques. » Le roi fit de lui un majestueux chevalier, et on lui amena un beau et puissant destrier, revêtu d'un caparaçon rouge, entrelacé d'or, et portant des images de lions. Ce même jour, le roi lui donna des chevaux et des armures pour vingt autres jeunes gens, dans son intérêt, ainsi que cent autres chevaliers expérimentés qui tous devaient accompagner Tristan au sud de la Bretagne afin de réclamer et défendre ses droits.

Au matin, Tristan vint prendre congé du roi pour rentrer chez lui avec son père adoptif et ses compagnons. Ils rejoignirent leurs bateaux et embarquèrent avec leurs chevaux et leurs armes. Certains levèrent l'ancre et hissèrent la voile qui était de toutes les couleurs, jaune et bleu, rouge et vert[1]. Ils cinglèrent vers le large et arrivèrent là où ils le désiraient le plus eux-mêmes, au sud de la Bretagne.

Lorsqu'ils furent parvenus au port, ils débarquèrent devant la cité qui s'appelle Ermenía[2] ; et ils virent là le plus puissant des châteaux, un grand et beau château, inexpugnable de quelque manière que ce soit. Ce château avait appartenu au père de Tristan, et il était toujours occupé par ses hommes, des gens qui étaient à son service et liés à lui par serment. Le maréchal Roald descendit le premier du bateau, chevaucha jusqu'à la cité et fit ouvrir toutes les portes et les entrées de la cité. Tristan vint aussitôt avec sa cour, et le maréchal lui remit toutes les clés du château. Il écrivit alors à tous les vassaux du royaume pour leur demander de venir à cet endroit et y accueillir leur seigneur qu'il avait recherché au cours de longs voyages, et avait trouvé grâce à l'aide et à la providence de Dieu. Quand arrivèrent les ducs et autres chefs, les vassaux et les puissants chevaliers, Tristan reçut leur allégeance, leur foi et leurs serments. Tous ses sujets ressentent à présent une joie nouvelle de le voir revenu. Le peuple

---

1. Il se pourrait bien que ce détail ait été rajouté en Scandinavie où de telles voiles étaient appréciées.
2. Selon Gottfried et *Sir Tristrem* qui suivent aussi Thomas, le pays d'origine de Kanelangres serait l'Erménie et non le Loonois.

tout entier qui avait été auparavant courroucé et contristé à cause de son enlèvement est maintenant libéré et réjoui.

Au matin Tristan se prépara en compagnie de vingt chevaliers à aller trouver le duc Morgan afin de lui réclamer ses droits et son royaume qu'il avait pris à son père. Quand il arriva au palais du duc, il s'adressa à lui de cette manière devant toute la cour qui était assise et écoutait : « Que Dieu te bénisse, duc, de la même manière que tu as agi envers nous, car tu détiens mon royaume contre le droit et as tué mon père dans une bataille. Je suis le fils de Kanelangres, et suis venu ici pour te réclamer mon héritage que tu détiens, et qui appartenait à mon père. Je te demande de me le rendre honorablement et librement. Et je suis prêt à te rendre tout service qui incombe à l'honneur d'un homme libre. »

Le duc répond alors : « J'ai appris comme une chose certaine que tu étais au service du roi Marc, qu'il t'avait donné de bons chevaux, des armures, des étoffes et des soieries de qualité ; et je vois que tu es un beau chevalier. Mais tu prétends que tu veux obtenir de moi ce royaume, et dis que je détiens tes possessions contre le droit et que j'ai tué ton père. Or, je ne sais pas comment je vais prendre ta requête, si ce n'est qu'il me semble que tu me cherches querelle et que tu vas soulever un litige que tu ne pourras jamais mener à bonne fin. Si tu veux réclamer ton royaume, tu devras le faire par la force, car il n'est pas douteux que je détiens ce que tu appelles ton royaume, que ce soit à bon droit ou non. Quant à l'accusation d'avoir tué ton père que tu portes contre moi, tu auras besoin de toutes tes forces pour soutenir cette accusation, car jamais nous n'en renierons ni n'en dissimulerons la responsabilité devant toi. »

Tristan dit alors : « Quiconque tue un homme et avoue sa mort, doit en donner réparation à ses amis. Tu avoues à présent à la fois que tu détiens mon royaume contre le droit et que tu as tué mon père. Je te demande donc de m'accorder réparation pour ces deux délits, puisque tu ne peux nier ni l'un ni l'autre. »

Le duc dit alors : « Tais-toi, rustre ! Tu es plein d'arrogance, tu es un fils de pute, tu ne sais pas qui t'a engendré et tu dis des mensonges sur ton père. »

Tristan se mit alors en colère et dit : « Duc, tu as menti, car je suis l'enfant d'un mariage légitime. Je le prouverai contre toi si tu oses approfondir toi-même la question plus avant. »

Lorsque le duc entendit les paroles de Tristan lui disant qu'il mentait, il bondit rempli de colère et de méchanceté, s'avança vers Tristan et lui donna de toute sa force un coup de poing dans les dents. Tristan tira aussitôt son épée, lui asséna sur la tête un coup qui pénétra jusqu'aux yeux, et le projeta par terre près de lui, mort, sous les yeux de toute sa cour. Les compagnons de Tristan et les membres de son escorte étaient très courageux : ils tirèrent aussitôt leurs épées et s'ouvrirent un chemin au travers de la foule se trouvant dans la pièce ; ils frappaient des deux côtés et tuaient tous ceux qu'ils pouvaient atteindre. Dès que Tristan fut sorti de la salle, il bondit sur son cheval, ainsi que tous ses compagnons chacun sur le sien ; ils prirent leurs boucliers, donnèrent des éperons et sortirent de la forteresse en ordre de bataille. Celui qui veut maintenant les offenser est un imbécile. Ils transforment alors les escarmouches en une bataille au cours de laquelle plus de cent hommes tombent avant qu'ils se retirent. En effet, toute l'armée du duc s'équipa pour aller venger la mort de leur seigneur, et cinq cents hommes sortirent, tous en armes ; ils poursuivirent Tristan à toute vitesse, si bien que ceux qui avaient les chevaux les plus rapides se rapprochèrent de ses compagnons.

Chapitre 25

Tristan remet son royaume
à Roald
et rentre en Angleterre

Tristan avait tué le duc Morgan et maint chevalier, et revenait chez lui en toute hâte. Mais les Bretons le poursuivaient, une grande masse de gens, et le menaçaient, disant qu'ils allaient venger leur seigneur. Lorsque leur avant-garde les rejoignit, Tristan et ses hommes se retournèrent contre eux et leur opposèrent une résistance si vaillante qu'ils les tuèrent tous et prirent leurs chevaux. Ils se vengèrent si bien de l'offense qui leur avait été faite que les vaincus ne devaient jamais regagner leur réputation.

Le même jour, le maréchal Roald fit équiper soixante chevaliers d'armes fiables et de bons chevaux, et les envoya sur la route par laquelle Tristan était parti : ils devaient lui venir en aide s'il en avait besoin, ou s'il voulait aller visiter quelque autre de ses cités, faire en sorte qu'il puisse s'y rendre sans danger et sans craindre ses ennemis.

Ceux qui poursuivaient Tristan et ses hommes ne savaient pas où il allait chercher refuge ; il se retourna très souvent contre eux et avec la plus grande vivacité, et tua ceux qui étaient le plus près de lui. Ils le poursuivirent ainsi longtemps.

Finalement, les soixante hommes arrivèrent au galop dans leur direction. Ils abaissèrent leur lance pour l'attaque et frappèrent aussitôt de leur épée si vaillamment et si bravement qu'ils repoussèrent les premiers rangs des poursuivants et tuèrent tous ceux qui leur firent face. Quant à ceux qui restaient, ils prirent la fuite. Mais Tristan et ses compagnons les poursuivirent et les tuèrent dans leur fuite comme un troupeau de moutons prenant la course ; ils s'emparèrent de beaucoup de chevaux et d'armures de toutes sortes, et s'en retournèrent à leur château après une grande victoire leur apportant un grand renom.

Tristan était un homme tout à fait vaillant, et il s'acquit de la gloire et des éloges, devint généreux envers tous et bien-aimé, estimable et honorable, noble et bien pourvu par la fortune.

Il avait à présent vengé son père par une grande victoire lui apportant du renom, et il envoya chercher tous les nobles de son royaume. Quand ils arrivèrent, il leur dit : « Mes amis, je suis votre seigneur loyal, le neveu du roi Marc. Il n'a ni fils, ni fille, ni héritier légal ; je suis donc son seul héritier légal. Je veux revenir auprès de lui et le servir aussi honorablement que possible. Je remets à Roald, mon père adoptif, cette cité avec tous ses revenus. Puis après lui, que son fils la détienne. C'est en raison de la grande peine et des fatigues qu'il a supportées à cause de moi, ainsi que pour les soins attentifs qu'il m'a prodigués et l'estimable honneur dans lequel il m'a tenu dans mon enfance. Soyez tous obéissants et dévoués envers lui. Dorénavant je lui confère mes droits et mon rang. À présent je désire m'en aller avec votre amitié et votre congé. » Et il les embrassa tous, les yeux pleins de larmes.

Puis il monta sur son cheval, ses hommes en firent de même, et ils s'en allèrent au bateau. Ils levèrent l'ancre, hissèrent la voile et cinglèrent vers le large. Ses sujets demeuraient, peinés, pleurant son départ, regrettaient qu'il n'ait pas voulu rester plus longtemps avec eux, et désiraient ardemment son retour. Ils étaient une nouvelle fois contristés par son départ loin d'eux.

Chapitre 26

Le tribut irlandais prélevé sur l'Angleterre

L'histoire de Tristan nous dit à présent que les Irlandais prélevaient à cette époque un tribut sur l'Angleterre, et ils l'avaient exigé pendant de nombreuses années. En effet, les Irlandais aimaient beaucoup l'Angleterre, car le roi qui régnait alors sur l'Angleterre était incapable de se défendre, aussi l'Angleterre fut longtemps soumise au tribut irlandais. Un premier tribut avait été payé au roi de Rome, d'une somme de trois cents livres en pièces de monnaie. Les Irlandais prélevaient en premier un tribut en laiton et en cuivre, la seconde année en argent pur, la troisième en or raffiné, et cela devait être mis de côté pour les besoins des uns et des autres. La quatrième année, le roi et les nobles d'Angleterre devaient se rassembler en Irlande pour y entendre les lois, rendre la justice et faire exécuter les peines de tous les condamnés. Mais le cinquième hiver, le tribut devait consister en soixante garçons, les plus beaux qui se puissent trouver, et que l'on devait livrer car ils étaient réclamés par le roi d'Irlande pour le servir en tant que pages. L'on tirait alors au sort parmi les vassaux et autres nobles pour savoir lesquels devraient abandonner leurs enfants. Et ceux que le sort désignait devaient livrer leur progéniture — même s'il s'agissait d'un enfant unique — dès que l'on envoyait chercher le tribut.

Tristan débarqua en Angleterre dans le port qu'il désirait, c'était l'année où le roi d'Irlande demandait des enfants comme tribut. Et celui qui venait le prélever avait débarqué d'un riche dromon.

Il y avait en Irlande un puissant héros, jeune et méchant, fort et sévère, qui venait chaque été en Angleterre pour y prélever le tribut. Et si on lui refusait le tribut, il entendait aller le réclamer de force en combat singulier à celui qui lui opposait résistance, car c'était de deux choses l'une : l'on devait soit lui payer le tribut, soit lui livrer bataille.

Tristan descendit de bateau, monta à cheval et alla au château où se trouvaient le roi, ainsi que des ducs, des comtes, des vassaux et un grand nombre de chevaliers, car on les avait convoqués là. Étaient également venues là les plus riches femmes avec leurs fils. Et l'on devait tirer au sort lesquels d'entre eux devraient constituer le tribut pour l'Irlande. Toutes les femmes se lamentaient sur leur affliction et leurs peines. Chacune d'elles craignait pour son fils qu'on ne le tirât au sort, car il était inutile ensuite de s'y opposer ou de regretter. Et c'était un comportement justifié que de s'affliger d'un telle tyrannie qui forçait les gens à livrer leurs enfants à l'exil, aux dangers et à la misère. C'est une terrible peine et un pénible tourment que de voir des enfants de si haut lignage livrés à une telle servitude et à un tel esclavage. Seigneur Dieu, tu es bien patient pour supporter de telles choses ! Prends pitié de ce pénible malheur. Des hommes puissants se lamentaient. Les femmes pleuraient et allaient mal. Les enfants hurlaient. Les mères maudissaient les pères et leurs enfants, eux qui n'osaient pas protéger leurs enfants de la misère en s'attaquant à ceux qui les leur prenaient. Elles les traitaient de peureux, de déshonorés, de dominés et de vaincus, eux qui n'osaient pas se battre contre Morholt qui réclamait le tribut. En effet, ils savaient qu'il était le plus rude, qu'il était farouche, d'une force inépuisable, infatigable dans les passes d'armes, hardi dans les joutes, bien bâti ; et c'est pourquoi il ne se trouvait pas un homme à cet endroit qui ne préférât pas livrer ses enfants à la servitude et à l'esclavage, plutôt que de s'abandonner soi-même à la mort. Ainsi, personne n'osait se battre avec lui, car personne n'avait l'espoir de l'emporter.

Quand Tristan parvint dans la grande salle, il vit là toute l'assemblée des hommes les plus éminents de ce royaume. Tous se lamentaient sur leurs peines, eux qui devaient payer un tel tribut. Tristan vit leur tristesse, leur affliction ; beaucoup pleuraient. Il demanda pour quelle raison ils se trouvaient dans cet état.

« C'est à cause du tribut, dirent-ils, que Morholt, l'émissaire du roi d'Irlande, a l'habitude de prélever. Il est venu le chercher et le réclamer aux nobles de ce royaume, qui sont tous rassemblés ici pour tirer au sort les enfants qui devront partir. »

Quand Tristan entra dans la grande salle du château, il était déjà triste ; à présent il était encore plus triste, car il trouva là les plus glorieux nobles qui fussent en ce royaume : tous étaient à genoux devant ceux qui devaient tirer au sort, chacun priant Dieu qu'il lui fît la grâce de le protéger du tirage au sort. Il y avait là aussi les mères qui pleuraient leurs enfants ; les enfants gémissaient et hurlaient.

C'est à ce moment qu'arriva Tristan, le bienveillant, et il dit à haute voix : « Nobles seigneurs, que Dieu vous bénisse tous et vous délivre de cet esclavage, de cette servitude, de cette honte et de ce déshonneur qui sont les vôtres. Mais il me semble extraordinaire que dans la si grande assemblée que je vois ici, il ne se trouve personne qui ose défendre votre liberté ou vous libérer de la servitude et de l'esclavage en acceptant aujourd'hui même un combat singulier pour mettre un terme au malheur qui vous accable, de façon qu'il ne soit plus jamais besoin de tirer au sort ni de livrer vos enfants à la servitude. En vérité, ce pays est maintenant peuplé d'esclaves, à moins que vous vous libériez de l'esclavage. En effet, vous êtes tous des esclaves et non des chevaliers, s'il repart avec le tribut, et que tout le pays soit rançonné et ravagé. Votre manque de courage me semble si grand que vous ne vous souciez même pas de l'endroit où vos enfants vont connaître la misère et la déchéance, puisque vous avez renoncé à les garder à l'abri de votre autorité. À présent, si vous voulez suivre mon conseil, vous ne laisserez pas partir vos enfants et ne payerez pas le tribut à l'émissaire. Choisissez donc celui d'entre vous tous qui est le plus vaillant et le plus rude dans les passes d'armes, qui est versé dans l'art de la chevalerie, puissant et brave. Il devra affronter en combat singulier l'homme qui réclame le tribut, et ce dernier se rendra à vous lorsqu'il aura été vaincu et défait sur le champ de bataille. Si on ne trouve personne qui soit supérieur à moi, alors dans l'intérêt de mon parent, le roi, je me battrai volontiers en combat singulier avec toute la force que Dieu m'a accordée. Si cet homme est fort, Dieu a la puissance de m'aider, de délivrer vos enfants et d'obtenir de force votre liberté ; mieux vaut cela plutôt que de le laisser partir dans ces conditions avec vos enfants et vos biens, sans le mettre à l'épreuve et sans le jauger, et qu'il emporte avec lui vos richesses et vos héritiers. À présent, levez-vous immédiatement et cessez ce que vous faites. Il ne pourra jamais se vanter de nous avoir trouvés tous manquant de courage. »

Chapitre 27

Tristan s'entretient
avec Morholt

Le roi Marc dit alors : « Grand merci, mon cher parent ! Viens ici et embrasse-moi. Si tu regagnes notre liberté, tu seras l'héritier de tout mon royaume. Personne n'est plus digne de le posséder que toi puisque tu es mon neveu. »

Tristan s'avança et embrassa le roi, son parent, ainsi que tous les vassaux et les chevaliers qui se trouvaient là. Il donna alors son gant au roi afin de confirmer le duel avec Morholt. Tous le remercièrent, les jeunes comme les vieux, lui disant qu'il allait obtenir la victoire sur l'ennemi de son seigneur et restaurer leur liberté, et qu'ils le chériraient, l'honoreraient et le serviraient toujours comme leur seigneur, puisqu'il voulait bien être leur seigneur et leur protecteur.

Ensuite ils firent chercher Morholt. Il pensait qu'ils avaient alors tiré au sort et qu'il allait prendre les enfants.

Quand Tristan vit entrer et s'asseoir Morholt, il dit à haute voix : « Écoutez, seigneurs et nobles, vassaux et chevaliers, jeunes et vieux, qui êtes rassemblés ici ! Morholt est venu ici et prétend que vous devez payer un tribut parce qu'il est habitué à en prélever un chaque année. Mais il vous a été imposé par abus de pouvoir, par la force et la tyrannie, et vous vous êtes soumis à l'oppression et à l'injustice lorsque les Irlandais ont pillé votre pays et ont porté la guerre en Angleterre, alors que les hommes de ce pays ne pouvaient se défendre ni autrement faire la paix avec eux qu'en s'assujettissant à leur payer un tribut — et il en a toujours été ainsi depuis. Or, la sujétion n'est pas une condition juste mais une honte manifeste et un traitement exécrable. Ainsi, il n'est pas juste de payer le tribut, du moment qu'il a toujours été prélevé abusivement — puisque ce qui est prélevé grâce à la sujétion est injuste. Or il est versé dans la sujétion et c'est une exaction, si l'on en juge d'après le droit. Tout le bien que l'on obtient par spoliation, où que ce soit, est mal acquis ; comme la spoliation est contraire au droit, Morholt n'obtiendra rien de nous contrairement au droit. S'il veut emmener des enfants, cela ne se fera jamais avec notre consentement. »

Mais Morholt déclara qu'il avait le droit de les prendre.

Tristan dit : « Il ressort de tes propres paroles que tu n'as pas le droit de prélever aucun tribut ici ni de l'emmener loin d'ici ; aussi, nous allons nous défendre par la force et nous n'y renoncerons que contraints par la force. Ce que tu veux prendre par la force, nous le défendrons par la force ; puisqu'il faut combattre la force par la force, que l'emporte celui dont les prétentions sont les plus justes ! Nous allons lui faire comprendre que tout ce qu'ils tiennent pour fondé est injuste. »

Lorsque Tristan eut parlé ainsi, Morholt bondit immédiatement et resta debout ; il paraissait large de visage, de haute stature et musclé, tout à fait vigoureux. Il parla alors, d'une voix forte sortant d'une gorge puissante : « Je saisis bien ce que vous avez été amenés à dire dans votre folie : vous ne voulez pas me payer le tribut ni le verser gracieusement, mais plutôt me résister par la force pour le garder. Mais je ne suis pas prêt maintenant pour une bataille, car je n'ai ici qu'une petite troupe. Quand j'ai débarqué en Cornouailles, je ne pensais pas avoir besoin d'une telle armée, ou que vous iriez me refuser le tribut, rompre vos serments, et me repousser. Mais puisque j'ai peu d'hommes avec moi et que je ne suis pas prêt pour la bataille, que l'un d'entre vous vienne m'affronter en combat singulier afin de prouver que vous n'êtes pas tenus de me payer le tribut. Si j'échoue dans mes prétentions, vous serez justement et honorablement libres. À présent, si quelqu'un ose prendre votre défense, qu'il accepte mon gant. »

Tristan se tenait tout près, vaillant et digne, hardi en paroles et séduisant ; il se leva aussitôt, s'approcha de lui et dit : « Voici celui qui va s'opposer à toi et soutenir que nous ne sommes tenus à payer aucun tribut, et que nous n'avons jamais rompu de serments envers toi. Je vais défendre cette vision des choses contre toi, et en faire la preuve contre toi-même. Va vite prendre tes armes, car je me dépêche d'aller prendre les miennes afin de prouver que c'est la vérité. »

Chapitre 28

Tristan tue Morholt
en combat singulier

Leur engagement à s'affronter en combat singulier est confirmé. Morholt descendit sur le rivage et revêtit son armure. Puis il monta sur son grand cheval équipé d'une solide housse de mailles[1], suspendit à son épaule un bouclier de vingt livres, rigide, grand et épais, ceignit une épée longue et acérée, puis

---

1. C'est l'équivalent pour les chevaux des cottes de mailles.

chevaucha vers le champ de bataille en faisant galoper son cheval, tous les gens voyant ses capacités de cavalier.

Tristan revêtit ses armes au palais du roi : il mit de bonnes grèves de fer, et deux vassaux fixèrent à ses pieds des éperons d'or. Puis il enfila une solide broigne, épaisse et longue. Le roi, son parent, lui ceignit une bonne épée que l'on avait éprouvée dans mainte bataille. C'est le roi, son père, qui avait donné cette épée à Marc, avec l'anneau que nous avons précédemment mentionné dans l'histoire : c'étaient les deux biens les plus précieux de tout le royaume. Puis ils placèrent sur sa tête un heaume clair et brillant, le meilleur qui se puisse trouver. Puis ils suspendirent à son épaule un solide bouclier garni de fer et rehaussé d'or, et amenèrent un cheval bai bien recouvert d'une housse de mailles. Tristan monta sur le cheval et prit congé du roi et de tous ses amis. Le sort de Tristan les remplissait tous de crainte, et tous appelaient sur lui la pitié de Dieu et le recommandaient à Dieu tout-puissant pour qu'il le délivrât de cette tâche périlleuse. Puis il se hâta d'aller combattre son ennemi afin de défendre la liberté de toute l'Angleterre contre l'émissaire du roi d'Irlande.

Morholt était fort, musclé, fier et de haute stature. Il ne craignait aucun chevalier au monde. Il était le frère de la reine d'Irlande et il réclamait le tribut pour son compte. Le roi l'avait envoyé pour cela en Angleterre. Il savait que la force d'aucun homme ne pouvait résister à la sienne. Le moment est maintenant venu d'en faire l'épreuve.

Sur ce, il prit devant lui son bouclier pour se protéger, abaissa sa bannière pour l'attaque, donna de l'éperon à son cheval et se dirigea vers Tristan. Aussitôt Tristan tourna son bouclier devant lui et prit sa lance pour l'attaque. Quand ils se rencontrèrent, chacun d'eux frappa dans le bouclier de l'autre : ce fut une charge si violente et si rude qu'ils brisèrent le bois de leurs lances. Mais leurs boucliers étaient si solides qu'ils résistèrent. Aussitôt, ils tirèrent leur épée et se donnèrent de durs coups, si bien que des étincelles volaient de leurs heaumes, leurs épées et leurs broignes. Tristan était hardi au combat, et Morholt était solidement bâti, grand, et avait l'expérience des combats longs et durs. Quand l'un des deux ouvrait sa garde, l'autre l'attaquait pour le mettre à mal. Les heaumes se bosselaient sous les coups d'épée, les broignes cédaient, les boucliers se fendaient, la plaine se couvrait de fer, d'acier, d'ornements dorés tombés des boucliers et des heaumes. Ni les Irlandais ni les habitants de la cité ne s'estimaient capables de discerner lequel des deux se battait le mieux ou avait le plus de chances de l'emporter. Tristan se mit dans une grande colère, brandit son épée et asséna un coup sur la tête de son adversaire, juste entre le bouclier et le heaume, qui trancha la guiche, emporta le bord du heaume et un quart du bouclier rehaussé d'or brillant et de pierres précieuses, arracha la broigne du bras, emporta toute la chair que l'épée put trancher, passa au travers de l'arçon et s'enfonça de plus d'un empan dans le dos du cheval. Mais ce coup l'eût touché plus gravement si l'épée avait été plus longue. Morholt frappa Tristan à l'endroit où il le vit à découvert, car il tenait son bouclier loin de lui ; l'épée atteignit sa poitrine, la broigne céda sous le coup, et il reçut une blessure très sérieuse à l'endroit où pénétra l'épée : il s'en fallait de peu que Morholt ne l'ait tué.

Morholt lui dit alors : « Il est clair à présent que tu défends une mauvaise cause. Il eût mieux valu, poursuivit-il, payer le tribut plutôt que tu connusses la honte et le déshonneur, car toutes les blessures qu'inflige mon épée sont mortelles. En effet, elle est enduite de poison des deux côtés. Jamais on ne trouvera de médecin qui puisse soigner cette blessure, ma sœur mise à part : elle seule connaît les vertus et les pouvoirs de toutes les plantes et de tous les médicaments qui peuvent soigner les blessures. Rends-toi et tiens-toi pour dominé, pour vaincu et pour défait. Je t'accompagnerai alors auprès de la reine par amitié pour toi, et lui demanderai de soigner ta blessure. Ensuite nous serons compagnons à tout jamais, et tout mon bien sera à ta disposition, car je n'ai jamais trouvé de chevalier sur lequel je puisse faire autant d'éloges que sur toi. »

Tristan répond alors : « Je ne renoncerai à mon mérite et à ma prouesse pour aucun des services que tu m'offres. Je préfère de beaucoup mourir en combat singulier plutôt que perdre mon honneur dans la honte. Jamais je ne me comporterai si mal à cause de quelque blessure que ce soit, ce que je crois toujours pouvoir te prouver. Dieu est tout-puissant pour m'aider et défendre dans sa pitié notre liberté contre toi. J'ai bon espoir de pouvoir encore me venger. Je vais te rendre coup pour coup, de façon que l'Angleterre soit pour toujours délivrée de toi. À présent tu te réjouis, mais ce soir tu ne feras aucun éloge[1]. »

---

1. Selon P. Schach, il semble qu'il y ait là une allusion à un vers d'un poème eddique, le *Hávámál* (*Les Dits du Très-Haut*), strophe 81 : « C'est le soir qu'il faut louer le jour. » C'est-à-dire : il ne faut louer une chose que lorsqu'on l'a déjà éprouvée, pas avant. Un célèbre proverbe français a un sens proche : il ne faut pas vendre la peau de l'ours avant de l'avoir tué.

Tous les hommes et les femmes furent désolés et atterrés, lorsqu'ils virent le cheval de Tristan tout recouvert de sang ; et ils prièrent Dieu de le délivrer des tourments et des périls. Tristan entendit leurs paroles et s'aperçut alors que Morholt l'attaquait ; il brandit son épée de toutes ses forces et frappa sur le heaume. Le fer céda, l'acier se fendit, le camail ne fut d'aucune utilité ; l'épée lui rasa une partie des cheveux et de la barbe et se ficha dans le crâne et dans la cervelle. Il tira vivement l'épée vers lui, car il voulait l'avoir à sa disposition en cas de besoin, et il la fit venir à lui de toutes ses forces. Toute la partie de l'épée qui était entrée dans le crâne y resta alors fichée. Mais Morholt tomba mort de son cheval.

Tristan lui dit alors : « S'il est vrai que la reine Iseut sait soigner les blessures empoisonnées, et que personne d'autre ne peut me secourir, il l'est tout autant qu'elle ne pourra jamais te secourir ni te soigner ; quoi qu'il advienne de ma blessure, la tienne est plus laide et plus hideuse. »

Puis il ordonna aux autres émissaires de ramener son corps en Irlande et de dire que jamais plus ils ne prélèveraient de tribut en Angleterre, que ce soit de l'or ou de l'argent, ce présent-ci mis à part. Les Irlandais prirent alors son corps, le descendirent avec beaucoup de chagrin sur le rivage dans sa tente, lui enlevèrent son armure, le chargèrent ensuite sur le bateau, larguèrent les amarres et levèrent l'ancre, cinglèrent vers le large et rentrèrent chez eux en Irlande. Là ils racontèrent ce qui s'était passé, ce qui attrista tous les Irlandais.

Chapitre 29

Le cadavre de Morholt est amené à Dublin

Tristan s'en retourna chez lui au palais du roi. On lui enleva toute son armure et l'on envoya chercher les meilleurs médecins de ce royaume, car la blessure était empoisonnée. Il but alors de la thériaque et des potions faites de toutes sortes d'herbes, et ils placèrent des emplâtres sur les plaies afin de faire sortir le poison.

Tristan éprouvait une grande douleur, le roi et la cour une grande tristesse, ainsi que les gens du pays, car tous craignaient qu'il ne mourût. Ses blessures devinrent noires, et ni les herbes ni les potions ne lui apportèrent la guérison. Ils lui préparèrent une jolie chambre et tendirent de précieuses tentures de soie, afin qu'il pût reposer là au calme.

Les Irlandais ont à présent débarqué dans le meilleur des ports, celui de Dublin. Ils prirent le corps de Morholt, le placèrent sur son bouclier et le portèrent par les rues. De grands gémissements s'élevèrent dans le peuple à la vue du cadavre de Morholt, le frère de leur belle reine Iseut. Tous les gens de la cité disaient alors : « C'est imprudemment que l'on a réclamé ce tribut. » Les émissaires prirent le corps et le portèrent au château. Les vassaux coururent dans leur direction pour voir le chevalier mort.

Les émissaires dirent au roi à haute voix et en des termes hardis : « Marc, le roi d'Angleterre, t'envoie ce message : il n'a en toute justice d'autre tribut à te payer que ce chevalier mort. Si tu veux encore demander un tribut et lui envoyer un émissaire, il te le renverra mort. Un jeune homme de ce pays, hardi et vaillant, le neveu du roi, a surpassé la vaillance de Morholt, et nous l'a rendu mort, ce qui nous affligea. C'est un nouveau venu à la cour du roi. On ne peut trouver d'homme plus vaillant que lui. »

Quand le roi vit Morholt mort, il soupira de tout son cœur et fut très accablé. La tristesse se répandit alors dans toute la cour. Aussitôt la belle Iseut apprit la nouvelle. Elle quitta son appartement pour se rendre dans la grande salle. Quand elle vit son frère mort, elle tomba évanouie sur son corps, puis se lamenta longuement sur sa mort, maudissant l'Angleterre, le tribut levé en Angleterre et la malchance de Morholt. Puis elle maudit celui qui l'avait tué et tout le pays qui devait payer le tribut.

Ils virent alors le morceau de l'épée qui s'était cassé et qui était resté dans le crâne. Ils prirent des pinces, arrachèrent le morceau et le donnèrent à Iseut. Aussitôt elle le nettoya en enlevant la cervelle et le sang, et le plaça dans son coffret dans l'idée qu'il rappellerait à chacun ses peines, car c'était ce morceau qui l'avait tué. Sur ce, ils enterrèrent le corps avec les plus grands honneurs.

Chapitre 30

Tristan est soigné
en Irlande

Il faut maintenant parler de Tristan. Il avait fait panser et soigner ses blessures, mais il ne touvait pas de médecin dans le pays qui sache le guérir. Ses blessures lui causaient de si grandes douleurs qu'il eût préféré être mort plutôt que vivre dans de telles souffrances. Il ne pouvait jamais trouver ni repos ni sommeil, car le poison s'était répandu dans ses os et dans sa chair. Tous ses parents et amis supportaient très difficilement d'être assis près de lui en raison de la puanteur qu'il exhalait.

Tristan dit alors au roi : « Sire, j'en appelle à votre affection pour moi : apportez quelque réconfort à ma pénible existence et donnez-moi quelque bon conseil dans ma misère. Personne parmi mes parents et mes amis ne veut venir me voir ni me réconforter. C'est pourquoi je désire partir pour aller là où Dieu, dans sa sublime miséricorde, me fera aborder conformément à ce dont j'ai besoin. »

Lorsque Tristan eut fini de parler et de plaindre ses malheurs auprès du roi, le roi dit : « C'est une grande folie de ta part, mon cher parent, que de vouloir te tuer toi-même. En un seul jour peut se présenter une circonstance qui ne s'est pas produite pendant douze mois, de sorte que tu peux trouver du secours dans un très court laps de temps. Mais puisque tu désires t'en aller, je vais te faire préparer un bateau avec tout ce que tu as besoin d'emporter. »

Tristan remercia le roi, mais le roi et tous les autres appréciaient peu ce départ.

Peu après, le bateau fut prêt et pourvu de provisions suffisantes et de tout ce qu'il avait besoin d'emporter. Tous les gens l'accompagnèrent alors jusqu'au bateau et déplorèrent son départ. L'équipage s'éloigna vers le large. Ceux qui restaient prièrent tous Dieu de le protéger et d'avoir pitié de lui.

Le bateau dériva si longtemps en haute mer au gré des vents et des courants qu'ils ne savaient pas où ils allaient, mais finalement ils parvinrent en Irlande, et on leur apprit tout de suite où ils avaient débarqué. Tristan fut rempli de crainte à cause de sa venue en cet endroit-là : il redoutait que le roi et ses ennemis ne découvrissent qui il était ; aussi prit-il le nom de Tantris[1].

Il dévoile alors ses talents à la harpe, la courtoisie et la distinction dont il est capable ; et rapidement se répand sur son compte la rumeur qu'il a belle apparence et grand savoir.

Quand la belle et courtoise Yseut, la fille du roi, apprend la rumeur qui circule à son sujet, elle désire vivement le voir et découvrir quelques-unes de ses diverses connaissances ; et elle demande à son père et à sa mère de faire venir Tantris. La jeune Yseut use de tant d'habileté pour implorer son père et sa mère, la reine Iseut[2], qu'ils demandent à Tantris de devenir son maître, parce qu'elle désire au plus tôt apprendre à jouer de la harpe, à écrire des lettres et à composer de la poésie.

Tristan vint à l'appartement de la reine. Personne ne pouvait supporter d'y demeurer en raison de la puanteur qu'exhalaient ses blessures. La reine en fut chagrinée et lui dit : « Je te secourrai avec plaisir par égard pour ma fille Yseut, afin que tu puisses lui enseigner du mieux que tu pourras, avec gentillesse et bienveillance, ce que tu sais et qu'il lui plaît d'apprendre. »

Puis elle dit à une de ses femmes : « Prépare-moi immédiatement un contrepoison. » Elle fit appliquer un emplâtre qu'il garda toute la journée, ce qui fit rapidement partir la puanteur de la plaie. La nuit suivante la reine se mit au travail : elle lava la plaie de ses mains avec des simples et la ferma avec un emplâtre merveilleux de sorte qu'après un court moment elle put faire sortir le pus et le poison. Dans le monde entier, il n'y avait de médecin qui possédât si bien des connaissances médicales de toutes sortes, car elle savait soigner les diverses maladies et blessures que les gens peuvent contracter. Elle connaissait les vertus de toutes les plantes qui servent à soulager. Elle était au fait de toutes les techniques et de tous les moyens de soigner qui ressortissent à l'art de la médecine. Elle savait aussi soigner les gens qui avaient absorbé des boissons empoisonnées, guérir les blessures empoisonnées et les attaques, faire sortir toutes sortes d'infections et de douleurs de tous les membres, si bien qu'il n'y avait nulle part de savant qui fût plus habile ou meilleur en matière médicale.

---

1. Le pseudonyme est Trantris en norrois, puisque le nom de départ est Tristram.
2. Le norrois utilise déjà ici un jeu de deux noms très proches : *Ísönd* et *Ísodd*, que nous rendons par le jeu Yseut-Iseut. Il en sera de même quand apparaîtra l'épouse de Tristan.

Lorsqu'elle eut ouvert la plaie, enlevé toute la chair morte, et fait sortir complètement le poison, toute la chair vive reprit meilleur aspect. Elle ferma alors la plaie avec des emplâtres de sinsing et une pommade curative si fréquemment et si énergiquement qu'au bout de quarante jours il fut aussi bien portant que s'il n'avait jamais été blessé. Il redevint aussi fort qu'auparavant et fut complètement rétabli.

Tantris s'appliqua alors nuit et jour de tout son cœur à apprendre à Yseut à jouer de la harpe et de toutes sortes d'instruments à cordes, à écrire et à composer des lettres, et à connaître tous les arts. Yseut apprit très bien auprès de lui. Aussi, dans tout le royaume elle acquit la glorieuse réputation de posséder des connaissances variées qu'elle avait acquises auprès de lui en s'appliquant. Sa mère se réjouit de voir qu'elle avait acquis auprès de Tantris de si belles connaissances et une sagesse si renommée. Son père se réjouit également de voir qu'elle avait tant appris en peu de temps, et il l'envoya chercher afin qu'elle lui jouât de la harpe pour son plaisir et pour tous les autres nobles. Elle montra alors sa sagesse dans diverses réponses et opinions qu'elle exprima devant les hommes les plus avisés. Elle faisait la plus grande joie de son père nuit et jour, car il n'avait pas d'autre enfant qu'elle-même, et elle était son plus grand réconfort.

Chapitre 31

Tristan pense
à rentrer chez lui

Lorsque Tristan sentit qu'il était guéri, qu'il avait recouvré une parfaite santé, que ses chairs s'étaient refaites, et qu'il avait retrouvé toute sa force et sa beauté, il réfléchit beaucoup à la manière dont il pourrait quitter l'Irlande, car il n'osait pas rester là plus longtemps. Il craignait qu'on apprît qui il était et d'où il venait ; aussi se déplaçait-il toujours en craignant de rencontrer quelqu'un qui par hasard le reconnût. Il arrêta alors un plan bien réfléchi. Le lendemain il alla trouver la reine, se mit à genoux devant elle et lui dit avec de belles et tendres expressions :

« Je vous remercie, noble dame, au nom de Dieu et de tous les saints, pour ce que vous avez condescendu à faire et pour votre bonne volonté, pour vos estimables services et pour votre honorable gentillesse, puisque vous avez guéri ma blessure, consolé ma peine accablante, et avez généreusement pris soin de moi. Je vous suis tout dévoué, je suis à votre disposition, et je me dois de vous honorer de toutes les façons en entretenant une parfaite amitié et une infrangible affection. À présent je veux rentrer chez moi avec votre congé et aller visiter mes amis et mes parents. Tant que je vivrai, je demeurerai à votre service. Mes parents et mes amis ne savent pas où je suis allé, ni si je suis vivant ou mort ; en effet, quand je suis parti, j'avais l'idée d'aller en Espagne car je voulais apprendre l'astronomie et acquérir la connaissance de matières qui me sont inconnues. Mais maintenant je désire visiter mes amis et apaiser leur peine. Faites préparer mon bateau : je désire m'en aller à présent avec votre congé. Que Dieu vous remercie et vous récompense pour toutes les bonnes actions que vous avez gentiment et gracieusement accomplies en ma faveur, comblant tous mes besoins. »

La reine dit alors : « Cher ami, ton bateau sera tout de suite prêt si tu le désires. Voilà ce que nous rapporte d'héberger un étranger. Tu nous abandonnes pour tes amis au moment où nous désirons le plus te garder, et ne prends pas en compte les grands efforts que nous avons faits pour toi. Mais puisque tu ne veux plus nous servir, nous ne voulons pas te retenir de force. Tu auras ton bateau tout préparé dès que tu voudras partir, avec la bénédiction de Dieu et notre permission, pour aller là où il te plaira. Au moment du départ, je te donnerai pour ta subsistance un marc d'or pur. »

Tristan prit l'or et la remercia pour sa pitié et sa gentillesse, ses riches dons et sa parfaite bonté. Pourtant, si la reine avait pu lui donner des conseils, elle aurait préféré qu'il demeurât plutôt que de le voir partir aussi vite.

Tristan prit alors sa harpe et se rendit au bateau en s'amusant ; son bateau était bien équipé de tout ce qui était nécessaire. Sur ce, Tristan monta à bord, trouva un bon vent et cingla vers le large.

Chapitre 32

Tristan arrive en Cornouailles

Tristan fit un si bon voyage depuis l'Irlande qu'il parvint en Cornouailles[1] là où il le voulait, au port se trouvant au pied du château du roi. Les gens qui se trouvaient là dehors reconnurent aussitôt le bateau de Tristan, bondirent aussitôt à bord, demandèrent où se trouvait Tristan, le trouvèrent en bonne santé et de bonne humeur, le saluèrent et l'accueillirent aimablement. Il débarqua et ils lui amenèrent un cheval grand et puissant. Il monta sur ce cheval et s'en alla ainsi au château. Les hommes au service du roi coururent dans leur direction, les jeunes et les vieux l'accueillirent et se réjouirent très vivement comme s'il était revenu d'entre les morts.

Quand le roi apprit la nouvelle, il bondit immédiatement sur ses pieds, alla à sa rencontre, le salua aimablement et l'embrassa. Lorsque le roi se fut assis près de lui, Tristan parla de ses voyages au roi, lui apprenant où il avait été et qui l'avait soigné. Il lui dit qu'il avait trouvé de l'aide en Irlande, qu'il avait conçu des ruses et des mensonges pour se tirer d'affaire, et que la reine elle-même l'avait honorablement soigné au moyen d'efficaces médecines. Toute la cour du roi qui entendait ces paroles s'étonnait d'apprendre une telle nouvelle, parce que tous pensaient qu'il était si impotent et si faible lorsqu'il partit qu'il ne reviendrait ni ne les reverrait jamais. D'aucuns disaient qu'il devait posséder quelque connaissance ou pouvoir extraordinaire puisqu'il avait échappé à de tels ennemis. Mais d'autres disaient qu'il savait transformer l'état d'esprit des gens. On disait qu'il allait se venger de tous ceux qui l'avaient abandonné quand il était malade.

Les comtes et les chevaliers, les vassaux et les hommes les plus puissants de Cornouailles se mirent alors à craindre Tristan à cause de sa sagesse et de ses pouvoirs, et redoutaient qu'il succédât à son oncle sur le trône, et qu'à ce moment-là il voulût se venger et s'opposer vivement à ceux qui l'avaient honteusement abandonné quand il avait connu la maladie et la misère. Ils complotèrent en secret un plan contre Tristan, parce

---

1. Dans ce chapitre comme dans quelques autres l'on trouve Bretagne *(Bretland)* à la place de Cornouailles *(Kornbretaland)*, ce qui doit être une erreur de scribe.

qu'ils avaient peur de lui et enviaient sa bonté, son intelligence et sa gentillesse. Puis ils révélèrent le plan qu'ils avaient conçu : il convenait que le roi se mariât et engendrât un héritier, du sexe que Dieu voudrait, garçon ou fille, qui après sa mort pourrait gouverner son royaume et lui succéder. Ils s'assemblèrent tous en présence du roi et lui révélèrent leur plan : ils lui affirmèrent et confirmèrent que s'il ne se mariait pas au plus tôt avec une femme dont il pût obtenir un héritier, lequel pourrait gouverner son royaume après sa mort, alors il était à craindre qu'une guerre éclatât et que s'emparât du trône quelqu'un réclamant injustement le royaume. C'est pourquoi, ils ajoutèrent qu'ils ne voulaient plus servir le roi à aucun prix, à moins que leur conseil lui convînt.

Le roi répondit alors : «Je vous remercie pour votre bienveillance, et parce que, prenant soin de mon honneur et vous préoccupant de ma dignité future, vous désirez que je trouve une épouse et que j'aie un héritier qui possède mon royaume après ma mort. Je comprends que vous puissiez être effrayés par la guerre ; il est bon de ménager sa sécurité. Puisqu'il en va de mon honneur, je veux bien écouter vos conseils ; trouvez-moi une épouse qui soit mon égale par le lignage, l'intelligence et la distinction, la beauté et la courtoisie, la chasteté et le noble comportement, de manière que je ne me marie pas en dehors de mon rang. Je ferai bien volontiers ce que vous me demandez. Vous êtes mes serviteurs fidèles, et il n'y a pas lieu qu'aucun de vos conseils me contrarie.

— Donnez-nous alors, seigneur — répondirent-ils — le temps de réfléchir, et fixez-nous un jour pour la conclusion de cette affaire ; nous vous chercherons le meilleur parti de façon à y gagner, non point du discrédit, mais bien plutôt votre gratitude et votre parfaite bienveillance. Ainsi puisque vous nous avez confié ce projet et que vous vous en êtes remis à notre prévoyance, nous ferons pour vous le choix que vous pourriez vous-même souhaiter. »

Le roi dit alors : « Je veux bien qu'il en soit ainsi. Je vous fixe un délai de quarante jours. À ce moment-là, faites-moi part de votre décision ; et dans le cas où elle me conviendrait, je la suivrai volontiers si elle mène à un bon mariage. »

Chapitre 33

Le roi accepte de demander
la main d'Yseut

Quand le jour fixé arriva, tous se rendirent chez le roi, parce qu'ils voulaient jouer un mauvais tour à Tristan. En effet, on laisse rarement en paix un homme qu'on est résolu à haïr. Ils voulaient que le roi prît pour épouse une femme dont il pût avoir un héritier. Mais le roi ne désirait en aucune manière se marier avec quelque femme que ce soit, à moins qu'elle fût son égale par le lignage, qu'elle fût intelligente, distinguée en toutes ses manières et cultivée, célèbre et renommée. Il désirait examiner avec attention leur décision pour la seule raison qu'il ne voulait pas épouser une femme qui ne correspondît point à ce que nous venons de décrire.

« Messire le roi, dit l'un d'eux, le jour que vous nous avez fixé est arrivé ; c'est aujourd'hui que nous devons vous donner le nom d'une femme qu'il convient conformément à la raison et à votre réputation que vous preniez pour royale épouse, qui n'est pas d'un lignage inférieur au vôtre, et que vous nous avez demandé de choisir pour vous. Or, vous avez souvent entendu dire que le roi d'Irlande avait une fille d'une grande beauté, si bien pourvue de dons naturels qu'il ne lui manquait ni la gentillesse ni la noblesse que les dames distinguées doivent posséder. C'est à tous égards la plus réputée et la plus belle, la plus intelligente et la plus courtoise de toutes les femmes que les gens connaissent dans tous les pays chrétiens. Son lignage ne vous est pas inconnu, puisqu'elle est fille de roi et de reine. À présent, si vous ne voulez pas prendre pour épouse cette jeune fille, il nous semblera que vous ne voulez pas vous marier du tout, ni avoir aucun héritier pour votre royaume. Votre neveu Tristan sait bien — et il en sera témoin ici — que nous avons choisi pour vous la meilleure épouse que nous connaissions, car ses qualités dépassent nos capacités à la décrire. »

Le roi resta un moment silencieux, réfléchit à sa réponse et dit : « S'il se trouvait que je veuille l'épouser, de quelle manière pourrais-je l'obtenir du moment que son père et tous ses hommes me haïssent ainsi que mon peuple, au point de désirer tuer tout être vivant dans ce pays ? Je crains, si j'y envoie mes hommes, qu'il les déshonore et les tue, et me refuse sa fille ; cela me vaudrait des moqueries et des railleries, un refus aussi infamant. Mes ennemis diraient que c'est la terreur qu'il nous inspire qui nous a forcé à demander la main de sa fille.

— Seigneur, dit un vassal, il peut souvent arriver que des rois se fassent la guerre dans des royaumes divers, causant de longues douleurs, des dommages de toutes sortes, des morts. Puis leurs colères et leurs haines s'apaisent, leur hostilité se transforme en paix, leur affliction en affection — à cause de filles et de sœurs — et en amitié très précieuse, dans l'intérêt des descendants de leurs lignages. À présent, si nous pouvions réaliser cette union et ce mariage dans la paix et la joie, il peut alors fort bien arriver que vous soyez en mesure de gouverner toute l'Irlande, du fait que la princesse Yseut est le seul enfant du roi d'Irlande. »

Le roi dit alors : « Si ceci est possible, et peut être conduit et mené à bien dans l'honneur, je ne désire pas d'autre femme pour épouse que celle-ci, car Tristan m'a fait un grand éloge de sa distinction, de sa sagesse, et de toutes les autres qualités qu'elle possède et qui siéent à une femme. Maintenant réfléchissez à la manière que nous devons employer pour l'obtenir, parce que je ne prendrai jamais d'autre épouse si je ne peux avoir celle-ci. »

Un comte dit alors : « Seigneur, personne au monde ne peut l'obtenir hormis votre parent Tristan. Il connaît le roi et la jeune fille, et il est en très bons termes avec la reine. Il connaît en outre l'irlandais, et toute l'Irlande lui est familière. S'il veut bien prendre à cœur cette tâche, il peut certainement l'obtenir par ruse, par enlèvement ou par rapt — ou alors que le roi accepte de la donner en mariage. »

Chapitre 34

Tristan fait voile
vers l'Irlande

Tristan a compris leur plan à présent : ils ont pu parler au roi, lui expliquer en insistant qu'il devait à présent sans nul doute se marier — et faire en sorte qu'il ne veuille épouser personne d'autre qu'Yseut. Il s'avisa également que son parent n'avait pas d'héritier qui pût gouverner son royaume après sa mort, et se dit que s'il refusait de faire ce voyage, il leur donnerait des soupçons, et les amènerait à penser qu'il ne voulait pas qu'il y eût d'autre héritier que lui. Il avait ainsi découvert toutes leurs ruses, leurs machinations et leurs arrière-pensées. Il répondit alors judicieusement et sereinement.

« Seigneur roi, dit-il, considérez bien le voyage pour lequel vous m'avez désigné. Je connais bien l'Irlande et les coutumes des Irlandais. Je connais bien le roi et tous les nobles qui l'entourent, la reine et la princesse Yseut. Mais j'ai tué son frère, et si je vais là-bas demander la main de la jeune fille et qu'ils apprennent qui je suis, ils ne me laisseront jamais revenir vivant. Cependant pour éviter que vous ou d'autres ne conçoivent de l'inimitié contre moi, et parce que je désire que mon parent puisse obtenir un héritier direct, je ferai ce voyage avec plaisir, afin d'étendre la renommée de mon parent, et de réaliser ce que Dieu voudra bien me permettre, en exploitant au mieux toutes mes capacités et mes connaissances. J'irai donc sans nul doute en Irlande afin de m'acquitter de cette mission ; et si je ne peux obtenir la main d'Yseut, je ne reviendrai pas[1]. »

Tristan prépara aussitôt son voyage et choisit dans l'entourage du roi les vingt hommes qui à sa connaissance étaient les plus braves, les plus beaux et les plus vaillants de toute la cour. Ils se rendirent au bateau munis de provisions abondantes, de bonnes boissons, d'objets de prix en quantité ; et ils le chargèrent de bon blé, de farine et de miel, de vin et de toutes les boissons précieuses dont des hommes peuvent avoir besoin.

Voilà leur bateau équipé. Ils font voile vers leurs ennemis pour accomplir leur mission. Tristan ne sait pas s'il va demander la main de la jeune fille, ou l'amener à bord par quelque ruse et s'en aller avec elle. D'un côté, s'il demande sa main, il se peut qu'on lui oppose immédiatement un refus. De l'autre, s'il l'enlève à un père et à des parents si puissants, il ne peut pas prévoir ce qu'il en adviendra. Il en discuta avec ses compagnons, mais aucun d'entre eux ne sut lui donner une réponse ou prendre une décision. Ils déploraient leur mission, versaient dans la tristesse et maudissaient les conseillers du roi qui les avaient chargés d'une telle opération.

Tristan cinglait à présent dans la mer d'Irlande ; il était contrarié et rempli d'inquiétude. Il considéra qu'il leur serait plus

---

1. La négation est restituée par Kölbing et Schach.

facile de réussir s'il pouvait amener Yseut avec lui à bord et s'enfuir avec elle. En effet, il avait décidé qu'ils se feraient passer pour des marchands et demeureraient là longtemps afin qu'en profitant des circonstances ils trouvent le moyen le plus habile et le plus secret pour s'emparer d'elle.

Ils voguèrent ainsi nuit et jour jusqu'à ce qu'ils jettent l'ancre devant Dublin ; ils repoussèrent leur bateau et envoyèrent deux chevaliers au roi afin d'obtenir sa permission, sa bienveillance et sa protection pour vendre leurs marchandises. Quand les chevaliers parvinrent chez le roi, ils le saluèrent avec des paroles amicales car ils connaissaient bien toutes les coutumes courtoises.

Chapitre 35

Tristan reçoit la permission de vendre ses marchandises

Lorsque les chevaliers eurent salué le roi, ils lui dirent : « Nous sommes des marchands et voyageons de pays en pays avec nos marchandises afin de gagner de l'argent, car nous ne connaissons aucun autre métier. Nous avons chargé notre bateau en Bretagne et comptions aller en Flandre. Mais quand nous fûmes parvenus en haute mer, une tempête s'abattit sur nous et nous fûmes très longtemps fort violemment ballottés par les flots, jusqu'à ce que nous parvenions ici au port. Nous avons appris qu'il est difficile en Irlande de se procurer des provisions, c'est pourquoi nous sommes venus ici avec un lourd chargement. Si nous obtenons votre permission et que nous puissions vendre tranquillement notre vin et nos provisions, nous désirons ancrer notre navire dans le port et faire commerce de nos marchandises. Mais si vous ne voulez pas, nous désirons faire voile vers un autre pays. »

Le roi répond alors : « Je vous accorde ma permission, ma bienveillance et ma protection pour que vous commerciez ici comme il vous plaira. Personne ne portera d'accusation contre vous ni ne vous maltraitera. Vous trouverez le meilleur accueil et serez libres de partir quand vous le voudrez. »

Lorsqu'ils eurent reçu la permission du roi, ils le remercièrent et revinrent au bateau. Ils l'amenèrent dans le port, l'amarrèrent et montèrent la tente[1] ; ils mangèrent et burent, et jouèrent à toutes sortes de jeux de table jusqu'à la fin de la journée. Ils ne firent aucune transaction, mais s'amusèrent avec un grand plaisir et conversèrent courtoisement entre chevaliers distingués.

Au matin, dès leur réveil, ils entendirent des cris qui s'élevaient dans les rues, et des hommes et des femmes épouvantés. Ils s'aperçurent aussitôt que les gens, tourmentés et terrorisés par un terrible dragon, fuyaient en descendant vers la mer afin d'y trouver le salut. Ce dragon vivait dans ce royaume, avait l'habitude de venir chaque jour dans la cité et causait la mort de nombreuses personnes : il tuait tous ceux qu'il pouvait atteindre avec le feu qu'il projetait hors de lui-même. Il n'y avait personne dans tout ce royaume qui fût assez vaillant et audacieux pour oser l'affronter. Tous les chevaliers et les bourgeois fuyaient, quand ils l'entendaient venir, en descendant sur le rivage afin d'y trouver le salut. Le roi avait fait proclamer par tout son royaume que s'il y avait un chevalier qui fût assez hardi pour tuer le dragon, celui-ci obtiendrait sa fille en mariage ainsi que la moitié de son royaume, et qu'il serait pleinement honoré lui et ses héritiers. Et le roi avait aussi fait mettre cela par écrit et l'avait confirmé en présence de toute sa noblesse. S'y était essayé maint homme que le dragon avait tué, si bien qu'il ne se trouvait personne qui fût assez audacieux et hardi pour oser s'attaquer à lui, ou rester sur sa route. Les plus vaillants cherchaient aussitôt leur salut dans la fuite.

Quand Tristan vit ces gens fuir de la sorte, il demanda à des Irlandais ce qui leur arrivait et pourquoi ils fuyaient ainsi. Ils lui apprirent ce qu'il en était à la fois du dragon et de la décision prise par le roi au sujet de celui qui tuerait le dragon ; et Tristan apprit précisément où le dragon passait la nuit, et à quel moment il avait l'habitude de venir dans la cité. Il attendit jusqu'au soir sans révéler son plan à personne. Il dit alors au capitaine de lui faire amener son cheval, sa selle et toute son armure. Au point du jour, il revêtit toute son armure.

---

1. Les Scandinaves avaient l'habitude de monter des tentes sur les bateaux au port, afin d'y passer la nuit par exemple.

Chapitre 36

Tristan affronte
le dragon

Le dragon suivit son habitude de venir dans la cité à l'aube. Quand Tristan s'y attendait le moins, il entendit son cri et bondit sur son cheval sans qu'aucun de ses camarades ne le remarquât hormis le capitaine. Tristan donna alors des éperons et se hâta autant qu'il put de gravir la falaise où le dragon passait la nuit. Tandis qu'il chevauchait ainsi, beaucoup de chevaliers le croisaient : ils fuyaient devant le dragon sur des chevaux rapides, tous revêtus de leur armure, criaient aussitôt pour lui demander de faire demi-tour au plus vite afin que le dragon, qui était plein de venin et de feu, ne le tuât pas. Mais il ne voulait absolument pas s'en retourner malgré leurs injonctions, car il voulait prouver sa vaillance. Il scruta alors devant lui et aperçut le dragon. Il s'avançait en rampant, tenait sa tête haute, faisait saillir ses yeux, tirait la langue, projetait dans toutes les directions du venin et du feu, si bien qu'il tuait et déchiquetait par le feu tout être vivant se trouvant devant lui.

Dès que le dragon vit Tristan, il rugit tout rempli de rage. Mais Tristan rassembla aussitôt son courage pour prouver sa vaillance, donna des éperons, plaça son bouclier devant lui et porta un coup de lance en avant dans sa gueule avec une force et une hargne si terribles que toutes les dents du dragon qui se trouvèrent devant la lance volèrent loin de son crâne. Et le fer traversa aussitôt le cœur et pénétra dans le ventre, si bien que Tristan enfonça une partie de sa hampe dans le cou et dans le tronc. Mais le feu qu'il projetait toucha et tua le cheval. Tristan bondit alors à terre agilement, tira son épée, attaqua le dragon et le coupa en deux par le milieu.

Quand le dragon fut étendu mort, Tristan s'approcha de sa tête, lui coupa la langue, l'enfonça dans sa heuse et s'en retourna par le chemin, car il ne voulait pas qu'on le vît. Il vit alors un lac qui se trouvait dans la vallée près d'un bois, et s'y dirigea aussitôt. Lorsqu'il fut presque parvenu au lac, la langue dans sa heuse s'échauffa, il respira des émanations provenant de la langue, empoisonna tout son corps et perdit aussitôt la parole. Il s'évanouit immédiatement, devint tout noir, livide et gonflé. Il resta étendu dans ce triste état, affaibli par le poison, de sorte qu'il ne pouvait pas se mettre debout ni trouver de l'aide, à moins de bénéficier de la pitié de quelqu'un d'autre.

Chapitre 37

Un perfide sénéchal

Le roi avait un sénéchal[1]. C'était un homme tout à fait ambitieux, il était d'origine irlandaise, mal intentionné et roué, cauteleux, menteur et trompeur. Il prétendait aimer Yseut, la fille du roi, et revêtait chaque jour son armure pour affronter le dragon par amour pour elle. Mais chaque fois qu'il voyait le dragon, il lançait son cheval à toute allure pour s'en éloigner, si peu courageux, si craintif qu'il n'aurait pas osé se retourner pour regarder le dragon dans les yeux, même si on lui avait offert tout l'or se trouvant à ce moment-là en Irlande.

Quand Tristan se porta contre le dragon, ce conseiller le vit, tout revêtu de ses armes, l'épée à la main, mais il n'osa pas s'approcher où que ce fût, redoutant d'avoir à en souffrir, jusqu'à ce qu'il vît que le dragon était bien mort. Comme il ne vit Tristan nulle part, et que se trouvaient là son épée, son bouclier et son cheval mort, il pensa que le dragon avait à la fois tué le cheval et dévoré Tristan. Il prit alors l'épée qui se trouvait là, couverte de sang, et coupa la tête du dragon avec sa propre épée de façon qu'il lui revînt bien l'honneur d'avoir sans nul doute possible tué le dragon. Il vint alors au grand galop et cria à haute voix dans la cité : « J'ai tué le dragon ! dit-il, j'ai tué le dragon ! À présent, ô roi, j'ai libéré votre royaume, vengé vos hommes et vos pertes. Payez-moi tout de suite ma récompense, c'est-à-dire votre fille Yseut. Ce sont sans nul doute les conditions, à moins que votre promesse ne m'ait abusé. »

Lorsque le roi entendit ce qu'il prétendait avoir fait et ce qu'il voulait, il répondit : « Je vais convoquer mon conseil pour ce soir,

---

1. Cf. note 1 chap. 16.

et je vous ferai part demain matin de bonne heure de notre décision. Je maintiendrai tout ce que j'ai décidé auparavant. »

Quand se répandit la nouvelle que la fille du roi avait été donnée en mariage, des gens vinrent aussitôt à ses appartements. Lorsqu'elle fut assurée de ce qui arrivait, elle fut remplie de crainte et de chagrin, car elle haïssait moins les démons de l'Enfer que ce sénéchal qui prétendait l'aimer. Aussi ne pouvait-elle pas l'aimer, eût-elle reçu toute la richesse du monde en cadeau nuptial. Elle dit alors à sa mère : « Jamais je n'accepterai la volonté de mon père de me donner en mariage à ce méchant homme. Jamais Dieu ne m'a voulu tant de mal que je le prenne pour époux. Je me tuerai avec un couteau plutôt que de tomber au pouvoir de ce traître, de ce bon à rien. Où aurait-il pris cette force d'âme et cette vaillance, cette bravoure et ces qualités chevaleresques, lui qui a toujours été couard et sans courage au milieu des vaillants chevaliers ? Comment aurait-il pu tuer ce terrible serpent, quand tout homme en ce pays sait que sa lâcheté lui a valu des injures et qu'il n'a jamais fait la preuve d'aucune qualité ? Jamais je ne pourrai croire qu'il a tué le serpent, ni même qu'il a pu se retourner pour voir le serpent tant qu'il vivait. Il a plutôt répandu ce mensonge parce qu'il voulait par là même s'emparer de moi. Ma mère, poursuivit-elle, sortons et allons voir le dragon ; nous regarderons autour afin de découvrir qui a pu le tuer et quand il est mort, car quelqu'un parmi ces gens doit pouvoir nous apprendre quelque chose là-dessus. »

La reine dit alors : « Avec plaisir, ma fille, à ton gré. »

Elles se préparèrent et sortirent du château par une porte secrète qui donnait sur le verger ; elles suivirent ensuite un chemin étroit qui partait du jardin et menait à l'extérieur dans les champs, et elles trouvèrent à ce moment-là le dragon qui gisait là mort, et le cheval devant lui sur le sable. Or, le cheval était tout roussi et gonflé, ce qui provoqua le plus grand des étonnements.

« Notre seigneur sait bien, dit Yseut, que le sénéchal n'a jamais possédé ce cheval. C'est le chevalier à qui appartenait ce cheval qui a tué le serpent, quel que soit l'endroit où il ait pu aller maintenant. »

Peu après, elles virent le bouclier qui était rehaussé d'or très pur et portait une image représentant un lion.

Chapitre 38

Yseut et sa mère découvrent Tristan

« Par ma foi, ma mère, dit Yseut, jamais le sénéchal n'a porté ce bouclier, car il a été fabriqué il y a peu et il est doré à l'intérieur comme à l'extérieur. Il ne correspond pas à la manière de faire de notre pays. C'est (son propriétaire[1]) qui a tiré vengeance de ce serpent pour les peines qu'il nous infligeait, et notre méchant sénéchal réclame effrontément la récompense méritée par quelqu'un d'autre. Il doit avoir tué ce loyal chevalier. »

Elles parcoururent les alentours jusqu'à ce qu'elles voient l'endroit où était étendu Tristan. Lorsqu'elles le trouvèrent, elles virent qu'il était noir et gonflé. Elles comprirent qu'il était empoisonné, ce qui leur causa de la peine. La reine se lamenta sur les dangers que cela représentait, elle le toucha de sa main et s'aperçut qu'il était vivant et chaud. Elle prit alors dans sa bourse ce que nous appelons un contrepoison et le glissa dans sa bouche, entre ses dents, mélangé à de la thériaque. Il fut aussitôt purgé de toute l'action du venin, l'évanouissement quitta son cœur, il ouvrit les yeux et la bouche, et dit d'une voix intelligible : « Ô Seigneur, mon Dieu, jamais auparavant je ne me suis senti aussi oppressé. Qui êtes-vous ? Où suis-je venu ?

— Ne crains rien. Ce mal ne te fera plus souffrir grâce à Dieu. Tu seras bien vite guéri de cette maladie. »

Les hommes d'escorte de la reine l'emmenèrent si secrètement que personne ne s'en aperçut ni ne l'apprit, ceux-là mis à part. Quand ils l'eurent apporté dans les appartements de la reine, lui enlevèrent son armure et trouvèrent dans ses habits la langue du dragon. Aussitôt la reine prépara un emplâtre curatif pour faire sortir le venin ; elle plaça l'emplâtre tout autour de son corps. Il agit si puissamment sur le venin et elle soigna l'intérieur de son corps avec des potions si efficaces, qu'il se sentit réconforté en tout son corps. Il n'avait pas d'autre médecin que la reine et pas d'autre écuyer que la princesse Yseut qui le servait humblement. Il les remercia souvent pour leurs multiples soins et leur gentillesse qui lui avait rendu le repos et la vie, en le débarrassant du venin qui était dans son corps.

---

1. Nous avons dû restituer ces mots dans cette phrase pour la rendre intelligible.

Le matin de bonne heure, le sénéchal vint au domaine royal. Il portait la tête du dragon. Il s'avança devant le roi et lui dit à haute voix : « Sire, écoutez mes paroles. Vous avez fait proclamer et diffuser dans tout le peuple que celui qui tuerait le serpent recevrait votre fille en mariage. Je vous demande de tenir à mon endroit votre parole et la solennelle promesse royale. Faites venir votre présent, offrez-moi votre fille en mariage. Vous pouvez voir ici la tête du dragon que j'ai coupée avec mon épée. »

Le roi répond alors : « Je tiendrai certainement parole. » Il fit venir aussitôt deux chevaliers et leur dit : « Allez chez la reine et dites-lui qu'elle vienne me trouver, ainsi que ma charmante fille, la princesse Yseut. »

Quand les chevaliers y parvinrent, ils s'acquittèrent du message du roi comme on leur avait ordonné. La princesse Yseut répond qu'elle ne peut absolument pas y aller, car sa tête et tous ses membres la font tant souffrir qu'elle ne peut trouver nulle part ni repos ni sommeil. Et elle demande au roi, par égard pour son honneur, de rester tranquille ce jour-là et de prendre du repos, car elle ne peut à présent absolument pas s'y rendre. La reine se leva alors et accompagna les chevaliers chez le roi. Le roi et la reine, assistés de leurs conseillers, repoussèrent alors cette décision à plus tard, et on devait fixer un jour au sénéchal pour la rencontre.

Chapitre 39

La reine Iseut
s'entretient avec Tristan

Dès qu'une date fut fixée au sénéchal, les vassaux rentrèrent chez eux. À présent les compagnons de Tristan le cherchaient partout, dans les champs et dans les bois, sur les routes et dans les forêts, et se lamentaient tristement sur la peine que leur causait sa disparition. Ils ne savaient pas ce qu'ils devaient faire ni quelle décision il valait mieux qu'ils prennent, retourner ou rester là, puisqu'ils ne savaient pas ce qui lui était arrivé. Mais il est bien soigné dans l'appartement de la reine, la reine Iseut l'a guéri et il a maintenant repris force et santé.

La reine lui dit alors : « Mon ami, qui es-tu ? d'où viens-tu ? comment as-tu tué le dragon ? Tu ressembles beaucoup à Tantris qui était très célèbre ici naguère. Tu dois être un de ses proches parents. De quel rang es-tu ? »

Tristan dit à la reine ce qui lui semblait bon sur leurs deux familles. « Madame, dit-il, je suis originaire de la Flandre, je suis venu ici faire du commerce, nous avons amarré notre bateau ici avec la permission du roi qui nous a fait bon accueil et promis la tranquillité. Or un jour, je me suis armé comme les autres chevaliers, et suis parti enquêter sur ce grand serpent dont j'avais entendu dire qu'il causait des dommages à tous les gens du pays. Je voulais prouver ma valeur et mes qualités chevaleresques en affrontant ce terrible dragon. Il s'est trouvé que, par la volonté de Dieu, je le tue, prélève sa langue sur sa tête et la glisse dans ma heuse. C'est alors que j'ai été brûlé par le venin et que tout mon corps a gonflé, si bien que j'ai cru que j'allais mourir et que je suis descendu au lac. Ce faisant, je suis tombé dans un tel évanouissement que je ne sais pas qui est venu me chercher. Que Dieu me permette de remercier ceux qui m'ont alors porté secours, et je veux rester toujours redevable envers eux des meilleurs services dont je sois capable. »

La reine dit alors : « Mon ami, c'est moi qui suis venue te chercher, qui t'ai fait porter ici secrètement, et qui t'ai purgé du venin ; et à présent tu vas aller bien. Et si tu nous récompenses bien de nos soins, tu agiras alors comme un chevalier avisé et bien appris, comme un jeune homme courtois. Nous voulons à présent te dire, mon ami, ce que nous désirons comme récompense. Si tu es le gentil jeune homme que nous croyons, tu nous seras d'un grand secours. Notre sénéchal a dit au roi qu'il avait tué le dragon et il veut obtenir ma fille Yseut en mariage comme récompense, ainsi que la moitié du pays et du royaume. Et le roi veut la lui donner. Mais elle ne voudra jamais parce qu'il est stupide et gonflé d'ambition, sinistre et mal intentionné, volage comme une femme facile, loyal envers personne, traître et envieux, haï et couard, et qu'il possède maint autre défaut qu'un preux ne doit pas avoir. Et c'est pourquoi la princesse Yseut ne consentira jamais à l'épouser ; et elle se donnera plutôt la mort, car sa distinction à elle et toute sa méchanceté à lui ne peuvent aller ensemble, quand bien même il lui offrirait tout ce qui est précieux dans le monde entier. Or, nous lui avons fixé une date à laquelle il doit la recevoir en mariage, à moins que nous puissions prouver contre lui qu'il n'a pas tué le dragon ; et tu sais parfaitement que ce n'est pas lui qui a tué le dragon. À présent, si tu veux bien entreprendre de défendre la jeune fille et tout le royaume contre lui, tu nous feras un grand honneur, tu nous rendras un grand service, tu nous témoigneras une affection légitime, et tu deviendras célèbre dans tout notre royaume pour ta bienveillance et pour ta bravoure ; et outre cela tu pourras par là même obtenir la jeune fille en mariage et gagner un grand royaume, car le roi devra t'accorder la jeune fille en mariage avec tous les honneurs qui ont été précédemment fixés. »

Tristan dit alors : « Dieu sait que je montrerai bien, par affection pour vous, qu'il a menti, qu'il n'a absolument pas tué le dragon et que jamais sa main n'approcha quand je le tuai. Et s'il veut se battre sur ce sujet, je désire défendre la princesse Yseut contre lui ; il ne l'obtiendra jamais pour l'avoir réclamée en usant de supercherie, de mensonges, et de tromperie. Il n'aurait servi à rien de me sauver la vie, si je refusais de vous aider et de vous soutenir dans une épreuve aussi manifeste et dans une nécessité aussi évidente. À présent, si cela vous agrée, madame, et ne vous contrarie pas, j'aimerais que mon écuyer vienne me retrouver, car j'aimerais avoir des nouvelles de notre association commerciale et de mes compagnons. Je sais qu'ils sont inquiets de ne pas savoir ce qui m'est arrivé, et si je suis vivant ou mort. Je sais qu'ils ont fait des recherches et des enquêtes, et qu'ils ignorent si je suis en vie ou mort. »

La reine répond : « Je t'accorde avec plaisir ce que tu désires. »

Elle envoya le plus cher de ses pages pour qu'il ramène son écuyer à Tristan, car il désirait parler avec lui de ce dont ils avaient besoin lui et ses compagnons, et de ce qui lui arrivait.

Chapitre 40

Les compagnons de Tristan
viennent à la cour

Tristan parle à présent avec son écuyer et lui demande d'informer ses compagnons de tout ce qui lui est arrivé depuis qu'il les a quittés, et de leur dire combien il était heureux et honoré par la reine et la princesse Yseut. L'écuyer descendit alors au rivage et donna d'abord les nouvelles au capitaine ; et le capitaine dit aux chevaliers que Tristan avait tué le dragon, et leur apprit la décision qui avait été prise au sujet de la jeune fille, la fille du roi, et de la moitié du royaume du roi d'Irlande. Ils furent tous réconfortés, ils reprirent courage et retrouvèrent une grande gaieté ; leur situation leur parut excellente du moment qu'ils le savaient en vie et en bonne santé. Ils vendirent alors leur vin et remercièrent très amicalement tous les habitants de la cité — si grande était leur joie d'avoir reçu ces nouvelles de Tristan ; ils leur firent de bons prix sur le vin et sur les nourritures : le miel, la farine et le blé, gagnèrent l'amitié et la bienveillance de tout un chacun, et furent bien accueillis par tous.

Yseut s'employa à servir agréablement Tristan et à prendre soin de lui du mieux qu'elle pouvait en lui procurant des aliments de toutes sortes dont son corps avait besoin pour recouvrer sa force et sa puissance, jusqu'à ce que le roi d'Irlande convoque sa cour, les nobles et les vassaux, par tout son royaume ; en effet, il voulait offrir sa fille en mariage et tenir sa parole à l'endroit du sénéchal.

Tristan fit dire à ses compagnons de venir à la cour avec les vassaux du roi. Ils revêtirent aussitôt des habits de velours, tous de la même couleur, mais leurs vêtements de dessous étaient de toutes les couleurs, faits avec de la fourrure blanche, de la zibeline, et avec les meilleures étoffes ; ils avaient été fabriqués avec beaucoup de savoir-faire, de sorte qu'ils n'auraient pu être mieux vêtus même si chacun d'eux avait été le très noble roi d'un grand royaume. Ainsi habillés, ils montèrent sur leurs chevaux équipés de selles dorées, et chevauchèrent deux par deux vers le domaine royal ; ils descendirent de cheval devant les marches de la grande salle du roi. Leurs chevaux étaient bien nourris et avaient une bonne expérience des dures joutes ; ils frappaient du pied et hennissaient, si bien qu'on pouvait les entendre dans tout le domaine royal. Les compagnons de Tristan étaient les plus beaux des hommes et les plus vaillants au combat. Ils pénétrèrent dans la grande salle et prirent courtoisement place tout près des plus grands vassaux sur le plus haut banc, saluant gracieusement. Ils formaient un noble groupe et leurs habits étaient magnifiques. Les Irlandais dirent alors entre eux que ces Flamands formaient un joli groupe, et qu'un groupe de chevaliers flamands devait être d'une grande distinction si de tels hommes étaient marchands dans ce pays, « car nos hommes n'ont pas aussi fière allure qu'eux ».

Chapitre 41

La confrontation
avec le sénéchal

Dès qu'ils furent tous assis, la reine fut courtoisement introduite dans la grande salle avec tous les honneurs qui lui revenaient, et elle s'assit près du roi. Tristan qui la suivait s'assit tout près de la princesse Yseut ; il était beau, avait le regard perçant et était noblement vêtu. Tous en le voyant se demandaient avec étonnement qui il était, car ils savaient qu'il n'était pas irlandais, et ils se questionnaient l'un l'autre sans que personne ne pût dire qui il était.

Dans la grande masse de nobles et de vassaux qui se trouvaient là, le sénéchal bondit soudain sur ses pieds, se mit en colère, se rengorgea et dit d'une voix puissante : « Sire, prêtez attention à l'affaire qui nous occupe aujourd'hui, pour laquelle vous m'avez convoqué ici ; il convient que vous teniez les promesses qui m'ont été faites, à savoir que celui qui tuerait le dragon recevrait votre fille et la moitié de votre royaume. Or, je suis un homme d'une grande valeur et d'une grande chevalerie ; et j'ai tué le dragon devant un grand nombre de vos chevaliers, lui ai coupé la tête d'un seul coup de mon épée, et vous pouvez voir que j'ai apporté sa tête ici. À présent, du fait que je l'ai tué, je vous demande, messire le roi et madame la reine, que vous m'accordiez la jeune fille. Mais si vous ne voulez pas tenir cette promesse, je suis prêt à soutenir ma cause et à défendre mes droits contre quiconque voudra me les dénier ou m'en frustrer, en m'en remettant au jugement de la cour et à la décision d'hommes sages.

— Par ma foi, dit la princesse Yseut, ce rustre, ce rustaud réclame salaire et rétribution pour ce qu'il a fait. Il convient qu'il l'obtienne d'une autre manière, sans quoi il ne méritera jamais d'être récompensé. Il ne sait pas ce qu'il fait, le chevalier qui s'attribue les exploits d'un autre, ou qui usurpe la valeur d'un autre. Le dragon t'a opposé une résistance bien trop faible : tu obtiendrais ma personne et un grand royaume pour rien du tout. Il me semble que pour gagner ma personne et un si grand royaume tu dois faire plus que montrer la tête du dragon, car c'est une tâche aisée que de la porter ici dans le palais du roi. Beaucoup d'hommes auraient depuis longtemps apporté ici la tête du serpent, s'ils avaient été en mesure de m'obtenir aussi facilement et avec aussi peu d'efforts que lorsque tu as eu la chance de couper la tête au dragon. Si Dieu le veut bien, tu ne m'obtiendras pas pour un cadeau nuptial aussi minime. »

Le sénéchal répond alors : « Princesse Yseut, pourquoi veux-tu t'opposer à moi en proférant contre moi de dures paroles ? Que le roi réponde donc en premier, il va nous donner une meilleure réponse et répondre de façon plus sensée. Il va certainement accomplir ma volonté aussi bien à ton sujet qu'en ce qui concerne son royaume, comme l'honneur le lui demande. Mais toi, tu n'agis pas comme tu devrais, puisque tu ne veux jamais aimer ceux qui t'aiment. Ainsi font la plupart des femmes : elles se déchaînent contre ceux qui les aiment, et leur adressent des reproches, alors qu'elles se montrent amicales envers leurs ennemis. Une femme hait toujours un homme qui l'aime, désire ce qu'elle ne peut avoir, recherche ce qu'elle ne peut atteindre et délaisse celui qu'elle devrait aimer. Du fait que je t'ai si fortement et si longtemps chérie et aimée, tous tes désirs se détournent de moi, et en plus de cela tu t'acharnes à médire de mon honneur — alors que je l'ai gagné par mon courage et par mes très valeureuses qualités chevaleresques —, afin de m'en priver et de m'en frustrer. En vérité, lorsque j'ai tué le dragon, tu n'aurais pas voulu t'y trouver, t'eût-on offert tout ce royaume. Tu aurais eu une telle peur que tu aurais perdu conscience au moment de voir un dur affrontement et un terrible combat au terme duquel je l'ai emporté sur le dragon et l'ai vaincu. »

La princesse Yseut répond alors : « Tu dis vrai, je n'aurais certainement pas osé, pour tout l'or et tous les joyaux de ce royaume, te regarder tuer le dragon. Et je serais bien misérable si je désirais tout ce que je peux avoir, et aimais tous ceux qui veulent m'aimer. Mais tu ne connais pas bien ma nature profonde lorsque tu dis que je rejette ce que je veux avoir. Je désire ma nourriture et je ne la mange pas entièrement, parce que je n'en veux qu'une partie et non la totalité ; je mange la nourriture qui me convient, mais pas celle qui me trompe et me déshonore. Tu veux me posséder, mais moi je ne voudrais jamais de toi pour quelque cadeau royal que ce soit. Tu ne m'obtiendras jamais pour aucun des services que tu as déjà accomplis. Et pour la grande sagesse et les exploits que tu te prêtes, tu recevras le cadeau qui te convient. On affirme ici dans le palais royal que quelqu'un d'autre que toi a tué le dragon, et que tu entendais prendre la récompense méritée par quelqu'un d'autre. Mais tu ne verras jamais ce jour ni n'auras le plaisir de la recevoir. »

Le sénéchal dit alors : « Dis-moi donc qui sont ceux qui

tiennent de tels propos, car il n'y a personne dans le royaume qui puisse affirmer avoir tué le dragon d'une façon plus véridique que moi. Mais s'il se trouve quelqu'un qui veuille dire le contraire, je m'opposerai à lui par les armes dans un combat, afin de prouver que ce qu'il prétend est faux. »

Chapitre 42

Tristan affronte
le sénéchal

Tristan a écouté les paroles d'Yseut et s'est aperçu qu'elle ne voulait plus répondre au sénéchal. Il se mit alors à parler hardiment, et dit avec des mots convaincants devant tous les nobles et tous les membres de la cour : « Écoute sénéchal, tu prétends avoir tué le dragon parce que tu lui as pris la tête. Mais en vérité il sera prouvé que quelqu'un d'autre se trouvait là avant que tu y vinsses. Je suis prêt à le prouver. Si tu oses me contredire, tu dois te défendre toi-même — si tu en as la vaillance ; cela montrera si tu dis la vérité. Mais il apparaîtra que c'est moi qui ai tué le dragon, et que tu as réclamé la rétribution royale sans en avoir le droit. C'est ce que je suis tout prêt à défendre avec mes armes contre tes allégations mensongères, en me conformant au décret du roi, à la décision de la cour et au jugement des hommes les plus avisés. »

Le roi dit alors : « Confirmez votre duel en vous serrant la main, et échangez des otages et des garanties afin que les résolutions prises soient tenues. »

Tristan remit alors en gage son gant au roi, et le roi dit : « Je me porte garant pour lui ; et les marchands flamands, ses compagnons, constitueront rapidement sa rançon. »

À ces mots, les vingt compagnons de Tristan bondirent sur leurs pieds — chacun d'entre eux était un chevalier de grande valeur, ils étaient beaux et bien armés —, et ils dirent : « Messire le roi, nous serons otages pour notre compagnon, et tout notre bien et nos marchandises formeront sa caution. »

Le roi dit alors à la reine : « Madame, je place cet homme sous votre pouvoir et votre protection. S'il échoue ou n'a pas le courage de tenir son engagement, je vous ferai décapiter, car il doit absolument défendre cette cause. »

La reine répond alors : « Je veillerai sur lui avec tous les honneurs qui m'incombent, dans nos appartements, avec la protection de Dieu ; je l'accueillerai dignement et lui assurerai une paisible tranquillité, si bien que personne n'osera lui faire nulle offense. »

Ils engagèrent alors l'un l'autre leur parole, échangèrent des otages et fixèrent la date du duel. Tristan demeure à présent chez la reine où il prend des bains et reçoit un traitement médical ; on veille soigneusement sur lui, on l'honore dignement et on lui accorde tout ce qu'il demande.

Chapitre 43

Yseut découvre que Tristan a tué Morholt

Un jour où Tristan était assis dans un bain que l'on avait préparé pour lui avec un soin tout spécial, avec toutes sortes d'herbes médicinales, afin d'ôter les douleurs de tout son corps, la princesse vint le trouver pour converser avec lui. Elle regarda son beau visage avec des yeux pleins d'affection, réfléchit et dit : « Si cet homme a un courage à la mesure de sa carrure, on peut espérer qu'il puisse se défendre contre un autre homme ; et il est probable qu'il ait la force de livrer un dur combat, car il a la carrure d'un chevalier. »

Sur ce, elle alla regarder ses armes. Quand elle vit ses chausses de mailles et sa broigne, elle dit : « C'est là une excellente armure, et ce heaume ne cédera pas. » Elle se dirigea vers l'épée, saisit le pommeau et dit : « C'est une longue épée ; et si un preux la tient, il en assénera des coups mortels à son adversaire. Ce sont tous de bons équipements pour des gens qui achètent et vendent paisiblement, et l'épée est magnifique, mais l'acier pourrait céder ou avoir été corrodé par le venin du dragon. »

Or, comme elle était curieuse de voir l'épée, elle la tira du fourreau et vit immédiatement l'ébréchure qui s'était faite lorsque Tristan avait tué Morholt. De nombreuses pensées lui vinrent alors à l'esprit : l'épée avait dû être ébréchée à cette occasion-là ; il lui semblait qu'elle n'avait pas pu l'être quand le dragon fut tué, mais plutôt que l'ébréchure était ancienne. Elle alla alors à son coffret[1], et prit le morceau de lame qu'elle avait conservé. Elle le plaça dans l'ébréchure, et il s'y emboîtait exactement comme s'il venait de se casser. Quand elle vit que le morceau prenait si parfaitement sa place dans la lame, elle fut attristée en tout son cœur, se mit aussitôt à trembler de tout son corps de fureur et de colère, et à transpirer sous l'effet de la haine et de la rancune qui la troublaient et la tourmentaient.

Elle dit alors : « Ce scélérat, il a tué mon oncle. Si je ne le tue pas avec cette épée, je suis misérable et bonne à rien — si je ne le mets pas à mort et ne me réjouis pas de sa mort. »

Elle se rendit immédiatement, l'épée dégainée, à l'endroit où Tristan était assis dans son bain, brandit aussitôt l'épée au-dessus de sa tête et lui dit : « Misérable scélérat, tu dois mourir pour le meurtre de mon oncle que tu as osé perpétrer. Personne ne va plus te croire, même si tu t'es longtemps dissimulé. Tu vas mourir tout de suite, sur place ; et c'est avec cette épée que je vais te tuer. Personne ne peut te venir en aide maintenant. » Et elle brandit à nouveau l'épée.

Mais Tristan se retourna immédiatement d'un bond vers la jeune fille et dit : « Pitié ! pitié ! laisse-moi te dire un mot avant de me tuer. Tu feras ensuite ce qu'il te plaira. Tu m'as par deux fois rendu la vie, tu m'as sauvé d'une double mort. Tu peux me tuer sans pécher. D'abord, tu m'as guéri quand j'étais dans un état désespéré — à cause d'une blessure que j'avais reçue d'une épée empoisonnée —, c'est alors que je t'ai appris à jouer de la harpe. Puis tu m'as une seconde fois rendu à la vie. Maintenant tu as le pouvoir de me tuer dans ce bain, mais je suis ton otage[2] et j'ai été assigné à combattre pour défendre ton honneur ; et me tuer ne serait ni féminin ni courtois, ni glorieux ni digne d'un hôte. Courtoise et gentille jeune fille, pour quelle raison as-tu voulu me soigner, si tu veux me mettre à mort maintenant que je suis guéri et en bonne santé ? Tous les efforts que tu as faits

---

1. Les mss donnent exactement : *mjöðdrykkja*, f. = *mjöðdrekka*, f., c'est-à-dire « fût à hydromel », ce que B. Vilhjálmsson commente ainsi : écrin à bijoux.

2. Tristan est otage parce que, tant qu'il ne s'est pas acquitté de sa promesse envers la reine et sa fille, sa personne leur appartient.

pour moi seront perdus dès que tu m'auras vu mourir, et tu n'auras pas alors davantage d'amis que tu en as maintenant. Belle Yseut, poursuivit-il, considère bien que je me suis engagé auprès de ton père, que je me suis donné en otage à ta mère et à toi ; si tu me tues, ta mère devra payer au roi, pour ma personne, le dédit qu'il a lui-même fixé. »

Quand Yseut lui entendit évoquer l'engagement pour le duel qu'il avait contracté auprès du sénéchal, elle s'avisa qu'elle haïssait le sénéchal qui voulait l'obliger à l'épouser, plus que tout homme au monde. Elle tourna ses regards vers Tristan qui devait la défendre, jeta l'épée et ne voulut plus le frapper. Elle se mit alors à pleurer, soupira de tout son cœur, très en colère et de très méchante humeur. Mais sa nature féminine maintint l'épée à distance de sorte qu'elle lui fit grâce. Chaque fois que la colère la prenait, elle brandissait l'épée ; mais lorsqu'elle pensait au sénéchal, sa colère disparaissait.

Chapitre 44

Tristan demande la main d'Yseut au nom du roi Marc

C'est à ce moment que la reine Iseut entra. Quand elle vit sa fille l'épée à la main, elle dit : « As-tu perdu l'esprit ? De quoi accuses-tu le marchand ? » Elle saisit aussitôt son bras et lui prit l'épée.

La princesse Yseut dit alors : « Ah ! ma mère, cet homme a tué ton frère Morholt. »

Quand sa mère comprit les paroles de la jeune fille, elle bondit immédiatement vers Tristan dans l'intention de le frapper. Mais la princesse Yseut se précipita et l'arrêta.

La reine dit alors : « Va-t'en ! Je vais venger mon frère. »

La princesse Yseut répliqua : « Donne-moi l'épée ! Je veux venger Morholt, car je peux tuer cet homme sans encourir les mêmes reproches que toi. Il est ton otage et a été placé sous ta garde pour que tu assures sa sécurité. Tu as promis de le remettre au roi sain et sauf, c'est pourquoi il ne faut pas que tu le tues. »

Chacune des deux retenait l'autre, si bien que la reine ne put pas venger son frère. Aucune des deux ne voulait lâcher l'épée, ce qui empêcha et retarda la vengeance.

Tristan avait peur, il les supplia d'avoir pitié de lui et de lui laisser la vie sauve. « Reine, dit-il, aie pitié de moi ! » Il parla tant avec humilité et avec des paroles bien venues, les suppliant souvent d'avoir pitié de lui, que finalement aucune des deux ne voulut plus le tuer.

Puis elles firent chercher le roi. Lorsqu'il fut venu, elles tombèrent à ses pieds : « Seigneur, dirent-elles, accordez-nous une requête que nous voulons vous présenter.

— Volontiers, dit le roi, s'il convient que j'y accède.

— L'homme qui est venu ici, dit la reine, est Tristan ; c'est lui qui a tué mon frère. Mais ensuite il a tué le dragon. Or, je vous demande de lui pardonner la mort de Morholt à la condition qu'il libère votre royaume et votre fille des menaces et des mauvaises intentions du sénéchal comme il vous l'a promis. »

Le roi dit alors : « Étant donné que j'ai déjà accédé à ta requête et que tu y as plus perdu que moi, étant donné que vous voulez toutes les deux lui pardonner la mort de Morholt et que personne n'a plus perdu que vous deux, je veux bien faire en la matière ce qu'il vous plaira. »

Tristan tomba aux pieds du roi et le remercia, mais la princesse Yseut et la reine le relevèrent. Il dit alors au roi : « Écoutez monseigneur, le bienveillant et puissant roi Marc d'Angleterre vous envoie le message suivant : il vous demande de lui accorder la main de votre fille Yseut. Si vous voulez connaître la vérité et passer un accord avec lui dans ces conditions, elle recevra en cadeau nuptial toute la Cornouailles et régnera sur toute l'Angleterre. Il n'existe pas de meilleur pays ni d'hommes plus distingués dans le monde entier. Les comtes et les vassaux formeront sa cour. Elle sera alors la reine d'Angleterre. Ainsi ce traité de paix est à la mesure de votre dignité : il apportera paix et joie aux deux royaumes d'Angleterre et d'Irlande. »

Lorsque le roi entendit ce message, il dit à Tristan : « Jurez-moi que cet accord sera tenu. Je veux que vos compagnons en fassent autant de manière qu'aucune trahison ne puisse se cacher dans cet accord. J'enverrai alors la princesse Yseut, ma fille, en ta compagnie, auprès de ton oncle le roi. »

Le roi fit alors apporter les reliques, et Tristan s'engagea par serment au nom du roi d'Angleterre à ce que l'accord soit respecté.

Chapitre 45

Le sénéchal est ridiculisé

La date fixée, à laquelle les comtes et les vassaux de la cour du roi devaient venir voir le duel auquel s'étaient engagés Tristan et le sénéchal, arriva. Le roi mena alors Tristan dans la grande salle et dit en présence de tout le monde : « Vous êtes tous témoins que j'ai tenu mon engagement de prendre soin de mon otage ; à présent faites-le venir comme il a été décidé et conformément au rendez-vous pris. »

Tristan dit alors au sénéchal devant tous les nobles et tous les vassaux du roi : « Écoute-moi, canaille ; cette langue que j'ai là, je l'ai coupée de la tête qui gisait là-bas quand j'ai tué le dragon. La tête d'où j'ai pris la langue devrait encore pouvoir le montrer, et cela prouvera publiquement que je n'ai dit ni mensonge ni folie devant des nobles nombreux et valeureux. À présent si vous ne me croyez pas, prenez la tête dans vos mains et regardez ce qu'il en est dans la gueule. Or, s'il ne veut pas admettre qu'il a menti, qu'il aille chercher son armure et se prépare à se défendre, car je vais sans nul doute lui donner ce qu'il mérite pour son mensonge en montrant qu'il n'a jamais tué le dragon. »

Le roi se fit apporter la tête du dragon, et tous constatèrent que la langue avait été coupée. Alors chacun se moqua de lui avec mépris ; par la suite il fut toujours rejeté, tourmenté et honni du fait qu'il eût osé insinuer un si grand mensonge devant les nobles et les sages du pays. Or, tandis que les nobles étaient ainsi assemblés au palais, le roi annonça à tous les Irlandais la décision qu'il avait prise au sujet de sa fille : il l'avait donnée en mariage au roi d'Angleterre. Tous trouvèrent que c'était un dessein tout à fait estimable que de faire en sorte que la haine et les hostilités puissent cesser et que des relations de paix et de liberté puissent s'établir et se renforcer entre l'Irlande et la Cornouailles.

Chapitre 46

Le philtre d'amour

Peu après, le voyage de la jeune fille et de Tristan fut richement préparé. La reine fabriqua minutieusement un breuvage secret à partir de fleurs et d'herbes avec un art consommé, et elle obtint un philtre d'amour tel qu'aucun homme au monde qui en boirait ne pourrait, tant qu'il vivrait, s'abstenir d'aimer la femme qui en boirait avec lui. Puis elle versa ce breuvage dans un tonnelet et dit à la jeune fille du nom de Brangien qui devait être la suivante de la princesse Yseut : « Brangien, prends bien soin de ce tonnelet. Tu vas accompagner ma fille, et la première nuit où le roi et elle coucheront ensemble, quand il demandera du vin, tu leur donneras de ce breuvage à tous les deux à la fois. »

Brangien répond alors : « Très volontiers, madame, comme vous l'avez décidé. »

Ils se rendirent au bateau, prêts à partir. Le roi et la reine accompagnèrent leur fille au bateau. Le flux était alors remonté dans la rivière. Beaucoup pleuraient son départ, des hommes et des femmes qui étaient nés dans cette région, car elle était très aimée et chère à tout un chacun en raison de sa distinction et de sa modestie.

Lorsque la princesse Yseut fut montée à bord, on hissa la voile et cingla vers le large sous un vent très favorable. Mais la jeune fille pleurait et se lamentait d'avoir laissé ses parents, ses amis, son pays natal, et la très grande affection de son père et de sa mère, pour des inconnus ; cet échange lui déplaisait et elle soupira de tout son cœur, disant : « J'aimerais bien mieux être morte que d'être venue ici. » Mais Tristan la consola avec une grande tendresse.

À présent Tristan pilotait et il faisait beau temps. Et du fait que la chaleur était oppressante, il eut très soif et demanda alors du vin à boire. Un des pages de Tristan bondit aussitôt et remplit une coupe au tonnelet que la reine avait placé sous la garde de Brangien. Lorsque Tristan eut pris la coupe, il en but la moitié et donna à boire à la jeune fille ce qui resta dans la coupe.

Ils furent tous les deux abusés par le breuvage qu'ils avaient bu parce que le garçon en avait pris par erreur ; celui-ci fut pour eux la cause d'une vie remplie de peines, de souffrances et de longs tourments, ainsi que d'appétits charnels et de désirs perpétuels. Immédiatement le cœur de Tristan se tourna vers

Yseut, et tout son cœur à elle se porta vers lui, en un amour si violent qu'ils n'avaient aucun moyen de s'y opposer.

Ils naviguent à présent toutes voiles dehors et se dirigent directement vers l'Angleterre. Peu après, des chevaliers disent qu'ils voient la terre s'élever de la mer. Tous en furent heureux — sauf Tristan qui était amoureux, si bien que si ses désirs avaient été exaucés, ils n'auraient jamais vu la terre ; il aurait mieux aimé aller vers la haute mer avec son amour, sa joie et son plaisir. Néanmoins ils naviguaient vers la terre, et atteignirent un bon port. Les gens reconnurent le bateau de Tristan ; un jeune homme bondit sur un cheval rapide, se rendit aussi vite qu'il put chez le roi, le trouva dans une forêt en train de chasser et lui dit : « Sire, nous avons vu le bateau de Tristan aborder dans le port. »

Quand le roi entendit cette nouvelle, il en fut heureux et tout joyeux, et il fit sur-le-champ le jeune homme chevalier en raison de ces bonnes nouvelles, lui donnant une bonne armure. Le roi descendit au rivage et envoya aussitôt des messages par tout son royaume. Il célébra son mariage avec Yseut en grande pompe et avec un lustre royal, et il prit beaucoup de plaisir ce jour-là, éprouvant une grande joie ; et tous ceux qui étaient là en firent autant.

Mais la princesse Yseut était une femme très intelligente ; lorsque la soirée s'avança, elle prit Tristan par la main, ils allèrent tous les deux ensemble dans la chambre du roi et mandèrent Brangien, la suivante d'Yseut, pour un entretien privé. Yseut se répandit alors en larmes et demanda à Brangien avec des paroles caressantes de la secourir cette nuit, et de prendre la place de la reine dans la chambre du roi et dans son lit, comme si elle avait été la reine elle-même, et la reine revêtirait les habits de Brangien. En effet, elle savait que Brangien était vierge, et savait aussi qu'elle-même ne l'était pas. Ils prièrent si longtemps la jeune fille avec des paroles tendres et caressantes qu'elle consentit à leur demande. Elle revêtit alors toutes les affaires de la reine comme si elle avait été la reine elle-même, et alla dans le lit du roi à la place de sa maîtresse. La reine mit les vêtements de Brangien.

Le roi était joyeux, gai et quelque peu enivré quand il alla dans son lit, et Tristan éteignit aussitôt toutes les chandelles. Le roi prit alors Brangien dans ses bras et prit du plaisir avec elle. Mais Yseut était triste et craignait que Brangien n'allât la trahir et révéler au roi ce qui s'était passé. C'est pourquoi elle passa la nuit tout près d'eux afin de s'assurer de ce qu'ils disaient.

Quand le roi fut endormi, Brangien s'en alla et la reine se coucha près du roi. Quand il s'éveilla, il demanda du vin à boire, et Brangien lui donna habilement du vin que la reine avait préparé en Irlande. Mais cette fois la reine n'en but point. Un moment après, le roi se tourna vers elle et coucha avec elle sans s'apercevoir que ce n'était pas la même femme. Comme il la trouva très gentille et plaisante, il lui montra tant d'amour, manifesta une si grande joie et se fit si caressant qu'Yseut en fut toute réjouie. Ils parlèrent alors de toutes sortes de sujets plaisants qui convenaient à leur jeunesse avec un plaisir et une allégresse propres à un roi et à une reine. Cette nuit-là leur apporta une joie délicieuse.

Yseut fut alors bienheureuse, amicale et tendre envers le roi, aimée et estimée de tous, les riches comme les pauvres. Elle passait des moments secrets avec Tristan chaque fois qu'ils pouvaient se rencontrer. Et comme elle était toujours sous sa garde, il ne vint à l'esprit de personne de les soupçonner.

Chapitre 47

Yseut tente de
faire tuer Brangien

Un jour où la reine était assise revêtue de ses plus beaux atours, elle s'avisa qu'aucun être au monde ne connaissait ses relations avec Tristan, hormis la seule Brangien, sa suivante. Elle y réfléchit alors et la soupçonna : elle pouvait ne plus vouloir lui demeurer fidèle en cette affaire secrète, vouloir rompre son engagement et parler au roi, et être amenée par malveillance à révéler la vérité au roi. Et s'il arrivait qu'en quelque occasion elle révélât leur amour, Yseut savait qu'alors elle serait honnie et Tristan haï. Elle se dit que si Brangien était morte, elle n'aurait plus à craindre que personne ne dévoilât la vérité.

Elle fit alors venir deux serfs du roi et leur dit : « Emparez-vous de cette jeune femme, emmenez-la loin dans la forêt et coupez-lui la tête si secrètement que personne d'autre que moi ne le sache. Je vous donne vraiment ma parole que je vous affranchirai demain, et vous donnerai tant de biens que vous pourrez à jamais mener une digne existence. »

Les serfs dirent alors : « Volontiers, princesse », et lui donnèrent leur parole.

Puis elle manda sa suivante Brangien, et lui dit : « Ma très précieuse amie, un poids sur mon cœur me cause tant de douleurs dans la tête, et j'ai été si malade ! Va donc dans la forêt avec ces pages. Ils savent où il y a toutes sortes d'herbes. Apporte-moi celles dont tu sais que j'ai l'habitude de me servir pour les emplâtres grâce auxquels je fais sortir le poison des membres des blessés, et atténue les douleurs et les maux de cœur. Ces deux pages t'accompagneront dans la forêt. »

Brangien répondit alors : « Madame, j'irai volontiers comme vous me le demandez parce que votre maladie me fait une très grande peine. Mais si Dieu le veut bien, cette souffrance ne vous tourmentera plus. »

Elle s'en alla accompagnée des serfs, et ils cheminèrent jusqu'à ce qu'ils parvinssent à un endroit de la forêt où la végétation était très épaisse. L'un des deux serfs la précédait et l'autre la suivait. Tout à coup celui qui la précédait dégaina son épée. Brangien se mit alors à trembler ; elle fut épouvantée et cria aussi fort qu'elle put, elle joignit ses mains et supplia au nom de Dieu le serf de lui dire pour quel méfait ou pour quelle raison elle devait être tuée.

Le serf lui répond alors : « Cela ne te sera pas caché, mais dès que tu l'auras entendu, je te frapperai de cette épée. Quel mal as-tu fait à la reine Yseut pour qu'elle ait voulu cette mort pour toi ? C'est elle qui veut qu'on te tue. »

Quand Brangien entendit cela, elle s'écria : « Pitié, pour l'amour de Dieu ! Laissez-moi vous dire un mot avant de me tuer, car je veux envoyer un message à ma maîtresse la reine Yseut. Et après que vous m'aurez tuée, je vous demande par avance au nom de Dieu de lui dire alors clairement que je ne lui ai causé aucun mal. Lorsque nous quittâmes l'Irlande, nous avions chacune une chemise de nuit, blanche comme la neige. Sa mère lui mit sa chemise sur le dos avant leur séparation. Du fait que j'étais une jeune fille pauvre louée à des étrangers, je prenais tout le soin que je pouvais de ma chemise de nuit tant que j'étais sur le bateau. Mais quand Yseut, ma maîtresse, vint à bord, le soleil devint si accablant qu'elle ne put plus supporter son peliçon de fourrure à cause de la chaleur. Elle porta alors tant sa bonne chemise de nuit, la nuit comme le jour, qu'elle devint noire de transpiration. Après notre arrivée ici, quand elle alla dans le lit du roi tenir sa place de reine, comme sa chemise de nuit n'était pas aussi blanche qu'elle le voulait alors qu'elle en avait le plus grand besoin, elle me demanda instamment de lui prêter la mienne, et je la lui prêtai. Et je sais bien devant Dieu que je ne lui ai jamais fait de mal, à moins que cela ne lui ait déplu, si bien qu'elle veuille ma mort pour cette raison. Je ne connais pas d'autre malveillance, d'autre sujet de chagrin ou de colère, d'autres fautes ni d'autres péchés entre nous deux. Saluez-la donc au nom de Dieu et au mien, et dites-lui que je la remercie pour les nombreux honneurs qu'elle m'a accordés, et pour la bienveillance qu'elle m'a témoignée pendant un si long temps, depuis mon enfance jusqu'à ce jour. Quant à ma mort, je la lui pardonne à présent devant Dieu. Maintenant, frappe aussi vite que tu le veux. »

Chapitre 48

Brangien échappe
à la mort

Quand le serf comprit ses paroles, et entendit qu'elle pleurait douloureusement et qu'elle n'avait pas autrement fait du mal à la reine, ils eurent alors grandement pitié d'elle et ne la tinrent pas coupable de quoi que ce fût. Ils l'attachèrent à un grand arbre. Puis ils prirent un grand lièvre, le tuèrent et lui coupèrent la langue. Ils s'en retournèrent et vinrent devant la reine.

Elle leur demanda en aparté ce qu'ils avaient fait. L'un des deux sortit la langue, la lui montra et dit : « Madame, nous l'avons tuée et vous avons rapporté la langue. » La reine Yseut demanda ce que Brangien avait dit avant de mourir. Les serfs firent alors part à la reine de ses salutations et de tout ce qu'elle avait dit d'autre.

« Taisez-vous, dit-elle, vous ne devez pas parler ainsi ! » La reine se mit alors à crier de toute sa voix : « Misérables serfs, dit-elle, pourquoi avez-vous tué ma suivante ? Je vengerai sa mort à vos dépens, vous ferai écarteler par des chevaux ou brûler sur un bûcher, si vous ne me la ramenez pas saine et indemne comme je l'avais remise à vos soins en vous chargeant de l'accompagner dans la forêt. Je vous en donne ma parole : si vous me la ramenez, je vous affranchirai tous les deux. »

L'un des deux serfs dit alors : « Ayez pitié, madame ! Votre humeur est changeante. Tout ce que vous nous avez dit hier était différent, lorsque vous nous avez demandé de la tuer et nous avez offert d'être affranchis pour cet acte. Voilà qu'à présent vous voulez nous tuer à cause d'elle. Or, si nous avions refusé de faire ce que vous nous demandiez, une mort immédiate nous attendait. »

La reine dit alors : « Fils de pute, amenez-moi ici tout de suite la jeune fille, et je vous affranchirai aujourd'hui même. »

L'un des serfs dit alors : « Dieu vous remercie, madame ; Brangien votre suivante est vivante. Je vais vous l'amener saine et sauve. »

Elle permit alors à l'un des serfs d'aller la chercher, mais elle fit garder l'autre. Celui qui était parti délivra la jeune fille dans la forêt et la raccompagna chez la reine. Quand la reine Yseut la vit, sa peine se transforma immédiatement en réconfort. La reine se précipita aussitôt au-devant d'elle et l'embrassa plus de vingt fois.

Chapitre 49

Yseut est réclamée
par un harpeur irlandais

La reine Yseut a maintenant mis Brangien à l'épreuve, sa suivante, l'a trouvée pleine de discernement et de distinction, et leurs rapports privilégiés et amicaux sont renoués. La reine a tout ce qui peut satisfaire ses désirs physiques — à savoir le réconfort quotidien que lui procure Tristan, son bien-aimé. Le roi lui montre de la bienveillance en public, et Tristan lui en montre en privé ; chacun des deux peut faire à la cour ce qu'il veut, puisque Tristan est le premier conseiller de la reine. Tous leurs plans s'exécutaient habilement en secret et d'un commun accord, si bien que personne d'autre que Brangien ne connaissait leurs paroles ni leurs actes, leurs joies, leurs jeux ni leurs caresses. Ils n'entendaient personne mentionner leur amour ou manifester des soupçons, car Tristan la servait avec une parfaite noblesse en tant que neveu du roi ; et cela semblait à tous très convenable en raison de sa parenté avec le roi. Mais quand ils n'obtenaient pas ce qu'ils voulaient, ils versaient dans la tristesse. Ils gardaient si bien leur amour qu'il ne s'amoindrit jamais à cause de l'un ou de l'autre, en privé comme en public.

Tristan était valeureux, courtois, intelligent, et d'une chevalerie confirmée. Il s'en alla un jour chasser, et un grand bateau accosta pendant ce temps-là. Se trouvait sur ce bateau un vassal irlandais qui possédait le bateau et qui était le chef de tous les hommes qui étaient à bord. Ce vassal était très arrogant et ambitieux. Il vint à la cour du roi Marc sur un beau cheval bien caparaçonné, et il portait dans ses basques une harpe toute rehaussée d'or. Il salua le roi et la reine Yseut. Elle le reconnut immédiatement, car il avait longtemps été amoureux d'elle — et c'est pour elle qu'il venait à la cour du roi. Dès que la reine l'eut reconnu, elle dit au roi qui il était et d'où il venait, et demanda au roi de lui réserver un accueil honorable et digne. C'est ce que fit le roi qui le fit manger avec lui dans sa propre vaisselle. L'homme prétendit qu'il était musicien ; aussi laissa-t-il sa harpe suspendue aussi près de lui que possible, car il ne voulait absolument pas la poser par terre pour l'amour ou pour l'honneur de qui que ce fût.

Quand le roi eut fini de manger et que les tables furent enlevées, la joie et la gaieté gagnèrent la cour. Le roi demanda alors devant toute la cour si le vassal irlandais savait en quelque façon jouer de la harpe, et s'il voulait bien avoir l'amabilité de jouer un morceau à la harpe pour le roi. L'Irlandais répondit qu'il refusait de divertir tout roi à l'étranger, s'il ne savait pas quelle récompense il aurait en retour.

Le roi dit : « Divertis-nous donc avec un air de musique irlandais, et tu auras ce que tu voudras. »

Il accepta, prit la harpe et joua un air irlandais qui charma l'oreille de tout un chacun. Le roi lui demanda alors de leur jouer un autre air aussi beau ou encore plus ; et il en joua un autre qui était deux fois plus beau, si bien que c'était un plaisir que de l'écouter. Il dit alors au roi devant toute la cour que le roi devait tenir à son endroit l'accord qui avait été passé, et qu'il avait lui-même formulé.

« Il en sera ainsi, dit le roi. Dis-moi ce que tu veux. »

L'Irlandais répond alors : « Tu vas me donner Yseut, car tu ne possèdes ni bien ni rien d'autre que j'aimerais mieux avoir. »

Le roi répond : « Par ma foi, tu ne l'obtiendras jamais. Demande plutôt quelque chose que tu puisses obtenir. »

Il répond au roi : « Tu démens ce que tu as dit, et tu romps l'engagement que tu as pris à mon égard devant toute la cour. Selon les lois et le droit, tu ne gouverneras plus jamais ce royaume, parce que le prince qui se dément publiquement, et qui ne tient pas ses engagements et sa parole, ne doit jamais avoir ni pouvoir ni seigneurie sur des hommes valeureux. Or, si tu refuses ce que j'ai demandé, je soumettrai l'affaire au jugement d'hommes sûrs ; et si tu trouves quelqu'un qui s'oppose à ma requête et ose me contredire, je me battrai contre lui aujourd'hui même sous les regards de toute la cour pour défendre ma cause, à savoir que tu voulais bien m'accorder ce que je désirais, quelle que soit la chose que je désire te demander. À présent, si tu me dénies ce que tu m'as promis, tu n'as plus aucun droit dans ce royaume ; et je le prouverai en t'affrontant par les armes, si cette cour veut prononcer un jugement juste et ces hommes valeureux se montrer loyaux envers moi. »

Chapitre 50

Tristan reprend Yseut
au harpeur irlandais

Le roi Marc venait d'entendre les paroles du harpeur et examinait ses hommes en parcourant du regard tous les bancs, mais il ne trouva personne dans sa cour qui osât contredire le harpeur, ni défendre la cause du roi ou venir au secours de la reine, parce que tous savaient que c'était un homme farouche, très rude dans les passes d'armes et doué pour toutes sortes d'exploits.

Quand le roi constata que personne ne voulait l'affronter, il remit son épouse en son pouvoir selon le jugement de ses conseillers et de ses chevaliers. Celui-ci la prit avec bienveillance et l'emmena sur son cheval jusqu'au rivage. Sa peine était grande quand elle se lamentait sur son triste sort ; elle pleurait, en proie aux tourments, et soupirait douloureusement. Elle maudissait le jour où son bien-aimé était parti chasser, car s'il avait été là quand elle avait été abandonnée, il l'aurait reprise dans un rude combat ; et on pouvait s'attendre à ce qu'il eût préféré donner sa vie plutôt que de ne pas la regagner. L'Irlandais la transporta en larmes dans sa tente. Lorsqu'elle fut déposée sur le lit, il ordonna qu'on préparât le bateau en toute hâte de façon qu'ils pussent appareiller au plus vite. Mais le bateau reposait complètement à sec sur le sable, la marée commençait tout juste à monter et la mer était même encore loin du dromon.

C'est à ce moment que Tristan revint de la forêt, et il apprit la nouvelle que la reine Yseut avait été emmenée et livrée. Il appela son écuyer, prit sa vièle, bondit sur son destrier et galopa aussi vite qu'il put en direction des tentes. Quand il parvint à une dune proche de la tente, il descendit de cheval, remit sa monture à la garde de son écuyer et alla à la tente avec sa vièle aussi vite qu'il le put ; et il vit Yseut étendue entre les bras de ce vassal : il s'efforçait de la consoler comme il pouvait, mais elle rejetait son réconfort, pleurait et se lamentait.

Quand l'Irlandais vit le joueur de vièle parvenu à la tente, il lui dit : « Rustre, offre-nous un beau divertissement avec ta vièle, et je te donnerai un manteau et un bon vêtement, si tu peux consoler ma dame. »

Tristan dit alors : « Que Dieu vous remercie, seigneur. Je vais faire tant et si bien qu'elle ne connaîtra plus l'affliction de six mois, si je prends à cœur de la divertir. »

Il prépara sa vièle et leur offrit un beau divertissement avec de belles chansons. Yseut l'écouta au cours de la nuit et fut réconfortée par la venue de son ami et par l'affection qu'ils partageaient. Quand il eut terminé le divertissement, le dromon était à flot, et un Irlandais dit au vassal : « Sire, partons au plus vite. Vous vous attardez ici bien trop longtemps. Si messire Tristan revient de la chasse, il est à craindre qu'il n'entrave quelque peu notre départ d'ici. C'est le plus renommé de tous les chevaliers de ce royaume, et il est leur chef à tous. »

Le vassal répliqua alors : « Honni soit celui qui éprouve quelque crainte de l'affronter au combat. Ami, joue-moi un autre morceau qui console Yseut, ma dame, de manière à lui ôter sa peine. »

Tristan accorda sa vièle et se mit à leur jouer un air remarquable et particulièrement agréable à entendre, qui parlait d'amour. Yseut l'écouta avec la plus grande attention. Il joua un lai long qui semblait se terminer quelque peu tristement. Pendant ce temps, la marée était montée si haut qu'on ne pouvait plus gagner la passerelle d'accès au bateau à cause du flux, et la passerelle avait flotté au-devant du bateau.

L'Irlandais dit alors : « Qu'allons-nous faire à présent ?

Comment allons-nous mener Yseut à bord ? Laissons donc le flux se retirer jusqu'à ce qu'elle puisse gagner la passerelle à pied sec. »

Tristan répliqua : « J'ai un bon cheval dans la vallée qui se trouve près de nous.

— Aie la bonté, dit l'Irlandais, d'amener ici ce cheval. »

Tristan alla immédiatement à son cheval, monta dessus d'un bond, prit son épée et revint aussitôt au galop auprès du vassal irlandais. « Messire, dit-il, confiez-moi la princesse Yseut. Je vous promets de me comporter convenablement avec elle. » L'Irlandais la souleva, la plaça sur la selle, et demanda poliment à Tristan de se comporter correctement et convenablement avec sa bien-aimée.

Lorsque Tristan eut reçu Yseut, il s'écria à haute voix : « Écoute-moi fou imprudent ! Tu as gagné Yseut avec ta harpe, mais à présent tu l'as perdue à cause d'une vièle. Tu méritais bien de la perdre, puisque tu l'as obtenue par traîtrise. Retourne chez toi en Irlande honteux et honni, méchant traître ! Tu l'as obtenue du roi par traîtrise, et je l'obtiens de toi par ruse. » À ces mots, il donna des éperons au cheval, remonta le rivage en hâte et gagna ainsi la forêt. À présent, l'Irlandais a sans nul doute perdu Yseut, puisque Tristan a emmené sa bien-aimée.

Quand le soir vint, ils se trouvaient dans la forêt, et ils fabriquèrent un abri du mieux qu'ils purent avec les moyens se trouvant à leur disposition. Ils eurent là un plaisant repos cette nuit-là. Au matin, quand le jour parut, il regagna avec elle le domaine royal, la remit au roi et dit : « Sire, par ma foi, il sied peu à une femme d'aimer un homme qui la livre pour un air de harpe. Gardez-la donc mieux une autre fois, car c'est au prix d'une grande habileté qu'elle vous est revenue. »

Chapitre 51

Mariadoc surprend l'amour de Tristan et Yseut

Tristan aimait Yseut d'un parfait amour et elle l'aimait fidèlement, ils s'aimaient l'un l'autre d'une manière raffinée et digne. La force de leur amour était telle qu'ils n'avaient qu'une âme et qu'un cœur, jusqu'au jour où certains parlèrent et d'autres s'interrogèrent. Pourtant il n'y avait personne qui sût quelque chose de certain, et de tels propos ne reposaient que sur des soupçons.

Tristan avait un compagnon qu'il aimait beaucoup, en toute confiance et en bonne camaraderie. C'était un sénéchal[1] et un proche du roi, si bien qu'il obtenait du roi ce qu'il voulait. Il se nommait Mariadoc. Tristan et lui se suivaient toujours, et ils partageaient le même appartement. Une nuit il se passa ceci : alors qu'ils étaient allés dormir tous les deux ensemble et que le conseiller s'était endormi, Tristan s'éloigna de lui furtivement. Lorsqu'il sortit, il avait neigé et la lune luisait aussi clair que s'il avait fait jour. Quand il parvint à la clôture de bois du verger, il repoussa une planche à l'endroit où il avait l'habitude d'entrer. Brangien le prit par la main, le conduisit à la princesse Yseut, prit une corbeille en frêne, et la renversa par-devant le chandelier de manière que la lumière de la chandelle n'allât pas les éclairer. Puis elle alla dans son lit et oublia de fermer la porte. Tristan prit alors du plaisir avec la reine.

Pendant ce temps le sénéchal faisait un rêve, il lui semblait voir un très gros sanglier sortir de la forêt : il ouvrait sa gueule, faisait crisser ses dents comme s'il était enragé, grondait horriblement comme s'il voulait tout mettre en pièces, et il se dirigeait vers le château. Quand il y arrivait, personne dans toute la cour n'osait rester devant lui, s'opposer à lui ou lui résister. Mariadoc le vit se précipiter vers le lit du roi et frapper le roi entre les épaules de telle façon qu'avec le sang et l'écume qui dégouttaient de sa bouche, il souilla toute la literie. Une grande masse de gens vint alors au secours du roi, mais celui-ci n'osa rien faire contre la bête. Mariadoc s'éveilla à ce moment, éprouvé et tourmenté par son rêve, et il crut tout d'abord que c'était la réalité. Puis il comprit que c'était un rêve. Il le trouva étrange et se demanda ce qu'il pouvait signifier.

Il appela alors Tristan, son compagnon, désireux de lui raconter ce qui lui était arrivé. Il le chercha à tâtons, désirant lui raconter son rêve, mais il ne le trouva nulle part. Il se leva, alla à la porte, et la trouva ouverte. Il pensa que Tristan était allé se divertir cette nuit-là, et il trouva étrange que Tristan soit sorti si secrètement que personne n'ait pu s'apercevoir de son départ, et

---

1. Cf. note 1 chap. 16.

qu'il n'ait dit à personne où il voulait aller. Il vit devant lui ses empreintes de pas dans la neige et suivit ses traces grâce à l'abondante lumière que lui fournissait la lune. Quand il parvint au jardin, il trouva immédiatement l'ouverture par où était entré Tristan. Il se demanda où il était passé, étant donné qu'il n'avait aucun soupçon à l'égard de la reine ; il pensa plutôt qu'il était l'ami de la suivante de la reine. Il poursuivit son chemin et entra secrètement, aussi silencieusement qu'il put, afin de découvrir ce qu'il en était, si bien qu'enfin il entendit la conversation de Tristan et de la reine. Il ne savait pas ce qu'il devait faire. L'affliction gagna toute son âme, et supporter que le roi soit ainsi honni et déshonoré lui répugnait. Il n'osa pourtant rien révéler parce qu'il avait peur de les calomnier. Il s'en retourna alors par le même chemin cette nuit-là. Il fit comme s'il ne savait rien. Quand Tristan revint, il se coucha dans le lit près de lui et aucun des deux ne dit rien à l'autre.

Ce fut le premier incident qui dévoilât leur amour, car jamais personne auparavant ne s'était rendu compte de rien, de nuit comme de jour. Et il en fut ainsi très longtemps avant que les envieux et les ennemis de Tristan ne révèlent au roi Marc leur secret.

Le roi conçut alors une grande peine et une pénible inquiétude, éprouva douleur et tourment ; il ne savait pas ce qu'il devait faire, et fit alors espionner leur comportement.

Chapitre 52

Marc met Yseut à l'épreuve

Le roi eut alors l'idée de mettre à l'épreuve la reine : il voulait obtenir d'elle une réponse et lui dit un mensonge. Une nuit où le roi était couché dans son lit près d'elle, il lui dit en des termes apparemment tristes : « Madame, je veux me faire pèlerin, voyager à l'étranger et aller visiter des lieux saints pour mon salut. Je ne sais pas à qui je vais confier le soin de garder ma cour. C'est pourquoi je voudrais savoir quel conseil vous me donnez, ou ce qui vous agrée et vous plaît le plus. Dites-moi ce que vous me conseillez et sous la garde de qui vous voulez être placée, et je suivrai votre conseil. »

Yseut répond : « Je trouve curieux que vous hésitiez sur ce qu'il vous est opportun de faire en la matière dont vous venez de parler. Qui devrait veiller sur moi, sinon seigneur Tristan ? Je crois qu'il convient tout à fait que je sois sous sa garde. Il faut protéger votre royaume et veiller sur votre cour. C'est votre neveu, et il mettra tous ses soins à ce que votre honneur soit en tout lieu respecté, et que ses fidèles services et sa loyale protection maintiennent votre cour dans une parfaite paix, pour le contentement de chacun. »

Lorsque le roi eut entendu ses paroles et son conseil, le jour venu, il alla trouver son sénéchal qui voulait du mal à la reine, et lui rapporta toutes les paroles d'Yseut. Il lui répondit alors : « Cela correspond exactement à ce que j'ai entendu. Vous pouvez percevoir clairement dans ses paroles qu'elle veut être à l'endroit qui lui plaît le plus, car elle l'aime à tel point qu'elle ne peut le celer. Et il est surprenant que vous acceptiez de supporter si longtemps un tel déshonneur, et ne vouliez pas chasser Tristan loin de vous. »

Mais le roi était très décontenancé, il hésitait et soupçonnait que ce qu'on lui avait dit d'Yseut et de Tristan pût être vrai.

Yseut se leva de son lit et fit venir Brangien, sa suivante, et lui dit : « Ma très chère amie, sais-tu que j'ai appris de bonnes nouvelles qui me réjouissent : le roi désire voyager à l'étranger, et je demeurerai pendant ce temps sous la garde de mon bien-aimé. Nous aurons du plaisir et du réconfort, n'en déplaise aux gens. »

Brangien répond alors : « Comment savez-vous cela ? qui vous l'a dit ? » La reine lui rapporta ce que le roi lui avait dit.

Mais Brangien saisit immédiatement sa folie et dit : « Vous ne savez pas dissimuler. Le roi vous a mis à l'épreuve et a compris que vous ne savez pas dissimuler. C'est le sénéchal qui est responsable du fait que vous vous soyez trahie à cause d'un mensonge qui vous a été soumis et auquel vous avez accordé foi. À présent ils ont compris et ont trouvé confirmation dans vos propres paroles. » Elle lui montra le parti raisonnable à prendre, lui enseigna la réponse à donner au roi et lui expliqua comment échapper aux mensonges que le conseiller répandait sur son compte.

Chapitre 53

Marc met à nouveau
Yseut à l'épreuve

Le roi Marc prit grandement à cœur cette affaire, perdant le sommeil et s'inquiétant : il voulait savoir en toute certitude dans quelle mesure il devait ajouter foi aux reproches qui s'étaient portés sur Yseut et Tristan. La nuit suivante, alors qu'il reposait sur son lit près d'Yseut, il chercha une nouvelle ruse, désirant la mettre à l'épreuve : il la prit dans ses bras avec de tendres caresses, de doux baisers, et pratiqua ce jeu qui plaît grandement à la plupart des gens, aux vilains comme aux rois.

Elle comprit immédiatement qu'il voulait la mettre à l'épreuve comme il l'avait fait précédemment. Elle adopta alors une nouvelle attitude, soupira de tout son cœur, maudit le jour où elle l'avait vu et où il l'avait menée dans son lit, et lui dit : « Malheur à moi, je suis née pour la peine et le tourment ! Tout s'est toujours fini pour moi dans une telle tristesse. Ce qui me convient le plus peut m'apporter le moins, et ce que je voudrais le plus volontiers veut le moins s'offrir à moi. » Elle montra alors au roi sa souffrance et son affliction, son tourment et son trouble, son courroux et son chagrin, versant d'abondantes larmes. Le roi lui dit alors : « Ma belle dame, qu'avez-vous ? pourquoi pleurez-vous ? »

Yseut répond alors : « Les raisons de ma tristesse et de ma peine insupportable sont nombreuses, sauf si vous y remédiez. J'ai pensé que ce que vous m'avez dit la nuit précédente devait être une plaisanterie de votre part, et que ce devait être un jeu pour vous que de prétendre vouloir aller à l'étranger ; mais maintenant j'ai appris toute la vérité sur votre projet de voyage à l'étranger. Malheur à la femme qui aime trop un homme. Aucune femme ne peut se fier à un homme, vu que vous avez l'intention de partir loin de moi et de me laisser ici. Puisque vous avez pris cette décision, pourquoi me l'avez-vous cachée ? Aujourd'hui l'on m'a affirmé que vous vouliez partir à l'étranger. Où désirez-vous me laisser ? Lesquels de vos amis veilleront sur moi ? C'est pour vous que j'ai abandonné toute possibilité de secours, mon père et ma mère, ma famille et mes amis, de grands honneurs, mon bonheur et mon pays. C'est pour vous une honte et un déshonneur que de me laisser ici. Je ne trouverai jamais de réconfort, la nuit comme le jour, tant que je serai sans votre amour. Pour l'amour de Dieu, restez à la maison, ou permettez-moi dans ma peine de vous accompagner. »

Le roi Marc dit : « Madame, je ne vous laisserai pas toute seule, du fait que Tristan, mon neveu, veillera sur vous en toute amitié et en vous servant dignement. Il n'y a personne dans mon royaume que j'aime autant que lui, surtout parce qu'il vous sert si courtoisement. »

Yseut répond : « Ce sera pour moi le comble de l'infortune s'il doit veiller sur moi et que je reste sous sa garde. Je connais ses services, son affection et sa gentillesse à mon égard : c'est imposture, mensonge et belles paroles. Il fait comme s'il était mon ami parce qu'il a tué mon oncle, et me tient un beau langage de manière que je ne me venge pas de lui ni ne le haïsse. Cependant, qu'il sache bien que ses gentillesses ne pourront pas me consoler de la grande peine, la honte et la perte qu'ils nous a causées à moi et à ma famille. S'il n'était pas votre neveu monseigneur, je lui aurais depuis longtemps fait éprouver ma colère et aurais vengé sur lui ma peine et ma souffrance. Et à présent je voudrais ne plus jamais lui parler ni lui adresser la parole. Je me montre amicale envers lui pour la raison qu'on me reproche, en me calomniant publiquement, de haïr votre parent et votre plus cher ami, car selon un proverbe répandu le caractère des femmes peut être terrible, les femmes n'aiment pas les parents de leurs maris, et ne veulent pas supporter près d'elles, la nuit comme le jour, leurs paroles ni leurs actes. Or, c'est pour ces raisons que je me suis prémunie contre les calomnies et les reproches, et que j'ai supporté sa gentillesse et ses services. Jamais plus je ne resterai sous son autorité, ni ne supporterai ses services. Je vous demande plutôt, monseigneur, de me laisser vous accompagner. »

Elle parla tant et si bien à cette occasion que le roi lui fit grâce de toute la colère qu'il avait conçue contre elle. Puis il alla trouver le sénéchal et lui dit qu'il n'y avait pas d'amour entre la reine et Tristan. Mais le sénéchal s'efforça de toute son habileté d'apprendre au roi ce qu'il devait dire à la reine, et comment la mettre à l'épreuve. Lorsque le roi eut entendu ses paroles, il alla trouver la reine et lui dit qu'il voulait assurément faire ce voyage, mais qu'elle serait placée sous la garde d'hommes et d'amis de la plus grande valeur, qui l'honoreraient par toutes sortes de bonnes grâces et de marques d'estime, « et j'entends que personne ne fasse rien qui vous déplaise ou ne vous agrée pas. Or, puisqu'il vous ennuie que Tristan mon parent soit à votre service, alors, en raison de la passion que j'ai pour vous, je vais dès à présent l'éloigner de vous et l'envoyer dans un pays étranger, car je ne veux absolument pas lui témoigner d'affection contre votre volonté et votre honneur. »

Yseut répond : « Sire, vous ne devez jamais agir aussi sévèrement, parce qu'alors les gens par tout votre royaume diront que je vous ai amené à former un tel projet, que je hais votre parent à cause de la mort de Morholt, et que je vous ai incité à le haïr, de manière à le dépouiller de tous les biens de votre royaume, alors que c'est lui qui est le plus tenu de veiller sur vous et qui est le mieux placé pour le faire. J'en retirerais des calomnies, et je veux pas que vous haïssiez votre parent par affection pour moi. Il ne convient pas qu'à cause de moi vous le fassiez partir loin, ni que vous oubliiez votre royaume, la paix et la prospérité. Je ne suis qu'une femme, et si une guerre vient à se produire, les ennemis auront tôt fait de me prendre votre royaume du fait que je n'ai ni la force ni le pouvoir de le défendre. Et l'on dira alors que j'ai chassé Tristan, le plus puissant soutien de notre royaume, parce que je le haïssais à tel point qu'il ne pouvait plus rester près de moi. Décidez l'un ou l'autre : soit je pars avec vous sans retard, soit vous lui confiez la garde et la défense de notre royaume. »

Le roi écouta avidement les paroles d'Yseut, considéra qu'elle était pleine de bienveillance à l'égard de Tristan, conçut à nouveau les mêmes soupçons, devint la triste proie de la peine et du tourment, et sa colère et son accablement se réveillèrent alors.

Au matin, la reine alla entretenir Brangien en privé. Celle-ci lui dit qu'elle était folle et n'avait pas de bon sens. Elle lui enseigna un bon stratagème, lui expliquant comment répondre au roi au sujet de son intention de chasser Tristan.

Chapitre 54

Un méchant nain
tend un piège
à Tristan et Yseut

À la suite de cela, le roi ne voulut pas que Tristan demeurât plus longtemps à la cour en raison des calomnies qui s'étaient portées sur Tristan et Yseut ; et il les a complètement séparés. Tristan habitait maintenant dans une demeure au pied du château. Il menait là grand train de maison. Il était à présent toujours triste, ainsi qu'Yseut, parce qu'ils ne pouvaient pas se rencontrer. Du fait qu'ils étaient ainsi séparés l'un de l'autre, ils devenaient tous deux pâles à cause du chagrin et de la tristesse, car ils avaient perdu leur bonheur. Toute la cour décela leur souffrance. Le roi la décela comme une chose manifeste et il imagina un stratagème, car il savait qu'ils désiraient vivement se rencontrer, et qu'ils éprouvaient de la douleur et de la peine en raison de leur séparation et du fait qu'ils étaient étroitement surveillés.

Un jour, le roi envoya chercher ses chiens de chasse, fit préparer ses chevaux, envoya ses gens dans la forêt afin d'y préparer des loges en feuillage et d'y monter des tentes, et l'on y apporta du vin et des vivres. En effet, il prétendit vouloir rester à la chasse six semaines ou plus. Il prit alors congé de la reine afin d'aller à son divertissement, et il partit dans la forêt.

Quand Tristan apprit le départ du roi de son palais, tout son cœur fut réconforté ; il prétendit être malade et demeura chez lui afin de guetter une éventuelle occasion lui permettant de rencontrer la reine. Il prit alors un bâton et le travailla en faisant de beaux copeaux avec une si grande habileté que personne n'avait jamais rien vu de pareil, car lorsque les copeaux étaient jetés à l'eau, ils ne s'abîmaient pas mais flottaient sur l'eau comme s'ils avaient été d'écume, et aucun courant ne pouvait les détruire. Et chaque fois que Tristan voulait converser avec Yseut, il jetait des copeaux dans le ruisseau qui courait près de la tour et devant la chambre de la reine ; la reine comprenait et saisissait aussitôt par cet artifice son souhait et son signal.

Alors que Tristan était en train de tailler des copeaux, survint un nain qui venait du château. Il dit : « Salut au nom de Dieu et de la reine Yseut ! Elle vous envoie ce message : elle désire parler avec vous. Ne négligez à aucun prix de venir la trouver là où vous l'avez rencontrée la dernière fois ; j'espère bien que vous allez savoir où l'endroit se trouve et vous en souvenir. Je ne le dis qu'à vous et en secret, et il n'est pas sûr que puissent se reproduire de si tôt des circonstances analogues : la cour tout entière est allée à la chasse. Aussi la reine vous fait-elle dire de venir lui parler cette nuit. Dites-moi donc le message que vous voulez lui faire parvenir, car je n'ose pas rester ici plus longtemps à cause des méchantes gens qui m'en veulent et qui diront au roi que je suis le responsable de toute l'hostilité qu'il y a entre vous. S'ils savaient que je suis ici, ils me diffameraient et me calomnieraient devant le roi. »

Tristan lui dit : « Mon ami, Dieu te remercie d'avoir bien voulu m'apporter un message ; tu y trouveras ton intérêt si je vis assez longtemps, mais pour le moment, même si c'est peu de chose, je te donne un manteau garni de fourrure blanche. Ce sera mieux la prochaine fois. À présent je te demande amicalement de dire à la très courtoise Yseut que je lui envoie mes salutations au nom de Dieu, et que je ne peux pas venir parce que j'ai très mal à la tête et que j'ai été très malade cette nuit. Mais demain, si j'en ai l'opportunité, j'irai la voir au cas où elle me veuille quelque chose ; et elle pourra dire à ce moment-là ce qu'elle veut. »

Le nain prit alors congé et s'en retourna au château où le roi s'était caché pour les attirer dans un piège. Il rapporta au roi ce qu'il avait dit à Tristan, et comment il avait répondu. « Sire, dit-il, Tristan a tout dissimulé devant moi. Mais assurément cette nuit vous verrez et découvrirez la conduite qu'ils ont depuis longtemps pris l'habitude d'adopter dans le secret, car je l'ai vu tailler des copeaux qu'il a l'habitude de jeter dans le ruisseau afin d'attirer Yseut et de l'appeler à lui. » Ils parlèrent tant et si bien qu'ils finirent par imaginer le plan et le stratagème suivant : le roi se cacherait durant la nuit et épierait leur rencontre à l'endroit où ils avaient l'habitude de se retrouver.

Chapitre 55

Marc tend des pièges à Tristan et Yseut, caché dans un arbre, et au moyen de farine

Lorsque le soir arriva, Tristan se prépara et alla au ruisseau près du verger, car Yseut avait l'habitude d'y aller s'asseoir un moment chaque soir près du ruisseau pour se divertir ou se lamenter sur les événements de sa jeunesse. Quand elle y arriva, elle vit les copeaux flotter et comprit que Tristan venait d'arriver au jardin ; elle se couvrit tout entière des fourrures blanches dont était fait son manteau, et pénétra dans le jardin la tête recouverte, se dirigeant vers les arbres où le roi se trouvait déjà. Tristan était entré du côté opposé en passant au travers de la clôture de bois, et allait vers les arbres où ils avaient l'habitude de se rencontrer. Or juste à ce moment-là, la lune parut et luit joliment. Tristan vit alors l'ombre du roi sur le sol et s'arrêta aussitôt, car il savait que le roi voulait les espionner sans retard. Il fut très angoissé et attristé au sujet de la reine, craignant qu'elle ne remarquât pas l'ombre. Mais dans le même temps elle vit l'ombre du roi et eut très peur pour Tristan. Ils s'en allèrent tous les deux. Ils virent bien qu'ils avaient été trompés en cette affaire, et en furent remplis de tristesse et de chagrin. Le roi resta assis sous l'arbre et se retrouva dans une si grande ignorance au sujet de cette affaire qu'il cessa d'être en colère contre eux deux.

Il arriva un jour que le roi, la reine, et Tristan se firent prélever du sang. En effet, le roi voulait encore les mettre secrètement à l'épreuve dans sa chambre à coucher, et Tristan ne sut percer à jour le stratagème. Pendant la nuit, alors que tous étaient allés se coucher, le roi ne permit à personne d'autre que Tristan de demeurer là. « Mon neveu, dit le roi, éteins toutes nos chandelles ; la lumière me dérange. » Il disait cela parce qu'il avait longuement tramé un grand stratagème et une machination d'après les conseils du méchant nain — qui voulait toujours du mal à la reine Yseut et à Tristan. Le méchant nain se leva alors discrètement de son lit, prit un récipient rempli de fleur de farine qu'il avait près de son lit, et répandit la farine partout sur le sol afin qu'on pût voir les empreintes de Tristan dans la farine s'il allait auprès de la reine. Mais Brangien s'aperçut immédiatement de ce qu'il avait fait et prévint Tristan.

Peu après, le roi se leva au milieu de la nuit, prétendit être las de rester couché au lit, désira aller à matines et dit au nain de l'accompagner. Lorsque le roi se fut éloigné, Tristan demeura là et réfléchit à la manière dont il pourrait parvenir auprès de la reine. En effet, il savait que s'il allait jusqu'à elle en posant le pied, l'on pourrait alors voir ses empreintes dans la farine. Aussi sauta-t-il à pieds joints par-dessus la farine jusque dans le lit de la reine, mais l'effort fait pour sauter avait été si grand que ses veines se rouvrirent et saignèrent toute la nuit. Quand il se leva, il bondit à nouveau pour regagner son lit.

Le roi revint à ce moment-là, vit que son lit était taché de sang, et demanda à Yseut d'où venait ce sang. Elle répondit que sa main avait saigné. Le roi alla jusqu'au lit de Tristan et le vit couvert de sang. Il comprit alors qu'Yseut mentait. Ceci donna au roi des soupçons indubitables, et il en fut attristé et courroucé. Il ne savait pas ce qu'il en était au juste, hormis pour le sang qu'il avait vu ; et ce n'était ni une charge véritable ni une preuve convaincante. C'est pourquoi le roi était en proie au doute et ne savait pas à quoi se fier, car il ne pouvait s'appuyer sur aucune véritable preuve pour les inculper. Pourtant, il se refusait absolument à abandonner, il voulait plutôt rendre publique l'affaire, mais sans les déshonorer. Il convoqua alors tous ses vassaux et ses conseillers, et se plaignit devant eux de la peine que lui causaient Yseut et Tristan. Tous les vassaux en discutèrent, et ils entendaient bien se venger si l'on trouvait des charges irréfutables.

Chapitre 56

Le conseil examine
le cas d'Yseut

Peu après, le roi fit venir tous ses conseillers à Londres, et y vinrent tous ceux qui voulaient conserver l'amitié du roi : des évêques, des vassaux, et tous les hommes les plus avisés d'Angleterre. Lorsqu'ils y furent parvenus, le roi leur demanda de lui donner un conseil salutaire : comment devait-il faire pour en terminer avec Tristan et Yseut qui avaient suscité de telles calomnies sur son compte qu'il était déshonoré par tout son royaume. Les conseillers du roi prirent alors la parole, certains pour dire des stupidités, mais d'autres pour dire des choses sensées et raisonnables.

Sur ce, un vieil évêque se leva et dit au roi : « Sire, écoutez ce que je veux vous dire ; et si je dis ce qui est juste, approuvez-moi. Il y a maintenant beaucoup de gens dans votre pays qui portent des accusations contre Tristan, sans oser les prouver à ses dépens. Vous cherchez, messire, un conseil ; et il convient que tous vous donnent un conseil salutaire, sûr et loyal : il ne convient pas que vous dévoiliez au grand jour ces calomnies, car vous ne les avez pas surpris dans une situation telle que vous puissiez prouver indubitablement les accusations portées contre eux. De quelle manière voulez-vous dans ces conditions condamner votre neveu et votre femme ? En effet, vous êtes légalement mariés, et vous ne pouvez absolument pas divorcer dans l'état actuel des choses, puisqu'on ne peut avancer contre elle à ce sujet aucune charge incontestable confirmant ce dont ses ennemis et des envieux l'accusent. Mais il ne convient pas non plus que vous délaissiez cette affaire, en raison des calomnies et de l'opprobre auxquels les gens vont croire et dont ils vont s'occuper, que tout cela soit juste ou faux. Souvent les gens croient tout autant le faux que le juste. Mais en raison des calomnies que vous avez si longtemps supportées avec patience et pour lesquelles la reine a encouru le reproche de s'être déshonorée, il convient absolument que la reine Yseut soit assignée à comparaître ici devant cette noble assemblée. Écoutez alors ce que je lui dirai et ce qu'elle répondra. Et lorsqu'elle aura répondu, nous demanderons instamment en vertu d'un juste jugement qu'elle n'ait plus le droit de coucher dans le lit du roi jusqu'à ce qu'elle se soit disculpée de ces calomnies. »

Le roi répond alors : « J'approuve volontiers la tenue de ce jugement ici devant tous mes nobles et mes vassaux. »

Puis l'on fit chercher Yseut, et elle se rendit aussitôt à leur convocation, pénétra dans la grande salle et s'assit. L'évêque se leva alors et lui dit : « Madame la reine, écoutez ce que le roi m'a demandé de vous dire. Tout le monde à la cour et hors de la cour a maintenant pris connaissance d'une certaine calomnie qui s'est portée sur vous dans le public, et qui circule depuis plus de douze mois sur votre compte et sur le compte de Tristan, le parent de votre roi. Qu'elle soit juste ou fausse, elle vous attire aux yeux de tous calomnies et reproches, et déshonore le roi. Mais le roi n'a rien vu ni rien perçu d'indubitable qui ne fût admissible, hormis cette calomnie que les gens répandent, mais sans avoir de preuves tangibles à l'appui. À présent, je vous incrimine devant les nobles et les vassaux, et j'exige, pour votre juste défense, que vous vous innocentiez vous-même et que vous dégagiez le roi de ce malentendu, car il ne convient plus que vous partagiez le lit du roi jusqu'à ce que vous vous soyez disculpée de cette calomnie. »

Yseut était une femme intelligente et distinguée, très belle et très éloquente ; elle se mit debout devant le roi et dit : « Bienveillant roi, sachez bien que j'ai connaissance de cette calomnie que des gens envieux et malintentionnés ont proférée contre moi ; l'on dit en effet depuis longtemps que la vie d'aucun homme n'est à l'abri des reproches et des incriminations. Il me paraît étrange que des gens mentent à mon sujet quand je suis innocente. Cela leur paraît aisé du fait que je suis étrangère, loin de mes parents et de mes amis, esseulée ici dans un pays étranger au milieu de gens qui ne partagent aucun lien avec moi, comme si j'étais une captive; je m'aperçois de tout cela du fait que personne ne veut avoir pitié de moi dans cette épreuve. Je demande donc au roi, mon seigneur, de faire juger ma cause devant toute sa cour, en tenant compte des arguments qui montrent mon innocence. On ne pourra jamais prononcer contre moi un jugement si sévère que je ne m'y soumette afin de me dégager des reproches des envieux — car je ne suis pas coupable de ce dont m'accusent ces calomnies —, que ce soit en tenant un fer rouge ou par tout autre moyen de disculpation. Et si j'échoue dans cette entreprise de justification, que le roi me fasse brûler sur un bûcher ou écarteler par des chevaux. »

Chapitre 57

Le roi accepte
une ordalie

Le roi écouta les paroles d'Yseut disant qu'elle voulait bien se soumettre à l'épreuve du fer rouge ou à tout autre moyen de disculpation, et il comprit qu'il ne devait pas lui imposer d'autres exigences. Comme il n'avait trouvé aucune preuve tangible ni aucune charge indubitable contre elle, il devait lui accorder un jugement juste.

Il lui répondit alors : « Viens donc ici, et jure-moi devant ces nobles que tu accepteras une telle épreuve et tiendras l'engagement que tu viens de prendre, car nous voulons bien te l'accorder. Tu iras à Korbinborg[1], et je vous y convoque, vous tous mes nobles, pour y veiller sur mon honneur et sur mes droits. Nous nous y rendrons tous dans le délai d'un mois. »

Yseut s'avança alors et jura au roi qu'elle accepterait l'épreuve,

---

1. Korbinborg : étant donné que le nom qui apparaît chez Gottfried est Karliûne, il pourrait s'agir ici d'une déformation de Carlion (comté de Monmouth).

comme il le lui avait lui-même demandé. Les nobles et les gens de la cour se séparèrent et rentrèrent chez eux. Mais Yseut demeura là, en proie à la souffrance et au tourment, car elle savait bien que ces calomnies dirigées contre elle, et pour lesquelles elle avait été jugée et honnie, étaient justifiées.

Chapitre 58

Tristan transporte Yseut déguisé en pèlerin

Quand le jour fixé approcha, Yseut conçut un plan et envoya à Tristan un message lui demandant de venir la retrouver à un endroit de la rivière où se trouvait un gué, le jour qu'elle lui fixait, et de se déguiser autant qu'il le pourrait ; elle voulait qu'il la débarque d'un bateau quand elle traverserait la rivière, et désirait alors lui dire un secret.

Tristan respecta fidèlement sa promesse de se trouver là-bas auprès d'Yseut le jour fixé, si parfaitement déguisé que personne ne puisse le reconnaître : tout son visage était recouvert d'un fard doré, et il était revêtu d'une méchante cotte de laine, et d'une vieille chape par-dessus. La reine arriva alors en bateau de l'autre côté de la rivière. Elle fit immédiatement signe à Tristan et accosta aussitôt. Elle dit à Tristan à haute voix : « Mon ami, viens ici et débarque-moi du bateau, tu dois être un bon marin ! »

Tristan s'approcha immédiatement du bateau et la prit dans ses bras. Tandis qu'il la portait, elle lui dit à voix basse qu'il devait lui tomber dessus quand elle serait parvenue sur le sable. Lorsqu'il se fut un peu éloigné du bateau avec elle, elle releva ses habits et il lui tomba aussitôt dessus.

Quand les hommes de la reine voient cela, ils bondissent immédiatement du bateau, qui avec un bâton, qui avec une perche, qui avec une rame, et ils veulent le battre à mort. Mais la reine dit qu'ils ne devaient pas lui faire de mal, que ce n'était pas volontairement qu'il était tombé, mais que c'était plutôt parce qu'il était faible et fatigué de marcher, « car c'est un pèlerin qui arrive d'un long voyage ». Ils plaisantèrent sur ses paroles et rirent de la façon dont le pèlerin lui était tombé dessus. Et tous dirent que c'était une dame très courtoise du fait qu'elle ait été la seule à ne pas lui vouloir de mal. Mais nul ne savait pourquoi elle avait conçu ce plan.

Sur ce, ils bondirent sur leurs chevaux et passèrent leur chemin ; ils se moquaient du pèlerin et plaisantaient sur la façon dont cette mésaventure comique lui était arrivée. « En fait, dit Yseut, est-il étonnant que le pèlerin ait voulu s'amuser et toucher mes blanches cuisses ? À présent je ne peux absolument pas jurer sous serment que personne d'autre que le roi ne s'est placé là. »

Ils chevauchèrent ensuite jusqu'au domaine royal, et la reine descendit de cheval ainsi que tous ceux qui l'accompagnaient.

Chapitre 59

Yseut subit l'ordalie

La cour s'était maintenant réunie à cet endroit, et il y avait grande presse. Le roi était sévère et sombre, impatient et pressé de se venger et de mettre Yseut à l'épreuve en la soumettant à cette ordalie qu'elle devait subir à cause de Tristan. Le fer avait été placé dans le feu et était tout prêt. Trois évêques l'avaient consacré. Yseut écouta alors une messe, et fit de nombreux et généreux actes de charité, si bien qu'elle donna pour l'amour de Dieu une grande partie de tout ce qu'elle possédait en or et en argent, en habits et en coupes, aux pauvres ainsi qu'aux malades et aux blessés, aux orphelins et aux veuves dans le besoin. Puis elle s'avança pieds nus dans un vêtement de laine, et son état parut affligeant à tout un chacun. Tous pleuraient, aussi bien les inconnus que les gens connus, les étrangers que les gens du pays, les riches et les pauvres, les jeunes et les vieux ; tous ressentaient quelque chose dans leur cœur à son égard. On apporta alors les saintes reliques afin qu'elle prête serment et soit ainsi disculpée. Elle s'approcha, en larmes, et posa sa main sur les saintes reliques. Elle entendit les vassaux se quereller au sujet du contenu de son serment. Certains voulaient l'accabler et la tourmenter, mais d'autres voulaient l'aider dans la formulation du serment. La plupart suivaient le roi dans sa volonté de rendre cette formulation aussi rigoureuse que possible.

La reine dit alors : « Sire, écoutez mon serment. Jamais aucun homme né de mère ne s'est approché de moi nue, hormis vous, messire, et ce misérable pèlerin qui m'a débarquée du bateau et qui est tombé sur moi sous les regards de vous tous. Puisse Dieu me venir en aide dans cette épreuve et me purifier par ce fer rouge. Et je n'ai jamais commis ni faute ni péché avec un autre homme. Je l'affirme devant Dieu et devant tous les saints. À présent, si je n'en ai pas dit assez dans ce serment, ajoutez rapidement ce que vous voulez, et je le jurerai. »

Le roi vit Yseut en larmes, et beaucoup d'autres gens pleurer sur son sort, des riches et des pauvres, en raison de la peine qu'elle éprouvait. Il fut alors très attristé en son cœur et dit à Yseut : « J'ai bien entendu, et je pense qu'il n'est pas besoin de rien ajouter. Prends maintenant, poursuivit-il, ce fer rouge, et que Dieu te purifie comme tu le mérites et comme ton serment le justifie.

— Oui », dit-elle, et elle prit hardiment le fer dans sa main et le souleva de telle façon que personne ne décela chez elle ni lâcheté ni faiblesse. Et Dieu lui accorda dans sa sublime miséricorde une sublime purification, et lui permit de se réconcilier avec le roi, son seigneur et son époux, et de vivre en bonne entente avec lui, en partageant un parfait amour dans l'honneur et la dignité.

Chapitre 60

Le roi se réconcilie
avec Yseut

Dès qu'Yseut se fut disculpée par l'épreuve du fer rouge, elle s'assit et dit que le roi avait agi puérilement en prenant en haine son parent à cause d'elle. Alors le roi renonça à sa folie et se repentit d'avoir quelquefois conçu de méchants soupçons contre son parent, et de s'être inutilement causé à lui-même des peines et des tourments de toutes sortes. À présent, il était hors de tout doute, si bien que son esprit était totalement libéré et sans arrière-pensées malgré tous les envieux. Il pensait maintenant qu'Yseut était innocente de ce dont l'accusaient les calomnies qui s'étaient portées contre elle ; et il employait toute sa gentillesse à la consoler après la douleur qui l'avait accablée. Il estimait pour rien tout ce qu'il possédait à côté de son amour et de son affection. Il l'aimait hors de toute mesure, si bien qu'il n'existait pas d'autre créature de Dieu qui le charmât tant que la belle Yseut.

Chapitre 61

Un chien merveilleux

Tristan, le vaillant, l'honorable, avait quitté le royaume après que le roi et lui-même se furent séparés dans la colère. Il se mit ensuite au service d'un duc de Pologne. Le duc l'honorait et l'appréciait plus que tous ses amis en raison de son renom, de son lignage et de sa valeur, de ses qualités chevaleresques, de son comportement courtois, de ses manières distinguées et de son courage en toute chose, par lesquels il se distinguait de tous les autres.

Il arriva un jour ceci : Tristan était très soucieux comme ceux qui sont venus dans un pays étranger, et comme il était loin de son réconfort, de son amour et de son bonheur, il soupirait souvent de tout son cœur et examinait souvent la douleur et la peine qu'il éprouvait en étant si loin de l'être qui le réconfortait. Quand le duc découvrit cela, il ordonna à ses pages d'amener auprès d'eux ce qui faisait son divertissement, de manière à pouvoir ainsi consoler tous les tourments de Tristan qu'il voyait accablé à sa cour. En effet, il aurait bien voulu lui témoigner de la gentillesse et le divertir s'il avait pu ainsi l'égayer.

Peu après les pages du duc apportèrent une étoffe de prix et l'étendirent sur le sol devant le duc. D'autres arrivèrent alors qui amenaient au duc le chien qui lui avait été envoyé du monde des Alfes[1].

C'était une créature si merveilleusement belle que jamais homme capable de décrire ou de dire sa nature ou sa forme ne vit le jour, car de quelque façon qu'on regardât le chien, il montrait tant de couleurs que personne ne pouvait les percevoir ni les saisir. Si on le regardait de face, il apparaissait blanc, noir et vert du côté tourné vers l'observateur. Mais si on le regardait de biais, il apparaissait rouge sang comme si la chair avait été tournée vers l'extérieur et le poil vers l'intérieur. Par moments il semblait brun foncé, et aussitôt après son pelage semblait rouge brillant. Et ceux qui le regardaient de tous les côtés pouvaient le moins saisir comment il était, car il leur semblait n'avoir aucune couleur pour autant que les gens pouvaient en juger. Il venait de l'île qui s'appelle Pólin[2], et c'était une femme alfe qui avait donné ce chien au duc. Jamais une créature de cette taille n'avait été plus charmante ni plus belle, et à ce point intelligente, gentille et zélée.

Les pages du duc lui amenèrent ce chien avec une chaîne d'or tirée de son trésor. Ils lui ôtèrent immédiatement la chaîne; et quand il fut libre, il se secoua et la cloche attachée à son cou tinta en produisant un si joli son que toute la peine de Tristan disparut, qu'il oublia alors sa bien-aimée et que tous ses sentiments, son cœur et son humeur furent transformés, à tel point qu'il ne savait guère s'il était lui-même ou un autre. Il n'y avait pas d'homme au monde qui, en entendant le son de la cloche, n'eût immédiatement été consolé de sa peine en tout son cœur et rempli de joie et gaieté, et n'eût préféré ce divertissement à tout autre. Tristan écouta attentivement la cloche et considéra soigneusement le chien : la couleur du chien lui parut bien plus extraordinaire que le son de la cloche. Il posa sa main sur lui et s'aperçut que tout son pelage était doux et soyeux. Il s'avisa alors qu'il ne pourrait pas vivre s'il ne pouvait pas procurer ce chien à Yseut, sa bien-aimée, pour la divertir. Mais il ne savait pas comment faire pour l'obtenir, et il ne laissa point paraître

---

1. Ce sont des êtres surnaturels. Il s'agit là d'une allusion à la mythologie nordique ajoutée en Scandinavie. (Sur ce sujet, cf. R. Boyer, *La Religion des anciens Scandinaves*, Paris, Payot, 1981.) On peut donc se demander ce que contenait le texte de Thomas. Sans doute une allusion au monde des fées, comme le suggère aussi le chap. 65. On peut supposer, de plus, en suivant Kölbing, une déformation du nom de l'île légendaire d'Avalon que l'on trouve chez Gottfried.

2. On pourrait voir là une confusion entre la Pologne et l'île d'Avalon.

qu'il voulait l'avoir, car le duc l'avait traité si amicalement que pour rien au monde il ne voulait jamais le quitter ni être loin de lui.

Chapitre 62

Tristan tue le géant Urgan

Comme l'histoire de Tristan l'atteste, il y avait à cette époque un géant qui vivait dans une contrée au bord de la mer, et tous les douze mois il prélevait dans tout le royaume un tribut qui s'élevait à un dixième du cheptel. Le duc lui payait chaque année ce tribut, et le géant était venu le recouvrer. On proclama par tout ce royaume au son des trompettes qu'on allait payer le tribut au géant Urgan. Vinrent alors des vassaux, des marchands et des paysans, des gens de la ville et des gens de la campagne ; ils menaient du bétail au géant, chacun dans la mesure de ses moyens. Le plus extraordinaire était la quantité de bétail que cela représentait, et les gens faisaient du tapage et poussaient les hauts cris en lui remettant le bétail.

Tristan demanda d'où venait ce vacarme, à qui appartenait le bétail et qui allait le prendre. Le duc lui expliqua aussitôt de quoi il s'agissait et de quelle façon il avait accepté de payer le tribut au géant, et lui dit toutes les conditions de l'accord et toutes les clauses qui avaient été établies entre le géant et lui.

Tristan dit alors au duc : «Si je vous libère si bien de cette servitude que jamais plus vous n'ayez à payer le tribut au géant, que me donnerez-vous en récompense ? »

Le duc dit : « Ce qui te plaira et que tu voudras bien choisir. Aucun bien ne m'est si cher que je refuse de te le donner en récompense si tu nous délivres de cette sujétion.

— Si vous m'accordez ce que je vous demande, dit Tristan, je vous affranchirai vous et votre royaume, je vous délivrerai du géant et délivrerai vos gens du tribut, et libérerai tout le pays de sorte que jamais plus il ne sera soumis à la contrainte. »

Le duc répond alors : « Je t'accorde bien volontiers ce que tu demandes, et je veux confirmer officiellement la promesse que je te fais devant toute ma cour qui est ici présente en ce moment. »

Tristan se prépara en toute hâte, revêtit son armure, monta sur son cheval et dit au duc : « Dites à quelqu'un de m'accompagner sur la route que va prendre le géant, et je vous libérerai vous et votre royaume. Mais si je ne peux pas vous venger de lui, je ne vous demanderai rien qui vous appartienne.

— Que Dieu te remercie ! » dit le duc, et il demanda à un de ses hommes de l'accompagner jusqu'au pont sur lequel le géant devait passer en emmenant le bétail. Lorsque Tristan fut parvenu au pont, il empêcha le bétail de traverser le pont.

Quand le géant s'aperçut que le bétail était arrêté, il brandit son gourdin de fer, courut aussi vite qu'il put et vit Tristan en armure monté sur son cheval. Il cria en sa direction d'une voix terrible : « Qui es-tu, rustre, dit-il, pour empêcher mon bétail d'avancer ? Je te jure par ma tête que tu le payeras cher si tu ne me demandes pas grâce. »

Tristan se met alors en colère et lui répond : « Je ne dissimulerai jamais mon identité devant un maudit troll[1] comme toi : à la cour on m'appelle Tristan. Je n'ai pas peur de toi ni de ta massue. Tu as obtenu ce bétail injustement, et c'est pourquoi tu ne le garderas pas plus longtemps à quelque condition que ce soit. D'où tiens-tu cette richesse si tu n'as pas contraint les gens par la peur à te payer un tribut ? »

Le géant Urgan répond alors : « Tristan, tu te comportes envers moi d'une manière très arrogante en m'empêchant d'emmener mes bêtes ; éloigne-toi de moi au plus vite et dégage la route par laquelle j'ai l'habitude de passer avec mon bétail. Je ne suis ni Morholt que ta violence a tué ni l'Irlandais à qui tu as pris Yseut, et tu crois pouvoir agir de la même manière envers moi. Mais sache bien que tu payeras cher de m'avoir empêché de traverser le pont. »

Sur ce, il brandit son gourdin de fer et le jeta de toute sa force avec grande colère. Tristan esquiva le coup, mais le gourdin de fer atteignit le poitrail du cheval, le partagea en deux et lui arracha les membres ; le cheval tomba sous lui.

Quand Tristan se fut remis debout, le géant se précipita vers lui en toute hâte pour le frapper, s'approchant d'aussi près que possible de lui de manière à l'avoir à portée de main. Quand le géant se baissa pour reprendre le gourdin de fer, Tristan ne voulut pas attendre plus longtemps, bondit vers lui et lui coupa la main droite au moment où il allait ramasser la massue — la main gisait

---

1. Sorte de géant monstrueux dans la mythologie scandinave ancienne.

là dans l'herbe. Quand le géant vit sa main coupée par terre, il saisit son gourdin de la main gauche dans l'intention de se venger de Tristan. Quand il porta un coup dans sa direction, Tristan dirigea son bouclier contre le coup, et le bouclier se fendit en deux dans toute sa longueur. Le coup était si lourd que Tristan tomba à genoux, et il considéra que s'il lui laissait porter un autre coup, ce coup le tuerait ; aussi se replia-t-il. Quand il vit que le géant était grièvement blessé et furieux, et qu'il perdait beaucoup de sang, il prit le parti d'attendre que l'hémorragie l'affaiblisse et diminue quelque peu sa force. Le géant ramassa alors sa main, laissa tout le bétail et prit le chemin qui le ramenait à son château. Tristan demeura là sain et sauf, et tout content de ce que tout le bétail fût à présent délivré et récupéré.

Il était maintenant assuré d'obtenir ce qu'il avait demandé, sauf si le duc ne tenait pas la promesse qu'il lui avait faite. Mais il considéra qu'il ne devait pas encore revenir car il ne pouvait rien montrer au duc qui lui prouvât qu'il avait bien affronté le géant, si ce n'est le bétail qu'il ramenait. Et il s'élança de toute la rapidité dont il était capable sur le chemin tracé par le sang qui avait coulé de la blessure du géant. Il arriva peu après au château du géant, et quand il y fut entré il ne vit rien d'autre que la main, et il s'en retourna au pont à toute vitesse. Sur ce, le géant revint au château — car il était parti chercher des plantes pour se faire un pansement —, et il pensait qu'il allait y trouver sa main. Quand il eut posé les herbes par terre, il découvrit que sa main avait été emmenée. Il se lança alors à la poursuite de Tristan. Tristan regarda derrière lui et le vit arriver : il courait à sa poursuite dans un grand fracas et portait son gourdin de fer sur son épaule. Il eut alors peur du géant si bien qu'il n'osa pas se porter à sa rencontre. Le géant attaqua le premier, il lui jeta le gourdin de fer de toute sa force en grande colère. Tristan recula d'un bond si bien que le coup ne l'atteignit pas. Il se précipita alors dans l'intention de le frapper du côté gauche. Et quand il vit que le géant se penchait pour éviter le coup, il lui assena un coup de front ; et ce coup fut si lourd qu'il lui emporta toute l'épaule et le fit passer par-dessus le pont, et tous les os de son corps se brisèrent.

Aussitôt Tristan revint sur ses pas, prit la main et l'apporta au duc. Mais ce dernier se trouvait dans la forêt et avait vu leur affrontement ; quand il vit Tristan, il chevaucha à sa rencontre et lui demanda comment cela s'était passé. Tristan lui montra ses exploits : avoir libéré le bétail et tué le géant. Puis il dit au duc : « À présent, je demande ma récompense. »

Le duc lui répond alors : « C'est juste, je n'entends pas te la refuser. Dis-moi ce qu'il te plairait le plus d'avoir.

— Je vous remercie beaucoup. J'ai tué Urgan, dit-il, maintenant je voudrais que vous me donniez votre beau chien. Je désire en effet ardemment le posséder car je n'ai jamais vu de plus beau chien. »

Le duc dit alors : « Par ma foi, il est vrai que tu as tué notre plus grand ennemi, et pour cela je veux bien te donner la moitié de mon royaume, et t'offrir un honorable mariage avec ma sœur, si tu veux bien demander sa main. Mais si mon chien te plaît davantage, je serai heureux que tu l'aies. »

Tristan répond alors : « Dieu vous en remercie, monseigneur ! Il n'est pas de bien en ce monde qui me soit aussi cher que ce chien, à tel point que je ne l'abandonnerai jamais quoi que l'on puisse m'en offrir. »

Le duc dit alors : « Va donc le recevoir et fais-en ce qu'il te plaît. »

Chapitre 63

Tristan offre le chien
à Yseut et revient
à la cour de Marc

Lorsque Tristan eut reçu le chien, il ne le laissa pas s'éloigner de lui — lui eût-on offert tout l'argent du monde. Il fit alors venir un ménétrier, l'homme le plus courtois qu'on pût trouver dans tout le duché, et il lui dit en privé ce qu'il devait faire, où il devait aller, et de quelle manière il devait amener le chien à la reine Yseut à Tintagel.

Le ménétrier s'en alla alors, trouva Brangien la suivante de la reine, lui confia le chien et lui demanda de l'amener à la reine de la part de Tristan. Elle le prit avec grand plaisir et maints remerciements, car il n'eût pas pu exister de plus belle créature. On lui fabriqua avec beaucoup de savoir-faire une maisonnette en or pur, qui fermait bien. Yseut chérissait ce présent par-dessus tout, et fit un riche cadeau au messager de Tristan pour le récompenser. Elle fit dire à Tristan que le roi était bien disposé envers lui, et qu'il pouvait revenir sans crainte du fait que tous les soupçons que les gens avaient fait peser sur lui avaient à présent laissé place à une volonté de réconciliation et de concorde. Quand Tristan apprit ces nouvelles, il retourna tout joyeux à la cour du roi Marc.

Ce fut de cette façon que ce chien fut acquis et obtenu. Je veux à présent que vous sachiez que le chien de Tristan ne demeura pas longtemps à la cour du roi Marc. Par la suite, il prit l'habitude d'être dehors dans la forêt et de chasser les sangliers et les cerfs, lorsque Tristan et Yseut s'y trouvaient tous les deux. Ce chien attrapait tout animal sans qu'il lui en échappe jamais, et il avait si bon flair qu'il découvrait toutes les routes et toutes les pistes.

Chapitre 64

Tristan et Yseut
sont bannis par Marc

Lorsque Tristan fut revenu à la cour du roi Marc tout heureux et joyeux, il n'y demeura pas longtemps que le roi n'eût à nouveau découvert le grand amour que Tristan et Yseut avaient l'un pour l'autre, tout comme auparavant. Le roi en fut très fâché et affecté, se refusa à supporter cela plus longtemps de leur part, et les bannit alors tous les deux. Cela leur apparut cependant comme une chance, et ils s'en allèrent alors dans un grand désert. Mais ils ne réfléchirent guère à qui les pourvoirait en vin et en provisions, car Dieu voudrait sans doute bien leur procurer quelque nourriture en quelque lieu qu'ils se trouvent. Et ils appréciaient beaucoup d'être tous les deux seuls ensemble. De tout ce qui existait dans le monde, ils ne désiraient rien de plus que ce qu'ils avaient alors, car ils avaient ce qui plaisait à leur cœur s'ils pouvaient toujours demeurer ainsi ensemble sans être accusés, et savourer leur amour dans le bonheur.

De même que cette liberté dans la forêt leur plaisait, de même ils trouvèrent un endroit secret près d'une rivière dans un rocher que des païens avaient fait tailler et décorer au temps jadis avec un grand savoir-faire et beaucoup d'art. Tout le haut était voûté. On avait creusé loin dans la terre pour y ménager un accès, et un passage secret profondément enfoui y menait. Il y avait beaucoup de terre par-dessus cette demeure ; sur le rocher se dressait le plus beau des arbres, l'ombre de l'arbre s'étendait sur une large surface et protégeait de la chaleur et de la brûlure du soleil. Près de la demeure jaillissait une source dont l'eau était potable, et tout autour de la source poussaient les plantes les plus douces et pourvues de belles fleurs qu'on puisse souhaiter. Le ruisseau né de la source coulait vers l'est. Quand le soleil brillait sur les fleurs, le plus doux des parfums s'exhalait, et toute l'eau devenait comme mielleuse en raison de la douce senteur des plantes. Chaque fois qu'il pleuvait ou faisait froid, ils restaient dans leur demeure sous le rocher. Mais quand il faisait beau, ils allaient se divertir à la source, se promener dans les endroits plats et agréables de la forêt qui s'y prêtaient le plus, ou chasser du gibier pour se nourrir, car Tristan avait avec lui son chien qu'il chérissait par-dessus tout. Il habitua tout d'abord son chien à attraper les cerfs, et il en prenait autant qu'il en voulait. Cette vie leur apportait beaucoup de gaieté et de plaisir parce qu'ils connaissaient nuit et jour la joie et le réconfort.

Chapitre 65

Kanúest découvre
Tristan et Yseut

Quelque temps après, il se trouva un jour que le roi vint dans la forêt comme il en avait l'habitude, avec une grande quantité de veneurs. Ils lâchèrent les limiers, tendirent des embuscades, sonnèrent de leurs cornes afin d'exciter les chiens et coururent dans la forêt dans toutes les directions jusqu'à ce qu'ils trouvent une grande harde de cerfs ; et ils en séparèrent les plus belles bêtes. Les cerfs se mirent à courir dans tous les sens, certains gravirent les collines, d'autres descendirent dans les vallées, là où ils savaient que le terrain serait le plus défavorable à leurs poursuivants ; et les cerfs avaient distancé les chiens. Mais les veneurs galopaient à leur poursuite et sonnaient de leurs cornes.

Le roi avait alors laissé ses gens et suivaient deux de ses meilleurs chiens ; des veneurs qui prenaient soin de ses limiers l'accompagnaient. Ils avaient levé un grand cerf, l'avaient fait fuir et ils le pourchassaient avec acharnement. Mais il s'enfuyait aussi vite qu'il pouvait dans tous les sens et descendait vers la rivière. Quand il arriva sur les berges, il s'arrêta, écouta et entendit les chiens qui le poursuivaient bien qu'ils fussent loin de lui ; et il comprit où les veneurs chargeaient : ils lui arrivaient droit dessus. Ensuite il fit demi-tour dans une autre direction de manière que les chiens ne le retrouvent pas, fit un grand saut par-dessus un ruisseau, de là bondit immédiatement dans la rivière et ressortit aussitôt du courant. De ce fait, les chiens perdirent sa trace et ne surent pas ce qu'il était devenu. Le roi en fut très mécontent.

Le grand veneur du roi s'appelait Kanúest. Il chevauchait en tous sens pour ramener les chiens sur la piste du cerf, mais les chiens la cherchèrent sur un vaste périmètre sans la trouver. Kanúest s'arrêta alors et leva les yeux vers le rocher. Il vit aussitôt un sentier près de la source du fait que Tristan et Yseut étaient venus se divertir là tôt le matin. Quand Kanúest vit le sentier, il pensa que le cerf pouvait être passé par là ou s'y être arrêté pour se reposer. Il descendit immédiatement de cheval afin de se rendre compte de ce qu'il en était. Il prit le sentier qui menait au rocher jusqu'à ce qu'il parvînt à la porte dans le rocher. Il regarda à l'intérieur et vit Tristan qui dormait et, de l'autre côté de la pièce, Yseut. Ils s'étaient couchés pour se reposer parce qu'il faisait très chaud, et ils dormaient si éloignés l'un de l'autre parce qu'ils étaient auparavant allés s'amuser. Quand il les vit, il fut si effrayé qu'il trembla de tout son corps — parce qu'une grande épée était posée entre eux — et prit la fuite ; il revint auprès du roi et lui dit : « Sire, je n'ai pas trouvé le cerf. » Et il raconta au roi tout ce qu'il avait vu à l'intérieur de la demeure dans le rocher ; il lui dit qu'il ne savait pas si c'était là créature céleste ou terrestre, ou appartenant à la race des Alfes[1].

---

1. Cf. n. 1, chap. 61.

Chapitre 66

Tristan et Yseut
reviennent à la cour

Le roi s'y rendit alors, vit Tristan et reconnut Yseut ainsi que l'épée qu'il avait lui-même possédée. Il n'y avait pas d'épée au monde qui eût un fil plus acéré que celle qui était posée entre les deux amants. Le roi vit qu'ils étaient éloignés l'un de l'autre. Il s'avisa alors que s'ils s'étaient aimés d'un amour coupable, ils ne se seraient certainement pas couchés si loin l'un de l'autre, mais auraient plutôt partagé le même lit. Yseut lui sembla tout à fait séduisante ; il regarda alors son visage et elle lui apparut si belle qu'il crut n'avoir jamais rien vu de semblable. En effet, elle s'était couchée épuisée, et ses joues étaient empourprées. Par un trou dans le mur de la demeure, un rayon de soleil brillait sur ses joues ; il fut très préoccupé par le fait que le soleil brillât sur son visage, il s'avança tout doucement vers elle et posa son gant sur sa joue afin de la protéger du soleil. Il se retira alors, les recommanda à Dieu et descendit du rocher avec tristesse. Les veneurs dirent aux jeunes qui les assistaient qu'ils devaient rameuter les chiens parce que le roi voulait cesser la chasse et rentrer chez lui. Il chevaucha seul, triste et tourmenté, et personne ne l'accompagna à sa tente.

Quand Yseut s'éveilla, elle trouva le gant ; cela lui parut étrange et elle se demanda de quelle manière le gant du roi était venu là. Tristan trouva aussi cela surprenant. Ils ne savaient pas ce qu'ils devaient faire maintenant que le roi savait où ils se trouvaient. Pourtant, ce fut pour eux une grande joie et une grande consolation qu'il les eût découverts dans la situation où ils les avaient vus, et qu'il ne pût rien trouver à leur reprocher.

Le roi Marc ne voulait à présent absolument pas croire au péché et au déshonneur reprochés à Tristan et Yseut. Il convoqua alors tous ses vassaux, leur montra les motifs et les raisons pour lesquels ce qui avait été avancé contre Tristan et lui avait été imputé était imposture et mensonge, et il les prévint qu'il ne servirait de rien à personne de s'intéresser à ces accusations, d'y ajouter foi ou de les tenir pour vraies. Lorsqu'ils entendirent ses raisons et ses preuves, il leur sembla qu'il voulait qu'Yseut revînt à la cour, et ils lui conseillèrent le parti qui leur paraissait bon, qu'ils croyaient le meilleur et auquel il voulait lui-même le plus se ranger. Il les fit alors chercher pour qu'ils rentrent dans la sérénité et dans la joie, car il n'était plus en colère contre eux.

Chapitre 67

La séparation
de Tristan et Yseut

Tristan ne pouvait absolument pas réfréner son désir et son envie, et c'est pourquoi il tirait parti de chacune des occasions qui pouvaient se présenter à lui. Il en fut ainsi jusqu'au jour où ils se trouvèrent assis tous deux ensemble dans un verger, et où Tristan prit la reine dans ses bras. Et alors qu'ils pensaient n'être pas en danger, il se produisit un événement à leur insu : le roi survint accompagné du méchant nain, et il pensait les trouver tous deux dans une attitude pécheresse, mais ils étaient endormis.

Lorsque le roi les vit, il dit au nain : « Attends-moi pendant que je vais au château. Je vais amener ici les meilleurs de mes hommes afin qu'ils voient dans quelles circonstances nous les avons trouvés ici tous deux ensemble. Je les ferai brûler tous deux sur un bûcher une fois qu'on les aura trouvés ensemble. »

Tandis que le roi prononçait ces paroles, Tristan s'éveilla mais n'en laissa rien paraître. Puis il se leva soudain et dit : « Un malheur s'abat sur nous, Yseut mon amour, réveille-toi, car on nous a tendu un piège, et il nous menace. Le roi Marc est venu ici et a vu ce que nous avons fait. Il est à présent allé chercher ses hommes dans le palais, et s'il nous trouve tous les deux ensemble il nous fera brûler jusqu'aux cendres. Je vais maintenant partir à l'étranger, mon bel amour, mais tu n'as rien à craindre pour ta vie, car ils ne peuvent porter contre toi aucune accusation étayée, si l'on ne trouve ici aucun homme, mais toi seule. Je vais m'en aller dans un autre royaume ; et pour toi je vais supporter peines et tourments pour le reste de mes jours. Notre séparation me cause une si grande douleur que jamais plus de ma vie je n'aurai de consolation. Ma douce amie, je te demande de ne jamais m'oublier, même si je suis loin. Aime-moi autant quand tu seras loin de moi que tu m'aimais quand tu étais près de moi. Quant à nous — je ne peux rester ici plus longtemps, ceux qui nous haïssent vont bientôt revenir ici. À présent embrasse-moi pour cette séparation, et que Dieu nous garde et nous protège ! »

Yseut demeura là un peu plus. Lorsqu'elle entendit les paroles de Tristan et vit qu'il se contenait mal, les larmes lui vinrent aux yeux ; elle soupira de tout son cœur et répondit avec des mots remplis de détresse : « Mon très cher amour, il convient que tu gardes précisément en mémoire ce jour où nous nous séparons si tristement. Notre séparation me cause une souffrance si grande que jamais auparavant je n'ai su si bien ce qu'était la peine ou l'inquiétude, la souffrance ou le tourment. Jamais je ne trouverai le réconfort, le calme ni la joie. Et je n'ai jamais ressenti pour ma vie les craintes que maintenant notre séparation me cause. Quoi qu'il en soit, tu vas prendre cet anneau et le garder au nom de l'amour que tu me portes. Ce sera le gage et le sceau, la garantie et le réconfort du souvenir de notre amour et de cette séparation. »

Ils se séparèrent avec beaucoup de peine et s'embrassèrent avec tendresse.

Chapitre 68

Tristan voyage
de pays en pays

Tristan alla maintenant son chemin. Yseut demeura en arrière, en larmes, accablée de peine. Tristan s'en alla, couvert de larmes, et sauta par-dessus la clôture du verger. Aussitôt après le roi arriva et porta contre elle des accusations ; ses vassaux l'accompagnaient. Ils ne trouvèrent aucun homme, mais elle seule. De ce fait, ils ne pouvaient porter contre elle aucune accusation, et elle n'avait alors rien fait de mal. Le roi lui pardonna alors, cessant sa colère.

Tristan, rempli de chagrin, gagna ses quartiers, et il se prépara à partir rapidement avec ses compagnons. Ils chevauchèrent jusqu'au rivage, embarquèrent sur un bateau et s'éloignèrent de ce royaume. Ils débarquèrent ensuite en Normandie, mais n'y restèrent pas longtemps. Tristan allait maintenant son chemin de pays en pays à la recherche d'entreprises hasardeuses qu'il pût mener à bien. Il supporta beaucoup de peines et de fatigues avant d'acquérir honneur et estime, repos et bonheur. Puis il servit le chef et empereur de Rome et demeura longuement dans son royaume. Ensuite, il alla en Espagne, et de là en Bretagne chez les héritiers de Roald. Ils le reçurent avec grande joie, l'estimant et l'honorant, et lui concédèrent en pleine possession un grand royaume et beaucoup de châteaux qui furent soumis à son autorité. Ils l'aimaient d'une affection sincère. Ils l'aidèrent chaque fois qu'il en eut besoin, le firent connaître aux étrangers, l'accompagnèrent dans les tournois, et rendirent célèbres sa vaillance au tournoi et sa valeur.

Chapitre 69

Tristan rencontre Iseut

À cette époque, un vieux duc gouvernait ce royaume et ses voisins se comportaient en ennemis, l'attaquant durement; les plus puissants et les plus grands d'entre eux étaient contre lui. Ils le tourmentaient beaucoup à tel point qu'ils convoitaient vivement le château où il résidait.

Ce duc avait trois fils, des hommes vaillants. Le plus âgé s'appelait Kaherdin. C'était un homme beau, courtois, et il était le meilleur compagnon de Tristan. On donna à ce dernier un puissant château en raison de sa prouesse, afin qu'il repousse de là leurs ennemis. Il y réussit si bien qu'il fit beaucoup de prisonniers parmi eux, les dépouilla de leurs châteaux et mit à sac leurs cités. Il poursuivit si longtemps les hostilités contre eux, avec l'aide de Kaherdin, qu'ils n'eurent plus d'autre ressource qu'implorer sa grâce et lui demander la paix.

Kaherdin avait une sœur belle, courtoise et distinguée, et elle était plus intelligente que toutes les femmes de ce royaume. Tristan fit alors sa connaissance et lui donna des gages d'affection. Et c'est à cause de l'Yseut pour laquelle il souffrait, qu'il lui parla d'amour et qu'elle lui en parla également. Il composa alors de nombreux poèmes d'amour avec un beau talent de poète, et des lais de toutes sortes dans un style plein d'éloquence, et il mentionnait souvent le nom d'Yseut dans ses poèmes. Tristan chantait ses poèmes devant ses chevaliers et ses vassaux dans les palais, les chambres, en présence de nombreux auditeurs, d'Iseut[1] et de ses parents. Tout le monde pensait que c'était pour elle qu'il avait chanté, et qu'il n'aimait personne d'autre que cette Iseut. Tous ses parents s'en réjouirent beaucoup, Kaherdin et ses frères plus que tout autre, parce qu'il pensait que Tristan aimait sa sœur Iseut et qu'il voudrait rester là par amour pour elle. En effet, ils avaient trouvé en lui un si bon chevalier qu'ils voulaient l'aimer et le servir. Et les sentiments amicaux qu'il concevait pour leur sœur occupaient tous leurs soins ; ils le menèrent à la maison de la jeune fille afin qu'il se divertît en sa compagnie et parlât avec elle, car le jeu et la conversation rendent caressant et changent souvent les dispositions d'esprit des gens.

À présent, Tristan s'engage dans une grande méditation à propos de ce qu'il veut faire ensuite, et il ne peut se résoudre qu'à ceci : il veut essayer de savoir s'il peut trouver quelque plaisir qui compense cet amour qu'il a si longuement entretenu dans l'anxiété, la souffrance, la peine et le tourment. En effet, il veut essayer de savoir si un nouvel amour et une nouvelle joie peuvent lui permettre d'oublier Yseut, car il pense qu'elle va l'avoir oublié. Ou alors il veut prendre femme pour son bien-être et son plaisir. Afin qu'Iseut ne lui fasse pas de reproche, il veut l'épouser pour son nom, sa réputation et sa conduite. Et c'est pourquoi il fait la cour à Iseut, la fille[2] du duc, se fiance avec elle et obtient sa main avec l'assentiment et l'approbation de ses parents ; et tous les habitants du pays en furent ravis.

---

1. Cf. n. 2, chap. 30.
2. Une confusion s'est glissée dans le passage : Iseut est partout ailleurs la fille du duc, et non sa sœur, comme le dit ici le texte que nous corrigeons.

Chapitre 70

La nuit de noces

Le moment du mariage est fixé. Tristan vient alors avec ses amis. Le duc se trouvait là avec sa suite, il était en accord avec tous leurs projets. Le chapelain du duc chanta la messe, et leur mariage fut consacré conformément au rite établi. Tristan prit pour épouse la jeune Iseut. La cérémonie rapidement terminée, ils se rendirent à table pour un grand festin. Quand ils furent rassasiés, les gens allèrent s'amuser ; les uns de jouter, d'autres de s'affronter avec des boucliers, d'autres encore de lancer des javelots, certains de se battre à l'épée dans des jeux de toutes sortes, afin de se divertir, comme en ont l'habitude les chevaliers à l'étranger à l'occasion de telles réceptions.

Lorsque la journée fut passée et la nuit venue, la jeune fille fut menée à un lit magnifique. Ensuite vint Tristan, et il se dévêtit du précieux bliaud dont il était revêtu. Sa tunique lui était bien ajustée. Lorsqu'on lui ôta la tunique, son anneau d'or suivit la manche, celui-là même que la reine Yseut lui avait donné lorsqu'ils durent se séparer la dernière fois dans le verger, et qu'elle lui interdit de briser l'amour qu'il lui portait. Alors que Tristan regardait l'anneau, il tomba dans une nouvelle méditation de sorte qu'il ne savait pas ce qu'il devait faire, et il examina attentivement sa situation au point qu'il regretta sa décision. Et ce qu'il avait fait lui répugna alors tellement qu'il aurait voulu maintenant ne pas l'avoir fait, et il réfléchit alors à ce qu'il devait faire ; il se dit en lui-même : « Cette nuit, je suis obligé de faire semblant de coucher avec ma femme. Je ne peux pas me séparer d'elle maintenant, parce que je me suis marié avec elle en présence de nombreux témoins. Et pourtant je ne peux vivre avec elle comme un vrai mari à moins de trahir ma foi et dégrader ma dignité l'homme. Tout ce qui est prévu doit néanmoins maintenant advenir. »

Tristan est à présent venu se coucher, et Iseut l'accueille en l'embrassant. Mais lui, s'inclinant vers elle, soupira du fond de son cœur : il veut coucher avec elle, mais il ne peut pourtant pas — sa raison retient son désir pour Iseut —, et il dit : « Ma belle amie, ne m'en veux pas. Je veux te dire un secret, mais je te demande que personne ne le sache hormis toi et moi, car je ne le dis à personne. J'ai une douleur à mon flanc droit qui m'a longuement tourmenté, et ce soir cette douleur m'a fait souffrir.

Mais c'est du fait des nombreuses fatigues et insomnies que j'ai subies qu'elle tourmente maintenant tous mes membres, et c'est pourquoi j'ose à peine m'étendre près de toi. Et à chaque attaque je suis affaibli, et reste longuement alité par la suite. Je t'en prie : ne m'en veux pas pour cette fois, car nous aurons d'autres bonnes occasions lorsque cela me sera plus agréable, et que je le désirerai davantage. »

Le jeune fille répond alors : « Ta douleur me cause plus de tourment que tout autre chose au monde. Ce que tu m'as dit de garder secret, je peux bien me passer de le répéter, et c'est ce que je vais faire volontiers. »

Tristan n'avait d'autre cause de souffrance que l'autre Yseut, la reine.

Chapitre 71

La solitude vaut mieux
que la compagnie
de méchants envieux

Alors qu'Yseut, l'épouse du roi Marc, se trouvait un jour dans sa chambre, elle se désolait en soupirant au sujet de Tristan qu'elle aimait plus que tout autre homme, si bien qu'elle réfléchissait à la manière dont elle pourrait apaiser son désir et consoler sa peine : elle ne le pouvait qu'en aimant Tristan. Mais elle n'avait pas de nouvelles à son sujet, ignorant en quel pays il pouvait être, s'il était mort ou vivant.

Il y avait alors un géant[1] fort, grand et fier, qui était venu d'Afrique pour se battre contre les rois et les chefs. Il parcourait maint pays à leur recherche, tuait beaucoup d'hommes, les déshonorait, et coupait la barbe avec la peau à tous les chefs qu'il tuait ; et il en faisait un manteau de fourrure si grand et si long qu'il le tirait derrière lui sur le sol. Ce géant avait appris que le

---

1. Cet épisode est également relaté dans le *Roman de Brut* de Wace (vv. 11565-11592, éd. Arnold). Il est placé à l'intérieur d'une autre histoire opposant Arthur et un géant, elle-même relatée ici chap. 78.

roi Arthur était si renommé dans son royaume que personne n'approchait à cette époque-là sa valeur et ses qualités chevaleresques, qu'il combattait souvent contre main chef et y obtenait victoire et honneur. Lorsque le géant apprit la valeur et la bravoure du courtois roi Arthur, il lui envoya un de ses hommes avec un message disant ceci : il s'était confectionné un manteau de fourrure si long qu'il traînait sur le sol derrière lui, avec des barbes de rois, ducs, comtes et vassaux ; il avait parcouru maint pays à leur recherche, les avait vaincus et tués dans des combats singuliers ou des batailles ; et du fait qu'Arthur était plus puissant que tous ceux dont il avait entendu parler, par ses terres et ses titres d'honneur, il lui envoyait un mot en toute amitié afin qu'il se fasse dépouiller de sa barbe, et la lui envoie en signe d'estime ; et il honorerait si bien sa barbe qu'il la mettrait à la plus haute place, au-dessus de toutes les barbes de rois, et en ferait du bordé et des galons de fourrure, du fait que le roi Arthur était l'homme le plus célèbre dont il ait entendu parler ; aussi voulait-il honorer sa barbe au plus haut point.

Quand le roi Arthur fut informé de cela, il en conçut de la colère en tout son cœur et envoya au géant cette réponse qu'il se battrait plutôt que d'abandonner sa barbe comme un lâche. Lorsque le géant apprit la nouvelle que le roi Arthur voulait se battre avec lui, il se hâta aussitôt avec une grande rage vers les frontières du royaume du roi Arthur pour le combattre, et le roi y vint également. Le géant lui montra ce manteau de fourrure qu'il avait confectionné avec les barbes des rois. Puis ils s'affrontèrent en portant de grands coups et de dures attaques durant toute la journée du matin jusqu'au soir ; et finalement le roi prit le meilleur sur le géant, lui coupa la tête et lui enleva le manteau. C'est ainsi que le roi l'emporta par les armes et par sa bravoure, délivra de ce géant les domaines des rois et des comtes, et se vengea sur lui de son arrogance et de sa méchanceté.

Bien que cela n'appartienne pas au sujet de cette histoire, il convient que vous en ayez connaissance, car le géant que tua Tristan était le fils de la sœur de ce géant qui avait réclamé entre-temps sa barbe au roi et empereur d'Espagne, au service duquel se trouvait Tristan. Le roi d'Espagne fut très affligé lorsque le géant lui réclama sa barbe, et il en fit part à ses amis, à ses parents et à tous ses chevaliers, mais il ne trouva personne qui osât combattre contre ce géant et protéger sa barbe. Or, lorsque Tristan apprit que personne n'osait défendre l'honneur du roi, il se chargea du duel pour l'honneur du roi. Et ce fut un duel très dur pour chacun d'eux, avec des assauts si violents que Tristan reçut mainte grande blessure, au point que tous ses amis craignirent de lui voir perdre la vie ou la santé ; mais cependant il tua le géant.

La reine Yseut ne sut rien des blessures qu'il avait reçues là, ni de lui-même, car ses ennemis envieux s'interposaient : l'habitude de ceux qui envient les autres est de taire ce qui est bien, mais de répandre ce qui est mal, d'occulter le renom, la bravoure et les exploits de ceux qui sont plus accomplis qu'eux, de porter des accusations contre des innocents, et de cacher leurs propres défauts derrière les calomnies formulées contre autrui. C'est pourquoi un homme sage disait et apprenait à son fils : « Mieux vaut vivre seul sans compagnon qu'entouré de méchants envieux. Mieux vaut être seul nuit et jour que dans la foule de ceux qui vous veulent du mal et vous haïssent continuellement, car ils taisent le bien dont ils ont connaissance. C'est pourquoi il vaut mieux ne pas avoir de compagnon qu'en avoir un dont on ne reçoit rien de bon[1]. » Là où se trouve maintenant Tristan, il a suffisamment de compagnons qui le servent et l'honorent. Mais les compagnons qu'il avait à la cour du roi Marc étaient plus ses ennemis que ses amis : ils le calomniaient et salissaient son nom ; et le bien qu'ils entendaient dire de lui, ils le cachaient à cause de la reine dont ils savaient qu'elle l'aimait.

Chapitre 72

Yseut apprend
le mariage de Tristan

Un jour où la reine Yseut se trouvait assise dans sa pièce et qu'elle composait une chanson d'amour triste, vint auprès d'elle Mariadoc[2], homme puissant, comte possédant de grands châteaux et de riches cités en Angleterre ; et il était venu alors à

---

1. La source de cette citation est difficile à identifier.
2. Ce Mariadoc qui est ici présenté comme un nouveau personnage doit être distingué, semble-t-il, du conseiller du roi du même nom (même en norrois), apparu chap. 51 où il découvre ensemble Tristan et Yseut.

la cour du roi Marc pour demander l'affection de la reine et la servir. Mais Yseut lui répondit qu'il montrait par de telles paroles sa folie, et qu'il recherchait une chose tout à fait insensée. Il avait souvent demandé et attendu l'affection de la reine et il ne put jamais gagner ni obtenir d'elle de concession, fût-ce de la valeur d'un gant, car elle ne chercha à l'attirer ni par des promesses ni par des propos affectueux. Mais il demeura longtemps à la cour du roi, tâchant d'adoucir quelque peu l'humeur de la reine afin qu'elle soit indulgente envers son amour. C'était un beau chevalier, mais par ailleurs il était dur et plein d'orgueil. Il n'était pas célébré pour sa valeur ou sa chevalerie, mais il était mal jugé et c'était un coureur de femmes, et il se jouait et se moquait des autres chevaliers en les comparant à lui.

Une fois où il était venu près de la reine, il lui dit : « Madame, lorsque l'on entend crier le hibou, il convient que l'on pense à sa mort, car le cri du hibou signifie le trépas ; et comme il me semble que cela est un chant triste et douloureux, certains doivent avoir perdu la vie.

— Oui, dit-elle, tu dis la vérité. J'espère bien que ce chant présage la mort ; c'est un hibou assurément sinistre, celui qui veut affliger quelqu'un d'autre avec sa propre douleur. Mais tu fais bien de redouter la mort, toi qui crains mon chant. Le hibou vole toujours avant le mauvais temps, et toi tu viens toujours avec de mauvaises nouvelles. Tu es assurément un hibou qui vole, toi qui veux toujours raconter de méchantes histoires et lancer des moqueries et des sarcasmes. Je sais bien que tu ne serais pas venu ici si tu voulais m'annoncer des nouvelles joyeuses. »

Mariadoc répond : « Tu es en colère, reine ! Mais je ne sais pas le degré de folie de celui qui craindrait tes paroles. Je peux bien être un hibou, mais tu toi tu peux bien être sa concubine ! Quoi qu'il en soit sur le sujet de ma mort, je t'amène de pénibles nouvelles. Tu as à présent perdu Tristan, ton bien-aimé : il s'est marié dans un pays étranger. Tu peux maintenant chercher autour de toi pour trouver un amant, car il t'a trahie, a délaissé ton amour, et a pris une femme plus belle et très honorable, la fille du duc de Bretagne. »

Yseut répond alors : « Avec tes moqueries et tes sarcasmes, tu as toujours été un loup et un hibou, et as toujours dit du mal de Tristan. Que Dieu ne m'accorde jamais rien de bon si j'accédais à tes désirs et à tes folies ! Et bien que tu me dises du mal de Tristan, je ne t'aimerai jamais ni ne deviendrai ton amie tant que je vivrai. Et j'aimerais mieux me détruire moi-même plutôt qu'attirer à moi ton amour. » Et elle se mit alors violemment en colère à cause de ces nouvelles.

Lorsque Mariadoc réalisa cela, il ne voulut pas l'affliger plus longtemps et s'en alla, troublé en tout son cœur du fait que la reine ait voulu lui répondre avec si peu de respect.

Alors que la reine se trouvait dans cette peine, cette douleur et cette colère, elle chercha à savoir ce qui était vrai à propos de Tristan. Et lorsqu'elle apprit la vérité, elle fut accablée d'un grand tourment et d'une lourde peine — et toute son âme était pleine de chagrin et de tristesse. Elle se lamentait en ces termes : « Aucune femme ne peut se fier à un homme ! Il convient de ne jamais se fier à l'amour de quelqu'un d'autre. Maintenant il a rejoint les trompeurs en se mariant dans un pays étranger. »

Ainsi se lamentait-elle sur sa peine due à leur séparation.

Chapitre 73

L'accord entre le duc
et le géant Moldagog

Tristan est à présent accablé de tristesse. Cependant il montrait un dehors plaisant et gai, et ne laissait jamais paraître qu'il avait un sujet de tourment et de tristesse. Il cacha sa tristesse en allant se divertir à la chasse en compagnie du duc lui-même et de tous ses amis les plus puissants. Il y avait là aussi Kaherdin, le fils du duc, et deux autres fils, les plus beaux des jeunes gens, ainsi que les plus puissants de ses vassaux. Alors qu'ils devaient suivre les chiens et les veneurs, ils prirent un autre chemin dans la forêt, qui descendait vers la mer, et ils examinèrent ce qui se passait dans cette marche, car c'était là que passait la frontière, et ils avaient souvent soutenu là de dures batailles et de durs affrontements.

Dans cette marche vivait un géant qui était extraordinairement grand et très vaillant. Il s'appelait Moldagog. Il était avisé et astucieux. Quand ils furent arrivés dans la marche, le duc dit : « Tristan, mon meilleur ami ! c'est ici que passe la frontière de notre royaume, et notre royaume ne va pas plus loin dans cette forêt. De l'autre côté, c'est la propriété d'un géant qui habite là dans un rocher. Je veux te dire que ce géant m'a longuement fait la guerre, si bien qu'il m'avait banni de mon royaume. Mais ensuite nous avons fait la paix l'un avec l'autre dans les conditions suivantes : il ne pénétrera plus dans mon royaume, et je ne traverserai plus la rivière pour aller dans le sien à moins d'une nécessité extrême. Je veux respecter ces conventions que nous avons passées aussi longtemps que je le pourrai, parce que si je romps ce traité il a alors le pouvoir de piller et d'incendier notre royaume, et d'y commettre tous les dommages qu'il voudra ; et s'il trouve mes hommes sur son territoire, il a le pouvoir de les tuer. Tous les plus puissants de mes hommes ont juré de respecter ces conditions. Si notre gibier ou nos chiens s'enfuient là-bas, nous devons les racheter, et personne ne doit de soi-même aller les récupérer ni les garder. Je t'interdis à toi aussi Tristan de traverser cette rivière, car tu serais immédiatement mis à mal, déshonoré et tué. »

Tristan répond : « Dieu sait, sire, que je ne désire pas aller là-bas. Je ne sais pas ce que j'irais y faire. Je ne contesterai pas, quant à moi, la pleine possession de ce territoire à ce géant de toute ma vie. Je ne veux pas me quereller avec lui. Je ne manquerai pas de forêts aussi longtemps que je vivrai. »

Néanmoins il regarda au loin dans la forêt et vit qu'elle contenait de très beaux arbres, hauts, droits et gros, des arbres de toutes les espèces qu'il connaissait pour les avoir vues ou en avoir entendu parler. La mer borde la forêt d'un côté, et de l'autre nul ne peut y accéder si ce n'est en traversant la rivière dont le courant est puissant — rivière que nul ne devait franchir selon la convention passée entre le duc et le géant.

Le duc se retourna alors, prit la main de Tristan, et ils chevauchèrent tous les deux ensemble car Tristan était très cher au cœur du duc ; ils furent peu après de retour au château, se lavèrent les mains et se mirent à table. Les veneurs rentrèrent alors avec une grande quantité de gibier.

Chapitre 74

Les campagnes de Tristan
et de Kaherdin

Kaherdin et Tristan étaient les meilleurs des compagnons. Ils menaient de grandes opérations militaires et livraient de dures batailles aux ennemis qui occupaient leur territoire ; ils leur reprirent de grandes cités et des châteaux forts, car ils étaient les plus valeureux des chevaliers, au point que personne ne les égalait. De puissants princes, vassaux et chevaliers devinrent alors leurs sujets, et ils étaient très puissants dans leur royaume. Ils conquirent Nantes, et établirent des garnisons formées de leurs chevaliers dans tous les châteaux se trouvant aux alentours de leur territoire, si bien que les hommes les plus puissants cherchaient à conclure des trêves avec eux, leur prêtaient serment et leur livraient des otages comme garantie d'une paix solide.

Pourtant dans le même temps Tristan était très attristé et très soucieux à cause de son amour pour Yseut. Et il conçut en toute clairvoyance un projet qu'il avait l'intention de réaliser, pensant alors en avoir le loisir ; en effet son cœur et son esprit étaient totalement pris par son amour pour Yseut et par tout ce qui pouvait l'honorer.

Chapitre 75

Tristan pénètre
dans la forêt de Moldagog

Un jour Tristan revêtit son armure, dit qu'il désirait sortir chasser dans la forêt et renvoya ses compagnons ainsi que les veneurs. Il avait fait cacher son cheval dans une vallée. Il prit alors sa corne, monta sur son palefroi et se rendit en toute hâte à l'endroit où se trouvaient son destrier et ses armes. Lorsqu'il se fut armé du mieux qu'il put, il monta sur son destrier et chevaucha en toute hâte tout seul ; il arriva peu après au gué de la rivière qui délimitait le royaume du duc et le territoire du géant. Il vit que le gué était dangereux et très profond, que le courant était puissant et que la berge était haute des deux côtés. Il fit alors un choix difficile : qu'il dût en réchapper ou non, il donna de l'éperon à son cheval et le lança au galop dans la rivière. L'eau monta immédiatement par-dessus leurs têtes, et il toucha si violemment le fond qu'il pensa ne jamais pouvoir en réchapper. Mais il fit tous les efforts dont il était capable et ressortit finalement de l'autre côté de la rivière ; il descendit de cheval et se reposa un moment. Il ôta alors la selle, la secoua pour enlever l'eau et en fit de même avec lui-même.

Quand il fut bien reposé, il monta sur son cheval et chevaucha dans la forêt. Il plaça la corne dans sa bouche et souffla aussi fort et aussi longtemps qu'il put de manière que le géant entendît bien la corne. Celui-ci se demanda avec étonnement de quoi il pouvait s'agir, et il se précipita dès qu'il entendit la corne. Il avait à la main un grand gourdin fait en bois d'ébène très dur.

Quand il vit Tristan en armes sur un cheval, il lui demanda dans une grande colère : « Rustre sire, qui es-tu pour être en armes et monté sur un cheval ? d'où viens-tu ? où entends-tu aller ? et que cherches-tu ici dans ma réserve de chasse ? »

Tristan répond alors : « Je m'appelle Tristan et je suis le gendre du duc de Bretagne. J'ai vu cette belle forêt et j'ai pensé qu'elle était bien dissimulée et qu'elle convenait pour un bâtiment que je désire faire construire. En effet, j'ai vu ici les plus beaux arbres de toutes espèces [et] je veux faire abattre les quarante-huit spécimens les plus solides dans les quinze jours qui viennent. »

Chapitre 76

Le combat de Tristan
et de Moldagog

Quand le géant entendit et comprit ses paroles, il se mit en colère et répliqua : « Aussi vrai que Dieu me protège, n'eût été mon amitié pour le duc, je t'aurais tué avec ce gourdin, car ton arrogance t'a rendu insensé. Éloigne-toi au plus vite de la forêt, et sois heureux que je t'aie laissé partir de la sorte. »

Tristan dit alors : « Malheur à celui qui se satisfait de ta pitié. J'entends faire abattre ici autant d'arbres qu'il me plaît, et que celui de nous deux qui vaincra l'autre en décide ensuite. »

Le géant répond alors en grande colère : « Tu es fou, rustre et bouffi d'arrogance. Dans ces conditions, tu ne t'en iras pas aussi facilement. Tu vas me donner ta tête en gage. Tu crois que je suis le géant Urgan que tu as tué. Non, il n'en est pas ainsi. C'était mon oncle, et le géant que tu as tué en Espagne était aussi un parent. Et à présent tu es venu en Bretagne pour me déposséder de ma forêt. Mais auparavant tu devras te battre avec moi. Si tu es peu endurant, ton bouclier devra te protéger[1] si je t'atteins. » Il leva alors son gourdin et le jeta en direction de Tristan avec beaucoup de force et de rage.

Tristan esquiva et se précipita sur lui pour le frapper ; le géant se hâta de rattraper le gourdin, et ils s'invectivèrent alors violemment l'un l'autre. Tristan bondit entre le géant et le gourdin, et voulait le frapper à la tête. Mais comme le géant se reculait pour éviter le coup, l'épée tomba sur sa jambe : le coup était si lourd que son pied fut projeté au loin. Aussitôt Tristan se disposa à asséner un autre coup sur la tête.

À ce moment le géant s'écria à haute voix : « Sire, aie pitié de ma vie ! Je serai pour toi un serviteur loyal et fidèle. Je te donnerai toutes mes bourses. Tout mon territoire et tout l'or que je possède seront placés en ton pouvoir et mis à ta disposition. Je ne cherche à garder aucun de mes biens, hormis ma vie. Amène-moi où tu veux et où il te plaît, et fais de moi ce que tu veux. »

Quand Tristan comprit qu'il implorait sa pitié, il accepta sa soumission, ses promesses, sa parole et ses gages dignes de foi. Tristan lui fit alors une jambe de bois et la fixa sous son genou ; et le géant devait l'accompagner.

---

1. La phrase est ironique, et il ne semble pas utile de restituer une négation comme le fait P. Schach qui traduit : « Your shield will not protect you. ».

Chapitre 77

Tristan et Moldagog
passent un accord

Le géant montra ses biens à Tristan ; il y prêta fort peu attention parce qu'à ce moment-là l'acquisition de biens n'occupait guère son esprit. Il dit alors au géant qu'il ne voulait pas prendre plus de son bien qu'il n'en avait besoin. Comme le géant était lié à lui par serment, Tristan le laissa profiter de ses biens et les garder dans son château ; et ils passèrent une nouvelle convention stipulant que le géant devrait faire tout ce que Tristan lui demanderait. Ils furent alors réconciliés : Tristan disposerait de la forêt et y ferait prendre ce qu'il voudrait, et le géant lui assura qu'il n'en parlerait à personne. Il l'accompagna à la rivière et lui dit où il devait la traverser.

Tristan prit alors congé de lui et poursuivit son chemin, faisant comme s'il ne savait pas ce qui s'était passé ; et il passa le gué près des rochers. Il traversa de telle façon que Kaherdin ne l'aperçût pas. Il rentra à la cour en toute hâte et dit qu'il s'était égaré toute la journée dans la forêt, qu'il avait poursuivi un gros sanglier sans pouvoir l'attraper, et qu'il avait très mal dans les membres du fait qu'il n'avait pas pris de repos de la journée ; et il dit qu'il avait grand besoin de repos.

Quand il fut rassasié, il alla se coucher près de sa femme ; il réfléchit alors à beaucoup de choses et resta éveillé. Iseut fut très étonnée et se demanda ce qu'il avait et pourquoi il soupirait ainsi de tout son cœur. Elle lui demanda de quel mal il souffrait qui l'empêchait de dormir. Elle lui demanda longuement de le lui dire en usant de mots doux et bien choisis.

Tristan répond : « Ce mal m'a fait souffrir depuis ce matin quand je cheminais dans la forêt. J'ai trouvé là un gros sanglier et je lui ai infligé deux blessures de mon épée ; il a néanmoins pris la fuite, ce qui m'a beaucoup fâché, et j'en suis encore courroucé et attristé. Je l'ai poursuivi, mais je n'ai jamais pu l'arrêter ; et lorsque j'ai eu fait tout ce que je pouvais, il a disparu dans la forêt le soir venu. À présent ma bien-aimée, je te demande de n'en parler à personne afin que je n'encoure ni reproches ni calomnies auprès de mes camarades et des gens de ma cour. Cela me cause une grande peine, et je veux aller dans la forêt quand il fera jour et fouiller toute la forêt. Je sais bien, par ma vaillance, que je ne renoncerai pas tant que je ne l'aurai pas attrapé.

— Dieu m'est témoin, mon bien-aimé, dit-elle, que je garderai bien ce secret. Mais prends garde aux autres. »

Et ils n'en parlèrent pas davantage pour cette fois.

Chapitre 78

La voûte creusée
dans un rocher

Tristan se leva dès qu'il fit jour, s'en alla seul secrètement, traversa aisément la rivière et arriva peu après au château du géant. Celui-ci respecta intégralement leur convention : il lui procura des artisans et des outils ; il fit tout cela conformément à ce qu'il avait dit précédemment. À l'endroit où la forêt était le plus épaisse, il y avait un rocher rond et tout voûté à l'intérieur, taillé et sculpté avec le plus grand savoir-faire. Au centre de la voûte se trouvait une clé de voûte où l'on avait sculpté des motifs représentant des feuillages, des oiseaux et des animaux. Et au bas de chacune des deux extrémités de la voûte, il y avait des motifs sculptés si étranges que personne dans cet endroit n'aurait pu en créer de semblables. La voûte sur tout son périmètre avait été creusée de telle façon qu'on ne pouvait entrer dans la pièce ou en sortir par aucun accès, sauf lorsque la marée redescendait et qu'on pouvait y aller à pied sec.

Un géant[1] était venu d'Afrique pour fabriquer cette voûte, il vécut là longtemps et fit la guerre aux gens qui étaient en Bretagne. Il dépeupla presque toutes les zones habitées jusqu'au Mont de Michel qui se trouve sur le rivage près de la mer. Mais quand Arthur quitta l'Angleterre avec son armée et fit route vers le royaume de Rome pour se porter contre l'empereur Írón[2] qui

---

1. La source de ce récit est l'*Historia regum Britanniae* de Geoffrey de Monmouth (IX, 3) et le *Roman de Brut* de Wace (vv. 11287-11608, éd. Arnold) ; cf. n. 1 chap. 71.

2. Írón : peut-on voir là une déformation du nom de la ville de Rome ?

réclamait un injuste tribut à l'Angleterre — lorsque le roi Arthur débarqua en Normandie, il apprit ce que faisait ce géant et qu'il avait causé aux gens des dommages si nombreux qu'il avait pratiquement dépeuplé tout le pays, à tel point que le roi n'avait jamais rien entendu d'aussi scandaleux. Il avait aussi pris la fille du duc Orsl, s'en était emparé de force et l'avait emmenée avec lui. Elle s'appelait Elena. Il la gardait avec lui dans la caverne. Or, comme c'était la plus belle des femmes, il conçut le désir d'avoir des relations charnelles avec elle. Mais il ne put pas parvenir à ses fins en raison de sa grosseur et de son poids, alors elle étouffa sous lui et fut écrasée.

Ensuite le duc Orsl alla voir le roi Arthur et se plaignit à lui des dommages et des torts qu'il avait subis. Lorsque le soir arriva, le roi s'arma secrètement et prit avec lui deux de ses chevaliers ; ils partirent à la recherche du géant et finirent par le trouver. Le roi affronta tout seul le géant, et il soutint le plus violent des combats et de durs coups avant de pouvoir l'abattre. Quant au géant que le roi tua, il est étranger à cette histoire, hormis seulement qu'il construisit cette belle demeure voûtée qui plaisait bien à Tristan et qui correspondait à ce qu'il aurait lui-même pu souhaiter.

Chapitre 79

Tristan engage
des artisans

Tristan utilisa alors sa situation avantageuse au profit d'un grand savoir-faire artisanal et de sculptures de toutes sortes[1]. Il garda ce secret si habilement que personne n'apprit où il était ou ce qu'il faisait. Il y venait toujours tôt et rentrait tard chez lui. Il lui en coûta beaucoup de peine et de souci pour mener à bien ce qu'il avait entrepris. Il fit planchéier tout l'intérieur de la

---

1. On peut soupçonner que la phrase soit incomplète, tant elle paraît elliptique, mais nous avons préféré la traduire telle qu'elle est plutôt que la développer arbitrairement comme l'ont fait les traducteurs précédents.

demeure voûtée de manière aussi ajustée que possible avec le meilleur bois, et fit peindre et dorer toutes les sculptures avec un parfait savoir-faire. À l'extérieur, devant la porte, il fit construire une très belle salle en bois de qualité, ce qui ne manquait pas à cet endroit. Il fit alors construire une très solide palissade autour de la salle. Dans cette salle travaillaient ses orfèvres ; elle était sur toute sa surface rehaussée d'or et il y avait autant de lumière à l'intérieur qu'à l'extérieur.

Il y avait là des artisans de toutes sortes, mais aucun de ceux qui étaient là ne savait tous les projets de Tristan, ni pourquoi il faisait construire cette demeure à laquelle des artisans de toutes sortes travaillaient avec soin. Tristan était si secret sur ses projets qu'aucun d'eux ne savait ce qu'il projetait ou ce qu'il voulait, hormis seulement le géant qui lui avait fourni de l'or et de l'argent, à qui il avait parlé.

Chapitre 80

Les statues
dans la pièce voûtée

À présent Tristan hâtait les travaux autant qu'il le pouvait. L'intérieur du rocher lui plaisait beaucoup. Travaillaient là des menuisiers et des orfèvres, et maintenant tout était compassé et prêt à être assemblé. Tristan permit alors aux artisans de rentrer chez eux, et les accompagna jusqu'à ce qu'ils eussent quitté l'île, après quoi chacun revint dans son pays natal.

Tristan n'avait pas d'autre compagnon avec lui que le géant ; et ils transportèrent tout le travail des artisans et, en se conformant aux plans initiaux des artisans, assemblèrent dans la demeure voûtée les matériaux qui avaient été peints et dorés avec le plus grand savoir-faire. L'on pouvait alors pleinement voir des ouvrages artisanaux si parfaits que nul n'aurait pu en espérer de plus beaux.

Sous le centre de la voûte, ils érigèrent une statue : la forme du corps et le visage étaient si habilement rendus que tout spectateur eût pensé que la vie habitait tous les membres, et c'était si beau et si bien fait que dans le monde entier on n'en pût trouver de plus belle. De la bouche s'exhalait un si doux parfum que toute la demeure en était remplie comme si les plus précieuses sortes d'aromates se fussent trouvées là. Ce doux parfum s'exhalait de cette statue grâce à une invention de Tristan : sous la pointe du sein, près du cœur, il avait fait un trou dans la poitrine, et avait placé là une petite boîte remplie des plus douces herbes qui soient au monde, saupoudrées d'or. Deux petits tuyaux d'or pur étaient reliés à la boîte. L'un d'eux conduisait la senteur sous la nuque à la limite des cheveux, et l'autre de la même manière à la bouche.

Cette statue avait une forme, une beauté et une taille si semblables à celles d'Yseut qu'on eût dit qu'elle se tenait là debout elle-même, et elle paraissait aussi vivante que si elle avait été animée. Cette statue était très habilement sculptée, et avait des vêtements si élégants qu'ils eussent convenu à la plus noble des reines. Elle portait sur la tête une couronne d'or pur faite avec le plus grand savoir-faire et incrustée des plus riches joyaux de toutes les couleurs ; et dans le feuillage qui se trouvait sur le devant de la couronne, sur le front, il y avait une grosse émeraude : jamais roi ni reine n'en avait jamais porté de si belle. Dans la main droite de la statue se trouvait une baguette de laiton ou un sceptre, le sommet étant décoré avec des fleurs — fabriquées avec le plus grand savoir-faire. Le bas du bâton[1] était tout habillé d'or et incrusté de pierres de bague. Les feuillages étaient faits dans le meilleur or d'Arabie ; au sommet des feuillages décorant le bâton avait été sculpté un oiseau qui avait des plumes de toutes les couleurs et des ailes très élaborées : il battait des ailes comme s'il avait été vivant et animé. Cette statue était revêtue de la plus belle des pourpres avec de la fourrure blanche. Et elle était revêtue d'étoffe pourpre parce que la pourpre signifie le tourment, la tristesse, le malaise et le malheur qu'endurait Yseut en aimant Tristan. À la main droite elle portait son anneau sur lequel étaient inscrits les mots prononcés par la reine Yseut au moment de leur séparation : « Tristan, dit-elle, prends cet anneau en souvenir de notre amour et n'oublie pas le tourment, le malaise et le malheur que tu as endurés à cause de moi et moi à cause de toi. » Sous ses pieds se trouvait un piédestal coulé dans le cuivre qui représentait le méchant nain qui les avait

---

1. Le mot *viðr*, *-ar*, m. ne peut désigner qu'un bâton de bois, ce qui paraît contredire la caractérisation première de cette baguette.

diffamés et calomniés devant le roi. La statue reposait sur sa poitrine exactement comme si elle le tenait abattu sous ses pieds, et il gisait sur le dos sous ses pieds comme s'il gémissait.

Près de la statue il y avait un petit compagnon en or pur, son chien, il secouait sa tête et faisait tinter sa cloche. Il avait été réalisé avec un grand savoir-faire.

De l'autre côté du nain se trouvait une petite statue représentant Brangien, la suivante de la reine. Elle avait été joliment façonnée à l'image de sa beauté, et était parée des plus beaux habits. Elle avait à la main un récipient pourvu d'un couvercle et servait la reine Yseut avec un visage souriant. Autour du récipient se trouvaient les mots qu'elle avait dits : « Reine Yseut, prenez cette boisson qui a été confectionnée en Irlande pour le roi Marc. »

De l'autre côté de la pièce, passé l'entrée, il avait fait faire une grande statue représentant le géant ; c'était comme s'il se tenait là lui-même, sur un pied, portant de ses deux mains son gourdin de fer sur son épaule pour protéger les statues. Il était vêtu d'une grande peau de bouc à longs poils, sa tunique était courte en bas et il était nu depuis le nombril. Il grinçait des dents et avait un regard menaçant comme s'il voulait frapper tous ceux qui entraient.

De l'autre côté de la porte se tenait un grand lion coulé dans le cuivre, il avait été réalisé avec un tel savoir-faire que personne en le voyant eût pu penser qu'il n'était pas vivant. Il se tenait sur ses quatre pattes et fouettait avec sa queue une statue qui représentait le sénéchal[1] qui avait calomnié et diffamé Tristan devant le roi Marc.

Personne ne peut dire ni décrire le savoir-faire mis en œuvre dans ces statues que Tristan avait fait fabriquer dans la pièce voûtée. Il avait à présent réalisé tout ce qu'il désirait pour le moment. Il remit tout au pouvoir du géant, il lui ordonna en tant qu'il était son serf et son serviteur d'en prendre si bien soin que rien ne s'en approche. Il garda lui-même les clefs de la pièce voûtée et des statues. Mais le géant garda tout le reste de ses biens en pleine possession. Tristan était très content d'avoir mené à bien une telle entreprise.

---

1. Il s'agit de Mariadoc, qui disparaît rapidement de la saga au chap. 53 mais reparaîtra au chap. 88.

Chapitre 81

Tristan parle
avec les statues

Lorsque Tristan eut achevé son travail, il regagna son château à cheval comme il en avait l'habitude ; il mange, boit, et dort près d'Iseut, son épouse. Il était charmant avec ses compagnons. Mais il ne désirait pas avoir de relations charnelles avec sa femme. Pourtant il garda cela secret, car personne ne put percer à jour ni ses intentions ni sa conduite. En effet, tous croyaient qu'il partageait sa couche en accomplissant le devoir conjugal comme il le devait. Et Iseut était aussi dans de telles dispositions d'esprit qu'elle garda le secret devant tout le monde, avec une telle fidélité qu'elle ne révéla rien ni à ses amis ni à ses parents. Mais lorsque Tristan était absent et réalisait les statues, elle trouvait cela étrange se demandant où il était ou ce qu'il faisait.

C'est ainsi qu'il rentrait chez lui et s'en allait par un chemin secret, sans que personne ne le remarque, et gagnait ainsi la pièce voûtée. Et chaque fois qu'il se rendait auprès de la statue d'Yseut, il l'embrassait — aussi souvent qu'il venait —, la prenait dans ses bras, l'attrapait par le cou comme si elle avait été vivante, et lui adressait de nombreuses paroles affectueuses au sujet de leur affection et de leurs peines. Il en faisait de même avec la statue de Brangien, et il se rappelait tous les mots qu'il avait l'habitude de lui dire. Il se rappelait aussi tous les réconforts, les plaisirs, les joies et les ravissements qu'il avait connus grâce à Yseut ; et il embrassait sa statue à chaque fois qu'il pensait à leurs réconforts. Mais il était attristé et courroucé lorsqu'il se rappelait leur peine, les épreuves et les malheurs qu'ils enduraient à cause de ceux qui les calomniaient ; et il en accusait la statue du méchant sénéchal.

Chapitre 82

Iseut révèle son secret
à Kaherdin

Un jour où Tristan était revenu à son château, il arriva dans ce pays que seigneur Tristan et Kaherdin durent aller avec leurs compagnons à un endroit saint pour y dire leurs prières, et Tristan se fit accompagner de sa femme Iseut.

Kaherdin chevauchait près d'elle du côté droit et avait la main sur la bride, et ils discutaient de toutes sortes de choses divertissantes et joyeuses. Comme ils chevauchaient sans tenir les chevaux serrés, ceux-ci allèrent où ils voulurent et s'écartèrent. Iseut saisit alors ses rênes et piqua son cheval de ses éperons. Comme elle levait le pied du flanc du cheval, ses cuisses s'ouvrirent ; or le cheval glissa dans un ruisseau, et de ce fait de l'eau sauta entre ses cuisses. Aussitôt elle poussa un cri et rit autant qu'elle put, sans rien dire ; et elle rit si longtemps qu'elle chevaucha près d'un demi-quart de mille en riant, et ne pouvait encore que difficilement prêter attention à quoi que ce fût.

Lorsque Kaherdin la vit rire de cette manière, il pensa qu'elle devait rire de lui et qu'elle avait appris sur son compte quelque bêtise ou quelque méchanceté. En effet, c'était un très bon chevalier affable et distingué, aimé et courtois. C'est pourquoi il craignait que sa sœur n'allât rire de quelque bêtise commise par lui. Il ressentit de la honte à entendre son rire et entreprit de la questionner : « De quoi riais-tu à l'instant, dit-il, de tout ton cœur ? Je ne sais pas si tu ris de toi-même ou de moi, mais si tu ne me dis pas la vérité sur ce sujet, tiens pour assuré que je n'aurai plus aucune confiance en toi après cela. Tu peux me mentir si tu veux, mais si je ne suis pas convaincu, je ne t'aimerai jamais plus comme ma propre sœur. »

Iseut comprit ce qu'il avait voulu dire et savait que si elle lui cachait la vérité, elle s'attirerait en retour sa haine et son inimitié. Elle lui dit alors : « Mon frère, je ris de ma folie, de mes pensées, et d'une chose étrange qui m'est arrivée : mon cheval a sauté dans l'eau violemment, mais je n'étais pas assez attentive, et de l'eau sauta entre mes jambes bien plus haut que n'alla jamais la main d'un homme ; et Tristan ne chercha jamais à y avancer sa main. À présent je vous ai dit ce qui me faisait rire. »

Kaherdin répond aussitôt par des paroles précipitées : « Iseut, qu'as-tu dit ? Vous n'avez jamais couché ensemble Tristan et toi, dans un même lit, comme un couple uni par la consécration du mariage ? Est-ce lui qui se comporte et vit comme un moine, ou toi comme une nonne ? Il se comporte envers toi d'une façon désobligeante du moment que sa main n'approche jamais de toi quand tu es nue sur le lit, si ce n'est quand il fait l'amour avec toi. »

Iseut lui dit : « Il n'a jamais fait l'amour avec moi, si ce n'est seulement qu'il m'embrasse, et encore rarement, sauf quand nous allons au lit. Je n'ai jamais davantage connu la vie conjugale avec un homme qu'une jeune fille qui a mené la vie la plus pure. »

Le duc lui dit alors : « Je pense que d'autres désirs l'attirent que ta virginité, et qu'il doit soupirer pour quelqu'un d'autre. Si j'avais su cela, il ne serait jamais venu dans ton lit. »

Iseut répond alors : « Nul ne doit lui faire de reproche. J'espère qu'il pourra donner d'autres raisons. Et du moment qu'il vit ainsi, je ne veux pas que vous l'en blâmiez. »

Chapitre 83

Kaherdin vitupère Tristan

Quand le duc apprit que sa sœur était toujours vierge, il se mit dans une vive colère et réfléchit ; il lui sembla qu'il était déshonorant aussi bien pour lui que pour tout son lignage que Tristan n'ait pas voulu avoir d'héritier apparenté à leur lignage. Il poursuivit son chemin, accablé de tristesse, mais n'en parla pas pour le moment à cause de ceux qui les suivaient. Ils arrivèrent peu après au lieu saint pour y dire leurs prières. Lorsqu'ils eurent fait cela de la manière qui leur semblait convenir, ils revinrent auprès de leurs chevaux et firent le voyage de retour en se divertissant.

Kaherdin était irrité contre Tristan, son compagnon, et pourtant il ne voulut pas s'en ouvrir à lui. Tristan se demandait avec perplexité quelle pouvait être la raison pour laquelle il lui montrait si triste mine alors que précédemment il lui parlait de tout avant et après. Tristan fut alors chagriné en tout son cœur et il réfléchit à la manière dont il pourrait percer à jour la question et découvrir ce que Kaherdin avait pu trouver offensant.

Un jour Tristan lui dit : « Compagnon, que se passe-t-il donc ? Ai-je commis quelque faute envers toi ? Je perçois une grande colère de ta part à mon encontre. Dis-moi clairement la vérité de manière à régler ce qui ne va pas. J'ai l'impression que tu dis du mal de moi en mon absence comme en ma présence ; or il n'est ni valeureux ni généreux de me haïr et de me déshonorer en faisant le contraire de ce que je mérite. »

Kaherdin, courroucé, lui répond courtoisement : « Je tiens à te dire ceci : s'il est vrai que je te hais, il n'appartient à personne de nous reprocher à moi, à mes parents et à mes amis d'être amenés à devenir tes ennemis, à moins que tu consentes à nous donner réparation. En effet, cette faute déshonorante que tu as commise envers moi en dédaignant la virginité de ma sœur, attente à notre honneur, aussi bien à la cour qu'ailleurs — et cela concerne tous ses parents et ses amis —, car elle est si distinguée qu'il n'appartient à aucun homme courtois et bien né de la dédaigner. C'est pourquoi tu n'aurais encouru ni reproche ni honte en l'aimant comme ton épouse et en vivant avec elle conjugalement. Mais à présent nous savons tous que tu ne veux pas avoir d'héritier légal issu de notre lignage. Et si notre camaraderie n'avait pas été si solide et si ferme, tu aurais payé cher le déshonneur que tu as infligé à ma très chère parente. Dans tout mon royaume, il n'y a personne qui puisse rivaliser avec elle en beauté, en distinction et dans les diverses qualités qu'il sied à une femme de posséder. Pourquoi as-tu eu l'impudence d'oser l'épouser alors que tu n'avais pas l'intention de vivre conjugalement avec elle comme un mari avec sa femme ? »

Chapitre 84

Tristan répond
à Kaherdin

Quand Tristan entendit Kaherdin lui faire des reproches, il lui répondit par des propos courroucés et violents : « Je n'ai rien fait qu'il ne convînt que je fisse. Tu parles abondamment de la beauté de ta sœur, de sa courtoisie, de sa noblesse et de ses qualités diverses. Mais sache bien en vérité, dit-il, que j'ai une bien-aimée si belle, si distinguée et courtoise, si riche et appréciée, qu'elle a à son service une jeune femme si belle et si courtoise, si noble et riche, et si bien pourvue de qualités diverses, qu'elle mériterait plus d'être la reine du plus fameux des rois, que ta sœur d'être la dame d'un château. À partir de là tu peux comprendre que la dame qui a une telle suivante est précieuse et distinguée. Et pourtant je ne dis pas cela pour vous déshonorer toi ni ta sœur, parce que je reconnais que ta sœur est belle et courtoise, noble et riche en biens. Mais elle ne peut rivaliser avec celle qui surpasse toutes les femmes qui vivent aujourd'hui. Je lui ai offert tous mes désirs de manière si absolue que je n'ai pas le pouvoir d'aimer cette femme-ci. »

Kaherdin dit alors : « Tes subterfuges et tes mensonges ne te serviront à rien à moins que tu me montres la jeune femme dont tu fais un tel éloge. Et si elle n'est pas aussi belle que tu le dis, tu m'accorderas réparation, si Dieu le veut ; ou alors je chercherai à te tuer. Mais si elle est telle que tu le dis et que tu la décris si élogieusement, tu seras délivré de toute obligation envers moi et envers tous mes parents. »

Tristan comprit le sens de ses menaces et de son courroux, il y réfléchit alors mais il ne savait pas ce qu'il devait faire, car il aimait Kaherdin plus que tout autre de ses amis, et pour cette raison il ne voulait absolument pas l'affliger davantage. Il craignait cependant que s'il lui disait son secret, il le répétât à sa sœur. Mais s'il ne le lui disait pas, il serait alors mis à mort et tué, trahi et déshonoré, que ce soit à raison ou à tort, du fait que Kaherdin pouvait très bien chercher à le tuer par quelque machination.

Il lui dit alors : « Kaherdin, mon meilleur ami ! Tu m'as fait connaître ce royaume et grâce à ton appui j'ai obtenu divers honneurs. Si j'ai commis une faute envers toi, tu peux me causer du tort si tu veux t'y employer. Mais dans la mesure de ma volonté et de mon pouvoir, aucun sujet de discorde ni de conflit ne se dressera entre nous à cause d'aucune action à laquelle je pourrais éventuellement apporter mon concours bien que cela ne soit pas du tout dans mes intentions. À présent, puisque tu veux pénétrer mes desseins, mon amour et mon secret que nul homme ne partage avec moi hormis un seul, et si tu veux voir la belle jeune femme, connaître sa conversation et sa mise, sa beauté et son apparence, je requiers de ton amitié que tu ne révèles pas ce secret et cette affaire privée qui m'appartiennent, ni à ta sœur ni à quelqu'un d'autre, car je ne veux absolument pas qu'elle ou quelqu'un d'autre en prenne connaissance. »

Kaherdin répond alors : « Tu as ma parole et ma foi que je ne révélerai jamais ce que tu veux garder secret, et personne n'en apprendra rien de moi sans que tu aies donné ton accord. Après cela, dis-moi ce qu'il en est. »

Chacun des deux jure alors foi et fidélité à l'autre au terme de l'accord suivant : Kaherdin gardera secret tout ce que Tristan voudra bien lui dire.

Chapitre 85

Tristan emmène Kaherdin
dans la pièce voûtée

Un matin de très bonne heure, ils se préparèrent à partir secrètement. Et tous ceux qui restaient dans la cité se demandaient avec étonnement où ils pouvaient vouloir aller. Au point du jour, Tristan et Kaherdin prirent immédiatement la route, chevauchèrent au travers de forêts et de lieux déserts, et parvinrent au gué de la rivière ; Tristan fit comme s'il voulait traverser la rivière. Quand il fut parvenu au gué, Kaherdin lui cria à haute voix : « Tristan, dit-il, quelles sont tes intentions ? »

Tristan répondit : « Je veux traverser la rivière et te montrer ce que je t'ai promis. »

Kaherdin se mit alors en colère et dit : « Tu veux me tromper et me livrer au pouvoir du géant, le pire des ennemis qui tue tout homme qui vient là. Tu agis ainsi parce que tu ne respectes pas l'accord que tu as passé avec moi. Si nous traversons la rivière, nous n'en reviendrons jamais vivants. »

Quand Tristan entendit les craintes de Kaherdin, il sonna de sa corne aussi fort qu'il put à quatre reprises. De cette manière il avertissait le géant pour qu'il vînt par là. Peu après le géant arriva de l'autre côté sur le rocher, aussi irrité que s'il avait été fou furieux ; il avait brandi son gourdin de fer. Il interpella Tristan d'un cri terrible et lui dit : « Que me veux-tu pour m'appeler si rudement ? » Tristan répond : « Je te demande de permettre à ce chevalier de m'accompagner là où je le désire, et de jeter ton gourdin de fer. » Il le fit immédiatement.

Kaherdin commença à reprendre courage et traversa la rivière à cheval pour rejoindre Tristan. Tristan lui apprit quelles étaient leurs relations, et lui raconta comment ils s'étaient battus et comment il avait coupé la jambe du géant. Ils allèrent ensuite leur chemin, grimpèrent sur la hauteur, descendirent de cheval et montèrent jusqu'à l'enclos. Tristan ouvrit la demeure et aussitôt se répandit la douce senteur de baume et le très doux parfum venant de toutes les plantes qui se trouvaient là. Quand Kaherdin vit la statue du géant près de la porte, il en fut si épouvanté qu'il en aurait presque perdu l'esprit, car il crut que Tristan l'avait trompé et que le géant allait le tuer avec son gourdin qu'il avait brandi. Sous l'effet de la peur et des senteurs qui emplissaient la demeure, il fut affecté d'une sensation si étrange qu'il tomba évanoui.

Tristan le releva et lui dit : « Allons à l'endroit où se trouve la jeune femme qui sert la puissante dame dont je t'ai dit que je l'aimais beaucoup. »

Mais Kaherdin était tout entier pris par la peur et l'effroi, il était comme dépouillé de ses esprits et perdait la raison. Il vit alors la statue[1] et pensa qu'elle était vivante. Mais le géant lui inspirait une telle terreur — et il portait le plus souvent ses yeux sur lui — qu'il ne pouvait qu'estimer que la statue était vivante. Tristan se rendit alors auprès de la statue d'Yseut, la prit dans ses bras, l'embrassa, lui parla à voix basse, chuchota à son oreille et soupira comme un homme très amoureux.

Sur ce, Tristan dit à la statue : « Ma très belle amie, ton amour me rend malade la nuit comme le jour, car tous mes désirs et toute ma volonté se conforment à tes souhaits et à tes volontés. » À certains moments il était très attristé et de méchante humeur en lui parlant, mais à d'autres il avait l'air de bonne humeur.

---

1. Il semble qu'il s'agit cette fois de la statue de Brangien.

Chapitre 86

Tristan et Kaherdin
décident d'aller voir
leurs bien-aimées

Kaherdin fut alors fortement impressionné et il dit : « Tristan, il convient que j'obtienne quelque chose dans cet endroit où se trouvent de si belles femmes. Je constate que tu as la plus belle des amies. Fais-moi participer à tes plaisirs : que je sois l'amant de la suivante de la reine. Si tu ne tiens pas à mon endroit l'engagement que tu as pris auprès de moi, lorsque nous rentrerons cela te vaudra des reproches. »

Aussitôt Tristan le prit par la main, le mena auprès de la statue de Brangien et dit : « Cette jeune femme n'est-elle pas plus belle que ta sœur Iseut ? Et s'il arrive qu'on aborde ce sujet, tu porteras témoignage de ce que tu peux voir ici. »

Kaherdin répond alors : « Je constate que ces femmes sont particulièrement belles, c'est pourquoi il convient que tu partages avec moi leur beauté. Longue comme a été notre amitié, il convient que nous ayons chacun notre part de ces deux femmes.

— D'accord, dit Tristan, je choisis lareine. Prends la suivante, je te la donne. »

Kaherdin répond alors : « Dieu te remercie d'agir si obligeamment envers moi. C'est là un gage d'amitié et de camaraderie. »

Il vit le récipient d'or qu'elle tenait à la main, pensa qu'il était rempli de vin et voulut le lui prendre. Mais le récipient était cloué et collé à sa main par un procédé habile, si bien qu'il ne pouvait absolument pas le prendre. Il procéda alors à un examen soigneux et s'aperçut que c'étaient l'une et l'autre des statues ; il dit à Tristan : « Tu es un homme habile et plein de ruses pour m'avoir à ce point trompé et dupé, moi qui suis ton ami sûr et ton cher compagnon. Si tu ne me montres pas les femmes dont ces statues sont les reproductions, tu m'auras menti et auras rompu notre convention. Mais si tu me montres les créatures qui sont identiques à ces statues par l'apparence et la beauté, tu te seras comporté de manière loyale et je pourrai me fier à tes paroles. Je veux que tu me donnes la jeune femme comme tu m'as donné la statue. »

Tristan dit alors : « Il en sera sans aucun doute ainsi si tu tiens la parole que tu m'as donnée. »

Ils confirmèrent leur engagement réciproque dans une confiance renouvelée et avec une fermeté infrangible. Tristan lui montra alors tout ce qui avait été peint et sculpté, doré et cannelé, avec un savoir-faire si complet que jamais auparavant les yeux d'aucun homme n'avait vu rien de semblable. Et Kaherdin se demandait avec étonnement de quelle manière Tristan avait pu réaliser tout cela. Peu après Tristan referma la demeure et ils retournèrent chez eux.

Lorsqu'ils se furent reposés quelques jours chez eux, ils se préparèrent l'un et l'autre à aller visiter un endroit saint ; ils prirent leurs bâtons de pèlerin et leurs besaces, sans être accompagnés de personne mis à part deux de leurs parents, de beaux hommes, vaillants, courageux, et rompus à toutes les pratiques de la cour. Ils prirent avec eux toute leur armure, et dirent aux gens de la cour et à tout le monde qu'ils prenaient avec eux leurs armes parce qu'ils craignaient les hors-la-loi et les gens malintentionnés en pays étranger. Peu après, ils prirent congé de leurs amis, allèrent leur chemin et se dirigèrent vers l'Angleterre ; chacun des deux désirait ardemment retrouver sa bien-aimée, Tristan pour voir Yseut et Kaherdin pour voir Brangien.

Chapitre 87

Tristan et Kaherdin
rencontrent leurs amies

Lorsque Tristan et Kaherdin furent arrivés au point de leur voyage où ils allaient descendre dans la cité où le roi Marc devait passer la nuit, et du fait que Tristan connaissait bien l'endroit, ils chevauchèrent tous deux en direction du cortège royal, pas toutefois par le même chemin que lui mais plutôt par des sentiers secrets. Et ils virent peu après l'escorte royale chevaucher dans leur direction, un grand nombre d'hommes. Lorsque le roi fut passé, ils virent la suite de la reine. Ils descendirent alors de leurs chevaux près de la route, et les remirent à la garde de leurs écuyers. Tous deux se dirigèrent vers la même voiture dans laquelle Yseut et sa suivante Brangien étaient assises, et ils s'approchèrent si près du véhicule qu'ils saluèrent la reine courtoisement ainsi que sa suivante. Yseut reconnut aussitôt Tristan, et tout d'abord fut attristée et se rappela le grand amour qu'elle avait longtemps ressenti. Brangien conçut un grand amour en regardant Kaherdin. En raison de l'escorte de chevaliers qui accompagnait la voiture de la reine, celle-ci craignit que Tristan fût reconnu par les hommes du roi, s'ils s'attardaient. Aussi prit-elle aussitôt l'anneau d'or qu'ils avaient constamment fait circuler entre eux par l'intermédiaire de messagers, et le jeta à Tristan en lui disant : « Éloigne-toi d'ici, chevalier inconnu, trouve-toi des quartiers, et ne retarde plus notre voyage. »

Quand il vit l'anneau, il le reconnut et comprit le message de la reine. Il retourna avec Kaherdin auprès de leurs écuyers, et ils s'éloignèrent alors du cortège du roi et de la reine ; pourtant ils furent constamment au courant de leur trajet jusqu'à ce que le roi arrive au château où il fit étape. Lorsque le roi et la reine eurent courtoisement mangé et bu, la reine se retira la première dans la pièce où elle devait paisiblement dormir cette nuit-là en compagnie de sa suivante Brangien et de la femme de chambre qui les servait. Le roi dormit cette nuit-là dans un autre appartement avec ses fidèles compagnons.

Alors que le roi et toute sa suite étaient allés dormir, Tristan et Kaherdin dirent à leurs hommes qu'ils devaient attendre là et surveiller leurs chevaux et leurs armures jusqu'à ce qu'ils reviennent. Ils allèrent au château déguisés, s'enquirent de l'endroit où se trouvait l'appartement de la reine, s'introduisirent secrètement et frappèrent à la porte. La reine Yseut envoya sa femme de chambre voir si quelque miséreux n'était pas venu demander la charité. Lorsque la jeune femme ouvrit la porte, Tristan s'inclina devant elle, la saluant avec des paroles amicales, prit immédiatement l'anneau qu'Yseut lui avait donné et lui demanda de le lui porter. Yseut soupira et le reconnut aussitôt, et Tristan mena Kaherdin dans l'appartement. Tristan prit aussitôt Yseut dans ses bras et l'embrassa avec beaucoup de tendresse et beaucoup de joie. Kaherdin se rendit auprès de Brangien, la prit dans ses bras et l'embrassa amoureusement. Lorsqu'ils eurent passé un long moment ainsi, on leur apporta de la boisson avec toutes sortes de friandises. Puis ils allèrent se coucher ; et au cours de cette nuit-là Kaherdin prit dans ses bras son amie Brangien avec beaucoup d'amour. Mais elle prit un oreiller[1] de soie, réalisé avec une habileté et un savoir-faire extraordinaires, et le plaça sous sa tête ; aussitôt il tomba endormi et ne se réveilla pas de la nuit. C'est ainsi que Kaherdin et Brangien dormirent tous les deux ensemble cette nuit-là.

Kaherdin ne se réveilla pas avant le matin. Il regarda autour de lui et ne reconnut pas l'endroit où il était venu. Mais lorsqu'il comprit que Brangien était levée, il réalisa qu'il avait été joué du fait qu'il s'était réveillé si tard. Yseut se mit à le taquiner et se moqua de lui, mais il était très en colère à cause de Brangien bien qu'il ne le laissât guère paraître. Ils passèrent la journée ensemble en toute amitié. Le soir, ils retournèrent se coucher. Et Brangien l'endormit encore de la même manière que précédemment ; et le matin venu, il s'éveilla de la même manière.

La troisième nuit, Yseut ne voulut pas par égard pour Kaherdin qu'il fût joué plus longtemps, et leurs relations leur procurèrent beaucoup de joie. Ils demeurèrent là tous ensemble si longtemps avec plaisir que leurs agissements furent découverts par ceux qui les enviaient. Toutefois ils furent prévenus à temps et prirent leurs précautions. Tristan et Kaherdin s'en allèrent en secret, mais ils ne purent pas retrouver leurs armes et leurs chevaux.

Chapitre 88

Mariadoc poursuit les écuyers
et se moque de Brangien

Le sénéchal Mariadoc découvrit le premier leurs chevaux. Les écuyers de Tristan, qui gardaient leurs chevaux, comprirent pourtant ce qui se passait. Ils s'en allèrent aussitôt prenant leurs boucliers et leurs armures, et ils entendaient derrière eux les cris et le fracas provenant de ceux qui les poursuivaient. Mariadoc, qui était le plus près d'eux, vit s'enfuir les pages et crut que

---

1. À propos de ce motif, cf. H. Newstead, « Kaherdin and the enchanted pillow : an episode in the Tristan Legend », *Publications of the Modern Association of America*, t. LXV, 1950 (pp. 290-312).

c'étaient Tristan et Kaherdin ; et il hurla dans leur direction d'une voix puissante et dit : « En aucun cas vous ne vous échapperez, car en ce jour vous allez perdre la vie et laisser ici vos corps en otages. Fi de tels chevaliers — poursuivit-il — qui nous fuient ainsi ! Fuir ne convient pas à des chevaliers du roi, que ce soit par peur ou par crainte de la mort. Ne venez-vous pas de quitter vos bien-aimées ? Que l'on sache bien — dit-il — : vous leur infligez un grand déshonneur. » Telles furent les paroles prononcées par le sénéchal.

Les pages faisaient courir leurs chevaux aussi vite qu'ils pouvaient. Quand les autres ne voulurent plus les chasser, ils s'en retournèrent chercher querelle à la reine et à Brangien, sa suivante. Et lorsqu'ils leur eurent longuement adressé au sujet de Tristan et de Kaherdin des paroles insultantes, Mariadoc se mit à railler Brangien, disant : « Cette nuit, se trouvait dans ton lit le chevalier le plus lâche et le plus poltron qui ait jamais vu le jour. Il te sied bien d'avoir un tel amant qui fuit les chevaliers comme un lièvre fuit les chiens. J'ai crié plusieurs fois dans sa direction, prononçant mainte parole, afin qu'il m'attende et se batte avec moi ; mais il n'osa même pas jeter un regard derrière lui. Tu dépenses ton amour honteusement en accordant tes faveurs à un tel rustre, tu as placé ton affection dans un chevalier poltron, et tu as toujours été si trompée et si dévoyée que je n'ai jamais pu te témoigner de la sympathie ou de la bienveillance. »

Chapitre 89

Brangien exprime
sa peine

Lorsque Brangien eut entendu tant de paroles méprisantes, elle dit en grand courroux : « Qu'il soit hardi ou non, j'aime mieux le prendre pour amant lui, que ta beauté trompeuse. Que Dieu ne lui accorde jamais de commander à personne, s'il est plus lâche que toi ; mais il a assurément fait preuve de lâcheté s'il a fui devant toi. Et tu n'as pas à lui faire de reproches : beaucoup trouvent en ta propre personne bien plus de sujets de reproche.

Quant à tes affirmations à son sujet, relatives à sa fuite, il peut bien arriver, si Dieu le veut, que tu apprennes s'il veut fuir ou non devant toi. Dieu sait si je ne peux croire qu'il prenne la fuite devant toi, ou que tu oses le regarder avec des sentiments de colère et de mauvaises pensées. Kaherdin est un homme si valeureux et si puissant, un si bon chevalier, qu'il ne prendrait jamais la fuite devant toi, pas plus qu'un lévrier devant un lièvre, ou un lion devant un bouc. »

Mariadoc répond alors : « Ils ont fui tous les deux comme des lâches. Mais d'où vient ce Kaherdin ? Il avait un bouclier tout doré de frais et décoré de motifs de feuilles, et son cheval était gris pommelé. Si je le vois une autre fois, je reconnaîtrai aussi bien sa lance et sa bannière. »

Brangien comprit qu'il avait reconnu le bouclier de Kaherdin et sa bannière, son cheval et son armure, et en fut courroucée ; elle le quitta en colère, trouva peu après la reine Yseut, sa maîtresse, qui était remplie de tristesse en pensant à Tristan, et lui dit avec peine et colère : « Madame, je meurs de tourment et de chagrin. J'étais bien imprudente le jour où je vous ai rencontrés vous et Tristan, votre amant. J'ai abandonné pour lui et pour toi[1] parents et amis, mon pays natal et ma virginité, à cause de ta folie. Dieu sait si je l'ai fait pour ton honneur, et non pour mon plaisir[2]. Mais Tristan, le méchant parjure, puisse Dieu l'accabler de honte ce jour-même, si bien qu'il y perde la vie ! car c'est à cause de lui que j'ai connu la honte en premier. Ne te souviens-tu pas que tu voulais me faire tuer dans la forêt comme un voleur ? Tes esclaves m'ont épargnée, mais tu n'y es pour rien. Leur haine m'était préférable à ton amitié. Et j'étais stupide depuis ce temps-là de vouloir me fier encore à toi, ou bien de te témoigner des sentiments d'amitié. »

Elle invectiva violemment la reine, parlant longtemps et avançant de solides accusations ; elle lui énuméra le détail de leurs relations, et lui fit grief de tout ce qui s'était abattu sur elle à cause d'eux deux.

_____

1. Pour une fois nous avons pris le parti de conserver le changement de personne (ici passage de « vous » à « tu ») à l'intérieur d'une même réplique, car le tutoiement semble provoqué par l'emportement de Brangien. Au chapitre 91, elle continuera de tutoyer sa maîtresse.

2. D'autres lisent : « pour me déshonorer ».

Chapitre 90

Tristan revient
de la forêt

Lorsque la reine Yseut lui eut entendu exprimer sa peine et sa colère et lui retirer son amitié — mais elle lui avait été si chère en ce monde et si fidèle, veillant si bien sur son honneur plus que tout autre personne —, sa gaieté se tourna alors en peine et en tourments, et toute sa joie fut anéantie. Brangien lui dit des choses très méchantes, la couvrit de honte et la mit dans une colère si douloureuse qu'Yseut fut atteinte d'une double affliction, si intense qu'elle ne pouvait pas s'en libérer. Elle soupira profondément et dit dans la douleur de sa peine : « Je suis misérable, la plus malheureuse des créatures. Pourquoi ai-je dû vivre si longtemps pour supporter de si nombreux tourments dans un pays étranger ? » Et elle faisait alors de nombreux reproches à Tristan en des termes durs, et l'accusait de toutes les mésaventures, toute la peine et les souffrances qu'elle avait subies jusque-là, et aussi du fait que Brangien fût terriblement courroucée contre elle et lui eût retiré son amitié. Cependant Brangien ne voulut pas la diffamer devant le roi au sujet de Tristan, et les choses en restèrent là pour quelque temps.

Comme Tristan et Kaherdin se trouvaient tous deux dans la forêt, Tristan réfléchit à la manière dont il pourrait apprendre aussi complètement qu'il le désirait ce qui était arrivé à la reine Yseut et à Brangien, et il fit le serment de ne pas rentrer avant d'avoir appris ce qui était arrivé à Yseut. Il souhaita alors le bonjour à Kaherdin, son compagnon, et refit à l'envers le chemin qu'ils avaient pris en revenant. Il cueillit une certaine herbe et en mangea, et cela fit enfler son visage comme celui d'un homme malade. Ses mains et ses pieds devinrent noirs et sa voix se cassa comme s'il avait été lépreux ; ainsi, il n'était pas reconnaissable. Il prit un gobelet que la reine Yseut lui avait donné le premier hiver où il l'avait aimée. Il se rendit au domaine du roi, se tint à la porte du domaine, entendit ce qui se passait à la cour, et demanda la charité.

Chapitre 91

Tristan est éconduit

Comme une certaine fête était arrivée, le roi se rendait à la cathédrale et la reine l'accompagnait. Quand Tristan vit cela, il se précipita aussitôt avec son gobelet, l'agita vivement en demandant l'aumône, et la suivit d'aussi près qu'il put. Des gens importants qui accompagnaient la reine s'étonnèrent grandement de sa présence, le repoussèrent et le maltraitèrent. Il allait si près d'elle, était si insistant — mais s'il avait voulu montrer sa force, il se serait vengé promptement; aussi, ils le repoussaient de leur groupe et menaçaient de le frapper. Mais il insista de plus belle, et voulut d'autant moins s'écarter en dépit des coups et des menaces. Il interpella sans cesse la reine, mais elle était tout habitée par le tourment et par la douleur. Puis, elle se retourna vers lui avec des yeux courroucés, et elle se demanda avec étonnement qui ce pouvait être. Lorsqu'elle reconnut le gobelet et vit Tristan, son état d'esprit changea immédiatement; elle retira aussitôt son anneau d'or et, ne sachant pas comment elle devait le lui donner, le jeta dans le gobelet. Mais Brangien se trouvait à proximité, elle le reconnut à sa corpulence, et lui dit comme courroucée: «Tu es un sot, un rustre stupide et un mal élevé, toi qui t'imposes aux vassaux du roi et ne respectes pas son entourage.» Elle dit ensuite à Yseut: «Que vient-il donc de t'arriver pour que tu fasses avec une telle largesse de grands cadeaux à des hommes de cette espèce? alors que tu refuses d'en faire à des gens importants; tu es pourtant en train de donner un anneau d'or à cet homme! Suis mon conseil: ne le lui donne pas, car c'est un trompeur et un imposteur.» Sur ce, elle dit aux ennemis de Tristan qu'ils devaient l'écarter de l'église, et ils se mirent à le repousser brutalement; mais il le supporta cependant.

Tristan savait maintenant que Brangien était courroucée contre lui, ainsi que la reine Yseut, et à présent il était déshonoré à maints égards. Dans le domaine du roi, il y avait un château de pierre presque en ruine à cause de son âge, et laissé à l'abandon. Sous les marches de ce château, Tristan se cacha, se lamentant sur sa peine, et il était accablé par la fatigue et les soucis. Et il préférait mourir plutôt que vivre plus longtemps, puisque personne ne voudrait l'aider à présent.

La reine Yseut est maintenant plongée dans de multiples pensées, et elle maudit tout le temps durant lequel elle dut aimer un homme si ardemment.

Chapitre 92

Tristan et le gardien

Lorsque le roi et la reine eurent entendu la messe, ils allèrent à table et mangèrent. Ce jour-là le roi se divertit et se réjouit beaucoup, mais Yseut resta triste et inquiète.

Peu après, il arriva que l'homme qui surveillait le domaine du roi et toutes les portes resta éveillé tard dans la nuit. Il faisait un temps glacial dehors, et il avait très froid ; il demanda à sa femme de lui faire un feu pour se réchauffer. Elle alla alors chercher du bois sec, et s'approcha de l'endroit où Tristan se trouvait, sous le mur de pierre, éprouvé par le froid. Et comme elle cherchait le bois, elle toucha sa chape tout humide de gelée. Mais elle eut peur alors et pensa que ce devait être quelque être malfaisant, car elle savait qu'il n'y avait jamais eu personne à cet endroit. Elle lui demanda alors d'où il était venu et qui il était. Il lui dit, se fiant à elle, son nom, l'endroit d'où il venait, et ce qu'il voulait. Or, son mari l'aimait beaucoup, car Tristan avait été très bon pour lui lorsqu'il vivait en Angleterre. Quand le gardien du domaine apprit que Tristan se trouvait là, il se rendit tout de suite auprès de lui et l'amena chez lui ; il lui fit du feu et un lit, et lui procura tout ce dont il pouvait avoir besoin.

Chapitre 93

Tristan et Kaherdin se vengent
et rentrent chez eux

La reine Yseut fait venir Brangien auprès d'elle et lui dit avec des mots pleins d'affection : « Je te demande de pardonner à

Tristan, et d'aller auprès de lui le consoler quelque peu de sa peine — parce qu'il mourra autrement s'il ne reçoit aucune aide — car je l'aime à tout jamais. »

Brangien dit : « Dorénavant, je ne tenterai jamais plus de le consoler en quelque façon de sa peine. Je désire plutôt sa mort. Et je ne veux pas m'associer plus longtemps à vos péchés. Il m'a honteusement trahie. »

Yseut répond : « Tu ne dois pas parler contre moi, ni me chercher querelle ou m'accuser. Dieu sait si j'ai toujours regretté ce que j'ai fait contre toi, et c'est pourquoi je te demande de lui apporter quelque aide là où il se trouve. »

Elle l'implora si longuement, usant de belles et bonnes paroles, qu'elle ne put plus lui refuser. Elle se leva alors et se rendit là où elle lui avait indiqué. Et quand elle y parvint, il était attristé et malheureux à plus d'un titre de ce qui s'était passé. Il lui demanda pourquoi elle était en colère contre lui, et elle lui en dit les raisons, nombreuses et justifiées. Il lui dit que son compagnon Kaherdin viendrait rapidement dans le but précis de prouver qu'il était exempt de tout reproche. Elle accorda foi à ses propos et fut grandement réconfortée, et ils allèrent tous deux en confiance jusqu'à la demeure de la reine. Ils y furent reçus avec une grande hospitalité et en toute amitié. Il passa là la nuit, tout joyeux. Au matin, Tristan prit congé de la reine avant de s'en aller, et ils se séparèrent alors dans une grande tristesse.

Lorsque Tristan parvint auprès de son compagnon Kaherdin, il lui demanda qu'ils se rendent à la cour du roi quelque temps et voient si par hasard quelque événement notable s'y produisait. Ils se dissimulèrent au moyen de vêtements. Dans le même temps le roi célébrait une fête et beaucoup de gens étaient venus là, aussi bien les puissants que les pauvres. Lorsque les hommes furent rassasiés et les tables enlevées, toute la cour alla au divertissement, et ils firent alors des jeux de toutes sortes. Puis ils firent ces sauts qu'ils nomment valeyz[1], puis ils lancèrent le javelot et prirent part à d'autres compétitions semblables qu'ils connaissent. Tristan surpassait de beaucoup tous les autres par sa bravoure et ses exploits. Juste après lui, ils accordaient le plus d'éloges à Kaherdin. Il y avait là un compagnon de Tristan qui le reconnut au cours des épreuves, et il lui donna tout de suite deux destriers qui étaient les meilleurs de tous les chevaux du roi — dans toute l'Angleterre, il n'y avait pas de chevaux plus

---

1. Mot emprunté tel quel au texte anglo-normand.

rapides qu'eux — et que l'on avait déjà souvent essayés au combat. En effet, il craignait que s'ils étaient reconnus, on allât les dénoncer. Sur ce, ils allèrent dans la mêlée. Or, Tristan et Kaherdin étaient habitués au maniement des armes ; ils se démenèrent vivement face aux autres, en firent tomber beaucoup de leurs chevaux, et prirent eux-mêmes de lourdes responsabilités car ils tuèrent deux hommes qui étaient très puissants en ce pays. C'est là que Mariadoc tomba sous les coups de Kaherdin. Il se vengea ainsi de celui qui l'avait calomnié mensongèrement en disant qu'il avait fui devant lui.

Aussitôt après, ils s'en allèrent, et les deux compagnons chevauchèrent ensemble plutôt rapidement jusqu'au bord de la mer. Les Cornouaillais étaient prêts[1]. Du fait qu'ils avaient changé de route, ils échappèrent à la vue de ceux qui les poursuivaient. Ils revinrent alors les attaquer et en tuèrent beaucoup, mais ils ne voulurent pas les poursuivre. Tristan et Kaherdin embarquèrent, hissèrent la voile et cinglèrent vers le large ; ils étaient contents et heureux de s'être si bien vengés.

Chapitre 94

Tristan le Nain demande
l'aide de Tristan

Peu après, ils débarquèrent en Bretagne ; leurs amis et leur entourage se trouvaient là, et se réjouirent. Après qu'ils furent revenus chez eux, ils allèrent souvent à des chasses et à des tournois. En tous lieux ils obtenaient victoire et renommée, plus

---

1. *Kornbretar váru thá álbúnir.* Notre traduction est volontairement ambiguë. Prise isolément, la phrase signifierait : « Les Cornouaillais étaient prêts à appareiller », car l'adjectif *albúinn* signifie « prêt », « complètement équipé », et se dit notamment des marins ou des navires au moment du départ. Mais l'on voit qu'ici il serait peu vraisemblable que Tristan et Kaherdin aient un équipage constitué de Cornouaillais ; de plus, il s'agirait là d'un contresens, certes possible, par rapport au texte de Thomas dans lequel les Cornouaillais sont leurs poursuivants. On peut supposer, comme Kölbing, que la traduction originale était plus longue, par exemple : « prêts / sur le point / de les rattraper ».

que tous les autres hommes qui se trouvaient en Bretagne, en raison de leurs qualités chevaleresques et de leur noblesse en tout domaine. Ils allaient souvent là où se trouvaient les statues, pour leur plaisir et pour l'amour de celles qu'ils adoraient tant.

Une fois, alors qu'ils allaient rentrer chez eux et qu'ils étaient sortis de la forêt, ils virent chevaucher un chevalier à toute allure sur un cheval aubère. Ils se demandèrent où il voulait aller pour chevaucher si vite. Il était revêtu d'une splendide armure, et richement équipé. Son armure était toute dorée, et avait été fabriquée avec une grande habileté technique. C'était un homme grand, bien proportionné et très beau. Tristan et Kaherdin l'attendirent, ils voulaient savoir qui il était. Peu après il les atteignit. Il les salua alors en des termes bienveillants et courtois, et ils lui répondirent aussitôt respectueusement et chevaleresquement. Ensuite ils lui demandèrent qui il était, d'où il venait, et dans quel but il chevauchait à telle allure.

Le chevalier dit alors : « Je désire grandement trouver l'homme qui s'appelle Tristan. »

Tristan répondit : « Que lui veux-tu pour demander ainsi après lui ? Tu es maintenant parvenu tout près de lui. Si tu veux descendre chez lui, suis-nous chez nous — si tu consens à te divertir en notre compagnie. »

Il répond : « C'est sans nul doute mon intention. Je suis un chevalier qui vit ici dans la marche de Bretagne, et je m'appelle Tristan le Nain — d'un nom inapproprié puisque je suis le plus grand des hommes. J'étais le maître d'un château, et j'avais une femme belle et riche que j'aime beaucoup. Mais avant-hier soir je l'ai perdue, et c'est pourquoi je suis attristé et courroucé. Je ne sais pas ce que je dois faire, vu que personne ne me vient en aide. À présent, je suis venu ici jusqu'à toi car tu es l'homme le plus célèbre et le plus vaillant, tu es avisé et bien aimé de tes amis, mais impitoyable avec tes ennemis. Et j'ai besoin que tu me prodigues quelque bon conseil et m'apportes quelque aide dans la grande détresse où je me trouve, et que tu puisses récupérer ma femme. Mais je veux t'être fidèle et loyal, et devenir ton homme lige. »

Tristan répond : « Je veux bien t'aider. Mais tu dois maintenant rentrer à la maison avec nous, et y passer la nuit. Et demain matin, tu peux être sûr que je t'accompagnerai. »

Chapitre 95

Tristan est blessé
par une épée empoisonnée

Dès qu'il fit jour, Tristan et ses compagnons se préparèrent et allèrent leur chemin — le chevalier inconnu chevauchait au-devant —, et ils ne s'arrêtèrent point avant d'avoir atteint le château où se trouvait l'homme malfaisant et arrogant. Il avait sept frères, tous d'impitoyables et de méchants chevaliers.

Tristan et ses compagnons descendirent de cheval près du château, et y attendirent que les choses se passent. Et à trois heures de l'après-midi, deux des frères sortirent à cheval, s'aperçurent de leur présence et chevauchèrent aussitôt vivement vers eux pleins d'ardeur et d'agressivité. Il y eut bataille et l'issue du combat fut que Tristan et ses compagnons tuèrent les deux frères. L'un des autres frères s'en aperçut et il poussa aussitôt le cri de guerre. Et lorsque ceux qui se trouvaient dans le château l'entendirent, ils s'armèrent le plus vite qu'ils purent et sortirent en se dirigeant vers lui. Mais ceux qui étaient en face se défendirent bien et vaillamment, et ils livrèrent un dur combat. Tristan et ses compagnons tuèrent les sept frères ainsi que leurs troupes qui étaient venues à pied les soutenir, plus d'une centaine d'hommes. Dans cette bataille tomba Tristan le Nain, et Tristan reçut une blessure d'une épée empoisonnée. Mais il le fit chèrement payer à celui qui l'avait blessé, car il le tua.

Cette blessure était si grave qu'il revint à son château avec difficulté. L'on convoqua alors tous les médecins qui se trouvaient en ce pays, et pourtant ils ne trouvèrent pas de remède à prescrire parce qu'ils ne savaient pas soigner une blessure empoisonnée, ni faire sortir le poison — ce qui était nécessaire.

Chapitre 96

Tristan envoie Kaherdin
chercher Yseut

La santé de Tristan se dégrada alors de jour en jour, car il n'y avait là personne qui pût l'aider ; le poison se répandit dans tout son corps et ses membres, ce qui le rongea complètement. Il déclara alors que s'il ne recevait rapidement aucune aide, il mourrait bientôt. Il s'avisa alors que personne ne pourrait confectionner de remède pour cela, hormis la reine Yseut, sa bien-aimée, si elle venait, car il ne pouvait pas se faire transporter jusqu'à elle. Il envoya alors un message à Kaherdin lui demandant de venir jusqu'à lui, seul.

Mais Iseut, l'épouse de Tristan, était très curieuse de savoir de quel projet il pouvait s'agir — s'il allait vouloir devenir chanoine, moine, ou clerc. Et elle voulait savoir quels desseins ils formaient. Elle se tint à l'extérieur, accolée au mur contre lequel Tristan reposait sur son lit, pour écouter leur discussion, et elle plaça des hommes pour veiller à ce que personne ne s'en rendît compte.

Alors Tristan se souleva sur l'oreiller, et Kaherdin se trouvait assis près de lui ; ils se lamentèrent sur leurs peines, et parlèrent longuement de l'affection et de l'amitié qu'ils avaient partagées tous deux si longtemps, et des grandes prouesses et des hauts faits qu'ils avaient accomplis. Il était clair pour chacun des deux que leur séparation aurait bientôt lieu, et ils pleurèrent tous les deux ensemble dans la compagnie l'un de l'autre, mais cette fois sur leur séparation.

Tristan dit alors : « Si j'étais dans mon pays, j'y trouverais du secours auprès de quelqu'un. Mais dans ce pays-ci personne ne peut si bien faire. C'est pourquoi je vais mourir faute de soins. Or, je ne connais personne au monde qui puisse me soigner ou me porter secours, hormis Yseut, la reine d'Angleterre. Et si elle savait cela, elle trouverait alors quelque moyen adapté, car c'est elle qui désirerait le plus y parvenir et qui est la plus compétente. Mais je ne sais pas comment elle pourrait être informée de cela. Si elle savait cela, elle viendrait alors certainement avec quelque remède. Personne au monde n'est aussi savant en médecine, ou dans n'importe lequel des arts courtois qu'il convient à une femme de posséder. Maintenant je veux te demander, Kaherdin mon compagnon, au nom de notre amitié, d'aller jusqu'à elle et de lui rapporter ce qui est arrivé, car il n'y a personne à qui je me fie autant qu'à toi — et il n'y a personne que j'aime aussi profondément qu'elle, et personne n'a fait autant pour moi —, et tu me l'avais promis par serment lorsque la reine Yseut t'a donné Brangien à ma demande. Fais donc cela comme je te le demande, comme je l'attends de toi. Et si je survis, je te récompenserai : je suis homme à le faire, et ce sera bien mérité. »

Kaherdin vit alors qu'il était très attristé, il se trouva peiné de cela et lui dit : « Je veux bien volontiers aller jusqu'à elle et faire tout ce que tu désires, si Dieu veut que j'y parvienne. »

Tristan le remercia et lui dit qu'il n'avait qu'à prendre son bateau et se présenter comme un marchand quand il arriverait là-bas, « tu vas porter mon anneau d'or en preuve, montre-le-lui dès que possible. Elle saura d'où tu viens, et elle voudra avoir un entretien privé avec toi. Apprends-lui ce qui s'est passé et ce qui m'est arrivé comme cela s'est déroulé, de façon qu'elle trouve quelque moyen efficace et rapide, si elle veut m'apporter quelque aide. »

Maintenant Kaherdin prépare son voyage vite et bien, avec autant d'hommes qu'il en veut. Tristan lui demanda longuement, avant qu'ils ne se quittassent, de se hâter en toute chose et de saluer la reine Yseut au nom de Dieu et maintes fois en son nom propre. Puis, ils s'embrassèrent l'un l'autre, et Kaherdin profitant d'un vent favorable cingla vers le large.

Alors Iseut, l'épouse de Tristan, se tint pour convaincue qu'il aimait quelqu'un d'autre qu'elle, puisqu'elle avait entendu toute leur conversation. Mais elle fit comme si elle ne savait rien.

Maintenant Kaherdin vogue au large, et il parvient là où il le désire en Angleterre. Ils se disent alors marchands et s'occupent d'acheter et de vendre — ils avaient des faucons et d'autres marchandises. Kaherdin posa un vautour sur son poignet, prit la plus belle étoffe, et s'en alla ainsi au domaine royal. Kaherdin était un homme éloquent, courtois, distingué ; il salua le roi poliment en des termes cordiaux, et dit : « Mes compagnons et moi, nous sommes des marchands, et nous voulons vous demander de pouvoir rester dans le port et avoir un séjour tranquille le temps que nous serons dans ce pays. » Le roi le lui accorda toute de suite et dit qu'ils seraient les bienvenus, et qu'ils auraient un séjour tranquille. Ensuite il fit au roi trois présents.

Après cela, il se rendit auprès de la reine, la salua poliment et courtoisement, et lui donna une broche d'or qui était sans doute la plus belle de toutes. Sur ce, il prit deux anneaux d'or, les lui montra, et lui demanda de choisir celui des deux qu'elle voulait. Elle regarda les anneaux et reconnut immédiatement l'anneau de Tristan. Aussitôt elle se mit à trembler de tout son corps, ses sens en furent retournés, elle changea de couleur et soupira lourdement, car elle était convaincue qu'elle allait demander des nouvelles dont elle ne se consolerait pas. Mais à cause des autres gens qui se trouvaient près d'elle, elle prétendit vouloir l'acheter plutôt que de le recevoir en cadeau.

Sur ce, ils se retirèrent pour avoir un entretien privé. Il lui présenta les salutations de Tristan avec de belles formules et beaucoup d'affection, et lui dit que la vie et la mort de Tristan se trouvaient en son pouvoir, ajoutant : « Il est votre amant fidèle en tout point. » Il lui rapporta en peu de mots ce qui leur était arrivé, la situation de Tristan et sa maladie, lui affirmant que rien ne pouvait lui arriver d'autre que mourir si elle ne venait pas auprès de lui aussi rapidement qu'elle le pourrait. Lorsque Yseut apprit ces nouvelles aggravant leurs souffrances et leur peine, elle fut envahie par l'affliction et le tourment. Aussitôt elle appela à elle Brangien et lui dit ce qu'elle avait appris à propos de Tristan — qu'il se trouvait blessé à mort, et qu'il n'y avait personne dans ce pays là-bas qui sût le soigner — ; et elle lui demanda ce qu'il était à propos de faire. Brangien lui dit qu'elle devait se préparer le plus vite possible, et que, lorsque le soir commencerait à tomber, elle s'en aille avec Kaherdin en prenant ce dont elle avait besoin.

Lorsque la nuit fut tombée et que toute la cour fut endormie, elles sortirent par une porte secrète qu'elles connaissaient. Kaherdin arriva aussitôt auprès d'elles, et ils allèrent en toute hâte jusqu'à la mer, montèrent sur le bateau, hissèrent la voile et s'éloignèrent de l'Angleterre avec le vent le plus favorable qu'ils auraient pu souhaiter. Ils étaient tous joyeux et gais, et s'attendaient à quelque chose de différent de ce qui allait leur arriver.

Chapitre 97

Yseut et Kaherdin
sont ballottés
par les flots

Maintenant l'histoire doit revenir à Tristan : il était gravement malade à cause de la souffrance causée par sa blessure, et du tourment qu'il se faisait au sujet de la reine Yseut, car elle ne venait pas et personne ne savait le soulager en ce pays. Il fit souvent demeurer ses hommes au bord de la mer pour voir si quelque chose s'approchait de la terre. Parfois il se faisait transporter jusqu'au rivage, quand il n'avait plus confiance dans les autres. Il ne désirait rien tant en ce monde — ni nourriture, ni boisson, ni rien d'autre — que de voir la reine Yseut et de parler avec elle.

L'on peut apprendre ici le cruel événement : lorsque Yseut et Kaherdin furent arrivés près de la terre, une violente tempête s'abattit sur eux, et les repoussa loin de la terre vers la haute mer. Ils y restèrent de nombreux jours, si violemment retenus qu'ils ne croyaient guère pouvoir en réchapper.

La reine Yseut se lamenta alors sur sa peine et dit : « Maintenant, c'est Dieu qui ne veut pas que je voie Tristan vivant, ni que je réconforte sa peine, comme je le désirais. Hélas ! mon doux ami, mon adoré ! si je péris dans ce voyage, il n'y aura pas alors un seul homme au monde qui puisse te guérir de ta blessure ni te sauver de la mort. J'aurais voulu que Dieu veuille, comme moi, que si je mourais ici, ta mort s'ensuivît alors pour nous rassembler. »

Yseut se lamentait sur ce sujet et sur bien d'autres. Mais son équipage redoutait au plus haut point qu'ils dussent périr dans cette tempête.

Chapitre 98

Le navire
est immobilisé

Yseut était profondément affligée, plus pour Tristan que pour elle-même. Pendant dix jours ils furent ballottés dans cette grande tempête. Puis, la tempête se calma, le temps redevint beau, et un vent favorable se leva. Ils hissèrent alors la voile, et arrivèrent près de la terre le jour suivant, comme auparavant. Mais alors le vent tomba, et le bateau dériva dans un sens ou dans l'autre à proximité du rivage ; et il n'y avait pas de canot, car il avait été brisé. Aussitôt leur perplexité et leur inquiétude s'accrurent du fait qu'ils ne pouvaient pas descendre à terre. Yseut en fut si accablée qu'elle fut très proche du trépas. Or, ceux qui se trouvaient à terre ne voyaient pas le bateau, et désiraient ardemment revoir ceux qui étaient partis.

Chapitre 99

Mort de Tristan

La peine et le malheur de Tristan sont maintenant si grands qu'il est tout épuisé, soupirant, et par moments perd conscience, à cause de la reine Yseut dont il désire tant la venue.

Alors Iseut, son épouse, vint à lui, elle qui a conçu de mauvaises pensées, et lui dit : « Mon adoré, Kaherdin vient d'arriver ; j'ai vu, j'en suis sûre, son bateau, et il n'est poussé que par un faible vent. Dieu fasse qu'il t'apporte de bonnes nouvelles et du réconfort. »

Lorsque Tristan entendit ce qu'elle disait, il se souleva aussitôt comme s'il était en bonne santé, et il lui dit : « Mon adorée, es-tu bien certaine que ce soit son bateau ? Apprends-moi, si cela est, quelle voile il a hissée ? »

Elle répond : « Je la distingue parfaitement : ils ont hissé une voile noire et n'ont pas de vent, si ce n'est qu'ils dérivent dans un sens ou dans l'autre à proximité du rivage. » Mais elle lui mentait, car Kaherdin avait hissé une voile[1] blanche et bleue resplendissante qui était convenue, car Tristan lui avait demandé de la hisser comme un signal dans le cas où Yseut viendrait avec lui. Et dans le cas où elle ne viendrait pas avec lui, il devrait voguer avec une voile noire. Mais Iseut, l'épouse de Tristan, avait entendu tout cela, lorsqu'elle s'était cachée derrière la paroi de bois.

Lorsque Tristan entendit cela, il fut tellement effondré que jamais il n'avait enduré une telle peine. Il se tourna aussitôt contre la paroi, et dit alors d'une voix accablée : « Maintenant tu me hais Yseut. Et je suis effondré de voir que tu ne veux pas venir jusqu'à moi ; or c'est à cause de toi que je meurs, puisque tu n'as pas voulu prendre pitié de mon malheur. Je me lamente et je pleure sur mon malheur puisque tu n'as pas voulu venir me réconforter. » Par trois fois il appela Yseut, sa bien-aimée, la nommant par son nom, et la quatrième fois il rendit l'âme et expira.

Chapitre 100

Yseut débarque et apprend
la mort de Tristan

Les chevaliers et les écuyers qui se trouvaient là en furent tous très affligés, et tous les habitants de la cité le pleurèrent avec beaucoup de chagrin. Ensuite ils l'enlevèrent de son lit et placèrent sur lui un tissu de prix.

C'est alors qu'un vent favorable se leva pour ceux qui étaient en mer, et ils parvinrent aussitôt au port. Lorsque Yseut fut descendue du bateau, elle entendit le peuple tout entier se

---

1. Le jeu sur la couleur des voiles est tout à fait atténué dans la saga. D'une part, la convention entre Tristan et Kaherdin a été passée sous silence, ce qui annule l'effet d'attente et la surprise tragique du mensonge final d'Iseut. D'autre part, les couleurs perdent de leur force symbolique, puisque la voile blanche est devenue une voile assez ordinaire, montrant plutôt le bon goût des personnages. (Cf. note chap. 24).

lamenter dans un grand chagrin, tandis qu'on sonnait toutes les cloches. Elle demanda pourquoi les gens se laissaient aller à une telle tristesse et quelles nouvelles ils avaient apprises. Un vieil homme lui répond : « Madame, nous avons un grand chagrin, comme jamais nous n'en avons connu de semblable. Tristan, le vaillant, le courtois, est mort, il repose dans son lit. »

Quand Yseut entendit cela, elle fut si effondrée qu'elle ne put plus parler, et elle rejeta son manteau. Et les Bretons se demandaient avec étonnement d'où était venue cette belle dame, et de quel pays elle pouvait bien être.

Chapitre 101

Mort d'Yseut

La reine Yseut se dirigea alors vers l'endroit où le cadavre reposait, par terre ; elle se tourna vers l'est et dit sa prière en ces termes : « Je t'en prie, Dieu tout-puissant, prends pitié tout autant de cet homme et de moi-même, que je crois que tu as été mis au monde par la vierge Marie pour la rédemption de l'humanité tout entière, et que tu as aidé Marie-Madeleine et as supporté la mort pour nous, humains, qui sommes pécheurs, et que tu t'es laissé clouer sur la croix, frapper de la lance au côté droit, et que tu allas dévaster jusqu'à l'Enfer et libéras de là-bas tout ton peuple dans une éternelle joie. Tu es notre créateur. Dieu éternel, tout-puissant, prends pitié de nos péchés, tout autant que je crois en tout cela. Et je crois volontiers à tout cela, et je veux bien te glorifier et t'adorer. Accorde-moi, je t'en prie, mon créateur, le pardon de mes péchés, Dieu unique, Père, Fils et Saint-Esprit. Amen. »

« Tristan, dit-elle, je t'aime profondément. Mais maintenant que je te vois mort, il ne convient pas que je vive plus longtemps, puisque je vois que tu es mort à cause de moi. Aussi, je ne vivrai pas après toi. »

Elle tint alors de longs propos sur leur amour, leur vie commune et leur douloureuse séparation. Puis elle s'étendit sur le sol, l'embrassa et étendit ses bras autour de son cou. Et ce faisant, elle expira.

Tristan mourut si rapidement parce qu'il pensait que la reine Yseut l'avait oublié. Et Yseut mourut si rapidement parce qu'elle arriva trop tard auprès de lui.

Par la suite ils furent enterrés. Et l'on dit qu'Iseut, l'épouse de Tristan, avait fait enterrer Tristan et Yseut chacun d'un côté de l'église, de telle sorte qu'ils ne puissent pas être proches l'un de l'autre une fois morts. Mais il se produisit qu'un chêne s'éleva si haut de chacune de leurs tombes, que leurs branches se mêlèrent par-dessus le faîtage de l'église. Et l'on peut voir par là combien avait été grand leur amour[1].

Et c'est ainsi que cette histoire se termine.

---

1. La fin de la saga n'est pas conforme au texte de Thomas : la prière d'Yseut semble due à frère Robert ; quant au motif des deux arbres, on le trouve dans d'autres versions comme *Tristrant* d'Eilhart von Oberg, mais un tel emprunt extérieur au texte de départ surprend, et il est difficile de préciser quand et comment ce motif a été rajouté à la fin de *Tristrams saga*.

Glossaire

aumusse : bonnet de fourrure.

bliaud : riche tunique de dessus, en laine ou en soie, portée par les deux sexes.

broigne : cuirasse constituée de pièces métalliques cousues sur un vêtement de cuir ou d'étoffe épaisse.

camail : capuche de protection descendant jusqu'aux épaules, à l'origine en cuir, puis renforcée de plaques métalliques et enfin constituée de mailles de fer.

chape : grand manteau surmonté d'un capuchon servant à se protéger du mauvais temps.

chausses : bas épais et ajustés protégeant les jambes.

cotte : tunique pourvue de manches, portée par les deux sexes et commune à toutes les classes de la société.

dromon : navire utilisé en Méditerranée pour le transport ou la guerre, mû par plusieurs rangs de rameurs.

gonelle : sorte de cape sans manches, surmontée d'un capuchon.

grèves : protections métalliques de la jambe (mailles et plaques) depuis la cheville jusqu'en haut du genou.

gris : cf. **vair.**

guiche (ou **guige**) **:** courroie permettant de pendre le bouclier à son cou.

heaume : casque métallique de forme conique ou ovoïde protégeant la tête et le visage.

heuses : espèce de bottes de cuir.

mantel : riche manteau de cérémonie utilisé seulement par les nobles.

maréchal : officier du roi, régissant à l'origine les écuries du roi, puis une partie de l'armée.

péliçon : diminutif de **pelice** ; long vêtement constitué de fourrure recouverte d'étoffe, commun aux deux sexes.

pennon : petit drapeau triangulaire porté au bout de la lance.

sénéchal : officier du roi, chargé à l'origine de servir le roi à table.

vair et **gris** : le vair désigne la fourrure d'une espèce d'écureuil, qui est constituée de deux parties : le dos gris bleuté et le ventre blanc. Le gris, ou petit-gris, désigne la fourrure hivernale de l'écureuil.

Table

LES POÈMES FRANÇAIS 5

Préface, par Philippe Walter 7

Bibliographie 17

Béroul : *Le Roman de Tristan* 21
Folie Tristan d'Oxford 233
Folie Tristan de Berne 283
Marie de France : *Lai du Chèvrefeuille* 313
"Tristan Rossignol" - Le Donnei des Amants 321
Thomas : *Le Roman de Tristan* 335
    La rencontre dans le verger 337
    Le mariage de Tristan 339
    La salle aux images 381
    Le cortège d'Yseut 393
    Dénouement du roman 397

Index des noms propres 485

LA SAGA DE TRISTAN ET YSEUT 495

Carte des pays et des villes mentionnés
  dans la saga 496
Introduction : La saga scandinave,
  par Daniel Lacroix 497
Bibliographie de la *Tristrams saga* 505
Carte de la Cornouailles 508
Glossaire 665

Dans Le Livre de Poche

Extraits du catalogue

Lettres gothiques

Collection dirigée par Michel Zink

La Chanson de la croisade albigeoise

Cette chronique de la croisade contre les Albigeois sous la forme d'une chanson de geste en langue d'oc a été composée à chaud dans le premier quart du XIIIᵉ siècle. Commencée par un poète favorable aux croisés – Guillaume de Tudèle –, elle a été poursuivie par un autre – anonyme – qui leur est hostile. La traduction qu'on lira en regard du texte original est l'œuvre d'un poète. Elle restitue le rythme, la passion, la couleur de la *Chanson*. « Ecrite... dans la langue dont on usait dans les cours et les cités méridionales, ce langage admirable, sonore, ferme, dru, qui procure jouissance à seulement en prononcer les mots rutilants, à en épouser les rythmes, *La Chanson de la croisade* est l'un des monuments de la littérature occitane » (Georges Duby).

La Chanson de Roland

La Chanson de Roland est le premier grand texte littéraire français, celui qui a fixé pour toujours dans les mémoires la mort de Roland à Roncevaux. Composée, telle que nous la connaissons, à la fin du XIᵉ siècle, c'est la plus ancienne, la plus illustre et la plus belle des chansons de geste, ces poèmes épiques chantés qui situent tous leur action trois siècles en arrière à l'époque carolingienne, sous le règne de Charlemagne ou de son fils. *La Chanson de Roland* est un poème d'une âpre grandeur, dense et profond, jouant avec une sobre puissance de ses résonances et de ses échos. L'édition et la traduction qu'en donne ici Ian Short sont l'une et l'autre nouvelles.

Journal d'un bourgeois de Paris

Ce journal a été tenu entre 1405 et 1449 par un Parisien, sans doute un chanoine de Notre-Dame et un membre de l'Université. Vivant, alerte, souvent saisissant, il offre un précieux témoignage sur la vie quotidienne et les mouvements d'opinion à Paris à la fin de la guerre de Cent Ans, durant les affrontements entre Armagnacs et Bourguignons, au temps de Jeanne d'Arc. Publié intégralement pour la première fois depuis plus d'un siècle, ce texte, écrit dans une langue facile, n'est pas traduit, mais la graphie en est modernisée et il est accompagné de notes très nombreuses dues à l'une des meilleures historiennes de cette période.

MARIE DE FRANCE
Lais

Contes d'aventure et d'amour, les *Lais*, composés à la fin du XIIe siècle par une mystérieuse Marie, sont d'abord, comme le revendique leur auteur, des contes populaires situés dans une Bretagne ancienne et mythique. Les fées viennent à la rencontre du mortel dont elles sont éprises; un chevalier peut se révéler loup-garou ou revêtir l'apparence d'un oiseau pour voler jusqu'à la fenêtre de sa bien-aimée. Mais la thématique universelle du folklore est ici intégrée à un univers poétique à nul autre pareil, qui intériorise le merveilleux des contes de fées pour en faire l'émanation de l'amour.

Lancelot du Lac

Lancelot enlevé par la fée du lac, élevé dans son château au fond des eaux. Lancelot épris, Lancelot amant de la reine Guenièvre. Lancelot exalté par son amour jusqu'à devenir le meilleur chevalier du monde. Lancelot dépossédé par son amour de tout et de lui-même. Quelle autre figure unit aussi violemment l'énigme de la naissance, le voile de la féerie, l'éclat de la chevalerie, le déchirement de l'amour ?

L'immense roman en prose de *Lancelot*, composé autour de 1225, n'était jusqu'ici accessible que dans des éditions très coûteuses et dépourvues de traduction, des extraits traduits sans accompagnement du texte original, ou à travers des adaptations lointaines. Le présent volume offre au lecteur à la fois le texte original, complet et continu jusqu'au baiser qui scelle l'amour de Lancelot et de la reine, et une traduction de François Mosès qui joint l'exactitude à l'élégance.

Le Livre de l'Échelle de Mahomet

Le Livre de l'Échelle de Mahomet appartient à la littérature du *miraj*, ensemble de récits en arabe relatant l'ascension jusqu'à Dieu du prophète Mahomet durant un voyage nocturne. L'original en est perdu, mais on en connaît une traduction latine du XIIIe siècle. C'est elle qui est éditée et traduite en français dans le présent volume.

Ce beau texte étrange et envoûtant est d'un intérêt exceptionnel. Il illustre une tradition islamique à la fois importante et marginale. Il est riche d'un imaginaire foisonnant. Il témoigne des efforts de l'Occident médiéval pour connaître l'Islam et mérite particulièrement à ce titre l'attention du lecteur d'aujourd'hui.

CHRÉTIEN DE TROYES
Le Conte du Graal
ou le roman de Perceval

Voici l'œuvre dernière, restée inachevée (c.1181), du grand romancier d'aventure et d'amour qu'est Chrétien de Troyes. Paradoxe d'une mort féconde. Enigme demeurée intacte. Œuvre riche de toutes les traditions : biblique et augustinienne, antique et rhétorique, celtique et féerique. Est-ce un roman d'éducation ou le mystère d'une initiation ? Brille-t-il par le cristal de sa langue ou par la merveille d'une femme ?

Une édition nouvelle, une traduction critique, la découverte d'un copiste méconnu du manuscrit de Berne, autant d'efforts pour restituer au lecteur moderne les puissances d'abîme et d'extase du grand œuvre du maître champenois.

CHRÉTIEN DE TROYES
Le Chevalier de la Charrette

Rédigé entre 1177 et 1179, ce roman draine la légende de Tristan pour opérer la transmutation qui ouvrira bientôt aux grands secrets du Graal.

La tour où Lancelot entre en adoration du Précieux Corps de sa Reine enclôt le mystère à partir duquel se renouvelle le roman médiéval. C'est aussi la mise en œuvre sublime d'un discours amoureux. Lequel s'autorise d'Aliénor d'Aquitaine et de sa fille, Marie de Champagne, ainsi que des Dames du Midi.

FRANÇOIS VILLON

Poésies complètes

Villon nous touche violemment par son évocation gouailleuse et amère de la misère, de la déchéance et de la mort. Mais c'est aussi un poète ambigu, difficile moins par sa langue que par son art de l'allusion et du double sens. La présente édition, entièrement nouvelle, éclaire son œuvre et en facilite l'accès tout en évitant le passage par la traduction, qui rompt le rythme et les effets de cette poésie sans en donner la clé. Toute la page qui, dans les autres volumes de la collection, est occupée par la traduction est utilisée ici pour donner en regard du texte des explications continues que le lecteur peut consulter d'un coup d'œil sans même interrompre sa lecture.

CHARLES D'ORLÉANS

Ballades et Rondeaux

L'assassinat de son père, sa longue captivité après la défaite d'Azincourt, l'échec de sa politique italienne : drame et revers se sont succédé dans la vie de Charles d'Orléans. Mais le lecteur moderne ne trouvera que de loin en loin dans l'œuvre du poète le reflet de la douloureuse expérience du prince, car l'écriture y est liée étroitement à l'expression de la lyrique amoureuse.

L'œuvre excelle par sa musicalité mélancolique, par la suggestion des mouvements de l'âme, par un sens raffiné de la rime, des refrains des échos. Les forces extérieures, expression des puissances qui régissent le sort des hommes, et les forces intérieures à caractère psychologique sont personnifiées par des allégories qui intérieurement dans les situations changeantes de l'amour. Alors que le poids de l'histoire se fait sentir dans plusieurs ballades, les rondeaux, qui expriment le plus souvent le détachement du monde, y échappent presque complètement.

Cette édition, fondée sur une relecture du manuscrit personnel de Charles d'Orléans, offre la totalité des *Ballades* et des *Rondeaux*. En regard du texte original figurent des explications détaillées.

Composition réalisée par COMPOFAC - PARIS

IMPRIMÉ EN FRANCE PAR BRODARD ET TAUPIN
Usine de La Flèche (Sarthe).
LIBRAIRIE GÉNÉRALE FRANÇAISE - 6, rue Pierre-Sarrazin - 75006 Paris.

ISBN : 2 - 253 - 05085 - 7　◈ 30/4521/8